21世纪市场营销立体化系列教材

编委会

21世纪市场营销立体化系列教材

Marketing

市场营销学

⊙ 主　编　万后芬

副主编　杜　鹏　叶　敏

華中科技大學出版社

http://www.hustp.com

中国 · 武汉

内容简介

"市场营销学"是一门发展中的新兴学科，随着社会经济和企业营销活动的发展而不断创新和发展。本教材以学科发展的最新理念为指导，以价值营销和关系管理作为主线，将微观营销与宏观营销结合起来，试图为读者提供一部新视觉的市场营销学教材。全书共十六章，分为四个部分：营销理论，包括营销概念的发展、营销观念的演进等；市场分析，包括市场需求与购买行为分析、营销环境与 SWOT 分析、营销调研等；营销运作，包括市场营销战略、产品开发策略、产品经营策略、定价策略、渠道策略、营销传播策略，以及销售队伍管理等；营销的新发展，主要介绍绿色营销、网络营销、服务营销等 20 世纪 90 年代以来营销研究的新课题，以及营销控制、宏观营销、企业社会责任等问题。

本书可作为大专院校市场营销课程的教材和参考书，也可作为营销方面的培训教材；同时，也为营销实践者们提供了一部集知识性和实用性为一体的营销读物。

图书在版编目(CIP)数据

市场营销学/万后芬　主编.—武汉:华中科技大学出版社,2011.8
ISBN 978-7-5609-7065-3

Ⅰ.市…　Ⅱ.万…　Ⅲ.市场营销学-高等学校-教材　Ⅳ.F713.50

中国版本图书馆 CIP 数据核字(2011)第 090802 号

市场营销学　　　　万后芬　主编

策划编辑:陈培斌　余　强
责任编辑:朱　霞
封面设计:刘　卉
责任校对:朱　玢
责任监印:周治超
出版发行:华中科技大学出版社(中国·武汉)
　　　　　武昌喻家山　　邮编:430074　　电话:(027)87557437
录　　排:华中科技大学惠友文印中心
印　　刷:湖北新华印务有限公司
开　　本:787mm×1092mm　1/16
印　　张:26.75　插页:2
字　　数:716 千字
版　　次:2011 年 8 月第 1 版第 1 次印刷
定　　价:39.80 元

本书若有印装质量问题,请向出版社营销中心调换
全国免费服务热线:400-6679-118　竭诚为您服务

总　序

PREFACE

在经济全球化背景下，随着市场经济的发展，一切面向市场的组织都必须投身于市场经济大潮之中，按照市场经济的规律，搞好自身的经营和管理。社会经济的这一发展趋势，使得会经营、懂管理、善策划的市场营销专业人才成为市场的宠儿，社会对市场营销专业人才的需求逐年递增。

市场营销专业是随着市场经济的发展而建立和不断发展起来的新兴专业，迄今为止，还不到100年的历史。随着营销实践的发展，市场营销的内涵及其对与之相关联的营销人才知识体系的要求也在不断发展和变更：市场营销已由单纯的销售产品实施过程发展到营销的战略和策划过程，由单纯的产品营销发展到品牌营销，由单纯的实物产品营销发展到服务产品的营销，由单纯的交易性营销发展到交易与关系相结合的全面营销，由单纯的微观营销发展到宏观与微观相结合的全方位营销。

从我国的情况来看，1978年开始引进市场营销课程，1992年才正式将市场营销专业列入本科招生目录。十几年来，随着社会对市场营销专业人才需求的增长，开设市场营销专业的院校已从最初的一部分综合大学、财经院校，发展到理、工、医、农、艺、体等各类院校，以及各类职业技术院校；人才培养的层次也由原来的本科、专科，发展到硕士、博士（重点院校自主招生或作为专业方向招生）层次。由此，我们抱着根据学科的发展及社会对市场营销专业人才的需要来重新规划营销人才培养体系，设计市场营销专业系列教材，为新型的市场营销专业人才的培养提供工具的目的，编著出版了这套“21世纪市场营销立体化系列教材”。

本系列教材的编著力求凸现如下特点。

第一，按照社会对营销人才知识体系新的要求设计系列教材。既包括交易营销方面的理论和知识，又包括关系营销、服务营销、品牌营销、营销策划等方面的理论和知识。

第二，引进营销方面的最新的理论和成果。系列教材的作者在编著过程中，都力求吸收国内外的最新成果，体现营销发展的最新动向，力求教材内容上的创新。

第三，加强案例分析。教材的每章都以小案例导入，并配备了大量的本

土案例加以说明，力求理论联系实际，学以致用。

第四，创新教材形式。本套教材拟以现代教育技术为支撑，为读者提供一套“纸质教材与电子课件、课程网络”相结合的新型的立体化教材。

本套教材由从事多年本学科教学、在本学科领域内具有比较丰富的教学经验的教师担任各教材的主编，并由他们组成本套教材的编委会，为读者提供以《市场营销学》、《国际市场营销学》、《市场研究理论与方法》、《消费者行为学》、《销售管理》、《广告管理》、《新产品管理》、《渠道管理》、《营销策划》、《品牌管理》、《服务营销》、《网络营销》、《商务沟通》为主体的系列教材。

在系列教材的写作过程中参考了大量的国内外最新研究和实践成果，各位编著者已尽可能在参考文献中列出，在此对这些研究者和实践者表示真诚的感谢。因为多方面的原因，如果有疏漏之处，作者表示万分歉意，并愿意在得知具体情况后予以纠正，在此先表示衷心的谢意。

编撰一套教材是一项艰巨的工作，由于作者的水平有限，本套书难免会有疏漏和谬误之处，真诚希望广大读者批评指正，不吝赐教。

2008 年 9 月 10 日

目 录

CONTENTS

第1章 市场营销学的内涵、研究对象及发展

本章提要 市场营销学是研究面向市场的一切个人和组织如何根据市场需求和竞争状况来构想和出售自己的产出物和价值的学问。企业是从事市场营销活动的最基本的主体，本书主要研究企业的市场营销问题。本章将从总体上介绍权威机构在不同阶段对市场与市场营销的界定，并从社会市场导向和关系导向出发，给出市场与市场营销的定义；介绍市场营销学科的发展状况；阐明以市场导向和关系导向为指导的《市场营销学》的研究对象与研究内容等，为以下各章的研究作出铺垫。本章的重点在于理解市场营销概念的演进与发展，难点在于如何理解市场营销的定义与内涵。

引 例

蒙牛的营销

1999年1月13日，蒙牛在位于呼和浩特市公园南路附近一座破旧的六层民宅底层的53平方米的两居室里正式成立。十年来，蒙牛白手起家，完成了从中国乳业第1116名到第1名的跨越，成功跻身世界乳业20强，开启了全球乳业发展史的“中国时代”。到目前为止，蒙牛乳业集团已经在全国16个省区市建立生产基地20多个，拥有液态奶、酸奶、冰淇淋、奶品、奶酪五大系列400多个品项，产品以其优良的品质覆盖国内市场，并出口到美国、加拿大、蒙古、东南亚及我国的港澳等多个国家和地区。本着“致力于人类健康的牛奶制造服务商”的企业定位，蒙牛乳业集团在短短十年中，从创业初“零”的开始，至2008年底，主营业务收入实现239亿元，年均递增104%，成为全国首家收入过200亿元的乳品企业。蒙牛的发展离不开营销。2000年，蒙牛树立起“为内蒙古喝彩”广告牌，也树立了做大草原品牌的决心。2003年，蒙牛牛奶被确定为“中国航天员专用牛奶”，在以“举起你的手，为中国航天喝彩”的情感诉求中，陪伴“神舟”五号航天员成功完成了中国首次载人航天飞行。2004年，蒙牛牛奶成为国家体育总局训练局全体运动员备战奥运会的“运动员专用产品”，“天上航天员，地上运动员”成为蒙牛高品质的代名词。2005年，“快乐中国蒙牛酸酸乳超级女声”年度大赛席卷全国，让牛奶成为年轻人喜爱的时尚健康饮品，为青少年饮奶开辟了

重要渠道。“勇于追求 实现梦想”成为年度关键词。这一年，牛根生董事长将自己与家人在蒙牛所持的约10%的股份全部捐出，用于成立社会公益事业的“老牛专项基金”。2006年，蒙牛倡导发起“每天一斤奶 强壮中国人”送奶公益活动，开启中国牛奶爱心行动，为蒙牛“大事有我”的发展方针开辟了崭新格局。当年，蒙牛蝉联“最佳企业公众形象奖”和“中国最受尊敬企业”。2008年，席卷中国乳业的问题奶粉事件爆发。为保护奶农利益，蒙牛敞开收购，忍痛倒掉近3万吨原奶，损失1亿元，并主动下架全部产品，接受国家检验，接受海内外主流媒体及消费者实地考察，使社会各界对中国乳业增强了信心。2008年度蒙牛亏损9.486亿元，年度收入却上升了11.9%，达到了238.65亿元，这一营收规模为中国乳业第一。2008年1月，蒙牛投资4500万元建立了全球最大的畜禽类生物质能沼气发电厂。联合国开发计划署特别对此项目授予“加速中国可再生能源商业化能力建设项目·大型沼气发电技术推广示范工程”。同时，累计投入环保资金超过4亿元，建设了国内领先的万吨级污水处理厂，年总处理污水量达1500多万吨，年消减化学需氧量约3.8万吨。处理后的水达到国家一级排放标准，注入蒙牛投资800万元改造的“缘河”，全部生产性污水处理均达到了国家综合排放一级标准，全部得到重复利用。蒙牛的发展是成功营销的典范。那么，什么是营销？应如何开展营销呢？

(资料来源：根据蒙牛集团网站《蒙牛十年》http：//www.mengniu.com.cn/mn10/有关资料编写.)

1.1 市场营销的内涵

1.1.1 市场的界定

市场营销学是20世纪初从经济学中分离出来的新兴学科，在学科发展的初期，很多概念(包括市场的定义)都是沿用经济学中的定义，随着学科的发展，才逐步形成自身的定义。在市场营销学发展的不同时期，对市场的界定也不相同，主要有以下几种定义。

1. 市场是商品交换的场所

“市场是商品交换的场所”，是经济学中对市场的界定。随着经济的发展，“场所”的概念不断变更，然而，市场的界定仍然没变。正如当代著名经济学家斯蒂格利茨所说：“市场的现代概念是买卖双方在一起交换物品这种传统村镇市场的延伸。”“今天，市场的概念包括任何进行交易的场合，尽管这种交易的方式与村镇市场未必相同。”

早期市场营销学界对市场的界定，沿用了经济学的定义，将市场定义为进行商品交换的有形场所。“市场是一些买主和卖主发生作用的场所(地点)或地区。”(美国市场营销协会定义委员会，1948)美国西北大学教授菲利普·科特勒于1980年指出，最初关于市场的定义是：“市场是指一些买主和卖主聚集在一起交换货物和劳务的有形场所。”“场所论”对市场的研究，主要是对参与市场交换活动的买卖双方及其交易条件的研究。“场所论”在商品经济不发达时期，或在某些具体物的营销中是可取的。然而，在现代营销中，却不能反映市场的本质，也不利于营销者对市场的分析。

2. 市场是某种商品购买者的集合

市场营销学与经济学具有不同的属性，对市场的研究角度也不相同。市场营销学学科的发展，要求营销学家必须适应企业市场营销的需要，从企业营销的角度、从微观上去研究企业所经营的某种特定产品的市场，从而，重新对市场进行界定。一般市场营销学单纯以顾客需求为导向，认为对某种特定商品的购买者及其需求构成市场，将市场界定为对某种特定商品具有需求的购买者集合。即“市场是指一种商品或劳务的所有潜在购买者的需求总和”(美国市场营销协会，1960)。“市场是指某种产品或劳务的所有实际的和潜在的购买者的集合。”哪里有对企业所经营的产品的需求，哪里就是企业的市场。市场由具有购买意向、具有支付能力的人群组成，人群、购买意向和购买能力是构成市场的不可或缺的三个基本要素，即

市场 = 人群 + 购买能力 + 购买意向

“购买者”论按照市场上购买者的属性和购买目的将市场划分为消费者市场、生产者市场、中间商市场和政府市场四种类型。对这四类市场的购买者及其购买行为的研究，构成市场研究的主要内容。

3. 市场是利益攸关者的集合

20 世纪 80 年代以后，有的学者从“关系营销”的角度将市场界定为：“市场是由所有利益攸关者构成的集合。”企业营销中所要研究的市场，主要包括以下六类：顾客市场、供应商市场、内部市场、竞争者市场、分销商市场、相关利益者市场。

(1) 顾客市场。顾客是企业存在和发展的基础，市场竞争的实质是对顾客的争夺。企业在争取新顾客的同时，还必须重视留住顾客，培育和发展顾客忠诚。通常争取一位新顾客所花费用往往是留住一位老顾客所花费用的 6 倍。企业可以通过数据库营销、发展会员关系等多种形式，更好地满足顾客需求，增加顾客信任，密切双方关系。

(2) 供应商市场。任何一个企业都不可能独自解决自己生产所需的所有资源。在现实的资源交换过程中资源的构成是多方面的，至少包含了人、财、物、技术、信息等方面。与供应商的关系决定了企业所能获得的资源数量、质量及获得的速度。企业与供应商必须结成紧密的合作网络，进行必要的资源交换。另外，企业在市场上的声誉也是部分地来自与供应商所形成的关系。

(3) 内部市场。即把员工和与企业营销密切相关的企业内部其他部门看成是企业的内部市场。任何一家企业，要想让外部顾客满意，它首先得让内部员工满意。只有工作满意的员工，才可能以更高的效率和效益为外部顾客提供更加优质的服务，并最终让外部顾客感到满意。内部市场不只是企业营销部门的营销人员和直接为外部顾客提供服务的其他服务人员，它包括所有的企业员工。在为顾客创造价值的生产过程中，任何一个环节的低效率或低质量都会影响最终的顾客价值。

(4) 竞争者市场。在竞争者市场上，企业营销活动的主要目的是争取与那些拥有与自己具有互补性资源竞争者的协作，实现知识的转移、资源的共享和更有效的利用。企业与竞争者结成各种形式的战略联盟，通过与竞争者进行研发、原料采购、生产、销售渠道等方面的合作，可以相互分担、降低费用和风险，增强经营能力。种种迹象表明，现代竞争已发展为“协作竞争”，在竞争中实现“双赢”的结果才是最理想的战略选择。

(5) 分销商市场。在分销商市场上，零售商和批发商的支持对于产品的成功至关重要。销

售渠道对现代企业来说无异于生命线，随着营销竞争的加剧，掌握了销售的通路就等于占领了市场。优秀的分销商是企业竞争优势的重要组成部分。通过与分销商的合作，利用他们的人力、物力、财力，企业可以用最小的成本实现市场的获取，完成产品的流通，并抑制竞争者产品的进入。

(6) 相关利益者市场。金融机构、新闻媒体、政府、社区，以及诸如消费者权益保护组织、环保组织等各种各样的社会压力团体，它们与企业都存在千丝万缕的联系，对于企业的生存和发展都会产生重要的影响。因此，企业有必要把它们作为一个市场来对待，并制定以公共关系为主要手段的营销策略。

1.1.2 市场营销的界定

1. 市场营销的内涵

1) 市场营销的定义

市场营销学是一门发展中的新兴学科，在学科发展的不同阶段，营销学家们从不同角度对“市场营销”进行了界定。

本教材采用美国西北大学教授菲利普·科特勒对营销的定义(菲利普·科特勒，1994)：“市场营销是个人和集体通过创造，提供出售，并同别人交换产品和价值，以获得其所需所欲之物的一种社会和管理过程。”

根据市场营销的这一新的定义，一方面将“价值”的交换纳入市场营销的范畴。市场营销不仅包括对营销者的产出物——产品的交换，而且包括对营销者所拥有的一切“价值”的交换。对于企业而言，营销不仅是营销部门的职能，也是企业高层领导的职能；在营销中，不仅仅要向市场提供产品，更重要的是要使消费者获得更大的价值。另一方面，将市场营销界定为一个社会和管理过程，打破了宏观营销与微观营销的界限，使市场营销成为一切面向市场的个人和组织的活动过程。

2) 市场营销定义的诠释

(1) 现代营销是一个全面营销的过程。根据市场营销的定义，市场营销是一个全面营销的过程。

全面营销是指营销应贯穿于“事情的各个方面”(涉及整合营销、关系营销、内部营销和社会责任营销 4 个方面)，而且要有广阔的统一的视野(见图 1-1)。

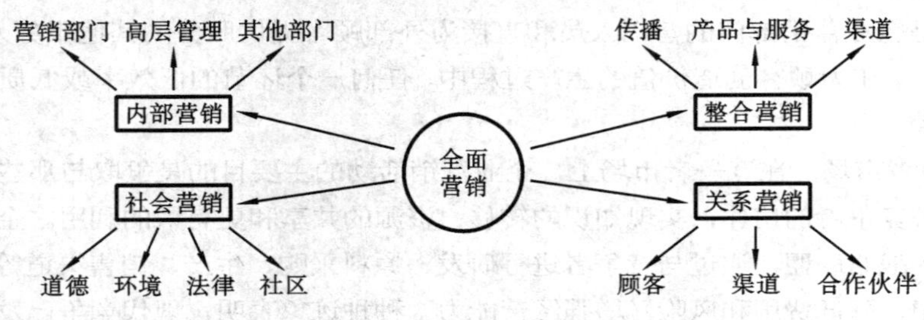

图 1-1　全面营销维度

① 整合营销。整合营销是以整合企业内外部资源为手段，重组再造企业的经营行为，充

分调动一切积极因素，以实现企业目标的全面、一致化的营销。对于整合要素的研究，一直是学者们关注的问题，提出了不同思路。例如，20 世纪 50 年代的杰罗姆·麦卡锡提出了 4Ps(即产品、价格、渠道和促进)营销组合理论。1990 年，美国企业营销专家罗伯特·劳特伯恩教授提出了 4Cs 营销组合理论，4C 即消费者的欲望和需求(Consumer wants and needs)，消费者获取满足的成本(Cost)，消费者购买的方便性(Convenience)，企业与消费者的有效沟通(Communications)。1990 年唐·E.舒尔茨从传播的视角提出了整合营销传播(Integrated Marketing Communication，缩写为 IMC)理论。2000 年菲利普·科特勒提出了由供给组合(产品、服务、价格)、促销组合、分销渠道、目标顾客组成的营销组合模式。2006 年尼尔马利亚·库马尔提出了 3Vs (重要顾客、价值主张、价值网)的营销组合理论。

② 关系营销(巴巴拉·本德·杰克逊，1985)。巴巴拉·本德·杰克逊(1985)认为："关系营销是企业与关键成员(顾客、供应商、分销商)建立长期满意的关系，以保持长期的业务和绩效的活动过程。"随后，学者们从不同角度对利益相关的"关系成员"进行了研究，提出了多重关系。进而，提出了营销网络(1992)的概念，即所有与公司利益相关者，包括顾客、员工、供应商、分销商、零售商、广告代理人、大科学家及其他人所形成的网络。

③ 内部营销(Berry，Gronroos，1981)。Berry (1981)将内部营销定义为："内部营销是指将雇员当成顾客，将工作当成产品，在满足内部顾客需要的同时实现组织目标。"Gronroos(1981)认为，内部营销的目的是"激励雇员，并且使其具有顾客导向观念"，"内部营销还是整合企业不同职能部门的一种工具"。因此，内部营销不仅要将员工个体当成顾客，而且要考虑高层管理者及与其他职能部门之间的协调。

④ 社会营销(杰拉尔德·泽尔曼，菲力普·科特勒，1971)。营销不仅仅要从微观角度注重消费者利益、企业利益，而且要从宏观角度注重社会利益，注重企业的社会责任。在营销中要遵守法律法规、注重营销道德、注重对生态环境的保护、注重为所在社区的发展作出贡献。

(2) 现代营销是强调价值的营销。价值营销是将企业的营销过程看成是价值的探索、创造和传递过程，并强调运用全面营销的思维方式，从顾客、企业和协作者三方面去考虑营销问题(见图 1-2)。

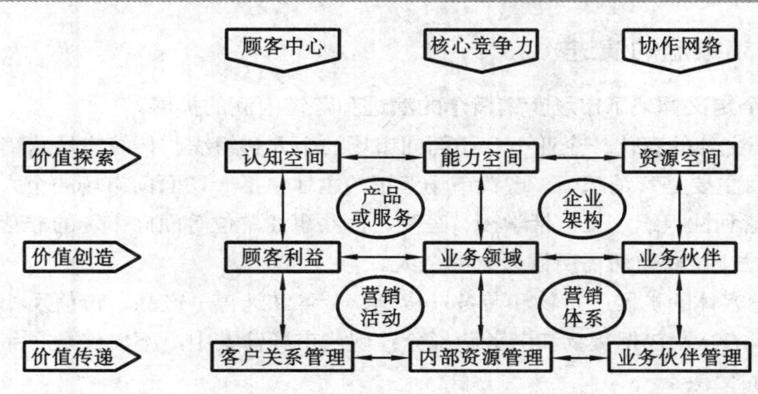

图 1-2　全面营销框架

① 价值探索过程。营销的起点是一个价值探索过程，在此过程中，通过对顾客的认知空间(顾客的现实和潜在需求的了解)、本企业的能力空间(企业的核心能力)和协作者的资源空间的了解和把握，探索如何发现新的价值机会。

② 价值创造过程。首先，通过了解顾客的所想、所需、所忧，从顾客的角度重新认识顾客利益，并考虑如何去满足新的顾客利益。然后，根据顾客新的价值需求和自身的核心能力，进行业务重组：重新定义公司的业务领域、确定产品线、确定品牌定位，使核心能力得到最好发挥。最后，选择新的价值创造过程中所需要的业务伙伴，以整合利用协作网络中业务伙伴的资源，共同开发、创造新的价值。

③ 价值传递过程。通过客户关系管理、企业内部资源的整合协调管理和协作网络中的业务伙伴的关系管理，以更有效地传递价值。

对于价值营销的实施，美国学者尼尔马利亚·库马尔提出了新的营销工具3Vs，即重要顾客(valued customer)、价值主张(value proposition)和价值网(value network)的组合。

2. 市场营销的权威定义

营销是一门发展中的新兴学科，其内涵随着营销实践的发展而不断扩展，市场营销的定义也随之不断更新。美国市场营销协会(AMA)分别于1960年、1985年、2004年和2007年对营销进行了界定，显示了学科发展的进程。

定义1(AMA 1960年)："市场营销是将货物和劳务从生产者流转到消费者过程中的一切企业活动。"这一定义将市场营销界定为商品流通过程中的企业活动。在此定义下"营销"等同于"销售"，它只是企业在产品生产出来以后，为产品的销售而作出的种种努力。

定义2(AMA 1985年)："市场营销是指通过对货物、劳务和计谋的构想、定价、分销、促销等方面的计划和实施，以实现个人和组织的预期目标的交换过程。"根据这一定义，市场营销活动已超越了流通过程，是一个包含了分析、计划、执行与控制的管理活动。

定义3(AMA 2004年)："营销是一项有组织的活动，它包括创造'价值'，将'价值'沟通输送给顾客，以及维系、管理公司与顾客间关系，从而使得公司及其相关者受益的一系列过程。"

定义4(AMA 2007年)："市场营销是一种全组织范围内的活动，一组制度的集合，同时也是为了顾客、客户、合作伙伴以及社会的整体利益而创造、传播、传递、交换价值的一系列过程。"

3. 市场营销概念的演进

以上4个定义体现了市场营销概念的演进和营销内涵的扩展。

(1) 营销主体的变化：企业——一切面向市场的个人和组织。传统市场营销活动的主体限定为企业，而且主要是营销部门。现代市场营销的主体包括一切面向市场的个人和组织，既包括工商企业等营利性组织，又包括学校、医院、公共事业单位等面向市场的非营利性组织，还包括一些拟通过交换获取所需所欲之物的个人。

(2) 营销客体的扩展：货物和劳务—货物、劳务和计谋—产品、价值及相关制度。传统市场营销的客体(产品)包括货物和劳务两部分；现代市场营销中，不仅仅是产品实体的交换，而且强调价值的交换。

(3) 营销内容的扩展：单纯的"销售"—有目的、有计划的实施和管理过程—社会和管理过程。营销内容的扩展表现在4个方面：其一，营销活动由单纯的"销售"，扩展到生产前对产品的构想，以及在此基础上对产品的定价、分销、促销等方面的综合谋划；其二，营销活动由单纯的实施过程扩展到有目的、有计划的实施和管理过程；其三，营销不仅仅是一个管理过程，而且是一个社会过程；其四，营销过程中立足于建立、维持、巩固各方“关系”，实现双赢(多赢)。

4．正确理解市场营销的定义

1) 市场营销是一个系统的管理过程

市场营销过程包括以下几个方面：通过对市场的调研，寻求和识别市场的需要和欲望，并确定市场需求量的大小，识别并分析竞争者及其营销战略、策略；选择和确定企业能比其他竞争对手更好地满足其需求、为其服务的目标市场；制定和实施满足目标市场需求、与竞争者相比较能更好地发挥企业优势、更好地为目标市场提供服务的战略和策略计划，并对计划的实施情况进行反馈和控制等。简而言之，市场营销是一个包括分析、计划、执行与控制等活动的系统管理过程。对市场营销定义的理解，必须纠正以下几种误解：

(1) 市场营销就是推销、广告等促销活动；

(2) 市场营销就是热情待客、微笑服务；

(3) 市场营销就是创新；

(4) 市场营销就是定位，等等。

以上列举的各个方面都属于营销的一个组成部分，但都不是完全意义上的营销。营销大师菲力普·科特勒曾幽默地指出：“推销只是营销这座冰山上的山峰”；“推销是营销的一个组成部分，但不是最重要的组成部分”。

2) 市场营销的相关概念

(1) 产品：任何能用以满足人类某种需要或欲望的东西。它包括产品实体、服务和创意等方面。

(2) 交换：通过向市场提供他人所需所欲之物作为回报，以获取自己所需所欲之物的过程。

(3) 需要、欲望与需求：需要、欲望、需求是一组相互关联又相互区别的概念，需求是一定条件下的欲望，欲望是需要的具体化。

需要是指没有得到满足而产生的客观感受。例如，肚子饿了需要吃东西。这种感受是客观存在、不以人们的意志为转移的。因此，人们不可能创造需要，只能调查、了解它的存在。

欲望是指为了得到满足而对具体物品的需要。例如，为了解决肚子饿的问题，可以去吃馒头、米饭、西餐、麦当劳……。欲望是多种多样、没有限制的。企业可以通过促销等活动去影响人们的欲望。

需求是指有货币支付能力的欲望，即具有购买意向、具有支付能力的具体物的需要。企业既要通过调查去发现并设法满足需求，又要通过营销活动去创造和引导需求，变潜在需求为现实需求。

企业营销活动中，首先要通过对“需要”的分析，从总体上把握当前人们需要的发展阶段；然后通过对与企业经营业务相关的“欲望”的分析，来把握人们在本企业业务范围内的需求发展趋势，为企业的长远发展战略的制定奠定基础；当前最关键的是对企业所经营的产品的“需求”分析，通过分析，制定有关战略和策略，满足需求、创造需求、引导需求，变潜在需求为现实需求。

(4) 价值：消费者对产品满足各种需要的能力的评价(经济、安全、快捷等)，或“在最低的获取、拥有、使用成本之下所要求的顾客满意”(德路斯)。

5．20 世纪 50 年代以来市场营销学发展中出现的新概念

菲利普·科特勒 1987 年 5 月 27 日在加拿大蒙特利尔“纪念美国市场营销协会成立 50 周年”的世界营销学大会上的报告中，对 20 世纪 50—80 年代所出现的一些重要概念进行了评价。

1) 金色的 50 年代(6 个概念)

① 市场营销组合　尼尔·鲍顿(12 因素)

② 产品生命周期　齐尔·迪安

③ 品牌形象　西德尼·莱维

④ 市场细分　温德尔·史密斯

⑤ 市场营销观念　约翰·麦克金特立克(通用汽车公司)

⑥ 营销审计　艾贝·肖克曼(哥伦比亚)

2) 高能的 60 年代(5 个概念)

① 营销组合(4Ps) 杰罗姆·麦卡锡

② 营销近视　西奥多·莱维特

③ 生活方式　威廉·莱泽

④ 买方行为理论　约翰·霍华德

⑤ 扩大营销概念　西德尼·莱维，菲力普·科特勒

3) 动荡不定的 70 年代(6 个概念)

① 社会营销　杰拉尔德·泽尔曼，菲力普·科特勒

② 低营销　西德尼·莱维，菲力普·科特勒(针对短缺)

③ 定位　阿尔·赖斯，杰克·特鲁塔

④ 业务经营组合法　波斯顿咨询公司

⑤ 宏观营销(营销的宏观效果)

⑥ 服务营销　林思·休斯塔克

4) 滞缓的 80 年代(8 个概念)

① 营销战　雷维·辛格，菲力普·科特勒

② 内部营销　克里斯琴·格罗路斯(瑞典)

③ 营销化　菲力普·科特勒

④ 全球营销　西奥多·莱维特

⑤ 当地营销(两者并存的“双枝营销”)

⑥ 直接营销

⑦ 关系营销　巴巴拉·本德·杰克逊

⑧ 大营销　菲力普·科特勒

5) 动荡的 90 年代(5 个概念)

① 定制营销

② 营销网络

③ 纯粹的营销公司

④ 营销决策支持系统

⑤ 地球政治营销

1.2 市场营销学科发展简介

1.2.1 学科的发展回顾

市场营销学是在经济学、行为科学等学科基础上发展起来的。正如营销大师菲力普·科特勒 1987 年在美国市场营销协会成立 50 周年纪念大会上所言：营销学之父为经济学，其母为行为学；哲学和数学为其祖父、祖母。

市场营销学 20 世纪初创立于美国。1902—1905 年间，美国的爱德华·D.琼斯(Edward D. Jones)、西蒙·李特曼(Simon Litman)、乔治·M.费斯克(Georege M. Fisk)、詹姆斯·E.海杰蒂(James E. Hagerty)分别在密执安大学、加州大学、依里诺斯大学和俄亥俄大学率先开设了市场营销课程；出现了一批被视为当代市场营销研究先驱的人物，其中最著名的有阿切·肖(Arch W. Shaw)、拉尔夫·斯达·巴特勒(Ralph Starr Butler)、约翰·斯威尼(John B. Swinney)、威尔达(L. D. H. Weld)。

市场营销学理论的发展经历了以下 4 个阶段。

1. 初创阶段(1900—1920)

进入 20 世纪以后，美国资本主义发展迅速，西部的开发及铁路向全国延伸，使美国国内市场迅速扩大，竞争日趋激烈，也促使企业日益重视广告宣传和销售活动。理论界一批学者开始研究有关营销、分配等方面的问题，编著书籍、开设了课程。但这一阶段的研究仍然是以传统经济学理论为依据、以供给为中心、以生产观念为导向，主要是在理论界进行研究。

2. 功能研究阶段(1921—1945)

在第一次世界大战以后，随着美国经济的发展和国际地位的提高，美国一跃成为世界上消费水平最高的国家，消费结构发生变化，蕴藏着大量未被满足的消费需求，引起了营销理论界和实业界的重视，开始注重对市场营销功能的探讨和研究。在这一阶段所编著的市场营销书籍中，市场营销的功能成为很重要的一部分。然而，在这一阶段从总体上来看，还是将市场营销等同于销售或推销，研究范围局限于流通领域。在这一阶段，市场营销理论研究与企业的市场营销实践研究结合起来，进入了应用研究阶段。成立了市场营销权威组织——美国市场营销协会。该组织于 1937 年由(美国)全国市场营销学教师协会(1933 年成立)和美国市场营销学会(1930 年成立，由实业界人士组成)合并成立。其成员遍及世界各地，实际上已成为国际性的组织。现任主席为美国西北大学教授菲利普·科特勒(Philip Kotler)。

3. 现代市场营销学形成和发展阶段(1946—1980)

第二次世界大战以后，一方面，由于西方资本主义国家在战时膨胀起来的生产力急需寻找新的出路，竞争日益激烈；另一方面，由于经济的快速发展，买方市场的形成，需求日趋多样化。市场营销研究，从对产品生产出来以后的流通过程的研究，发展到从生产前的市场调研和产品创意开始，到销售后的顾客服务和信息反馈为止的营销全过程的研究；从对营销实施过程的研究，发展到对市场营销问题的分析、计划、实施、控制等营销管理过程的研究。市场营销学逐步从经济学中独立出来，吸收了行为科学、心理学、社会学、管理科学等学科的若干理论，

形成了自身的理论体系；提出了营销的核心概念“交换”；其理论随着营销实践的发展而不断发展和完善，并受到世界各国营销理论界和实业界的重视，被世界各国广泛引进和运用。

4. 营销扩展阶段(1980 年以后)

20 世纪 80 年代以后，营销理论日趋成熟，其在企业中的作用日益显著，市场营销学受到广泛重视。市场营销的运用和研究，由对消费品的营销研究扩展到对生产资料、服务产品、精神产品及资本、价值的营销研究；由对企业等营利性组织的营销活动研究扩展到对一切面向市场的营利性组织、非营利性组织及个人的市场营销活动的研究。90 年代后期，营销进一步由单纯的微观营销扩展到宏观与微观相结合的全面营销。

1.2.2 主要学术流派

米歇尔 •爱伯特(1991)和克里斯蒂安 •达萨特(1994)归纳了两个模型：盎格鲁撒克逊模型(美、英等国)，即以近期性和交易性为基础；阿尔卑斯/日耳曼模型(斯堪的纳维亚、日本等国)，强调以长期合作关系作为买方满意和卖方利润的源泉。20 世纪 90 年代以后打破了美国营销理论一统天下的局面，形成了营销学两大学术流派。

1. 美国的营销管理学派

随着市场营销学的发展和研究，在市场营销学的发源地美国形成了四大学术流派。

1) 威斯康星学派(Wisconsin Schools)

该学派主要代表人物琼斯(Jones)、哈格泰(Hagerty)、巴特勒(Butler)、麦克林(Macklin)等在市场营销思想发展史上扮演着开路先锋的角色。1911 年，威斯康星大学的拉尔夫 · 斯达 · 巴特勒首先使用了“市场营销”(Marketing)一词，并明确了市场营销概念的范畴，率先开设了有关农产品的市场营销问题的课程。威斯康星大学毕业、从事教学和研究工作的人对市场营销学学科的建设与发展作出了重大贡献。

2) 哈佛学派(Harvard Schools)

该学派是早期市场营销理论发展的主要参与者，并在对市场营销理论和实践问题的编辑整理方面作出了贡献。该学派的主要代表人物：希林顿(Cherington)、肖(Shaw)、韦特勒(Weidler)、梅那特(Maynard)、麦克耐尔(Mcnair)、鲍登(Borden)等。其主要贡献是提出了市场分配问题的新的分析方法，在市场营销教学中使用案例教学法，以及出版了有关广告、推销管理、零售、市场营销等方面的专著。

3) 纽约学派(New York Schools)

该学派主要由哥伦比亚大学和纽约大学组成，主要代表人物：尼斯特罗姆(Nystrom)、阿格纽(Agnew)、亚历山大(Alexand)、温盖特(Wingate)等。该学派的主要贡献是首创了市场营销机构研究法，并注重对广告和沟通等方面的实际问题的研究。

4) 中西部学派(Middle West Schools)

主要由位于中西部地区的俄亥俄州大学(Ohio State University)、依利诺斯大学(the University of Illinois)、西北大学(Northwestern University)等三所大学组成。主要代表人物：韦特勒(Weidler)、贝克曼(Beckman)、康佛斯(Conversc)和克拉拉(Clark)等。该学派在市场营销思想和市场营销总体理论的发展研究中作出了重大贡献，侧重于对市场营销和原理的研究，在研究基础上不断提炼市场营销理论，丰富和完善了市场营销体系。

2. 欧洲斯堪的纳维亚学派

以瑞典斯德哥尔摩大学埃佛特·古麦逊、格隆罗斯为首，抨击美国营销管理学派(即 4Ps 学派)，对结构的过多偏好远胜于对过程的关注。仅将营销定义为营销部门的一种职能活动，使营销概念的应用受到限制。虽认识到相互作用，但模型本身并没有明确包含相互作用的因素。是一种卖方主动，买方被动的会诊式的。它是从 20 世纪 30 年代罗宾逊和张伯伦提出的微观经济学中的不完全竞争理论直接延伸而来，从 60 年代以后就没有什么新东西。该学派的主要观点如下。

(1) 教材反映的只是有限的现实世界的数据。

(2) 主要是商品，服务仅作为特殊例子。以消费者营销为主，行业与商业仅作为特殊例子。

(3) 教材内容混杂，新知识与原有知识没有整合在一起。

(4) 教材在教学方法设计方面较灵活。美国教材表现为思想上的殖民主义，欧洲屈从于美国营销学领袖。

(5) 提出新的营销理论与模型——营销网络(60 年代)与关系营销(90 年代)，明确将营销视为社会环境中建立在人际关系这块基石上的相互作用的过程。

1.2.3　市场营销学在我国的引进和发展

市场营销学是一门以市场经济为前提的应用学科。1949 年以前，我国曾一度引进市场营销学：早在 30 年代复旦大学丁馨伯先生就编著出版了有关著作。然而，1949 年以后，由于种种原因，我国(除台湾、香港、澳门等地以外)市场营销学的引进和研究工作整整中断了 30 年。1978 年以后重新开始引进、推广和运用。市场营销学在我国的引进和发展可分为四个阶段。

1. 引进与吸收阶段(1978—1982)

中国共产党十一届三中全会(1978 年)以后，我国开始了改革开放的历程。市场营销学在商品经济发达的国家被视为经济管理类的重要课程，并在指导企业的经营活动、为企业提高经营水平方面起到了重要作用。我国实施改革开放政策以后，市场营销学很快被国内学者所认识，并开始着手引进和研究。通过引进、翻译或编译国外的市场营销学书籍，通过请进来(请国外专家、学者来讲学)、走出去(出国访问、学习)，将市场营销学这门学科引进国内。在引进、学习过程中，由于当时国内学者长期处于封闭的计划经济体制下，且来自不同的学科领域(大多来自商品流通研究领域)，对学科的发展背景不了解，因此，在学科引进之初，对于学科的命名、性质及一些基本概念等方面的认识均存在一定的分歧。

在学科命名方面，对于学科的英文名“Marketing”，在国内曾一度被译为“市场学”、“销售学”、“市场经营学”、“市场营销学”等不同的学科名(见早期市场营销学各个版本的教材)。

在对学科性质的认识方面，主要分歧在于市场营销学与商业经济学的关系的认识。一部分学者认为，市场营销学主要研究商品的销售问题，与商业经济学同属于商品流通领域的学科，只不过商业经济学侧重于流通经济理论的研究，而市场营销学则侧重于商品流通实践的研究。因此，我国早期研究市场营销学的学者多为从事商业经济学研究的专家和学者。另一部分学者则认为，市场营销学是一门不同于商业经济学的新兴学科，市场营销学以企业的经营活动为研究对象，其研究领域不仅限于流通领域，而是从生产前的市场需求研究开始，从确定企业“生

产经营什么”开始；其研究主体也不限于商业企业，而是包括工业企业及一切面向市场进行经营的各类企业。

对于市场、市场营销等市场营销学科的基本概念的界定，均存在分歧。后来，通过多次组织讨论，到20世纪80年代中期以后，在国内对以上问题才得到统一的认识。

2. 传播与推广阶段(1983—1984)

1983年以后，在国内开始建立市场营销方面的研究机构，将致力于研究市场营销学的专家、学者组织在一起，共同研究、推广市场营销学这门具有应用价值的学科。

1983年6月在南京成立了中国第一个市场营销方面的研究机构“江苏省市场调查、市场预测和经营决策研究会”。1983年12月在广州成立了“广东市场营销学会”，并吸收香港学术界、企业界的人士参加。

这是我国最早的两个市场营销机构，为推进江苏、广东两省企业的市场营销观念的确立和市场营销水平的提高作出了贡献。

1984年1月，在中国人民银行总行的支持下，在湖南长沙成立了全国性的市场营销组织——“全国高等综合大学、财经院校市场学教学研究会”(后更名为“中国高等院校市场学研究会”)，为我国市场营销理论和应用的发展奠定了组织基础。学会的主要成员为国内各个大专院校从事市场营销教学和研究的人员，也吸收少数企业界的人士参加。在学会的组织下，每年以年会的形式研究各个时期市场营销理论和实务的新发展；研究市场营销教学内容和方法的改革；为国家制定市场营销方面的宏观政策提出对策建议。

此后，各个省市、各个行业、各类市场的市场营销团体纷纷成立，在搞好市场营销学术研究、学术交流和应用研究的同时，还通过举办培训班、研讨班和讲座等形式开展了大量的市场营销知识推广和传播工作。在各个综合大学、财经院校及经济管理干部学院等院校纷纷开始开设市场营销课程，一些有条件的院校还开始招收市场营销方向的硕士研究生。

3. 普及与应用阶段(1985—1992)

1985年以后，我国经济体制改革在各个领域全面开展，各项改革措施相继出台。在商品流通领域取消了统购包销的政策，将商品经营、采购的自主权交给了企业。这样，迫使一些生产企业不仅仅要注重商品的生产，还必须注重商品的适销对路和商品的销售，企业对掌握和应用市场营销知识的愿望愈来愈迫切。一些省市的市场营销团体开始组织市场营销理论研究者深入企业，为企业解决市场营销中的困难与问题；一些企业也积极参与市场营销学会的活动，主动向市场营销理论研究者请教，主动邀请市场营销方面的专家、学者到企业去出谋划策，解决企业营销中的问题。

1986年以后，经教育部(原国家教育委员会)批准，我国一些院校开始试点招收市场营销专业本科生。1992年，教育部(原国家教育委员会)公布的本科招收目录中首次增添了“市场营销专业”，市场营销专业开始在全国招生。除综合大学、财经院校以外，很多理工院校、医学院校、农林学校及各类专业院校也都纷纷开设了市场营销专业。

1991年，第二个市场营销方面的全国性组织“中国市场学会”在北京成立。学会由国内一些大型企业的主要负责人、市场营销理论研究者，以及有关政府部门的负责人共同组成。 现任会长为中国对外贸易工作促进会会长俞晓松；秘书处设在北京；业务主管单位为中国社会科学研究院。该学会的主要工作是研究和解决企业市场营销中的有关问题，并为国家制定市场营销方面的宏观政策提出对策建议。中国市场学会的成立，进一步推动了市场营销实践和应用方面的发展。

4. 研究与发展阶段(1992 年以后)

经过十多年的研究和应用，在早期从事市场营销学研究的老一辈学者的指导和培育下，通过与世界各国营销学界的广泛交流，我国已拥有了一大批高水平的市场营销专家和学者。开始研究市场营销学发展中的新趋势和新问题：一方面，关注和研究市场营销学发展的国际动向，开始与世界同步研究市场营销学发展中的一些新的前沿性的问题；另一方面，根据我国国情，着手研究中国的营销问题。

1.3 市场营销学的研究对象及体系

1.3.1 市场营销学的研究对象

市场营销学的研究对象为：以社会市场为导向的企业市场营销活动及其规律性。市场营销学强调企业的市场营销活动必须树立以“市场价值需求”和“社会关系”两者为焦点的“社会市场导向”；研究如何树立这一新的导向，以及在这一新的导向指导下企业的市场营销活动及其规律性。一方面，市场营销学研究中，自始至终贯穿着市场价值需求与社会关系管理这一主线。无论是研究市场营销外部环境因素，还是研究市场营销内在因素，无论是研究市场营销战略，还是研究企业的市场营销行为，都要围绕着市场价值需求与社会关系管理这一主轴转动。不仅要考虑消费者的需求，而且要考虑市场上与企业营销有关的各个方面的个人与组织的需求，还有考虑来自各个方面的竞争者及其战略、策略。另一方面，市场营销学在以市场价值需求与社会关系管理为焦点的前提下，研究企业如何发挥自身的优势，通过与各个方面建立、巩固、发展良好的关系，比竞争者更好地满足市场需求，以及满足市场需求的市场营销战略、策略等活动及其规律性。

1.3.2 市场营销学的研究内容

市场营销学起源于经济学，但又不同于经济学。经济学以短缺作为核心概念，研究短缺条件下的资源配置问题：生产什么；如何生产；谁能获得，等等。而营销学则以交换作为核心概念，研究交换过程中的消费者行为、竞争者行为、制造商行为，等等。

市场营销学将营销学既看成是一种哲学，又看成是一种职能。以市场价值需求与社会关系管理两者为焦点的“社会市场导向”为中心，自始至终贯穿市场导向这一新形势下的新兴导向。一方面，从微观营销出发，以营销管理的职能为主线，研究市场营销观念的确立、影响市场营销的相关因素及各类市场的调研与分析、市场营销有关战略的选择与制定、市场营销策略的选择与制定，以及营销的组织与控制等问题；另一方面，从宏观营销出发，研究企业营销的社会责任问题。全书共分 4 个部分。

第一部分：市场营销理论的演进。主要介绍市场及市场营销的内涵，市场营销学科的发展，市场营销观念的演进与发展，市场营销的研究对象、研究内容、研究方法等基本理论。

第二部分：市场分析。主要分析市场的构成与类型，以及供应者市场、分销者市场、购买者市场、竞争者市场等各类市场；最终消费者的需要、购买心理与动机、购买行为等；竞争者

的类型与行为分析；政治、法律、经济、科技、人口、社会文化、自然生态等宏观环境及其给企业带来的机会和威胁； 营销调研系统及营销调研的方法和内容等。

第三部分：市场营销运作。主要包括市场营销战略与策划和市场营销策略。

市场营销战略与策划主要介绍企业资本营运战略；现有业务构成战略；业务投资发展战略；供应链关系营销战略；竞争优势战略、竞争定位战略、合作竞争战略、不同竞争地位的营销战略等市场竞争战略；STP 战略与营销组合战略等。

市场营销策略主要介绍市场营销组合中的产品策略、服务竞争策略、定价策略、渠道策略、整合传播策略等方面的有关策略。

第四部分：市场营销的新发展。主要介绍全面质量营销、绿色营销、网络营销等 20 世纪 90 年代以来营销研究的新课题，以及宏观营销、企业社会责任等问题。

1.3.3 市场营销学的研究方法

市场营销学的研究方法主要包括产品研究法、机构研究法、职能研究法、管理研究法和系统研究法等 5 种。

1) 产品研究法

产品研究法是针对不同类型产品的特征，分别研究各类产品的市场营销问题。如分别对农产品、纺织品、机电产品、化工产品、建筑材料、食品、医药等不同类型的产品市场营销问题进行研究。这种研究方法的优点在于：可以依据产品特点，详细分析、研究不同产品在市场营销中遇到的特殊问题，针对性强。不足的是，由于市场上产品类型繁多，不可能逐一进行分析。即使对主要产品类型进行分析，也耗时费力，而且不可避免地会造成重复劳动。因此，这种研究方法往往被一些专业学院(如农学院、纺织学院等)采用。

2) 机构研究法

机构研究法主要是研究市场营销渠道系统中的各个层次和各种类型的营销机构的市场营销问题。如零售市场营销、批发市场营销、代理市场营销、经纪市场营销等。

3) 职能研究法

职能研究法是通过分析市场营销过程中的各种职能(如市场调研、开发、销售、促销等)及其实施中的问题，来研究市场营销的方法。

4) 管理研究法

管理研究法也称决策研究法，是从决策管理的角度来研究市场营销问题。即依目标市场的需要，分析研究企业的外部环境因素、企业自身的资源条件及营销目标，权衡利弊得失，选择最佳的市场营销组合，以扩大销售、提高市场占有率、增加盈利。

5) 系统研究法

系统研究法是用系统分析的方法，将企业看成是社会大系统中的一个子系统；同时，将企业中的各部门看成是企业中相互影响、相互作用的各个子系统。因此，在企业营销决策中要统筹兼顾与之同处于社会大系统中的各个方面(营销环境因素)的利益，使各个方面达到协调一致、密切配合。同时，要统筹考虑企业中各个子系统的相互配合，从而提高企业的营销效益。

市场营销学为适应一般院校市场营销学教学的需要，采取管理研究法与系统研究法相结合的方式，为从事市场营销研究的理论研究者和实际研究者提供一套系统地研究市场营销理论、决策、应用的方法。

本章小结

本章阐述了市场的基本概念，介绍了市场营销的定义、演进、发展趋势和研究方法，以及本书的基本框架。

市场一词来源久远。近代意义上的市场概念内涵丰富，外延宽泛。在市场营销学发展的不同时期，对市场的界定也不相同。本章介绍了不同时期对该概念的定义。

本章介绍了市场营销的权威定义。不同时期的界定，体现了市场营销概念的演进和营销内涵的扩展。

本章回顾了市场营销学的产生和发展历程、主要的学术流派及在我国的历史。

最后本章介绍了本书的研究对象和本书框架结构。作为一门学科，市场营销将以市场为导向的企业市场营销活动及其规律性作为研究对象。市场营销学的研究方法主要包括产品研究法、机构研究法、职能研究法、管理研究法和系统研究法等 5 种。

关键术语

市场	市场营销	全面营销	整合营销
关系营销	内部营销	社会营销	价值
需要	欲望	需求	

思考题

1. 从企业营销的角度如何对市场进行界定？
2. 如何界定市场营销？
3. 试说明市场营销概念的演进过程。
4. 试分析全面营销的内涵。
5. 试以企业营销实例分析价值营销过程。
6. 试说明市场营销学的发展过程，并预测营销学的发展趋势。

参考文献

1. 斯蒂格利茨. 经济学[M]. 北京：中国人民大学出版社，1997.
2. 菲利普 • 科特勒. 市场学原理[M]. 上海：上海人民出版社，1980.
3. 万后芬. 现代市场营销学[M]. 北京：中国财经出版社，2001.
4. 迈克尔 • J 贝克. 市场营销百科[M]. 李桓，译. 沈阳：辽宁教育出版社，1998.
5. 方妙英. 苹果橘子营销学[M]. 北京：化学工业出版社，2009.
6. 万后芬. 市场营销教程[M]. 北京：高等教育出版社，2007.
7. 菲利普 • 科特勒，阿姆斯特朗. 营销管理[M]. 12 版. 梅清豪，等，译. 上海：上海人民出版社，2006.

案例研讨

脑白金：简单而成功的营销模式

在保健品行业这个新模式、新手段层出不穷的行业内，脑白金的成功显得异常出类拔萃。脑白金并不是销量最大的保健品——它远比不上三株口服液，也比不上红桃 K、太阳神；但脑白金营销过程中所发掘出的促销创新手段、对渠道和销售分支管理的改革、管理的简化等，其价值远远超过保健品行业内的其他成功案例。

原则一：通过创新实现差异化

1. 产品创新：复合配方巧造壁垒

脑白金申报的功能是“改善睡眠、润肠通便”。但认真考证一下，就会发现，支撑脑白金的产品概念是“脑白金体”。那什么是“脑白金体”？其实这是为了制造壁垒、拦截竞争对手跟进而提出的一个概念。道理非常清楚，如果巨人在宣传中强调其促进睡眠的主要原料 Melatonin，那么巨人开拓出来的市场，很快就会被跟进的竞争对手通过市场细分、价格战，最终抢掉其部分市场。作为市场教育者，肯定不希望看到这种局面。

巨人采取的对策是不宣传 MT，而是为 MT 起了个有意义、有吸引力的中国名字“脑白金”，并把“脑白金”注册为商标。所有的宣传都围绕商标进行，一旦竞争对手在宣传中提到脑白金，就会遭遇法律诉讼。于是商标成了第一道保护壁垒。

即使不强调 MT，宣传注册商标“脑白金”，那么竞争对手也同样能够跟进——如果都是简单的胶囊，因为产品形态雷同，在竞争对手的宣传攻势下，消费者很快就会意识到产品是一样的。这样，价格战、市场细分同样能夺取脑白金的市场份额。

怎么办呢？巨人的策划人员决定采用复合包装，在产品形态上做到了和竞争对手的差异化。加上口服液后，消费者就会明显感觉到和单纯胶囊的产品存在差异；当竞争对手试图说服消费者两者成分一样的时候，因为感受到的产品形态截然不同，就很难获得购买者的认同。

就这样，脑白金通过商标保护、产品形态创新等形成了脑白金的两重保护壁垒，始终将自己教育出来的市场牢牢掌握。现在全球 MT 销量的半数以上为脑白金占据，这种局面是产品创新的直接后果。

2. 促销创新：登峰造极的“新闻广告”

脑白金面世的时候，保健品行业刚刚遭遇“三株垮台”、“巨人倒闭”的连环事件。整个舆论界、消费者对保健品行业的信心自“鳖精”之后，第二次陷入低谷。

因为消费者对保健品信心不足，这时候传统的营销手段——报纸广告、电视广告促销效果非常差。传统的广告轰炸已经难以奏效。应该怎样去说服消费者呢？

经过认真的分析研究，巨人决定选择在报纸上做“软广告”，也就是新闻广告。在报纸上刊登新闻广告，早在 20 世纪 80 年代“101 毛发再生精”就成功运用过，家电企业海尔等也一直在用，这并不是脑白金的创新。脑白金的创新之处是它将新闻广告发展到了登峰造极的程度。

脑白金早期的《98 年全球最关注的人》、《人类可以长生不老》、《两科生物原子弹》等新闻炒作软文，信息量丰富、数字确切具体、文笔轻松夸张、可读性极强——在 1998 年的时候，读者还习惯看报纸上僵硬模式化的新闻报道，他们看不出那些软文是脑白金的广告，而错以为是科学普及性新闻报道，甚至一些媒体编辑都上当了。

脑白金的新闻广告在南京刊登时，没钱在大报上刊登，就先登在一家小报上，结果南京某大报竟然将脑白金的软文全文转载。脑白金软文的质量，由此可见一斑。也正是登峰造极的新闻手法，让消费者在毫无戒备的情况下，接受了脑白金的“高科技”、“革命性产品”等概念。

脑白金在促销方面的创新，无疑是非常引人注目的，以至于很多企业都以为脑白金就是依靠单纯的广告炒作起来的。而实际上，即使在渠道管理、财务控制上，脑白金也有颇多建树。

3. 渠道管理：让经销商成为配货中心

脑白金启动的时候，采用了一种非常独特的渠道策略。脑白金在省级区域内不设总经销商，在一个城市只设一家经销商，并只对终端覆盖率提出要求。因为不设总经销商，就让渠道实现了“扁平化”，尽管公司内部办事处是分为省级、地级，但各地方经销商相互间却没有等级之分。将一个经销商的控制范围限制在一个地区、一个城市，防止了经销商势力过大对企业的掣肘；另一方面，一个城市只设一家经销商，保证了流通环节的利润，厂家对经销商的合作关系因此变得更加紧密。

在功能分配上，经销商只负责铺货、配货，其他的终端包装、终端促销、广告投放等，均由脑白金设在各地办事处负责。在这种模式下，经销商的作用已经非常有限，实际上仅起到一个配货中心的作用。

脑白金在进入某一市场之初，还采用倒做渠道策略，即先在报纸上投放广告，让消费者到终端点名要货，这样就大大降低了渠道开拓、铺货难度。脑白金的现款现货政策，也和倒做渠道策略有关。

4. 管理创新：财务扁平化控制

在巨人脑黄金时代，巨人采用的是分公司制度。各地的销售分支机构均有财务权，现金流需要经过分公司。脑白金启动后，为了杜绝分公司财务独立可能带来的财务风险，不再设分公司，而只设置办事处。

在分公司制度下，分公司的费用控制管理难度很大。脑白金则采用了纯粹提成制来控制费用——根据办事处销量、完成任务情况等，提取一定比例作为其行政费用，办事处独立核算，自负盈亏。

在广告费用控制上，总公司统一为各办事处规定当地媒体折扣率（比较低），要求办事处经理必须按照总部规定的折扣率和媒体达成协议，不足部分要由办事处的提成来支付。

脑白金的管理创新，其本质是财务控制方面的创新，即通过总部直接和经销商、媒体对接现金来往，砍去了销售分支作为现金流转中间站的作用，从根本上避免销售分支可能带来的“携款潜逃”、“挪用公款”等财务问题。

在对经销商的政策上，脑白金采用现款现货，加快了现金流转率（这种极端的策略是中国企业缺乏信用的明证，虽然非常安全，但却是以牺牲经销商利益、降低销售额为代价的）。这种以财务控制为核心的管理方法，和联销体是不能分离的，两者相辅相成，现在已经成了很多消费品企业的主流模式。

原则二：集中优势兵力

众所周知，史玉柱是毛泽东思想的狂热崇拜者，在营销战中他一贯采用毛泽东的作战思想的，其中最关键的一条就是“集中优势兵力，各个突破”。在脑白金的营销上，这条原则更被运用得淋漓尽致。

1.“滚雪球式”的扩张方式

脑白金在启动市场期间，不是大面积启动，而是以点带面。在试销找到成功营销模式以后，

市场进入快速扩张阶段。但这时候，史玉柱仍然强调的是“集中优势兵力，各个突破”。以福建省为例，当时总部只派了一个销售经理到福建，总部提供的启动资金数目不详，但不会超过20万元，因为全国还有很多省要启动市场。用这么少的资金怎么启动全国市场呢？只有遵循“集中优势兵力，各个突破”原则。

该省的办事处经理接到任命后，先到漳州开拓市场，开拓漳州成功后，利用漳州赚来的钱启动厦门市场，然后逐渐启动福建其他城市。这种启动市场的方法，先集中全部资金于一个城市，然后再逐步扩张，虽然启动速度比较慢，却最大限度地保证了营销目标实现。

2. 简化管理，专注策划

1999年脑白金在南京办公的时候，一度公司只有10个人左右，却要管理大半个中国的脑白金销售，这看似不可能的事情，却是事实。

能够做到这一点，一方面是当时脑白金的市场在快速膨胀，每个月销售额都在上涨，员工士气很高。但最重要的还是脑白金独特的管理方法。前面已经说到，脑白金采用的是区域市场分封制度，在这种制度下，总部除了考核销量、价格体系、终端等，对于办事处的人事、财务等管理基本上不加干涉。这样，总部的职能就变得非常简单，它不是一个管理中心，而只是一个单纯的结算中心和策划中心。因为脑白金把大部分的管理职能都“打包”给了省级经理，总部有限的人手，只需要做好结算和策划，所以10个人也能顶起半个中国的市场。

3. 巨额广告炸出礼品概念

脑白金转变成礼品是一次偶然的机会提出来的，当时资金不足，随便请了老头老太太花了5万元拍成了第一个送礼广告。播放后，销量立即急速上涨。他们发现保健品作为礼品的市场机会后，立即调整枪口，从功效宣传为主转入礼品宣传为主。

2000年脑白金销量超过12亿元，其中礼品的贡献可能在50%左右。到了2001年，脑白金礼品的销售额则超过了预计市场销售。这么高的礼品比例靠的是什么呢？广告轰炸。

为了能够成为第一，脑白金在送礼广告上投入了巨额广告费。所以每到过年、过节，脑白金的“收礼只收脑白金”就会看得电视观众直反胃。因为广告打得太多，又总是简单重复，连史玉柱自己都说老头老太太的送礼广告“对不起全国人民”。这种策略虽然为脑白金引来满天非议，但实施的效果非常好。因为广告投放集中、诉求单一、强度非常大，脑白金占据的送礼市场份额远远超过了其他保健品的份额。

原则三：低成本快速扩张

脑白金的启动资金不多，但在两年的时间内，竟然基本上启动了全国市场，实现了12亿元的年销售额，不能不说是一个营销奇迹。脑白金的成功集中体现了“低成本快速扩张”的原则。

为了能够低成本快速扩张，史玉柱可谓想尽了一切办法。在脑白金启动时期的种种行为上，不难发现其踪迹。

1. 试销用了一年时间

脑白金的成功，很大程度上得益于健特公司进行过很长时间的试销工作。为了找到一个成功的营销模式，史玉柱率领部下探索，时间超过了一年。试销工作先后在武汉、江阴、常州等地进行，其间尝试过种种办法，网上有种说法——脑白金甚至尝试过学习安利的传销模式。

试销的过程中，连产品的剂型也做了重大调整。脑白金的剂型最初只是简单的胶囊，后来在试销中发现，中国的消费者更喜欢“放在手上沉甸甸”的口服液，因而脑白金增加了口服液，变成了胶囊和口服液的复合包装。结果不但适应了消费者的偏爱，独特的复合包装产品形态还对跟进产品形成了竞争壁垒。

为什么脑白金这样重视试销呢？道理很简单，成功的试销能够大幅度减低营销成本、加快市场开发进程，试销是实现“低成本快速扩张”的必由之路。正因为这样，史玉柱带领部下进行了长达一年多的试销工作。

2. 采用新闻广告

脑白金启动市场期间，最重要的促销手段就是在报刊上刊发新闻广告。为什么要采用新闻广告呢？首先是为了增加广告的可信度，但归根到底，却是为了降低促销成本。

为了降低促销成本，就必须增加广告可信度，增加广告的“杀伤力”，提升促销效果。为了做到这些，在当时的市场状况下，新闻广告是最好的选择，也许是唯一的选择。

实际上，广告投放后，市场反应也确实非常理想。脑白金的很多地方启动时，往往广告投放的头一个月就能达到 1∶1 的投入产出比例，第二个月就能盈利。这种促销手段成本之低、效果之好，令人叹为观止。

3. 承包制控制成本

有销售分支的公司都存在着控制分支费用的任务。“将在外，君令有所不受”，很多时候销售分支的费用很难加以有效控制。但如果不加控制，那么公司的利润就会被种种“跑冒滴漏”的现象侵蚀掉。一个运行健康的公司也许能够经受得住这种侵蚀，但在启动之初，脑白金是没有实力为这种行为买单的。

如果无法控制销售分支的费用，不能低成本运作销售分支，脑白金就无法快速启动全国市场。为了控制销售分支的费用，史玉柱的对策是采用完全的销售大区“分封制”——销售分支机构的费用除了部分终端费用，其他的费用全部来自固定比例的销售提成，销售办事处独立核算、自负盈亏。这种措施彻底解决了销售分支费用无法有效控制的难题，从而脑白金能够用比较低的成本，快速扩张市场。

(资料来源：郭国庆. 市场营销学通论[M]. 4 版. 北京：中国人民大学出版社，2009.)

案例思考题

1. 案例中提到“中国众多企业成功的共同法则”，你认为是什么？
2. 脑白金在运用这些共同法则时有哪些创新？

第 2 章　市场营销观念的演进

2

本章提要　市场营销观念是指导企业营销的根本导向。本章将研究企业营销观念的演进过程。由以产品生产或销售为中心的产品导向营销观向以满足市场需求为中心的顾客导向营销观的转变，经历了一个漫长的过程，营销学中将它归纳为生产观念、产品观念和推销观念三个阶段。顾客导向营销观念形成以后，也经历了一个由单纯的满足需求到创导需求，再到顾客满意的过程。新时期市场营销理念的变革和发展，出现了市场导向营销观、社会市场导向营销观等新的营销观念。本章的重点与难点在于把握市场营销观念的演进历程、基本内容与对营销的影响。

引　　例

兜售产品还是满足需要?

1983 年，米兰一个明媚的午后，出差在外的舒尔茨在一阵咖啡浓香的吸引下拐进了街角的一家咖啡小店。沿着香气飘来的方向望去，一个大胡子师傅正在一边烹调咖啡，一边和柜台前的客人聊着城中见闻。在小店的另一角，客人们正三三两两地围坐在一起，一边品着热气腾腾的香浓咖啡，一边拉着家常。显然，其中不少人是咖啡店的常客。几缕阳光柔和地透过窗户，洒在小店的地上、桌上，一切是那么的惬意。在这里，为生活奔忙而紧皱起来的眉头仿佛一下子全舒展开来……“先生，请问您要什么咖啡？”服务生亲切的询问打断了这位营销总监的思绪。“哦，咖啡。”原来来咖啡店的人要的不仅仅是咖啡，更主要的是这种放松心情、发展友谊的空间。舒尔茨顿时恍然大悟。回到美国后，他马上把自己的想法告诉了当时还是咖啡豆零售商的东家星巴克公司。二十余年后，星巴克努力经营的“第三空间”理念为其带来了爆炸性的业务增长。星巴克的咖啡店真正成为能让人远离生活中众多烦恼的休闲场所。在星巴克，你甚至可以不喝咖啡，只要点上一杯果汁或一杯茶，就可以半躺在舒适的椅子上，享受一天无拘无束的时光。

与其说星巴克在兜售咖啡，还不如说他卖的是位子，是位子上那个让人放松的空间。舒尔茨的成功在于他深谙产品的含义。产品是任何能满足人们需要和欲望的东西。只要能满足

> 你寻求释放身心的需要，你在星巴克买到的无论是卡布奇诺、拿铁、摩卡、果汁甚至港式奶茶都没有问题。相反，许多企业往往过分关注具体的产品，忽视了产品能带给顾客的真正利益，患上“营销近视症”。
>
> (资料来源：方妙英. 苹果橘子营销学[M]. 北京：化学工业出版社，2009.)

2.1 产品导向营销观

产品导向营销观是以产品为导向，“以产定销”的营销观念，主要包括生产观念(Production Concept)、产品观念(Product Concept)和推销观念(Selling Concept)。

2.1.1 生产观念

生产观念是以产品生产为中心，以提高效率、增加产量、降低成本为重点的营销观念。在商品经济不发达、产品供不应求的情况下，经营者往往以生产观念指导企业的营销活动。

持生产观念的营销者认为，市场需要我的产品，消费者喜爱那些随时可以买到的、价格低廉的产品。因此，生产观念是一种“以产定销”的观念，表现为重生产轻营销、重数量轻特色。其主要特点如下。

(1) 企业主要精力放在产品的生产上。追求高效率、大批量、低成本；产品品种单一，生命周期长。

(2) 企业对市场的关心，主要表现在关心市场上产品的有无和产品的多少，而不是市场上消费者的需求。

(3) 企业管理中以生产部门作为主要部门。

生产观念在以下两种情况下是合理、可行的。一是物资短缺条件下，市场商品供不应求时。此时，消费者最关心的是能否得到商品；企业以生产观念为指导，不断扩大生产，保证供给，从客观上讲，也就是满足了市场的需求。二是由于产品成本过高而导致产品的市场价格高居不下时。在这种情况下，企业以生产观念为指导，不断改进生产，提高生产效率，降低成本，在短期内能够取得比较好的营销效果。因此，直到 20 世纪 30 年代前，不少企业一直以生产观念作为指导。

然而，随着经济的发展，仅希望“买得到、买得起”的目标市场越来越少，生产观念的用武之地也就越来越小。

2.1.2 产品观念

产品观念是以产品的改进为中心，以提高现有产品的质量和功能为重点的营销观念。当市场供求关系发生变化，供不应求局面得到缓解之时，促使一些企业转向产品观念。

持产品观念的营销者认为，消费者喜欢那些质量优良、功能齐全、具有特色的产品。因此，企业应致力于提高产品的质量、增加产品的功能，不断地改进产品。同时，抱着“皇帝的女儿不愁嫁”、“酒香不怕巷子深”的想法，认为只要产品好，不愁没销路，只有那些质量差的产品才需要推销。

在产品观念指导下，企业两眼向内看。一手抓管理，提高人员的素质，制定各种规章制度，使各部分人员训练有素，各方面工作井井有条。一手抓质量，不断改进产品，提高和增加产品

的功能，一批批高质量、多功能的产品纷纷问世:“从四楼扔下去仍是完好无损”的文件柜；“具有钢一般硬度的结实的”新型纤维；几代人都用不坏的板式家具等。

产品观念也是一种“以产定销”的观念，表现为重产品生产轻产品销售、重产品质量轻顾客需求。其主要特点如下。

(1) 企业把主要精力放在产品的改进和生产上，追求高质量、多功能。

(2) 轻视推销，单纯强调以产品本身来吸引顾客，一味排斥其他的促销手段。

(3) 企业管理中仍以生产部门为主要部门，但加强了生产过程中的质量控制。

产品观念相对生产观念来讲，有了一定的进步，在只抓产量不抓质量、大批劣质产品充斥市场的情况下，产品观念对于提高产品的质量、改善企业的形象起到了一定的作用。然而，不顾市场的实际需要，一味地提高产品的质量、增加产品的功能，无论是对消费者、对企业，还是对整个社会都是十分不利的。西方市场营销学家也纷纷对产品观念提出了批评。美国西北大学的菲利普·科特勒教授指出，那些以产品观念为指导的组织“应当朝窗外看的时候，它们却老是朝镜子里面看”。美国哈佛大学的西奥多·莱维特教授指出，产品观念导致“市场营销近视症”。

莱维特教授指出，“市场营销近视症”是指企业管理者在市场营销中缺乏远见，只注视其产品，认为只要生产出优质产品，顾客就必然会找上门，而不注重市场需求的变化趋势。“市场营销近视症”的主要表现如下。一是企业经营目标的“狭隘性”。这些企业将自己所经营的任务看得过于狭隘，人为地把自己限制在一个特定的狭隘目标上，以致限制了自身的发展。如某香皂生产企业将自己的经营目标定为“向市场上提供品质优良的香皂”，企业的产品研究部门集中精力在改进香皂的香型、配方、色彩、包装方面狠下工夫，而看不到自身是在从事“向市场提供清洁皮肤和护肤、美容等方面的满足”的事业，因此，当新一代液体洗面奶、营养洗面剂问世后，这些企业无从适应，受到很大的冲击。二是企业经营观念上的目光短浅。这些企业把自己的注意力集中在现有产品上，用主要技术和资源进行现有产品的研究和生产。他们目光短浅，看不到市场需求的新特点，看不到新产品取代旧产品的趋势，看不到市场经营策略的新变化。他们总以为本企业的产品是永远不会被淘汰的，只要有好的产品就不怕顾客不上门。这样的企业必然遭到失败。

莱维特教授提出，预防和治疗“市场营销近视症”的“处方”为“企业逆向经营过程”，即将传统的经营过程倒转过来：第一，了解消费者市场需求；第二，分析消费者需求，找出企业能够满足的部分；第三，确定满足需求的具体产品形式；第四，购进必需的原材料；第五，确定生产工艺；第六，生产产品；第七，将产品推向市场，满足消费者需求。

2.1.3 推销观念

推销观念是以产品的生产和销售为中心，以激励销售、促进购买为重点的营销观念。在产品供过于求的情况下，企业将自觉或不自觉地运用推销观念指导企业营销活动。

持推销观念的营销者认为，本企业的产品需要市场，而消费者在购买中往往表现出一定的惰性和消极性，没有一定的动力去促进，消费者通常不会足量地购买某一组织的产品。因此，企业必须积极地组织推销和促销，促使消费者大量购买，使本企业产品能占领市场。

在推销观念指导下，营销者的主要任务是在狠抓产品生产的同时，抽出部分精力用于产品的推销。一方面，积极引进先进技术和科学管理方法，不断提高生产效率，增加产品的品种和数量；另一方面，抽调一部分骨干力量，组成强有力的推销队伍，寻找潜在顾客，研究和运用各种方法说服潜在顾客购买本企业的产品，以提高本企业产品的销售量，扩大企业的市场占有率，获取较大的利润。

20世纪30年代以后，西方资本主义经济发展很快，工业、科技的发展及科学管理方法的推广，使市场上产品数量增加，花色品种增多，并开始出现供过于求的局面，企业之间竞争加剧。企业在注重生产的同时，开始重视产品的推销。30年代以后，推销观念广泛地被西方企业所接受和运用。

进入80年代以后，随着我国“对外开放、对内搞活”方针的不断落实，企业经营自主权的不断扩大，企业产品不再由商业部门统购包销，而必须自寻渠道、自找销路，企业纷纷开始组建推销队伍，研究和运用推销技术。

例如，1983年以后，由于国家放开了对手帕等三类商品的统购统销，武汉手帕厂曾一度陷入困境。企业开始重视产品的推销，抽调大量人员到华中、西南等地进行推销，与港商签订销售合同，并发动群众沿街叫卖，使积压的产品得以销售。

推销观念仍然是一种“以产定销”的营销观念，其主要特点如下。

(1) 产品不变。企业仍根据自己的条件决定生产方向及生产数量。

(2) 加强了推销。注重产品的销售，研究和运用推销和促销方法及技巧。

(3) 开始关注顾客。主要是寻找潜在顾客，并研究吸引顾客的方法与手段。

(4) 开始设立销售部门。但销售部门仍处于从属的地位。

推销观念不仅注重产品的生产，而且注重产品的销售。推销观念在以下两种情况下是可行的：一是当产品供大于求，产品大量积压时，此时市场竞争激烈，企业积极组织产品的推销，以大量销售企业能够生产的产品、取得较大利润为近期目标，对于促进积压产品的销售有一定的积极作用，能在短期内取得较好的营销效果；二是对于一些“非渴求商品”(即购买者一般不会想到要去购买的商品)，通过推销可以引起消费者的兴趣，促进消费者购买。

然而，推销观念注重的仍然是产品和利润，不注重市场需求的研究和满足，不注重消费者的利益和社会利益。强行推销不仅会引起消费者的反感，从而影响营销效果，而且也将会使消费者在不自愿的情况下购买了不需要的商品，严重损害了消费者的利益。

推销工作只是市场营销中的一部分，而且不是最重要的部分。正如菲利浦·科特勒所言：“推销只不过是营销冰山上的顶峰。推销要变得有效，必须以其他营销功能为前提。”著名管理学家彼得·德鲁克也指出：“可以设想，某些推销工作总是需要的。然而，营销的目的就是要使推销成为多余。营销的目的在于深刻地认识和了解顾客，从而使产品或服务完全适合他的需要而形成产品自我销售。”推销作为市场营销活动的一种职能，无论是过去、现在和将来，都会被企业所采用，在企业的市场营销中发挥一定的作用。但是，推销观念作为企业营销的一种指导思想，已不适应社会发展的需要。因此，现代企业的市场营销，必须摒弃传统营销观念的缺点，树立以消费者需求为导向的现代市场营销观念。

2.2 顾客导向营销观

品牌核心价值就是指品牌的内核，是品牌资产的主体部分，它让消费者通过品牌来区分不同产品的价值。美国西奥多·莱维特教授在60年代提出的“顾客导向”概念，不仅是现代市

场营销观的精辟概括，也是指导企业营销实践的行动指南。然而，随着营销理论与实践的发展，顾客导向营销观的内涵也在不断发生变化：从以适应需求为目标的市场营销观念，到以创导需求为目标的大市场营销观念，再到以顾客满意为目标的顾客满意营销观念，使企业的营销活动越来越贴近顾客。

2.2.1 适应需求——传统市场营销观念

传统市场营销观念是以市场需求为中心，以研究如何满足市场需求为重点的新型的营销观念。市场营销观念的确立，标志着企业在营销观念上发生了根本的、转折性的变革，由传统的封闭式的生产型企业转变为现代开放式的经营开拓型企业，为成功营销奠定了基础。

1. 市场营销观念的基本内容

市场营销观念认为，实现企业营销目标的关键在于正确地掌握目标市场的需求，并从整体上去满足目标市场的需求。因此，企业必须生产、经营市场所需要的产品，通过满足市场需求去获取企业的长期利润。

市场营销观念的基本内容，主要包括以下几个方面。

(1) 注重顾客需求。树立“顾客需要什么，就生产、经营什么”的市场营销观念，不仅要将顾客的需求作为企业营销的出发点，而且要将满足顾客的需求贯穿于企业营销的全过程，渗透于企业营销的各部门，成为各部门工作的准则。不仅要了解和满足顾客的现实需求，而且要了解和满足顾客的潜在需求，根据市场需求的变化趋势，来调整企业的营销战略，以适应市场的变化，求得企业的生存与发展。

(2) 坚持整体营销。市场营销观念要求企业在市场营销中，必须以企业营销的总体目标为基础，协调地运用产品、价格、渠道、促销、公关等因素，从各个方面来满足顾客的整体需求。

(3) 谋求长远利益。市场营销观念要求企业不仅要注重当前的利益，更要重视企业的长远利益。在营销中不仅要满足顾客的需要，而且要使顾客满意，通过顾客的满意，来树立企业的良好形象，争取再次购买者。因此，企业在市场营销中，不仅要注重产品的生产和销售，而且要注重营销服务。把服务贯穿在企业生产经营的全过程，而且贯穿始终。一个循环的结束，是另一个新的循环的开始，从而推动企业经营管理水平的不断提高。

2. 市场营销观念与推销观念的区别

从推销观念到现代市场营销观念的变化，是企业从“以产定销”的传统观念转变为“以需定产”的现代营销观念的一个重大的、带有转折性的变化。这在国际上称为与工业革命相提并论的“销售革命”。市场营销观念在营销重点、营销目的、营销手段、营销程序等方面都不同于推销观念。两者的区别主要表现在以下几个方面。

(1) 营销重点不同。推销观念以产品作为营销的重点。在推销观念指导下，企业将主要精力用于产品的生产和推销上，以“生产、销售我能生产的产品”作为营销的格言。市场营销观念以顾客需求作为营销的重点。在市场营销观念指导下，企业的各项工作、各个部门都以满足顾客需求作为中心和原则，围绕着如何满足顾客的现实需求和潜在需求来开展工作，以“生产、经营顾客所需要的产品”作为营销的格言。

(2) 营销目的不同。推销观念“通过产品销售来获取利润”。为了多销售产品、多获利，积极研究和运用推销技巧，有时甚至采取虚假广告等手段，急功近利，表现出“一锤子买卖”的短期行为。市场营销观念以“通过顾客满意而获得长期利益”为目的，既注重近期利润，又注重长期利益，将两者有机地结合起来，以优质的产品、合理的价格、优良的服务建立企业的信誉，从而取得顾客的信赖，以长期占领市场，取得长远的发展。

(3) 营销手段不同。推销观念以单一的推销和促销为手段，不注重各种营销因素的综合运用。市场营销观念则以整体营销为手段，在企业营销目标指导下，综合运用产品、定价、渠道、促销、公关等企业可以控制的营销因素，从整体上来满足顾客的需要。

(4) 营销程序不同。以推销观念为指导的企业营销活动，是“产品由生产者达到消费者的企业活动”，即以生产者为起点，以消费者为终点的“生产者→消费者”的单向营销活动过程。现代市场营销观念指导下的企业营销活动，是从调查、研究消费者需求入手，确定目标市场，研制目标顾客所需要的产品，提供目标顾客满意的价格、渠道、促销和服务，并反馈消费者的需求信息的全过程，即由“消费者→生产者→消费者”的不断循环上升的活动过程。

(5) 营销机构不同。以推销观念为指导的企业，由第一副总经理抓生产管理，由居于从属地位的销售副总经理直接领导若干个销售机构(或按地区划分，或按产品划分)和销售人员，如图 2-1 所示。

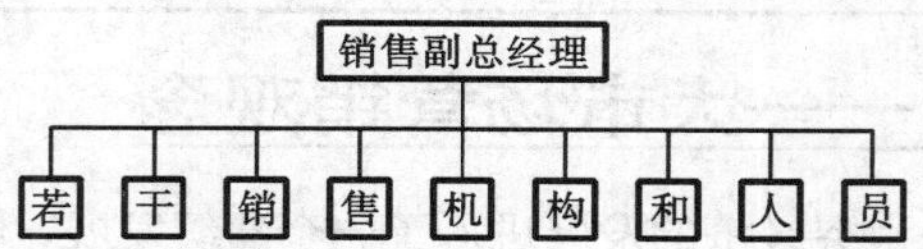

图 2-1　推销观念导向的营销机构

现代市场营销观念指导的企业，以整体营销工作作为企业的主要工作，由第一副总经理全面负责市场调研和市场销售工作，下设市场调研部、产品销售部、广告推广部、顾客服务部等，如图 2-2 所示。

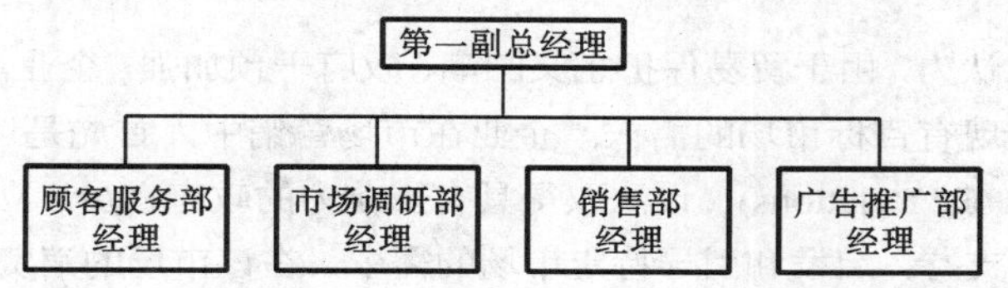

图 2-2　市场营销观念导向的营销机构

对于市场营销观念与推销观念的区别，著名营销学家莱维特作了精辟的概括：推销观念注重卖方需要，而营销观念则注重买方的需要；推销以卖方需要为出发点，考虑如何把产品变成现金，而营销则考虑如何通过产品，以及与创制、传送产品和最终消费产品有关的所有事情，来满足顾客的需要。

案例

营销视点

C 公司是经营啤酒的中外合资企业，具有较先进的生产设备和设施，拥有较强的技

术力量和素质较高的职工队伍，制定了严格的生产管理和质量控制措施。公司管理者认为：我们的产品按纯正的D国风味配方，别具特色，质量过硬，消费者会欢迎我们的产品；我们不会轻易地改变产品的配方；我们组织外销机构和内销队伍分别负责出口产品和国内产品的销售，推销人员定期与老客户联系，争取取得订单、收回货款；为了保证利润，我们按成本加一定比例的利润来计算价格；我们是合资企业，而且质量控制严，因此成本比较高，我们不会随意降价；目前公司的效益较好，我们不需要吹嘘自己的产品，产品质量本身就是最好的宣传。

D公司是啤酒行业中的后起之秀，由于底子较薄、基础较差，设备、厂房、技术力量都相对落后，管理者决定首先以当地市场作为目标市场，按本地区消费者的习惯和口味进行配方，尽可能地降低成本，以低廉的价格占领本地市场，使D公司啤酒畅销于本地的各副食商店及各大、中、小餐馆。同时，针对先富起来的一部分高消费者，将价格昂贵的“生啤”送到高级宾馆、高级娱乐场所，赚取高额利润。在此基础上，市场调研部门借助社会力量，调查研究各地市场的偏好，有计划地向外扩张，逐步扩大经营范围；推广部门借助各种媒介积极宣传企业的业绩，使企业不断发展壮大。

C公司和D公司体现了两种不同的营销观念，你能具体进行分析吗?

2.2.2 创导需求——大市场营销观念

20世纪80年代以来，世界经济的发展进入了一个滞缓发展、缺乏生气的时期，世界各国和各个地区采取封锁政策，贸易保护主义抬头。面对企业在进入贸易保护主义严重的那些特定地区进行营销活动时，所面临的各种政治壁垒和公众舆论方面的障碍，美国著名营销学家菲利浦·科特勒提出了大市场营销观念。

所谓大市场营销，是指企业为了成功地进入特定市场，并在那里从事业务经营，在策略上协调地使用经济的、心理的、政治的和公共关系等手段，以博得各有关方面的支持与合作的活动过程。

大市场营销观念认为，由于贸易保护主义回潮、政府干预加强，企业营销中所面临的问题，已不仅仅是如何满足现有目标市场的需求。企业在市场营销中，首先是运用政治权力(Political Power)和公共关系(Public Relations)，设法取得具有影响力的政府官员、立法部门、企业高层决策者等方面的合作与支持；启发和引导特定市场的需求，在该市场的消费者中树立良好的企业信誉和产品形象，以打开市场、进入市场。然后，运用传统的4P(产品、价格、渠道、促销)组合去满足该市场的需求，进一步巩固市场地位。

大市场营销观念与传统的市场营销观念的区别主要表现在以下4个方面。

(1) 对环境因素的态度不同。传统的市场营销观念将外部环境因素看做是不可控制的因素，企业在营销中主要是被动地适应它，分析环境、抓住机遇、避开风险。而大市场营销观念认为对于某些环境因素，企业可以通过某些途径，能动地去影响和改变它，使它成为企业营销的有利因素。

(2) 企业营销目标有所不同。在传统的市场营销观念指导下，企业营销的目标是“了解目标市场的需求，并设法去满足它”。在大市场营销观念指导下，企业营销的目标是“引导和改变目标顾客需求，打开和进入某一特定市场，进而满足市场需求”。

(3) 市场营销手段有所不同。传统的市场营销，以企业可以控制的4P(产品、价格、渠道、

促销)为手段，组成市场营销组合，去满足目标市场的需要。大市场营销以 6Ps(增加了政治权力和公共关系)为手段，打开和进入市场，引导并满足市场需求。

(4) 诱导方式有所不同。传统的市场营销采取积极的诱导方式，通过宣传，说服目标顾客接受企业及产品。大市场营销论者认为，有时也可采用政治权力等方式来打开市场。

2.2.3 顾客满意——顾客价值营销观

随着世界经济的飞速发展，企业竞争的日趋激烈，对“顾客导向”的认识也在不断地深化和拓展。80 年代末 90 年代初提出的顾客满意(CS 即 Customer Satisfaction)就是“顾客导向”在当代市场条件下的发展和具体运用。 “顾客满意”，是指顾客通过一个产品的可感知的效果(或结果)与他们的期望值相比较后所形成的感觉状态。CS 战略的兴起，使企业经营走向更高层次的顾客导向 。而顾客价值的研究和实现，是达到顾客满意目标的关键。在新时期，企业必须以顾客满意为目标，树立顾客价值营销观。

顾客满意的关注始于 20 世纪 80 年代中期的美国。美国企业界开始注重顾客满意，并制定了各个行业的 CSI(Customer Satisfaction Index)顾客满意指标体系。如美国 J. D. Power(鲍尔斯)公司针对汽车顾客的特点，制定了较为完善的顾客满意指标体系。

1989 年，瑞典引进 CS 指标体系，建立了全国性的顾客满意指标。

1991 年 5 月，美国市场营销协会(AMA)召开了第一届“如何以 CS 战略来应付竞争日益激烈的市场态势”的会议。

1990 年日本丰田、日产两大汽车公司率先导入 CS 战略，拉开了日本企业实施 CS 战略的序幕。CS 传入日本以后，有了极大的发展。从单一的顾客满意度调查，发展成为具有较为完整体系的指导企业经营活动的总体性战略。 日本企业界甚至将 1990 年定为“顾客满意元年”。进入 90 年代以来，激烈的国际市场竞争已打破了区域界限，形成了全方位、高强度之势。经济增长放慢，企业利润率降低，各种信息加快扩散的趋势越来越明显，企业要长期保持技术上的领先和生产率的领先以取得竞争优势，已非易事。企业只有坚持顾客导向，以顾客满意作为其营销活动的基本准则，建立与顾客的良好关系，才能在根本上赢得竞争优势。而实现顾客满意的关键是提高顾客让渡价值。

1. 顾客价值的内涵

20 世纪 80 年代中期以来，顾客价值理论成为西方营销理论界研究的热点。然而，什么是顾客价值？尚未有统一的定义，学者们从不同的角度进行了界定和研究。

1) 价值是价格和质量的权衡

这是营销学中对价值的最普遍的定义。学者们(Monroe,1979,1990； Monroe and Petroshius,1981； Dodds and Monroe,1985； Monroe and Krishnan,1985； Albert,1987； Buzzell and Gale,1987； Gravens et al.,1988； DeSouza,1989； Lichtenstein et al., Anderson and Fornell,1991； Dodds,1991)提出了包含相对产品质量和相对价格的价值形成：在给定的价格条件下，实际产品质量超过了顾客预期，或者在给定的质量水平下，实际价格低于预期价格，则顾客获得了价值。

2) 顾客感知价值

一种观点：顾客价值是顾客对感知利得和感知成本的权衡(Lljander and Strandvik,1992；

Monroe,1990； Zeithaml,1988)，并进一步把顾客价值概括为“顾客在感知利得与感知利失基础上对产品效用总体评价”(Zeithaml et al.,1990)。主要观点如下。

(1) 价值就是低价格。一些顾客将价值等同于低价格，表明在其价值感知过程中所要付出的货币是最为重要的。

(2) 价值就是顾客在产品或服务中所需要的东西。与关注所支付的价格不同，一些顾客将服务或产品中所得到的利益看做是最重要的价值因素。例如，对于电话通讯，商业顾客特别强调系统的可靠性，而且非常愿意为电话线的安全性和保密性支付高价格。

(3) 价值就是顾客的付出所能获得的质量。有些顾客将价值看做是支付的价格和所获得的服务之间的权衡。

(4) 价值就是顾客的全部付出所能得到的全部收益——全情景价值(Zeithaml, 1988)。

另一种观点：将感知价值定义为“感知利得(perceived benefits)与感知利失(perceived sacrifice)之间的比例”(Monroe，1991)。

该观点认为“购买者的价值感知体现了对产品感知质量或感知利益与因支付而产生的感知利失之间的权衡”。其中，感知质量或感知利益是与使用特定产品相关的实体特性、服务特性和特定使用条件下可能的技术支持；感知利失包括所有与购买行为相关的成本：购买价格、获得成本、运输、安装、订货处理、维修，以及潜在的失效风险。

此外，Anderson(1993)等人认为，“价值是顾客对产品的一种相对于购买价格而言的感知效用，这种效用可以体现在经济、技术、服务和社会效益等诸多方面”。Gale(1994)认为，“顾客价值是相对于产品价格的市场感知质量”。

3) 顾客价值的多变量内涵

Butz 和 Goodstein(1996)认为，顾客价值是指在顾客使用产品或服务，并获得价值增值之后而产生的一种顾客与生产商之间的情感联系(emotional bond)。

Flint, Daniel J.等人(1997)认为，可以从三个方面来理解价值：价值观、理想价值和价值判断(values, desired values and value judgments)。认为顾客价值就是对放弃的特性与期望的特性的一种权衡比较。

而美国田纳西州立大学顾客价值与满意研究项目负责教授 Woodruff(1997)则认为，以往对顾客价值的认识往往局限于影响购买的产品/服务属性，而且需要依赖诸如效用、利益、质量等本身尚无严格定义的术语。为了克服以上不足，他在实证研究的基础上指出，顾客价值是顾客对特定使用情景下有助于(有碍于)实现自己目标和目的的产品属性及其实效与使用结果的感知偏好与评价。这个定义不仅综合考虑了顾客的期望价值和实现价值，而且强调价值来源于顾客通过学习得到的感知 (perception)、偏好 (preference)和评价(evaluation)，并进一步把产品、使用情景和相应的顾客感知效果紧密地联系在一起。由此可见，价值的构成不仅仅只限于商品、服务和货币，诸如时间、精力、感受和资源等因素也包含其中。

4) 顾客让渡价值

“顾客让渡价值”又称“让客价值”，是指顾客总利益(total customer value)与顾客总成本(total customer cost)之间的差额(可以看做是顾客的利润)。“顾客总利益”是指顾客购买某一产品与服务所期望获得的所有利益，它包括产品利益、服务利益、人员利益和形象利益。“顾客总成本”是指顾客为获得某一产品所费的时间、精力及所支付的货币等，因此顾客总成本包括货币成本、时间成本、精神成本和体力成本 (Philip Kotler,1994)。

2. 提高顾客让渡价值

对顾客来说，“顾客让渡价值”就是企业所提供的使其感到满意的价值。由于顾客在购买商品时，总希望把包括货币、时间、精力在内的有关成本降到最低限度，同时又希望从中获得更多的利益，以使自己的需要得到最大限度的满足。因此，顾客在购买产品或服务时，往往从价值与成本两个方面进行比较分析，选择对自己来说“让客价值”最大的产品或服务。企业实施CS战略，就是为了能向顾客提供颇具吸引力的“让客价值”，以实现顾客满意的目标。CS战略的实施和“让客价值”理论的提出，使顾客导向发展到一个新的阶段：由传统的适应需求、满足需求发展到顾客满意。企业要提高“让客价值”，可以从两个方面改进自己的工作。

1) 增加顾客购买的总利益

使顾客获得更大的“让客价值”的途径之一，是增加顾客购买的总利益。顾客总利益由产品利益、服务利益、人员利益和形象利益组成，其中每一项价值因素的变化均对总利益产生影响。

(1) 产品利益。产品利益是指产品的功能、特性、品质、品牌与式样等所体现的价值。它是决定顾客购买总利益大小的主要因素。产品利益是由顾客需要来决定的，在分析产品价值时应注意经济发展所处的时期。

在经济发展的不同时期，顾客对产品有不同的需求，构成产品利益的要素及各种要素的相对重要程度亦会有所不同。在经济不发达、生产水平相对较低时，顾客购买产品时更看重产品的耐用性、可靠性等，而对产品的花色、式样、特色等却较少考虑。在经济发展迅速、商品大量供应、人们生活水平普遍提高的今天，顾客往往更为重视产品的特色质量，如要求功能多、式样新等。

在经济发展的同一时期，不同的顾客在消费选择上显示出极强的个性特色和明显的需求差异性，对产品价值也会有不同的要求。因此，企业必须认真分析不同顾客的需求个性和特征，并据此进行产品的开发与设计，以增强产品价值的适应性，为顾客创造更大的价值。

(2) 服务利益。服务利益是指企业伴随产品实体的出售或者单独地向顾客提供的各种服务所体现的利益。随着消费者收入水平的提高和消费观念的变化，消费者在选购商品时，不仅注意产品实体价值的高低，而且更加重视产品附加价值的大小。特别是在同类产品质量与性能大体相同的情况下，企业向顾客提供的服务越完善，产品的附加价值越大，顾客从中获得的总利益也越大。因此，向顾客提供更完善的服务，已成为现代企业竞争的新焦点。

(3) 人员利益。人员利益是指企业员工的经营思想、知识水平、业务能力、工作效率与质量、经营作风、应变能力等所体现的利益。员工直接决定着企业为顾客提供的产品与服务的质量，决定着顾客购买总利益的大小。一个综合素质较高的员工，能够比知识水平低、业务能力差、缺乏顾客导向观念的员工为顾客创造更高的价值，从而创造更多满意的顾客。然而，人员价值对企业、对顾客的影响作用往往是潜移默化、不易度量的。因此，高度重视对企业人员综合素质与能力的培养，强化其顾客导向的观念，加强对员工日常工作的激励、监督与管理，使其始终保持较高的工作质量与水平就显得更为重要。

(4) 形象利益。形象利益是指企业及其产品在社会公众中形成的总体形象所体现的价值。包括企业的产品、技术、包装、商标、工作场所等所构成的、能为公众感官所把握的有形形象所体现的价值；公司及其员工的职业道德、经营行为、服务态度、工作作风等行为形象所

体现的价值；以及企业的价值观念、经营哲学等理念形象所体观的价值。形象价值对于企业来说是宝贵的无形资产，良好的形象会对企业的产品产生巨大的支持作用，给顾客带来精神上和心理上的满足感、信任感，使顾客的需要获得更高层次和更大限度的满足，从而增加顾客购买的总利益。

2) 降低顾客购买的总成本

使顾客获得更大“让客价值”的途径之二，是降低顾客购买的总成本。顾客总成本不仅包括货币成本，而且还包括时间成本、精力成本、体力成本等非货币成本。一般情况下，顾客购买时首先要考虑货币成本的大小，因此货币成本是构成顾客总成本大小的基本因素。在货币成本相同或差别不大的情况下，顾客还要考虑购买时所花费的时间、精力、体力等。尤其是随着人们生活水平的提高，后者在很多时候是构成顾客总成本的主要因素。

(1) 时间成本。在顾客总价值与其他成本一定的情况下，时间成本越低，顾客购买的总成本越小，从而“让客价值”越大。如以服务企业为例，顾客为购买餐馆、旅店、银行等服务行业所提供的服务时，常常需要等候一段时间才能进入到正式购买或消费阶段，特别是在营业高峰期更是如此。在服务质量相同的情况下，顾客等候购买该项服务的时间越长，所花费的时间成本就越大，购买的总成本也就会增加。同时，等候时间越长，越容易引起顾客对企业的不满，从而中途放弃购买的可能性亦会增大。因此，努力提高工作效率，在保证产品与服务质量的前提下，尽可能减少顾客时间的支出，降低顾客的购买成本，是为顾客创造更大的“让客价值”，增强企业竞争能力的重要途径。

(2) 精力、体力成本。精力、体力成本是指顾客在购买产品及服务时，在精神、体力方面的耗费与支出。顾客购买商品的过程是一个从产生需求、收集信息、判断选择、决定购买到实施购买，以及购后感受的全过程，在购买过程的各个阶段，均需付出一定的精神与体力。如果企业能够通过各种渠道向顾客提供全面详尽的商品信息，就可以减少顾客为获取信息所耗费的精神与体力；企业能为顾客提供良好的售后服务，如送货上门、安装调试、定期维修、供应零配件等，就会减少顾客为此耗费的精神和体力。

2.3 市场导向营销观

顾客导向下的营销观念以顾客需求为中心，以满足消费者需求作为企业营销工作的重点，较之以产品为重点的营销观念而言，是观念上的一次飞跃，是一个全新的观念。然而，随着经济的发展、竞争的日趋激化，企业营销中仅仅考虑顾客的需求是不够的，还必须从市场的角度、从整个社会的角度来考虑。

2.3.1 市场导向营销观念

1. 创建市场导向营销观念的理论依据

市场导向营销观从市场需求和市场竞争两个焦点出发，通过企业自身的比较优势的分析和发挥，比竞争对手更有效地满足市场需求，取得满意的营销绩效。

1) 兰·戈登提出的新的营销观念

市场导向营销观的创导者是加拿大产业市场营销研究协会的主席兰·戈登。1985 年，他在加拿大《商业季刊》上发表了题为“扬弃市场营销观念，树立竞争观念”的文章，指出企业应当“首先识别出哪些是未被竞争者满足的需求，或是还未被充分提及的顾客需求，然后在盈利或符合企业目标的前提下，努力满足上述需求”。

兰·戈登认为，传统的市场营销观念已不能有效地指导企业实现利润最大化目标，它存在以下缺陷：

(1) 容易使企业所提供的产品在同行中出现雷同；

(2) 由于产品雷同，而市场需求总量有限，从而使本企业和同行业其他企业各自的市汤份额都相对缩小；

(3) 各自市场份额的下降，必将导致本企业及同行业中各个企业的利润额下降；

(4) 少数具有潜能的劣势企业将被淘汰。

据此，兰·戈登提出：一个企业要想持续增长，就必须扬弃传统的市场营销观念，树立一种既考虑顾客需要的满足，又考虑竞争者经营战略的新的营销观念。

2) 菲利普·科特勒提出的“市场导向”

菲利普·科特勒指出：今天的公司既要注意顾客，也要注意竞争者。公司在几年间已经改变过四种不同的导向。在第一阶段，公司既不注意顾客，也不注意竞争者(产品导向)；在第二阶段，开始注意顾客(顾客导向)；在第三阶段，开始注意竞争者(竞争者导向)；在今天这个阶段，两者必须兼顾(市场导向)。公司导向的转变如图 2-3 所示。

以竞争者为中心		以顾客为中心：否	以顾客为中心：是
	否	产品导向	顾客导向
	是	竞争者导向	市场导向

图 2-3 公司导向的转变

3) 亨特和摩根(Hunt and Morgan)为代表的“比较优势理论”

1995 年，亨特和摩根在企业成长理论、竞争理性理论、竞争优势理论和差异化优势理论等基础上，提出了“比较优势理论”(或称“资源优势理论”)。

比较优势理论有如下观点。

从消费者需求角度来看：

(1) 人类的动机总是在道德判断的约束下追求自身的利益。

(2) 消费者对可能满足其偏好的产品信息是不完全的，而要想获得全部信息的成本(包括金钱、时间、精力、体力)往往是高昂的。

(3) 人类需求的差异性和发展性，使产业间和产业内的需求都具有明显的异质性和动态性。

从企业与竞争者的角度来看：

(1) 一方面企业缺少利润最大化的足够信息，另一方面企业行为也受到道德的约束。因此，企业的主要目标不是利润最大化，而是实现优秀的财务业绩，即相对于自己的竞争对手有更好的财务业绩。波特将“成功的企业”定义为“相对于世界上最强的竞争对手，有优秀的、持久的财务业绩”。

(2) 不同企业的资源(包括厂房、设备等物质资源；资金储备等财务资源；员工知识、技

能、素质等人力资本资源；商标、许可证等法律方面的资源；能力、政策、文化等组织资源；由消费者、竞争者情报所形成的信息、知识资源；与供应商、经销商、顾客关系等形成的关系资源等)具有明显的异质性和不完全流动性。因此，如果一个企业拥有某些在竞争对手中所稀缺的资源或资源搭配，就具有为企业建立比较优势的潜力，就可能比竞争对手更有效地为某细分市场创造价值。

(3) 资源的获得和资源搭配是一个战略问题。管理者的职能就是要通过资源的获得和资源搭配来增强自身的比较优势/削弱竞争者的比较优势，从而获得竞争优势：识别并理解当前的战略—创造新战略—选择可行的战略—实施战略—随环境和时间的变化调整战略。

(4) 资源获取和搭配的思路：对于可流动资源，可以通过市场购买，取得竞争对手赖以支撑的资源，从而削弱竞争对手的比较优势；对于非流动资源，则必须通过创新来获得比较优势，一方面可以通过取得模仿资源或寻找战略上等同的替代资源来削弱竞争者的比较优势，另一方面可以通过创新寻找一种能产生比竞争者更高价值的新的资源。

2. 生态营销观念

生态营销观念是以市场为导向，以市场需求和市场竞争为中心，以寻找和满足最能发挥企业优势的市场需求、提高企业经营效益为重点的营销观念。

生态营销观念认为，市场上的需求多种多样，任何一个企业都不可能满足市场上的所有需求，而只能将那些最能发挥企业优势的市场需求作为企业的营销方向，设法去满足它。因此，企业在市场营销中，不仅要满足市场的需求，而且要发挥企业的优势，将两者有机地结合起来。正如各种生物一样，根据适者生存的原理，必须选择那些最能发挥自身机体功能的生态环境，作为自己生存和繁衍的场所。生态营销观念示意图如图 2-4 所示。

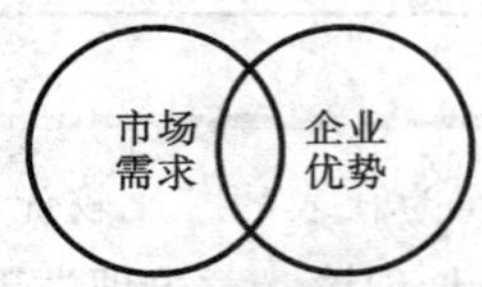

图 2-4　生态营销观念示意图

在生态营销观念指导下，企业一方面坚持以消费者需求为中心，按市场的需求来组织企业的营销活动，注重整体营销，注重通过使顾客满意而获取长远利益；另一方面强调发挥自身的优势和特长，扬长避短，避免因盲目跟市场、赶浪潮而带来失误。注重企业内部的优势分析和竞争状况分析，从而利用和发挥自身的优势，取得竞争的有利地位。因此，生态营销观念不仅有助于抓住新的市场机会，满足市场的潜在需求，而且重视发挥企业的优势，它是对市场营销观念的进一步补充和完善，是市场营销观念的进一步发展。

20 世纪 70 年代创导的生态营销观念比仅仅注重市场需求的顾客导向营销观念更先进、更科学，以生态营销观念为指导，更有利于提高企业营销效益和竞争能力。因此，生态营销观念受到很多企业的重视。例如，北京某食品店根据顾客对新鲜食品的需求，发挥企业前店后厂优势，每天定时出售火腿、肉松、葱油、干菜等各式鲜饼，深受消费者欢迎。又如，天津金属配件厂在决定转产方向的关键时刻，根据市场需求和自身优势的分析，毅然放弃了生产市场热门产品——洗衣机的打算，果断地转产与洗衣机配套的脱水定时器，一举成功，当年获利 42.5 万

元。然而，也有一些企业不顾自身的条件，盲目地赶热潮，造成了巨大的损失。因此，生态营销观念对于修正单纯的市场营销观念的只看市场需求、忽视自身条件的盲目性，具有十分重要的意义。

3. 双焦点市场导向营销观

双焦点市场导向营销观是在生态营销观念基础上的进一步发展，强调企业市场营销中必须注重市场需求和市场竞争两个焦点。企业在市场营销中，一方面要注重市场的现实需求和潜在需求的分析，把握某种产品的总体需求量的大小、需求特征及变化趋势，使企业的决策能符合市场需求的变化和发展趋势；另一方面，还要注重对现实竞争者和潜在竞争者的分析，把握竞争者及其战略策略的变化，分析把握自身的比较优势，扬长避短，在竞争中取得满意的营销绩效。

在分析的基础上，根据比较优势理论，首先，充分运用企业所拥有的在竞争对手中所稀缺的资源或资源搭配来满足某些目标市场的需求；其次，通过资源的获得和资源搭配来增强自身的比较优势/削弱竞争者的比较优势，争取比竞争对手更好地满足同一目标市场的需求；再次，也可以通过市场购买或创新，取得竞争对手赖以支撑的资源，从而削弱竞争对手的比较优势，以提高自身的比较优势；最后，对于一些强势企业，可以通过建立战略联盟，达到优势互补，实现双赢。

4. 多层面市场导向营销观

Narver 和 Slater(1990)认为，可以通过五个构面来度量：顾客导向、竞争导向、跨部门协调，以及两大决策准则——长期目标和利润导向。

这 5 个构面之间的关系如图 2-5 所示。从图中可以看出，顾客导向、竞争者导向和跨部门协调三者形成一个等边的三角形，表示三种行为同等重要。这主要是因为，顾客导向和竞争者导向包括在目标市场内对顾客和竞争者的信息收集和信息在组织内的传播活动。跨职能协调正是基于顾客和竞争者信息处理和企业协调的努力，为顾客创造优势价值。因此，为建立顾客价值，企业组织必须兼顾顾客导向、竞争者导向和跨部门协调，对三者给予同等重视。而长期目标(long-term horizon) 和利润导向(profit emphasis) 作为决策的两大准则，认为组织必须从长期的角度来看待投资的回收和企业的经营，并以利润为导向对各部门的绩效进行评估。

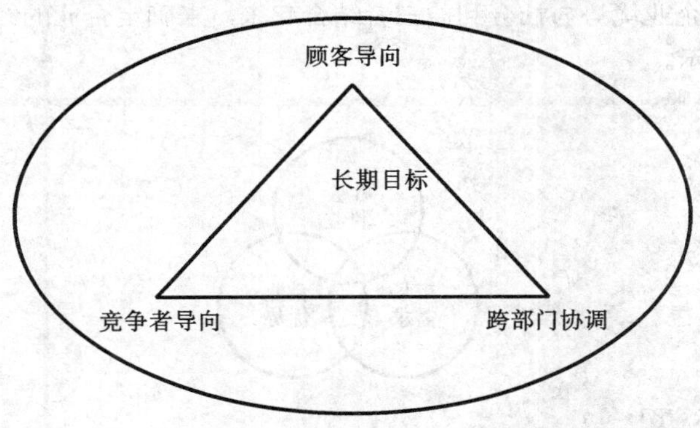

图 2-5　Narver 和 Slater 的市场导向图

2.3.2 社会市场导向营销观

1. 社会市场营销观

进入20世纪60年代以后，西方国家的一些企业打着“以消费者为中心”的幌子，不顾社会整体利益，一些外表十分精美而内在质量低劣，甚至损害消费者身心健康的产品纷纷出笼。企业为了牟取暴利，甚至采用一些蒙骗消费者的手段，以次充好、以劣充优、掺杂使假，并以虚假广告进行宣传，使消费者上当受骗。新产品的不断问世使社会资源造成巨大浪费，社会环境遭到严重的污染，消费者的社会利益受到侵害。

在这种形势下，一方面，以美国为代表的各西方国家消费者利益运动高涨。消费者为了维护自身的利益，纷纷成立了“消费者协会”等组织，以游行、请愿等形式，抗议企业对消费者利益的侵害；呼吁政府出面干预企业的不正当行为。为了平息消费者运动，1962年美国总统肯尼迪发布了消费者权利法案，宣称消费者有以下权利：获得安全的产品；取得有关产品的可靠信息；选择产品和劳务；当正当权益遭到侵害时，能以某种方式向官方申诉，以保证得到赔偿。另一方面，市场营销界的学者们也纷纷行动起来，指责市场营销中的缺陷，并提出了一系列新的营销观念。

例如，美国管理学大师彼得·德鲁克在70年代指出：“市场营销漂亮话讲了20年之后，消费者主义居然变成了一个强大的流行的运动，这就证明没有多少公司真正奉行市场营销观念，消费者运动是市场营销的耻辱。”(彼得·德鲁克《管理：任务、责任和实践》，哈泼罗公司1973年版第64页)。美国密执安大学的威廉·莱泽认为：当今工业高度发展的世界上，企业活动的目的不仅是使利润最大化，而且要考虑取得更好的社会效益，即企业通过营销活动，充分有效地利用人力资源、自然资源，在满足消费者需要、取得合理利润的同时，还要保护环境、减少公害，维持一个健康、和谐的社会环境，以不断提高人类的生活质量。

因此，70年代以后，西方学者提出了“人性观念”、“明智的消费观念”等一系列新的观念，来修正和代替单纯的市场营销观念。其中最引人注目的是“社会营销观念”。

社会营销观念认为，企业的营销活动不仅要满足消费者的欲望和需求，而且要符合消费者和全社会的最大长远利益，要变“以消费者为中心”为“以社会为中心”。因此，企业在市场营销中，一方面要满足市场需求，另一方面要发挥企业的优势；同时，还要注重社会利益——确保消费者的身心健康和安全，确保社会资源的合理、有效利用，防止环境污染和保持生态平衡。要将市场需求、企业优势与社会利益三者结合起来，来确定企业的经营方向。社会营销观念示意图如图2-6所示。

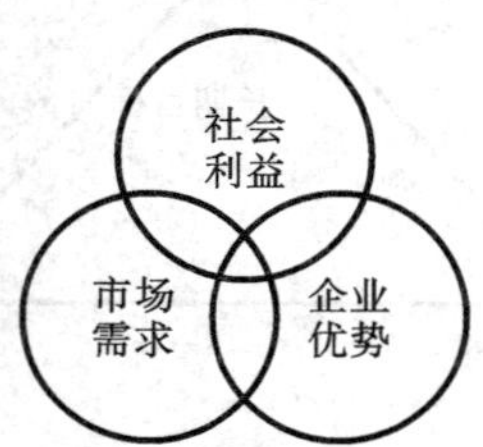

图2-6 社会营销观念示意图

在社会营销观念指导下，图中线条部分，即为企业的经营重点。因此，企业一方面要搞好

市场调查研究，不仅要了解市场的现实需求和潜在需求，而且要了解市场需求的满足情况，以避免重复引进、重复生产带来的社会资源的浪费；不仅要调查市场需求，而且要了解企业的营销效果。另一方面，要注重企业和竞争对手的优劣势分析，发挥自身的优势来搞好营销。同时，注重企业营销的社会效益分析，从全局利益考虑，发展有利于社会效益和人民身心健康的业务，放弃那些高能耗、高污染，有损人民身心健康的业务，为促进经济社会的发展、造福子孙后代作出贡献。

社会营销观念是对市场营销观念、生态营销观念的进一步修正和发展，它强调企业营销不仅要以消费者为中心，更重要的是要以社会为中心，注重社会利益；不仅要注重企业的微观效益，更要注重全社会的宏观效益。社会营销观念的提出，是企业营销观念的又一大进步。我国社会主义企业的营销活动，以谋求社会利益作为企业的根本宗旨，体现了企业利益与社会利益的一致性。我国企业应自觉地以社会营销观念为指导，将市场需求、企业优势与社会利益的有机结合点作为企业决策的依据，全方位地提高企业的营销效益，在获取企业营销利润的同时，实现企业的社会责任。

本章小结

本章主要研究产品导向营销观向顾客导向营销观的演进过程；顾客导向营销观的发展与完善；创立新型市场导向营销观的理论依据及其相关内容；关系导向营销观的演进及内容。

产品导向营销观以产品生产或销售为中心，是以产定销的营销观念。主要包括生产观念、产品观念和推销观念。

顾客导向营销观的内涵也在不断发生变化：从以适应需求为目标的市场营销观念，到以创导需求为目标的大市场营销观念，再到以顾客满意为目标的顾客满意营销观念。

市场导向营销观从市场需求和市场竞争两个焦点出发，通过企业自身的比较优势的分析和发挥，比竞争对手更有效地满足市场需求，取得满意的营销绩效。

以社会与市场为导向的营销观强调企业营销中不仅要注重企业自身的利益和消费者的利益，而且要注重社会的利益和利益相关者的利益，强调实现“多赢”目的。

关键术语

产品导向营销观　生产观念　产品观念　推销观念
顾客导向营销观　大市场营销观　顾客满意营销观　市场导向营销观
关系导向营销观

思考题

1. 试说明顾客导向营销观的演进过程。
2. 什么是市场导向营销观？试说明现阶段企业树立市场导向营销观的必要性。
3. 试说明关系导向营销观的演进过程。
4. 关系导向营销观与传统营销的区别何在？

5. 企业如何转变营销观念，树立新型营销观？

参考文献

1. 菲利普·科特勒. 营销管理[M]. 8 版. 梅汝和，等，译. 上海：上海人民出版社，1994.
2. 万后芬. 现代市场营销学[M]. 北京：中国财经出版社，2001.
3. 万后芬. 市场营销教程[M]. 北京：高等教育出版社，2007.
4. 迈克尔·J 贝克. 市场营销百科[M]. 李桓，译. 沈阳：辽宁教育出版社，1998.
5. 马丁·克里斯托弗. 关系营销[M]. 李宏明，等，译. 北京：中国经济出版社，1998.
6. 方妙英. 苹果橘子营销学[M]. 北京：化学工业出版社，2009.

案例研讨

福特公司的几起几落

福特汽车公司位于美国密歇根州的迪尔本市，拥有占地 1200 英亩的钢铁铸件厂、玻璃厂和 110 英里长的专用铁轨。自从 1896 年老亨利·福特的第一号试验车试车成功，汽车就成了人们生活中取代马车的主要交通工具，汽车业也迅速发展起来。

当时的汽车制作者们一般都着力于高档汽车的设计生产，推出的都是价格昂贵的豪华车型，只有少数富人有购买能力，一般人根本不敢问津。作为汽车行业的佼佼者的福特公司推出了 8 种以 A、B、C 等字母为标志的高档车型，指望这些豪华车能给公司带来更为火爆的行市。谁料事实正好相反，福特的汽车销量大幅度下降，利润仅为头一年的三分之一。

老福特大为震惊，他意识到汽车业要大发展，必须满足大多数人的要求，而不是仅仅局限于生产高档汽车。而对市场的选择，他决心来一次汽车制造业革命，让汽车实用化、大众化，走入千家万户。

福特首先想到了农民这一广阔的市场。他自己出身农民，知道农民最需要的是一种便于农作的工具车，这种车不仅要价格便宜，而且除乘坐外，最好还能拆开来用作其他农具。这一思路完全突破了以往的汽车概念，非常大胆。福特亲自上阵，精心设计出一种万能农用车——T 型车。

这种全新的 T 型车造型简单，就像是在四个轮子上安了一个大黑匣子，各部分可装可拆，可以自由组装成多种实用的农用机械，可用来锯木、抽水、搅拌等。由于去除了不必要的附件，车身减轻了，造价也大大降低。另外，它还有一大优势，那就是适合乡间路况。当时，美国内陆地区没有多少正规公路，落基山区的弯弯山路、密西西比河谷的狭窄泥路便是典型。T 型车针对这种情况，设计了较高的底盘，可以像踩高跷一样在颠簸的路上顺利行驶。

1912 年福特公司聘用詹姆斯·库兹恩任总经理。库兹恩上任后实施了三项决策。

(1) 对主产品“T 型车”的销价作出了降价的决策。即从 1910 年定的售价 950 美元，降到 850 美元以下。

(2) 按每辆“T 型车”850 美元售价的目标，着手改革公司内部的生产线。在占地面积为 278 英亩的新厂中首先采用现代化的大规模装配作业线，使过去 12.5 小时出一辆“T 型车”，降

到 9 分钟出一辆车，大幅度地降低成本。

(3) 在全世界设置 7000 多家代销商，广设销售网点。

这三项决策的成功，使“T 型车”冲向全世界，市场占有率占全国汽车行业之首。

1919 年，老亨利·福特独占福特公司，库兹恩被解雇，福特自任总经理。福特一方面采用低价策略，到 1924 年，每辆“T 型车”售价已降到 240 美元。另一方面又提出“不管顾客需要什么，我的车都是黑的”的自我为主的策略，以“黑色车”来作为福特汽车公司的象征。到 1928 年，福特汽车公司的市场占有率被通用汽车公司超过，退居第二位。

美国通用汽车公司于 1908 年成立，由杜邦财团控制(成立时称为美国新泽西通用汽车公司，1916 年改为美国通用汽车公司)，在 1928 年以前，是市场占有率远远低于福特汽车公司的一个弱手。1921 年斯隆就职于通用汽车公司，针对当时通用汽车公司松散的权力分散状况写了《组织研究》一文，提出了“集中政策控制下的分散作业”的组织结构(后发展成“事业部制”)，使集权与分权得到很好平衡。1923 年，斯隆任通用汽车公司总经理，改革了经营组织，使公司高层领导人抓经营，抓战略性决策，日常的管理工作由事业部去完成。同时，提出“汽车形式多样化”以满足各阶层消费者需要的经营方针。如高级舒适的“卡迪莱克”车、中级的“奥尔茨莫比尔”车、低级的“雪佛兰”车。1923 年市场占有率为 12%，远远低于福特汽车公司；1928 年市场占有率超过 30%，超出福特汽车公司；1956 年市场占有率达 53%，成为美国最大的汽车公司。

20 世纪 40 年代初，作为美国汽车行业元老的福特公司渐渐显出老态，许多原有车型和车种都面临被淘汰的危险。

1943 年秋，26 岁的亨利·福特从海军复员，进入福特汽车公司工作，1945 年被任命为福特公司的总经理，摆在他面前的是一个每月亏损 900 万美元的濒临破产的公司。亨利·福特从引进人才入手，引进了通用汽车公司副总经理欧内斯特·布里奇及“通用”的另外几个高级管理人员，并雇用了 10 个战争期间在空军中从事规章制度管理工作的、被称为“神童”的年轻人。通过成本控制、产品开发，使公司扭亏为盈。

1962 年，亚科卡担任福特汽车公司分部总经理，决心力挽狂澜，重振福特雄风。亚科卡首先意识到福特原有车型在外观上与潮流不符，人们都偏爱美观新潮的车型，而福特还是老观念当家，忽视外形，一味注重车辆机械性能；在一些细节设计上，也为用户考虑得不够周到，如车上没有行李架，给人们造成不便。在研究市场的过程中他发现，上一代汽车用户的原有车辆已基本老化，许多人正准备购买一辆时髦新颖的豪华车；另外，二战生育高峰中出生的孩子都已长大成人，西方世界仅 20~24 岁的年轻人就增加了 50%以上，这代人追求高档、新潮，原有车型很难满足他们的需求，而他们正是一个巨大的汽车消费群体。

基本思路确定后，亚科卡马上组织专业人员，开始全力设计市场需要的新车型。新车大体模型出来了，该取一个什么名字来吸引顾客呢？在车名研讨会上，一位设计人员提到一战中所向披靡的“野马”式战斗机。这个名称一下子吸引了亚科卡，他想到，以一种人们熟悉的战斗机为汽车命名，本身就带有一种狂放不驯的意味，何况“野马”还能自然使人们与风驰电掣、不拘一格的感觉联系在一起，对新一代来说一定具有强烈的吸引力。

车名定下来后，设计者们又根据“野马”这一名称对新车的外形作了一些改进，他们将车身染成白色，却将车轮涂成红色，车尾的保险杠向上弯曲，仿佛一匹正在昂首阔步向前奔跑的骏马，独特而抢眼。他们还把车标设计成狂奔中的野马，安装在车前护栅中。这下，新车真的成了一匹不驯的野马。

亚科卡对新车的性能与外形都很满意，接下来他关注的便是在推出新车的同时，用怎样的广告攻势抓住人心。对这次广告策划，亚科卡着重强调的是那种铺天盖地、不可阻挡的感觉。大家决定从多种渠道出击：发动新闻战，让广大用户了解新产品；向消费者本人直接促销；在最佳时机做广告，进行轮番不断的广告攻势。

亚科卡的心血没有白费，“野马”上市第一天，就有 400 万人涌到福特销售店购买新车。第一天，就售出了近 2.2 万辆。一年内，“野马”销售量达到 418812 辆，创下了惊人的记录。

(资料来源：http://em.xidian.edu.cn/course/.)

案例思考题

1. 试分析福特失败的原因？
2. 亚科卡为什么能力挽狂澜？

第3章 市场需求与购买行为分析

本章提要 需求是市场存在的前提，不同的需求产生不同类型的市场形态，而不同形态的市场上，购买者的购买行为又千差万别。因此，分别针对不同类型市场上的购买行为进行研究就显得十分必要。本章主要介绍了从营销学的角度来研究市场与需求时它们所具有的几种类型，并在此基础上，对因需求不同而产生的消费者市场和组织市场的购买行为进行了较深入的研究。本章重点在于把握影响消费者行为的因素、消费者的购买类型与决策过程。难点在于理解各因素是如何对消费者行为产生影响的。

引　　例

哈尔滨羽绒服反季促销

2007年的秋天，人们发现，立秋以来，反季销售、特价处理、降价甩卖羽绒服等促销形式在哈尔滨各大商场又占有一席之地，一系列降价宣传条幅正冲击着消费者的眼球。在当地一些大商场，不少商家设立了羽绒服特卖场。9月正是羽绒服新老商品的交替过渡期，也将是反季销售的最后时期。因为从9月中旬开始，才进入羽绒服销售的旺季，通常商家都习惯抢先销售，不分淡季与旺季，统统出售，使消费者感觉淡季里的盛夏时节购买羽绒服会便宜，因此商家就是抓住消费者的心态，盛夏时节就开始反季特卖，而秋季以后，才正是羽绒服销售进入佳境的时期。在哈尔滨另一家大商场，部分品牌的羽绒服售价都在5折以下，最便宜的才50元，与冬季相比，花1件衣服的钱差不多能买到3件，实惠是显而易见的；而一些名牌羽绒服，价位虽仍在300～400元之间，也不乏购买者。

(资料来源：汤定娜. 中国企业营销案例[M]. 北京：高等教育出版社，2007.)

3.1 市场分类及需求类型

3.1.1 市场的分类

对市场依一定的标准进行分类是市场分析的一种主要方法，有利于帮助营销者认识和了解

某一特定市场。市场分类的方法较多，从市场营销的角度剖析，主要有如下几种。

1．按商品的基本属性分

按商品的基本属性即有无实际使用价值或效用划分，可分为实值商品市场和虚拟商品市场。

实值商品市场既包括具有具体物质形态的商品市场，又包括各种非物质形态、准物质形态商品市场，主要有物品市场、劳务市场、技术市场、文化市场和资产市场。物品市场，又可分为自然资源品市场和加工制造品市场；劳务市场，又可分为劳务产品市场和劳务资源市场；资产市场，又可分为有形资产市场和无形资产市场。

虚拟商品市场主要指金融市场，包括货币市场、资本市场和保险市场等。所谓虚拟商品，主要指证券、期货、期权等金融产品和金融衍生产品。此外，以信息技术为工具所进行的经济活动和计算机模拟的可视化经济活动的范围也被称为虚拟商品市场。

2．按营销成交的方式与交货期限分

按营销成交的方式与交货期限划分，可分为现货市场和期货市场。

现货市场是一手交钱、一手交货，或在短期内进行实物交割的市场。有商品交换，现货市场便相伴而生。零售市场上的营销活动都属于现货交易。

期货市场也即远期市场，是标准的期货合约的交易市场，买卖双方先就交换条件达成协议，并签订合约，在规定的某一时刻交割商品。期货市场是一种更高级的市场组织形式，是市场经济相对发达、商品交换规模扩大、供求波动频繁、价格风险增加的产物。

3．按购买对象分

按购买对象不同可分为消费者市场、生产者市场、转卖者市场和政府市场。

消费者市场即消费品市场、生活资料市场，以消费者个人和家庭为市场的主体。

生产者市场即工业品市场、生产资料市场，以各类生产企业、公司、宾馆、酒楼、邮局及其他经济组织为市场主体。

转卖者市场又称再售者市场，是由专门媒介商品交换的营销机构组成的市场，具体包括批发商、零售商、代理商等。

政府市场指向各级政府部门销售商品的市场。在市场经济条件下，政府是一个需求量相当大的组织购买者，政府机构购买的商品范围极其广泛，数额巨大，尤其是某些特殊商品，如军火等，政府还是垄断购买者。

3.1.2 需求的类型

1．现实需求

现实需求是那些市场上已经存在相互对应的供求关系的需求。现实需求包括下列 5 种。

1）退却需求

退却需求指消费者对某种产品或服务的兴趣逐渐减退，购买量下降。主要有三种情形导致退却需求：处于成熟期和衰退期的老产品，市场需求已经饱和，购买者人数减少；被另一种功能更为先进的同类产品所代替的产品，当同类先进产品进入市场时，其购买力转移；质量不稳

定、价格不合理、促销措施不得力、分销渠道不合理的产品，消费者不相信、不方便、不了解，购买力下降。

对于退却需求，企业可以采用重复性营销策略，达到复苏需求的目的，将退却需求转化为充分需求。其主要方法有：一是开发产品的多种功能，变一用为多用、专用为通用，扩展应用领域，提高使用价值；二是更新产品功能，改进其外观、造型、包装、款式、花色、操作方法、性能等；三是开拓新的目标市场，扩大消费者群体，增强产品的扩散能力。如全自动洗衣机投放市场以后，双缸洗衣机需求下降，企业可以到中小城市开辟双缸洗衣机的销售网点，将市场从大城市扩展到中小城市，从中小城市扩展到乡镇农村。

2) 不规则需求

不规则需求指消费者对某些商品或服务的需求在一年的不同季节、一周的不同日子，甚至一天的不同时点波动很大，时而需求量大、时而需求量小，形成高峰和低谷。对季节性强、不易储存的商品，以及旅游区的旅馆、文娱游乐场所、餐馆、交通等服务商品的需求，都属于不规则需求。引例中羽绒服是典型的季节性商品，其需求为不规则需求。

对于不规则需求，企业可以采用调和性营销策略平衡需求，将不规则需求转化为规则需求。其主要方法如下。第一，合理储备产品，平抑需求波动。第二，采取分期付款、赊销、季节差价、灵活作价等方法，调整供求关系，使供需在时间上、数量上同步。例如，在需求高峰期，提高电影院、公园、旅游区旅馆、车船、航空公司的价格；在需求不足时，适当降低价格，以协调供需。又如哈尔滨市场羽绒服反季促销。第三，有些商品的需求时多时少，且不易储存，则可以采用钟点工等方法，合理调配劳动力，高峰时保证供应，低潮时减少浪费。

3) 充分需求

充分需求指消费者对某些产品或服务的需求在时间和数量上同企业所期望的需求水平与时间完全一致。处于畅销期的产品，功能、价格、质量与目标市场上消费者需求及购买能力相一致的产品，适销对路的产品，都属于充分需求。在充分需求形态下，商品供求平衡，达到企业的预定目标，是最理想的需求形态，但也容易诱发竞争，促使多家企业争夺市场，竞销商品，造成过度需求。

对于充分需求，企业可以采用维持性营销策略，防止需求退却，牢固占领现有市场，保持现有市场的占有率。其主要方法有：第一，调整和强化营销组合策略，保持企业的市场优势，提高产品知名度；第二，提高产品、价格、促销、分销、服务等各方面的竞争能力，防止和抵抗竞争对手抢夺市场；第三，采取有效的应变措施，谨防能够影响、改变市场需求和消费者偏好的腐蚀性力量突然出现，巩固目标市场，维护充分需求。

4) 过度需求

过度需求指消费者对某些产品或服务的需求超过了企业的生产和供应能力，产品供不应求。知名度高、盛销不衰的名牌优质产品和处于销售高峰期的时髦产品，都属于过度需求。

对于过度需求，企业可以采用增长性营销策略，满足或降低需求。其主要方法有：第一，扩大营销，加强生产，增加商品供应；第二，通过提高商品价格、减少服务、限额供应等方法，限制或减少需求；第三，提供替代品和相应的同类产品，转移需求，缓和供应紧张状况。如对某些名牌紧俏商品提高价格、凭票供应等。

5) 有害需求

有害需求指消费者对某些产品或服务的购买和消费有损身心健康和人体安全，并危害社会

公众利益。精神污染商品、环境污染商品、质量不过关或不合格的商品，以及假冒伪劣商品等，都属于有害需求。造成有害需求的原因主要是企业片面追求利润、技术不过硬、不重视质量、管制不力等。

对于有害需求，企业界要采取反击性营销策略消灭有害需求，维护消费者和全社会公众的利益。其主要方法有：第一，停止营销，对为追求利润制造有害产品、假冒伪劣产品的企业，强令停止生产销售，查收、销毁有害产品，对有关责任人员绳之以法，严加惩处；第二，对由于技术、生产、管理等原因造成的有害产品，督促企业加强技术力量，注意提高质量，改进管理。

2. 潜在需求

潜在需求是指那些在市场上尚未存在对应的供求关系的需求，原因可能来自需求一方，也可能来自供应一方。潜在需求包括下列 4 种。

1) 无需求

无需求指消费者对某些商品和服务漠不关心，毫无兴趣，没有购买欲望。主要表现在：人们虽然熟悉但觉得对自己没有使用价值的商品，如不抽烟者对香烟的需求、男性消费者对耳环的需求等；人们一般认为无价值的废旧商品，如老式汽车、旧家具等；人们一般认为有价值，但在特定市场没有使用价值的商品，如远离水域的小船、南方地区的皮大衣等；消费者缺乏认识，不熟悉、不了解的商品。

对于无需求形态，企业可以采用刺激性营销策略，达到创造需求的目的，将无需求转化为有需求。其主要方法有：将产品的使用价值同消费者的需求联系起来，如说服、诱导男性顾客购买耳环作为礼品馈赠他人；一般人认为无价值的古旧商品，对某些有特殊爱好的收藏家却很珍贵，古董商可以刺激收藏家购买古旧商品；改变市场营销环境，将产品的使用价值与特定的市场消费习惯和地理环境联系起来，如在南方建造旱冰场，创造溜冰鞋的需求；加强促销，传播产品信息，介绍商品使用方法，提高消费者对产品的认识程度，激发购买欲望。

2) 否定需求

否定需求指消费者不喜欢、反感甚至躲避某种产品和服务。如不抽烟者对香烟，吃斋者对肉食，晕车、船、飞机者对车、船、飞机的需求，都属于否定需求。造成否定需求的原因，主要有文化、价值观、审美观、风俗习惯、宗教信仰、生理、心理及环境因素等。

对于否定需求形态，企业可以采用转换性营销策略，将否定需求转化为肯定需求，负需求转化为正需求。首先分析否定需求的原因，找出转换的可能性。其次，采取针对性措施，如改进产品、更换商标名称、调换颜色、调整价格、加强宣传、提高形象等，唤起消费者的需求和购买欲望。例如，为晕车、船者准备药品，提供周到的旅行服务，促使他们购买车船服务商品等。采用转换性营销策略，可以激发需求，增加商品销售，提高企业市场占有率，但使用范围有限。对那些由价值观、宗教信仰、风俗习惯、传统文化等引起的否定需求，企业难以转换，只能顺应，投其所好，避其所忌。

3) 有待满足的需求

有待满足的需求是指消费者对某种产品或服务有强烈需求，只是由于缺乏供给而无法得到满足的需求。这样的产品或服务可能根本不存在，如无害香烟；可能是虽然存在，但由于价格昂贵而无法被市场接受，如太阳能汽车；可能是技术尚未成熟，风险过高，令消费者望而却步，如大脑移植。对于有待满足的需求，唯一的方法就是加大科研力度，推动技术进步，从而制造出新产品，并降低风险和成本。

4) 有待开发的需求

如果既存在现成的产品和服务，又存在现实的需要，但由于需要产品和服务的人缺乏购买能力而无法实现交换，这类需求就是有待开发的需求。随着人们收入的提高，这类潜在的需求就会变成现实的需求。对于有待开发的需求，企业要注重考察购买力的增长速度及其背后的环境因素，如国民生产总值或可支配收入的年增长率。

3.2 消费者市场购买行为分析

3.2.1 消费者市场概述

市场是企业营销活动的出发点和归宿点。对于消费品的生产经营企业而言，深刻认识消费者市场的特点，准确把握消费者购买行为，才能科学地确定产品的销售对象，有针对性地制定营销策略，提高市场营销的效果。

1．消费者市场的特点

消费者市场是指为满足生活消费需要而购买产品或劳务的所有个人和家庭组成的市场，又称最终消费市场。消费者市场与广大人民群众的生活直接相关，在市场结构中占有重要地位，不仅直接影响着生活消费品的供求状况，也间接地影响和制约着生产性消费品的供求，因为后者最终是用来为生活性消费品的生产和流通服务的。消费者市场是一个复杂而且多变的市场，与其他类型的市场相比，在购买上具有以下特点。

(1) 差异性大。购买商品的目的主要是为满足个人和家庭的物质和精神生活需要，差异性大。

(2) 人多面广。以个人和家庭为基本购买单位，购买人数众多，地域分布广泛，流动性大。

(3) 购买数量少，频率高。每次购买数量少，购买频率较高，购买时间不均，购买品种、品牌等多变。

(4) 非专家型购买。消费者大多数缺乏专门的商品知识，往往受个人的心理感觉的支配，旁人以及企业促销宣传会影响他们作出购买决定。

(5) 需求弹性大。商品种类复杂多样，可替代性强，除基本生活消费之外，消费者的需求伸缩性大，呈现出较强的可诱导性。

2．消费者市场的购买对象

消费者市场购买的商品品种、规格十分广泛，一家现代化的零售商场里可能同时经营数十万种不同类型、不同规格的商品。消费者在购买不同商品时，其购买行为并不都遵循同一个模式，因此我们有必要根据消费者购买行为上的差异，将消费者购买的商品(包括服务)进行分类，一般分为以下三类。

1) 日用品

日用品又被称为易耗品或便利品，是消费者经常消耗、需要随时购买、价格低廉、购买时不需要做太多选择的商品。如肥皂、牙膏、报刊、冷饮等。人们经常购买这类商品，对它们相当熟悉，故购买前不需要做多少计划、比较和选择，而以能方便地买到作为首选条件。因此，

这类商品往往因经常在货架上被看到，能就近方便地买到，或遇到特价出售的机会，就会被消费者毫不犹豫地买下。

这类商品中的大多数也有品牌差别，但由于产品的标准化或质量相似，不同品牌的产品通常可以相互替代。有些消费者也会选购具有不同风味、特色的品牌产品进行比较，而一旦确定了喜欢哪种，以后的购买即可简化，且轻易不改变这种已形成的习惯。

2) 选购品

选购品是指消费者在购买前要经过充分的挑选、比较才决定购买的商品。选购品一般比较经久耐用，购买频率较低，人们在购买前大多对它们并不熟悉，加之这类商品单价也较高，如若购买不当，经济损失较大，故消费者情愿多花一些时间、精力，多收集一些有关信息资料，对商品在质量、性能、价格、款式、花色、品种等方面进行充分比较之后，才做出购买决策。

选购品的情况也不尽相同。有些选购品从外观上易于比较，且不同品牌的产品品质、性能相近，此时，价格就成了消费者选购时考虑的主要因素；也有些选购品，消费者靠感官很难直接对其质量、性能进行鉴别，如电视机、电冰箱等家用电器，消费者就倾向于比较产品的知名度和可信度，即购买名牌；还有些选购品，消费者十分看重其品牌形象，如男式衬衫、皮鞋、领带、手表等，消费者会靠品牌来做出选择。

3) 特殊品

特殊品指消费者对其有特殊偏好的商品。消费者在购买时不计较其价格和购买地点的方便与否，如音响、高级相机等。这类商品大多价格昂贵，但消费者认为它们能为自己提供特别的利益，且没有其他任何商品可以替代，因此，他们不在乎价格的昂贵或购买地点的方便与否。

也有一些商品，其价格并不十分昂贵，但在某些消费者心目中却也享有特殊商品的地位，这突出表现在青年人对一些时髦商品和名牌商品的追求上。换言之，特殊品的本质特点不在其价格是否昂贵(虽说多数特殊品确实价格昂贵)，而在消费者是否认为这种商品对自己具有独特意义。

3.2.2 影响消费者购买的主要因素

1. 心理因素

心理因素是消费者在满足需要活动中的思想意识，主要包括需要和动机、感觉和知觉、学习、信念与态度等心理因素。

1) 需要和动机

(1) 需要。人类一切活动，包括消费者的购买行为，都是为了满足自己的需要。所谓需要，就是人们为了维持生命和延续种族，对于外界环境中的某些事物的欲望和要求，使人们感到缺少些什么，从而想获得它们的状态。人们的需要多种多样，可以从不同的角度加以分类，其中最基本的是根据人们身心的不同部分需要，划分为生理和心理需要两大类。美国著名心理学家亚伯拉罕·马斯洛曾提出了著名的“需要层次论”，他把人类的需要按其重要性划分为 5 个层次：生理需要，人们对于为了生存而不可缺少的吃、喝、睡眠、取暖等的需要；安全需要，人们对于人身、财产安全、社会秩序等的需要；社交需要，人们希望被群体接受从而有所归属和获得爱的需要；自尊需要，人们对于实现自尊和赢得他人好评、尊重的需要；自我实现需要，人们对于充分发挥个人才能，实现理想和抱负，获得成就的需要。需要的满足从低到高依次进行，待低层次的需要基本满足之后，才设法满足高一层次的需要。马斯洛

的“需要层次论”能帮助人们理解消费者的购买动机和购买行为。

(2) 动机。人的行为是由动机支配的，而动机则是由需要引起的。消费者的购买行为也不例外。当人们有一种尚未满足的需要时，内心就会产生某种程度的紧张或不适感，当这种不适感达到迫切的程度，便成为一种驱使人们行动的强烈的内在刺激，而当这种刺激被引向一种可以减弱或消除它的刺激物时，便成为一种动机。因此，动机是一种升华到足够强度的需要，它能够及时引导人们去探求满足需要的目标。消费者具体的购买动机有许多种，比如讲实用、图廉价、求名牌、赶时髦、随大流等，企业在开展营销活动前要仔细研究。

2) 感觉和知觉

消费者对外部世界的认识从感觉开始，通过感觉器官感受到外部刺激物如商品的颜色、大小、形状、声响、气味等，从而使消费者感觉到这个刺激物的个别特性。随着感觉的深入，各种感觉到的信息在头脑中被联系起来进行分析综合，最后形成对刺激物或情境的整体反映，就是知觉。消费者对事物知觉不知觉、知觉内容和知觉方向，不但取决于刺激物的特征，而且还依赖于刺激物同周围环境的关系及个人所处的状况，因为知觉具有选择性特点，这一特点具体表现如下。

(1) 选择性注意。一个人不可能对所有信息都加以注意，其中多半被筛选掉，而只有少数信息脱颖而出，被消费者注意到。也就是说，消费者只注意那些与自己主观需要有关的事物和期望的事物。

(2) 选择性理解。消费者即使注意到刺激物，也不一定能客观地去认识该刺激物，因为消费者总是按照自己的偏见或先入之见来曲解客观事物。

(3) 选择性记忆。人们具有遗忘功能，因而不可能记住所有他们注意到的信息，通常他们会倾向于在记忆过程中，记住那些符合和能够支持其态度和信念的信息。

注意知觉的选择性特点，使自己的产品或品牌被消费者注意、理解并记住是营销人员的一项重要任务。

3) 学习

学习是指消费者在购买和使用商品的实践中逐步获得商品知识，积累购买经验，并根据经验调整购买行为的过程。一个人的学习是通过驱策力(某种需要)、刺激物(能满足某种需要的产品或劳务)、提示物(一种更具体的刺激物)、反应(某种需要得到满足与否的感觉)和强化(对刺激物的正反作用)五种要素的相互影响、相互作用而进行的。驱策力是一种内在的心理动力，是一种驱使人们行动的强烈内在刺激。

例如，一个人觉得某年冬天天气特别冷，为此他打算买一件保暖内衣(驱策力)。他看到有的同事穿着“南极人”牌保暖内衣(刺激物)，听他们说效果不错，而且看到电视里也在大做“南极人”牌保暖内衣的广告，商场里还在展销(提示物)，于是决定去购买一件(反应)。通过穿着，他对这种品牌的内衣很满意(正向强化)，就向别人推荐购买该种品牌的保暖内衣。相反，这个消费者对以前购买的又厚又重且效果很差的保暖内衣就不满意了(负向强化)。

4) 信念与态度

信念是指一个人对某些事物所持有的描述性思想，如某消费者相信某种知名品牌的冰箱比其他的冰箱省电。营销人员应关注人们头脑中对其产品或服务所持有的信念，即本企业产品和品牌的形象。一些信念建立在科学的基础上，能够验证其科学性，如认为冰箱省电的信念就可以通过测试证实；还有一些信念则可能是建立在偏见之上。人们往往根据自己的信念

做出行动，如果一些信念是错误的，并妨碍了购买行为，营销人员就要运用各种宣传促销活动去纠正这些错误信念。

态度是指一个人对某些事物或观念长期持有的认识上的评价、情感上的感受和行动倾向。态度能使人们对相似的事物产生相当一致的行为，人们没有必要对每一事物都以新的方式做出解释和反应。人们几乎对所有事物都持有态度，如对某种信仰、某个事件、某种观点、某首歌、某种食物等。消费者一旦形成对某种产品或品牌的态度，以后就倾向于根据态度做出重复的购买决策，不愿再费心去比较、判断。

2. 经济因素

影响消费者购买行为的经济因素主要是指商品价格的高低和消费者收入的高低。

1) 商品价格的高低

这是影响消费者购买行为最为关键、最为直接的因素，这种影响主要表现在以下三个方面。

(1) 消费品本身的价格。一般来说，消费品本身价格的高低与消费者的购买数量成反比。价格高，消费者对它的需求和购买便会减少；反之，便会增加。但也有一些消费品，其价格的高低对消费者来说往往代表着这种商品品质的好坏，即消费者对这类商品持有“高质高价、低质低价”的观念，此时较高的商品定价反而会刺激部分消费者的购买欲望。

(2) 消费者的预期价格。消费者在一定时期内对特定消费品的价格有一种预期心理，即预测该商品未来价格的变化。如果对该消费品的预期价格提高，即消费者认为该消费品的未来价格看涨，消费者现在可能会扩大购买；如果预期价格下降，消费者现在则可能会减少购买。

(3) 相关的其他消费品价格。具有相互替代性的消费品之间在供给时会互相影响。例如苹果和生梨都是水果，它们之间存在相互替代性，所以即使苹果价格不变，如果生梨的价格下降了，消费者也会因增加对生梨的购买量而减少对苹果的购买。

2) 消费者收入的高低

收入是决定消费者购买行为的另一个重要经济因素。从对市场含义的理解中可以看出，消费者的购买能力是判断一种产品是否具有市场的三要素之一，而没有一定的收入，消费者就没有相应的购买能力，也就不能实现购买行为。不同的收入水平决定需求的不同层次和倾向。在消费者收入水平高的国家，由于人均收入很高，已经进入价格观念多样化、消费倾向个性化和多样化的时代，很难有一种占统治地位的价值标准，消费者的动向越来越难以把握。反之，在消费者收入水平低的国家，价格在消费者决策中占据很重要的地位，消费的示范效用很明显。

3. 个人因素

消费者的购买决策也会受到个人外在特征的影响，特别是受其年龄、职业、经济状况、个性特征、生活方式及自我概念等因素的影响。

1) 年龄

不同年龄的消费者，其欲望、兴趣不同，购买消费品的种类和式样等也会不同。食品、衣着、家具、娱乐、教育等方面的购买和消费都有明显的年龄特征。儿童消费者偏爱消费糖果和玩具等商品，保健品的消费者中中老年人居多。不同年龄消费者的购买方式也有不同，青年人比较容易受广告促销的影响而进行冲动性购买，老年人则更注重自己的经验，购买过程比较理智。

2) 职业

职业对个人消费形态的影响同样很明显。如普通工人通常会购买廉价耐穿的工作服、午餐盒饭，以及进行棋 、牌、篮球等的娱乐消遣活动，公司经理则会购买昂贵高档的名牌西服、高档住宅、俱乐部会员证，以及进行打高尔夫球、度假等的消遣娱乐。营销人员应找出对自己产品或服务感兴趣的职业群体，根据其职业特点设计相应的营销组合方案。

3) 经济状况

消费者的经济状况会大大地影响其对产品的选择和对价格的反应。消费者的经济状况包括消费者的可支配的收入、储蓄与个人资产、举债能力和对花钱与储蓄的态度。经济状况良好且热衷于各种消费的个人，其在购买商品时通常注重品牌而忽略价格；经济状况差的个人则更看重价格。营销人员虽不能改变消费者的经济状况，但能通过企业的营销活动影响消费者对花钱与储蓄的态度，使其在允许的范围内增加消费支出。另外，生产经营那些对消费者收入反应敏感的产品的企业，其营销人员应特别经常注意消费者个人收入、储蓄及银行存款利率的变化趋势，以便及时调整企业的营销措施。

4) 个性特征

个性特征是导致一个人对客观环境做出一贯、持久反应的心理因素。它具体表现在一个人的气质、性格、能力和兴趣等方面。如外向与内向、乐观与悲观、柔顺与刚毅、占有欲强与弱、防卫性高与低、活泼与文静及自信心高与低。消费者千差万别的购买行为往往是以他们各具特色的个性心理特征为基础的。一般来说，气质影响着消费者行为活动的方式，性格决定着消费者行为活动的方式，能力标志着消费者行为活动的水平。营销人员通过对顾客的购买态度、购买情绪、购买方式进行观察、分析和判断，投其所好，使营销策略具有针对性。

5) 生活方式

生活方式是人们根据自己的价值观念等安排生活的模式，并通过他们的活动、兴趣和意见表现出来，简单地说就是人如何生活。如把大量时间和精力投入工作和学习的“进取型”生活方式，以及重视家庭生活、依惯例行事的 “归属型”生活方式。具有不同生活方式的消费者对商品种类或品牌有着各自不同的偏好，这一特点使得生活方式广泛用于各行业进行市场细分和目标消费者选择。市场营销者应找出其产品和各种生活方式群体之间的关系，努力使本企业的产品适应消费者各种不同生活方式的需要。

6) 自我观念

自我观念也称自我感觉，是消费者个体对自身一切的知觉、了解和感受的总和，简单地说就是自己认为自己是怎样的一个人。自我观念可能发生变化，但是这种变化通常很缓慢。人们通过自我观念形成他们的身份认识，同时他们的身份认识又产生了一系列习惯行为。消费者总是购买那些能与其自我观念相一致的产品，避免选择与其自我观念相抵触的产品。

4. 社会因素

1) 家庭

家庭是社会的细胞，也是最基本的消费群体。人们的价值观念、行为准则、偏好和习惯多半是在家庭的影响下形成的。在购买决策的所有参与者中，购买者家庭成员决策的影响最大。此外，消费者的消费需求和购买行为也会因为所处的家庭生命周期的不同而有明显差异。

一般来说，家庭生命周期可分为以下几个阶段。

(1) 单身阶段。消费者单身，刚参加工作不久，收入不高，但可随意支配的收入较多，因此具有一定的购买能力。这一阶段的消费者求新意识强，消费观念时尚，追求自我价值，是新潮服装、电子通讯产品、度假休闲等的主要购买者。

(2) 新婚阶段。新婚夫妻一般具有双份收入，有因建立家庭而产生的很强的购买欲望，购买观念时尚，是家庭耐用消费品、家具、娱乐、保险等的主要购买者。

(3) 满巢阶段Ⅰ。家庭中最小的孩子不到6岁。由于孩子的出生，家庭生活方式和消费方式发生很大变化，家庭收入可能因照顾孩子而减少，支出费用增加，购买倾向于理性，购买的商品以保证孩子健康成长的婴幼儿用品和学前教育服务产品为主。

(4) 满巢阶段Ⅱ。子女都已经上学，家庭收入因夫妻双方都全职工作而较前一阶段有所增加，购买取向仍以孩子为中心，除了孩子成长需要的衣食住行各种产品和服务外，教育服务产品购买的比重加大。

(5) 满巢阶段Ⅲ。子女成年但尚未独立。由于有的子女已经开始工作，家庭的经济负担减轻，会考虑更新住宅、耐用消费品和家具，购买的商品以住宅、家庭高档耐用品、旅游餐饮服务为主。

(6) 空巢阶段。年长的夫妇无子女同住，仍在工作或已退休。经济收入较以前减少，但收入支配显得宽裕，也有了更多的闲暇时间，比较关注健康、健身和娱乐，成为医疗用品、保健产品、旅游休闲、家政服务等的主要购买者。

(7) 鳏寡阶段。年长的夫妇一方已经离世，家庭进入解体阶段，消费者退休或仍在工作，经济收入相对减少，对医疗、保健、社会服务需求较大。

在家庭生命周期的不同阶段，由于消费者的生活环境不同且有不同的消费观念和购买取向，所以很多营销者经常将目标市场定位在某一生命周期的家庭群体上，并据此开发合适的产品和制定相应的营销组合策略。

2) 社会阶层

社会阶层是指特定社会中所划分的具有相对同质性和持久性的按等级排列的群体。社会阶层内每一阶层成员具有类似的价值观、兴趣爱好和行为方式。由于处于不同社会阶层的消费者经济状况、价值观念、生活方式和消费特征等有所不同，因而对企业、商品、商标、大众传媒等都有各自不同的偏好，从而导致不同的消费需要和购买行为。社会阶层的分层一般是综合衡量职业、收入、教育、财富等变量而形成，而某人所处的阶层是能够通过自己的努力去改变的，既可能向高阶层迈进，也可能跌至低阶层。

3) 参照群体

参照群体是指那些直接或间接影响人的看法和行为的群体。参照群体可以分为两大类。

(1) 直接参照群体。直接参照群体又称为成员群体，即某人所属的群体或与其有直接关系的群体。成员群体又分为首要群体和次要群体两种。首要群体是指与消费者经常直接接触并对其行为有很大影响的群体，一般都是非正式群体，如家庭成员、亲戚朋友、同事、邻居等；次要群体是对其成员影响并不很大但一般都较为正式的群体，如工作单位、职业协会等。

(2) 间接参照群体。间接参照群体是指消费者的非成员群体，即此人不是其中的成员，但受其影响的一群人。间接参照群体又分为向往群体和厌恶群体。向往群体是指消费者推崇的群体或希望加入的团体，也称“仰慕团体”。人们经常羡慕某些人或团体，虽然自己目前还不能进入这些团体，但希望有一天能成为其中一员。厌恶群体是指消费者讨厌的群体。人们总是不愿意与厌恶群体发生任何联系，希望在各方面都与其保持一定距离，有时为了表示自己的厌恶甚至会反其道而行之。

5. 文化因素

1) 文化本质

文化，从本质上讲，是指人类在社会发展过程中所创造的物质财富和精神财富的总和，是根植于一定的物质、社会、历史传统基础上形成的特定价值观念、信仰、思维方式、宗教、习俗的综合体。文化是影响人们欲望和行为的基本因素，大部分人尊重他们的文化，接受他们文化中共同的价值观和态度，遵循他们文化的道德规范和风俗习惯。所以，文化对消费者的购买行为具有强烈的和广泛的影响。

2) 亚文化

亚文化是指每种文化中较小的具有共同的价值观、相似的生活体验和环境的群体。主要有以下四种亚文化群体。

(1) 种族群。白种人、黄种人、黑种人等等这些不同的种族群，各有不同的生活习惯、爱好和行为方式，这些内容显然会影响不同种族群的消费者的购买决策和消费行为。

(2) 宗教群。不同的宗教群体，各有其不同的尊重、禁忌和文化偏好，这些都会影响着宗教群内的消费者的购买决策和消费行为。

(3) 民族群。不同的民族群，各有其不同的民族习惯和生活方式、爱好，这些因素影响着不同民族的消费者的购买决策和消费行为。

(4) 地理区域群。一般说来，处于不同地理区域群的消费者各有其不同的风俗习惯、生活方式和爱好等等，这些都会影响消费者的购买决策和行为。营销人员可以将这种亚文化群作为细分标准来细分市场。

3.2.3 消费者的购买决策过程

1. 购买者角色

消费者通常是以一个家庭为单位的，但参与购买决策活动的有时是一个家庭的全体成员，有时则是一个家庭的某个成员或某几个成员。无论是哪一种情况，购买活动中都会存在不同的角色并发挥着相应的影响作用。这些购买者角色包括：

发起者，首先想到或提议购买某种产品或服务的人；

影响者，其看法或意见对最终决策具有直接或间接影响的人；

决定者，能够对买不买、买什么、买多少、何时买、何处买等问题做出全部或部分最后决定的人；

购买者，实际购买产品或服务的人；

使用者，直接消费或使用所购产品或服务的人。

由于购买者角色在购买活动中所起的作用不同，营销人员需要了解和确定每次购买活动中扮演不同角色的家庭成员，针对不同角色进行相应的促销宣传活动，从而提高企业营销活动的适应性和效率。

2. 消费者购买行为的类型

划分消费者的购买行为主要依据两个指标：消费者卷入购买的程度，所购商品的品牌差异。消费者卷入购买的程度可从两个方面分析：①消费者购买的谨慎程度，以及在购买过程中花费的时间和精力；②参与购买过程的人数多少。

根据消费者卷入购买的程度及所购商品的品牌差异，消费者的购买行为可以分为四种类型(见图 3-1)。

品牌差异 \ 消费者卷入程度	高	低
高	复杂型	多变型
低	和谐型	习惯型

图 3-1 消费者购买行为类型

1) 复杂型购买行为

复杂型购买行为是指消费者在购买价格高昂、购买频率低、不熟悉的产品时，如购买电脑、汽车、商品房等，会投入很多的时间和精力进行产品信息收集与品牌选择，因此购买时需要经历一个认识学习过程。一般来说，如果消费者不知道产品类型，不了解产品性能，也不知晓各品牌之间的差异，缺少购买、鉴别和使用这类产品的经验和知识，则需要花费大量的时间收集信息，学习相关知识，做出认真的比较、鉴别和挑选，然后再慎重地做出购买选择。

2) 和谐型购买行为

和谐型购买行为是指消费者在购买产品时不必花费很多时间收集不同品牌商品的信息，而主要关心价格是否优惠和购买时间与地点是否便利。因此，从引起需要和动机到决定购买所用的时间比较短。但也因为购买过程比较快，在购买后容易因发现产品缺陷或其他品牌更优而使心理不和谐。鉴于此，企业一方面应通过调整价格，选择适当的售货地点和干练的售货员，影响消费者的品牌选择；另一方面还应以各种方式与消费者取得联系，及时提供信息，使他们对自己的购买选择感到满意，从而形成品牌忠诚。

3) 习惯型购买行为

习惯型购买行为是指在购买商品价格低廉、品牌间差异性小的商品时，如购买酱油、啤酒等，消费者的卷入程度会很低，并且会形成购买习惯。对于类似的低卷入购买的产品，消费者没有对品牌信息进行广泛研究，也没有对品牌特点进行评价，对决定购买什么品牌也不重视，他们只是在看电视或阅读印刷品广告时被动地接受信息。消费者不会真正形成对某一品牌的态度，他之所以选择这一品牌，仅仅因为它是熟悉的。产品购买之后，由于消费者对这类产品无所谓，也就不会对它进行购后评价。

4) 多变型购买行为

多变型购买行为是指消费者在购买某些价格不高但各品牌间差异显著的商品时，如购买饼干、饮料等，容易有很大的随意性，频繁更换品牌。这类商品品种繁多，各品牌间差异较大，价格又比较便宜，消费者在购买前不会做充分的信息收集就会随意决定购买某个品牌的产品，在下次购买此类商品时又会因当时心情或其他原因而转购其他品牌。

3. 购买决策过程的阶段

分析了支配和影响消费者购买行为的各种因素后，下一步就应研究消费者购买决策过程的几个阶段。消费者的购买过程通常经历五个阶段：确认需要、收集信息、品牌评估、决定购买及购后行为。

1) 确认需要

当消费者感觉到了一种需要的存在，而且准备购买某种商品以满足这种需要时，购买决策过程就开始了。这种需要可能是人体内在的生理活动引起的，如饥饿、寒冷等，也可能是受外界某种刺激所引起的，如精美的产品包装设计、面包的香味、电视上做的广告等，这些引起需要的因素称作触发诱因。两种最常见的触发诱因是现有产品不完全适用或消费者缺少应该常备的东西。如果消费者听到或见到比当前产品优越的产品的时候，消费者也可能认识到未实现的需要，这些需要通常由广告或其他促销活动创造出来。企业营销人员要注意两点：一是必须了解那些与本企业的产品实际上和潜在的有关联的触发诱因；二是消费者对某种商品需要强度会随着时间的推移而变化。因此，企业在营销过程中应不失时机地采取措施，唤起和强化消费者的需要。

2) 收集信息

消费者产生了某种需要并引发购买某种商品的动机后，如果对这种商品不熟悉，往往就要先收集有关信息。消费者信息来源可分为四类：一是个人来源，即从家庭、朋友、邻居、同事和其他熟人处得到的信息；二是商业性来源，即从广告、售货员介绍、商品展览、包装、经销商等处得到的信息；三是公众来源，即从大众传播媒体、消费者评审组织等处得到的信息；四是经验来源，即通过现场试用、实际使用等得来的信息。一般而言，消费者对有关产品的信息，大部分来自商业性来源，亦即营销者所能控制的来源，其次是公众来源和个人来源，经验来源的信息相对要少。然而，在消费者购买决策中，商业来源的信息更多地扮演传达和告知的角色，个人来源与经验来源却发挥权衡和鉴定作用，所以消费者对经验来源和个人来源的信息最为相信，然后是公众来源，最后才是商业来源。因此，营销者要善于了解消费者从何处及如何收集信息，各种信息来源对消费者购买决策有何影响。

3) 品牌评估

在这个阶段，消费者根据所掌握的信息，对几种备选的品牌进行评价和比较，从中确定他所偏爱的品牌。消费者的品牌评估过程并没有一个统一的模式，但以下几点，对想要了解消费者品牌评估过程的营销人员来说很值得注意：

(1) 产品有哪些为消费者感兴趣的属性；

(2) 消费者对各种感兴趣属性的关心程度不同，哪个属性在消费者心目中占有最重要的地位；

(3) 消费者对每种品牌的信念(这种信念可能与该品牌的实际性能相符，也可能因消费者的偏见而不相符)。

4) 决定购买

经过对备选品牌的评价，消费者形成了对某种品牌的偏好和购买它的意向。但是，受以下三个因素的影响，消费者不一定能实现或马上实现其购买意向。

(1) 其他人的态度。如果与消费者关系很密切的人坚决反对购买，消费者就很有可能改变购买意向。

(2) 预期风险的大小。在所购商品比较复杂、价格昂贵，因而预期风险比较大的情况下，消费者可能采取一些避免或减少风险的习惯做法，包括暂不实现甚至改变购买意向。

(3) 一些不可预料的情况。比如出现家庭收入减少、急需在某方面用钱或得知准备购买的品牌令人失望等情况，消费者也可能改变购买意向。

因此，根据消费者对品牌的偏好和购买意向来推测其购买决定并不十分可靠。此外，决定实现购买意向的消费者往往还要做出以下一些具体的购买决策：购买哪种品牌，在哪家商店购买，购买量，购买时间，支付方式。

5) 购后行为

消费者购买商品后，往往会通过商品的使用和他人的评判，对其购买选择进行检验，把他所觉察的产品实际性能与以前对产品的期望进行比较。消费者若发现产品性能与期望大体相符，就会感到基本满意；若发现产品性能超出了期望，就会感到非常满意；若发现产品性能达不到期望，不能给他以预期的满足，则会感到失望和不满。消费者是否满意，会直接影响他购买后的行为。如果感到满意，他下次就很可能购买同一牌子的产品，并会对他人称赞这种产品，这种称赞往往比广告宣传更有效果。如果感到不满，他除了可能要求退货或寻找能证实产品优点的信息来减少心理不和谐以外，还常常采取公开或私下的行动发泄不满，如向生产或经营企业、新闻单位和消费者团体反映意见，向家人、亲友和熟人抱怨，等等。这势必会抵消企业为使顾客满意所做的许多工作。

因此，企业应采取各种措施，尽可能使消费者在购买后感到满意。产品宣传实事求是并适当留有余地是措施之一，这样可以使消费者在购买前的期望不至于过高。另外，企业还应经常征求消费者的意见，加强售后服务，同购买者保持各种可能的联系，为他们发泄不满提供适当的渠道(比如消费者投诉热线)。

3.3 组织市场购买行为分析

3.3.1 组织市场概述

在一个国家的流通领域中，不仅存在着消费资料的交换活动，而且存在着生产资料的交换活动；企业不仅把物资和劳务出售给广大个人消费者，而且把大量的原材料、机器设备、办公用品及相关的服务提供给诸如企业、社会团体、政府机关等组织用户。这些用户构成了市场体系中的另一个庞大的子市场，即组织市场。与消费者市场相比，组织市场的需求和购买行为自有其显著的不同之处。

1. 组织市场的概念和类型

组织市场和消费者市场的主要区别在于：购买者主要是企业或社会团体，而不是个人或家庭消费者；目的是为了用于生产或转卖以获取利润，以及其他非生活性消费，而不是为了满足个人或家庭的生活需要。根据组织市场的这些特点，可将组织市场定义为：购买商品和服务以用于生产性消费，以及转卖、出租，或用于其他非生活性消费的企业或社会团体。在市场营销学中，我们基于对购买者的分析，即根据谁在市场上购买，通常将组织市场划分为生产者市场、中间商市场、非营利性组织市场和政府市场(见图 3-2)。

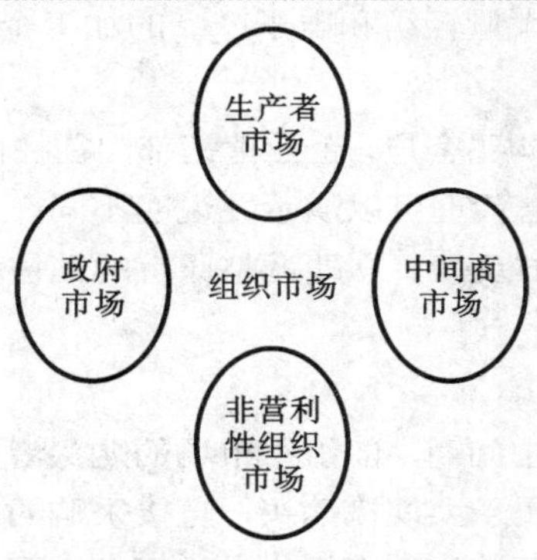

图3-2 组织市场的构成

1) 生产者市场

生产者市场又称产业市场，它主要由这样的一些个体和组织构成：它们采购商品和劳务的目的是为了加工生产出其他产品以供出售、出租，从中谋利，而不是为了个人消费。这部分市场构成了组织市场的主体。它主要由以下产业构成：农、林、牧、渔业，采矿业，制造业，建筑业，运输业，通讯业，及其他服务业。

2) 中间商市场

中间商市场也称转卖者市场，它由所有以营利为目的而从事转卖或租赁业务的个体和组织构成，包括批发商和零售商。

3) 非营利性组织市场

非营利性组织市场也称机构市场，主要是指一些由学校、医院，疗养院、监狱和其他为公众提供商品和服务的部门所组成的市场，它们往往是以低预算和受到一定的控制为特征。

4) 政府市场

政府市场是指为了执行政府职能而购买或租用产品的各级政府和下属各部门所组成的市场。各国政府通过税收、财政预算掌握了相当部分的国民收入，形成了潜力极大的政府采购市场。

2. 组织者市场的特点

组织市场与消费者市场相比，具有以下一些鲜明的特点。

1) 购买者少，购买规模大

组织市场上的购买者比消费者市场上的购买者要少得多，如发电设备生产者的顾客是各地极其有限的发电厂，大型采煤设备生产者的顾客是少数大型煤矿。组织市场不仅买主人数少而且其购买次数也少。一家生产企业的主要设备要若干年才采购一次，原材料与零配件也大多只签订长期合同。购买次数少就决定了每次采购量将十分巨大，特别是在生产比较集中的行业里更为明显，通常少数几家大企业的采购量就占该产品总销售量的大部分。

2) 购买者在地域上相对集中

由于资源和区位条件等原因，各种产业在地理位置的分布上都具有相对的集聚性，所以组织市场的购买者往往在地域上相对集中。例如，中国的重工业大多集中在东北地区，石油化工企业则云集在东北、华北及西北的一些油田附近，金融保险业在上海相对集中，而广东、

江苏、浙江等沿海地区聚集着大量轻纺和电子产品的加工企业。

3) 注重人员销售

由于仅存在少数大批量的购买客户，企业营销部门往往倾向于通过人员销售宣传其优惠政策而不是广告。一个好的销售代理可以演示并说明不同产品的特性、用途以吸引买方的注意力，并可根据及时得到的买方反馈，立即调整原有的销售政策。这种快速的反馈是不可能通过广告获得的。

4) 进行直接销售

消费品的销售通常都经过中间商，但组织市场的购买者大多直接向生产者购买。这是因为购买者数量有限，而且大多属于大规模购买，直接采购的成本显然低得多。再者，组织市场的购买活动在售前售后都需要有生产者提供技术服务。因此，直接销售是组织市场常见的销售方式。

5) 专家型购买

组织机构对其购买的产品质量、规格、性能等各方面都有计划和严格要求，对技术咨询、安装维修、零配件供应、交货期和信贷条件等要求也较高，且不易受广告宣传及其他促销措施的影响，购买的理智性较强。因此，组织机构通常由专业知识丰富、训练有素的专职人员负责采购工作。

6) 衍生需求，需求波动大

对组织市场上的购买需求最终来源于对消费品的需求，企业所以需要购买生产资料，归根到底是为了用来作为劳动对象和劳动资料以生产出消费资料。例如，由于消费者购买皮包、皮鞋，才导致生产企业需要购买皮革、钉子、切割刀具、缝纫机等生产资料。因此，消费者市场需求的变化将直接影响组织市场的需求。有时一种消费品需求仅上升 10%，就可导致多家生产这种消费品的企业对有关生产资料的需求增长 200%；而若需求下降 10%，则可导致有关生产资料需求的全面暴跌。这种现象在经济学上被称为“加速原理”，这导致许多企业的产品线和市场多样化，以便在商业波动中实现某种平衡。

7) 需求缺乏弹性

生产资料的需求量主要取决于企业的产品结构、生产规模、工艺流程和技术水平等因素，受价格变化影响较小，其需求量不会因价格下降而大量增加，也不会因价格上涨而大量减少，短期需求尤其如此。因为生产者市场的需求是派生需求，如果消费市场需求不变，产业用品的价格变动不会对最终制成品总销量产生大的影响；生产者也不可能像消费者改变他们的需求偏好那样经常变动他们的生产工艺，即使原材料价格上涨，企业也很难使用其他替代材料；再者，一件产品通常由若干零部件组成，这些零部件价格的涨落对产品总成本影响不太大。总的来说，在生产者购买中，往往对产品的规格、质量、性能、交货期、服务及技术指导方面有较高的要求，相比之下，单位价格往往不是决定购买的主要因素，这也使其需求弹性不充分。

3.3.2 生产者市场购买行为概述

在组织市场中，生产者市场是一个重要的组成部分。它与消费者市场的购买行为有相似之处，但也存在较大的差异，特别是在市场结构与需求、购买单位性质、购买行为类型与购买决策过程等方面。

1. 生产者购买行为的主要类型

生产资料的购买者不是只做单一的购买决策，而要做一系列的购买决策。其购买决策的复杂性，取决于生产资料购买情况的复杂性。生产者的购买行为大致有以下 3 种类型。

1) 直接重购

直接重购是指生产者用户的采购部门按过去的订货目录和基本要求继续向原先的供应商购买产品的购买行为。这是一种最简单的购买类型。直接重购的产品主要是原材料、零配件和劳保用品，当库存量低于规定水平时，就要续购。采购部门对以往的所有供应商加以评估，选择感到满意的供应商作为直接重购的对象。被列入直接重购名单的供应商应尽力保持产品和服务的质量，并采取其他措施来提高采购者的满意程度。未列入名单内的供应商会试图提供新产品或开展某种满意的服务，以便采购者考虑从他们那里购买或先行试购。

2) 修正重购

修正重购是指生产者的采购部门为了更好地完成采购任务，适当改变其采购的某些产业用品的规格、价格等条件和供应商的购买行为。这类购买情况比较复杂，因而参与购买决策过程的人数较多。这种购买方式给原来“已入围”的供应商造成了威胁，他们会全力以赴地继续保持交易，设法稳住其现有的顾客，保护其既得市场，而对于以前未列入供应商名单的“门外”的供货企业则提供了新的市场机会。

3) 新购

新购是指生产者用户第一次采购某种产业用品或服务的购买行为。当企业增加新的生产项目或更新设备时就属于新购。新购的成本费用越高风险越大，参与购买决策的人数和须掌握的市场信息也就越多，决策时间也越长。这类购买情况最为复杂。由于此时顾客还没有一个现成的“供应商名单”，所以新购对所有供应商来说既是机遇，也是挑战。供货企业要派出专门的推销小组，尽力接触企业内对购买有重大影响的人物，向他们提供有效的信息，帮助顾客解决疑问，并运用整合营销策略，力争获得订货。

2. 生产者购买决策的参与者

生产资料的供应企业不仅要了解生产者市场的购买特点，还要了解有哪些人参与购买决策的过程，他们在购买决策中充当什么角色，起什么作用，也就是说要了解其顾客的采购组织。在任何一个企业中，除了专职的采购人员之外，还有一些其他人员也参与购买决策过程。所有参与购买决策过程的人员构成采购组织的决策单位，市场营销学称之为采购中心。企业采购中心通常包括以下 5 种成员。

1) 使用者

使用者是指那些公司中将要使用这种产品或服务的人。使用者往往是最初提出购买建议的人，他们在计划购买产品的品种、规格中起重要作用。

2) 影响者

影响者是指那些在企业外部和内部直接或间接影响购买决策的人员。如企业技术人员或某方面的专家。他们通常协助企业的决策者决定购买产品的品种、规格等，影响供应商的选择。

3) 采购者

采购者是指被赋予权利按照采购方案选择供应商及协商购买条件的人。他们具体负责选

择供应商，贯彻执行公司采购意图和采购决定。在较复杂的采购工作中，采购者还包括参加谈判的公司高级人员。

4) 决定者

决定者是指那些在公司中有正式或非正式的权力来决定买与不买，决定产品规格、购买数量和供应商的人。在标准的例行采购中，采购者就是决定者；而在较复杂及大批量、高金额的采购中，决定者可能是公司领导人。

5) 信息控制者

信息控制者是指那些在企业外部和内部能控制市场信息流向采购中心成员的人员。比如，采购代理人或技术人员可以拒绝或终止某些供应商和产品的信息，接待员、电话接线员、秘书、门卫等可以阻止推销者与使用者或决策者接触。

3. 影响生产者购买行为的主要因素

影响生产者购买行为的基础性因素是经济因素，即商品或服务的质量和价格，在不同供应商产品的质量、价格差异较大的情况下，生产者的采购人员会高度重视这些因素，仔细收集和分析资料，进行理性的选择。但当这些差异不大时，生产者的采购人员则几乎无须进行理性的选择，因为任何供应商的产品都能满足本公司的各项目标，这时，其他因素就会对购买决策产生重大的影响。

影响生产者用户购买决策的主要因素可分为四大类(见图 3-3)：环境因素、组织因素、人际因素和个人因素。供应商应了解和运用这些因素，引导买方的购买行为，促成交易。

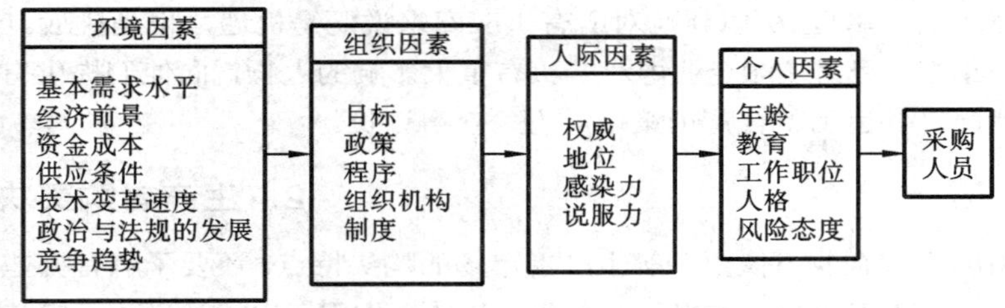

图 3-3 影响生产者购买行为的主要因素

1) 环境因素

环境因素是指影响企业开展营销活动的一切外部因素，主要包括政治、法律、经济、文化、技术、竞争和自然环境等。生产者市场的购买者受当时和预期经济环境因素影响极大，如经济前景、市场需求、技术发展变化、市场竞争和政治法律等。例如，如果经济前景不佳、市场需求不振，产业购买者就不会增加投资，甚至会减少投资，减少原材料采购量和库存量。在这种环境中，产业市场营销者在刺激总需求上作为不大，他们仅能在保持自己的市场占有率上做些努力。

2) 组织因素

组织因素是指生产者用户内部的各种因素，主要包括企业的目标、政策、业务程序、组织结构和制度等。这些因素从组织内部的利益、营运和发展战略等方面影响生产者购买决策。

供应商和生产资料营销人员应了解和把握这些组织因素、变化趋势及对企业购买可能产生的影响方向与程度，并采取适当措施，加速生产者购买决策过程。例如，有多少人参与制定购买决策，他们评估标准怎样，公司对它的采购员的政策和限制如何。

3) 人际因素

人际因素是指企业内部的人事关系。生产者购买活动具体由企业的采购中心执行，采购中心由使用者、影响者、采购者、决定者和信息控制者组成，这五种成员共同参与购买决策过程。由于参与采购的成员在企业中的地位、职权、志趣、说服力及他们之间的相互关系不同，他们对购买决策会产生不同有时甚至是微妙的影响。这种人际关系不能不影响购买的购买政策、购买行为。掌握这些敏感的人际因素，有利于搞清楚购买过程中的群体动态及其作用。

4) 个人因素

个人因素是指企业内参与生产用品购买决策的个人的动机、感知、偏好和购买风格等。这些因素又受制于参与者本人年龄、收入、教育、性格、职业认同感及对风险的态度等。企业生产资料的购买实质上是采购中心成员在企业内外各种因素约束下的具体购买行为，因此，这些个人因素必然对生产者的购买决策产生潜移默化的影响，会影响各个参与者对要采购的产业用品和供应商的感觉、看法，从而影响购买决策、购买行动。

4. 生产者购买的决策过程

从理论上说，生产者用户完整的购买决策过程分为8个阶段，但是具体过程依不同的购买类型而定，直接重购和修正重购可能跳过某些阶段，新购则会完整地经历各个阶段(见图3-4)。

购买阶段	购买类型		
	新购	修正重购	直接重购
1.认识需要	是	可能	否
2.确定需要	是	可能	否
3.说明需要	是	是	是
4.物色供应商	是	可能	否
5.征求供应建议书	是	可能	否
6.选择供应商	是	可能	否
7.正式订购	是	可能	否
8.评估使用结果	是	是	是

图3-4　生产者购买决策过程

1) 认识需要

认识需要是指企业内部的某些成员认识到要购买某种产品，以满足企业的某种需要。这是企业采购决策的开始。企业的需要一般是由两种刺激引起的。

(1) 内部刺激。企业为了发展，决定开发、生产某种新产品，因此需要购置生产新产品的机器设备和原材料；一些机器发生故障或损坏报废，需要购买某些零部件或新的机器设备；发现已采购的产业用品有些缺陷不能满足企业生产经营要求，必须更换供应商，等等。

(2) 外部刺激。企业的采购人员通过广告、商品展销会或卖方推销人员介绍等途径了解到有更理想的产品适合于企业生产经营，从而产生新的需要。

2) 确定需要

确定需要是指提出需要以后，接着就要把需要的产品的种类、特征、数量从总体意义上加以确定。对标准品来说，确定总体需要很简单；对复杂产品来说，采购人员应和工程技术人员、使用者共同分析，确定所需产品的种类、特征和数量。卖方营销人员也应向买方介绍产品特性，协助买方确定需要。

3) 说明需要

说明需要是指说明所购产品的品种、性能、特征、数量和服务，写出详细的技术说明书，作为采购人员的采购依据。买方通常会委派一个专家小组从事这项工作。

4) 物色供应商

物色供应商是指按照规格要求，采购人员开始查询合适的供应商。采购技术复杂、价值很高的产品，需要花较多的时间查询供应商。采购人员通常利用工商名录或其他资料来查询供应商，有时也可通过其他企业来了解供应商的信誉，然后他们会对一批可能的供应商进行初步选择。供应商应注意把自己的企业名称列入工商名录，并在扩大知名度的基础上树立良好的信誉。

5) 征求供应建议书

征求供应建议书是指邀请合格的供应商提交供应建议书。对于复杂和花费大的项目，买方会要求每一个潜在的供应商提出详细的书面建议，经过选择淘汰后，请余下的供应商提出正式供应建议书。卖方的营销人员必须擅长调查研究、写报告和提建议。这些建议应当是营销文件而不仅仅是技术文件，能够坚定买方的信心，使本公司在竞争中脱颖而出。

6) 选择供应商

采购者在得到供应商的有关资料以后，要通过比较分析选择供应商。在选择过程中，主要考虑的因素有：生产技术水平；交货能力；企业信誉；产品质量、价格、规格；企业管理和财务状况；对顾客的态度；维修服务能力；结算方式；地理位置。

7) 正式订购

用户选择了供应商以后，就可以发出订单，与供方签订供货合同，明确所需产品的规格、数量、交货期、保修条件、结算方式等等。

8) 评估使用结果

用户购进产品以后，其采购部门要主动与使用部门联系，了解、检查所购产品的使用情况，评估、检查供应商合同履行情况，为以后采购提供依据。

3.3.3 中间商市场的购买行为分析

中间商是生产者和消费者之间的商品流通媒介，是企业营销渠道链的主要组成部分。供应商应当把中间商视为顾客的采购代理人而不是自己的销售代理人，帮助他们为顾客做好服务。

1. 中间商购买行为的主要类型

作为组织市场的一部分，中间商的购买行为与生产者的购买行为有些类似，具体可分为以下四种。

1) 新产品采购

新产品采购是指中间商是否购进及向谁购进以前未经营过的某一新产品所做出的决策。即首先考虑“买与不买”，然后再考虑“向谁买”。中间商会通过对该产品的进价、售价、市场需求和市场风险等因素的分析做出决定。

2) 最佳供应商选择

最佳供应商选择是指中间商已经确定需要购进的产品，再寻找最合适的供应商。这种购买类型的发生往往与以下情况有关：①各种品牌货源充裕，但是中间商缺乏足够的经营场地，只能选择经营某些品牌；②中间商打算用自创的品牌销售产品，选择愿意为自己制造贴牌产品的生产企业。国内外许多大型零售商场都有自己的品牌，如美国的西尔斯百货。

3) 改善交易条件的采购

改善交易条件的采购是指中间商希望现有供应商在原来交易条件上再做出某些让步，使自己得到更多的利益。如果同类产品的供应增多或其他供应商提出了更有诱惑力的价格和供货条件，中间商就会要求现有供应商加大折扣、增加服务、给予信贷优惠等等。他们并不想更换供应商，但是会把这作为一种施加压力的手段。

4) 直接重购

直接重购是指中间商的采购部门按照过去的订货目录和交易条件继续向原先的供应商购买产品。中间商会对以往的供应商进行评估，选择感到满意的作为直接重购的对象，在商品库存低于规定水平时就按照常规续购。

2. 采购风格对中间商购买行为的影响

中间商的购买行为同生产者用户一样，也要受到环境因素、组织因素、人际因素和个人因素的影响。除此之外，采购者个人的购买风格具有不可忽视的重要影响。营销学者罗格·狄克森(Roger A. Dickinson)把采购者个人的采购风格分为7类。

1) 忠实型

这类采购者长期忠实地从某一个供应商处进货。采购者忠实于某一渠道的原因有多种：首先是利益因素，对供应商的产品质量、价格、服务和交易条件感到满意或未发现更理想的替代者；其次是情感因素，长期合作，感情深重，有过在困难时期互相帮助的经历，即使对方偶有不周之处也不计较，即使其他供应商的产品质量和交易条件与之相同或略优，也不愿意轻易更换现有供应商；再次是个人因素，采购者习惯于同自己熟悉的供应商打交道，习惯于购买自己熟悉的产品。对于这类采购者，供应商应分析能够使采购者保持“忠实”的原因，并采取有效措施来维持这种忠实。

2) 随机型

这类采购者事先选择若干符合采购要求、满足自己长期利益的供应商，然后随机地确定交易对象并经常更换。他们喜欢变换和不断的尝试，对任一供应商都没有长期合作关系和感情基础，也不认为某一供应商的产品和交易条件优于他人。对于这类采购者，供应商应在保证产品质量的前提下提供理想的交易条件，同时增进交流，加强感情投资，使之成为忠实的采购者。

3) 最佳交易型

这类采购者力图在一定时间和场合中实现最佳交易条件。他们在与某一供应商保持业务

关系的同时，还会不断地收集其他供应商的信息，一旦发现产品或交易条件更好的供应商，就立刻转换购买。这类采购者的购买行为理智性强，不太受情感因素支配，关注的焦点是交易所带来的实际利益。供应商若单纯依靠感情投资来强化联系，则难以奏效，最重要的是密切关注竞争者的动向和市场需求的变化，随时调整营销策略和交易条件，提供比竞争对手更多的利益。

4) 创造型

这类采购者经常对交易条件提出一些创造性的想法，并要求供应商接受。他们有思想、爱创新，在执行决策部门制定的采购方案时，会最大限度地运用自己的权限，按照自己的想法去做。对于交易中的矛盾分歧，他们能提出许多解决方案以供双方选择。对于这类采购者，供应商要给予充分的尊重，对他们好的想法要给予鼓励和配合，对不成熟的想法也不能尖锐地反驳，在不损害自己根本利益的前提下，尽可能地接受他们的意见。

5) 追求广告支持型

这类采购者把获得广告补贴作为每笔交易的一个组成部分，甚至是首要目标。他们重视产品购进后的销售状况，希望供应商给予广告支持，以刺激需求，扩大产品销售。这种要求符合买卖双方的利益，在力所能及或合理的限度内，供应商可考虑给予满足。

6) 斤斤计较型

这类采购者对每笔交易都反复地讨价还价，力图得到最大折扣。他们自认为很聪明，每笔交易都要求对方做出特别的让步，通常只选择价格最低或折扣最大的供应商。与这类采购者打交道比较困难，让步大则无利可图，让步小则丢了生意。供应商在谈判中要有耐心和忍让的态度，以大量的事实和数据说明自己已经做出了最大限度的让步，争取达成交易。

7) 琐碎型

这类采购者每次采购的总量不大，但品种繁多，重视不同品种的搭配，力图实现最佳的产品组合。供应商和这类采购者打交道会增加许多工作量，如算账、开单、包装、送货等，应当提供细致周到的服务，不能有丝毫厌烦之意。

3. 中间商购买的决策过程

由其社会职能决定，中间商购买商品的目的是先买后卖，贱买贵卖，从中获取交易利润。购买决策也是其战略性决策之一，购买商品的品种、规格、价格、数量、时间等直接关系到其赢利水平。具体而言，中间商的购买决策主要有以下几项。

1) 选择购买商品的编配组合

中间商的商品编配组合，既是其营销特色的集中体现，又是吸引顾客的最主要内容，而且在相当大程度上影响甚至决定中间商的“供应商组合”、“顾客组合”和“市场营销组合”。因此，对企业营销商品进行合理的编配和艺术、巧妙的组合，是中间商最基本、最重要的购买决策。一般而言，中间商可采取的商品编配组合有四种。

(1) 独家编配。指中间商只经销某家厂商的产品，如某家用电器商店只经营“海尔”牌电器。实行独家编配的中间商主要是精品店、专卖店，商品也多属于专利商品，以及具有技术诀窍的商品或特殊商品等。

(2) 深度编配。指中间商同时经销多家厂商生产的多种不同型号、花色、款式的同类产品，如某家用空调电器商店同时经营“海尔”、“科龙”、“春兰”等品牌各种规格、型号的空调产品。

(3) 广度编配。指中间商同时经销同一行业内多家厂商生产的多种类型产品，经营范围广泛，但并未超越中间商的营销范围。

(4) 综合编配。指中间商跨行业经销多家厂商生产的互不相关的多种类、多规格产品。百货商店、超级市场、仓储式商店等都属于综合编配，经营的商品花色品种繁多，规格齐全，高、中、低档次均有。

2) 选择供应商

相对于消费者而言，中间商的购买活动具有较强的计划性和理智性，对供应商的选择比较慎重。特别在我国经济转型时期，市场秩序尚未建立，假冒伪劣产品猖獗，供应商的遴选对于堵塞假冒伪劣产品源流，保证产品质量，维护中间商信誉尤为重要。厂商的品牌、声誉、商品质量、品种规格、供货能力、供货时间与条件及合作的诚意等，是中间商挑选供应商时需考虑的主要标准。生产厂家在设计、开发与生产商品时要考虑满足最终消费者的需求，在销售商品时却要考虑如何满足中间商的需求。

3) 选择购买的时间和数量

中间商对商品的需求属于衍生需求，由消费者市场决定。因此，中间商购买商品的时间和数量往往有相当苛刻的要求，总希望既能及时、适时、足量满足市场需求，抓住商机，又能最大限度地减少库存，加速资金的周转速度，提高资金的利用效率。季节性商品、流行性商品及鲜活易腐商品，供应商按时交货至关重要。此外，随着市场竞争的加剧，中间商对电子计算机的广泛应用，无库存采购、即时供货等手段的实行，使中间商的储存功能逐渐削弱，对厂家在质量、数量和时间等各方面严格按照市场需求组织生产的要求提高，中间商一次性购买的数量下降，例行性购买频率增加，交货的时效性要求更为严格。

4) 选择购买条件

购买条件的优劣直接关系到中间商的经销效益，市场瞬息万变造成的风险压力也迫使中间商尽可能从供应商那里获得尽量多的优惠购买条件，如价格折扣、促销津贴、店堂内广告折让、运费折让、信用保证、付款方式、缺陷破损商品的调换、零配件供应、降价保证、投诉的协助处理和售后服务，等等。由于中间商的购买价格是其商品的进货成本，是其商品销售价格的基础，销售价格又是影响消费者购买行为的一个最重要的因素，因此，供应商的价格高低和价格折扣的多少直接决定着中间商的利润水平，是中间商购买条件中极其重要的部分，是中间商购买决策的核心内容。

5) 签订采购合同

在比较分析备选供应商的综合实力和他们可提供的优惠条件的基础上，中间商最终确定采购对象，并根据采购说明书和有关交易条件与供应商签订采购合同。他们通常倾向于签订长期有效的合同，以保证货源稳定，供货及时，减少库存。

6) 购后评价

在向供应商实施了商品采购之后，中间商会对各个供应商的绩效、信誉、合作诚意等方面进行综合评价，以决定下一步是否继续合作。

3.3.4 非营利组织市场的购买行为分析

非营利性组织(NPO：nonprofit organization)的定义，较为流行的是美国约翰-霍普金斯

大学莱斯特·萨拉蒙(Lester Salamon)教授提出的所谓五特征法，即将具有以下 5 个特征的组织界定为非营利组织：①组织性；②非政府性；③非营利性；④自治性；⑤志愿性。这一定义被用于萨拉蒙教授主持的对全球 42 个国家非营利组织开展的国际比较研究项目，后来常为人们所引用。随着最近 30 年我国经济的不断发展和人们素质的不断提高，这类组织的数量在我国得以迅速增加，构成了一个十分庞大的市场。

1. 我国非营利组织的类型

根据清华大学非营利组织研究所于 1999 年首次在全国范围内对中国非营利组织进行的问卷调查结果显示，我国非营利组织大致可以分为以下 5 类。

1) 社会性团体

社会性团体即在社会文化领域开展各种活动的会员制组织，如各种学会、协会、同学会、促进会、联谊会、志愿者团体等。

2) 经济性团体

经济性团体即在经济领域开展各种活动的会员制组织，如行业协会、商会、工会、各种职业团体等。

3) 基金会

基金会即在各个领域里开展各种资助活动或资金运作活动的非会员制组织，如项目型基金会、资助型基金会、联合劝募组织等。

4) 实体性公共服务机构

这类组织包括各种民办的医院、学校、剧团、养老院、研究所、中心、图书馆、美术馆等，我国的现行法规中把这类组织称之为“民办非企业单位”。

5) 其他团体

其他团体主要指中国特有的事业单位、人民团体和专家称之为“未登记或转登记团体”，其中包括一部分没有依法登记注册的非营利组织和一部分采取工商注册的非营利组织。这类组织既有其存在的客观条件，又发挥着作用。以上三类，在我国现行的法规体系中，统一地被称为“社团法人”，归各级民政部门管辖。

2. 非营利组织购买的特点

1) 产品主要表现为最终消费品

这是由他们的购买目的决定的。学校、图书馆购买书本、设备，医院购买医药器材都是直接提供给消费者使用的，这些产品不需要通过再组装、再生产，即使是涉及基本建设方面，虽然购买产品如钢材、水泥等以半成品出现，但非营利性组织通常是把整个设施项目外包给其他营利性组织，实际上购买的还是类似一幢完了工的能够供人们直接享用的建筑物及其附加服务的最终消费品。用图表示非营利性组织的购买产品与一般组织购买品的区别，如图 3-5 所示。

2) 产品价格弹性较小

非营利性组织的大多数产品属于特定性必需产品，如书本、药品、特殊器材设备等，这些产品的总需求受其价格波动的影响比较小，即产品价格弹性小。

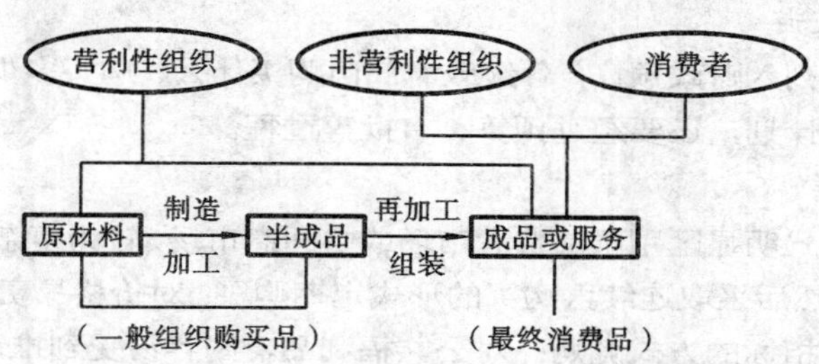

图 3-5 非营利性组织购买产品与一般组织购买品的比较

3) 集体决策

非营利性组织的购买任务往往由其采购中心来执行。生产者用户的采购中心论模型也普遍适用于非营利性组织的购买行为分析，但涉及某个具体购买行为时，所谓购买中心的组成、规模等，实际上与组织的购买类型、相关政策等有关，并没有非常统一的模式。例如，在一些医院里，关于食品的购买决策往往由业务经理、采购人员、营养师、厨师等人员组成的购买中心做出，或者通过几家医院联合组成的采购团体来采购。而一些高校的控制性商品购买决策，则由审购部门、科研处、设备处、计财处甚至政府部门组成的购买中心做出。

4) 供需双方关系密切

组织市场买卖双方更注重长期稳定的合作关系，包括长期交易关系、合作伙伴关系、战略联盟的建立。非营利性组织有着政策上的特殊性，同时，供应商为熟悉买方的采购要求，在一些产品批量大、金额大的购买行为上，通常采取招标和投标的形式。首先通过产品展示会，双方形成初步的认识，再经过有关专家人员评比打分、实地考察等方式进行评标、揭标；通过层层筛选，最后确定中标单位，并签订采购合同，建立合作关系。

3.3.5 政府市场的购买行为分析

政府市场是由那些为执行政府职能而购买或租赁产品的各级政府机构组成的市场。由于拥有税收等财政来源，各级政府掌握着很大一部分国民收入，相应的，政府支出也形成了庞大的商品和服务的需求市场。随着政府职能的不断加强和活动范围的加大，国家预算占国民经济的比重不断提高，政府在市场中的购买地位也不断提高。政府采购的产品和劳务门类广泛，从军火、办公用品到汽车、燃料等，五花八门，应有尽有。政府购买者的行为与一般民间购买者有所不同，需要对政府市场做专门的研究。

1. 政府市场购买行为的特点

政府市场在一些方面与前面几种组织市场有相似之处，如购买者数量少，每次购买的数量多，同样是理智的购买者等，但政府市场作为一个特殊的需求者，在许多方面又有着自身的特殊性。

1) 需求受到较强的政策制约

一国的经济政策对政府集团的消费影响较大。财政开支紧缩时，需求减少；反之，则需求增加。此外，如果政府制定了鼓励或抑制某行业发展的政策，则它就会通过加大或缩减对该行业产品的方式表现出来。

2) 需求计划性较强

一国政府开支要列入财政预算，各级政府部门购买什么、购买多少都要受到财政预算的限制，且要制定购买计划，还要经过预算、审批等过程。

3) 购买方式多样

政府市场购买方式明显区别于消费者市场或中间商市场，较为复杂。对日用办公品购买，往往先选定供应商，然后采取连续再购买的形式定期购买；对价格昂贵的大宗商品，如飞机、汽车等，则采用公开招标的方式竞购；对公共福利品，则容易受到推销商的影响，等等。

4) 购买需求受到公众社会的监督

各级政府机构的开支来自财政拨款，财政拨款来自于社会公众的税收，社会公众有权以各种形式对政府机构的购买活动加以监督，要求政府富有效率、公正、廉洁，希望政府能以最低标准的购物数量和消费开支实现政府的各项职能。

5) 标的多重性

由其社会职能所决定，政府在购买时除了考虑价格较低等经济性因素外，还要追求其他政治性、军事性、社会性目标。如国防用品、军火的采购，关系到两国或多国之间政治与外交关系的购买行为，对某些地区、某些产业的产品的扶持性购买，等等。

2. 政府市场购买行为的主要因素

政府市场与生产者市场和中间商市场一样，也会受到经济、组织、人际和个人因素的影响。但除此之外，政府的购买行为还会受以下因素的影响。

1) 社会公众的监督

虽然各国的政治经济制度不同，但是政府采购工作都会受到各方面的监督。主要的监督者有：国家权力机关和政治协商会议，行政管理和预算办公室，传播媒体，公民和民间团体。

2) 国际国内政治形势

比如，在国家安全受到威胁或处于某种原因发动对外战争时，军备开支和军需品需求就会增大；和平时期用于建设和社会福利的支出较多。

3) 国际国内经济形势

经济疲软时期，政府会缩减开支；经济高涨时期，政府则会增加开支。国家经济形式的不同，政府用于经济调控的支出也会有所增减。前几年经济疲软时，我国政府就是通过加大对基础设施建设的投资来刺激消费，从而对经济进行宏观调控。

4) 自然因素

各类自然灾害同样会使政府用于救灾的资金和物资大量增加。

3. 政府市场主要购买方式

政府机构购买商品是为了有效地履行其维护社会安全、保护社会公众利益、建设与维护公共设施等项职能，购买的商品种类繁多，数量巨大，购买行为深受社会密切关注，购买方式也较为特殊。政府采购通常采用协议签约订购和公开招标选购两种方式进行。

1) 协议签约订购

由政府机构直接与一个或几个供应商接触，经过谈判协商，最后只和其中一个符合条件的供应商签订合同，进行交易。协议签约订购主要用于技术较复杂、风险较大、竞争较小的采购项目。一旦情况有变，可对合同履行情况公开复审，重新谈判。

2) 公开招标竞购

由政府的采购机构在媒体上刊登广告或发出信函，说明要采购的商品的名称、品种、规格、数量等具体要求，然后邀请有资格的供应商在规定的期限内参加投标，密封递交政府机构，最后在规定日期开标，政府机构选择报价最低且符合要求的供应商成交。政府机构采用这种采购方式无须与卖方反复磋商，处于比较主动的地位，但供应商之间的竞争往往很激烈。

目前，许多企业的营销部门设置专职小组和人员，专门与政府的采购组织打交道，通过各种途径和方式，争取政府的采购项目。具体来说，企业应注意做好以下几个方面的工作：

第一，政府组织的社会影响力比一般企业要大得多，所以营销企业要树立高度的社会责任感，把社会公众利益放在第一位，特别要注意树立良好的企业形象；

第二，营销企业平时要加强与政府采购组织的各种联系，注意收集政府采购组织的各种信息，如预算报告、招标发布信息等；

第三，政府组织一般对所购商品的技术、性能等了解不多，营销企业应提供质量保证的商品和更为完善的售后服务，同时要积极地向各级政府的采购组织提出项目建议，主动促成其购买。

本章小结

本章介绍了按商品属性、成交方式和购买对象等三种不同标准进行分类的市场类型；现实需求和潜在需求两大不同类型的需求，以及相应的营销策略。

在介绍消费者市场的购买特点和心理、经济、个人、社会和文化等影响消费者购买行为因素的基础上，阐述了分析消费者购买决策所涉及的消费者角色、购买行为类型和决策过程。

组织市场划分为生产者市场、中间商市场、非营利性组织市场和政府市场。因生产者市场与消费者市场密切相关，且是常见的市场，首先对生产者市场的特点、影响因素、购买决策活动进行了介绍。之后，分别简要介绍了中间商市场、非营利性组织市场和政府市场的特点，以及与决策相关的内容。

关键术语

市场	实值商品市场	虚拟商品市场	一般商品市场
特殊商品市场	消费者市场	生产者市场	中间商市场
非营利性组织市场	政府市场	退却需求	不规则需求
充分需求	过度需求	有害需求	潜在需求
无需求	否定需求	日用品	选购品
特殊品	需要	动机	学习
信念	态度	生活方式	自我观念
社会阶层	参照群体		

思考题

1. 市场的作用有哪些?
2. 市场需求形态有哪些?企业应针对性地采取何种营销策略?
3. 消费者市场的购买行为具有哪些特点?
4. 影响消费者购买行为的主要因素有哪些?
5. 消费者购买行为类型有哪些?
6. 消费者购买决策过程经历了哪些阶段?
7. 生产者市场的购买行为具有哪些特点?
8. 影响生产者市场的购买行为的因素主要有哪些?
9. 中间商市场购买行为类型有哪些?
10. 非营利组织市场购买行为具有哪些特点?
11. 政府市场购买行为具有哪些特点?

参考文献

1. 菲利普·科特勒. 营销管理[M]. 8 版. 梅汝和，等，译. 上海：上海人民出版社,1994.
2. 万后芬. 现代市场营销学[M]. 北京：中国财经出版社，2001.
3. 万后芬. 市场营销教程[M]. 北京：高等教育出版社，2007.
4. 迈克尔·J 贝克. 市场营销百科[M]. 李桓，译. 沈阳：辽宁教育出版社，1998.
5. 马丁·克里斯托弗. 关系营销[M]. 李宏明，等，译. 北京：中国经济出版社，1998.
6. 罗子明. 消费者心理学[M]. 北京：清华大学出版社，2002.

案例研讨

宜家中国的本土化

一、企业背景

宜家是一家来自于瑞典的跨国家具用品大型连锁零售企业，成立于 1943 年，总部位于瑞典 Almhult 市。它的前身是一家仅有一人的邮寄公司，而正是这家不起眼的小公司，经过半个多世纪的发展，如今已经成为一家在全球 44 个国家拥有 180 家连锁店及 8.4 万名员工的大型跨国集团。宜家公司年接待顾客 2 亿人次，销售额年平均增长率高达 15%。2000 年，宜家在全球的销售额达到 690 亿瑞典克朗，2001 年则达到 940 亿瑞典克朗，2003 年超过了 1044 亿瑞典克朗，到了 2004 年，销售额更是达到了 1170 亿瑞典克朗。宜家公司的创始人英格瓦·坎普拉德成为瑞典首富，资产达 3000 亿瑞典克朗，是当今国际家具行业当之无愧的领导者。美国《商业周刊》2009 年的品牌调查显示，宜家品牌已列居全球第 28 位，超过了百事、苹果等品牌，品牌资产 560 亿瑞典克朗(约合 70 亿美元)。

宜家公司创造了家具业的神话。它成功的体验式营销让购买成为一种休闲旅行，在潜移默化间使光顾宜家的顾客感受到家的温馨，并激发出购买后的一系列联想。而其精湛的工艺、可靠的质量、自由的购买氛围和特殊的广告传播方案更使得宜家赢得了传统市场的欢迎和青睐。

然而，在初入中国市场时，宜家却遭到了不少困难，一时间陷入了困境。在经过一段时间对中国市场的了解之后，宜家果断地对其传统的营销策略作出了一系列中国化的调整，并取得了成功。

二、宜家在中国的营销转变

(一) 初入中国时期的困境

宜家作为众多跨国公司中的一员，也毫不例外地相中了中国这个无法忽视的巨大市场，而进入中国市场之初，宜家并没能一帆风顺。自 1998 年正式进入中国，宜家就开始面临一系列的重大困难和挑战。

1. 迟到的宜家

从时间上说，宜家进入中国显然不够及时。在中国内地，建材城在各大城镇星罗棋布，大大小小的有几十万家，仅北京就有各类家具采购市场 40 余家。家具市场增长最为迅猛的时期当数 2000 年前后，而那时宜家才刚刚进入，还来不及打出名气，就错过了这个难得的发展黄金期。

2. 被中国消费者误解

宜家在瑞典本土和北美市场，都被看做是“家具便利店”。然而正是这个依靠低价策略谋取大众的宜家一进入中国市场，就在中国消费者心目中烙下了“贵族”的形象。精美时尚的设计、舒适高雅的店铺、高昂的价格让中国普通消费者望而生畏、敬而远之。宜家在中国的中产阶级中获得了青睐，可是中国的国情与宜家的传统市场完全不相同，中产阶级在中国是小众，而最广大的工薪阶层根本无法认同宜家定位的初衷。一个外来的“低价”产品到了中国就成了“高端”消费品。

在此后的调研中，宜家认识到了这一国情的特殊性，中国虽然处于举世瞩目的高速发展期，但是人民还不富裕。中国整体消费水平的相对落后及本土消费习惯成为宜家在中国遭受误解的根源。

3. 遭遇恶性竞争

中国的家具商成千上万，小而散是该产业的主要特点。由于这些家具企业多数规模不大，实力有限，不可能拿出大笔的预算用于自行设计和开发，出于改进产品和节约成本两方面的考虑，不少企业开始采用模仿的方式仿制宜家的产品。加上中国相关法律尚不健全，更是让宜家在这一仿造和价格战中遭受了未曾预想到的冲击。结果，宜家一贯的“价格优势”在中国彻底失灵了。

(二) 在中国采用的营销对策

为了扭转不利局面，宜家在营销上做出了重大决策调整，紧跟中国实际，锁定中国工薪阶层这一大众市场，走了一条卓有成效的中国化道路。

1. 店铺地址的改变

宜家在传统市场的做法是将店铺建在郊区，并配套宽敞的停车场和其他便利设施，但这在中国行不通。首先，中国人大多没有私家车，其定位的大众市场更是如此，所以在中国设店必须考虑到交通便利性；其次，中国还处于城市化进程中，消费者习惯于去繁华的市区购物，把商场建在郊区也不符合中国人普遍的购物习惯；此外，宜家刚刚进入中国，还处于树立知晓度

的阶段，此时保证足够的访问量极为重要。结合以上三点，宜家在中国将店铺从郊区搬进了繁华市区。

2. 增加卖场工作人员

在欧美市场，宜家的店铺服务人员极少，且没有销售员，只有服务员。服务员不得向消费者推荐某件产品，以充分保障消费者自由体验和独立决策，除非顾客需要咨询。在国外，宜家家居是需要顾客自己动手组装的，且不提供送货上门服务，这些已经被国外消费者普遍接受，因为顾客明白这样可以为自己省去不必要的开支。

这些恰恰是中国消费者所无法接受的。在中国，家具的购买属于家庭的重大开支，中国消费者在购买家具的过程中需要细致耐心的服务，从选货、订货、送货、安装一直到售后服务一样也不能缺。宜家为了适应这种变化，增加了中国市场的工作人员，并提供售后送货服务，且减少了运费。考虑到中国消费者交通上的不便利，特将退货日期从 14 天延长至 60 天。

3. 促销宣传的改进

宜家在其传统市场的促销绝活是邮寄手册。在刚刚进入中国市场时，宜家也是沿用了这个单一的促销宣传方式，但是效果有限。在进入中国市场 4 年后的 2002 年 9 月，宜家在北京和上海同时播出了由其精心制作的 52 集电视系列片“宜家美好生活”，每周一集，每集 8 分钟。系列片通过解决观众在家居装饰中经常遇到的难题这一线索，在轻松愉快的气氛中让消费者感受到了宜家的产品和服务，并让消费者由此获得灵感。宜家根据中国人接受信息的习惯，增加了电视媒介进行宣传，得到了很好的效果。

4. 价格策略调整

同样是低价策略，但是由于客观存在的收入差距，在欧美市场被认为是便宜的宜家，到了中国就成了贵族用品。宜家深知这会扰乱其一贯的形象，不符合其在中国市场既定的定位。为了让宜家在中国成为名副其实的大众产品，宜家通过价格调整来改变原来在中国消费者心目中错误形成的“贵族”形象。2003 年 9 月起，宜家对 1000 多种产品全面实行大幅降价，这是其彻底走大众路线的重要标志。通过降价，中国巨大的消费潜力充分得到了体现，如一种名为佛宾的小板凳降价后，在中国两家宜家店铺比法国 12 家店铺的销售量还大。

5. 改变消费习惯

通过调研，宜家发现中国老百姓除了搬家之外，一般很少新购家居用品来改变现有居住环境和布置。针对此，宜家提出了独具匠心的“Change Is Easy”的口号，即“改变很简单”，旨在鼓励普通大众消费群体通过更新家居环境或是其中的某些细节来提高生活品质。

宜家不断地提醒中国消费者，改变并不那么麻烦，一点小小的变化就可能起到画龙点睛的神奇功效。为了配合此理念，宜家配套推出了一些不太贵的新产品，CD 架就是其中之一。一套 CD 架算不上什么大件，也不昂贵，却可以让生活中一些琐碎的凌乱变得有条理。宜家通过这类的温馨提示吸引了众多消费者，取得了佳绩。

(资料来源：白嘉，张会新. 宜家的本土化营销策略[J]. 经济导刊，2010(6).)

案例思考题

1. 在国际市场创造了家具业神话的宜家公司为什么在中国陷入困境?
2. 你对宜家中国的营销策略改变如何评价?
3. 如果你是宜家中国的营销经理，接下来会如何打算?

第 4 章 市场营销调研

本章提要 现代企业营销所处的营销环境复杂多变，使得企业对营销信息的需要比以往任何时候都更为强烈。在企业营销活动过程中，组建高效的企业营销信息系统，充分掌握和运用营销信息，科学地进行市场调查和预测，已成为企业有效营销、竞争取胜乃至关系到企业生存和发展的至关重要的问题。本章主要介绍企业营销信息及其系统构成、市场营销调研与预测的有关理论和方法等内容。本章重点在于理解营销信息系统的构成，掌握市场营销调研的基本流程与方法。本章难点在于对市场营销调研与预测基本理论与方法的理解与掌握。

引 例

市场调研与美国总统选举

1936 年，罗斯福任美国总统的第一任期届满，共和党人兰登与罗斯福竞选下一任总统。美国《文学摘要》杂志对 240 万人进行了调查，预测兰登将会当选。而刚起步不久的盖洛普公司对 5 万人进行了调查，认为罗斯福将会当选。最终的调查结果证实了盖洛普的预测，不久，《文学摘要》也倒闭了。

调查机构	罗斯福得票率	兰登得票率
文学摘要	43%	57%
盖洛普	56%	44%
实际选举结果	62%	38%

《文学摘要》失败的原因在于其选择样本的方法是错误的，它借助了一些俱乐部的名单和电话号码簿，从中获得 1000 万人的地址，将问卷邮寄给他们。由于在当时能够加入俱乐部和拥有电话的人都是富裕阶层，所以这种选择样本的方法排斥了穷人进入样本的可能性，而当时罗斯福的新政恰恰是有利于穷人不利于富人的，所以《文学摘要》这种有偏向性的抽样方法便导致了有偏向性的调查结果。

(资料来源：http://tkjs.cumt.edu.cn/jpkc/C54/case20.htm.)

4.1 企业营销信息系统

4.1.1 市场营销信息的定义与功能

1. 市场营销信息的定义

信息就是事物的存在方式、运动状态及其对接收者的效用的综合反映。它既不同于消息，也不同于知识。信息与消息的区别在于：第一，信息与消息是内容与形式的关系，信息是消息的内容，消息是信息的表现形式，信息以消息作为载体而进行传递；第二，信息具有效用性，以消息为载体所传播的内容中，只有那些对接收者具有一定价值，能满足接收者的某种特殊需要的部分才是信息，无用的部分称为噪音。知识是信息的一部分，是人们在社会实践中，通过思维活动，对普遍存在的大量信息进行选择、处理所形成的系统化的信息。因此，信息是知识的原料，知识是信息的结晶体。

2. 市场营销信息的功能

市场营销信息的主要功能如下。

1) 市场营销信息是企业经营决策的前提和基础

市场营销信息是企业营销的重要战略性资源。企业营销活动中，从企业的营销目标、发展方向，到企业的产品、定价、销售渠道、促销手段，无论是营销战略问题的决策，还是营销战术方案的制定，都必须在准确地获取营销信息的基础上，才可能做出正确决策。

2) 市场营销信息是制定企业营销计划的依据

企业在市场营销中，必须根据市场需求的变化，在营销决策的基础上，制定具体的营销计划，以确定实现营销目标的具体措施和途径。市场营销信息是企业制定计划的重要依据，不了解市场信息，就无法制定出符合实际需要的营销计划。

3) 市场营销信息是实现营销控制的必要条件

营销控制，是指按照既定的营销目标，对企业的营销活动进行监督、检查，以保证实现营销目标的管理活动。由于市场环境的不断变化，企业在营销中必须随时注意市场的变化，进行信息反馈，并以此为依据来修订营销计划，对企业的营销活动进行有效控制，使企业的营销活动能按预期目标进行。

4) 市场营销信息是进行内外协调的依据

企业在营销活动中，企业自身系统与外部环境系统之间，不可避免地会产生某些矛盾而失去平衡，这将影响企业营销活动的正常开展。企业应不断地收集市场营销信息，根据市场的变化和内部条件的变化，采取相应措施来协调内部条件、外部环境和企业营销目标之间的关系，使企业营销系统与外部环境系统之间、与各要素系统之间都能保持协调发展，以实现企业营销的最佳效果。

4.1.2 市场营销信息的类型

依据不同的分类标准，对市场营销信息可作不同分类。

1. 依据信息来源划分

依据信息来源划分，可分为外部信息和内部信息。

企业是市场环境的子系统，企业的外部信息是来自市场环境的其他子系统的信息。与市场营销有关的外部信息主要包括政治信息、经济信息、科技信息、人口信息、社会信息、法律信息、文化信息、心理信息、生态信息、竞争信息等 10 个方面的信息。企业内部信息是指来自企业的各种报表、计划、记录、档案的有关营销方面的信息。

2. 依据决策的级别划分

依据决策的级别划分，可分为战略信息、管理信息和作业信息。

战略信息是指企业最高层领导用于对经营方针、目标等方面进行决策的有关信息。它主要包括对新产品的研制、开发，对新市场的开拓，对设备的投资及服务方向的改变等决策信息。

管理信息是指企业一般管理人员在决策中所需要的信息。企业营销活动不仅要加强内部管理，而且要接受国家的宏观调控，因此，管理信息既包括对现有资源的分配、应用、控制等有关计划方案的制定、执行、管理等方面的信息，即微观管理信息，又包括国家对企业的调控和管理的有关信息，如经济政策、经济杠杆、经济法规等。

作业信息是指企业日常业务活动的信息，主要包括商品的生产和供应信息、商品的需求和销售信息、竞争者动态信息等。

此外，市场营销信息还可以根据信息的表示方式分为文字信息和数据信息；根据信息的处理程度分为原始信息和加工信息；根据其稳定性分为固定信息和流动信息，等等。

4.1.3　市场营销信息系统及其构成

20 世纪 50 年代以后，随着经济的增长、科学技术的迅猛发展，西方一些国家的企业为了获取与提供市场信息的方便和提高决策投入的能力，开始运用现代化管理技术和电子计算机进行营销信息的处理和应用。如美国米德· 约翰逊公司、通用面粉公司、孟山都公司等都建立起作为企业中枢神经的市场营销信息系统。20 世纪 70 年代以后，在美国、西欧、日本等发达国家和地区的许多公司中普遍建立以电子计算机数据处理为基础的市场营销信息系统(Marketing Information System，MIS)。

企业的市场营销信息系统是一种由人员、设备、程序构成的，通过相互作用提供企业营销所需信息的综合系统。它通过对信息的收集、分类、分析、评价和分配，为企业营销决策提供依据。

市场营销信息系统分为传统的人工信息系统和以计算机为中心的现代信息系统两种。传统的人工信息系统是通过人工运用计算器、打字机、复印机、电话等工具来收集、处理、传递信息。它往往借助资料、报表、报告、账目等物质载体来传递信息，形成企业人员之间组成的营销信息系统。以计算机为中心的营销信息系统是由人使用计算机对输入的信息进行分析、处理，以输出有用的信息。它通过计算机之间相互连接来传递信息，形成营销信息系统。随着经济的发展和企业管理的现代化水平的提高，建立以计算机为中心的企业营销信息系统已成为现代企业的基本选择。

1. 建立市场营销信息系统的原则

企业建立以计算机为中心的营销信息系统必须遵循以下原则。

1) 统一性、整体性原则

企业营销信息系统必须将企业的营销活动作为一个整体来看待，疏通企业内部的纵横关系，兼顾企业的现实运转和将来的发展。同时，企业信息要做到内外统一，微观与宏观统一，当前需要与长远需要相统一，信息交流的形式与传递语言相统一。

2) 简明性、适当性原则

企业所加工和传递的信息应尽量简短明了，信息的处理过程应尽可能避免繁杂的手续，信息的筛选优化应以适当为标准。这样才能加快信息的流通，缩短信息流通时间，提高有效性。

3) 有效性原则

企业营销信息必须反映和满足企业营销活动的需要，适应企业营销决策和管理的要求。因此，营销信息系统要通过鉴别剔除无效或不适用的信息，选取有效、适用的信息。

2. 建立企业营销信息系统的步骤及运行要素

1) 建立企业营销信息系统的步骤

建立企业营销信息系统，一般分以下三步进行。

(1) 分析。根据系统目标，进行调查、分析，提出系统的模型。

(2) 设计。根据以上分析，确定系统结构，确定子系统和储存方式、系统流程图等。

(3) 实施。包括程序设计、程序和系统的调试、技术文件的编写、系统转换及系统评价等内容。

2) 企业市场营销信息系统的运行要素

企业的市场营销信息系统由输入、处理、输出、反馈四个运行要素组成一个有机整体。

(1) 输入。信息的输入是指将企业内部和外部的有关企业营销的各种信息收集起来。这些信息包括有关政策的变化、商品行情、价格变化、竞争者动态、消费者需求动态等。

(2) 处理。信息的处理是指对原始信息的加工、鉴别、筛选、分类、编码、贮存等一系列活动。

(3) 输出。信息的输出是指将处理过的有用信息提供给企业决策者和管理部门，作为决策的依据。

(4) 反馈。信息的反馈也是一个输入过程，是将信息输出后而产生的反应再输入到信息系统。

3. 企业营销信息系统的构成

企业的市场营销信息系统由内部报告系统、外部最新信息系统、市场调研系统和营销分析系统四个子系统组成，通过四个运行要素的运作，完成信息的沟通。营销分析系统如图 4-1 所示。

1) 内部报告系统

内部报告系统是反映企业内部目前营销活动状况的信息源。该系统主要报告有关企业各类产品的开发及其销售额、存货量、现金流动、应收应付账款等方面的瞬时信息和动态信息，为企业进行科学的销售管理、存货管理和客户管理，提高销售服务水平，降低销售成本，缩短销售周期提供依据。

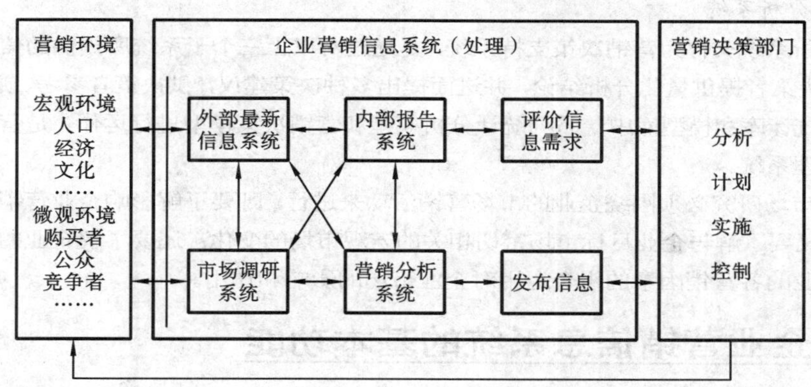

图 4-1　营销分析系统

(1) 提供销售信息，进行销售管理。提供各目标市场及总体市场每天或某段时期的销售实绩、销售成本及价格、实际销售与预定目标的百分比、本期与前期的销售增长额(率)、销售损益情况等信息。以及时发现销售中的问题，适时地调整销售策略及目标市场。

(2) 提供存货信息，进行存货管理。提供各个仓库的存货数量、出库量、入库量、运输路线及成本、缺货及调运情况等信息。为合理安排生产、发货和运输，及时进行补仓提供依据。

(3) 提供客户信息，进行客户管理。提供各客户的基本情况、订货数量及变动情况、收付款等信用情况。为争取有利客户及更多的订单、管理客户提供依据。

目前，很多企业都已建立计算机管理系统，决策者可以随时通过计算机查阅企业营销的有关信息。

2) 外部最新信息系统

外部最新信息系统是有关企业外部宏观营销环境的发展变化的新动态的提供者。该系统可以通过互联网络及各种出版物、广告、资料等取得信息，也可以通过消费者、供应商、经销商、竞争者、内部员工等方面的反映来取得有关信息。

(1) 外部信息的收集。收集外部信息的途径主要有：①企业营销经理与顾客、供应商、分销商、企业外界其他人员、企业内部员工的交谈中发现的有关信息；②推销人员、分销商和其他贸易伙伴提供的信息；③通过信息咨询公司购买信息；④通过展销会、订货会、广告等了解竞争者信息；⑤从书籍、报刊、交流资料及网络上摘录有关信息。

(2) 外部信息的积累、处理与传递。信息系统的专职人员将信息按一定标准进行分类，建立营销信息资料库；将重要信息摘录、编制成简报，供营销经理参阅；协助营销经理分析市场的新情况、新动态，为营销决策提供依据。及时取得并合理运用市场环境变化的最新信息，是企业不断发展、创新，取得竞争优势的前提和基础。企业必须建立常设机构，负责最新信息的获取，以随时掌握市场环境的变化，为企业的决策提供依据。

3) 市场调研系统

市场调研系统是针对企业某一时期所出现的问题，或为满足制定决策、计划的需要而对某些特定问题组织调查，提供所需信息资料的系统。该系统可由少量人员作为常设机构成员，也可以不设常设机构，由其他子系统成员兼任，负责某些特定调研问题的组织和联系工作，而具体的调研活动可由专业调研公司或财经院校的学生承担。

4) 营销分析系统

营销分析系统又称为营销决策支持系统，是通过对以上三个子系统所提供的信息资料的科学分析，为决策者提供量化分析结论，并进而提出多种决策建议，供决策者参考、选择的系统。该系统借助统计库和模型库中一系列统计分析模型和营销决策模型进行运作，是营销信息系统中的高级处理系统。

企业的市场研究必须围绕企业的市场营销活动来进行，既要了解影响企业营销的环境因素及其变化；又要了解与企业目标市场密切相关的宏观市场的变化；还要了解企业的营销努力的效果，即企业的各营销因素的组合运用对企业市场的影响和作用。

4.1.4 企业营销信息系统的基本功能

1. 迅速及时搜集市场信息

迅速及时地搜寻与集合市场信息，这是营销信息系统工作和运行的起点。信息系统工作的质量与效率，很大程度上取决于营销信息的时效性、真实性和完善性。营销信息的搜集必须遵循针对性、连续性、系统性、计划性的原则，及时获取企业营销决策所需的完备信息资料。

2. 科学地加工整理营销信息

营销信息的加工整理是信息系统的关键环节。只有通过加工整理，使纷繁复杂的营销信息浓缩化、有序化、系统化，才既便于存贮、传递和使用，又能为决策部门提供高质量的信息，提高管理效能和信息的使用价值。

3. 有效地合成营销信息

营销信息总在不断产生，同时也不断地消失。未经加工处理的市场信息只能处于无序的游离状态或贮存状态。离散的营销信息会在企业的信息流中消失得无影无踪。企业营销信息系统应根据企业营销决策的需要，对离散的营销信息进行加工合成，使其转换为对企业营销活动具有显现价值的合成信息，以充分发挥营销信息的作用。

4. 营销信息的传递

营销信息一经合成，就会显现其使用功能，必须经过传递，及时输入企业有关决策部门，才能实现其使用价值。因此，信息系统应有规律地将有用的信息及时传递给有关决策人。

5. 营销信息的贮存

加工合成后的营销信息，有的并非立即使用，有的将多次重复使用，这就要求营销信息系统必须具备信息的贮存功能。信息的贮存是信息在时间上的传输和积累，它有利于对各种营销活动进行动态的、系统的和全面的研究。

4.2 市场营销调研

市场营销调研是指企业系统地搜集、分析和报告有关市场营销问题和信息资料的活动过程。市场营销调研是企业了解和认识市场唯一有效的途径，它对于企业分析自身生存与发展的条件、了解消费者的需求与市场竞争态势、掌握供需状况及其发展趋势、改善企业的营销管理、提高企业经济效益等均具有重要作用。现代企业经营者必须清醒地认识到：市场营销调研，是企业一切生产经营活动的出发点。

4.2.1　营销调研的程序

1. 确定调研目的

为了有针对性地进行市场营销调研，避免盲目行动所造成的人、财、物力的浪费，调研人员必须首先明确调研的目的，并据此确定调研的课题。

调研目的应根据企业营销的实际情况，在对已掌握的现有资料进行初步分析并通过小范围内的试探性调查的基础上去确定。尽可能在明确市场调研总目标的同时，还能确定出市场营销调研的具体目标，以便于调研的具体实施。

2. 制定调研计划

制定调研计划的目的在于有效地组织调查活动。调研计划应包括下述主要内容。

(1) 调研目的。即说明“为什么进行该项调研”，“想要知道什么”，“知道结果后有何用”等问题。

(2) 调研项目。即根据调研目的决定所需要调研的资料的类型，并由此定出所需要调研的项目和内容。

(3) 调研方法。根据调研目的及项目，决定调研地点、调研对象、调研方式等。

(4) 经费预算。

(5) 调研人员及调查日程安排。

3. 搜集调研资料

调研资料来源广泛，但总体上可以分为现有资料和原始资料两种。现有资料又称为第二手资料，是经过他人收集、记录和整理所积累起来的各种数据和文字资料。市场调研过程中，对某个特定问题的有关现有资料，主要由内部报告系统和外部信息系统提供。原始资料又称为第一手资料，是调查人员通过实地调查所取得的资料。现有资料容易取得，省时、省力、节省费用。因此，在市场研究中首先要充分利用现有资料，而将原始资料作为对现有资料的补充和验证，即收集资料时应注意遵循“从内到外，从现有到实地”的原则，首先查阅内部现有资料，然后根据调查课题的需要到有关部门去查阅所需的现有资料，最后才是进行实地调查，去取得必需的第一手资料。当现有资料足以提供明确结论时，不必再进行实地调查，这样可节省时间、人力和费用，故应重视对现有资料的收集和利用。如果现有资料不足以说明问题，则必须通过实地调查去搜集新的市场信息资料。

4. 整理分析资料

为使已搜集到的调查资料准确、真实、精练、系统和有针对性，必须对其进行鉴别分类、编校、统计计算等一系列整理工作，以便准确反映所研究的现象。

资料分析则是对已经整理的调查资料采用一定的方法作出进一步质和量的分析研究，以掌握市场发展的动态。分析方法主要有以下三种。

(1) 描述性分析。即对调查所要研究的问题作出如实、具体、生动的回答。如调查后关于市场规模、产品形象与特征、消费者购买行为、市场占有率等的结论即属描述分析。

(2) 因果性分析。即根据对调查资料中存在的相关联因素的分析，揭示这些因素之间的因果关系，探明自变量对因变量的影响及其规律。

(3) 预测性分析。即通过对调查资料所呈现出的变化趋势及各影响因素影响结果的分析，对未来一定时期的市场营销状况作出推测。

5. 写出调研报告

根据调研资料和分析研究结论，写出调研报告，提出建设性意见，供决策者参考。调研报告一般应包括下述内容：调查目的；调查方法；调查结果及资料分析；建议；附录，即将经整理后的有关资料、图表等附后，以便决策者查阅。

4.2.2 营销调研的内容

1. 市场营销环境调查

市场环境是影响市场需求和企业营销的重要因素。企业的市场研究必须了解市场环境的变化及其对企业营销的影响。市场环境的调查主要包括以下内容。

(1) 政策法令的变化。掌握一定时期内政府关于产业发展、财政、税收、金融、价格、外贸等方面的政策和法令；调查和分析在这些政策法令影响下市场的变化情况。

(2) 经济和科技的发展。掌握一定时期内社会生产总值及社会商品购买力 的变化；了解新技术、新材料、新工艺及新产品的开发和问世情况；了解原材料及能源供应情况；分析经济与科技的发展对企业营销的影响。

(3) 人口状况调查。了解目标市场人口的数量、构成的变化；掌握各类人的生活习俗、购买动机、购买习惯及其对市场的影响。

(4) 社会时尚的变化。掌握一段时期内某些消费行为在广大群众中的流行趋势和流行性影响；分析时尚的流行周期的长短及其对市场的影响作用。

(5) 竞争状况调查。了解竞争者的生产状况、经营状况及其规模、特色；掌握竞争者所采取的各种营销战略和策略及其对市场的影响。

2. 市场需求调查

(1) 市场需求总量及其构成的调研。了解市场上可支配的货币总额、用于购买商品的货币额及投放于各类商品的货币额的变化情况；掌握行业及相关行业的市场需求状况；掌握市场的供求关系及其变化情况。

(2) 各细分市场及目标市场的需求调研。了解各细分市场及目标市场的现实需求量和销售量；分析产品市场的最大潜在需求量、各细分市场的饱和点及潜在能力、各细分市场的需求量与行业营销努力的关系。

(3) 市场份额及其变化情况调研。了解本企业及竞争对手产品的市场地位、市场份额及其变化情况；掌握市场上对某类产品的需求特征及其原因和规律性。

3．产品状况研究

从市场营销的角度来看，产品要满足市场的需要，一是要注重产品的性能质量；二是要注重产品外形及品牌包装；三是要注重产品的服务。产品状况的调研主要包括以下几个方面的内容。

(1) 产品实体研究。了解产品的市场生命周期，分析产品所处的生命周期的阶段，调查消费者对产品的耐用性、耐久性、坚固度等性能的要求；了解消费者对产品的特殊性能的要求及其变化，如对食品的甜度、色度、香度和口感的特殊爱好等。

(2) 产品形体研究。调查各个市场对各种色彩、图案的偏好和禁忌，了解各市场中各种色彩和图案的象征意义和情感。调查了解各市场对产品规格的要求，如尺寸大小、轻重等。调查了解市场对产品包装的要求，如对于运输包装，须了解运输过程中各环节的装卸、储存、防盗要求及温湿度要求等；对于工业品包装，须了解用户对包装的拆封、分装、回收的要求，对包装内产品的识别和储存的要求等；对消费品包装，要了解消费者对产品包装的色彩、图案的反应，包装对产品的保护、说明及促销功能等。

(3) 产品服务研究。了解市场对售前、售中、售后服务的要求，以及企业所进行的一系列服务活动的效果，为改进服务、提高服务水平提供依据。

4．产品价格研究

产品价格研究主要包括以下方面的内容。

(1) 产品成本及比价的研究。了解产品生产、经营过程中的各种成本费用，为合理定价提供依据；了解同一时期同一市场上各种相关产品间的比价关系；了解同类产品消费者可以接受的各种差价。

(2) 价格与供求关系研究。调查研究各种产品的供求曲线和供求弹性，为合理制定和调整价格策略提供依据。

(3) 定价效果调查。了解本企业产品与竞争对手同类产品的价格差异及其对需求的影响；了解产品价格的合理性及价格策略的有效性；调查分析调整价格和价格策略的可行性和预期效果。

5．销售渠道研究

销售渠道的研究主要包括以下几方面的内容。

(1) 现有销售渠道的研究。了解本企业产品现有销售渠道的组成状况；各组成部分的作用及库存情况；渠道组成部分被竞争者利用的情况及其对各企业的态度；各渠道环节上的价格折扣及促销情况。

(2) 经销单位调查。了解各经销单位的企业形象、规模、销售量、推销形式、顾客类型、所提供的服务等。

(3) 渠道调整的可行性分析。了解新建渠道的成本、费用及预期收益，为合理调整销售渠道提供依据。

6．广告及促销研究

广告及人员推销、营业推广、公共关系等促销措施的合理运用，对企业产品的销售起着重大的催化作用。了解和分析企业的促销状况是企业进行市场调研的重要内容。广告及促销状况

的研究主要包括以下几个方面。

(1) 广告及促销客体的研究。需要运用广告等手段进行宣传和促销的产品及企业是促销的客体。调查了解欲宣传的企业及产品的情况，为合理选择促销手段、正确制定促销组合策略提供依据。

(2) 广告及促销主体的研究。承接和从事广告等促销活动的单位和个人是促销的主体，包括促销活动的决策者、设计者和操作者。了解可能承担促销任务的各个组织的业绩和素质，以便合理选择促销主体(如广告公司等)。

(3) 广告及促销媒体的研究。了解各种广告媒体及各种促销媒体的特征、费用及效果，以便正确选用促销媒体。

(4) 广告及促销受众的研究。了解目标市场消费者的生活习俗、购买习惯及消费心理，以便有针对性地开展促销活动。

(5) 广告及促销效果的研究。运用定性和定量方法，分析各种促销手段的认知率、促销率及收益成本比，以合理进行促销决策。

7. 企业形象研究

企业形象是指企业及其产品在社会公众心目中的地位和形象。企业形象的研究主要包括以下内容。

(1) 企业理念形象的研究。调查了解企业高层领导的经营观念、经营风格与信条；调查了解企业组织的文化氛围、员工素质。通过调研和分析，为企业形象的理念精神系统的设计及企业的社会风格定位提供依据。

(2) 企业行为形象的研究。调查了解企业的经营现状、发展战略、同行业及同类产品的竞争态势和特色；调查了解企业的社会责任、公益活动、公共关系活动的实施状况及其效果。通过调研和分析，为企业的经营行为的规范化系统设计和企业的市场定位提供依据。

(3) 企业视觉传递形象的研究。调查了解企业的知名度及宣传措施；调查了解社会公众对企业的印象；了解和征询企业标志系统。通过调研和分析，为企业的象征图案、文字、色彩等标志系统的设计，以及包括大众媒体和非大众媒体在内的视觉传递系统的策划提供依据。

4.2.3 市场营销调研的可行性分析

企业营销过程中，对于某个特定问题的决策，可以通过市场调研来取得信息和资料，以提高决策的可靠性，但因此而增加了费用；也可以不进行市场调研，依主观经验来进行决策。企业是否进行市场调研，可以通过市场调研价值的分析来做出决定。当通过市场调研所增加的利润大于调研费用时，市场调研是有利的、可行的。否则，市场调研是无效的、不可行的。

市场调研的可行性分析分以下两步进行。

1. 市场调研可行性的初步分析

市场调研可行性的初步分析，是通过对不进行市场调研时企业可能取得的最大期望利润、市场情况完全确定(即研究结果百分之百准确)的理想状态下企业的最大期望利润及市场调研费用进行分析比较，做出初步决定。

(1) 不进行市场调研时企业的最大期望利润分析。根据现有资料和以往的经验进行市场营销决策，并估算依此决策开展营销活动可能取得的最大期望利润值 r_1。

(2) 市场情况完全确定时企业的最大期望利润分析。由于市场状态完全确定，当市场将出现某种状态时，企业就可采取该状态下最有利的营销策略，使企业营销取得最佳效果，并由此测算最佳利润值 r_2。

(3) 市场调研的初步决定。如果该项目的市场调研费用为 c，由以上分析，当市场调研准确度为百分之百时，依研究结果来做出决策，企业的最佳利润为 r_2；不进行市场研究，仅凭经验来进行决策，企业的最大期望利润为 r_1。因此，若进行市场研究，企业可多获利 $R_1= r_2-r_1-c$。当 $R_1>0$，则初步决定可进行市场调研；当 $R_1\leqslant 0$ 时，市场调研是不可行的、无效的。

2. 市场调研决定

以上分析，是在市场调研结果绝对准确的理想状况下的分析。然而，由于市场的变化受着多种不可控因素的影响，市场调研结果往往存在着一定的误差。因此，是否进行市场调研，还必须根据本企业的研究水平来决定。

(1) 一般水平下进行市场调研的最大期望利润分析。根据以往的经验，如果本企业市场调研的准确度为 P(即当市场实际状态为 N_i 时，市场调研结论与它相吻合的概率为 p)，而市场调研结论与它不相同的概率为$(1-P)$，则可分析在此研究水平下的最大期望利润值 r_3。

(2) 市场调研决定。根据一般水平下进行市场调研的最大期望利润 r_3、不进行市场调研时企业的最大期望利润 r_1 及市场调研费用 c，测算通过市场调研进行科学决策可增加的利润值 $R_2=r_3-r_1-c$。若 $R_2>0$，则市场调研是有利的、可行的；若 $R_2\leqslant 0$，市场调研是无效的、不可行的。

综上所述，市场调研可行性分析，首先要根据历史资料和经验，测算不进行市场调研时、市场状况完全确定时、一般水平下进行市场调研时做出决策的最大期望利润值 r_1、r_2、r_3，以及进行市场调研所需费用 c；然后，通过比较、分析，做出市场调研决定。

4.2.4 市场营销调研的方法

市场营销调研的方法主要是指对市场原始信息资料的收集方法，即实地调查方法，分为直接调查法和间接调查法两种，一般情况下采用直接调查法。直接调查法有固定样本连续调查法和一次性调查法两类。一次性调查法主要包括观察法、实验法和询问法等方法。无法进行直接调查时才采用间接调查法。

1. 直接调查法

1) 固定样本连续调查法

固定样本连续调查法是指在一定时期内，通过对某固定样本小组的反复调查来取得市场资料，了解市场依时间变化而变化的发展规律和发展趋势的调查方法。固定样本连续调查法主要通过访问、问卷调查、样本日记、观察记录等方法来取得资料。

根据调查对象的不同，固定样本连续调查法可分为消费者样本小组调查和销售者样本小组调查两类。前者主要采用消费者日记调查法，主要用于对以下问题的分析：购买力及其投向的变化、商品购买情况、广告效果、各类商品的市场占有率的变化等。后者主要是通过对进货、销货情况的调查来分析各类商品的市场占有率的变化。

固定样本连续调查法是对同一对象的长期连续的调查，因此，能掌握变化动态，有利于趋势分析；调查资料回收率高；若样本选择适当，能取得比较准确的调查资料。但是，调查时间

较长、费用高，因此，可能会因样本成员的迁移、脱节或被调查者的厌烦、敷衍而影响调查效果。

2) 观察调查法

观察调查法是指带有一定的目的到现场进行观察、记录，以取得调查资料的方法。观察调查法根据调查结果的标准化程度可分为控制观察和无控制观察两类。前者须拟定观察提纲，确定观察的总体范围和具体对象，制定观察表或卡片，进行有目的、有计划的观察；后者对观察项目、程序和步骤等不作严密的规定。观察调查法根据观察者置身于观察活动中的程序的不同又可分为参与观察和非参与观察两类。前者是观察者置身于观察活动之中，甚至于改变身份，完全进入角色来取得有关资料；后者是指观察者以局外人的身份客观地去观察事项的发生、发展情况。

在观察调查中可以运用观察卡片、代码记录、速记、事后追记或机械记录等方法来记录观察情况，取得调查资料。

观察调查法是在被调查者不知道自己处于被调查之中进行的，所以所取得的资料比较准确、可靠。缺点是难以了解被调查者的内心及所观察现象的产生原因。通常适用于对流行性商品的销售情况的调查。

3) 实验调查法

实验调查法是指调查者有目的地控制一个或几个市场因素的变化，以研究某市场现象在这些因素影响下的变动情况的调查方法。实验调查法是将自然科学中的实验求证法运用于市场调查之中，是对市场现象的实验，因此，具有一定的科学性。然而，市场的变化受各种不可控因素的制约，实验结果不可能像自然科学实验结论那样准确无误。因此，在市场调查中往往须再设置一个作为比较市场的控制组，与作为实验市场的实验组相比较，以得出在相同的市场条件下，由于某些因素的变化而对实验组的影响情况。

实验方法可分为事后设计和事前事后设计等。首先选择两组条件相当的市场对象，一组作为实验组，一组作为控制组。事后设计实验中，改变实验组的某些可控变量(如价格、包装等)，而控制组仍保持原样，经过一段时间的实验后，对两组的运行结果进行比较，得出某些变量变化对市场的影响情况。事前事后设计实验中，首先测定实验前后实验组本身的变化和控制组本身的变化，然后再比较这两组的变化的大小，以得出因某些变量变化对市场的影响情况。

在新产品的试销和营销新方案实施前的调查方面，实验调查法大有用武之地。该法取得的资料比较准确，但所需费用较高，获取资料的时间较长。

4) 询问调查法

询问调查法是指以面谈或问卷的方式向被调查者提出询问，以获得所需资料的方法。询问调查法分为面谈调查、电话调查、邮寄调查及留置问卷调查四种。在调查中，可以根据调查项目的特点，对各种方法进行评定，选择最佳方法进行调查。

(1) 面谈调查法是派调查员直接与调查对象面谈，以取得资料的方法。这种方法比较灵活，能取得意外的资料，但费用高。

(2) 电话调查法是由调查员根据事先拟定的提纲，用电话向调查对象询问以取得资料的方法。这种方法能迅速取得资料，费用低，但有一定局限性，且无法控制不合作者。

(3) 邮寄调查法是将设计好的问卷通过邮政或电子邮件寄给被调查者，请他填好后寄回以取得资料的方法。这种方法调查范围大、费用低，被调查者有充分思考的时间，但时间长，回收率低。

(4) 留置问卷调查法是由调查员将问卷当面交给被调查者，说明填写方法，待填好后由调查员收回的方法。这种方法可以减少误差，提高回收率，但费用较高，调查范围不可能很大。

进行询问调查，必须事先设计好问卷。一份完备的问卷或调查表，不仅要按客观规律有步骤地设计出所需调查的问题，而且对被调查者要有吸引力，使被调查者乐于准确地回答问题，因此，对问题的性质、结构、提问方式、措辞、语句、语意、语气都必须一一斟酌。由于拟定调查表或问卷的艺术成分大于科学成分，所以，一般由有经验的人来担任设计工作。

问卷中常用的题型有以下4种。①自由问答题。即由被调查人员随意发表意见，不预先划定回答的范围。这种形式不带强迫性，并能使被调查者充分发表自己的意见，往往能获得很重要的资料。但由于答案分散，篇幅往往过长，会使整理答案所需时间长，分析结果相对困难。②是非题。即让被调查者从两个答案中选择一个肯定或否定答案。这种方式回答容易，答案明了，适于询问简单的事实或意见。③多项选择题。即由调查者预先列出几个可能的答案，让被调查者从中选择一个或几个最适于他自己的答案。这种方式提供的答案必须全面，但不能有重复交叉，它比较适合于调查消费者的购买动机和对商品的意见。④比较题。即请被调查者对两种以上的事物进行比较和评定，以了解这些事物在被调查者心目中的地位。

问卷的设计必须主题明确、通俗易懂、结构合理。在问卷设计中应注意以下4个问题。①注意写好卷首的说明信。以亲切诚恳的语言，站在被调查者的角度，言简意赅地介绍调查目的和要求，争取被调查者的合作。②注意问题的顺序。问卷中的问题应按先易后难及其内在的逻辑排序。通常将概括性的问题、趣味性强的简单问题放在前面，具体的、核心的问题放在中间，涉及个人资料的敏感性问题放在后面。③注意问题的语言及问卷长短。问卷的语言要亲切、易懂，避免专业术语和提示性语言。问卷的时间控制在 30 分钟之内。④注意问卷的规范性。要便于资料的校验、整理和统计。一份完整的问卷，一般包括说明词、指导语、搜集资料部分、被调查者特征分类资料部分、电子计算机编码及作业证明的记载六个部分。

2. 间接调查法

对于被调查者无法直接回答或不愿直接回答的问题，不宜采取直接调查法，而必须采取间接的方法进行调查。间接调查法主要有以下几种。

1) 卡片整理法

对于只有“是”与“否”两种答案的问题，首先将一叠写有“是”或“否”的卡片交给应答者；然后请应答者看清问题后，选出一张代表自己意见的卡片，背着调查人员投入小木箱内；调查结束后由调查人员进行整理统计，得出结论。

2) 随机反应法

对于二项选择题，可在问卷中与此问题同时列出一个答案可控制的、毫不相干的简单问题作为第二个问题(如您出生月份是否公历五月)；然后，请应答者抽签确定应回答第一或第二个问题，并做出回答；最后，根据所有答卷中回答“是”的百分比 m、第二个问题答案为“是”的比重 m_2、第一个问题被抽出的概率 P，由公式 $m=Pm_1+(1-P)m_2$ 即可测出对需调查的第一个问题答案为“是”的比率 m_1。

3) 字眼联想法

由调查人员说出或写出某个字眼，请应答者立即回答所联想到的字眼或事件，以测定应答者的心理动机。字眼联想法分为自由联想法(没有任何限制)、控制联想法(答案控制在一定

范围内)、引导联想法(给定一些答案，请应答者挑选)等。

4) 填空连句法

根据调查主题，给定一系列不完整的句子，请应答者补充完成，以了解应答者的动机和态度。

5) 漫画测验法

将与调查主题有关的漫画展示在应答者面前，请应答者填写漫画中的对话，或根据漫画编拟一个故事，以了解应答者的行为和动机。

此外，还可以用等级量表、顺序量表、对比量表等各种态度量表来进行调查。

4.2.5 调查样本的确定与抽样方法

抽样调查是从调查对象总体中，按照科学的抽样方法抽取若干具有代表性的样本进行调查，以其结果推断出总体的情况的一种非全面的调查方法。企业进行市场营销调研一般都不可能进行市场普查，而只能是进行抽样调查。因此，样本数目的确定及采用何种抽样方法进行抽样，就成为企业营销调研中需要认真权衡的一件大事。

1. 样本数的确定

运用定性分析与定量分析相结合的方法来确定样本数的大小。

1) 定性分析方法

采用这种方法，即根据研究课题的要求、研究项目在样本间差异的大小、企业可投入研究的人力财力等因素来确定调查样本数。

2) 定量分析方法

采用这种方法，即运用统计中的重复抽样公式或不重复抽样公式进行测算。重复抽样公式：

$$n=\left(\frac{\hat{\sigma}}{\hat{\sigma}_{\bar{x}}}\right)^2$$

不重复抽样公式：

$$n=\frac{t^2\hat{\sigma}^2N}{N\Delta_{\bar{x}}^2+t^2\hat{\sigma}^2}$$

其中：n 为样本单位数；N 为总体单位数；$\hat{\sigma}$ 为总体标准差估计值，可依经验确定，也可通过小样本调查后，由公式 $\hat{\sigma}=\sqrt{\frac{\sum(x_i-\bar{x})^2}{k-1}}$ 计算得出(x_i 为调查值，k 为小样本数)；$\Delta_{\bar{x}}$ 为误差允许值；t 为可信度水平下 t 的临界值；$\hat{\sigma}_{\bar{x}}$ 为样本标准差估计值，$\hat{\sigma}_{\bar{x}}=\frac{\Delta_{\bar{x}}}{t}$。

2. 抽样方法

抽样方法一般分为两类：一类是随机抽样法，即利用随机性原则(总体中每一个体被抽取的同等可能性原则)从总体中抽取样本的抽样方法。另一类是非随机抽样法，是由调查者凭主观经验从总体中抽取样本的方法。随机抽样法，可以用统计方法计算抽样误差，调查结果比较准确，但方法稍复杂。非随机抽样法不能用统计方法计算抽样误差，但方法简便。调查中具体采用何种抽样方法，由调查的目的、要求、费用等多方面因素决定，但要以提高市场调研的效果

为原则。

1) 随机抽样

随机抽样是指样本的确定不受人们主观意志所支配，而是采取一定的统计方法进行抽取，总体中的每一个个体被抽取的机会都是等同的。具体的随机抽样方法有如下几种。

(1) 单纯随机抽样法。首先将总体中的全部个体随意地标上不同编号，然后按照事先确定的样本数，利用“乱数表”或“号码机”随机地抽出调查样本的号码，对所抽取的样本进行调查。

(2) 系统抽样法。首先将总体中的全部个体按照一定的顺序(如按收入的高低等)编上号；然后按事先确定的样本数分为 n 段，每段中所含个体数(即间隔)相等；再在第一段中随意抽出一个个体，作为调查样本，并按每段间隔数确定各段中的样本。这样，就能按等间隔抽取代表各种特征的样本，作为调查对象。

(3) 分层随机抽样法。首先将调查总体按照不同特征进行分类，然后按各类样本占总体的比例，在各类样本中运用单纯随机抽样法抽取相应数量的调查样本。

分层抽样时，各层之间具有显著的差异性，而每层内部的各个个体具有某种共同的特征，因此，用分层抽样法抽取样本可以避免单纯随机抽样法所抽出的样本集中于某种特征而遗漏另外一些特征的调查对象的缺点，而且还兼顾了各特征个体所占的比例，从而增强了样本的代表性和普遍性。

(4) 分群随机抽样法。首先将调查总体分成若干个区域(群)，然后选取一群或数群，在其中运用分层抽样或单纯随机抽样法抽取样本进行调查。

对一个比较庞大复杂的总体进行调查时，为节省人力、财力和物力，争取在尽量短的时间内通过对尽可能小的范围的调查以取得同样的调查效果，一般是先按照区域进行分群，然后选取具有广泛特征的一群或若干群进行分层随机抽样，取得调查样本，通过对所取得的样本的调查来推断一般。

2) 非随机抽样

非随机抽样法抽取的样本往往受调查者主观因素的影响，抽样方法主要有如下几种。

(1) 便利抽样法。样本的选择完全按调查人员的方便而定。例如，在市场上将某段时间内所遇到的消费者作为调查样本。

(2) 判断抽样法。调查者根据经验来确定调查对象。市场营销调查中，常用的判断抽样法主要有典型调查和重点调查两种。典型调查是以某些典型个体作为调查对象，一般以“中等水平”或“平均水平”的个体作为典型来进行调查。重点调查是以一部分对企业的市场营销活动起决定作用的重点对象为样本进行调查。

(3) 配额抽样法。调查者根据调查项目的需要，事先确定各类调查对象所占比重，按照分配的数额来进行抽样。

3. 抽样的实施

首先，以地区为单位进行分群抽样，确定调查样本所在区域。然后，在所确定区域内按一定标准进行分层或排序，运用分层抽样或等距抽样的方法，在各层中(或等距抽样的第一段中)进行单纯随机抽样，以确定调查样本。在对调查对象比较了解的地区，也可以采用便利抽样、判断抽样、配额抽样等非随机抽样的方法来确定调查对象。

4.3 市场营销预测

企业不仅要在调研的基础上对营销环境、市场及其购买行为做出各种定性的分析，而且必须针对企业拟作为目标对象的各个具体的子市场，将各种定性分析转换成特定需求的定量估计，即进行需求测量与预测，主要是进行市场需求和企业需求的测量与预测，这是企业制定市场营销计划和进行营销决策的重要依据。

4.3.1 当前需求分析

1. 市场需求与市场潜量

1) 市场需求

估计总的市场需求是评估市场营销机会的首要一步。市场需求不是抽象的概念，它总是对一定产品而言的，其确切定义是：在特定的地理区域、特定的时期、特定的营销环境和特定的市场营销方案下，由特定的顾客群愿意购买的特定产品的总量。

由上述定义可知，市场需求不是一个固定的数值，而是一个函数，其大小受到特定产品、特定地理区域、特定时期、特定营销环境、特定市场营销方案、特定顾客群和购买意愿等诸方面因素的影响。因此，市场需求也被称为市场需求函数或市场反应函数。市场需求与环境条件的关系如图 4-2(a)所示。图中横轴表示在特定时期内行业营销费用，纵轴表示由此而导致的市场需求的大小，而图中曲线则反映出市场需求水平与行业营销费用水平之间的关系。

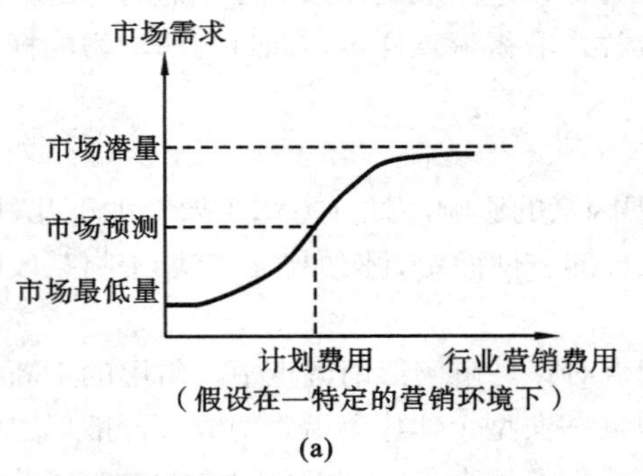

（假设在一特定的营销环境下）

(a)

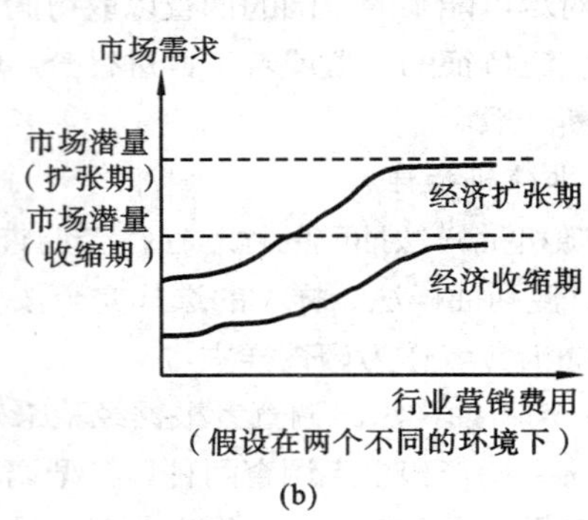

（假设在两个不同的环境下）

(b)

图 4-2 市场需求函数

市场需求总是存在这样一种状态，在此状态下即使不开展任何市场营销活动，无任何需求促进费用，市场对某种产品的需求仍会存在，此种状态下的销售额称为基本销售量，亦称市场最低量或基本需求。市场需求一般是随行业市场营销费用的增加而增加的(行业市场营销费用的高低，反映了行业营销努力的力度大小)，但这种增加并不成线性增加，而是先以逐渐增长的比率增加，然后以逐渐减少的比率增加。当营销费用超过一定水平后，即使其进一步增加，也不再能促进市场需求的增长，市场需求的这一上限称为市场潜量。

市场最低量与市场潜量之间的距离表示了需求的市场营销敏感度，即表示了行业市场营销对市场需求的影响力。市场存在两种类型——可扩展市场和不可扩展市场。可扩展的市场，如家电市场，其需求规模受行业营销费用水平的影响就很大。不可扩展的市场，情况正好相反，如食盐市场，其需求规模几乎不受行业营销费用水平的影响，不会因营销费用的增长而大幅度增长。企业若在不可扩展的市场上销售，可以认为市场的规模是固定的，应集中其营销资源去争取一个期望的市场份额。

需注意的是，市场需求函数不是随时间变化而变化的函数，它并不直接反映市场需求与时间的关系。图 4-2(b)所示市场需求曲线只表示了当期市场需求与当期营销水平的关系。

2) 市场潜量

市场潜量是指在一定市场营销环境条件下，随行业营销费用的不断增高，市场需求所趋向的极限值。必须注意“在一定的市场营销环境条件下”这一前提条件的作用，因为市场营销环境的变化对市场需求、市场潜量的影响是极大的。市场潜量与营销环境的依赖关系如图 4-2 所示。很显然，对于某种产品而言，处在经济扩张(繁荣)期的市场潜量比处在经济收缩（衰退)期的市场潜量要高得多。一般情况下，企业无法改变市场需求函数曲线的位置，它是由市场营销环境所决定的。但是，企业能根据自己计划投入的市场营销费用确定市场预测在需求函数曲线上的位置(参见图 4-2)。与预期的营销努力相对应的市场需求为市场预测。

2. 企业需求、企业销售预测与企业销售潜量

1) 企业需求

企业需求即在市场总需求中企业所占的需求份额，用公式表示为

$$Q_i = S_i Q$$

式中：Q_i ——企业 i 的需求；

S_i ——企业 i 的市场占有率；

Q ——市场总需求。

企业需求同市场需求一样也是一个函数，称为企业需求函数或销售反应函数。从公式可看出，企业需求不仅受市场需求决定因素的影响，还要受企业市场占有率因素的影响，而市场需求和市场占有率本身又是受多方面因素影响的。市场需求的影响因素前面已经介绍。企业市场占有率则依赖于企业的产品、服务、价格、沟通等相对于竞争者而言的水平。在其他因素都相同的条件下，企业市场占有率依赖于企业的市场营销费用相对于竞争者而言的规模与效果。

2) 企业销售预测与企业销售潜量

企业需求表示了在不同水平的企业营销力量刺激下产生的企业估计销售额，即市场营销力量的高低决定了销售额的大小。与计划水平的市场营销力量相对应的一定水平的销售额称之为企业销售预测。因此，企业销售预测就是在既定的市场营销环境中，根据企业确定的市场营销计划所期望的企业销售水平。企业销售预测不能作为市场营销费用决策的基础，恰恰相反，它是既定市场营销费用计划的结果。

企业销售潜量是当企业的市场营销努力相对于竞争者不断增长时，企业需求所能达到的极限。显然，企业需求的绝对极限是市场潜量。如果企业的市场占有率达 100%，即企业成为市场独占者时，企业销售潜量就等于市场潜量。但大多数情况下，企业销售潜量小于市场潜量，即使企业的市场营销费用大大超过竞争对手时也是如此，因为每个企业都有自己的忠诚购买者，他们对其他企业的努力反应冷漠，一般不会转而购买其他企业的产品。

3. 当前市场需求的估计方法

企业对当前市场需求进行估计，就是要对总市场潜量、地区市场潜量、行业销售额和市场占有率进行判断。

1) 总市场潜量的估计

总市场潜量是在一定时期、一定的环境条件与一定水平行业市场营销努力下，行业中所有企业所能达到的最大销售量。其常用测量公式为

$$Q = nqp$$

式中：Q——总市场潜量；

n——既定条件下特定产品的购买者数量；

q——购买者平均购买数量；

p——产品平均单价。

由上述公式可推导出计算总市场潜量的另一种方法——连比法，当估计某一总量的各个组成部分的分量比直接估计该总量更容易时，可以考虑采用该法。

例如，某啤酒厂想估计其新开发的一种啤酒的市场潜量时，可用连比法计算如下：

新啤酒需求量＝人口×人均可支配收入

×可支配收入中用于购买食品的平均百分比

×食品支出中用于饮料的平均百分比

×饮料支出中用于酒类的平均百分比

×酒类支出中用于啤酒的平均百分比

企业在应用连比法时，应从一般有关要素转向一般产品大类，再转向特定产品，如此层层往下推算。

2) 地区市场潜量的估计

任何企业都面临着这样一个问题——选择欲进入的市场最佳区域，并在这些区域间适当地分配市场营销费用，评估在各个区域的市场营销效果。因此，企业不仅要估计总市场潜量，还必须对不同区域的市场潜量做出估计。地区市场潜量的估计方法主要有以下两种。

(1) 市场累积法。市场累积法是指先确认某产品在每一个市场的可能购买者，并判断出他们的潜在购买量，然后将每一个市场的估计购买潜量加总合计的方法。当企业掌握所有潜在买主的名单和每个人可能购买产品的估计量时，可采用这一方法。这种方法一般被工业品市场营销人员所采用。

(2) 购买力指数法。购买力指数法是指借助与区域购买力有关的各种指数来估计地区市场潜量的方法。例如，某地区的相对购买力指数可由下式计算：

$$B_i = 0.5y_i + 0.3r_i + 0.2p_i$$

式中：B_i——i 地区购买力占全国总购买力的百分比；

y_i——i 地区个人可支配收入占全国的百分比；

r_i——i 地区零售额占全国的百分比；

p_i——i 地区的人口占全国的百分比。

假设该地区的个人可支配收入占全国的 2%，零售额占全国的 5%，人口占全国的 6%，则该地区的购买力指数为

$$0.5 \times 2 + 0.3 \times 5 + 0.2 \times 6 = 3.7$$

即该地区某消费品的销售应占全国该消费品销售的3.7%。

购买力指数法主要适用于消费品的市场潜量的估计，但不适用于低价大路货和高档奢侈品。购买力指数所用的权值带有某种程度的任意性，它也不是一成不变的，产品不同，权数也应有所调整。企业可利用回归分析法求出最适合其产品的权数，用以估计其产品的地区市场潜量。此外，企业还可加入公式中未考虑到的其他因素来调整市场潜量的计算，这些因素主要有竞争者类型与数目、当地促销成本、当地市场的特殊性、季节因素、品牌占用率等。

需要说明一点，地区市场潜量的估计只能反映相对的行业机会，而不是相对的企业机会。

3) 行业销售额和市场占有率估计

企业不仅要估计总市场潜量和地区市场潜量，还要了解市场的本行业实际销售额和市场占有率，即企业要识别它的竞争者并估计它们的销售额。根据国家统计部门公布的统计数字或行业协会发布的行业销售数据，企业可以了解到本行业的总的销售状况，并用企业销售状况与整个行业的情况相比较来评价自己的业绩和发展状况。例如，如果企业的销售额年增长率为5%，而行业销售额年增长率为10%，这就意味着该企业的市场占有率在下降，企业在逐步丧失自己在行业中的相对地位，而竞争者却发展迅速。

4.3.2 未来市场预测

市场预测是指在市场营销调研的基础上，通过对各种市场营销信息资料的进一步分析研究，寻找出具体营销活动的变化规律，并以此规律去推断其未来的活动过程。

市场预测是市场营销决策的基础，是企业编制生产计划和调整营销计划的重要依据，是增强企业及其产品竞争能力的有效途径，是提高企业经营管理水平的必要条件和重要手段。管理的关键在决策，决策的依据是预测。对于一个力求发展的现代企业来说，只有清醒地认识到市场预测的重要性，认真搞好预测，才能减少企业经营的盲目性和经营风险，不断地以新产品去满足消费者的需求，使自己在激烈的市场竞争中立于不败之地。

1. 市场预测的类型

根据不同的标准，市场预测可划分为不同的类型。

1) 按预测范围划分，可分为宏观市场预测和微观市场预测

宏观市场预测是指对影响市场营销的总体市场状况的预测。主要包括对购买力水平、商品需求总量及构成、经济政策对供求的影响等方面的预测。

微观市场预测是指从一个局部、一个企业的角度对其经营产品供需发展前景的预测。主要包括企业经营的具体商品的需求和销售预测、企业的市场占有率和经营效果等情况的预测。

实际预测工作中，微观市场预测必须以宏观市场预测为指导，而宏观市场预测又以微观市场预测为基础，两者相辅相成，密切结合。

2) 根据预测期时间的长短划分，可分为长期预测、中期预测和短期预测

长期预测一般指5年以上的预测；中期预测一般指1～5年的预测；短期预测是指1年以内的预测。中、长期预测主要用于宏观预测，其任务通常是为制定中、长期规划和计划提供依据。企业的微观预测主要是进行短期预测，它可以使企业及时调整营销策略，迅速适应市场需求的变化。

3) 根据预测时所用方法的性质来划分，可分为定性预测和定量预测

定性预测是根据调查资料和主观经验，通过对预测目标的性质的分析和推断，估计未来一定时期内市场商情变化的一类预测的总称。定量预测是根据营销调研的数据资料，运用数学和统计方法，找出其变化的一般规律，并依此规律对其前景做出量的估计的一类预测的总称。

市场现象都是质与量的统一体，实际市场预测中，定性预测与定量预测不可分，纯定性或纯定量的预测是不存在的，定性、定量的划分只具有相对的意义。定量预测应以定性预测为前提，定性预测应以定量预测为补充，只有注意两者的结合，才能搞好预测。

2. 市场预测的程序

市场预测是一个系统工程，是一项复杂的、长远的、战略性的工作。要使预测结果正确，具有科学性，预测就必须有计划、按步骤地进行。市场预测的一般程序如下。

1) 确定预测的目标

有了明确的预测目标，才能有的放矢，否则，盲目预测，只能失去预测的意义。确定预测目标，就是要明确为什么进行预测及预测什么的问题。明确了目标，才能为进一步正确选择市场变量和确定具体的预测项目指标指明方向，以便围绕目标去收集所需资料。

2) 收集整理资料

收集整理资料，是指根据预测目标的要求进行市场营销调研，取得所需要的资料，并对这些资料进行整理，为预测做好充分准备。

3) 选择适用的预测方法

市场预测的方法多种多样，繁简不一，各具特点。预测时应根据预测的对象、内容、目标和所掌握的信息资料的情况，去选择行之有效的预测方法。一般而言，事物发展变化平稳时，可用平均数法、百分比率法等方法预测；事物发展变化具有明显趋势性时，宜用各种趋势线拟合法、回归法等方法进行预测；事物发展变化具有季节性变动时，可用季节变动分析法预测；在缺乏历史资料的情况下，可用经验判断法、主观概率法等方法去预测；等等。对于预测对象现象复杂、影响因素多、变化快的情况进行预测，通常采用多种方法进行预测试验，经分析比较后，选择其中预测误差最小的一种作为预测方法，切不可草率从事。

4) 进行预测，得出正确的预测结论

在通过预测方法得出预测结果的基础上，再利用某些科学的定量检验方法或结合当前市场情况进一步做出定量定性分析，对预测结果进行适当修正或调整，得出最终预测结论。

3. 市场预测的方法

市场预测的方法很多，实际市场营销预测工作中常用的方法也不下 20 多种，现选择其中几种主要方法简要介绍如下。

1) 定性分析预测法

定性分析预测法主要是通过直观资料和依靠个人经验，对预测对象的性质进行分析、判断，从而估计其未来发展趋势和程度。一般认为，在预测对象不容易用数量指标表示，或在资料掌握不全、不系统，或预测人员数理统计知识欠缺的情况下，宜采用定性分析预测法去做出分析和推断。

(1) 特尔裴法。特尔裴法是一种通过有控制的反馈，以匿名通信的方式汇集专家意见，并由此得出预测结论的预测方法。其具体做法是，预测者对所要预测的问题征得专家们的意见后，进行整理、归纳、统计，制成调查表，再匿名反馈给专家们，再征询，再反馈，直至得到稳定的意见为止，最后经统计处理得出预测结果。统计处理专家意见时，常以平均数、中位数或众数代表集体评价意见。

特尔裴法具有其他形式专家意见法所不具备的很多优点，在预测中得到了较广泛的应用。但该法费用较高，需时较长，还存在主观判断、缺乏严格论证的不足。该法主要适用于长期性、战略性重大问题的预测。

(2) 综合判断法。综合判断法是根据企业各层次有关人员的经验判断，通过一定的统计处理得出综合预测结论的预测方法。

例如，某商店挑选出三个层次的预测者共9人，他们对该店某一商品下一年度的销售量做出估计如表4-1所示。

表4-1　商店某商品年度销售量估计

		营业员			中层管理人员			经理		
		A	B	C	D	E	F	G	H	I
最高估计	销售额	800	1 000	800	1 200	1 300	1 200	1 400	1 100	1 300
	概率	0.3	0.2	0.3	0.3	0.3	0.3	0.2	0.3	0.3
最可能估计	销售额	500	800	1 000	1 000	1 000	900	1 200	1 100	1 000
	概率	0.5	0.6	0.5	0.5	0.5	0.5	0.6	0.5	0.5
最低估计	销售额	300	600	400	700	900	800	1000	600	800
	概率	0.2	0.2	0.2	0.2	0.2	0.2	0.2	0.2	0.2

为得出综合预测值，须按下述步骤进行统计处理。

① 计算每位预测人员的个人期望值。

$$\text{个人期望值}=\text{最高估计值}\times\text{相应概率}+\text{最可能估计值}\times\text{相应概率}+\text{最低估计值}\times\text{相应概率}$$

② 计算各层次人员的平均期望值。

$$\text{各层次人员的平均期望值}=\frac{\text{该层次人员个人期望值之和}}{\text{该层次人员人数}}$$

③ 计算综合预测值。根据各层次人员的预测水平的高低，对其平均期望值分别给予不同的权数，通过加权平均计算出综合预测值。

$$\text{综合预测值}=\frac{\text{各层次人员的平均期望值与相应乘积之和}}{\text{权数之和}}$$

上例统计处理结果如表4-2所示。

综合判断法能集中不同层次人员的意见，并进行一定的统计处理，方法简单明了，使用方便。该法一般适用于各种类型的工业品、副食品生产经营企业销售量(额)的预测。

(3) 百分比率递增法。百分比率递增法是一个利用预测目标在一定时期内的平均递增率来进行预测的方法。其预测公式为

$$Y_{t+n}=X_t(1+P)n$$

表 4-2 商店某商品年度销售统计结果

	营业员			中层管理人员			经理		
	A	B	C	D	E	F	G	H	I
个人期望值	550	800	620	1 000	1 070	970	1 200	950	1 050
各层人员平均期望值		657			1 013			1 067	
综合预测值	$\frac{657\times1+1013\times1.5+1067\times2}{1+1.5+2}=958$ (单位)								

式中：Y_{t+n}——n 年后预测目标的预测值；

P——年平均递增率；

X_t——本期的实际值；

n——预测期与本期的间隔期数。

百分比率递增法是一种较为简便易行的预测方法，一般适用于发展较稳定、受随机因素影响较少的情况的预测。如某些产品的可供量和销售量的预测，饮食业、服务业的增长预测等。

(4) 市场因素推算法。市场因素推算法是一种通过调查影响预测期间市场商情变化的诸因素，分析各影响因素对预测目标的影响程度，确定各影响因素的影响系数，并根据本期实际值来进行预测的方法。其预测模式为

$$Y_{t+1}=X_t(1+\sum R_i)$$

式中：Y_{t+1}——下期预测值；

X_t——本期的实际值；

$\sum R_i$——各影响系数之和。

在分析影响市场商情变化的诸因素时，要对来自政治、经济、社会及消费者心理等方面的影响全面加以考察，找出预测期间影响较大的几个主要因素，通过调查、分析确定其影响系数。对其他次要因素的影响，则可认为其作用相互抵消而忽略不计。

(5) 主观概率法。主观概率是人们根据自己的知识和经验，对某一事件发生的可能性的大小做出的主观估计值。广义而言，运用主观概率来进行预测的方法即为主观概率预测法。该法简便易行，在市场预测中使用较广泛。

2) 定量分析预测法

定量分析预测，是应用定量的方法来研究、推测事件的未来发展趋势、程度和结构关系。定量预测技术各种方法的共同点在于毫无例外地建立在历史数据资料的基础之上，历史数据资料被用来预示未来某个时间可能发生的情况。定量分析是预测分析的核心问题，是企业现代化管理的基础。

(1) 回归预测法。回归预测法是指通过预测目标及其相关因素的分析，找出它们之间的统计规律性，并依此规律进行预测的一种预测方法。

市场的变化，不仅受到某些可控制市场因素的影响，而且还受到一些不可控制的偶然因素的影响，导致市场变量之间的关系具有某种不确定性，不可能在任何情况下都能找出一个精确的数学关系式来表示市场变量之间的关系。为了掌握市场变化的规律，把握其变化趋势，需要用统计的方法，通过大量的试验和观察，寻找出隐藏于随机性后的统计规律性，这种统

计规律性称为回归关系。有关回归关系的计算方法和理论通称为回归分析。用来描述因变量与自变量之间统计规律性的数学模式称为回归方程。

当预测目标变量与影响因素变量之间具有相互依存又非确定性的关系(相关关系)，而且除了随机因素之外，其他影响因素都为可控变量时，即可运用回归分析的方法，根据变量间关系的具体形态，选择一个合适的回归方程，用来近似地描述其变化的统计规律，并根据这种规律去进行预测。

由于影响市场变化的因素及影响因素与预测目标之间关系的复杂性和多样性，实际预测中，回归预测模型常表现为以下不同的形式。

① 一元线性回归预测模型，模型形式为

$$y = a + bx$$

式中：y ——因变量的预测值；

x ——自变量，即影响因素；

a、b ——回归参数，其中，

$$b = \frac{n\sum xy - \sum x\sum y}{n\sum x^2 - (\sum x)^2}，\ a = \overline{y} - b\overline{x}$$

② 二次曲线回归预测模型，模型形式为

$$y = a + bx + cx^2$$

其中，参数 a、b、c 可通过求解下述方程组而求得：

$$\begin{aligned} \sum y &= na + b\sum x + c\sum x^2 \\ \sum xy &= n\sum x + b\sum x^2 + c\sum x^3 \\ \sum x^2 y &= n\sum x^2 + b\sum x^3 + c\sum x^4 \end{aligned}$$

关于回归模型的具体形式，不在此一一介绍。

回归预测法是从分析事物变化的因果关系出发来进行预测的，既可排除与预测目标不相关的某些因素，又可对影响因素与预测目标之间相关的紧密程度加以综合评价，因此，运用此法进行预测，有可能提高市场预测的可靠性。

(2) 时间序列预测法。时间序列是时间间隔相同并按照时间先后顺序排列起来的统计数据。市场预测中，大量的预测目标统计数据都是时间序列，时间序列是受各种影响因素影响的总结果。有关时间序列的分析和预测，是市场营销预测方法中的一个重要内容。

时间序列预测法就是通过对预测目标变量的时间序列的分析，找出其依时间的变化而变化的发展规律，并利用此规律来进行预测的一种定量预测方法。

运用时间序列预测法进行预测，是从预测目标自身的历史变化去预测其未来，在重视当前资料对预测的重要作用的同时，又能避免烦琐的计算，是一种较有实用价值的预测方法。但该法缺乏对影响市场变化的诸因素的因果分析，只是简单地归纳为时间因素的影响，因此，该法用于长期预测的效果一般欠佳。

时间序列预测法的具体方法主要有以下3种。

① 时间序列平滑预测法。主要包括移动平均预测法和指数平滑预测法。

② 时间序列趋势外推预测法。主要包括直线趋势外推、初等函数趋势外推和成长曲线趋势外推，等等。

③ 季节变动分析预测法。季节变动是一种本质为周期变化的变动。在市场营销活动中，许多预测对象的时间序列均表现出明显的季节性波动规律。季节变动分析预测是根据市场预测对象按月(或季)编制的时间序列资料，以一定的统计方法测算出反映其季节变动规律性的季节指数，并利用季节指数对其进行近期预测的一种预测方法。该法在时间序列预测方法中占有重要地位。

本章小结

现代企业营销所处的营销环境复杂多变，使得企业对营销信息的需要比以往任何时候都更为强烈。在企业营销活动过程中，组建高效的企业营销信息系统，充分掌握和运用营销信息，科学地进行市场调查和预测，已成为企业有效营销、竞争取胜乃至关系到企业生存和发展的至关重要的问题。

企业的市场营销信息系统是一种由人员、设备、程序构成的，通过相互作用提供企业营销所需信息的综合系统。它通过对信息的收集、分类、分析、评价和分配，为企业营销决策提供依据。市场营销信息系统由内部报告系统、外部最新信息系统、市场调研系统和营销分析系统四个子系统组成，基本功能在于迅速及时搜集市场信息、科学地加工整理营销信息、有效地合成营销信息以及传递和存储营销信息。

市场营销调研是指企业系统地搜集、分析和报告有关市场营销问题和信息资料的活动过程。营销调研的内容包括：营销环境、市场需求、产品状况及其价格、销售渠道、广告及促销、企业形象。营销调研方法分为直接调查法和间接调查法两种。

企业不仅要在调研的基础上对营销环境、市场及其购买行为作出各种定性的分析，而且必须针对企业拟作为目标对象的各个具体的子市场，将各种定性分析转换成特定需求的定量估计，即进行需求测量与预测。常用的市场预测定性方法有特尔裴法、综合判断法、百分比率递增法、市场因素推算法、主观概率法；常用的市场预测定量方法有回归预测法、时间序列预测法。

关键术语

市场营销信息	企业营销信息系统	市场营销调研	观察调查法
实验调查法	间接调查法	抽样调查	随机抽样
系统抽样	分层随机抽样	分群随机抽样	便利抽样
判断抽样	配额抽样	市场预测	特尔裴法

思考题

1. 市场营销信息的主要功能有哪些?
2. 企业营销信息系统由哪些子系统构成?
3. 企业营销信息系统的基本职能是什么?
4. 市场营销调研的程序怎样?

5. 市场营销调研的主要内容有哪些？
6. 简述市场营销调研的常用方法。
7. 当前市场需求估计的内容和方法有哪些？
8. 市场预测的类型及市场预测的程序如何？

参考文献

1. 菲利普·科特勒. 营销管理[M]. 8 版. 梅汝和，等，译. 上海：上海人民出版社，1994.
2. 万后芬. 现代市场营销学[M]. 北京：中国财经出版社，2001.
3. 万后芬. 市场营销教程[M]. 北京：高等教育出版社，2007.
4. 迈克尔·J 贝克. 市场营销百科[M]. 李桓，译. 沈阳：辽宁教育出版社，1998.
5. 马丁·克里斯托弗. 关系营销[M]. 李宏明，等，译. 北京：中国经济出版社，1998.

案例研讨

结婚消费面面观

2000 年初，中国经济景气监测中心会同中央电视台“中国财经报道”栏目，在北京、武汉两座城市对结婚消费进行了居民调查。

在回收的 424 份有效问卷中，对于哪些方面是结婚必须支出这一问题，无论男性、女性回答基本一致：①置办家具；②购买家用电器；③装修新房；④置办结婚用品；⑤婚纱摄影；⑥婚庆支出；⑦彩礼支出。值得一提的是，婚纱摄影作为结婚的时尚方式已经被越来越多的婚龄青年及其父母们所接受。认为需要婚庆支出和彩礼支出的人当中以老年人居多。从结婚消费支出顺序可以看出，1999 年结婚消费支出主要用于家具、家用电器、装修新房和家庭用品等新建家庭的用途方面。

对于老百姓来讲，结婚是一件大事，无论贫富，结婚都要花钱。但是，老百姓到底用多少钱来操办婚事呢?(参见表 1、表 2)

表 1　能承担的结婚费用

家庭月收入	结婚费用			
	2 万元以下	2 万～5 万元	5 万～10 万元	10 万元以上
1000 元以下	(27)　31.40	(52)　60.46	(7)　8.14	(0)　0.0
1000～1999 元	(43)　20.09	(139) 64.95	(31)　14.49	(1)　0.47
2000～2999 元	(66)　18.97	(226) 64.94	(53)　15.32	(3)　0.86
3000 元以上	(9)　12.86	(40)　57.10	(19)　27.14	(2)　2.86
拒答收入人数	5	16	4	0

(表中数据：括号中为人数，括号外为所占百分比)

表2 结婚费用的主要来源

费用来源	家庭月收入				
	1 000 元以下	1 000～1 999 元	2 000～2 999 元	3 000 元以上	拒答收入
自己储蓄	(71) 80.68	(160)77.77	(100)75.19	(63) 90.00	(23)
父母支出	(16) 18.18	(51) 23.83	(32) 24.06	(7) 10.00	(2)
结婚收礼			(1) 0.75		
银行贷款	(1) 1.14	(2) 0.93			
亲朋借债		(1) 0.47			

(表中数据：括号中为人数，括号外为所占百分比)

从表 1、表 2 可以看出，在青年人参加工作伊始，无论父母还是青年人自己，就已经开始为结婚进行储蓄了。并且，父母储蓄的目的除了子女教育外，很重要的一项还有子女婚事。结婚不仅消化居民当年的收入，而且还使居民的部分储蓄转化成消费支出。

此外，结婚后家安在何处，是青年人面对的现实问题。那么，结婚后居住地选择在哪里?(参见表 3)

表3 婚后安家方法选择

安家方法	性别				城市			
	男性	比例(/%)	女性	比例(/%)	北京	比例(/%)	武汉	比例(/%)
同父母居住	91	33.5	80	31.1	95	43.6	48	23.3
租房住	56	20.5	36	14.0	49	22.5	32	15.5
买房住	116	42.6	134	52.1	61	28.0	118	57.3
借房住	5	1.8	2	0.8	3	1.4	3	1.5
两地分居	1	0.4	2	0.8	2	0.9	1	0.5

住房是青年人结婚以后的又一大项支出，尤其是买房，不是动用当年收入和储蓄所能办得到的，大部分要申请购房贷款，借款买房，提前花未来的钱用于消费。

调查启示：

(1) 结婚消费是国内居民消费中不可忽视的重要消费需求，1998 年 18 岁以上未婚人口达 1.8 亿，如果每年有 20%结婚，将有 1 800 万对青年要操办婚事，可产生结婚潜在消费需求 4 000 多亿元。

(2) 中国人的传统与习惯，在操办婚事上追求喜庆和形式，新婚夫妇、父母及亲朋好友都肯为结婚花钱，青年人为结婚储蓄，成年人为子女婚事攒钱，结婚是中国居民储蓄的目的之一。结婚消费不仅消化当年的居民收入，而且是吸引出储蓄存款的最好消费形式之一。

(3) 结婚后还会引发大量后续需求。住房是青年成家后需要解决的首要问题，大部分人打算婚后买房、租房，新婚夫妇是住宅产业的主要消费对象；婚后不久新生儿的出生，将会引发婴儿产品的需求。

(4) 1998 年我国社会消费品零售额 29 152 亿元，结婚消费是其主要的内容。面对新的结婚高峰，商家应该重视结婚消费，研究结婚消费需求，适应青年人追求时尚、新潮的发展趋势，适时推出新产品、新的服务项目，引导、开拓结婚消费新领域，抓住新的商机，扩大结婚消费需求。

(资料来源：2000年3月24日《武汉晚报》.)

案例思考题

1. 请说明专业性调研公司在企业信息获取途径中的重要作用。
2. 此项调查能为哪些行业提供信息？
3. 试从某一行业营销者的角度，从此调查资料中挖掘出尽可能多的营销信息。

第 5 章　SWOT 分析

本章提要　任何企业都是处在一定的环境之中，内外环境的变化必将给企业的市场营销活动带来影响。因此，企业营销战略的制定和实施，必须建立在对企业所面临的内外环境及其变化情况分析的基础上。对企业内外环境的分析方法很多，SWOT 分析法是常用的一种。本章的主要内容包括：SWOT 分析法的一般步骤；企业外部环境的分析；企业内部条件；SWOT 分析的方法，即如何通过企业外部环境的分析来发现企业的机会和威胁，通过企业内部条件及竞争者的比较来分析企业的优势与劣势，以及 SWOT 综合分析的方法。本章难点在于理解并使用 SWOT 分析框架，重点在于环境因素分析。

引　　例

平板太阳能热水器的营销环境

平板太阳能热水器因吸热板是平板形状的而得名。随着太阳能与建筑一体化的实施，目前，国内已有 37 个城市要求新建 12 层及以下住宅必须应用太阳能热水系统，这对平板太阳能的进一步拓展提供了巨大商机。随着国内平板太阳能市场机会和潜力的不断显现，将会有越来越多的国外企业登陆国内市场。

在国外市场，平板热水器的市场占有率可达 85%左右，而国内市场则以真空玻璃管太阳能热水器为主，平板太阳能热水器不足 20%。实际上，真空玻璃管容易破裂，存在安全隐患，而且真空管热水器必须放置在屋顶，如果所有住户都使用真空管产品，屋顶面积根本达不到配比量，产品安装还影响建筑的整体美观。从能源利用角度看，平板远远优于真空管太阳能，在技术成熟的条件下，目前，真空管的热效率最高只有 45%左右，而平板热效率至少在 50%以上，极端条件下可达到 80%。但由于平板太阳能热水器价位高，相同水容量的热水器，平板的市场售价至少比真空管的高出 1 000～3 000 元；加上技术不够成熟和完善，很多平板热水器所采用的承压式水箱，在使用几年后，会出现焊点漏水或渗水的现象；同时，在很多水质状况不佳的地区，水管结垢现象时有发生，真空管清洗方便，平板却无法拆洗；此外，由于厂家推动不足、消费者的认知不够，所以一直没能打开市场。

如何用 SWOT 分析法来分析平板太阳能的实际情况，为其营销战略的制定提供依据？

(资料来源：根据王焕明《平板太阳能热水器，无限商机在险峰》www.cstif.com 2009-02-13 编写.)

5.1 SWOT 分析的意义与步骤

5.1.1 开展 SWOT 分析的意义

所谓 SWOT 分析，是通过调查和分析企业所面临的内外环境及其变化情况，对企业的优势、劣势、机会、威胁进行综合分析，以全面考虑和评估企业营销环境的过程。S 表示优势(Strengths)，W 表示劣势(Weaknesses)，O 表示机会(Opportunities)，T 则表示威胁(Threats)。这四方面合起来就能全面地分析企业所面临的内部环境和外部环境，为企业的营销计划的制定提供了参考。

SWOT 分析对于合理制定企业发展计划和营销计划、加快企业的发展具有十分重要的意义。

(1) 能够揭示企业的优势与劣势所在，使企业在营销活动中“扬长避短”。企业在市场营销过程中要做到“以己之长，攻敌之短”，充分发挥企业的优势与长处，对劣势和弱点则应避开。如果对自身的优势与劣势不清楚，就算面临的市场机会再好，也不可能取得成功。SWOT 分析法可以使企业认识到自身的优、劣势所在，就可以在市场营销活动中扬长避短，充分发挥优势，克服或避开劣势，取得在市场中的有利地位。

(2) 能够明确企业面临的机会与威胁，使企业在营销活动中“趋利避害”。抓住市场营销环境中的机遇，避开对企业有威胁的因素，是企业在市场营销过程中竭力追求的。SWOT 分析法让企业了解到外部环境中蕴涵的机会和暗藏的威胁，企业就能够做到“趋利避害”。

(3) 能够让企业认识到应放弃的业务，扔掉包袱。对于既处于劣势，又充满了威胁的业务，企业应果断放弃，以免影响其长远发展。SWOT 分析法能使企业认识到这些问题业务的存在，企业就能丢掉包袱，轻装上阵。

(4) 能够让企业把握住要重点推动的业务，加速企业的发展。

既充满了机会，又处于优势地位的业务是企业应着力发展的业务。SWOT 分析法让企业明确了这些“黄金业务”，无疑可以使企业抓住良机，加速推动企业的发展。

5.1.2 开展 SWOT 分析的步骤

SWOT 分析不是一项孤立的工作，它是在信息资料收集和分析整理的基础之上进行的；SWOT 分析的目的是为业务的分类和战略的制定提供依据。因此，信息资料收集和分析整理是其前期工作，业务的分类和战略的制定是其后续工作。SWOT 分析的步骤如图 5-1 所示。

1) 收集信息

SWOT 分析是机会与威胁分析与优势劣势分析的综合，机会与威胁分析是在外部环境分析基础上的进一步分析；优势劣势分析是在内部环境分析基础上的进一步分析。因此，信息的收集也就是外部环境资料和内部环境资料两方面的收集，可以划分为三个部分：① 宏观环境信息的收集；② 中观环境(行业)信息的收集；③ 微观环境信息的收集。

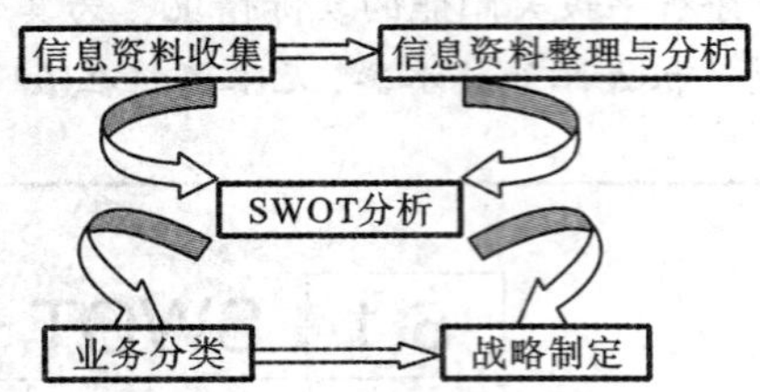

图 5-1 SWOT 分析的步骤

2) 整理与分析信息

把收集到的信息分别归类到宏观环境、行业环境和微观环境后，再分析信息的含义，看其是表明了企业面临的机会还是遭遇的威胁，是反映了企业的优势还是劣势。机会/威胁分析往往是建立在对宏观和中观环境等外部环境分析的基础上；优势/劣势分析是建立在对微观环境，特别是对自身条件和竞争者的比较分析之上。

3) 确定企业业务的市场位置

在资料收集整理完毕后，再看企业某一项具体业务面临的环境是机会多于威胁还是威胁多于机会，企业在这项业务上是处于优势还是处于劣势，在 SWOT 分析图中标出其市场地位。

4) 拟定营销战略

企业某一项业务的市场位置确定后，就可以根据其具体情况制定相应的营销战略和策划方案，决定企业是否应加大对这项业务的投资，以及是否应改进产品组合、促销组合各方面的具体问题。

5.2 宏观营销环境分析

企业营销的外部环境分析，即对企业外影响其业务发展和市场营销活动的各种因素进行分析，找出对其有利的因素和不利的因素，确定企业在机会与威胁之间的位置。企业营销的外部环境是指关系到企业的生存和发展，影响企业营销战略的制定和实施的外部因素的总称。它主要包括人口、经济、政治法律、社会文化、科学技术、生态自然等宏观环境因素，以及对企业营销直接造成影响的相关因素。市场营销的外部环境具有以下特点。

(1) 不可控制性。市场营销环境因素的变化来自多个方面，企业无法控制它，而只能关注其变化，且应适时地制定有关战略和策略去适应外部环境变化。大市场营销观念认为，对于企业无法控制的市场营销环境因素，企业不应完全被动地去适应它，而应在分析的基础上，运用政治权力和公共关系等手段去主动地影响或改变某些因素，如利用贸易壁垒、关税、非贸易壁垒等有关政策、法规，使某些环境因素能向有利于企业营销的方向发展。

(2) 动态性。市场营销环境因素处于不断变化之中，企业必须将市场环境的分析、研究作为一项经常性的工作，以及时掌握市场环境的变化趋势，分析由它带来的机会和威胁，修正和调整企业的营销战略。

(3) 复合性。市场营销环境是多因素的集合，企业必须从整体上系统地把握诸因素对企业营销的综合影响，避免因顾此失彼而造成的营销决策的失误。同时，同一个因素的变化，可能会给企业带来新的机会，也可能会带来某些威胁，企业要在充分分析的基础上，权衡利弊，作出合理决策，并密切关注该因素和相关因素的发展变化，以便及时调整营销方案。

5.2.1 人口因素分析

人群是构成市场的主要因素，人口因素的变化将对市场需求带来巨大影响。

人口因素主要包括人口总量的增长、人口的年龄、家庭类型、地理位置的迁移，以及人口的民族、教育水平结构等。

1．人口总量的迅速增长

1991年以来，世界人口以年平均1.7%的速度增长，10年中从54亿增长到62亿。其中，较发达地区的增幅为0.6%，欠发达地区的增幅为2%，欠发达地区人口已占世界总人口的76%。我国计划生育政策的实施使人口增长控制在1.19%，低于世界平均增长率。

人口的高速增长，导致需求的增大，将为企业带来新的机遇，但也会带来资源紧缺、污染加剧、人口拥挤、生活环境恶化等不利影响。企业既要抓住有利因素，又要从不利因素的分析中寻找企业的发展机会，变弊为利，在取得企业经济效益的同时，提高社会效益，提高人们的生活质量。

2．人口结构的老龄化

随着出生率的降低和平均寿命的增高，世界老年人口的平均增长率达到2.4%，高于总人口的增长。我国近10年来，老年人口的平均增长率达3.1%左右。2000年以后，我国60岁以上的老年人已达1.32亿，占总人口的10%以上，我国已进入老龄化社会，一个庞大的老年消费市场将形成。适应这一市场需求的老年人食品、服装、保健品和健身器材、娱乐休闲用品和场所、社会服务机构和设施等，都会为企业带来新的机会。

3．家庭类型的变化

一个家庭从建立到消亡可划分为9个阶段。各阶段中家庭的消费重点不同，也会为企带来不同的机遇。

(1) 单身阶段：年轻人不与家人同住。他们没有经济危机，喜爱娱乐，是新潮观念的倡导者。消费重点：必要的厨房设备、必要的家具、汽车、结婚用品、度假等。

(2) 新婚夫妇：年轻且无子女。经济状况比下个阶段要好，购买率最高，且耐用品的平均购买量最大。消费重点：汽车、电冰箱、烤箱、实际又耐用的家具、度假等。

(3) 满巢一期：家庭中最小的孩子不到6岁。买房高峰期，缺少流动资金，对经济状况与银行储蓄感到不足。对新产品感兴趣，喜爱广告宣传的产品。消费重点：洗衣机、烘干机、电视、婴儿食品、婴幼儿常用药品、幼儿书籍、玩具等。

(4) 满巢二期：家庭中最小的孩子6岁以上。经济状况较好，受广告的影响较小，购买大包装、多组合的产品。消费重点：大量食品、清洁用品、自行车、音乐课程、钢琴、文化教育用品等。

(5) 满巢三期：老夫妻，身边还有未自立的子女。经济状况较好，有的子女参加工作。很难受广告的影响，耐用品的平均购买量很大。消费重点：新式雅致的家具、驾车旅游、必需的电器、杂志、医药等。

(6) 空巢一期：老夫妻，仍在工作，身边没有子女。对经济状况与银行储蓄感到满意；对旅游、娱乐、自我教育感兴趣，喜欢送礼与捐赠；对新产品不感兴趣。消费：度假、奢侈品、

住宅修缮等。

(7) 空巢二期：老夫妻，退休，身边没有子女。收入急剧下降。消费重点：医疗器械以及有助健康、睡眠与消化等的保健产品。

(8) 鳏寡就业：收入不错，需要保健用品和社会服务。

(9) 鳏寡退休：像其他退休者一样有同样的医疗需要与产品需要；收入急剧下降。特别需要照顾、关怀与安全感等。

4. 地理位置的迁移

从世界经济发展来看，人口的迁移总是遵循从农村到城市再到郊区的流动规律，我国目前还处于农村人口向城市迁移的初级阶段，仍是一个以农村人口为主的大国，13亿多人口中，农村人口占9亿，有2.3亿个家庭。

不同地区，消费结构不同。当前，我国城市消费重点已由传统的吃、穿、用转为住、行、文化教育娱乐。而农村消费集中在用、住、行三个方面：新一轮家电热将兴起，今后10年内，农村家庭家电拥有率若达到1996年城市普及水平，则需要1.68亿台彩电、1.47亿台冰箱、1.62亿台洗衣机；新一轮建房热也将兴起，据专家预测，未来几年内，农村每年新建住房面积将超过6亿平方米，翻修住房4亿平方米，建材需求量十分可观；农用机械年销售额约在1000亿元左右，其中农用车的需求每年达200万辆以上。农村市场是当前又一大的潜在市场，将为企业营销带来新的机遇。

此外，人口的种族、教育水平等结构因素也会对企业营销带来影响。

5.2.2 经济因素分析

经济因素是实现需求的重要因素，主要包括经济结构类型、经济收入分配制度、收入状况、储蓄与信贷，可支配收入的支出结构等方面。

1. 经济结构类型

一个国家经济发展进程可分为如下四类。

(1) 自给型经济。以农业生产为主，生产满足自身需要的产品，经济不发达。

(2) 原料出口型经济。自然资源丰富，靠出口自然资源为主，很多工业品依赖进口，经济较富裕。

(3) 工业化进程中的经济。制造业产值占国民生产总值的10%～20%，某些产品具有优势，而另一些产品则依赖进口。出现了新的并在不断扩大的富有阶层和中产阶层。

(4) 工业化经济。这些国家是制成品和资金的主要输出者，以产品、技术换取材料和其他资源。拥有规模可观的中产阶层和富有阶层。

我国一、二、三产业的结构至2000年达到17∶52∶31，已开始步入工业化经济。

2. 收入状况

经济收入包括国民收入、个人收入、可支配个人收入、可支配个人收入四类。

(1) 国民收入。国民收入是指一个国家物质生产部门的劳动者在一定时期内新创造的价值的总和。计算时，可将国民生产总值(此因素对工业品市场影响较大)扣除资本折旧和间接税。以一年的国民收入总额除以总人口，即得人均国民收入，它大体上反映了一个国家经济发展水平。

(2) 个人收入。个人收入是指个人从各种来源得到的经济收入。从国家收入扣除企业上缴税金、未分配利润、社会安全支出、移转支出等，即得个人收入。个人收入的总和除以总人口，便是个人平均收入。各个地区的个人收入总额，可以用来衡量当地消费市场的容量。个人平均收入，反映购买力水平的高低。

(3) 可支配个人收入。从个人收入中扣除个人税、个人投资等，即为个人可用于消费支出和储蓄的可支配个人收入。

(4) 可支配个人收入。可支配的个人收入是指从可支配个人收入减掉消费者用于购买生活必需品(如食品、衣服)的支出和固定支出(如房租、水电)所剩下的那部分个人收入。这是影响市场消费需求变化最活跃的因素，通常对耐用高档消费品、奢侈品、旅游等影响极大。

3. 储蓄与信贷状况

由于养老保险制度、医疗保健制度、教育制度、住房制度等方面的改革，人们开始重视储蓄和信贷问题，进入 20 世纪 90 年代以后，银行储蓄逐年上升。银行利率虽一再下降，但人们的储蓄热情仍然很高。随着房地产市场和轿车市场的启动，国家信贷政策有所变化，消费者透支消费的观念愈来愈强。储蓄和信贷的新动向，也将影响企业营销决策。目前，消费者信贷主要有如下几种形式。

(1) 短期赊销。如先试用后付款、分期付款等方式购买家用电器等。

(2) 较长期分期付款。信贷期限可达 5～20 年，甚至更长。

(3) 银行信贷。通过担保或抵押方式，向银行贷款购买高档品，如购买住房、轿车等。

(4) 信用卡消费。信用卡分为两类：一类由公司提供，持卡人可在本公司透支消费，事后偿还本金和利息；另一类由金融机构提供，持卡人可在合约商店透支购物，银行起担保作用。

4. 可支配收入的支出模式

1) 边际消费倾向(*MPC*)递减律

边际消费倾向是指人们购买某商品的消费支出增量与收入增量之比，即

$$MPC = \frac{\text{消费支出增量}}{\text{收入增量}}$$

从绝对额来看，消费支出额往往随收入增加而增加；从相对值来看，当收入达到一定水平之后，随着收入增加，消费支出的增量会小于收入的增量，即 *MPC* 呈递减趋势。

2) 恩格尔定律

德国统计学家恩格尔用食品支出占收入的百分比作为恩格尔系数，并得出结论：收入水平越高，恩格尔系数越低。一般认为：恩格尔系数在 59%以上为绝对贫困；50%～59%为勉强度日；40%～50%为小康水平；20%～40%为富裕；20%以下为最富裕。

我国目前正在建设小康型社会，一些省、市和乡镇恩格尔系数已低于 50%。

5.2.3　政治法律因素分析

政治因素包括营销对象所在国的政权、政局、政府的有关政策等。如苏联的解体对其所在国的经济带来巨大动荡，影响了企业的营销活动。

法律因素包括国家和地方制定的各种法令、法规等。目前，我国颁布的与企业营销有关的

法令主要有有利于保护环境的环保法；有利于保护消费者利益的消费者权益保护法；有利于维护市场竞争秩序的价格法、广告法、专利法、计量法、反不正当竞争法等。

政治法律因素既是制约企业营销行为的有力武器，也为企业的正当营销带来了新的机会，企业营销中必须积极把握和利用政治法律因素来搞好营销。

5.2.4 社会文化因素分析

社会文化因素包括文化与亚文化群体、宗教信仰、消费习俗、审美情趣、价值观念等方面。

1. 文化与亚文化群体

文化是指人们对生活、知识、社会风俗的不同方式所作的价值判断。它是人们在长期的社会实践中所形成的。

每个人群都有其社会传统，其知识、信仰、习惯及生存方法均不相同，因此每个人群、每个社会阶层都有其独特的文化存在。我国各地的名优特产、传统工艺就是独特文化的例证。因此，同一社会文化环境下的人群，往往会由于文化的某一方面(主要是非核心文化——次级文化)存在着差异，构成不同的“亚文化群”。例如，汉族地区的某类少数民族、青少年、足球迷、知识分子等，都可视作是一个亚文化群。亚文化群就是表现出与整体文化有着相同差别的一类人群。这类人群由于存在着相同的癖好，往往为营销提供良好的市场机会。因此，就文化而言，市场营销人员不但必须具备某种文化的具体知识(如各种颜色的不同含意，不同消费群体对色彩的爱好与禁忌、消费习惯等)，而且还要具备文化的抽象知识(辨认不同文化特征和形式之间微妙差别的能力)。

2. 宗教信仰

宗教信仰是人们洞察文化行为或精神行为的文化层。世界上主要有佛教、基督教、伊斯兰教、回教、印度教、神道教等，其中前三种人数最多。宗教信仰对社会体系和市场营销有很大的影响，因为宗教影响着人们的风俗、人生观、购买产品、购买方式等。例如，佛教徒强调精神价值，贬低物质欲望，主张清心寡欲；伊斯兰教徒不吃猪肉；天主教则反对肉体宣传，认为这是不道德的行为，甚至认为过多地使用卫生用品也是不恰当的。

宗教的需求或禁忌影响着消费形态，营销人员应努力寻找市场机会。

3. 消费习俗

消费习俗，是人们长期形成的消费方式，人们的消费习俗往往有着很大的差别。它作为社会文化环境的一部分，不但受社会文化环境的其他因素(科技水平、文明程度、信仰、风俗等)的影响，而且还受到政治、经济的影响。经济水平比较高的地区，一次性消费品越来越普遍；经济不发达地区，会把一次性消费品看做是一种浪费(一次性消费品不仅与消费水平有关，还与废弃回收等技术因素有关)。

由于消费习俗是人们长期形成的，因此它具有相对的稳定性。市场营销人员一方面要研究消费习俗，满足消费者的习俗需求；另一方面，还负有引导改变落后消费习俗的任务。

常见的消费习俗有：民族性消费习俗、地域性消费习俗、政治性消费习俗、信仰性消费习俗、喜庆性消费习俗、纪念性消费习俗、禁忌性消费习俗等。

4. 审美情趣

审美是与美和高雅有关的文化概念，包括对音乐、艺术、戏剧、舞蹈、形状、色彩等的欣赏与偏好。

由于民族习俗、社会环境、教育水平、科技发展的差异，各个国家与地区的审美观念有所区别。不同色彩在不同国家里有不同的意义：西方各国认为白色象征着圣洁，而在东方白色则意味着不幸；中国以绿色表示生机盎然，而马来西亚把绿色看做疾病象征。审美对国际营销的影响特别明显，例如，湖南建湘瓷厂生产的"明冠牌"54头餐具，开始进入美国市场的纹样中，使用了传统的红配绿色调，但美国人不习惯强烈的对比色，后来模拟玫瑰红和山谷绿，显得柔和欢快，颇受美国人欢迎。

审美观往往寓意在商品的设计、款式、色彩、声调、记号、情绪等之中，这些都会影响到商品的市场机会。

5. 价值观念

价值观念，是指人们对财富的看法，追求利益的性质和购买行为的决策。

价值观念的形成与消费者所处的社会地位、心理状态、时间观念、对变革的态度、对生活的态度等有关。例如，我国人民随着生活水平的提高，对时间的价值观念正在改变，速溶咖啡、半制成式食品等越来越受欢迎。

6. 道德规范

道德规范是指导和衡量人们行为的准则和标准。它是社会健康发展的精神支柱。

我国的道德规范体系大体可分为三种层次：一是一般的社会公德，如艰苦朴素、讲究诚信等；二是国民道德，如爱国主义、集体主义；三是社会主义道德，如先人后己、先公后私等。营销部门必须在引导消费、产品设计、广告宣传中贯彻道德规范。

5.2.5 科技环境分析

21世纪，人类社会进入知识经济时代，在经济活动中，知识将作为一种生产投入，以降低物质的投入，从而达到节约物质资源，提高经济效益和效率的目的。知识经济的出现，标志着以物质资源的高消耗为基础的工业经济的转化和升华，人类将进入一个新的文明时代。

俄罗斯经济学家雷姆·别洛乌索夫将这一新的文明称为"工业后文明"或人类历史上第八个文明。他认为，这一新的文明包括三个部分：高生产率的、最大限度无害的工艺；丰富的文化；合理的生产社会结构和人的生活、休闲结构。而实现这一文明的科技基础将是集智能化、电子通讯和信息科学、创造科学、手工艺和合理管理的结合。

电子信息产业的发展将是21世纪科技发展的重要任务。当今世界，信息化水平已成为衡量一个国家综合国力的重要标志。因此，大力发展电子信息产业，广泛采用电子信息技术，开发信息资源，推进国民经济信息化，已成为我国的当务之急。

5.2.6 生态环境因素分析

20世纪90年代以后，由于生态环境的变化，自然资源的短缺，严重影响人类的生存与发展，世界各国开始重视生态环境的保护。当前，生态环境的特点主要有以下三点。

1. 生态环境的污染加剧，自然资源短缺

自然资源可分为三类：一是有限的不可再生资源，如石油、矿产等；二是有限的可再生资源，如森林等；三是其他自然资源，如水、空气等。

目前，有限资源的无遏制利用已造成能源的严重短缺。发达国家中占世界人口15%～18%的居民消耗着全球已开采能源的1/3，且有效使用率仅占50%左右。随着世界经济的发展，能源紧张将更加严重。可替代的有限资源的开发将为企业带来新的机遇。

环境的污染对其他资源的破坏也十分严重。水资源的破坏和污染、大气中有毒物质的增加、工业垃圾带来的污染等已严重影响了人类的生存环境。因此，环保型产品的开发和利用，也将为企业带来新的机遇。

2. 政府对环境保护方面的干预加强

地球生态环境的恶化，也引起了一些国家和国际组织的高度重视。1972年，联合国第一次人类环境会议在瑞典召开，发表的《斯德哥尔摩人类环境宣言》向世界发出了“人类只有一个地球”的呼吁。1987年签署的《蒙特利尔公约》对保护臭氧层作出了若干规定。该公约组织1990年进一步规定：发达国家于2000年以前，发展中国家于2010年以前停止使用氟利昂等破坏臭氧层的有关产品和生产。自1978年德国率先实施“蓝色天使”计划以来，很多国家相继实行环境标志制度，并制定了有关法规。

然而，20多年来，地球生态环境的恶化并没有得到有效的控制：环境污染造成臭氧层空洞的出现、酸雨的形成，大气中二氧化碳含量增高使全球气温年均上升1.5摄氏度；过度消耗造成的能源危机和严重的资源短缺等，已危及人类社会的生存与发展。

3. 绿色营销的产生

1992年联合国在巴西里约热内卢召开了有183个国家代表参加的会议，发表了《21世纪议程》，提出了“生态与经济协调发展”的思路，可持续发展问题已成为全球关注的战略问题。目前，以资源的高效利用和循环利用为核心，以低消耗、低排放、高效率为基本特征，符合可持续发展理念的循环经济理论已成为我国制定和实施“十二五规划”的根本指导思想， 企业实施绿色营销势在必行。

5.3 企业自身条件分析

企业营销的外部环境分析，即对企业外影响其业务发展和市场营销活动企业的优劣势分析，该分析是建立在对自身条件与竞争者比较的基础之上的，必须通过对内部影响其市场营销活动和业务发展的各种因素进行分析，以及对竞争者的分析，找出其拥有的优势和劣势，确定企业的市场地位的过程。

1. 资料的收集

1) 内部资料收集

同外部环境资料的收集一样，内部环境资料也可以通过第一手和第二手两种方式获得。

第二手资料的获得主要是翻查企业过去的会计报表和会计账户，从中了解企业的生产销售规模、增长率、成本费用支出、利润水平、产品价格、市场分布、财务结构等方面的信息。

第一手资料则可以通过调查获得。访问法是最常用的调查方法，除此之外，还有观察法、讨论法和实验法等。调查的对象可以包括企业投资者、经营者、企业员工、中间商、供应商及顾客等，通过调查来获得第二手资料中缺乏的信息。

2) 竞争者资料的收集

竞争者既包括行业中原有的竞争者，又包括行业中可能的新进入者和替代品的经营者，要对他们的情况进行分析。

行业中原有的竞争者：竞争者数量；实力强弱；商标商誉；产品差异性；行业增长率；行业的退出障碍。

行业中的新进入者：实力强弱；成本优势；产品特色；销售渠道；商标商誉；政府政策。

替代品经营者：种类的多寡；相对价格水平；替代倾向。

2. 内部条件分析

资料收集完成之后，要进行分类整理，对企业内部条件进行分析。

(1) 制造能力分析：这是反映企业的生产能力的一系列信息的总和，包括设备、技术水平、产品质量、制造费用和及时交货的能力等。

(2) 营销能力分析：这类指标用来反映企业开展市场营销活动的水平，包括市场份额、市场覆盖地域、服务水平、定价效果、广告效果和公共关系效果等。

(3) 盈利能力分析：这类指标用来衡量企业的盈利水平，包括销售利润率、总资产报酬率、资本收益率及资本保值增值率等。

(4) 抗风险能力分析：这类指标用来反映企业对营销环境变化的承受能力，主要包括企业信誉、弹性管理水平、资产负债率、流动比率、速动比率、应收账款周转率和存货周转率等。

(5) 组织能力分析：这类指标用来反映企业的生产经营活动的计划、实施和控制水平，主要包括管理层水平、员工协作精神和创业导向等。

(6) 发展能力分析：这类指标用来反映企业的后续发展与可持续发展的能力，主要包括研发开支占销售收入的比重、技术人员占企业员工的比重、员工的受教育程度及员工培训费用等。

5.4 SWOT分析

5.4.1 企业的机会威胁分析

企业的机会威胁分析是建立在外部环境资料收集、整理和分析基础上的。

1. 机会分析

机会分析是指企业通过对外部环境的分析，找出有利于企业营销活动的因素，并具体分析其影响强度和成功的可能性的过程。

我们可以通过这个环境机会矩阵图(见图5-2)来分析外部环境为企业提供的每一个机会，将其恰当归类并采取适当的策略来利用机会。

第1类机会是企业最向往的。吸引力大表明市场营销活动的影响很大，同时企业成功的可能性也很大，企业应抓住这样的良机来加速发展。

		成功概率 大	成功概率 小
吸引力	大	1	2
吸引力	小	3	4

图 5-2 机会矩阵图

第 2 类机会是企业应谨慎考虑的。虽然这类机会的吸引力很大，但企业成功的可能性小，不宜盲目跟风行动。

第 3 类机会是企业要着力分析的。虽然这类机会的吸引力不大，但企业成功的可能性大，企业应做好效益分析。如果发现利用这一机会获得的收益大于付出的成本，也可以考虑利用这一机会，促进企业营销活动的开展。

第 4 类机会是企业不应考虑的。这类机会对营销活动的影响不大，企业利用这类机会的成功概率又小，所以不应采纳。

机会所处的位置是变化的，第 2 类机会可能因企业自身的改变而进入第 1 类，第 1 类机会也可能因环境因素的相互作用而掉到第 3 类。企业应做好环境监测，更好地利用机会，推动企业的发展。

2. 威胁分析

威胁分析是指企业通过对外部环境的分析，找出对企业营销活动不利的因素，再具体分析其影响强度和发生的可能性的过程。我们可以通过威胁矩阵图(见图 5-3)进行威胁分析。

		发生概率 大	发生概率 小
严重性	高	1	2
严重性	低	3	4

图 5-3 威胁矩阵图

第 1 类威胁是企业要高度重视并着力化解的。这类威胁对企业营销活动的影响很大，同时发生的可能性也很大。企业一方面要密切地监控，另一方面要形成一套良好的常备反应机制，在威胁来到时迅速化解，将损失减到最小。

第 2 类威胁对企业营销活动的影响很大但发生的可能性小。企业对这类威胁要有一套灵敏的预警机制，不能因为其发生的可能性小而忽略它，同时还要有良好的应对措施。

第 3 类威胁是企业在生产经营过程中经常遇到的，它对企业营销活动的影响很小，但是发生的可能性大。对这类威胁企业要及时解决，不能因为其影响力不大而搁置起来，不然很可能会发生变化，造成巨大的影响。

第 4 类威胁对企业营销活动的影响不大，发生的可能性也不大。对这类威胁企业要做的是注意其动向，一经发现就及时解决，避免其转移为其他形式的威胁。

与机会一样，威胁也是会发生变化的。第 3 类威胁可能因企业不予理睬而变化成为第 1 类，第 2 类威胁也可能因为企业应对措施得当而转化为第 4 类。

3. 综合分析

将机会分析与威胁分析结合起来，运用到企业的某项业务之上，就可以了解这项业务所处的外部环境，从而为企业的决策提供依据。我们可以通过机会-威胁分析矩阵图(见图 5-4)进行综合分析。

		威胁 少	威胁 多
机会	多	1	2
机会	少	3	4

图 5-4　机会-威胁分析矩阵图

第 1 类业务是理想的业务，拥有的机会多，受到的威胁又少，是企业应着力发展的业务。

第 2 类业务是风险类业务，拥有的机会多，受到的威胁也很多，企业应慎重考虑，做好风险收益分析。

第 3 类业务是成熟的业务，所面临的机会与威胁都很少。企业在这类业务中所占的市场份额如果较大，则可加强发展，不适宜让新加入者来开展这类业务。

第 4 类业务是困难的业务，企业面临的威胁很多，拥有的机会却很少，是企业不愿沾惹的业务，企业可以考虑从这类业务中撤出。

通过机会威胁分析，就能够清晰地了解到企业所处的外部环境，再根据企业的情况进行恰当的营销决策，推动企业的营销活动。

5.4.2　企业的优势劣势分析

通过对企业内部和竞争者信息进行收集和分类整理后，就可以进行企业的优势劣势分析了。如表 5-1 所示，我们可以将企业的各项能力用数量指数表示出来，从而了解企业的优势劣势所在。

表 5-1　企业优势劣势分析表一

类目		评价	权数	结果
制造能力	设备			
	技术水平			
	产品质量			
	制造费用			
	及时交货情况			
营销能力	市场份额			
	市场覆盖地域			
	服务水平			
	定价效果			
	广告效果			
	公关效果			

续表

类　目		评　价	权　数	结　果
盈利能力	销售利润率			
	总资产报酬率			
	资本收益率			
	资本保值增值率			
抗风险能力	企业信誉			
	资产负债率			
	流动比率			
	应收账款周转率			
	存货周转率			
	弹性管理水平			
组织能力	管理层水平			
	员工协作精神			
	创业导向			
发展能力	R&D 开支比例			
	技术人员比重			
	员工受教育程度			
	员工培训费用			

第一列项目栏列出了企业内部环境的主要因素。企业可以根据行业情况和企业自身情况进行增减，要注意分类列出。

第二列评价栏是指通过对企业和竞争者的各个项目的比较、评价，把评价结果量化，以百分制的形式给出，分数越高，表示评价越好。比如企业的生产设备，如果是处于同行业领先地位，就可以给 80～100 分；如果只是一般水平，可以给 60～80 分；如果是落后于一般水平，则可以给 40～60 分；如果是即将报废的设备，就应在 40 分以下。

第三列权数栏表明了各个项目的重要性。权数应在 0～1 之间，项目的重要程度越高，权数就应越大，这应该根据企业所处行业的情况、企业自身具体情形决定，同时也受到分析人的倾向的影响。权数的给定还有一个限制，就是每一类中的各项目权数之和为 1。

第四列结果栏表示各个类目的最终得分。类目得分=$\sum$(各项目得分×对应权数)。将各类的得分进行比较，就可以了解企业的长处是什么，短处又是什么了。

有时企业进行优势劣势分析是为了明确企业在市场中所处的地位，即企业在市场竞争中是处于优势还是处于劣势。根据表 5-1 得出各类得分后，再根据表 5-2 就可以得出企业的综合分值了。

表 5-2　企业优势劣势分析表二

类　目	得　分	权　数	综 合 值
制造能力			

续表

类目	得分	权数	综合值
营销能力			
盈利能力			
抗风险能力			
组织能力			
发展能力			

各个类目权数的确定与表 5-1 中各个项目权数的确定一样，受到行业特点和企业状况的制约，还受分析人的倾向的影响。如果分析人属于谨慎型的，抗风险能力的权数就会设得高一些；若分析人敢于冒风险，该权数就会低一些。各类目权数之和为 1。

最后得出的综合值就是企业的市场得分，企业的综合值=$\sum$(各类目得分×对应权数)，这一结果表明了企业在市场中的地位。

企业在进行优势劣势分析后得出的结果在一定程度上表明了企业的市场地位和优势、劣势所在，但要注意以下几个问题。

(1) 这种分析方法虽然比较全面地考虑了企业内部环境的各个方面，但是没有考虑到各个因素之间的关系和相互作用。

这种分析方法使用的是加权平均法，其结果必然是优势类(项)目弥补了劣势类(项)目，使综合值趋于平均。但是，有时候一些劣势类(项)目的存在会使优势类(项)目无法发挥作用，这时平均值就没有意义了。根据“木桶效应”，木桶能盛下的水由最短的木片决定，企业的实力也有可能由处于最劣势的类(项)目决定。比如企业的制造能力很强，营销能力较差，分析得出的结果是一个平均水平，但企业事实上在市场上的表现可能很差。

(2) 在企业的各个方面都具有优势的情况下，企业也可能表现不佳。

有时，企业各个部门的工作能力都很强，但总体效益却不佳，问题在于各部门间的协调与合作。因此，企业内部各部门的关系评估也是一项非常重要的内容。

(3) 相反，在企业有些方面处于劣势时，企业也可能表现出良好的态势。

我们必须了解，十全十美的企业总是很难达到的，在认识到企业存在暂时无法弥补的劣势时，应该积极发挥优势，以弥补不足。比如，企业由于经费问题无法设立足够的维修点时，就应努力发挥在产品质量和服务态度方面的优势。

(4) 企业认识到自己的优势、劣势后，不应只埋头于自己处于优势地位的业务，而放弃处于劣势地位的业务。

在充分认识自我之后，企业要做的是审慎考察各项业务，有优势的要继续保持，没有优势又无机会的可以放弃，但对有可能获取优势的业务要着力分析，把握机会发展新的优势。

5.4.3 企业的 SWOT 综合分析

企业仅仅只是进行机会威胁分析和优势劣势分析，是无法全面了解企业的营销环境的，没有做到“知己知彼”。只有在全面分析企业的内外环境以后，才能有的放矢，针对企业所要解决的问题提出解决的方案。

企业营销方案的制定就是要能充分利用优势，克服或避免劣势，抓住面临的机会，避开威

胁，尽量使其损失最小。可以通过象限法来确定企业的营销战略。

如图 5-5 所示，企业的每一项具体业务都能在图中找到相应的位置，然后就可以根据它所处的象限拟定相应的营销战略。

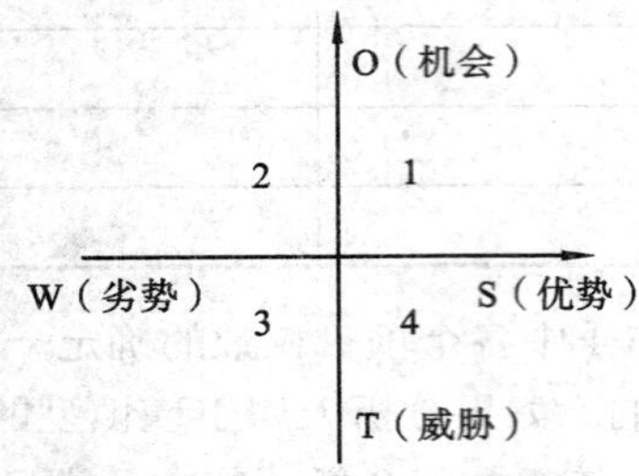

图 5-5 企业 SWOT 分析象限图

1. 扩张战略

在第一象限中，企业的外部环境中机会很多，威胁较少，同时企业在市场中又具有竞争优势，这时企业应果断采取扩张战略。

企业可以考虑将资金与人员集中起来，在这项业务上进行重点扩张，推动企业以超常规的速度发展。在不能及时筹集所需资金和获得需要的人员时，可以与其他企业进行合并，通过合并来扩大市场份额，取得进一步的优势。企业还可以通过兼并的方式快速扩张，兼并使企业能够获得现成的设备与人员，加速企业业务的扩大。

2. 防卫战略

第二象限中的企业业务面对的外部环境中机会多于威胁，但企业在市场中不处于竞争优势，这时企业应采取防卫战略。

因为这一业务存在着巨大的市场机会，企业在处于劣势的情况下，一方面应努力克服自身的弱点，争取能化劣势为优势；另一方面，也可以考虑合资，与优势企业合并以获得优势，或是与同处于劣势的企业合并，互相取长补短而形成优势。

3. 退出战略

第三象限中，企业业务所处的市场环境是威胁多于机会，同时企业在市场竞争中又处于劣势，在这种情况下，企业应采取退出战略。

在这种很难获得发展的环境下，企业应果断地选择退出该项业务，将资金与人员撤出，投入到其他业务上，退出障碍比较大的可以将其转卖给其他企业，进行资产重组。

4. 分散战略

处于第四象限的企业业务所处的外部环境较差，威胁多于机会，但企业在市场竞争中处于优势地位，这种情况下企业应采取分散战略。

由于市场环境中威胁因素占主要地位，企业应采取多角化经营的战略来分散风险。另一方面，企业还可以通过合并或兼并来扩大实力，获取规模经济，提高抗风险能力。

企业通过进行 SWOT 综合分析，就可以确定各项业务所处的具体位置，从而采取相应的对策，促进企业的发展。

5.4.4　运用 SWOT 综合分析应注意的问题

SWOT 分析法要与机会威胁分析、优势劣势分析结合起来运用，才能全面地剖析企业的内外环境。SWOT 分析法将机会、威胁、优势、劣势结合起来，但是存在以下两点不足。

1. 将机会与威胁对立起来

外部环境中的机会与威胁并非互相对立、非此即彼的两个极端，两者可以共存。SWOT 分析法将其作为企业外部环境的两极，就忽略了机会与威胁因素都很多或都很少的情况。

(1) 机会与威胁因素都很多：这是风险型业务。企业在处于优势的情况下应着力扩张，通过合并与兼并，一方面扩大规模，另一方面提高企业的抗风险能力。企业在处于劣势的情况下要做好风险收益分析。如果发现风险收益率可以接受，则应采取防卫战略，通过合资与合并的方式来获取优势；如果发现风险收益率不能接受，则应采取退出战略。

(2) 机会与威胁因素都很少：这属于成熟型业务。企业在处于优势的情况下，应采取扩张战略；企业在处于劣势的情况下，则应采取防卫战略。

2. 不能详细列明企业的优势劣势所在

SWOT 分析是综合性分析，不能详细列出企业的优势与劣势，这样就不利于企业采取相应措施化劣势为优势，获得在市场竞争中的有利位置。

因此，企业在运用 SWOT 分析法时，要注意与企业的机会威胁分析、优势劣势分析结合起来使用，这样才能全面地分析企业所面对的外部环境和自身的内部环境。

本章小结

企业的市场营销活动是在一定的市场环境条件下进行的。对营销环境的分析，是市场营销计划的前期工作。营销战略的制定、营销工具的确定都必须以营销环境要素的状态、变化趋势为依据；企业市场营销活动的绩效在很大程度上决定了企业对各种营销环境要素的分析和把握。

根据营销环境要素与企业营销活动的相关度，营销环境要素分为宏观环境要素和微观环境要素。宏观环境要素主要包括人口因素、经济因素、政治法律因素、社会文化因素、科学技术因素、生态自然环境因素。宏观环境因素直接或通过微观环境要素间接对企业营销活动产生影响。微观环境要素主要包括企业本身条件分析。

最后介绍了 SWOT 分析的步骤和注意问题。

关键术语

宏观环境因素	人口因素	经济因素	社会文化因素
机会	威胁		

思考题

1. 简述 SWOT 分析的步骤。
2. 宏观环境因素包括哪些内容?
3. 试说明企业自身条件分析的步骤。
4. 结合实例说明怎样进行机会和威胁分析?
5. 企业在 SWOT 分析的基础上如何制定相应的战略?

参考文献

1. 菲利普· 科特勒.营销管理[M]. 10 版. 北京：中国人民大学出版社，2002.
2. 万后芬. 现代市场营销学[M]. 北京：中国财经出版社，2001.
3. 万后芬. 市场营销教程[M]. 北京：高等教育出版社，2007.
4. 叶万春. 企业营销策划[M]. 北京：高等教育出版社，2007.

案例研讨

截至 2010 年底，中国电信的新闻热点、焦点不断。电信资费的调整、中国电信南北大分拆，以及中国电信将面临入世挑战等让人们瞩目。在新的一年里，中国电信又将上演一场“与狼共舞”的惊险剧目。面对激烈的市场竞争，对中国电信进行 SWOT 分析，也许能让大家对中国电信未来的发展有一个清醒的、客观的认识。

(一) 中国电信的优势和劣势分析

自 20 世纪 80 年代中期起，中国电信经历了近 20 年的高速发展，已经形成了规模效益。尽管此间经历了邮电分营、政企分开、移动寻呼剥离、分拆重组等一系列的改革，但在中国的电信业市场上，中国电信仍具有较强的竞争和发展优势，主要表现在客户资源、网络基础设施、人才储备、服务质量等方面。

(1) 中国电信市场引入竞争机制后，中国电信与中国移动、中国联通、中国网通等运营商展开激烈竞争。中国电信南北分拆后，在保留原有大部分固定电话网和数据通信业务的同时，继承了绝大部分的客户资源，保持良好的客户关系，在市场上占领了绝对的优势。1.79 亿的固定电话用户，1500 多万的数据通信用户，为中国电信发展业务、增加收入奠定了良好的基础。

(2) 中国电信基础网络设施比较完善。改革开放 20 多年来，中国电信已建成了覆盖全国，以光缆为主、卫星和微波为辅的高速率、大容量、具有一定规模、技术先进的基础传输网、接入网、交换网、数据通信网和智能网等。同时，DWDM 传输网、宽带接入网相继建设，数据通信网络和智能网不断扩容。中国电信的网络优势已经成为当前企业发展的核心能力，同时具备了向相关专业延伸的基础和实力。

(3) 中国电信在发展过程中，培养和储备了一大批了解本地市场、熟悉通信设备的能力较强、结构合理的管理和专业技术人才。同时，中国电信还积累了丰富的运营管理经验，拥有长期积累的网络管理经验、良好的运营技能和较为完善的服务系统。

(4) 中国电信的服务质量日趋完善。中国电信成立了集团客户服务中心，为跨省市的集团客户解决进网需求；中国电信还建立了一点受理、一站购齐的服务体系，最大限度地方便用户；紧接着中国电信推出了首问负责制，解决了企业在向用户提供服务过程中的相互扯皮、相互推诿的问题；另外，中国电信还设立了服务热线(1000)、投诉热线(180)等，建立了与用户之间的沟通服务，提供互动式服务。

虽然中国电信具有一定的发展优势，但我们应该辩证地看待这些优势。辩证法告诉我们，优势和劣势都是相对的，即在一定的条件下，优势很可能就转变成劣势。中国电信虽然拥有丰富的客户资源、完善的网络设施及大量的储备人才，但缺乏现代企业发展所必需的战略观念、创新观念、人力资源开发管理、人文环境建设及与此相适应的市场制度环境。业内人士认为，中国电信拥有资源优势，但却缺乏资源运作优势。一旦不慎，优势很可能就转变成劣势。目前，中国电信的劣势主要表现在以下几方面。

(1) 存在企业战略管理与发展的矛盾。一方面是企业决策层只重视当前战术和策略，忽视长远战略，湮没在日常经营性事物中，不能统观大局；另一方面，企业缺乏应对复杂多变环境的企业运作战略策划人才。这个问题是当前实现企业持续发展、保持长久竞争优势的核心问题。

(2) 企业内部创新与发展的矛盾突出。面向计划经济的职能化业务流程、管理模式、组织模式已经呈现出与快速发展的不适应，并逐步成为制约电信企业参与全球化竞争的主要因素。ERP、管理和组织模式的改革创新，以及企业特色人文环境的建设，是实施企业发展战略应考虑的焦点问题。

(3) 中国电信现有的基础设施不能为用户提供特色服务。中国电信虽然拥有比较完善的网络基础设施，但这大多不是根据市场的实际需要建设的，而是为了满足普遍服务的需要。

(4) 拆分让中国电信由主体电信企业降级到一个区域性的电信企业。新中国电信的主要阵地将固守在南方市场，而北方市场将由新中国网通占领。即使受到拆分影响，但中国电信的实力仍然最强，只是苦于无全国网络，无法开展全国性的业务。

(二) 中国电信的机会和威胁分析

我国国民经济的快速发展及加入 WTO，将为我国的信息化建设和通信发展提供前所未有的发展机遇，同时也为中国电信提供了巨大的机会，主要表现在以下几方面。

(1) 国民经济的持续快速发展，形成了潜力巨大的市场需求，为中国电信提供了更大的发展空间。据有关研究报告测算：中国到完成加入 WTO 的各项承诺之后的 2005 年，其 GDP 和社会福利收入将分别提高 1955 亿元和 1595 亿元人民币，占当年 GDP 的 1.5%和 1.2%。本地经济比较优势的重新配置资源所带来的巨大收益将进一步增强当地经济实力。而且，入世将推动外资的引进和内需的拉动。入世后各地将极大改善投资环境，法律透明度的提高和国民待遇的实现将吸引大量外来资本，本地企业实力将得到提高和增强。企业电信消费水平随之提高。劳动力市场结构的调整和转移必然带来社会人员的大量流动，同时拉动巨大的通信需求，话务市场将进一步激活。

(2) 电信业法律法规不断健全完善，电信业将进入依法管理的新阶段，为中国电信的发展创造了公平、有序的竞争环境。随着电信业法制的健全，政府的经济职能将发生根本的转变，政府会把企业的投资决策权和生产经营权交给企业，让企业经受市场经济的考验。这意味着政府将给中国电信进一步松绑，给予应有的自主权，有利于中国电信按市场经济规律运作。

(3) 中国政府大力推进国民经济和社会信息化的战略决策，为中国电信的发展创造了历史性的机会。“三大上网工程”(政府上网、企业上网、家庭上网)造就了我国消费能力强劲的信息

产业市场，为我国信息产业市场创造良好环境的同时，使我国成为全球最大的信息产业市场之一。

(4) 中国加入 WTO 后电信市场逐步对外开放，将加快企业的国际化进程，有利于企业的经营管理、运作机制、人才培养与国际接轨。同时，可促进中国电信借鉴国外公司的管理经验，积极地推进思维方法、技术、体制创新，提高产品档次，降低成本，完善服务质量，改进营销策略，增强核心竞争力。

(5) 电信市场潜力巨大。首先，我国经济发展不平衡，地区之间、消费层次之间的差异决定了电信需求的多层次和多样化，而通信技术的飞速发展，促进电信企业的网络升级换代和业务的推陈出新，在固定电话网与计算机通信的融合点上开发新业务潜力巨大，激发出新的消费需求。因而，从总体上看，我国电信市场孕育着巨大的需求潜力。其次，从固定电话看，中国电信平均主线普及率只有 13.8%，远低于发达国家的平均水平。主线收入、盈利水平和市场规模也与发达国家平均水平相差甚远，发展的空间和潜力仍旧巨大。最后，从中国电信的其他业务看，互联网和固网智能网业务的市场规模和盈利能力将随着企业外部环境层次的提高而不断扩大。

(6) 移动牌照的发放。信息产业部部长吴基传曾经在公众场合说过，中国将拥有四个综合电信运营商，他们能够经营固定、移动、数据和其他各种基础电信业务，这意味着将再发两张移动牌照。目前，移动通信领域是潜力最大，也是竞争最激烈的通信领域，将成为各电信企业的必争之地。一旦中国电信拿到了移动牌照，那么移动领域将是中国电信的又一主营业务。

正所谓机会与威胁同在，任何事件的影响都是相对的，中国电信在迎接巨大机会的同时也将面临巨大的威胁，具体表现在以下几个方面。

(1) 电信市场竞争格局由局部转向全面、简单转向多元。首先，在竞争趋势方面，国内市场竞争将由价格竞争向核心能力创新竞争过渡。在过渡期间，市场份额的抢夺将成为市场跟随者的发展重点。其次，入世后的国际资本竞争压力也将逐步增大。国外电信运营商将通过兼并、联合和收购等方式使实现全球服务化的速度不断加快。中国电信市场的 ICP、EMAIL、数据库、传真、视频会议等增值业务首当其冲地受到较大冲击，对电信企业的稳定增长产生影响。

(2) 中国电信人才流失较为严重。国内外许多公司采用高薪、高福利等政策吸引中国电信人才，造成中国电信人才严重流失。这一现象至今仍未得到解决。人才的流动是竞争的必然结果，是关系到中国电信生存发展的关键问题。因此，如何体现人才价值、发挥人才潜能，是中国电信必须正视的一个问题。

(3) 非对称管制对中国电信的影响。中国电信在经营许可、互联互通、电信资费、电信普遍服务等方面受到相对严格的行业管制。在目前的中国电信市场上，管制的不平等已经制约了中国电信的发展，在日趋激烈的电信市场竞争形势下，不尽快进行改革，中国电信只有一死。新中国电信公司不久后也将通过上市进行机制转换，实现与中国联通、中国移动相同的机制平台，从而开展有效的公平竞争。

（资料来源：汤定娜. 中国企业产销案例[M]. 北京：高等教育出版社，2007.）

案例思考题

1. 与其他电信运营商比较，中国电信有何优势和劣势？
2. 中国电信面临哪些机会和威胁？如何应对？

第 6 章　市场营销战略

本章提要　战略是实现长期目标的方法。公司的战略规划必须转化为营销、研发、采购、生产、人事、财务等各个部门具体的战略计划才有可能落实。一般来说，营销战略往往是公司战略的核心内容；而公司战略则界定了营销战略的基本理念、原则和行动框架。所谓营销战略，是指业务单位意欲在目标市场上用以达成其各种营销目标的普遍原则。营销战略的内容主要由三部分构成，包括企业业务发展战略、目标市场战略和营销组合战略。本章重点与难点在于掌握营销业务发展战略。

引　例

泰诺：为阿司匹林重新定位

“泰诺”的问世打破了阿司匹林的骗局。

“为千百万不应服用阿司匹林的人着想”，“泰诺”广告说道，“如果您的胃容易不舒服……，如果您有胃溃疡……，如果您有哮喘、过敏或者缺铁性贫血，在服用阿司林之前应该请教一下医生”。

“阿司匹林会刺激胃黏膜”，“泰诺”广告继续说道，“引起哮喘或过敏反应，造成胃肠道隐性微量出血”。

“幸好还有泰诺……”。

说完了 60 个词之后，才提到广告主的产品。

“泰诺”的销量大增。如今，“泰诺”成了镇痛药品中的第一品牌，超过了阿纳辛(Anacin)，超过了拜耳(Bayer)，超过了布富林(Bufferin)，也超过了埃克塞德林(Excedrin)等品牌，一个简单但有效的重新定位战略使它有了今天的地位，而且是通过与人人熟知的阿司匹林对抗来实现的。

(资料来源：艾尔·里斯，杰克·特劳特.定位[M]. 北京：中国财政经济出版社，2002.)

6.1 企业业务发展战略

企业战略是指企业发展过程中，在一定时期内，各个层次、各个部门战略规划和战略计划的统称。现代企业组织结构中的各个层次，即决策层、管理层、执行层，均须制定各自的战略或策略；而下一个层次的战略或策略必须在上一层次战略的指导下来制定，往往是为执行和实施上一层次的战略而制定的战略或策略。

依据企业组织结构的层次划分，企业的战略可划分为决策层战略、管理层战略和执行层战略等三个层次(见图 6-1)。

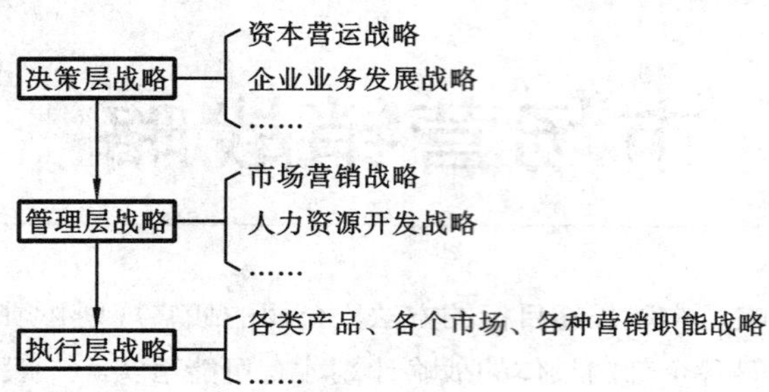

图 6-1　企业战略构成图

企业决策层承担着对企业发展方针、发展方向等重大问题决策和有关战略的制定，如企业的经营宗旨、经营纲领、经营信条等企业形象战略；企业经营方向等资本营运战略；企业现有业务的调整、新业务的发展等业务发展战略等。我们将此统称为企业发展战略。

企业管理层主要包括各个事业部和人事、财务、营销、生产等中层职能管理部门。它们必须在决策层战略基础上，按照既定的方针和方向，制定各个部门的发展战略。

执行层是指各个管理层下属的具体操作部门，如生产部下设的各个车间、班组；营销部下属的各类产品管理部门、市场调研部门、广告推广部门、产品销售部门、市场后勤部门等。为了落实决策层、管理层的有关战略，必须制定出各自的实施性战略或策略。

6.1.1 企业资本营运战略

1. 资本营运与产品营销的关系

“资本”是指能带来资本增殖的价值。“资本增殖”是指资本运动中的总收入与总成本的差额。这里所说的资本不仅包括货币、有价证券等金融资本，还包括其他能给企业带来资本增殖的有形或无形资本；不仅包括代表所有者权益的自有资本(即企业原始资金与新增价值之和)，还包括进行负债经营的贷入资本。因此，资本不同于资金和资产。资金仅指企业自有的固定资金、流动资金和专项基金之和，不包括负债。而资产是资金的物化形态。

资本只有在运动中才能取得增殖。马克思指出：“资本只有一种生活本能，这就是增殖自身，获取剩余价值，用自己的不变部分即生产资料吮吸尽可能多的剩余劳动。”资本营运就是以资本增殖为目的，对企业的各种资本进行经营和运作的过程。它既包括通过兼并、重组、参股、控股、转让、租赁等方式对资本本身进行的营运(即理论界一部分学者所定义的资本营运)，使那些处于封闭、凝滞状态的存量资本焕发出新的生产活力，从而获得资本增殖的活动；又包括运用企业资本进行投资、生产、经营运作，以取得资本增殖的过程。因此，产品营销是资本营运的一个组成部分，它属于第二层次的资本营运。

目前，我国理论界有一部分人将资本营运界定为“以资本为对象的营运活动”，即仅指第一层次的资本营运，将资本营运与产品营销分割开来。在这一理论的指导下，有些企业由原来只注重产品营销，转为只注重资本炒作，由一个极端走向了另一个极端。无论是前者还是后者，都不利于资本的最大增殖。只有从整体上进行资本营运，既注重对企业资本的经营，又注重包括产品经营在内的运用企业资本进行的资本增殖活动，才能实现企业资本的最大增殖，从而最大限度地实现资本营运的目的。

2. 资本营运战略的构成

根据资本的不同特征，资本营运可分为以下四种类型。

1) 产权资本营运

产权是指法定主体对所拥有财产的占有权、使用权、收益权和处置权的总和。产权资本营运，是通过产权评估使其资本化，并通过不同法定主体之间的产权交易活动来实现资本增殖目的的过程。

(1) 产权资本营运的方式。资本营运的方式是指企业实现资本保值增殖的经济形态和模式。其主要方式有以下四种：第一，产权的整体交易，即企业通过破产拍卖或兼并收购等方法实现产权的整体交易；第二，产权的嫁接改造，即企业通过转让部分产权进行合作、合资或联合经营，或通过剥离辅体等方法进行产权的嫁接改造，以实现资产重组；第三，产权的分期交易，即企业通过承包、租赁经营等方法实现产权的分期交易；第四，分期付款型产权交易，即企业采取租售结合的融资性租赁方式，将出租物进行评估，以同值的价值形态出租，定期收取租金(利息加本金分摊)，到期后产权归承租人所有。

(2) 产权资本营运的方法。资本营运的方法是指企业实现资本保值增殖的手段和技巧。资本营运的方式与方法有着内在的联系，一种方式可以有多种方法与之匹配。在营运实践中，资本营运的方法还会不断地创新和发展。目前，常用的资本营运方法主要有以下5种。

① 扎木成排法。即通过企业联合组建企业集团，将分散的资产聚集在一起，形成合力，以实现规模经营的方法。

② 强手领先法。在同行业中，以实力强、效益好的优势企业为龙头，将一些存在某方面问题的企业纳入麾下，利用优势企业的技术优势、管理优势、市场优势 、资金优势带动原有企业，使其激发新的活力。

③ 小蛇吞象法。实力强、经营势头好的中小企业通过兼并、收购等方式，“吃掉”资产存量大、经营问题也大的大中型企业，使企业得以迅速扩张。

④ 金蝉脱壳法。处于夕阳行业中的某些企业，通过转让厂房、设备、设施，从原行业中脱离出来，转入有发展前途且力所能及的新兴行业，使原有资本在新的领域中得以保值增殖。

⑤ 借船出海法。具有技术、产品优势的企业，通过联合，借用他人的商标、商誉、营销网络将产品推向市场。

资本营运战略是通过选择和综合运用各种资本营运方式和方法，以实现企业资本增殖最大化的战略过程。随着经济体制改革的深化，企业所有权与经营权相分离，企业法人代表及

其所领导的高层决策者，往往只拥有经营权。不同性质的企业，其所有权的归属有所不同，因此，企业领导人对其资本的处置权限也有所不同，企业只能在自己的权限范围内选择资本营运的方式和方法，以达到资本增殖的目的。

2) 金融资本营运

金融资本营运是指以金融资本为对象的营运活动。金融资本包括货币资本和以有价证券、期货或期权合约形式存在的“虚拟资本”。金融资本营运的方式主要有以下四种。

(1) 股票交易。首先，企业可以通过股份制改造，吸纳社会资金，推动资本的规模运转，使企业由封闭走向开放。然后，在股份制改造的基础上运作股票上市及对已上市的股票进行运作，这是企业资本发生裂变的重要方面。同时，企业还可以通过购买其他企业的股票进行参股、控股，以较少的投入获得较大的资产扩张。

(2) 债券交易。企业可以通过发行债券，取得短期的融资；也可以通过证券市场买卖债券获取差价，以取得资本增殖。

(3) 债权经营。企业要及时清理债权债务，搞好债权管理，处理好以下问题：加强应收账款的内部控制，建立赊销审批制度和销售责任制度；运用法律手段和行政管理制度，对账款纠纷寻求合理解决途径；争取将债权债务关系转换为投资关系。

(4) 负债经营。企业要适时地把握发展机会，充分利用专业银行的信贷功能，不失时机地筹措资金，以利于企业的发展。

3) 无形资本营运

无形资本是指企业的商号、商标、专利权、非专利技术等知识产权及商誉等无形资产的价值形态。无形资本营运既包括以无形资产为对象的营运活动，又包括运用无形资本实现资本增殖目的的营运活动，它主要有以下三种方式。

(1) 专利权与非专利技术的有偿转让。企业可以通过对专利权和非专利技术的有偿转让或特许经营，来谋求无形资产的增殖。其中，有偿转让是买断所有权的行为，而特许经营只是在一段时期内允许他人使用企业的特殊技术、产品的特殊配方、企业独特的经营管理方式的行为。企业专利权和非专利技术的转让将为企业带来巨大的经济效益，这是企业获利能力超过同行业平均水平的前提条件和重要保证。

(2) 商标的输出与运用。企业商标经权威部门进行认证和评估，确定其价值，即成为企业的无形资产。商标价值由以下几个方面构成：产品所创造的总价值的5%(即产品累计价值的5%、当年产值的5%及核算期以后10年潜在产值的5%的总和)；培育商标信誉度所花费的广告宣传费用；保护商标所支出的费用等。企业一方面可以通过商标所有权或使用权的有偿转让、商标权入股等方式对企业“商标”进行营运，为企业带来资本增殖；另一方面，也可以利用商标的信誉去筹措资金、招揽合作、促进销售，获取更大的利润。

(3) 企业形象与声誉价值的利用。现代企业的竞争是产品力、销售力、形象力的综合竞争。独特的企业形象、良好的企业声誉，是企业重要的无形资产。企业一方面要通过CI、CS等战略的实施，努力塑造美好的企业形象，提高企业的声誉；另一方面，还要充分利用企业的良好形象和声誉，去寻求合作伙伴，扩大流通渠道，推动资源的合理流动和优化配置，以形成资产增殖的新的源泉。

4) 实业资本营运

实业资本营运是指选择合理的投资方向，将资本直接投入到生产经营等实业中去，以实现资本增殖目的的营运过程。实业资本营运可以在分析的基础上制定现有业务的投资战略，以扶持优势业务的发展，缩减或放弃劣势业务，使现有资本获得更大增殖；也可以选择新的投资方向，寻找新的增长点，使企业资源得到更充分的利用。

6.1.2 企业业务发展战略

企业业务发展战略，是指企业根据外部环境和内部条件的变化，对计划期企业的任务、目标及业务发展方向的规划。

1. 制定企业业务发展战略的步骤

企业业务发展战略是企业高层领导的职能。但是，企业业务发展方向的确定，对企业营销有着重要影响，营销者也必须参与企业业务发展战略的制定。营销人员在制定和实施业务发展战略中起着重要的作用。

(1) 提供新产品发展或新市场机会的有关信息，作为制定业务发展战略的依据。一方面，市场调研部门将承担新业务发展的有关调研工作，收集有关资料；另一方面，位于市场一线的营销人员将及时地提供有关新产品发展趋势和需求趋势、新市场状况的最新信息，有助于业务发展战略的制定。

(2) 参与业务发展战略的制定，并对战略的可行性进行调查分析。

(3) 针对业务发展战略确定的每项业务，制定具体的营销战略计划，并组织实施，以保证企业业务发展战略的有效实现。

(4) 对企业业务发展战略及各项业务的营销战略的实施过程进行评价和控制，及时提出修正意见供决策者参考，以保证战略目标的实现。

制定企业业务发展战略可分为战略分析和战略制定两个步骤。

1) 战略分析

在制定战略之前，必须通过对企业能力、外部环境、企业经营绩效等方面的分析与预测，把握市场营销过程中企业外部环境和内部条件的变化情况及其对企业长远发展的影响，为制定企业发展战略规划提供依据。

(1) 企业资源与能力状况分析。通过对企业的人力、财力、物力、信息、关系、经验等资源的拥有和运用状况的分析，以及企业的市场状况、产品状况、利润状况、竞争状况等方面的分析，把握企业的资源优势和能力优势，以充分发挥自身的核心能力和竞争优势，扬长避短，合理地确定企业的经营方向，发展企业的强势业务。

① 企业资源状况分析(见表6-1)。

表6-1 企业资源状况分析

类　别	项　目	内　容
人力状况	高层领导	经营思想 决策管理能力 个人素质 领导成员间的关系

续表

类　别	项　目	内　容
人力状况	各组织机构负责人及员工的情况	向心力 忠诚性 责任感
	人才的来源、使用、培训和需求	人员结构 富余人员能力 现有人员专长
物力状况	原材料调配	采购 库存 供应单位
	设备的能力	使用 更新
	企业所在地的状况	供电 供水 交通 三废处理 公共福利
财力状况	资金来源及运用自留资金的状况，资金借贷情况，资金状况与同业比较	

② 企业经营状况分析(见表 6-2)。

表 6-2　企业经营状况分析

类　别	内　容
市场状况	总体市场及细分市场的市场地位、规模市场份额及其增长情况 缝隙市场的容量
产品状况	各类产品的优劣势、功能、质量 各类产品的销售额及增长情况 各类产品的价格及渠道状况
利润状况	各类产品的毛利、毛利率 各类产品的净利润及其增长
竞争状况 (与竞争对手的比较)	营销特点，市场规模，营销战略 市场份额，销售额

(2) 外部环境分析。通过对影响企业发展的宏观环境和微观环境及其变化情况的分析，发现战略计划期间环境变化为企业业务发展带来的不利影响和有利机会，以及时抓住机遇，规避风险，有的放矢地发展企业业务。企业外部环境的分析，如表 6-3 所示。

表 6-3　企业外部环境的分析

类　别	内　容
宏观环境	政治和法律、经济、社会、科技、自然，如人口老龄化状况、流动人口、工资调整、价格改革、科技成果转换、新经济政策实施等
微观环境	特定区域、目标市场、行业、企业、市场结构、供求变化、需求动态、竞争态势
市场机会	环境机会、公司机会、表面机会、潜在机会、行业市场机会、边缘市场机会、目前市场机会、未来市场机会、全面市场机会、局部市场机会
环境威胁	竞争对手的挑战、竞争对手的新产品上市等

市场机会分析可采取表 6-4 分析。

表 6-4　市场机会分析

评 价 项 目	项目加权值(1)	项目分值(2)	得分(1) ×(2)
潜在顾客群体大小	0.05		
机会发展潜力	0.05		
市场需求潜量	0.05		
形成产品难度	0.02		
现有渠道运用程度	0.02		
潜在竞争程度	0.02		
公司销售潜量	0.05		
销售成本和费用大小	0.02		
预期获利能力	0.05		
合　计	1.00		

(3) 企业绩效分析。分析企业现有业务的经营绩效，以及环境变化对企业现有业务经营绩效的影响，以及时调整业务方向。

2) 战略制定

在战略分析的基础上，制定企业的业务发展战略。企业的业务发展战略主要包括企业任务、企业目标、现有业务调整战略、新业务发展战略等内容。

2. 企业的任务和目标

1) 企业的任务

企业的任务，是指在较长的时期内企业的经营范围、在社会分工中的地位，以及区别于其他企业的重要特征等。企业任务的设定，要以市场导向为宗旨，通过对竞争者的分析，明确自身的竞争优势，规定企业在计划期内将“干什么”、“为哪些市场服务”、“所要满足的需求有哪些”，以及“企业将如何满足这些需求”等。切忌以产品导向为宗旨，仅仅规定企业是“经营什么产品”的，从而陷入“营销近视症”困境。如经营洗衣机的企业必须以“为消费者提供更加方便、快捷地清洁衣物的工具，比竞争对手更好地帮助消费者解决清洗衣物的困难”作为自身的任务。

随着时间和环境的变化，企业的任务也可能发生变化。企业新任务的提出，必须考虑以

下几个方面的问题。

(1) 企业的历史任务和当前的偏好。新任务的提出是在以往任务的基础上的开拓创新，必须兼顾历史任务和新的发展方向。

(2) 环境要素。新任务的提出必须顺应环境要素为企业带来的机会，避免环境要素可能带来的风险和威胁。

(3) 企业的资源和能力优势。企业新任务的提出必须发挥企业在资源和能力方面的竞争优势，力求扬长避短，与竞争对手相比，具有自身的特长和特色。

(4) 企业的社会责任。企业新任务的提出必须顺应社会的发展、科技的进步、人类生活质量的提高，而不能仅仅注重企业自身的利益。

2) 企业的目标

(1) 企业目标的构成。

企业任务制定以后，必须分解为各个部门、各个层次的具体目标。企业的目标包括以下几项。

① 贡献目标。即企业提供给市场的产品数量、质量；计划期间的资源节约、能源节省、生态环境保护及利税情况。

② 市场目标。即新市场的开发，老市场的渗透，市场占有率和销售额的提高等。

③ 竞争目标。行业地位的巩固或提高等。

④ 利润目标。企业的毛利率、净利润及其增长情况。

⑤ 发展目标。企业资源的扩充，生产规模的扩大，经营方向与经营形式的发展等。

(2) 制定企业目标的原则。

企业目标的制定，必须遵循以下几个原则。

① 层次性。企业目标必须进行分解，由企业总目标和长远发展目标，逐层分解为各个部门、各个个人的具体目标。

② 协调性。总目标与各个分目标之间、长远目标与近期目标之间应协调一致，形成一个目标体系。

③ 可行性。目标必须根据市场机会和资源条件，适应企业的发展水平，具有可行性。

④ 激励性。企业目标必须具有一定的鼓舞和激励作用，通过努力方能完成。

⑤ 定量化。企业目标必须用数据来表示，便于评价和检查。

(3) 企业营销目标、任务分析及制定。

企业营销目标、任务分析如表 6-5 所示。

表 6-5 企业营销目标、任务分析

类　别	内　容	
营销方向、任务（5W1H）	What	干什么
	Who	为谁服务
	When	何时满足其需求
	Where	何处满足其需求
	Why	为什么这么干
	How	如何满足其需求

续表

类 别		内 容
营销目标	贡献目标	提供给市场的产品(数量、质量) 节约能源状况 节省资源状况 保护环境目标 利税目标
	市场目标	原有市场的渗透 新市场的开发 市场占有率的提高 销售额的增加
	竞争目标	行业地位的巩固或提升
	发展目标	企业资源的扩充 生产能力的扩大 经营方向和形式的发展

3. 业务发展战略

1) 现有业务调整战略

现有业务调整战略，是通过对现有的战略业务单位的分类分析，明确企业的现有业务的构成状况，进而调整企业的业务结构，并不断扩大优势业务的营销战略。

现有业务调整战略的制定，一般分两步进行。首先，将企业的业务分解成若干个战略业务单位，并采用一定的方法对现有业务进行分类分析；然后，针对不同类型业务的特点，分别制定发展性战略、维持性战略、选择性战略和淘汰性战略，以扩展对企业长远发展有利的业务、淘汰无发展前途的业务，对现有业务结构进行调整。

2) 业务投资发展战略

业务投资发展战略，是指企业在现有业务基础上对业务经营和投资方向的选择及其营运战略。业务投资发展战略主要包括专业化投资发展战略、一体化投资发展战略和多角化投资发展战略。

6.1.3 现有业务调整战略

1. 现有业务构成的基本分析方法(BCG 法)及其战略

企业的“战略业务单位”是指企业在经济社会中所承担的不同分工单位，可以是产品类，也可以是行业内的经营活动范围。每一个战略业务单位必须是有明确的任务、有专人负责、掌握一定资源、有竞争者、能创造一定利润的，独立于其他业务单位的一项业务或几项相关业务的组合。

现有业务构成的分析与调整，通常采用美国波斯顿咨询公司所创造的波斯顿业务组合分析法(BCG 法)来进行。BCG 法是运用“成长-份额”矩阵对企业的战略业务单位逐一进行分析，将企业的业务划分为 4 个不同的业务区域进行分析和调整的方法。

运用 BCG 法进行业务构成分析的步骤如下。

1) 计算各业务的市场增长率和企业的相对市场占有率

某业务的市场增长率，表明该业务在整体市场上的发展前景。在应用过程中，为方便起见，一般用整个行业的销售增长率来表示。行业的销售增长率等于整个行业中该业务的销售额增量与基期销售额之比的百分数，用公式表示为

$$G=\frac{Q_1-Q_0}{Q_0}\times 100\%$$

式中：G——行业的销售增长率；

Q_1——本期全行业的销售额；

Q_0——基期全行业的销售额。

某业务的销售增长率越高，说明该业务在市场上的发展前景越好；反之，则说明该业务在市场上的发展前景较差。

某业务的相对市场占有率，等于本企业的市场占有率与主要竞争对手的市场占有率之比，用公式表示为

$$M=\frac{S_i}{S_m};\quad 而\quad S_i=\frac{Q_i}{Q}\times 100\%$$

式中：M——本企业的相对市场占有率；

S_i——本企业的市场占有率；

S_m——主要竞争对手的市场占有率；

Q_i——本企业的销售额；

Q——全行业的销售额。

相对市场占有率表明，对该业务而言企业与主要竞争对手的实力的比较。相对市场占有率越大，说明本企业的实力越强。

2) 划分业务区域，并对企业业务进行分类

以相对市场占有率为横坐标、市场增长率为纵坐标建立直角坐标系；分析确定临界值，将横坐标和纵坐标各分为高、低两部分，组成 4 个业务区域。临界值可依企业和业务性质的不同而不相同，但相对市场占有率的临界值一般不得小于 1 ，市场增长率的临界值一般不得小于 0。通常情况下，取 1.0 作为相对市场占有率的临界值；取 10%作为市场增长率的临界值，将企业的业务划分为以下 4 种类型(见图 6-2)。

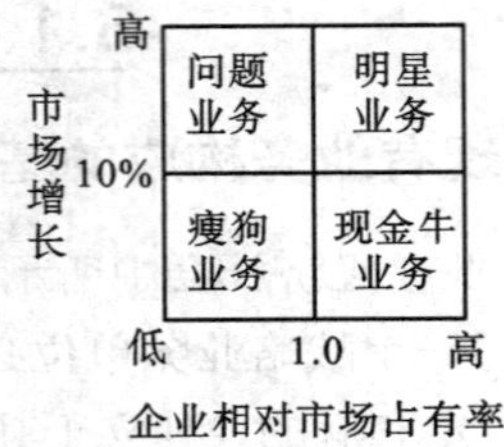

图 6-2 “成长-份额”矩阵图

(1) 明星业务。即市场增长率高、相对市场占有率也高的业务。明星类业务具有如下特点：市场增长率高，总体市场供不应求，有待进一步扩大整体生产能力；相对市场占有率也

高，对于该类业务，企业居于领先地位，竞争能力强，有必要、也有可能进一步扩大生产能力；由于投资成本高，当前利润低，是企业将来的主要资金源。

(2) 现金牛业务。即市场增长率低、相对市场占有率高的业务。现金牛类业务具有如下特点：市场增长率低，总体市场上供求基本平衡，不必在扩大生产能力方面多加投资；相对市场占有率高，企业对于该业务的经营具有相对优势，竞争能力强；由于投资少、成本低，经营利润丰厚，是企业当前的主要资金来源。

(3) 问题业务。即市场增长率高、相对市场占有率低的业务。问题类业务具有如下特点：市场增长率高，该业务的总体市场前景较好，目前仍处于供不应求的局面；相对市场占有率低，说明企业对该业务的经营处于不利地位，竞争能力较差；属于发展中的新兴业务，企业的发展前景不定，经营风险大，当前利润低，资金不足。

(4) 瘦狗业务。即市场增长率低、相对市场占有率也低的业务。瘦狗类业务具有以下特点：市场增长率低，说明该业务的总体市场状况已每况愈下，处于衰落期；相对市场占有率低，说明本企业在行业中处于劣势地位，缺乏竞争力；业务经营中利润率低，具有危机感。

例如，某企业经营的 6 种产品的销售情况如表 6-6 所示。

表 6-6　某企业经营的 6 种产品销售情况表　(百万元)

业　务	本企业销售额	行业中最大的三家企业的销售额			全行业销售额	
					前期	本期
A	0.4	1.0	1.0	0.8	20	25
B	1.2	1.2	1.2	1.0	25	27
C	2.5	2.5	2.0	2.0	35	40
D	0.8	1.0	0.8	0.8	30	30
E	2.1	2.8	2.6	2.1	40	45
F	3.5	3.5	3.0	2.8	60	64

首先，计算行业的销售增长率 G 和企业的相对市场占有率 M：

$G_A=(25-20)\div 20\times 100\%=25\%$，　$M_A=0.4/25\div 1.0/25=0.4$

$G_B=8\%$，　$M_B=1$

$G_C=14\%$，　$M_C=1.25$

$G_D=0$，　$M_D=0.8$

$G_E=12.5\%$，　$M_E=0.75$

$G_F=6.7\%$，　$M_F=1.17$

然后，按“成长-份额”矩阵图对业务进行分类(见图 6-3)。C 为明星业务；B、F 为现金牛业务；A、E 为问题业务；D 为瘦狗业务。

3) 制定业务调整战略

对于企业来说，为了保证当前的效益和将来的效益，必须具有一定的现金牛业务、明星业务和问题业务。现金牛业务可以保证当前的利润，提供资金来发展明星业务，解决问题业务所存在的问题；明星业务是有发展前途的、保证将来利润的主要业务；问题业务若处理得当，也可能成为将来的资金源。所谓业务调整战略，是指在现有业务构成分析的基础上，根据不同类型业务的特点，有选择地进行投资，调整企业的业务构成，使其向着合理的方向发展。这是企业发展战略中的重要课题。企业的业务调整战略主要有以下几种。

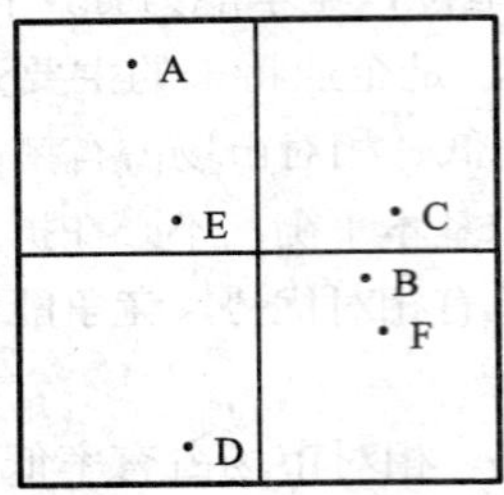

图 6-3 企业业务分类图

(1) 发展型全面投资战略。

发展型全面投资战略是指企业通过积极投资来扶持和发展某些有前途的业务。该战略主要适用于明星类业务。由于明星业务的市场发展前景和企业相对实力均很强，尽管明星业务当前利润低，企业仍应采取积极投资的发展性战略，以保证企业未来的发展。发展型全面投资战略的主要内容包括以下几点。

① 注重营销费用的投入，以保持和扩大市场占有率作为主要战略目标，在发展中不断巩固企业的领先地位。

② 注重生产费用的投入，扩大生产能力，设备投资率可高于行业的平均水平。

③ 注重科研开发费用的投入，不断创新，运用高研究开发费、高促销、高质量、高价格的战略，树立良好的企业形象。采取差异化战略，体现本企业的业务特色。

④ 注重业务管理费用的投入，组织生产、销售部门的骨干力量来管理该类业务。

(2) 维持型市场拓展战略。

维持型市场拓展战略是指企业以维持、巩固和拓展某些业务的市场地位为目的的发展战略。这一战略适用于现金牛类业务。因此，尽管这类业务是企业当前的主要利润来源，但由于整体市场已接近饱和，在生产能力方面不宜再扩大，企业应致力于延长该业务的市场寿命，巩固企业的市场地位，采取维持型市场拓展战略。维持型市场拓展战略的主要内容包括以下几点。

① 重视市场竞争，投入适当的促销费用，运用各种营销手段，巩固现有的市场地位。以获取最大利润、维持现有的市场占有率作为企业的战略目标。

② 控制设备投资，保持现有的生产能力。

③ 在市场细分的基础上，适当投资改进产品，以适应不同目标市场的需求，增强应变能力。

通过以上措施，尽量延长该业务的市场寿命，保持企业的相对优势，以获取更多利润，为其他业务的发展提供资金。

(3) 选择型发展战略。

选择型发展战略是指企业通过分析，重点投资发展某些有前途的业务，而淘汰另一些业务的战略。 选择型发展战略适用于问题类业务。企业对于该业务的处理，是增加投资扩大生产能力，还是减少投资、退出市场?尚需进一步进行调查研究，逐一进行分析，采取选择型发展战略。选择型发展战略的主要内容包括以下几点。

① 重视市场调研和预测分析，预测各个业务的市场增长率变化及企业的投资效果。

② 对于市场增长率持续增加且投资效益好的业务，采取重点投资、高质量、强促销、

合理定价的方式来开拓市场，提高市场占有率。

③ 对于市场增长率呈下降趋势、投资效益差的业务，应控制投资，采取撤退的策略退出市场。

④ 重视对该业务的管理，组织有能力、敢冒风险的人去领导该战略的实施，必要的时候可聘请专家组成临时的决策咨询部门，为该战略的实施出谋划策。

(4) 淘汰型控制战略。

淘汰型控制战略是指企业逐渐减少某些业务的投资，适时地退出市场的战略。淘汰型控制战略适用于瘦狗类业务。针对瘦狗类业务，企业应当机立断，采取控制投资战略。淘汰型控制战略的主要内容包括以下几点。

① 抽资牟利作为企业的战略目标，逐渐削减该业务的投资，尽可能多从该业务的经营中获取利润。

② 逐渐缩减该业务，压缩生产数量和品种，缩减目标市场和渠道、网点，尽量减少开支。

③ 对于无利可图的没落性业务，采取转让、拍卖、分离、放弃等方式进行淘汰，从市场中彻底撤退出来。

通过以上四种战略措施，将现金牛业务所获得的富余资金提供给明星业务和一部分有发展前途的问题业务，从而提高问题业务的市场占有率，促使问题业务向明星业务发展；进一步促进明星业务的发展，保持和扩大明星业务的市场占有率，随着市场需求量的减少，使明星业务向现金牛业务转化，而不至于转向瘦狗业务。通过以上战略措施，促使企业的现有业务的结构趋向合理化，形成豆芽形结构：有较多的现金牛业务和明星业务；有一部分问题业务；仅有少量的瘦狗业务。淘汰型控制战略图如图 6-4 所示。

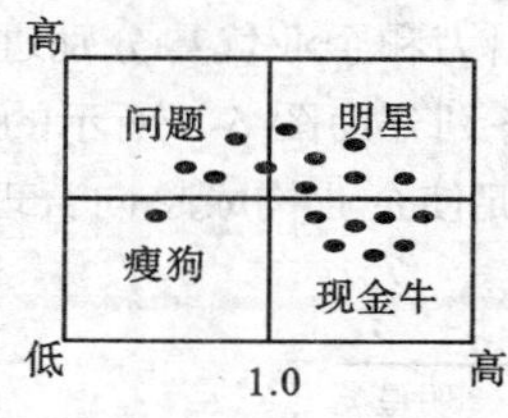

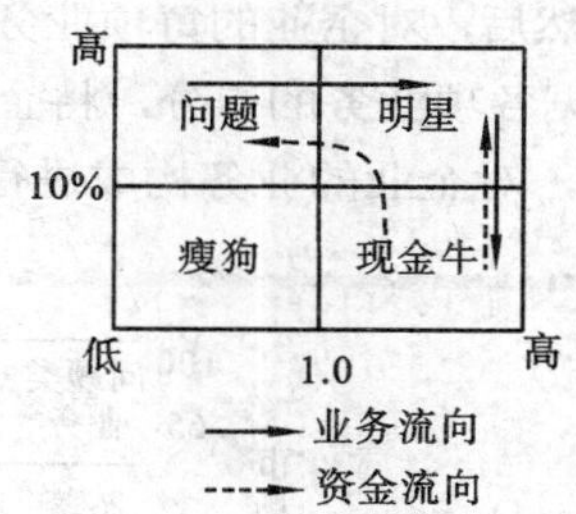

图 6-4 淘汰型控制战略图

2. 波斯顿业务组合分析法(BCG 法)应用中的问题

由美国波斯顿咨询公司所创导的 BCG 法是一种简单、实用的分析方法，被广泛运用于企业的业务构成分析。但在实际运用中也存在以下一些问题，需要进一步改进和完善。

1) 企业相对市场占有率分析中的问题

BCG 法应用中，对其横坐标“相对市场占有率”的分析，从理论上来说，是指本企业的市场占有率与主要竞争对手的市场占有率之比，而“主要竞争对手”是指行业中市场占有率最大者。在实际应用中，这种分析方法具有极大的局限性。

在实际应用中可根据不同行业的特征，分别取“行业中前三家市场占有率的平均值”或“行业的平均市场占有率”作为“主要竞争对手的市场占有率”。

2) 企业业务类型不足的问题

BCG 法以相对市场占有率为横坐标、市场增长率为纵坐标，组成 4 个业务区域，将企业业务划分为 4 种类型。当企业经营的业务较多、且相互间关联性较差时，这种固定的分类方法就显得不足。

在实际应用中，可采取多象限分析法，在横坐标和纵坐标上分别取 3、4、5……个临界点，将矩阵划分为 9 个、16 个、25 个……象限，从而将企业业务划分为 9 类、16 类、25 类，或更多类型，以便分别采取不同的业务调整战略。日本 NEC 公司在应用中，采用了九象限分析法，对企业业务的分类更加细致。

3) 分析指标过于简单的问题

BCG 法在分析中仅仅以某业务的“销售增长率”来衡量该业务的总体市场发展前景，以“相对市场占有率”来衡量企业对该业务的经营实力，显得过于简单，具有较大的局限性。

在实际应用中，可以根据不同业务的不同特征，分别设多个变量来综合评价该业务的市场发展前景和企业经营实力，使分析方法具有更高的科学性和可靠性。

BCG 法为企业进行业务构成分析提供了科学的分析思考方法，但各个企业在实际运用中还必须根据本行业的特点不断地发展、创新，创造出更加适合本企业特色的业务分析方法。

3. 现有业务构成分析法的应用

1) 日本 NEC 公司的应用(NEC 法)

日本 NEC 公司在研究企业的业务构成战略时，借鉴波斯顿业务组合分析法，以市场引力和本企业优势两个指标作为判定标准，来分析企业业务的整体市场发展前景及本企业的经营实力，并采用九象限矩阵图来进行分析。首先，以市场引力作为纵坐标，以本企业优势作为横坐标，以 100 分作为最高分，以 65 分和 35 分作为划分高、中、低分数段的临界值，组成九象限矩阵图；然后，对企业的每项业务的市场引力和企业优势分别进行评分，最高分为 100 分；最后，根据各项业务的得分，将企业的业务划分为图 6-5 所示的 9 种类型，并分别采取不同战略措施，对企业的业务构成进行调整，促使企业构成趋向合理化。

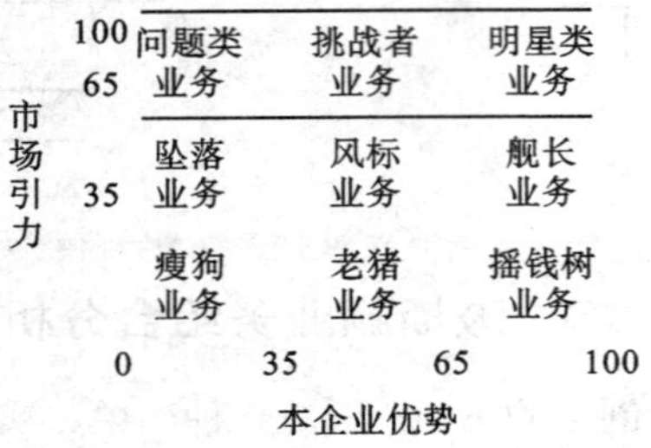

市场引力			
100 65	问题类业务	挑战者业务	明星类业务
35	坠落业务	风标业务	舰长业务
	瘦狗业务	老猪业务	摇钱树业务
0	35	65	100

本企业优势

图 6-5 九象限矩阵图

明星类业务是未来的希望，应采取优先投资、积极发展的战略；挑战者业务是有发展前途的业务，应采取重点投资、扩大化战略；问题类业务如同野孩子一样，前途难以把握，应采取选择投资、待机进攻战略；舰长类业务是企业的后补资金源，应采取适当投资、维持优势战略；风标类业务的发展摇晃不定，应采取集中投资、稳定基础战略；坠落类业务处于衰落阶段，应采取缩减、改进战略；摇钱树业务是现实的资金源，应采取减少投资、维持现状的战略；老猪类业务已趋向老化，应采取压缩资源、“吃掉”战略，尽可能多地回收资金；瘦狗类业务已没有希望，应采取撤退战略。

2) 美国通用电器公司(General Electric)的应用(GE 法)

美国通用电器公司在应用过程中，为弥补 BCG 法对业务的市场发展前景及企业实力分析简单化的缺陷，采取了多因素分析的方法，通过对影响行业的市场引力和企业的业务实力的众多因素的量化分析来对企业的业务进行分类，以制定企业的业务构成战略。

GE 法以行业的市场引力为纵坐标，以企业的业务实力为横坐标来划分产品区域。

首先，分别找出影响行业市场引力和企业业务实力的诸因素作为变量。影响行业市场引力的变量主要有市场增长率、市场规模、竞争强度、技术要求、能源要求、环境因素等；影响企业业务实力的变量主要有市场份额、份额增长率、产品质量、品牌知名度、分销渠道、促销效果、生产能力、生产效率、单位成本、物资供应、开发研究水平、管理水平等。

然后，给定各变量的权数。对于行业市场引力的各个变量，根据其对市场引力的影响的大小分别给定权数，并使权数之和为 1 。用同样的方法，对企业业务实力的各个变量给定权数，权数之和也为1 。

再后，根据不同的业务，对变量进行评分。例如，以 100 分制进行评分，A 业务的市场份额可能评为 80 分，而 B 业务的市场份额可能只评为 50 分。也可以采用 5 分制、6 分制、10 分制等进行评定。

最后，计算各种业务的行业市场引力和企业业务实力的期望分值，并根据分值来划分产品类型。

例如，某企业经营 4 种产品，影响其行业市场引力和企业业务实力的主要因素及其权数估计如表 6-7 所示，并针对各产品的特点对变量进行评分。

表 6-7 GE 法在某企业的实际应用

项 目	影响因素	权数	业务及评分			
			A	B	C	D
行业市场引力 S	1	0.2	80	80	90	40
	2	0.3	90	50	60	30
	3	0.4	50	70	80	30
	4	0.1	70	20	80	50
企业业务实力 M	5	0.3	30	80	80	70
	6	0.2	70	70	50	80
	7	0.1	60	80	80	40
	8	0.3	50	90	70	60
	9	0.1	70	80	40	80

用多因素分析法进行分析。首先，计算各业务的行业引力 S 和业务实力 M 的期望值：

$$S_A=0.2\times80+0.3\times90+0.4\times50+0.1\times70=70$$

$$M_A=0.3\times30+0.2\times70+0.1\times60+0.3\times50+0.1\times70=51$$

同理，$S_B=61, S_C=76, S_D=34$；$M_B=81, M_C=67, M_D=67$。

然后，以 35 和 65 为临界值分别将横坐标与纵坐标分为三段，用 GE 法进行分类(见图 6-6)。

图 6-6 GE 法分析图

从图中看出，C 业务为明星业务，A 业务为挑战者业务，B 业务为舰长业务，D 业务为摇钱树业务。A、B、C 业务均处于绿灯区，须投资发展；D 业务处于黄灯区，虽然是当前的主要资金来源，但要关注它的市场变化，一旦市场销售呈下降趋势，则意味着会有新的业务取代它。综合起来看，该企业当前虽有困难，资金短缺，但有发展前途，应调动一切力量共同渡过难关，争取光明的前途。

在进行分析时，也可粗略地将企业的业务划分为三大类，如图 6-7 所示。

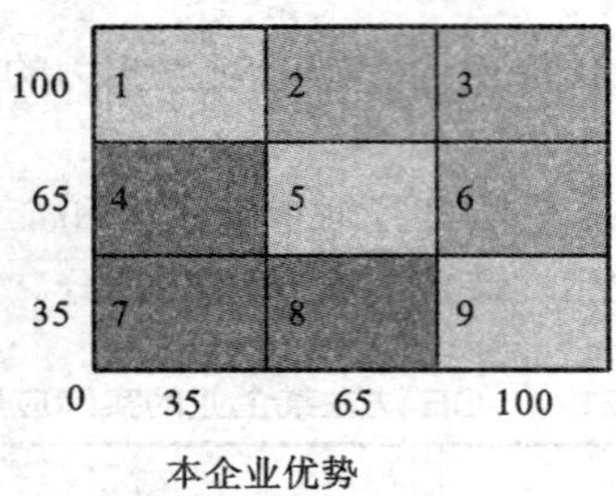

图 6-7 GE 法业务分析图

第一类业务称为绿灯区业务，即位于 2、3、6 象限的业务，应采取发展性战略，积极投资，不断扩展；第二类业务称为黄灯区业务，即位于 1、5、9 象限的业务，应采取维持性战略，有选择地投资，巩固市场地位，争取丰厚的利润；第三类业务称为红灯区业务，即位于 4、7、8 象限的业务，应采取收缩或放弃战略，逐渐减少投资，尽可能地多回收资金，适时地退出市场。

6.1.4 业务投资发展战略

1. 专业化投资发展战略

专业化投资发展战略，是指在现有市场上投资发展现有业务，以达到扩大化经营目的的战略。它主要包括市场渗透战略、市场开发战略和产品开发战略等三种形式。

1) 市场渗透战略

市场渗透战略是通过加强调研和宣传，利用现有产品，在现有的市场上争取扩大市场份额，增加销售数量，以达到扩大企业业务为目的的战略。扩大市场份额、增加销售数量的方法主要有以下几种。

(1) 鼓励现有顾客多买。通过宣传、引导，促使现有顾客提高现有产品的使用频率，增加产品的购买数量，达到多用、多买的目的。例如，宣传早晚都要刷牙，既有利于引导消费者养成良好的卫生习惯，又有利于促使消费者将使用牙膏、牙刷的次数增加一倍，从而促进牙膏、牙刷的销售。运用这种方法来扩大业务，不仅对本企业有利，而且对同行业和相关行业的竞争者也有利，从而得到他们的支持和协助，形成强大的宣传阵势。但是，这种方法只能有针对性地选用，而不宜滥用。

(2) 争取竞争对手的顾客。密切注视市场动态，抓住有利时机适时地采取市场攻势，占领竞争者的市场，以扩大企业的市场份额。北京日化二厂生产的“金鱼”(洗涤灵)，正是运用这种方法一举占领了上海“白猫”(洗洁精)的市场。上海“白猫”洗洁精的问世，结束了北京人用碱面洗碗的历史，占领了北京市场。而与上海同时开发，但晚一步投产的北京日化二厂的“金鱼”却瞄准“白猫”“打盹儿”(脱销)的机会，利用价格(每瓶便宜一两角钱)、质量和促销等攻势，一举夺取了上海人开辟的北京市场，达到年销量800万瓶的效果，将那些用惯了洗洁精，而一时又买不到“白猫”的顾客吸引过来，成为“金鱼”的顾客。运用这种方法来扩大业务，有时会引起竞争者的反感，加剧市场竞争。但是，如果时机合适、方法合理，也可能像“金鱼”一样，起到满足市场需求、填补市场空缺的积极作用，达到事半功倍的效果。

(3) 争取尚未购买的潜在顾客。通过调查研究，分析潜在顾客尚未购买的原因，有针对性地采取相应的营销措施，促使潜在顾客尽快地成为本企业的现实顾客。潜在顾客尚未购买的原因很多，可能是经济方面的原因，也可能是心理方面的原因(如对产品的外形或色彩不满意)，或等待新的更高级的换代品的问世，或对产品本身性能、用途不了解，等等。企业只有通过充分调查，才能抓住关键，有的放矢地运用营销攻势去争取这部分潜在顾客。这种扩大业务的方法，虽然难度较大，需要通过深入、细致的调查研究才能取得成效，但却是一种行之有效的方法，可以避免竞争，取得较好的营销效果。

2) 市场开发战略

市场开发战略是通过增加市场开发费用和促销费用，利用现有产品，以现有市场为基础不断向外扩张，开辟新的市场，以达到扩大业务目的营销战略。市场开发的方式主要有以下几种。

(1) 在原有销售地区内增加新的目标市场。通过社会舆论和广泛宣传，引导新的目标顾客购买和使用企业产品。例如，用“不修边幅的男子汉不再流行。当今流行文明的、带着淡淡的香水味的男子汉”的舆论，将以往属于妇女专用品的美容、化妆品推向男士市场，从而扩大了化妆品的销售范围。

(2) 增加新的销售渠道。改变由商业部门独家销售的单一渠道，增加企业直销、工商联销、集团代销等销售方式，以灵活的方式来扩大销售业务。

(3) 增加新的销售地区。将单一的内销产品打入国际市场；用外销产品占领国内市场；将城镇市场的成熟期产品销往农村市场；等等。通过增加新的销售地区，扩大产品市场，使产品掀起一个新的销售高潮。

3) 产品开发战略

产品开发战略是通过增加产品开发费用，对现有产品进行改进，使现有产品以新的姿态

投放到现有市场上，以增强竞争力，扩大销售业务的一种战略。产品开发的方式主要有以下几种。

(1) 增加新的特色。根据目标顾客的需要对原有产品的功能、外观、色彩等方面进行改进，以体现自身的特色，激发潜在顾客的需求。例如，广东江门洗衣机厂生产的“金铃”洗衣机，根据一部分家庭住房结构的特点，增加了具有上排水功能的新品种，以解决这部分消费者的困难；无锡洗衣机厂生产的“小天鹅”洗衣机则在外观、色彩上下工夫，生产了流线型、折叠式外壳的“91 型”洗衣机，几年来一直畅销不衰；而海尔集团生产的“小小神童”洗衣机，更成为单身家庭和一般家庭夏天洗衣的宠物。

(2) 增加新的档次。根据目标顾客的需要生产高、中、低档兼备的系列产品，以满足不同消费者的需要。例如，家具城既有一般家具，又有豪华型家具；服装城既有中、低档次的服装，又有价格昂贵的精品服装。

(3) 增加新的换代品。随着科技的进步，一代一代新的产品层出不穷，从单缸洗衣机到双缸洗衣机，再到全自动洗衣机、带升温装置的洗衣机、带烘干装置的洗衣机等，使洗衣机这一产品不断完善，为消费者带来更大方便。各行各业都应不断地了解消费者对现有的业务有哪些不足之感，发起一个“了解消费者你需要什么”的运动，根据消费者的需要，提供一代又一代新的产品来满足市场的需要。

2．一体化投资发展战略

一体化投资发展战略是在现有业务的基础上，通过收购、兼并、联合、参股、控股等方式，向现有业务的上流或下流方向发展，形成产、供、销一体化，以扩大现有业务的营销战略。一体化投资发展战略包括后向一体化、前向一体化和水平一体化三种形式。

1) 后向一体化

后向一体化是在现有业务基础上，向上流的业务发展，即通过收买、兼并、联合等形式，拥有或控制企业的原材料、零部件及其他供应系统，实行“供、产”一体化。例如，汽车公司将汽车零配件生产厂家兼并为一体；化工厂与化工原料厂联合为一体等。后向一体化不仅扩大了现有业务，而且有利于保证原材料、零部件的供应及质量，因而也促进了现有业务的发展。

2) 前向一体化

前向一体化是在现有业务基础上，向下流的业务发展，即通过收买、兼并、联合，建立经销系统，形成“产、销”一体化；或者是由现有的原材料生产企业向成品生产发展，形成产品生产一体化，进而达到产、供、销一体化。

3) 水平一体化

水平一体化是通过收买、兼并、联合同行业的其他企业，形成一体化经营的战略。对于大型企业、名牌产品，运用水平一体化战略，可以利用其他企业的场地、设备、人力、资金等资源，扩大自己的业务；对于中、小型企业，运用水平一体化战略，可以利用其他企业的技术、知名度等，提高本企业的业务素质，提高产品的声誉。

3．多角化投资发展战略

多角化投资发展战略是指企业利用现有资源和优势，运用资本营运的各种方式，投资发展不同行业的其他业务的营销战略。根据所利用的资源的不同，多角化战略可分为技术关系多角化、市场关系多角化和复合关系多角化三种类型。

1) 技术关系多角化

技术关系多角化是指以现有业务领域为基础，利用现有的产品线、技术、设备、经验、特长等，增加产品的种类，向行业的边缘业务发展的战略。例如，医药(或食品、茶叶)公司经营花旗参糖、花旗参茶等保健食品、饮料；拖拉机厂增加小型货车的生产；电扇厂增加各种小型家用电器的生产；彩电、洗衣机等生产厂家向全家电发展；等等。这种战略能充分发挥原有的技术优势，而且投资少、风险小、见效快，容易取得成功。

2) 市场关系多角化

市场关系多角化是针对现有目标市场上顾客的潜在需求，发展其他行业的有关业务的战略。例如，民航机场、火车站或汽车站增加为旅客服务的商店、旅社、餐馆及金融机构等。这种战略目标顾客集中，可以充分利用企业的声誉，使现有业务与新业务相辅相成、相互促进。

3) 复合关系多角化

复合关系多角化是利用企业的人才优势、资金优势或根据联合经营的需要，投资发展与原有业务无明显关系的新业务的战略。

随着我国社会主义市场经济体制的建立，企业已由行政机关的附属体发展成为自主经营的主体，多角化投资发展战略已受到广泛重视。通过多角化经营，使企业分散了风险，提高了经营的安全性；有利于企业向着有发展前途的新兴行业转移，在促进新兴行业发展的同时，也可能带动原有业务的发展，形成老带新、新促老，使企业不断发展的局面。

然而，多角化投资发展战略又是一种高风险投资战略，企业必须谨慎从事。一方面，要把握实施多角化经营的内、外部条件。其内部条件为：企业资源未能充分利用；企业本身具有拓展该业务的能力；企业决策者具有开拓精神。其外部条件为：社会需求的发展变化，给企业带来了新的发展机会；新技术革命提供了新的技术基础，为新业务的发展创造了条件；竞争局势的不断变化，要求企业以变应变，拓展新的业务。另一方面，在调查研究的基础上，经过科学分析和可行性认证，确定企业的投资目标、投资方向，并要把握好多角化投资发展的“度”，避免因盲目投资、盲目扩张而带来的失误和风险。

专业化投资发展战略、一体化投资发展战略和多角化投资发展战略各有利弊，企业在资本营运过程中，必须根据自身的条件和外部环境的变化权衡利弊、进行选择，以规避投资风险，促进企业的发展。

6.2 市场营销战略计划

市场营销战略计划是指营销经理酌情对企业在计划期内的营销目标、战略措施、行动方案，以及计划实施和控制的筹划。它实质上是营销管理部门在其经理的主持下，在市场营销调研、战略分析，以及恰当地评选市场机会的基础之上，应用市场细分选择目标市场，从竞争角度研究市场定位，以形成自己的特色，进而有机整合企业内外一切可利用的营销要素，最终形成的既创新又具有可操作性，并能令人满意地实现预期营销目标的营销方案。因此，营销战略计划既是营销经理对营销管理过程筹划的产物，又是营销经理指导和协调

营销努力的主要依据和工具。

6.2.1 企业当前营销状况的分析

企业尽可能详尽地获取有关市场、产品、竞争、分销渠道及宏观环境等方面的资料，用以分析本企业当前的营销状况，为今后的营销努力指明方向。

1) 市场

描述所选择的目标市场的需求特征及目标市场各个子市场的规模和发展前景，以了解市场的变化趋势。

2) 产品

描述企业生产的产品近年来的全行业总销售量，以及本企业所占份额、销售量、价格、销售收入、单位变动成本、总变动成本、总边际收益、间接费用、净边际收益、广告等营销费用和净营业利润，以了解影响各产品销售和利润增长的主要问题及今后的发展方向。

3) 竞争

描述市场结构及企业各竞争对手的经营规模、市场份额、市场地位、经营目标、产品组合、质量特色、营销战略和创新能力等，以明确当前的主要竞争对手及未来的潜在竞争对手，识别其战略意图及动向，发现其战略优势及劣势，以便企业选择竞争策略，并在竞争中取得优势。

4) 分销渠道

阐明主要分销渠道的投入及产出情况，包括各渠道的销售量及其在总销售量中的份额、营销成本、毛利等，以表述其效益状况和发现存在的主要问题。

5) 宏观环境

阐述各宏观环境要素变化的趋势，以及其对企业主要产品当前及未来销售量、销售额、利润、市场竞争地位的可能的影响。

6.2.2 SWOT 分析和问题分析

SWOT 分析和问题分析又常常称为机会点和问题点分析，是指在综合分析上述资料的基础上，辨别因环境变化而可能出现的市场机会和环境威胁，结合企业自身的优势、劣势等战略要素后，找出企业经营中应该解决的主要问题。

1) S/W 分析

S/W 分析，即优势/劣势分析，是指通过对企业内部经营条件的分析，认清本企业相对于竞争对手的战略优势和劣势。S/W 分析中常用的方法有枚举法、S/W 表格法等。

2) O/T 分析

O/T 分析，即机会/威胁分析，是指通过对外部环境变化趋势的分析，识别出有利于企业发展的重大市场机会及可能影响企业经营，甚至危及企业生存的主要环境威胁。O/T 分析时应用的方法有机会/威胁矩阵图法、枚举法等。

3) SWOT 综合分析

SWOT 综合分析，即综合分析市场机会、环境威胁、企业优势与劣势等战略要素，明确能够为企业有效利用的市场机会，即尽可能将良好的市场机会与企业优势有机结合；同时，要努力防范和化解因环境威胁和企业劣势可能带来的市场风险。

4) 问题分析

在 SWOT 分析的基础上，明确在制定和实施市场营销战略计划过程中还必须妥善解决好的主要问题。

6.2.3　确定目标

确定目标就是要确定企业在计划期内必须实现的目标。

1) 财务目标

财务目标是指企业在计划期的任务完成后必须实现的盈利性目标，如利润、税金、投资报酬率、现金流量等。因企业的产品只有在市场中实现销售才可能转化为货币而实现财务目标，故财务目标必须转化为营销目标才可能实现。

2) 营销目标

营销目标是指与产品及市场相关的目标，如销售收入、销售增长率、市场份额、相对市场份额、品牌知名度及美誉度和忠诚度、市场覆盖面(即分销范围)、市场覆盖率、市场风险的分散等。

3) 其他目标

其他目标是指上述目标以外的目标，如企业形象塑造、员工素质提高、三废防治及环境保护、股票市场印象等。

确定目标时应注意下述几个问题。

第一，定量化，即尽可能用具体数据定量地表述计划期内务必实现的目标，且要有时间上的规定。

第二，协调性，即各个目标之间要协调一致，不能相互矛盾。

第三，层次性，即不同的目标应有轻重缓急之分；长期目标应转化为中期、短期和近期目标；上级目标能层层分解而转化为下级目标，直至落实到班组和个人。

第四，激励性和可行性，即目标必须能激励员工的斗志和工作热情；同时，员工经过努力又是可以实现而不是高不可攀。

6.2.4　营销战略部署

STP 战略是指，通过市场细分(Market Segmentation)将整体市场分割为多个子市场，根据企业的具体目标和优势等酌情选择目标市场(Target Market)，即确定企业准备为之提供产品和服务的目标顾客群；然后进行市场定位(Market Positioning)，即确定企业产品和经营的特色，尽可能将良好的市场机会与企业的自身优势有机结合，以赢得竞争优势(见图 6-8)。

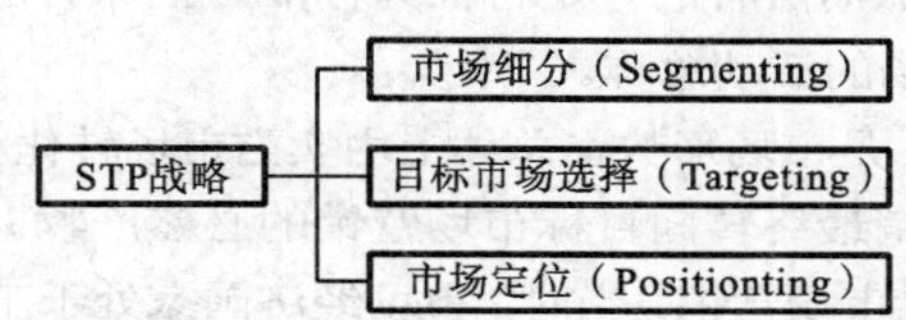

图 6-8　STP 战略

市场营销组合战略是指，根据目标市场需求特征及市场定位和预期目标的要求，统筹选

择、设计和整合企业内外一切营销变量，使其有机结合起来，以形成最佳组合方案。一般来说，营销组合战略包括以下几个方面。

(1) 产品策略：主要包括新产品开发的策略；确定各产品在质量、规格、款式、品牌、包装等方面的具体策略；确定产品组合及产品线的策略；选择在各种产品的不同生命周期实施的具体策略等。

(2) 价格策略：主要包括定价方法的选择、价格策略的实施，以及竞争价格策略等。

(3) 渠道策略：主要包括分销渠道的选择，以及分销渠道的构建、调整、维护等策略。

(4) 促销策略：主要包括促销工具的选择、确定促销组合及费用等策略。

6.2.5 营销执行方案制定

为落实营销战略，将目标和任务具体化和细分化，制定出可实际操作的具体执行计划和行动方案。即要明确而具体地确定将由何人，在何时、何地，花多少费用，采用何种方法步骤，负责完成何项具体工作。

6.2.6 编制预算方案

编制预算，表述实施营销计划所需各项费用及在该预算条件下预期的销售收入和利润等。预算一经通过，即成为制定和实施市场营销战略计划的基础。

6.2.7 制定控制计划

制定控制计划，以监测市场营销战略计划执行情况，并根据反馈的信息强化营销管理。此外，为防范和有能力及时化解因内、外环境的突变可能带来的巨大市场风险，还应该有备选方案，并制定各种应急措施。这样，一旦发生突变事件，企业就能快捷、灵敏、正确地做出反应，以保证企业的安全。

6.3 目标市场与定位

市场细分是选择目标市场的前提。企业在对市场进行了有效细分之后，就需要对自己的产品和服务进行合理的定位。

6.3.1 市场细分

市场细分的概念，最早是由美国市场营销学家温德尔·斯密于 20 世纪 50 年代中期提出的。其含义是指企业按照消费者的一定特征为标准，把原有的整体市场划分为若干个子市场，以用来确定目标市场的活动总称。

市场细分概念的提出，是市场形势在总体上由卖方市场转化为买方市场的条件下，企业的营销战略由大量市场营销最终转向目标市场营销的必然产物。从现代市场营销发展史考察，企业最初实行的是大量市场营销。当时，市场经济国家处于工业化初期，由于物质缺乏，生产观念为很多企业所采用，纷纷实施大量市场营销(Mass Marketing)，即大量生产某一产品，并通过众多的销售渠道进行分销，试图吸引市场上所有的购买者。后来，由于科技的进步及管理的日益成熟，商品产量迅速增加，市场上出现了商品供过于求的局面，企业之间的竞争加剧，买方市场逐步形成。到了20世纪50年代，西方企业纷纷接受现代营销观念，开始实施目标市场营销，即企业识别各个不同的购买者群，选择其中一个或几个作为目标市场，运用适当的市场营销组合，集中力量为目标市场服务，满足目标市场的需要。目标市场营销由三个部分组成，即市场细分、目标市场选择和市场定位。

20世纪90年代中后期的中国市场，出现了买方市场的一些特征，中国的企业更需要仔细细分市场，实施目标市场营销战略：

(1) 绝大多数产品实现了供求平衡或者供给大于需求，企业之间为争夺市场份额而展开的市场竞争日益激烈；

(2) 市场上商品供应丰富，且有足够多不同品牌的同类商品供消费者选择；

(3) 广大消费者的收入快速增加，但是居民之间，特别是城乡居民之间的收入差距进一步扩大，导致市场需求日趋多样化和个性化；

(4) 消费者心理和行为发生变化，开始出现由大众化消费到个性化消费、由盲目消费到理性消费、由预算消费到借贷消费的转化，消费者掌握了更多的有关商品和消费的知识，对自身权益的保护日益重视，消费者开始逐渐成熟起来。

1. 市场细分的含义

市场细分(Segmentation)又称为市场分割，是指企业根据顾客购买行为与购买习惯的差异性，将某一特定产品的整体市场分割为若干个消费者群体，以选择和确定目标市场的活动。

可以从下述几方面理解市场细分概念的内涵。

第一，市场细分的客观依据，是现实及潜在顾客对某种产品需求的差异性。例如，男性和女性对服装有不同的需求和偏好，因性别的差异可以将服装市场分割为男性服装市场和女性服装市场。

第二，市场细分的对象是对某一特定产品有现实和潜在需求的顾客群体，而不是产品。例如，针对服装市场可以按照消费者的购买力和消费水平的差异而细分为高、中、低档服装市场。

第三，子消费者群体常称为细分市场或子市场，是整体市场的一部分。在同一整体市场中，不同细分市场中的顾客对某种产品的需求有显著的差异性；而同一细分市场中的不同顾客，对某种产品的需求则有明显的共性。

第四，市场细分的目的，在于帮助企业发现和评价市场机会，以正确选择和确定目标市场。

2. 市场细分的理论基础与作用

1) 市场细分的客观基础

市场细分的客观基础有以下两个。

(1) 顾客需求的异质性是其内在依据。

由于顾客需求千差万别和不断变化，即顾客需要、欲望及购买行为呈现出异质性，使得顾客需要的满足也呈现出异质性。假如我们请购买者回答他们对产品两种属性的需要程度如何(如冰淇淋中的糖分和奶油含量两种属性)，那么，根据其回答，就能在市场中识别具有不

同偏好的细分市场。由此产生了三种不同的偏好模式：同质偏好、扩散偏好和集群偏好。图6-9(a)显示了一个所有消费者有大致相同偏好的市场，即同质偏好市场；图6-9(b)显示出另外一个极端，消费者偏好在市场四处散布，即扩散偏好市场；图6-9(c)显示的市场出现了有独特偏好的密集群，即集群偏好市场。

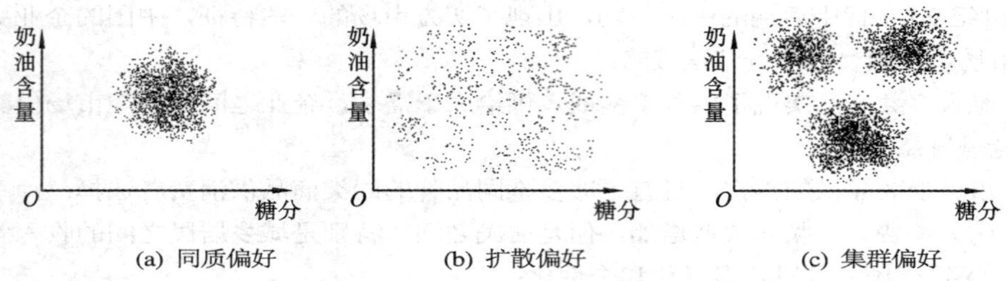

图6-9 市场偏好的主要模式

(2) 企业的资源限制和有效的市场竞争是其外在限制条件。

现代企业规模再大，都不可能完全占有人力、财力、物力、信息等一切资源，不可能向市场提供所有的产品，满足市场上所有的购买或消费需求。同时，任何一个企业由于资源限制和其他约束，都不可能在市场营销全过程中占有绝对优势。在激烈的市场竞争中，为了求生存、谋发展，企业必须进行市场需求分析，进行市场细分，选择目标市场，进行市场定位，集中资源有效地服务市场，力争取得最大的竞争优势。

2) 市场细分的作用

市场细分有以下作用：

(1) 有利于发现市场机会——营销决策的起点；

(2) 有利于掌握目标市场特点——营销具有针对性；

(3) 有利于市场营销组合策略的制定——营销策略的有效性；

(4) 有利于集中企业人、财、物的投入——营销效益的有效性；

(5) 有利于提高企业竞争力——营销的目的。

3. 市场细分的标准

1) 市场细分变量

导致顾客对某种产品产生需求及影响和制约其购买行为的因素是多种多样的。对于不同的顾客或者不同条件下的同一顾客而言，有些因素是相同的，有些因素则存在明显的差异性。市场营销学中，那些能导致顾客群体对某种产品的需求产生差异性的因素，称为市场细分变量或变数。市场细分时，企业可酌情从多种变量中选择一个或若干个主要变量作为市场细分的标准。无疑，不同性质的市场，其细分标准是不尽相同的。同时，在分割某一整体市场时，同一产业中的不同企业，或者同一企业因经营条件或经营目标的变化，所选择的细分标准亦会有差异。

2) 消费者市场细分标准

消费者市场的细分变量有人口统计变量、地理变量、心理变量和行为变量等四大类。消费者市场具体的细分变量见表6-8。

表 6-8　消费者市场细分变量

变量类别	具体细分变量
人口统计变量	性别、年龄、民族、种族、国籍、文化程度、职业、收入、宗教信仰、家庭规模、家庭构成、家庭生命周期阶段等
地理变量	地区(国际、国内、城市、乡镇、沿海、内地、山区、平原等)、地理方位(东、南、西、北、中、东北、西北、西南、华北、华东、华中、华南等)、城市规模(特大、大、中、小)、人口密度、气候等
心理变量	生活方式、社会阶层、个性偏好等
行为变量	购买者类型、购买行为类型、追求的利益、对产品的态度、对品牌的忠诚度、购买时机、购买准备阶段、使用率、支付方式等

3) 生产者市场细分标准

生产者市场细分变量有些与消费者细分变量相同，如追求的利益、购买者类型等；有些与消费者市场细分变量不同，如产业、最终用户等。其中，生产者市场最常用的变量有产业、最终用户、客户经营规模、对产品技术及质量和服务水平的要求、交货条件、客户采购政策与程序、客户个性等。

(1) 用户规模。在生产者市场中，有的用户购买量很大，而另外一些用户购买量很小。许多情况下，企业需要根据用户规模的大小来细分市场，并根据用户或客户的规模不同，采用不同的营销组合策略。比如，对于大客户，宜于直接联系，直接供应，在价格、信用等方面给予更多优惠；而对众多的小客户，则宜于使产品进入商业渠道，由批发商或零售商去组织供应。

(2) 产品的最终用途。产品的最终用途不同，也是工业者市场细分标准之一。工业品用户购买产品，一般都是供再加工之用，对所购产品通常都有特定的要求。比如，同是钢材用户，有的需要圆钢，有的需要带钢，有的需要普通钢材，有的需要硅钢、钨钢或其他特种钢。企业此时可根据用户要求，将要求大体相同的用户集合成群，并据此设计出不同的营销策略组合。

(3) 工业者购买状况。工业者购买的主要方式如前所述，包括直接重购、修正重购及新任务购买。不同的购买方式的采购程度、决策过程等不相同，因而可将整体市场细分为不同的小市场群。

4. 有效市场细分的标志

有效市场细分的标志包括可衡量性、可达到性、价值性和相对的稳定性。

(1) 可衡量性。即用于市场细分的标准是可以衡量的。换言之，采用这样的变量分割市场，第一，可以区分各个细分市场，且能具体测定各细分市场的特征和规模大小，这将有利于企业正确制定市场营销战略；第二，不仅是企业要明确为什么样的顾客群体服务及该为他们提供什么样的产品和服务，而且目标顾客亦知晓是哪家企业为他们服务，因此，会积极响应该企业的营销刺激，并在市场上主动寻求和购买其产品。

(2) 可达到性。又称可进入性，即企业有能力克服种种壁垒和障碍顺利进入所选择的细分市场，有效开展经营活动，占领市场，扩大市场份额，赢得优势。

(3) 价值性。又称盈利性，即企业所选择的细分市场规模要足够大，发展前途看好，盈

利水平高。换言之，企业要有经济效益。

(4) 相对的稳定性。即市场细分的主要标准在经营周期内应保持相对稳定。否则，细分市场就会动荡不定而发生裂变和重组，届时企业将无法为之制定营销战略而难以有效组织生产经营活动。

5. 市场细分的层次与程序

1) 市场细分的层次

当前，市场已出现日见细分化甚至完全细分化的趋势，即整体市场被分割为越来越小的顾客群体。这种趋势的出现有其历史必然性。

第一，随着生活水平和素质的提高，人们越来越喜爱展示自己鲜明的个性，致使市场需求日趋多样化和个性化。其结果是加速了市场的进一步分化，并导致定制营销的兴起。

第二，因国内外市场上绝大多数商品过剩而使竞争更加激化，生存的压力和发展的欲望迫使企业越来越看重那些较小而又众多的商业机会，不仅接受大批量订单，还接受小批量订单，甚至为个别顾客制作特殊需求的产品。这样做的目的，一是可以提高现有设备等资源的利用率，尽可能增加收入和盈利；二是可提高企业的商业信誉以期望招徕更多、更大的生意；三是有利于提高素质及应变能力和创新力，增强市场竞争力，以适应环境的变化。

第三，随着管理水平的提高、科学技术的创新、IT 产业的发展、电子商务的应用、柔性生产技术的推广及现代物流的发展，大幅度提高了劳动生产率，降低了生产成本，使企业为更小的顾客群体甚至为每个顾客的特殊需求组织生产经营依然有钱可赚。这样就成功地解决了随产品经营规模缩小而发生经济效益递减的难题，从而使市场细分精细化不仅在技术上，而且在经济合理性上具有可行性。例如，美国的戴尔公司(Dell)就是以为客户提供个性化的定制服务而在计算机市场取得了巨大的成功。

美国学者菲利浦·科特勒及时总结企业实施市场精细化的经验，提出“市场细分层次”这一崭新命题，即市场细分随精细化程度的提高而呈现四个层次：细分市场、小环境市场、局部地区市场和个别市场。

(1) 细分市场。若按少数主要细分变量分割整体市场，即得细分市场。在“细分市场营销”中，企业仅仅为同一细分市场中的不同顾客提供共同需求的产品而不考虑其差异性。

(2) 小环境市场。若将上述细分市场进一步分割，所得次级细分市场即为小环境市场。如按性别、年龄、消费水平和季节，可将时装市场分割为若干细分市场；每个细分市场又可再按民族或其他变量分割为若干“小环境市场”。企业在实施“小环境市场营销”过程中，应强化管理，不断创新，抓住那些看似小却又众多的商业机会。

(3) 局部地区市场。因种种原因可能会导致某局部地区消费者群体的需求出现差异而形成局部地区市场。例如，由于历史原因我国城市分布有铁路职工家属区、高校职工聚集区、回族聚集区等；如今又形成低收入家庭聚集区(经济住房)和高收入家庭聚集区(私人别墅)等。各局部地区市场的需求往往存在较大的差异，企业应分别满足之，此即“局部地区市场营销”。

(4) 个别市场。若将整体市场彻底细分化，则每位顾客即为一个细分市场，称之为个别市场。企业的对策是按各位顾客的特殊需求分别制作产品和提供服务，即实施“定制营销”，又称“个别市场营销”。例如，企业参与三峡工程招标，或者按 B2C 或 B2B 营销模式向消费者或客户提供他们在互联网上订购的产品或服务，均为定制营销。

2) 市场细分的程序

美国市场学家麦卡锡提出细分市场的一整套程序，这一程序包括七个步骤。

(1) 选定产品市场范围，即确定进入什么行业，生产什么产品。产品市场范围应以顾客的需求，而不是产品本身特性来确定。例如，某一房地产公司打算在乡间建造一幢简朴的住宅，若只考虑产品特征，该公司可能认为这幢住宅的出租对象是低收入顾客，但从市场需求角度看，高收入者也可能是这幢住宅的潜在顾客。因为高收入者在住腻了高楼大厦之后，恰恰可能向往乡间的清静，从而可能成为这种住宅的顾客。

(2) 列举潜在顾客的基本需求。比如，公司可以通过调查，了解潜在消费者对前述住宅的基本需求。这些需求可能包括：遮风避雨，安全、方便、宁静，设计合理，室内陈设完备，工程质量好，等等。

(3) 了解不同潜在用户的不同要求。对于列举出来的基本需求，不同顾客强调的侧重点可能会存在差异。比如，经济、安全、遮风避雨是所有顾客共同强调的，但有的用户可能特别重视生活的方便，另外一类用户则对环境的安静、内部装修等有很高的要求。通过这种差异比较，不同的顾客群体即可初步被识别出来。

(4) 抽象掉潜在顾客的共同要求，而以特殊需求作为细分标准。上述所列购房的共同要求固然重要，但不能作为市场细分的基础。如遮风避雨、安全是每位用户的要求，就不能作为细分市场的标准，因而应该剔除。

(5) 根据潜在顾客基本需求上的差异，将其划分为不同的群体或子市场，并赋予每个子市场一定的名称。例如，房地产公司可以把购房的顾客分为好动者、老成者、新婚者、度假者等多个子市场，并据此采用不同的营销策略。

(6) 进一步分析每一细分市场需求与购买行为特点，并分析其原因，以便在此基础上决定是否可以对这些细分出来的市场进行合并，或作进一步细分。

(7) 估计每个细分市场的规模，即在调查基础上，估计每一细分市场的顾客数量、购买频率、平均每次的购买数量等，并对细分市场上产品竞争状况及发展趋势做出分析。

6.3.2 目标市场

1. 选择目标市场的步骤

目标市场(Target Market)是企业所选择和确定的营销对象，即企业能够为之提供有效产品和服务的顾客群。

选择目标市场的活动是在市场细分的基础上进行的。其主要步骤如下。

1) 确定并界定有待细分的整体市场

该步骤是要明确企业经营的大方向。例如，是进入食品市场？服装市场？还是药品市场？等等。

2) 确定细分标准

其具体步骤是：

(1) 营销调研，详尽了解现实及潜在顾客对某种产品发生兴趣和产生需求的原因；

(2) 去掉所有共同性的因素，保留有差异性的因素；

(3) 从差异性因素中筛选出一个或若干个主要的因素，作为市场细分的标准。

3) 分割市场

按所选择的标准分割整体市场，并根据各细分市场的主要特征命名之。如图 6-10 所示，若以性别、年龄和消费水平为标准，可将服装市场分割为 18(2×3×3)个细分市场。

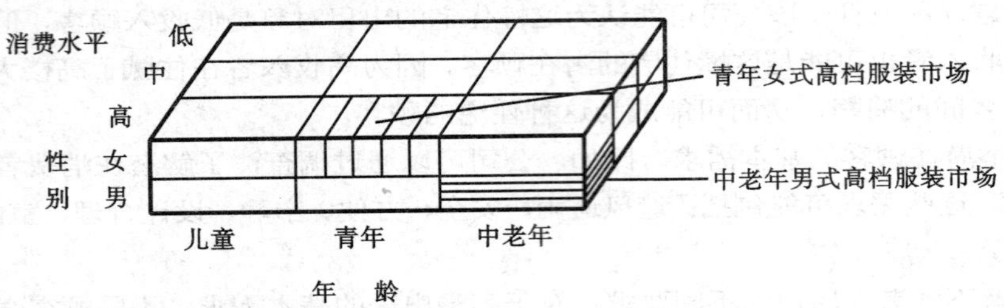

图 6-10 市场细分示意图

4) 评价细分市场

(1) 有一定的规模和发展潜力。企业进入某一市场是期望能够有利可图，如果市场规模狭小或者趋于萎缩状态，企业进入后难以获得发展，此时，应审慎考虑，不宜轻易进入。当然，企业也不宜以市场吸引力作为唯一取舍，特别是应力求避免“多数谬误”，即与竞争企业遵循同一思维逻辑，将规模最大、吸引力最大的市场作为目标市场。大家共同争夺同一个顾客群的结果是，造成过度竞争和社会资源的无端浪费，同时使消费者的一些本应得到满足的需求遭受冷落和忽视。

(2) 竞争者未完全控制。不言而喻，企业应尽量选择那些竞争相对较少、竞争对手比较弱的市场作为目标市场。如果竞争已经十分激烈，而且竞争对手势力强劲，企业进入后付出的代价就会十分昂贵。

(3) 符合企业目标和能力。某些细分市场虽然有较大吸引力，但不能推动企业实现发展目标，甚至分散企业的精力，使之无法完成其主要目标，这样的市场应考虑放弃。另一方面，还应考虑企业的资源条件是否适合在某一细分市场经营。只有选择那些企业有条件进入、能充分发挥其资源优势的市场作为目标市场，企业才会立于不败之地。

此外，企业还应当注意以下的问题：一是要有效地解决好个性化服务与规模经营在成本/效益方面所存在的矛盾；二是在实际操作中并非将整体市场分割得越细小就越好，而是要适度，且以企业能够有效组织生产经营活动并有利可图为度；三是可以将那些市场需求差异性小或者在生产技术和原材料等方面关联性高的微小细分市场合并为规模较大的“超级细分市场”(称为子市场重组，见图 6-11)，以扩大经营规模，增加产品的批量，降低成本，提高效益。

5) 选择和确定目标市场

在综合评价基础之上，酌情选择一个或若干个甚至所有的细分市场，确定为企业的目标市场。如图 6-12 所示，可供企业选择的目标市场模式(即企业进入细分市场的模式)有以下 5 种。

(1) 单一市场集中化。企业进入某一个细分市场，为其提供一种适销对路的产品。如图 6-12(a)所示。

(2) 产品专门化。企业为所有细分市场提供一种能满足其共同需求的产品。这实际上是实施非市场细分化战略，即不分割整体市场。如图 6-12(b)所示。

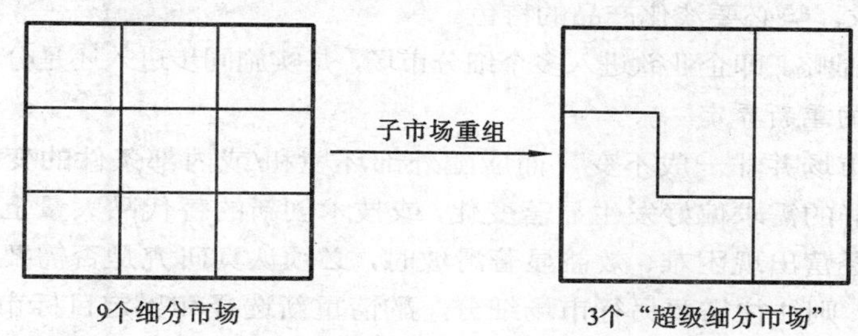

图6-11 子市场重组示意图

(3) 市场专门化。企业为某一细分市场提供多种产品，以满足此顾客群体的多种需求。如图6-12(c)所示。

(4) 有选择的专门化。企业进入少数细分市场，分别提供各自所需要的产品。如图6-12(d)所示。

(5) 全面覆盖。企业进入所有细分市场，但是分别提供各自所需要的产品。如图6-12(e)所示。

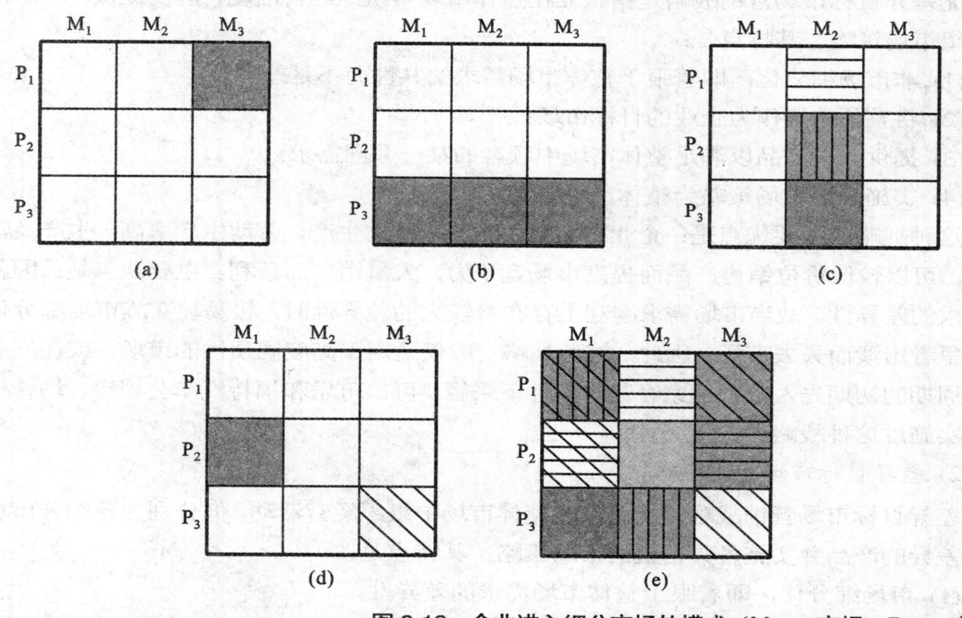

图6-12 企业进入细分市场的模式（M——市场；P——产品）

研究进入细分市场的方案时，除必须考虑评价细分市场时应考虑的诸因素之外，还应认真研究下述问题。

(1) 企业的产品能否与所进入细分市场的需求有效匹配。即企业为所选择的目标市场提供的产品，必须适销对路，富有特色而有竞争力，且要有利可图。

(2) 产品的市场涵盖面要适度。即要恰当地界定目标市场的界面，研究企业的产品适应多大范围顾客群体的需求为佳。若产品的市场涵盖面过于狭窄，因产品的特别设计及小批量经营可能会导致成本的上扬，从而降低赢利水平。若产品的市场涵盖面过宽，为满足更大顾

客群体的共同需求，势必要淡化产品的特色。

(3) 市场进入战略。即企业欲进入多个细分市场，是实施同步进入还是分步进入战略为佳。

6) 目标市场的重新界定

企业的目标市场并非一成不变，而应随外部环境和/或内部条件的变化酌情调整。特别是当目标顾客群的需求偏好发生显著变化，或技术创新的替代品大量上市等导致企业在现有目标市场上经营出现困难、效益显著滑坡时，必须认真研究是否需要重新界定目标市场。若有此必要，则往往需要另行市场细分，酌情重新选择和界定目标市场。此外，通过重新市场定位，可将在现有目标市场上畅销的产品推广到新的目标市场，以扩大销售，提高效益。

毫无疑问，重新界定目标市场会产生一定的成本及机会成本，因此需要认真评价重新界定目标市场的成本/效益，以保证企业的现金流量和经济效益不会因此而出现过大的波动和下滑。

2. 目标市场营销战略的选择

可供企业选择的目标市场营销战略有以下三种。

1) 无差异目标市场营销战略

无差异目标市场营销战略是指企业在整体市场中组织经营活动，但仅提供一种产品，实施一组市场策略。其特点是：

(1) 非市场细分化，即着眼于整体市场需求的共性而不是差异性；

(2) 将整体市场作为企业的目标市场；

(3) 提供一种产品以满足整体市场中顾客的某一共同需求；

(4) 实施一组市场策略为整体市场服务。

这种战略的主要优点是：企业易实现大规模标准化生产，劳动生产率高，生产及营销成本低，可以较低价位销售产品而提高市场竞争力，大量销售而获利。主要缺点是：因忽视市场需求的差异性，故当市场需求客观上存在着较大的差异性时，极易被实施市场细分化战略的竞争者击溃而失去市场。因此，这种战略一般仅适用于高度同质性的市场，或在产品市场生命周期的初期先入市者独家经营等条件下采用。可口可乐和福特汽车公司等，均曾十分成功地实施过这种战略。

2) 差异目标市场营销战略

差异目标市场营销战略是指企业在整体市场中组织经营活动，但分别为各细分市场提供互有差异的产品并实施各具特色的市场策略。其特点是：

(1) 市场细分化，即着眼于整体市场需求的差异性；

(2) 将整体市场中的所有细分市场均作为企业的目标市场；

(3) 推出多种产品，分别满足各细分市场的特殊需求；

(4) 实施多组市场策略，分别为各细分市场服务。

这种战略的主要优点是：有利于建立企业及其品牌的知名度和美誉度，塑造良好的企业形象，培养顾客品牌忠诚度，增加总销售量，扩大在整体市场中的份额。其主要缺点是：易分散企业资源，增加生产及营销成本，降低投资报酬率，从而增加经营风险。一般是一些资金雄厚、创新能力强及经营水平高的大公司才实施这种战略。例如，海尔在冰箱等家电市场中即实施这种市场战略。

3) 集中化目标市场营销战略

集中化目标市场营销战略又称密集型目标市场营销战略，即企业仅在一个(或少数几个)细分市场中组织经营活动，为之提供一种(组或少数几种产品)，实施一组(一套或少数几组)市场策略。其特点如下。

(1) 市场细分化。

(2) 从整体市场中选择一个细分市场(见图 6-12(a)和(c))或少数几个细分市场(见图 6-12(d))作为企业的目标市场。

(3) 在单一市场集中化时，企业为某一目标细分市场提供一种产品以满足其一种需求，实施一组市场策略为其服务；在市场专门化时，企业仅选择某一目标细分市场但却为其提供一组产品以满足其多种需求，实施一套市场策略为其服务；在有选择的专门化时，企业为所选择的少数几个目标细分市场分别提供少数几种产品以满足各自需求，实施少数几组市场策略，分别为它们服务。

这种战略的哲学是“我只干一种事或很少的事，但要干得最好最漂亮”。其主要优点是，有利于集中企业有限资源形成竞争优势，迅速占领市场。大量研究表明，成功实施这种战略的企业，因在这个或这几个细分市场中拥有较高的市场份额，同样可以获利丰厚，其投资报酬率远高于过度分散经营的企业。例如，美国的 St.Jude 公司几乎完全集中于心脏瓣膜业务，却比仅次于它的竞争者要大 7 倍；葡萄牙的 Amorim 公司，则是世界酒瓶塞业的市场领先者。这两个公司均有很好的经济效益。其缺点是不利于分散风险。因此，实施这种战略的企业，务必在经营理念与管理、技术和产品、市场营销等方面坚持不断创新，特别是技术和产品创新来保持强大竞争力，防范和化解经营风险。通常，那些善于钻市场空当或创新力强且有特殊专长或为大公司配套服务的中小企业，多实施此种战略。此外，当大中型企业涉足某一新业务领域的早期，也常采用这种战略，以投石问路。

目标市场营销战略示意图如图 6-13 所示。

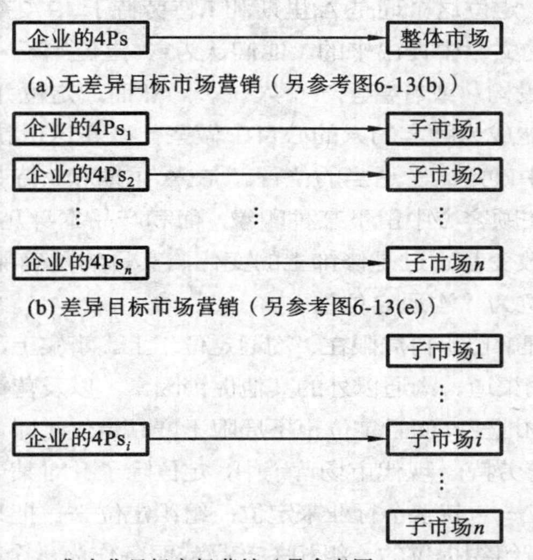

图 6-13　目标市场营销战略示意图（整体市场被分割为 n 个细分市场）

6.3.3 市场定位

今天，定位一词已成为最重要、使用最广泛而频繁的战略术语之一。个人需要定位，学校需要定位，政府需要定位，企业更需要定位……

1. 市场定位观念的提出

1981 年，两个年轻的美国人 Jack Trout(杰克·特劳特)和 Al Ries(艾·里斯)写了一本改变传播营销的书——《定位》。该书的起点是讨论广告传播问题，该书的出版使得“定位”很快成为营销战略理论架构中的一个核心概念，成为整个营销知识中最富有价值的战略思想。我们所说的定位，是广义的成功之道，定位技巧可应用于包括“政治、战争和商业，甚至追求异性”。

2001 年，美国市场营销学会(AMA)评选有史以来对美国影响最大的营销观念，结果不是劳斯·瑞夫斯的 USP(独特的销售主张)、大卫·奥格威的品牌形象，不是菲利浦·科特勒所构架的营销管理及顾客让渡价值理论，也不是迈克尔·波特的竞争优势理论……而是“定位”理论。

2. 市场定位的内涵

市场定位(Positioning)是指：企业为在目标顾客心目中确定独特地位的活动过程。有效的市场定位有利于树立企业和产品的鲜明特色，有利于企业满足顾客的需求偏好，有利于企业取得目标市场的竞争优势。例如，Wal-Mart(沃尔玛)的市场定位是“天天低价”，海尔(Hair)的市场定位是“高品质、高价格”，McDonald’s(麦当劳)的市场定位是“卫生、方便的快餐”，7-Up(七喜)的市场定位是“非可乐”，DELL(戴尔)的市场定位是“个人定制电脑”等，它们都是由于市场定位的合理使得其获得了巨大的成功。

美国学者菲利浦·科特勒认为，定位是为了适应消费者心目中的某一特定地位而设计公司产品和营销组合的行为。定位这个词是 A.里斯和 J.特劳特于 1972 年在《广告时代》发表的一系列名为“定位时代”的文章中提出来的。他们认为：“定位始于一件产品，一种商品，一次服务，一家公司，一个机构，或者甚至一个人……。然而，定位并不是你对一件产品本身做些什么，而是你在有可能成为顾客的人的心目中做些什么。这也就是说，你得给产品在有可能成为顾客的人的心目中确定一个适当的位置。”在 A.里斯和 J.特劳特看来，定位主要是沟通问题，它专注于使产品在顾客心中留下某种印象，而和产品本身几乎没有什么关系。而且，在名称、价格或包装上的改变都不过是修饰上的变化，其目的是确保产品在顾客心目中的地位。因此，有人称这种定位为“沟通定位”。

现在，人们对定位的理解已不再局限在“沟通定位”上。事实上，市场营销组合的其他因素，包括产品、价格、分销渠道、沟通以外的其他促销因素，以及营销的过程都会影响特定的产品或服务在顾客心目中的地位。而且定位也不局限于产品定位，即“把产品定位在未来潜在顾客的心中”(A.里斯和 J.特劳特)。现代市场营销中，定位除了针对某一特定产品或服务的个别定位外，还可以是行业定位——就整个行业来定位；组织定位——把某个组织作为一个整体来定位；产品组合定位——把组织提供的一组相关产品或服务作为一个整体来定位。

我们可以从下述几方面理解定位概念的内涵。

1) 心灵双向沟通

定位本质上是攻心术，即企业通过在目标顾客心智上狠下工夫而实现二者在心灵上的双向沟通，以促成顾客对企业品牌的高度认同，并最终选购企业的产品。商战如兵战。但商战并不是竞争者之间的直接争斗，而是由第三者即顾客的选择来决定胜负。即顾客们在市场中自由购物，哪家企业的商品更多地被选中，就将占有更大的市场份额而赢得商战的胜利。然而，顾客的最终选择，往往取决于他们对企业品牌的高度认同感及最终购买决策瞬间的“一念之差”。正如A.里斯和J.特劳特所说：“营销战在人的大脑中进行。在你的大脑里和你的潜在顾客的大脑里进行。战斗旷日持久，永不停息。”J.特劳特和S.瑞维金则更精练地指出：“营销的终极战场是消费者的心灵，你知道得越多，定位战略就越有效。”

2) 差异性

能否创造性地塑造被目标顾客高度注意、认同和乐于接受的鲜明个性，以扩大与竞争者之间在顾客心目中的差距，是企业定位战略成败的关键。因为在现代社会中顾客接收的信息过多过杂，不可能一一记住；而只可能记住那些令他们感兴趣且又富有个性和特色的信息，排斥和遗忘其他信息。同时，在购买决策中，面对众多质量趋同的不同品牌的商品，顾客最终的选择，往往是那些在其潜意识中品牌印象最为深刻且多为第一印象的产品。因此，定位时务必要针对目标顾客的心灵需求，塑造鲜明个性，突出与竞争者之间的主要差别，以在其心智中形成强烈的第一印象。这样，目标顾客就能在众多信息和产品之间中有效区分和识别并牢牢记住本企业的品牌和产品，从而对本企业的品牌和产品由高度认知进化到高度偏爱、信任、购买和习惯再购买。

3) 战略性

定位是一种战略行为。首先，企业要想在目标顾客心目中成功树立起鲜明独特的市场形象并能得到他们的高度认同，必须长期坚持不懈努力才能实现，决非一朝一夕之工夫。其次，独特的市场定位所塑造的独特市场形象，向目标顾客传递着独特含义的市场信息，使其产生与此特定含义相关的联想。例如，活力28，洗涤剂而非饮品；联想，电脑而非时装；等等。由于成功的市场定位和独特市场形象是企业一笔巨大的无形资产，因此，应站在战略高度倍加珍惜而不能轻率模糊和损害。第三，正确的市场定位指明了与目标顾客心灵沟通的正确道路，使企业能够正确制定市场营销组合战略及各项营销策略，以便将产品快速有效地送达到目标顾客手中。定位属于营销战略要素，是企业制定市场营销组合战略和各项营销策略的前提和依据。换言之，定位制约市场营销组合。

4) 竞争性

定位的出发点和终极目标，均是寻求和造就差别优势以赢得市场竞争。

5) 主动性

定位是企业为赢得市场竞争的主动权和战略优势而积极主动实施的市场行为。

6) 适度的灵活性

当企业生产经营多种产品时，若产品品质有显著差异，应有不同的市场定位；若产品品质差异性很小，亦可以运用不同的定位战略和信息沟通，在目标顾客心智中造成一定的差异，以进入不同的细分市场。例如，宝洁公司推出的飘柔、潘婷、海飞丝、沙宣均属洗发水，且其主要功能并无显著差异，但是其广告宣传的重点却互有差异、各具特色，旨在分别满足不同消费者群的互有差异的需求，既扩大了销售，又不给竞争者留下市场空间，从而赢得市场

竞争的优势和主导权。据报道，这几个品牌在我国洗发水市场中的总市场份额已高达80%以上，成为名副其实的霸主。

3. 市场定位的步骤

1) 确定定位层次

决定定位层次是定位的第一步。决定定位层次就是要明确所要定位的客体，这个客体是行业、公司、产品组合，还是特定的产品或服务。例如，福特集团将其所属的酒店集团中的福特·克莱斯特酒店定位为“一个明确的商务性酒店”，而同时将它的福特·波斯特豪斯定位为低租金的便宜酒店。

2) 识别重要属性

定位的第二步是识别影响目标市场顾客购买决策的重要因素。这些因素就是所要定位的客体应该或者必须具备的属性，或者是目标市场顾客具有的某些重要的共同特征。例如，航空公司提供的飞行服务一般必须具有安全性、准时性、舒适性等重要属性。

3) 绘制定位图

在识别出重要属性之后，就要绘制定位图，并在定位图上标示本企业和竞争者所处的位置。定位图一般都使用二维图。如果存在一系列重要属性，则可以通过统计程序将其简化为能代表顾客选择偏好的最主要的二维变量。定位图选择的二维变量，既可以是客观属性，也可以是主观属性，还可以将二者结合起来。但无论是选择主观属性还是客观属性，都必须是“重要属性”。例如，英国一家报纸在定位时选择的是平均年龄和社会阶层这两个客观属性；某银行在定位时选择“最优贷款利率”(客观属性变量)和“友好服务”(主观属性变量)作为二维的衡量指标。

4) 评估定位选择

A.里斯和J.特劳特曾提出三种定位选择。一是强化现有位置，避免正面打击冲突。例如，美国的艾飞斯在广告中声称“艾飞斯在租车行业中只是第二位，那么为什么租我们的车？我们更加努力呀！”，采用的就是这种定位战略。二是寻找市场空隙，获取先占优势。这个战略是指发现市场中未被竞争者占领的利基，并为之采取相应的营销策略。三是给竞争者重新定位。即当竞争者占据了它不该占有的市场位置时，让顾客认清对手“不实”或“虚假”的一面，从而使竞争对手让出它现有的位置。无论采取何种选择，一种定位要想获得成功，满足以下三个条件将是关键：定位必须有意义；定位必须可行；定位必须是唯一的。

5) 执行定位

定位最终需要通过各种沟通手段如广告、员工的着装、行为举止，以及服务的态度、质量等传递出去，并为顾客所认同。实践中，企业期望的位置经常会与实际传递的位置不一致，这往往是不一致的营销所造成的。事实上，成功的定位取决于协调一致、整体的内部和外部营销策略。

4. 市场定位战略选择

1) 定位因素选择

菲利浦·科特勒指出，在研究市场定位战略时至少有以下7种可供选择的定位因素。

(1) 特色定位。是指侧重于企业或产品主要特色的定位。如“美的”于2000年推出的健康型微波炉。

(2) 利益定位。是指侧重于顾客主要利益的定位。如海尔人真诚到永远，顾客不仅能买到称心如意的产品，更能享受情谊浓浓的完美服务。

(3) 使用/申请定位。是指企业服务于提出某些特殊需求的顾客群的定位。如 1996 年武汉市出现传呼医院，变坐诊为出诊，上门为需要诊治的病人提供医疗服务，迅速占领该空白市场。

(4) 使用人定位。是指企业按顾客类型确定定位。如某航空公司专为商务旅行者提供一流的服务。

(5) 竞争定位。是指针对市场竞争态势，力求凸现企业优势的定位。如某出租汽车公司声称自己虽然不是最大，但却是本市服务最佳的公司。

(6) 产品品目定位。是指在企业名称或产品类别上别出心裁的定位。如曾显赫一时的王安电脑公司为打入集团购买市场，有意把自己生产的电子计算机称为计算器。因为电子计算机必须要待企业高层决策者审批后采购人员才能去采购，而计算器之类的物品，采购人员一般自己就可以做主购买。

(7) 质量/价格定位。是指以企业产品的质量价值比为主要依据的定位。如海尔大容量电冰箱进入美国市场，其定价高于韩国同类产品 20%，而与美国某知名品牌同类产品的价格持平，即向美国消费者显示“海尔冰箱，货真价实，质量上乘，服务周全”，从而塑造海尔优质优价的品牌形象。

2) 定位战略选择

A.里斯和 J.特劳特强调指出：“没有一个定位方法能用之四海而皆准。”因此，企业要在深入研究企业、竞争者、目标顾客三者战略关系的基础上恰当确定定位。虽然具体的定位千差万别，但是最基本的市场定位策略主要包括以下内容。

(1) 对抗定位战略。是指企业选择与现有竞争者相同的市场位置，争夺同样的目标顾客，使用相同的市场营销组合策略，在战略上采取正面交锋的对抗性做法。例如，可乐业的可口可乐与百事可乐，咖啡业的雀巢与麦斯威尔，电池行业的劲量与超霸等，他们都实现了双赢。

(2) 补缺定位战略。即定位于市场的“空白”地带或市场缺口。当市场存在着被人遗忘的“空白”地带或市场缺口时，第一家企业可以长驱直入迅速占领该细分市场。例如，1998 年夏，海尔根据用户提供的信息及进一步市场调研，推出冰温(−5～10℃)台式冷柜，抢先占领仍处于空白状态的零售鲜肉保鲜冷柜市场。企业实施该战略时应研究：该空白市场需求或市场缺口需求有何特色？有商业开发价值吗？能有效地进入并占领该市场吗？一旦开发成功，会招徕竞争者加入吗？对企业的赢利水平和生存有何影响？通常，那些对市场变化反应灵敏且富有创新精神和强大开发能力的企业，常应用这种见缝插针式的定位战略，以开拓新的细分市场。

(3) 侧翼定位战略。是指企业选择与现有竞争者相近的市场位置，避实击虚，与主要竞争对手适当拉开距离，使用相异的市场营销组合策略，在战略上突出自己的特色。例如，我国乐凯对柯达和富士的市场定位即属此种战略。届时因企业的产品和市场策略等与主要竞争对手有较大的差异，故可避免与强大对手的正面竞争，从而赢得更大的生存和发展空间及宝贵的时间。它是许多中小型企业常选用的市场定位战略。

企业在研究和选择定位战略时应注意：第一，要认真研究目标顾客、竞争者及本企业三者之间的战略关系；第二，要尽可能消除一切偏见，客观地评价本企业与竞争者的品牌和产品在目标顾客心目中的形象和地位；第三，要以潜在顾客的心智为起点，努力实现心灵的双

向沟通。

5. 重新定位的反思

毫无疑问，市场定位是企业制定市场营销战略的重要基石。同时，大量经营活动实践亦雄辩地证明，市场定位是否妥当，将直接影响企业经营绩效的优劣。然而，某一个地区或国家的产业结构并非一成不变。特别是技术/产品创新，必将不断地推动产业结构的调整及产品的升级换代。其结果往往会改变市场竞争格局，甚至可以使某些企业现有的竞争优势迅速丧失殆尽。因此，企业在进行市场定位时，还必须考虑重新定位。

1) 初次定位

初次定位是指新成立的企业进入市场，企业新产品投入市场，或产品进入新市场时采取的定位战略。其核心是“进军大脑，争当第一”。因为，第一个占据人们大脑的名称给人留下的印象最深，也最难以从记忆中抹掉；市场领先者的利润率一般是最高的。

2) 重新定位

重新定位是指企业变动产品特色，改变目标顾客对其原有的印象，使顾客对产品新形象有一个重新认识并认可的过程。市场重新定位对于企业适应市场环境变化、调整营销战略非常重要。

企业产品的原有定位即使很恰当，但出现下列情况时仍须考虑重新定位：竞争者推出的产品与本企业的市场定位很接近，侵占了本企业原有的部分市场份额；消费者偏好发生变化，转移到喜爱竞争对手的产品。

6.4 市场营销组合

6.4.1 市场营销组合

1. 什么是市场营销组合

市场营销组合(Marketing Mix)是企业综合利用并优化组合多种营销变量，以实现预期营销目标的活动总称。

企业在营销管理中可以自主选择和控制的因素，称为营销变量或变数。美国学者麦卡锡将这些变量归纳为以下四大类。

(1) 产品(Product)。包括产品类别、质量、设计、性能、款式、规格、材料、品牌、包装、服务、保证等。

(2) 价格(Price)。包括目录价格、折扣、折让、付款期限、信用条件等。

(3) 分销(Place)。包括渠道、地点、市场覆盖面、仓储、运输等。

(4) 促销(Promotion)。包括广告、人员推销、销售促进、公共宣传、直销等。

因这四类变量的英文均以字母P开头，故市场营销组合又称为4Ps，即是产品、价格、分销和促销四大营销要素的综合应用和优化组合。

如前所述，当企业进入壁垒高筑的市场时要实施大市场营销战略，因此，需要在上述四大营销要素的基础上再加上另外两个要素：政治权力(Political Power)和公共关系(Public Relations)。故大市场营销又称6Ps。通常，若无特殊说明，市场营销组合是泛指4Ps，而不

是6Ps。此外，相对于产品市场而言，因服务市场具有无形性、不可分割性、差异性及不可贮存性等特殊性质，故服务市场营销组合则由4Ps扩展为7Ps，即为产品(Product)、价格(Price)、分销(Place)、促销(Promotion)、人员(People)、有形展示(Physical Evidence)和过程(Process)七大营销要素的综合应用和优化组合。

2. 市场营销组合的特点

1) 可控性

可控性是指企业可以自主地选择营销变量及其组合方案。例如，生产何物？如何定价？如何分销？如何促销？企业均可自主安排。然而，因企业的市场行为必然要受自身条件及市场需求、市场竞争、政策法律等多方面的约束，故企业的经营决策必须一切从实际出发而不能随心所欲。例如，企业不能违法生产伪劣产品。

2) 可变性

可变性是指企业可随内部及外界情况的变化而酌情调整营销变量及其组合方案。在4个P中，价格和促销比较容易调整；分销和产品调整的难度要大一些。

3) 复合性

复合性又称为层次性，是指4Ps是一个大组合，每个P又是由若干营销变量复合而成的次级组合(又称子组合，见图6-14)。

4) 整体性

整体性是指企业在营销管理过程中不能孤立地应用或者单独调整某个营销变量，而是要综合应用和优化组合4个P，且不仅4个P之间要相互协调，还应与营销目标之间相协调，并在动态中与环境的变化相吻合，以便在整体上实现营销管理和经济效益的最优化。

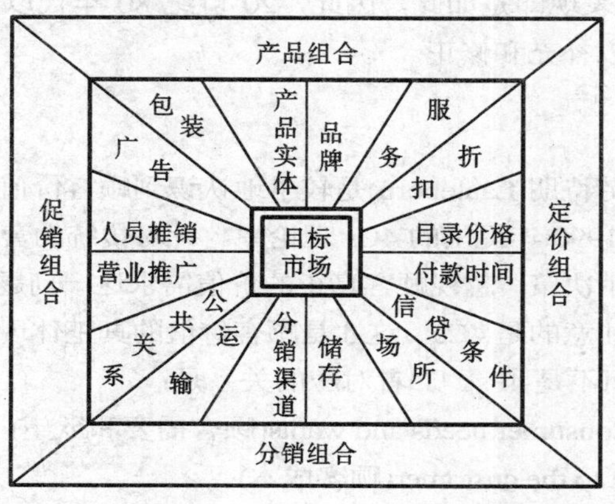

图6-14 市场营销组合示意图

5) 目标性

目标性是指企业实施4Ps的出发点和目的，在于比竞争者更好和更有效地为目标市场服务，以赢得优势，实现营销目标。企业营销切忌随意性和盲目性。

3. 市场营销组合的作用

市场营销组合的重要作用主要表现在以下几个方面。

1) 市场营销组合是制定和实施企业战略规划和部门战略规划的基础

企业战略规划和部门战略规划必须最终转化为可具体实施和操作的行动方案即市场营销组合战略及各种营销策略，才可能在实践中实现。

2) 市场营销组合是企业参与和应付市场竞争的有力武器

在现代市场竞争中，企业不能孤立应用某一个营销变量如价格作为市场竞争的武器，而应综合应用 4 个 P。即将价格竞争与种种非价格竞争如品牌竞争等手段相互结合，并统筹运作，以己之长克敌之短，努力打好每一场具体的营销战，以造成在一定市场条件下和局部市场范围内的相对竞争优势，进而力争赢得市场竞争的全面胜利。

3) 市场营销组合是协调企业内部各职能部门工作的纽带

如前所述，营销计划是部门业务战略规划的关键和基础。而营销计划又要最终转化为市场营销组合战略和各项具体营销策略。因此，企业通过制定和实施 4Ps，不仅可以协调营销部门自身的工作，还可以协调营销部门与财务、人事、开发研究、生产等职能部门的工作，促使这些职能部门的工作实现市场导向化，以强化管理，提高效率和效益，更好地实现预期经营目标。

6.4.2 市场营销组合理论的发展

4Ps 理论提出后之所以得到广泛的应用且难以为其他理论完全取代，其一是它促使经营者从全局出发，综合考虑多种营销要素以正确制定和实施营销战略及策略，从而更好地实现经营目标；其二是它具有易操作性。然而，在本质上它又是一种由内向外看即以企业自我为中心的经营思想，且极易诱导经营者将目光不恰当地锁定在片面追求市场份额的数量上。其结果是企业固然长大了，但却体弱多病，难以真正成为市场竞争的强者。如 20 世纪 90 年代我国“长虹”的表现即是如此。因此，20 世纪 80 年代以来，一些学者提出新的营销组合理论，对 4Ps 加以补充和修正。

1. 4Cs 理论

美国市场营销专家劳特朋(Lauteborn)是较早地认识到顾客价值的学者之一。他对顾客价值的阐述主要体现在于 1990 年提出的 4Cs 理论中。针对传统的营销组合 4Ps 理论中只是从企业角度出发来制定营销决策，忽视顾客真正的价值需求这一问题，劳特朋认为，企业在市场营销活动中应该首先注意的是 4Cs，这才是顾客价值的真正体现。因此，他认为真正意义的市场导向应是 4Cs，而不是 4Ps。二者对应的关系是：

Product(产品)——Consumer needs and wants(顾客需要和欲望)

Price(定价)——Cost to the customer(顾客成本)

Place(地点)——Convenience(方便性)

Promotion(促销)——Communication(沟通)

1) 顾客需要和欲望

4Cs 理论认为，消费者是企业一切经营活动的核心，企业重视顾客要甚于重视产品。企业首先要了解、研究、分析顾客的需求与欲望，而不是先考虑企业能生产什么产品。

2) 顾客成本

4Cs 理论将营销价格因素扩展为企业生产经营全过程，包括两个因素：一是企业生产成本；二是顾客的购物支出。4Cs 理论认为，消费者可接受的价格是企业制定生产成本的决定因素，企业应首先了解消费者满足需要与欲求愿意付出多少成本，而不是先给产品定价，即向消费者要多少钱。企业要想追求更高的利润，就必须设法降低成本，推动生产技术、营销手段进入一个新的水平。

3) 方便性

4Cs 理论强调企业提供给消费者的便利比营销渠道更重要，便利原则应该贯彻于营销全过程。4Cs 理论更重视服务环节，强调企业既出售产品，也出售服务；消费者既购买到产品，也购买到便利。

4) 沟通

4Cs 理论用沟通取代促销，强调企业应重视与顾客的双向沟通，以积极的方式适应顾客的情感，建立基于共同利益上的新型企业-顾客关系。双向沟通有利于协调矛盾，融洽感情，培养忠诚的顾客。

2. 4Rs 理论

严格地说，4Cs 理论实质是凸现顾客的需求导向。但是，如前所述，在当前市场条件之下，企业在制定营销战略和策略时，将自己的目光仅仅停留在如何满足顾客需求的层次上是远远不够的，还必须研究市场竞争。即在市场需求导向的基础上如何强化竞争导向，以赢得竞争优势。为此，美国学者 Don E. Schultz 提出 4Rs 理论，对 4Ps 和 4Cs 理论加以补充和修正。

1) 关联(Relate)

在竞争性市场中，顾客具有动态性，顾客忠诚度是可能发生变化的。要提高顾客的忠诚度，赢得长期而稳定的市场，企业就应该通过某些有效的方式在业务、需求等方面与顾客建立关联，以实现企业与顾客的互动、互利、共生和双赢。

2) 反应(Reaction)

在今天相互影响的市场中，对经营者来说最现实的问题不在于如何控制、制定和实施计划，而在于如何站在顾客的角度及时地倾听顾客的希望、渴望和需求，并及时答复和迅速做出反应，满足顾客的需求；如何站在顾客的立场上，对顾客的需求，特别是其需求的变化快速灵敏地做出正确的反应，比竞争者抢先一步全面满足其需求。

3) 关系(Relation)

在企业与客户的关系发生了本质性变化的市场环境中，企业的关键问题是如何与顾客建立长期而稳固的关系。建立好客户的数据库，强化客户管理，尽可能与顾客建立良好的关系，提高其忠诚度，并争取潜在的顾客，以稳定顾客群并不断发展新的顾客群，从而巩固和不断开拓市场，赢得竞争优势。

4) 回报(Return)

对企业来说，市场营销的真正价值在于其为企业带来短期或长期赢利的能力，使企业能够在激烈的市场竞争中良性地可持续发展。

3. 4P3Rs 理论

20 世纪 70 年代，对企业赢利水平与市场占有率相互关系的研究中，曾显示二者之间存

在着正相关关系。即随着企业市场占有率的增大，其赢利水平亦会随之显著提高。在此理论的指导下，一些企业不恰当地扩大生产规模并频频发动价格战以扩大市场份额，其结果却导致利润水平大幅下降，甚至难以为继。一些学者对此又进行深入研究。其中，美国学者瑞查德和塞斯于 20 世纪 80 年代对企业赢利水平与市场占有率相互关系的再次研究后发现，在当代新的市场条件下，市场份额的大小对企业赢利水平的影响力明显减弱，而顾客的满意度和品牌忠诚度越来越成为影响企业赢利水平的重要因素。据此，二位学者提出，企业在制定市场营销组合战略和策略时，应在 4Ps 的基础之上加上 3Rs，才能更好地实现预期经营目标。

1) Retention(顾客保留)

即千方百计地与顾客建立良好的长期稳定的互惠互利关系，以使自己有一个相对稳定的忠诚的顾客群体。这样，不仅可以保证企业有相对稳定的销售收入，而且还有利于降低买卖双方的交易成本，使顾客满意，企业发财。

2) Related Sales(相关销售)

即顾客忠诚度的提高将有利于企业在顾客中推广新产品，大幅度降低新产品的市场推广费用，增加赢利水平，从而降低新产品投放市场失败可能引发的种种市场风险。

3) Referral(顾客推荐)

即通过成功实施关系营销，不仅有利于培养和提高原有顾客群的满意度和忠诚度，还可以通过他们向潜在顾客群传播有利于企业的正面信息，从而为企业带来新的顾客，大大降低开发新市场的成本。其结果，将会大大提高企业市场份额的“质量”。即企业不但做大了，更重要的是变强了，从而扩大销售，增加盈利，赢得竞争优势，真正成长为市场竞争的强者。

上述理论各有千秋。目前，一般的看法是在制定市场营销组合战略和策略时，仍应以 4Ps 为基础，再综合考虑 4Cs、4Rs 和 4P3Rs。同时，需要指出的是，这些理论均应提升到整合营销战略的高度，从实际出发，研究在运营层如何有机整合企业内外的一切营销要素，比竞争者更好地满足目标顾客的需求，并在顾客满意的同时又使社会、股东、员工及经销商等也满意的基础上，搞活经营，提高效益，增强市场竞争力，特别是提升企业的核心竞争力，在竞争中赢得优势。

本章小结

本章主要研究市场营销战略的制定流程及具体内容，市场营销的关键 STP，市场营销组合。

市场营销战略由三部分构成：企业业务发展战略、目标市场战略以及营销组合战略。

STP 战略是指，通过市场细分（Market Segmentation）将整体市场分割为多个子市场，根据企业的具体目标和优势等酌情选择目标市场（Target Market），即确定企业准备为之提供产品和服务的目标顾客群；然后进行市场定位（Market Positioning），即确定企业产品和经营的特色，尽可能将良好的市场机会与企业的自身优势有机结合，以赢得竞争优势。

市场营销组合（Marketing Mix）是企业综合利用并优化组合多种营销变量，以实现预期营销目标的活动总称。

关键术语

企业业务发展战略　BCG 法　GE 分析法　专业化投资发展战略
一体化投资发展战略　多角化投资发展战略　SWOT 分析　市场细分
目标市场　市场定位　市场营销组合

思考题

1. 试说明市场营销战略的具体内容。
2. 什么是市场细分？试说明市场细分的标准及步骤。
3. 如何选择目标市场？
4. 试说明市场营销组合及其特点。
5. 企业如何有效进行定位？

参考文献

1. 菲利普·科特勒. 营销管理[M]. 8版. 梅汝和，等，译. 上海：上海人民出版社，1994.
2. 万后芬. 现代市场营销学[M].北京：中国财经出版社，2001.
3. 万后芬. 市场营销教程[M].北京：高等教育出版社，2007.
4. 迈克尔·J贝克. 市场营销百科[M]. 李桓，译. 沈阳：辽宁教育出版社，1998.
5. 马丁·克里斯托弗. 关系营销[M]. 李宏明，等，译.北京：中国经济出版社，1998.

案例研讨

米勒啤酒的市场定位

中国的香烟消费者大多知道“万宝路”，但很少知道生产、经销“万宝路”香烟的公司叫菲利浦·摩里斯公司。正是这家公司在1970年买下了密尔瓦基的米勒啤酒公司，并运用市场细分策略，使米勒公司跃居该行业头把交椅，成了啤酒业的老大。

原来的米勒公司是一个业绩平平的企业，在全美啤酒行业中排名第七，市场占有率仅为4%。到1983年，在菲利浦·摩里斯的经营下，米勒公司的市场占有率达到21%，仅次于排第一位的布什公司(其市场占有率为34%)，但已将排名第三、四位的公司远远抛在了后头，以至于当时人们普遍认为米勒公司创造了一个奇迹。

米勒公司之所以能够创造这一奇迹，关键在于菲利浦·摩里斯公司吞并米勒公司后，实施了该公司曾使“万宝路”成功的营销技巧，即市场细分策略。

首先，米勒公司在做出营销决策前，先对市场做了认真的调查。他们发现，根据对啤酒饮用程度的不同，可将消费人群分为两类：一类是轻度饮用者；另一类是重度饮用者，而且其饮用量是轻度饮用者的8倍。

结果一出来，米勒公司马上意识到他们面对的是怎样一个消费群体：多数为蓝领阶层，年

龄在30岁左右，爱好体育运动。于是，米勒公司果断地决定对“海雷夫”啤酒进行重新定位，改变原先在消费者心中“价高质优的精品啤酒”形象，将其消费人群从原先的妇女及社会高收入者转向了“真正爱喝啤酒”的中低收入者。

重新定位还表现在米勒公司的新广告上。整个广告是面向那些喜好运动的蓝领阶层。广告画面中出现的都是一些激动人心的场面：年轻人骑着摩托车冲下陡坡，消防队员紧张地灭火，船员们在狂风巨浪中驾驶轮船……甚至还请来了篮球明星助阵。

为配合广告攻势，米勒推出了一种容量较小的瓶装“海雷夫”，又能很好地满足那些轻度饮用者的需求——少量。新产品一上市后，市场反应热烈，很快赢得了蓝领阶层的喜爱。

米勒公司并没有就此罢手，他们决定乘胜追击，又进入了他们细分出来的另一个市场——低热度啤酒市场。开始，许多啤酒商并不看好米勒公司的这一决策，认为他们进入了一个“根本不存在市场的市场”。但米勒公司并没有放弃，他们依然从广告宣传上着手，反复强调该种啤酒——“莱特”的特点：低热度，不会引起腹胀，口感与“海雷夫”一样的好。同时，还对“莱特”进行了重新包装，在设计上给人以质量高、男子气概浓、夺人眼目的感觉。在强大的广告攻势下，整个美国当年的销售额就达200万箱，并在以后几年迅速上升。

在占领了低档啤酒、低热度啤酒这两个细分市场后，米勒公司又开始了新的挑战，它将进军高档啤酒这一细分市场，将原本在美国很受欢迎的德国啤酒“老温伯”买了下来，开始在国内生产。广告宣传中，一群西装革履的雅皮士们高举酒杯，说着“来喝老温伯”，这一举措大大击垮了原先处于高档啤酒市场领导地位的“麦可龙”。

在整个20世纪70年代，米勒公司的啤酒营销取得了巨大的成功。到1980年，米勒公司的市场份额已高达21.1%，总销售收入达26亿美元，成了市场的龙头老大，被人们称为“世纪口味的啤酒公司”。

(资料来源：戴维斯. 米勒啤酒定位制胜[J]. 商业故事，2011(1).)

第 7 章　产品开发策略

本章提要　企业在市场营销活动中，向市场提供某种产品或服务，满足顾客的需要，并以此为基础综合运用其他营销策略参与竞争。因此，产品开发是企业市场营销决策中最重要的决策。本章首先从产品的概念和分类入手，介绍产品组合策略、新产品开发策略和产品生命周期分析。本章重点在于理解并掌握产品的概念，产品组合策略及产品生命周期分析。难点在于如何运用产品生命周期理论分析实际产品。

引　　例

“安静小狗”的生命周期

在 20 世纪 30 年代，美国澳尔·费林环球公司开始研发穿着舒适的猪皮便鞋，以取代原料日渐匮乏的马皮劳动鞋。1957 年，第一款男式猪皮便鞋面市，由于人们习惯了穿着质地结实的马皮鞋，所以环球公司把猪皮便鞋放到农村和小城镇中试销，并以 5 美元的低价向市场渗透，产品取名为“安静小狗”。1958 年，公司开始在有名的杂志上投放广告，培训人员进行推销，“安静小狗”的销路终于打开。1959 年，产品进入快速增长期。环球公司通过扩大销售渠道、增加产品种类和加强广告宣传的方式，使“安静小狗”成为美国家喻户晓的品牌。1963 年，更多的竞争对手涌入猪皮鞋市场，“安静小狗”销售步伐开始放慢，环球公司决定有针对性地和目标顾客打交道，让广告力度更大，诉求更贴切，加上质量和价格上的竞争优势，环球公司攀上了美国制鞋业的第 6 位。1968 年，产品的销量突然下跌，因为款式的陈旧妨碍了人们的二次购买，这时，环球公司该赚的钱已赚了，决定让走过十年生命周期的“安静小狗”退出历史舞台。

如何认识产品？如何通过对产品的分析来不断开发产品？这是企业面临的重要问题。

(资料来源：方妙英. 苹果橘子营销学[M]. 北京：化学工业出版社，2009.)

7.1 产品组合策略

7.1.1 产品概念及其分类

1. 产品概念

人们对产品的理解往往局限于具有某种特定物质形状和用途的物体，如衣服、食品和汽车等。而企业市场营销对产品的理解更为深入，不仅包括物质产品，同时也包括非物质形态的服务，是一个整体产品的概念。所谓整体产品是指能够提供给市场以满足需要和欲望的任何东西。包括实物(如计算机、西服)、服务(如美容、理发)、人员(如雷锋、乔丹)、地点(如北京、香港)、组织(如青少年基金会)和观念(如可持续发展)等。菲利普·科特勒等学者使用五个层次来表述产品整体概念，如图 7-1 所示。

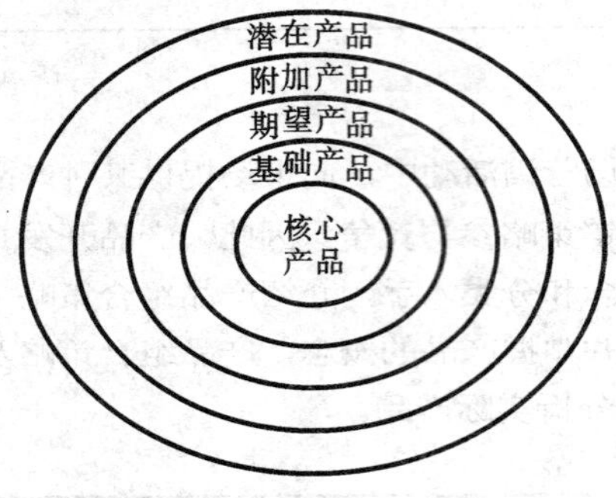

图 7-1　产品的五个层次

1) 核心产品

核心产品是产品最基本的层次。它是指向顾客提供基本的效用或利益。顾客购买某种产品是为了获得能满足某种需要的效用，而不仅仅是占有或获得产品本身。例如，人们购买电视机是为了满足其“信息和娱乐”的需要，而购买牙膏就是要获得牙膏能“洁齿、防龋”的效用。

2) 基础产品

基础产品是核心利益借以实现的形式，是企业向顾客提供的产品实体和服务的外观。基础产品有五个基本特征，即质量、特色、款式、品牌和包装等。如购买电视机时顾客要考虑电视机的功能、造型、品牌和颜色等产品形式。市场营销人员的一项重要的工作就是着眼于顾客购买产品时所追求的核心利益，寻求利益得以实现的最佳形式，将核心利益转换为一般的产品。

3) 期望产品

期望产品是产品的第三个层次，是顾客在购买产品时期望的一整套属性和条件。例如，顾客在餐馆消费时，期望洁净的餐具和可口的饭菜。由于大多数餐馆能满足顾客最低的期望，因此，顾客在档次大致相同的餐馆中，一般会选择一家最便宜和最便利的餐馆。

4) 附加产品

附加产品是产品的第四个层次，也就是产品包含的附加服务和利益，从而把一个公司的产品与另一个公司的产品区别开来。如产品说明书、保证、免费安装、上门服务、送货、技术培训等。对于餐馆来说，可以通过特色菜、舒适的就餐环境和热情周到的服务等附加产品来招徕顾客。

现在企业之间的竞争主要表现在产品的服务、包装和品牌等有价值的附加产品上。发展附加产品成为许多企业打造其核心竞争力的重要途径。但企业在增加附加产品时，应注意以下几个问题。第一，增加一个附加产品都会增加企业的成本，导致价格有所提高。因此，企业在增加附加产品时，必须考虑顾客的消费能力。第二，随着顾客消费经验的增加，附加产品很快会变为期望产品。如就餐的顾客会期望特色菜和热情的服务等。因此，企业应不断地发展附加产品来提升企业的竞争力。第三，当一个企业不断地发展附加产品时，其竞争者可能会逆向"削减产品"，降低产品的价值，用一个较低的价格来吸引顾客。如快餐店就是为那些只有基本就餐需要的顾客服务。

5) 潜在产品

潜在产品是产品的第五个层次，是指产品最终可能的所有增加和改变。附加产品是产品的现在，而潜在产品则表明现有产品可能的演变趋势。也可以说潜在产品是附加产品的进一步的延伸。如彩色电视机可能会发展成计算机终端机；餐馆也许会成为人们休闲、娱乐和交流的场所。

产品整体概念体现了以顾客为导向的市场营销观念。随着市场竞争的日趋激烈，向顾客提供能满足其效用、完善的整体产品，已成为企业之间竞争的重要手段。正如美国学者西奥多·李维特所说："未来竞争的关键不在于企业能生产什么产品，而在于其产品所提供的附加价值：包装、服务、广告、用户咨询、融资、送货安排、仓储和人们所重视的其他价值。"

2. 产品分类

不同类型的产品有其各自的属性与特征，宜采取不同的营销策略。因此，对产品进行科学的分类是市场营销活动中一个重要的环节。产品的分类方法很多，常见的分类方法有以下两种。

1) 按照产品的耐用性和有形性，产品可分为非耐用品、耐用品和服务

(1) 非耐用品。它是指使用一次或少数几次的有形产品，如食盐和化妆品等。这些产品消费很快，购买较为频繁。企业应采取的市场营销策略是：提高铺货率，让顾客在最方便的地点购买；实行薄利多销；采用多种促销方式吸引顾客购买，并促其形成偏好。

(2) 耐用品。一般是指能多次使用的有形物品，如彩电、空调、汽车等。企业应采取市场营销战略包括：提供销售服务和销售保证，如分期付款、送货上门和维修等；追求高利润。

(3) 服务。通常是指为出售而提供的活动、利益和满足感等，如修理、旅馆。服务具有无形、不可分离、可变和易消失等特征，因而其市场营销策略也与前两种产品不同：加强质量管理，进行质量控制；建立销售商的信用；为不同的顾客提供不同的服务，提高对消费者的适用性。

2) 根据产品的用途，产品可分为消费品和产业用品两大类

(1) 消费品。消费品的种类很多，按照消费者的购买行为特征可以将其分为便利品、选购品、特殊品和非渴求物品四类。

① 便利品。指消费者经常购买或即刻购买的产品，如食盐、香皂和香烟等。消费者在购买此类产品时，通常很少去比较品牌和价格。便利品可进一步划分为常用品、冲动品和急用品。常用品是指消费者经常购买的产品，如洗发液和牙膏等；冲动品是指消费者没有经过计划和比较而购买的产品，如在超市收银台旁边的巧克力和口香糖等；急用品是当顾客的需求十分紧迫

时购买的产品，如突降大雨时购买雨具。应注意的是，便利品一般为消费者日常生活必需品，消费者对便利品的品牌、价格、质量和出售地点等都很熟悉，一般就便购买。经营便利品的零售商店多分布在消费者便于购买的地方，以方便消费者随时随地购买。

② 选购品。指消费者在购买过程中，要对产品的式样、质量和价格等进行充分的比较，方才做出购买决策的消费品。例如服装、家具和家电等。选购品又分为同质品和异质品两种。同质品是指质量相似但价格有差异的产品。消费者通过选购可以用较低的价格买到相同质量的商品。异质品是指质量有重要差别，且消费者认为质量比价格更为重要的选购品。因而经营异质品的销售商必须备有大量的品种花色供消费者选购。此外，应有训练有素的推销人员为消费者提供购买咨询。

③ 特殊品。指具备独有特征或品牌标记、拥有品牌忠诚者的产品。对于这类产品，消费者一般都愿意花费时间精力，去购买认定的品牌。常见的特殊品有：特殊品牌和式样的汽车、立体声音响和男式西服等。由于特殊品的购买者都是品牌忠诚者，经销特殊品的销售商不必太多地考虑顾客购买的便利性，只需采用各种营销手段强化顾客的品牌忠诚。

④ 非渴求物品。指顾客不知道或者虽然知道却没有兴趣购买的物品，例如刚上市的新产品和人寿保险等。要让消费者购买非渴求物品，企业必须通过大量的营销努力，如广告、人员推销等，使消费者了解这些物品并产生兴趣，从而吸引消费者购买。

(2) 产业用品。产业用品是指由企业和组织购买，用于制造其他产品或业务活动的货品和服务。根据其进入生产过程的程度及其相对成本，可分为材料和部件、资本项目、供应品和业务服务三类。

① 材料和部件。是指完全要转化为制造商产成品的那类产品。包括未经加工的原材料，如农产品、矿产品，以及已经部分加工，尚需继续加工才能成为产成品的原材料和零部件，如棉纱和马达等。这类产品的营销方式有所差异。农产品具有季节性和不易保存的特点，因而运输和仓储是其营销的重点。零部件一般为标准化的产品，价格和服务是影响购买的主要因素。

② 资本项目。这类产业用品部分进入产成品，分为主要设备和附属设备两类。主要设备包括建筑物(如厂房和办公楼)和固定设备(如机床和发电机)。其销售特点是产品规格多、售前的谈判时间较长、采用人员推销和提供售后服务。附属设备包括轻型设备和工具(如手工用具)，以及办公设备(如打字机和办公桌)。它们在生产过程中仅仅起辅助作用，不会成为最终产品的组成部分。其市场特点是用户众多且分布较广，但定购数量少；用户在选择产品时主要考虑质量、特色、价格和服务。

③ 供应品和业务服务。这类产业用品不会形成最终产品。供应品可以分为作业用品(如润滑油、打印纸、文具)和维修用品(油漆、钉子)两类。供应品属于标准品，价格较低，相当于工业领域的方便品，一般通过中间商销售以方便企业或组织采购。顾客在选购供应品时大多不会考虑品牌，主要是比较同类供应品之间的价格和服务。

业务服务包括维修或修理服务(如清洗窗户、修理打字机)和咨询服务(如法律咨询、管理咨询、广告策划)。维修服务一般由原设备的制造商提供，而修理服务则由小型专业公司提供。咨询服务是纯粹的非实体产品，购买者选购时主要考虑的因素是咨询者的声誉和人员的专业技术水平。

7.1.2　产品组合

在市场经济条件下，大多数企业要根据市场需求和自身能力，确定生产和经营哪些产品，明确产品之间的关系，这些都是企业产品组合决策的主要内容。

产品组合是指一个企业生产或销售的全部产品线和产品项目的组合。在这里产品线指一组密切相关的同类产品，又称为产品大类或产品系列。所谓密切相关，是指它们或者功能相似，或者卖给同类顾客，或者通过同样的渠道销售，或者价格落在同一范围内。产品项目指在同一产品线或产品大类中各种不同型号、规格、质量、档次和价格的产品。

产品组合具有一定的宽度、长度、深度和相关度。下面以宝洁公司为例说明这些概念。保洁公司的产品组合宽度和产品线的长度如表 7-1 所示。

表 7-1　保洁公司的产品组合宽度和产品线的长度

	产品组合的宽度				
	清洁剂	牙膏	条状肥皂	纸尿布	纸巾
产品线长度	象牙雪(1930)	格利(1952)	象牙(1879)	帮宝适(1961)	媚人(1928)
	德来夫特(1933)	佳洁士(1955)	柯克斯(1885)	露肤(1976)	粉扑(1960)
	汰渍(1946)		洗污(1893)		旗帜(1982)
	快乐(1950)		佳美(1926)		绝顶 1100(1992)
	奥克雪多(1914)		爵士(1952)		
	德希(1954)		保洁净(1963)		
	波尔德(1965)		海岸(1974)		
	圭尼(1966)		玉兰油(1993)		
	伊拉(1972)				

产品组合的宽度，是指在产品组合中包含的产品线的多少。产品线越多，产品组合越宽。表 7-1 表明，保洁公司产品组合的宽度是 5。一般来说，拓宽产品组合的宽度，有利于扩展企业的经营领域，分散企业的经营风险。

产品组合的长度，是指一个企业的产品组合中所包含的产品项目的多少。以产品项目的总数除以产品线的数目，可得出产品线的平均长度。一般来说，增加产品线的长度，可以使产品线更加丰满，吸引更多的消费者选购本企业的产品。

产品组合的深度，是指产品线中的每一产品所包含的不同花色、规格、尺码、型号、功能和配方等数目的多少。例如，佳洁士牙膏有三种规格和两种配方，佳洁士牙膏的深度就是 6。一般来说，产品组合的深度越深，可以占领同类产品更多的细分市场，满足更多消费者的需求。

产品组合的相关度，是指各条产品线在最终用途、生产条件、分销渠道或其他方面的相关程度。产品组合的相近程度越大，其相关度也越高；反之，相关度则越低。宝洁公司的产品都是通过相同的渠道分销，其产品组合的相关性较高。企业产品组合的相关度高，有利于实现企业资源的共享，充分发挥协同作用，提高企业竞争力。

产品组合的长度、深度、宽度和相关度不同，就构成不同的产品组合。企业在进行产品组合时，应考虑以下因素。

(1) 企业资源。企业资源是指企业的人、财、物和生产经营能力。产品的生产受这些资源

制约，企业无论生产什么产品都要根据自身的资源状况进行科学的决策。

(2) 市场需求。以市场为导向是企业经营的基本原则。市场需求是在不断发生变化的，企业必须根据市场需求的发展，在充分利用企业资源的基础上，发展具有良好市场前景的产品系列。

(3) 竞争状况。竞争状况也是产品组合决策中应当考虑的一个重要因素之一。如果新增加的产品系列竞争激烈，经营的风险性会很大，这时增加产品组合的长度或加深产品组合的深度可能更为有利。

7.1.3 产品组合调整策略

产品组合调整策略是指企业根据企业资源、市场需求和竞争状况对产品组合进行适时调整，以达到最佳的产品组合。产品组合调整策略主要包括产品项目的增加、调整或剔除，产品线的增加、延伸，以及产品线之间关联程度的加强和简化。企业可以选择的产品组合策略有以下几种。

1. 扩大产品组合策略

扩大产品组合策略是指拓宽产品组合的宽度和加强产品组合的深度。也就是说，增加产品的系列或项目，扩大经营范围，生产经营更多的产品以满足市场的需要。对生产企业而言，扩大产品组合策略的方式主要有以下三种。

(1) 平行式扩展。平行式扩展指生产企业在设备和技术力量允许的条件下，充分发挥生产潜能，向专业化和综合性方向扩展。这种扩展方式的特点是在产品线层次上进行平行延伸，增加产品系列，扩大经营范围。

(2) 系列式扩展。系列式扩展是指企业产品向多规格、多型号、多款式方向发展。这种扩展方式通过增加产品项目，使产品组合在产品项目层次上向纵深扩展。这样，能向更多的细分市场提供产品，满足更广泛的市场需求。

(3) 综合利用式扩展。综合利用式扩展指企业生产与原有产品系列不相关的产品，通常与综合利用原材料、处理废物、防治环境污染结合进行。这种扩展方式的目的主要是为了变废为宝，获得综合的经济效益。

2. 缩减产品组合策略

缩减产品组合策略是指降低产品组合的宽度或深度，剔除那些获利小的生产线或产品项目，集中资源生产那些获利多的产品线或产品项目。这种策略一般是在市场不景气或原料、能源供应紧张时采用。企业可采用的缩减产品组合策略有以下三种。

(1) 削减产品系列。根据市场的变化，集中企业的优势资源，减少产品生产的类别，只生产和经营少数几个产品系列。

(2) 减少产品项目。减少产品系列中不同品种、规格和花色产品的生产，淘汰亏损或低利润的产品，尽量生产利润高的产品。

(3) 增加产品产量。在保持原有产品的宽度和深度的基础上，增加产品产量，降低成本，通过强有力的促销，达到扩大销售、增加利润的目的。

3. 产品线延伸策略

产品线延伸策略是指将产品线加长，增加企业的经营档次和范围。产品线延伸的主要原因是为了满足不同层次的顾客需要和开拓新的市场。产品线延伸策略具体有以下三种形式。

(1) 向下延伸。向下延伸是指企业原来生产经营高档产品，后来增加一些中低档产品。企业做出产品线向下延伸决策的原因是：企业高档产品的发展空间有限，不得不将产品线向下延伸开拓新的市场；企业的高档产品遇到了激烈的竞争，进入低档市场能缓解企业的竞争压力；企业初期进入高档市场是为了建立质量形象，在目的达到的情况下，向下延伸可以扩大产品的范围；企业向下延伸是为了填补空隙，否则低档产品会成为竞争者的机会。

企业采取向下延伸策略有一定风险：可能会刺激原生产低档产品的企业进入高档产品市场，使竞争加剧；向下延伸可能会损害企业的品牌形象，新的低档产品最好采用新的品牌；低档产品的利润较少，经销商可能不太愿意经营，企业不得不采用新的销售政策，以致增加企业的销售费用。

(2) 向上延伸。向上延伸是指企业原定位于低档市场的产品线向上延伸，在原有产品线内增加高档产品项目，使企业进入高档产品市场。采用这一策略的原因，是由于高档产品的市场潜力大，有较大的利润空间，而竞争者实力较弱，且企业在技术和市场营销能力方面已具备进入高档市场的条件；企业想发展各个档次的产品，形成完整的产品线。

向上延伸的风险在于，低档产品在消费者心目中的地位难以改变，消费者不太容易接受原低档产品生产企业生产的高档产品，因而在市场营销方面的投入较大。此外，原生产高档产品的企业会向下延伸进行反击，进入低档产品市场，从而导致竞争的加剧。

(3) 双向延伸。双向延伸是指原生产中档产品的企业在取得市场优势后，决定同时向产品线的上下两个方向延伸，一方面增加高档产品，另一方面增加低档产品，力争全方位地占领市场。采用这一策略最大的风险是：随着产品项目的增加，市场风险加大，经营难度增加，因此，采用该策略的企业应具有较高的经营管理水平，否则可能会招致失败。

7.2 产品市场分析

7.2.1 产品生命周期的内涵

事物在运动、变化的发展过程中，某些特征多次重复出现，其连续两次出现所经过的时间称为周期。在生物发展过程中，每一个生命体都会经历从孕育到出生、成长、成熟、衰退、死亡的全过程，这就是一个生命周期。市场营销学认为，产品也具有一定的生命周期。美国学者乔尔·迪安于20世纪50年代初最先提出产品生命周期的概念，随后被市场营销界广泛采用。所谓产品生命周期，是指产品的市场生命周期，即产品从进入市场到最后退出市场所经历的市场生命循环过程，一般分为介绍期、成长期、成熟期和衰退期四个阶段。在产品生命周期的各个阶段，销售额和利润随产品进入市场时间不同而发生变化，通常可用类似S型的曲线来表示(见图7-2)。

产品的介绍期是新产品投入市场的初级阶段，销售量和利润的增长都比较缓慢，由于销售量低、成本高，利润一般为负。

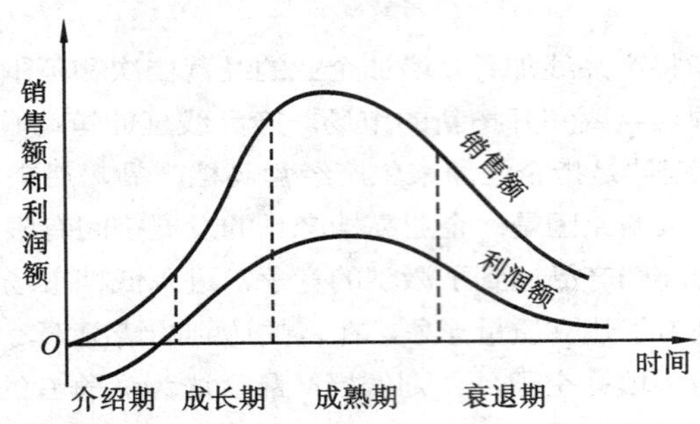

图 7-2 典型的产品生命周期曲线

产品进入成长期后，市场销量和利润均迅速增长，成本开始下降，公司开始盈利，竞争者也开始加入。

产品进入成熟期，销售和利润的增长率降低，其市场销售量和利润逐步达到顶峰，然后开始下降，竞争趋于激化。

产品进入衰退期，其销售量和利润迅速下降，产品逐步退出市场。

7.2.2 产品生命各周期的营销策略

产品生命周期理论说明，任何一种产品都不会经久不衰，永远获利；在产品生命周期的不同阶段，产品的销售量、利润等都具有不同的特点。因此，企业应对产品的生命周期进行准确的划分，在产品生命周期的不同阶段采取不同的营销竞争策略，以实现产品在整个生命周期中利润最大化。

1. 介绍期的营销策略

介绍期是产品首次投入市场的最初销售阶段，该阶段的主要特点是：消费者对产品不太了解，销售量低，且增长缓慢；由于产品开发和投放市场成本高，利润往往为负；一般没有竞争者。这时企业的营销目标是使产品顺利进入市场：建立分销渠道，加强促销，促进消费者对产品的了解，促使那些具有超前意识和革新精神的消费者购买产品。因此，企业应综合考虑产品、价格、渠道和促销等因素，做好产品的整体营销策划。特别要处理好价格与促销的关系，根据不同产品的特点，选择“价格-促销组合矩阵”的不同策略，促使新产品顺利进入市场。“价格-促销组合矩阵”提出了四种不同的营销策略(见图 7-3)。

		促销	
		高	低
价格	高	快速掠取	缓慢掠取
	低	快速渗透	缓慢渗透

图 7-3 价格-促销组合矩阵

1) 快速掠取策略

以高价格和高促销水平的方式推出新产品。即企业制定一个高于预期的价格，将产品投放市场，以便尽快获取高额的利润；同时，通过大量的促销来吸引目标顾客购买，以加快市场渗透。该策略的使用条件是：产品为具有较高科技含量的专利型新产品，目标市场上的大部分消费者不了解，也无法估算产品的成本；产品对目标市场消费者具有较强的吸引力，顾客愿意支付高价；竞争者难以模仿，不易在短期内进入市场。该策略的使用，有利于企业快速进入市场，尽快回收投资，获取利润，建立品牌偏好，且具有较大的主动权和降价空间，但也具有较大的风险。

2) 缓慢掠取策略

以高价格和中等促销水平的方式推出新产品。这一策略的促销费用低，企业可以获得较高的利润。该策略的使用条件是：消费者对有所期待并有所了解的产品，如具有高性能的新一代产品，愿意支付高价。

3) 快速渗透策略

以低价格和高促销水平的方式推出新产品，以求达到最快速的市场渗透和最高的市场份额。这种策略可以在市场容量足够大，消费者不了解这种新产品，但对价格反应敏感，潜在竞争很激烈，产品成本将随生产规模的扩大而下降的情况下采用。

4) 缓慢渗透策略

企业以低价格和低促销水平的方式推出新产品。这种策略可以在市场容量大，市场上该产品的知名度较高，购买者的价格弹性大而对促销弹性很小及存在某些潜在的竞争的情况下采用。

2. 成长期的营销策略

成长期是产品已经打开销路并迅速扩大市场份额的阶段。该阶段的主要特点是：消费者已了解该产品，销售量和利润迅速增长；生产规模扩大，生产成本下降；已建立稳定的分销渠道，单位促销费用大幅下降；竞争者开始加入，市场上同类产品增多，竞争逐步加剧。这一阶段营销的重点为抓住时机，扩大市场份额，树立品牌形象。此时，企业可采取以下策略：

(1) 改进产品，提高产品质量和性能，增加花色品种，体现本企业产品的差异性，以提高产品的竞争力；

(2) 努力寻求和开拓新的细分市场，开辟新的分销渠道；

(3) 促销的目标应从建立产品知名度转移到树立产品形象，使消费者建立品牌偏好上来；

(4) 企业在适当的时候要降低价格，以吸引对价格敏感的潜在购买者。

3. 成熟期的营销策略

在成熟期，产品已经打开销路并迅速扩大市场份额。该阶段的主要特点是：消费者已了解该产品，销售量和利润迅速增长；生产规模扩大，生产成本下降；已建立稳定的分销渠道，单位促销费用大幅降低。

产品经过成长期的迅速增长，销售增长的速度会开始下降，产品进入成熟期。成熟期的特点是：销售量增长缓慢，逐步达到最高峰，然后开始缓慢下降；市场竞争十分激烈，各种品牌的同类产品和仿制品不断出现；企业利润稳中有降；绝大多数属于顾客的重复购买，只有少数迟缓购买者进入市场；本阶段是产品生命周期中最长的一个阶段。成熟期的营销重点是建立品牌忠诚，巩固市场占有率，并设法延长产品的生命周期。此时，企业可采取以下策略。

(1) 调整目标市场，放弃一些已达到饱和、不具有比较优势的市场；寻找一些具有发展前景的新兴市场。

(2) 努力改进产品质量性能和品种款式，以适应消费者的不同需求。

(3) 改进市场营销组合，积极开展促销活动；适当采取价格竞争手段；调整渠道成员。

(4) 发现产品的新用途或改变促销方式来开发新的市场。

(5) 保持老顾客对品牌的忠诚，吸引新用户，提高原有用户的使用率。

(6) 适时研制和开发新产品，准备产品的更新换代。

4. 衰退期的营销策略

尽管企业努力延长产品的成熟期，但大多数产品最终还是要进入衰退期。衰退阶段的主要特点是：产品销量急剧下降，利润也迅速下降甚至出现亏损；消费者的消费习惯发生改变或持币待购；市场竞争转入激烈的价格竞争，很多竞争者退出市场。此时主要的工作是处理好处于衰退期的产品，确定引入新产品的步骤。在衰退期，企业可采取以下策略。

1) 放弃策略

放弃策略是指放弃那些迅速衰落的产品，将企业的资源投入到其他有发展前途的产品上来。企业既可以选择完全放弃，也可以选择部分放弃。使用放弃策略时应妥善处理现有顾客售后服务问题，否则，企业停止经营该产品，原来用户需要的服务得不到满足，会影响他们对企业的忠诚。

2) 维持策略

在衰退期，由于有些竞争者退出市场，市场留下一些空缺，这时留在市场上的企业仍然有盈利的机会。具体的维持策略包括：继续沿用过去的营销策略；将企业资源集中于最有利的细分市场，维持老产品的集中营销；大幅度削减营销费用，让产品继续衰落下去，直至完全退出市场为止。

3) 重新定位

通过产品的重新定位，为产品寻找到新的目标市场和新的用途，使衰退期的产品再次焕发新春，从而延长产品的生命周期，甚至使它成为一个新的产品。这种策略成功的关键就是要正确找到产品的新用途。

7.2.3 产品生命周期运用的过程中要注意的问题

1. 产品等级的选择

在运用产品生命周期时，应该区分不同等级产品的生命周期。根据产品定义的范围不同，可分为产品种类、产品类型、产品类别和品牌产品四种不同的等级层次。

产品种类是同人类的需求联系在一起的产品大类，具有最长的生命周期。例如，交通工具这类产品是满足人们移动的需要，古已有之，现在及将来仍将需要。

产品类型是同行业联系在一起的具体产品品类，生命周期现象明显，其生命曲线也最标准。如电视机类产品的生命周期，目前已处于成熟前期。

产品类别是通过不断改进或换代而出现的不同的产品项目，这是研究产品生命周期最主要的产品选择。例如，现在黑白电视机已经进入衰退，一般的彩电正处于成熟期，而等离子彩电大约处在介绍期。

品牌产品与不同企业的引进时间、技术水平有关，其生命周期受市场环境、企业的营销策略及品牌知名度的影响，一般没有规则的生命周期曲线。如果企业能针对品牌不断地创新，品

牌的生命周期就会很长，否则，品牌会很快衰落。

在这四个不同层次水平产品的生命周期中，产品类型和品牌产品的生命周期现象最为明显，分析其生命周期对企业的营销实践具有重要的指导意义。

2．产品生命周期的不同形式

上面讨论了典型的S型产品生命周期曲线及其各阶段相应的营销策略。但并不是所有的产品生命周期曲线都是S型，还有其他变形的产品生命周期性形态。

1) 循环—再循环

产品在市场经过一个周期衰退以后，过一段时期又重新兴起，开始第二个周期(见图7-4(a))。这种现象产生的原因是由于企业采取各种不同的市场营销策略，使产品生命周期出现再循环的现象。如医药产品的生命周期曲线中最具代表性的就是循环—再循环型。

2) 扇型

这是在产品进入成熟期以后，在产品销量未下降以前，由于发现了新的产品特性，找到了新的用途，或找到了新的市场，使得产品的需求呈阶梯式向上发展(见图7-4(b))。如尼龙开始是用来制造降落伞，后来袜子、衣服和地毯等都用它作为原料，从而使其需求大幅增长。

3) 时尚

时尚产品是指其某一方面的特性已经被消费者普遍接受的产品。其生命周期与正常生命周期类似，都要经历产品生命周期的几个阶段(见图7-4(c))。消费者购买这类产品的动机是追求一致性，一旦消费者的购买兴趣发生转移，其生命周期马上就结束。

4) 新潮

新潮产品是一种存在时间周期极短的流行时尚产品，生命周期曲线形状与一般的时尚产品不同(见图7-4(d))。这类产品在某一段时间内非常流行，产品迅速进入市场并很快达到销售顶峰，然后又迅速衰退，生命周期相当短。例如，呼啦圈从风行到衰退不到半年的时间。这类产品的发展情况难以预测，经营风险较大。

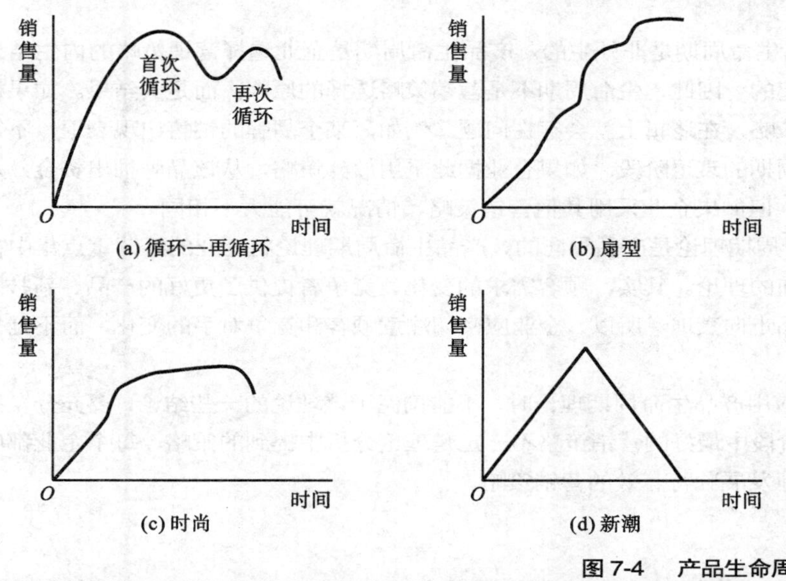

图7-4　产品生命周期的其他形态

3. 产品生命周期各个阶段的划分

产品生命周期各个阶段的正确判断，是运用产品生命周期的关键。然而，如何划分各个阶段则一直是学者们探讨的问题。在以上对产品生命周期各个阶段的定性描述的基础上，具体划分可采用以下几种方法。

(1) 类比法。根据类似产品的发展情况，进行类比分析和判断，如我们可以根据 VCD 的发展过程来预见 DVD 的发展前景。

(2) 销售增长率法。一般来说，介绍期的销售增长率小于 10%，成长期的销售增长率大于 10%，而成熟期的销售增长率在 0.1%～10%，衰退期的销售增长率则小于 0。

(3) 普及率法。当产品在市场上的普及率小于 5%，为介绍期；普及率为 5%～50%时，为成长期；普及率在 50%～90%时，为成熟期；普及率为 90%以上时，则进入衰退期。

此外，还可以运用特尔菲法(专家意见法)来分析预测各种产品的生命周期。

4. 产品生命周期具有区域性特征

同一产品在不同地区，如发达国家和发展中国家、大城市和农村等，其生命周期处于不同阶段。在实际运用中必须考虑地区因素。

7.2.4 产品生命周期理论的评价

上面介绍了产品生命周期理论，分析了生命周期各阶段的特点，并根据各阶段的特点，提出了一些可供选择的营销策略。但这里我们应指出的是，产品生命周期理论自身存在一些问题，如果我们机械地套用该理论，在实践中可能会出现偏差。该理论存在的主要问题有以下几方面。

(1) 产品生命周期的形式多种多样，而周期各阶段又不可预见。产品生命周期的形状除了 S 型，还有循环—再循环型、扇型等 16 种形状。这些不同形状的曲线，各阶段的转折点也不可预见。例如，从成熟期到衰退期的转折点，有的产品在几个月就出现，有的经历上百年的时间还未出现(如可口可乐)。这样，企业就很难正确判断产品处于哪个阶段，无法运用它来指导营销实践。

(2) 产品生命周期是非外生的。产品生命周期是企业选择营销策略的内生结果，而不是由外界因素引起的。因此，生命周期不是营销策略选择的原因，而是其结果。如果根据生命周期来选择营销策略，在逻辑上就会存在问题。例如，某个品牌的销售出现衰退，不等于该品牌已进入其生命周期的衰退阶段。如果企业据此采用放弃策略，从该品牌抽出资金，那么该品牌必将走向消亡。但如果企业采用其他营销策略，情况就可能大不相同。

(3) 生命周期理论是产品导向的。产品生命周期理论将企业的经营重点集中在产品上，是一种生产导向的理论。其实，顾客需求的变化、竞争者提供了更好的产品、新技术的出现等，都会导致产品走向衰退。所以，企业应密切注意顾客和竞争对手的变化，而不是只关注变化的结果。

企业在应用产品生命周期理论时，不能拘泥于该理论的一些结论，要充分发挥自己的创造性。在某一阶段中最好的营销策略不一定是理论分析中提到的策略，每个企业都应根据具体的情况创造性地发展独特有效的营销策略。

7.2.5 市场演进过程——新型产品生命周期理论

由于传统产品生命周期理论是生产导向的，忽略了顾客的需求、竞争者和新技术等对企业及其产品生命周期的影响，因而需要一种能综合考虑这些因素的新理论。市场演进理论就是能对市场自身演进和市场机会进行分析，预见市场变化方向的新理论，是对产品生命周期理论的补充与完善。

市场演进过程是指一个新产品从市场孕育到市场衰亡的全过程。根据产品的市场特征，市场演进过程可划分为市场孕育期、市场发展期、市场分割期、市场再结合期、市场衰亡期等5个阶段。

1) 市场孕育期

市场孕育期是指在某一具体的产品尚未被开发、投放市场之前的孕育阶段。此时，该产品已经存在一个潜在市场，企业正是根据这一潜在的需求去构思、设计、开发某种新产品，用于满足大多数潜在购买者的需求偏好，消费者对尚未问世产品的期望，孕育、催生了某些产品的出现。如消费者对于轻松、方便地洗涤衣物的期望，孕育了洗衣机的诞生；消费者对于坐在家里看电影的期望，催生了电视机及影碟机等产品的问世。从产品的市场运行过程来看，孕育期是十分关键的阶段，企业对孕育期的把握在很大程度上直接影响新产品开发的成败和企业的发展。因此，企业要注重市场信息的把握，及时了解和分析市场潜在需求及其变化，以创造新的市场增长点。

2) 市场发展期

市场发展期是指根据市场的潜在需求所开发的新产品投放市场以后，产品在市场上的销售量迅速增长的阶段。新产品进入市场，变潜在需求为现实需求以后，如果新产品能适应市场需求，就会在刺激市场需求，使产品市场需求快速增长的同时，也促使其他生产者逐步进入这一产品的经营领域，使产品市场的供应和需求都迅速增长；随着成本的下降，企业的利润也迅速增长；市场竞争逐步加剧。在市场发展阶段，企业要抓住时机进入市场，扩大市场销售：通过扩大生产能力、扩展销售渠道、适时调整价格、积极实施广告促销等来扩大市场。

3) 市场分割期

市场分割期是指根据市场需求的差异化、多样化而改进产品，以适应不同细分市场需求的阶段。随着市场需求的广大，呈现出差异化、多样化的特点；市场上的产品也出现差异；竞争趋于激化。此时，企业首先要搞好市场细分，确定自己的目标市场，并进行合理定位；然后，根据不同细分市场的特点，分别开发异质产品，采取不同的营销组合策略；同时，注意树立自身的品牌形象，培养顾客对产品的忠诚度。

4) 市场再结合期

市场再结合期是指从过度细分转为合理细分的阶段。在市场分割期，随着竞争者的增多，进入市场的每一个企业都要谋求在市场中占有一席之地，有的定位于竞争者毗邻，有的寻找某个尚未占领的空当，有的蚕食竞争者已占领的市场，这样，市场被瓜分成愈来愈小的碎片。随着竞争加剧，企业利润减少，市场增长速度放慢，一些面对过于狭小的细分市场的用途过于特殊的产品，将由于打不开市场而告退，使细分市场趋于集中。在这一阶段，企业一方面加强对具有自身特色的产品的宣传，使这类产品成为消费者广为接受的市场的主打产品；另一方面，应审时度势，及时放弃那些消费者不接受的产品。

5) 市场衰亡期

市场衰亡期是指由于新技术的出现、新的代用品的问世，使产品逐步退出市场的过程。这一阶段，由于性能有较大改进的产品的开发或替代产品的推出，现行产品的市场需求逐渐下降，现行产品的生产技术也因老化而停止使用。新一轮的需求与技术生命周期就又出现了，随之，新的市场演进过程又拉开了序幕。

在产品的市场演进过程中，竞争导致分裂，创新促进统一，市场分割期与市场再结合期往往多次交叉出现：当一个有新属性的产品出现以后，市场就会由分裂走向统一。但是，即使形成了统一市场，也难以持久，其他企业将会仿制成功的品牌，市场将会再度分裂。市场进入以创新为基础的再结合和以竞争为基础的分裂的多次循环，市场也就这样在分裂与统一之间周而复始、反复循环。最后，由于新技术的出现，新产品或替代产品被推出，摧毁了旧产品的市场，市场就走向了最终的衰退、消亡阶段。随之，新的市场演进又开始了。

市场演进过程就是企业不断识别顾客未满足的需求，并为其提供新产品的过程。市场演进理论将企业的注意力从特定品牌的产品生命周期转移到整个市场的演进上来。一种品牌产品的生命周期只是市场演进历史中的一小段，而企业营销的成功要靠对整个市场发展潜力富有创造性的设想和对此所做的具体化的工作。

7.3 新产品开发策略

科技进步日新月异，文明发展一日千里，各种新知识、新产品、新技术不断产生，一些传统、方法和技术，不是被淘汰，就是被大幅地改进。产品生命周期迅速缩短，已成为当代企业不可回避的现实。正是这种现实迫使每个企业不得不把开发新产品，作为关系企业生死存亡的战略重点。

7.3.1 新产品的概念

新产品是一个相对的概念，不同的层次有不同的定义。从市场营销角度看的新产品与从科学技术角度看的新产品在内涵与外延上都不相同，前者比后者的内容要广泛得多。从市场营销的角度看，除首次问世的全新产品之外，整体产品中任何一部分的创新或改进的产品，以及向市场提供企业过去未生产过的产品都可以称为新产品。新产品主要包括以下几种。

(1) 全新产品：是指采用新原理、新结构、新技术、新材料，开创全新市场的新产品。据统计，在美国市场，这类新产品占到新产品总数的10%左右。

(2) 换代型新产品：是指在原有产品基础上，部分采用新技术、新材料、新工艺，使其性能获得显著提高的新产品。

(3) 改进型新产品：是指在原有产品基础上，通过技术革新，使其产品功能有所增加或改变其外观、包装、款式，对新产品重新定位而得到的新产品。改进后的产品或性能更加优良，或结构更加合理，或精度更加提高，或功能更为齐全，或特征更加突出。

(4) 仿制型新产品：是指产品的市场业已存在，本企业模仿生产并推向市场的新产品。

换代型产品和改进型产品都是以原有产品为基础实行产品开发，对企业资源要求不高，风险较小，开发出的产品也容易为市场所接受，一般可作为企业产品开发的重点。

7.3.2 新产品开发的原则

新产品开发一般指新产品的研制与开发，是企业求生存、图发展，提高综合竞争能力的重要途径。随着科学技术的飞速发展，世界范围内产品更新换代的速度愈来愈快，高科技含量产品、高附加价值产品及差异化、特色化产品日益成为产品开发的重点。

在投入市场的众多新产品中，一些新产品如流星即逝，而有些新产品则一投入市场后便初露锋芒，迅速成长为受消费者欢迎的产品。为了成功地实施产品开发战略，必须遵循一些基本原则。

1) 以市场为导向进行产品开发

产品开发的目的是为了顺应市场发展的趋势，更好地满足市场需求，进而使企业获得更多的利润。因此，检验新产品成败的唯一标准是市场，新产品能深受市场消费者的欢迎，能为企业带来满意的经济效益，这才说明该产品开发是成功的。企业必须从掌握市场潜在需求和发展趋势出发来考虑产品开发，奉行“从市场中来，到市场中去”的产品开发原则。

为此，企业必须采取一系列有效的制度性措施，来把握市场的发展动向。

(1) 设立实力雄厚的情报研究机构，以收集经济、技术、政治法律等方面的情报。如日本三井物产公司建立了一个遍及世界各地的庞大情报系统，世界上发生的重要情报，总公司在几分钟内就可以整理出来。

(2) 设立海外办事处。这些机构名为办事处，实际上主要从事情报收集活动。

(3) 在企业内部建立“市场需求卡制度”。企业一旦发现用户有什么新需求，就立即记录在需求卡上，定期加以汇总分析后提出建议，许多产品创新构思就是通过这一手段产生的。

(4) 通过“咨询公司”收集情报。借助“外脑”进行情报收集和市场调研活动。

2) 顺应世界科技发展和新产品发展的新趋势

随着经济全球化的发展，各个国家之间新产品发展的时差愈来愈短，关注世界科技发展和新产品发展的新趋势将成为成功开发新产品的重要之举。

其一，运用定点超越的原理，及时引进和利用世界先进技术进行产品开发。其主要优点如下。

(1) 可以加速产品创新，节省开发时间。如日本的汽车工业起步较晚，它们靠利用别国的先进技术，结果只花 15 年的时间就走完了西方汽车工业大国曾走了半个世纪的道路，并使之处于世界领先地位。

(2) 可以提高产品创新的投资效率，节省大量的研制费用。如日本在战后通过技术引进，只用技术投资的 25%就完成了工业主体技术的 70%。1960 年日本只用 1 亿多美元搞技术引进，而减少机器设备进口所节约的外汇就达 45 亿美元，其经济效益竟如此可观。

(3) 有利于提高科技人员和职工的技术水平，从而有利于提高新产品的质量、功能和生产效率，降低成本，增强产品的市场竞争能力。如海尔集团在美国、南美等地设立了研发中心，这样可以把研究工作推进到先进技术的心脏和前沿阵地，积极吸收和利用世界先进技术进行产品创新。

其二，掌握新产品的发展趋势，确定产品开发的正确方向。就目前状况看，新产品的发展趋势比较突出地表现在以下几个方面。

(1) 产品功能智能化。一是多功能化，即在产品原有功能或用途的基础上，不断增加新功能、新用途，从而使产品从单一功能变为多种功能；二是自控化，增加自动控制和调节其功能，向自控化方向发展；三是智力化，即产品向开拓智力、有利于使用者身心健康的方向发展；四

是高科技标准化，随着市场经济的发展，数码技术、纳米技术等高科技被广泛运用于新产品之中，产品的流通范围不断扩大，这就要求企业日益重视产品的标准化。

(2) 产品外观工艺化，重视工业设计。随着消费者文化素质的不断提高，消费者的审美能力日益增强，许多消费者不仅要求产品具有实用价值，而且要求具有一定的艺术价值。美国哈佛商学院教授罗伯特·海斯早在20世纪80年代就指出："15年前企业是在价格上相互竞争，今天是在质量上相互竞争，而明天则是在工业设计上相互竞争。"因此，企业在产品的开发中更多地重视工业设计，这已成为产品开发的一个新的趋势。我国企业已经开始重视工业设计，并运用工业设计思想开发产品。如科龙集团日本研究所立志让现代中国家庭及时拥有世界最新潮的设计；海信重金悬赏向全国工业设计界征集海信系列产品的人性化造型设计，立志将竞争引入更高层次；海尔率先与日本联合成立工业设计公司，3天就有一个新产品问世。

(3) 产品形体轻型、微型化。即产品向灵巧轻便、微小的方向发展，以取代傻大黑粗的过时产品。日本在20世纪70年代以后开始的全员质量运动中，针对欧美类产品"重、厚、长、大"的特点，成功地实施"轻、薄、短、小"的形象设计战略，使日本的汽车、家用电器、手表等产品成为国际市场的畅销品。

(4) 产品发展绿色化。随着可持续发展战略的进一步深化，人们的环保意识愈来愈强，要求企业加强环境保护，发展绿色产品。一是向节能化发展，即产品向节省能源、动力消耗的方向发展，并发展能循环使用、再次使用的产品；二是向减污方面发展，开发"从摇篮到再现"全过程中降低污染的新产品；三是向安全化、保健化发展，由于科学技术的进步和人们生活水平的提高，消费者对提高生活质量，产品的安全性、保健性方面的要求日益强烈，因而，产品安全化、保健化也成为新产品的一大趋势。

3) 发挥自身优势，开发具有特色的差异化产品

(1) 产品和目标市场相适应。即新产品要和企业目标市场消费者的价值观念、风俗习惯和购买力相适应。

(2) 产品具有明显的相对优势。即同原有产品相比，新产品的优点是十分明显的，只有当消费者认识到新产品具有明显的相对优点，他们才会乐于接受和购买。因此，企业进行产品开发时，必须以产品的相对优点为特征进行产品定位。

(3) 突出自己产品和竞争对手之间的差异性。根据消费者购买产品时对价值的要求，产品差异化主要有四种基本的途径：产品、服务、人员、形象(见表7-2)。

表7-2 差异化的变量

产 品	服 务	人 员	形 象
特 征	送货	能力	标志
性 能	安装	言行、举止	传播媒体
结 构	顾客培训	可信度	环境
耐用性	咨询服务	可靠性	项目、事件
可靠性	修理	敏感度	
易修复性	其他服务	可交流性	
式 样			
设 计			

4) 能有效控制成本，具有实际效益

通过对市场上同类产品的比较，为新产品估算出一个市场消费者可以接受的价格，然后通过反向定价原理来测算产品成本；通过对产品的市场规模和竞争态势的预测，进行量、本、利分析；根据预期收益与投资成本的比较来做出新产品开发决策。

值得一提的是，企业在控制产品成本时，应通盘考虑由导入期、成长期、成熟期和衰退期所组成的整个产品生命周期的总成本，而不能把目光只盯在投入期上，因为许多新产品刚投入市场时往往成本较高，但一旦打开市场销路，随着生产批量的扩大，单位产品的成本就会大大降低，因此，企业在控制成本时应具有动态观念。而对于系列配套的新产品(如新家具)，由于各项产品在满足市场需求、企业对其促销和定价的策略等方面存在差异，但最终目的都是为了促进整套产品的销售，因此，企业应以整套产品作为成本核算对象，而不宜强调单一产品的成本。

此外，企业要正确认识产品质量和成本之间的关系，树立优质产品成本较低的观念。科特勒曾指出：如果产品质量低，企业不但需要较多的检修人员，而且一些被损坏的零部件需要重修、重配，这就使产品成本提高。如美国施乐公司主要生产复印机，该公司在世界各地拥有数以万计的推销人员和维修人员，而日本同行企业认识到不可能派出大量的维修人员，因此，它们狠抓产品质量，在不需要大量维修人员的情况下，仍然打开了市场销路。优质产品成本较低的另一个原因是，从长远的角度看，一旦优势产品被广大消费者所认同，成为名牌产品，企业就无须花费大量的促销费用推销其产品，从而能大大降低产品销售成本。

7.3.3 新产品开发策略与方式

企业要提高产品开发的成功率，应该运用科学的产品创新策略。国内外常用的产品创新策略主要有以下3种。

1. 开拓策略

开拓策略是指企业在基础理论和应用技术研究成果的基础上，依靠自身的力量独立设计、制造出全新的专利型新产品，增加新的产品线，并捷足先登，率先把新产品投入市场。企业实施开拓策略的方式主要有以下3种。

(1) 利用专利法。即认真分析研究已经公布的技术专利，并对那些确实对本企业开发产品有应用价值的专利加以购买、引进和实施，并运用于开发相关的产品。日本企业对这一方法的应用十分成功。它们每花一美元购买专利，经实施后可赚回成千上万美元。有些企业实施一项专利技术还可连锁产生100多项新产品。

(2) 配套法。选择实力雄厚、形象较好的大企业，针对其主导产品，开发配套产品或配套元件和材料。大企业的主导产品发展了，本企业的产品也随之畅销。

(3) 替代法。以市场上紧俏热销产品或需求量较大的产品为目标，开发使用价值基本相似的产品予以替代。

2. 更新策略

更新策略是指在现有产品基础上，运用新的理论和现代科技进行改进和更新，开发换代型或改进型新产品，以增加新的产品项目。企业实施更新策略的主要方式有以下5种。

(1) 系列化法。企业在现有产品的基础上，根据产品技术发展的特点或使用上的相关性等

原理，进行延伸开发，使产品的档次、品种、款式、规格、型号等形成系列。

(2) 附加价值法。针对现有产品，开发出更多的能满足消费者额外需求的附加价值，给消费者提供最大限度的满意或让客价值，也可增加商品的吸引力。

(3) 多功能法。根据商品性能使用或某方面的相关性、配套性，开发具有多种功能的商品，做到一物多用，一专多能，使消费者以基本相同的价格或稍高一点的价格购买到更多的功能。如二合一、三合一洗发水，喷香电扇等。

(4) 延时法。对限于一定时期使用的季节性商品进行开发和改进，延长其消费时间，使其成为全年性商品，如晴天为太阳伞、雨天为雨伞的“晴雨伞”，冷热两用的双制式空调机等。

(5) 形体改造法。在功能基本不变的情况下，根据目标市场的需求偏好，对外观的大小、造型、色彩、包装等进行改造，使产品以一个新的面目出现。

3. 模仿创新策略

当市场上出现具有发展潜力的新产品时，就立即进行仿造，并在一定程度上加以改进，以独具特色的产品与开拓型企业相竞争，从而分享市场。如美国休列特-帕卡德公司就常用这一产品开发策略，该公司极少抢先向市场推出新产品，一旦竞争对手的新产品进入市场，该公司的科技人员和营销人员便闻风而动，向用户详细了解竞争对手的新产品有哪些优点、哪些不足、应该如何改进等信息，随后设计出更适合顾客需求的新产品投入市场，其产品总是比竞争企业率先推出的产品有所改进，其结果又吸引了竞争对手的顾客。美国工商界权威杂志《福布斯》曾这样评价休列特-帕卡德公司：它的声望是靠冷眼旁观其他公司的新产品所经历的坎坷道路而树立起来的，该公司以万无一失的产品进入市场，做到后来者居上。可见，模仿创新策略并不是机械地仿造其他企业的产品，模仿应以消化、改造和提高为本意，仅仅照搬照抄其他企业的产品是不可能赢得市场的。企业实施模仿创新策略的主要方式有以下几种。

(1) 仿制法。即选择市场上的畅销产品或优质产品、样品进行分析研究，加以仿制改进开发自己的新产品。通过改进性仿制，使自己企业开发的产品，或性能有所改进，或价格低一些，或有新的特色。运用这种方法须注意避免侵权行为。

(2) 引进法。以国内外著名公司和畅销产品的生产企业为目标，广泛收集这些公司的产品或样品并加以分析，从中了解市场发展的趋势及潮流，在引进适合本企业发展的生产线的基础上，进行改进，开发具有自身特色的产品。

(3) 复合法。将两种或两种以上的商品有效地组合在一起开发而成为一种新的集各种商品之长、使用更为便利的复合商品。

7.4 新产品扩散过程

一个新产品的扩散过程，包括从它的发明创造开始到最终消费者采用为止的全过程。美国学者埃弗雷特·罗杰斯将扩散过程定义为“一个新观点从它的发明创造开始到最终的用户或消费者采用的传播过程”。我们将这一过程划分为新产品创意过程、新产品市场推广过程和新产品采用过程三个相互关联的过程。

7.4.1　新产品创意过程

1．新产品创意

新产品创意过程一般要经历新产品创意、创意的筛选、产品概念的形成三个阶段。

一个新产品的发明创造，首先必须提出符合市场需求的产品设计，而产品设计是建立在新产品创意的基础上的。所谓创意，就是为满足一种新的需求而提出的一系列设想。在此基础上，把比较现实的有代表性的种种设想加以分析、综合，就逐渐形成了比较系统的新产品概念。

创意阶段应广泛听取各个方面的意见，尽可能吸纳多种创意。新产品创意的来源一般可通过以下途径。

(1) 顾客。企业营销人员可以通过观察和倾听顾客的需求，分析顾客对现有产品提出的批评和建议，了解顾客的不足之处和求足之愿，形成新产品的创意。

(2) 科技部门。新技术、新工艺、新材料的发明创造为开发新产品，改进原有产品的质量、功能和效率提供了广阔的前景。企业研究开发部门应与科学研究机构、专利发明人等保持密切的联系，不断地搜寻新产品构思。

(3) 竞争者。竞争产品、竞争者的成败可以为新产品创意提供借鉴，企业应博采众长为我所用，实现定点超越。

(4) 企业内部营销人员。他们密切接触市场，了解顾客需求，熟悉竞争情况，最有发言权，往往成为新产品创意的最好来源之一。

(5) 企业高级管理人员。他们所处的地位使他们最明确公司的发展方向及所需要的产品创意。

(6) 经销商。经销商掌握顾客要求和市场竞争等方面的第一手资料，也能提供市场上有关新技术、新工艺、新材料等信息。

2．筛选创意

获得大量创意以后，企业应组织力量对创意进行评估，以决定哪些创意应当放弃，哪些创意富有价值，应进一步开发。

对创意的筛选，应尽量避免两种失误：一是误舍，即将有希望的新产品创意予以舍弃；二是误用，将没有前途的产品创意付诸开发，造成人力、物力和财力的损失。

为甄别创意的优劣，企业应根据其发展目标和资源条件评价市场机会的大小，淘汰那些市场吸引力不大的创意，然后对余下的创意采用加权评分法分别计算其成功的分数值，并按一定的标准从中选出企业可以接受的产品创意。表 7-3 列出了运用此方法评价某一产品构思的具体过程。

表 7-3　产品构思加权评分法

产品成功的必要因素	相对权数(A)	企业能力水平(B)											评分(A×B)
		0.0	0.1	0.2	0.3	0.4	0.5	0.6	0.7	0.8	0.9	1.0	
企业声誉	0.20							√					0.120
营销能力	0.20										√		0.180
研究与开发能力	0.20								√				0.140

续表

产品成功的必要因素	相对权数(A)	企业能力水平(B)											评分(A×B)
		0.0	0.1	0.2	0.3	0.4	0.5	0.6	0.7	0.8	0.9	1.0	
人力资源	0.15							√					0.090
财务能力	0.10										√		0.090
生产能力	0.05									√			0.040
地理位置和设备	0.05				√								0.015
采购和供应能力	0.05										√		0.045
总　计	1.00												0.720
分等标准：0.00～0.40 为差；0.41～0.75 为尚佳；0.76～1.00 为佳。最低接受标准：0.70													

3．形成产品概念

经过筛选，企业要把选定的新产品创意变成产品概念。在市场营销学中，产品创意只是可能的产品，而产品概念，是指已经成型的产品设想，它与想象中的产品不同，它应具有较完整的概念。如叫什么名称？有什么功能？有何特色？用何包装？什么式样？何种规格？定价多少？对这些问题都应有描述。有时还可以将产品概念拿到消费者中进行测试，请求消费者就产品概念的描述做出回答或提出看法。

7.4.2　新产品市场推广过程

新产品市场推广过程包括制定营销计划、商业分析、新产品研制、市场试销、市场投放等五个阶段。

1．制定营销计划

对经测试入选的产品概念，企业须制订一个初步的营销计划。营销计划包括 3 个部分：第一部分描述目标市场的规格、结构和行为，产品的定位，销售量和市场占有率，以及产品投放市场的头几年的利润目标；第二部分则是产品的价格策略、分销策略和营销预算；第三部分涉及长期销售量和利润目标的预测，以及在不同时期的营销组合策略。

2．商业分析

商业分析实际上是经济效益分析。其任务是在初步拟定营销规划的基础上，对新产品概念从财务上进一步判断它是否符合企业目标。主要包括两个具体步骤：预测销售额和推算成本与利润。

预测新产品销售额可参照市场上类似产品的销售发展历史，并考虑各种竞争因素，分析新产品的市场地位、市场占有率，以此来推测可能的销售额。在推算销售额时，应将几种风险系数都考虑进去，可采用新产品系数法，其公式为

$$R = A \cdot B \frac{C \cdot D \cdot E}{X}$$

式中：R——新产品系数；

A——技术上成功的概率；

B——商业上成功的概率；

C——预期的年销售量；

D——预期价格；

E——产品生命周期；

X——固定成本总额。

上式中 $C \cdot D \cdot E$ 的积是收入总额，然后除以 X，其商就是该产品生命周期内得到的收入为预付初始投资的倍数，这个数值就是产品系数。A 和 B 两个概率，一般由企业主管人员加以确定，其数值在 0～1 之间，它们的变动影响产品系数，反映新产品的开发风险。由于风险大小与产品系数成反比，所以新产品系数越大，盈利可能性也越大。

为了预测新产品的成本、销售量与利润额，可参考以下利润方程式：

$$M_t = (P_t - C_t)Q_t - F_t - Z_t$$

式中：M_t——t 年的利润额；

P_t——t 年的平均价格；

C_t——t 年的单位变动成本；

Q_t——t 年的销售量；

F_t——t 年的不变成本；

Z_t——t 年的利润额。

3. 新产品研制

将经过商业分析具有可行性的产品概念转交给研究开发部门将其转化为具体的产品模型或样本。较之前述几个阶段，产品开发阶段需要更多的投入，也需要更长的时间。试制出来的产品只有符合以下要求，才会被视为在技术和商业上是可行的。在消费者看来，产品具备了产品概念中所列举的各项属性；在正常使用条件下，能安全地发挥其功能；能在预算的成本范围内生产出来。

产品研制出来后，还需通过一系列严格的功能测试与消费者测试。功能测试是在实验室测试新产品是否安全可靠，性能质量是否达到规定的标准等。消费者测试则是通过试用样本等方式了解消费者对产品的意见与反应，以便从中发现问题，进一步改进与完善。

4. 市场试销

新产品样品经过部分消费者(或用户)试用基本满意后，企业通常根据改进后的设计进行小批量试生产，在有选择的目标市场上做检验性的试销。同时，深入调查经销商和顾客，再进一步改进设计或试生产情况，试销不仅能增进企业对新产品销售潜力的了解，而且有助于企业改进市场营销策略。如从市场试销中，观察试用率(首次购买的比率)和再购率(重复购买的比率)的高低，对及时了解新产品能否销售成功有着重要意义。新产品试销分析如表 7-4 所示。

表 7-4　新产品试销分析

试 用 率	再 购 率	结　论
高	高	新产品为成功产品，应大量生产，及时上市
高	低	新产品需要改进
低	高	新产品需要加强宣传，开发新客户
低	低	新产品为失败产品

5. 市场投放

新产品试销成功后，就可以正式批量生产，全面推向市场。这时，企业就要动用大量资金，支付大量费用，而新产品投放市场的初期往往利润微小，甚至亏损，因此，企业在此阶段应在以下诸方面慎重决策。

(1) 投放时机。如果新产品是用来代替本企业其他产品的，那么，投入市场的时机应是在原有产品库存较少的情况下上市；如果新产品的需求具有较强的季节性，应在最恰当的季节投放，以争取最大销量；如果新产品需要改进，应等到产品进一步完善后再投放，切忌仓促上市。

(2) 投放地区。企业应考虑新产品的投放地区，如在城市还是在乡村，是在国内市场还是在国际市场。一般情况下，应集中在某一市场上开展广告和促销活动，取得一定的市场份额，再向全国各地市场扩展。但是，资力雄厚并拥有完备、顺畅的国内、国际销售网络的大企业，有时也可以直接将新产品推向全国或国际市场。

为了科学决策投放区域，企业应对不同地区市场的吸引力做出全面评价，主要评价标准是：市场潜力，企业在这一市场的信誉，营销费用，该地区对其他地域市场的影响，以及市场竞争情况，等等。

(3) 目标市场，目标市场的选择可以依据试销或产品开发以来所收集的资料。最理想的目标市场应是最有潜力的消费者(用户)群，通常具备以下特征：最早采用新产品的市场；大量购买新产品的市场；该市场的购买者具有一定的传播影响力；该市场的购买者对价格比较敏感。

(4) 营销组合。要在新产品投放前制订尽可能完备的营销组合方案，新产品营销预算要合理分配到各营销组合因素，要根据主次轻重有计划地安排各种营销活动。

7.4.3 新产品采用过程

所谓新产品采用过程，是指消费者从知晓某种新产品到最后接受采用这种新产品的心理过程。由于个人性格、文化背景、受教育程度和社会地位等因素的影响，不同的消费者对新产品接受和采用的快慢程度不同，为此，可根据采用情况将消费者划分为不同类型。

1. 产品采用者的类型

美国著名的学者埃弗雷特·罗杰斯根据产品采用的快慢将消费者划分成5种类型，即创新采用者、早期采用者、早期从众者、晚期从众者和落后采用者。

如图7-5所示，各类采用者大体服从统计学中的正态分布。从人数来看，五类采用者可归纳为三大类，领先者(包括创新采用者和早期采用者)和落后者各占采用者的1/6(约为16%)，而从众者(包括早期从众者和晚期从众者)占采用者的2/3(约为68%)。从采用时间来看，创新采用者(约占2.5%)比平均时间提早了2 σ；早期采用者(约占13.5%)比平均时间提早了1 σ；从众者 (早期从众者和晚期从众者各占34%)落入±1 σ的区域内；落后采用者(约占16%)比平均时间推迟了1 σ。

1) 创新采用者

任何新产品都是由少数创新采用者率先使用，该类采用者仅占全部潜在采用者的2.5%。他们具备如下特征：追求新潮，敢于冒险；收入水平、社会地位和受教育程度较高；一般是交际广泛且信息灵通的年轻人。企业市场营销人员在向市场推出新产品时，应针对这类消费者的特点，把促销手段和传播工具集中于创新采用者身上。如果他们采用效果较好，就会大肆宣传，影响到后面的使用者。

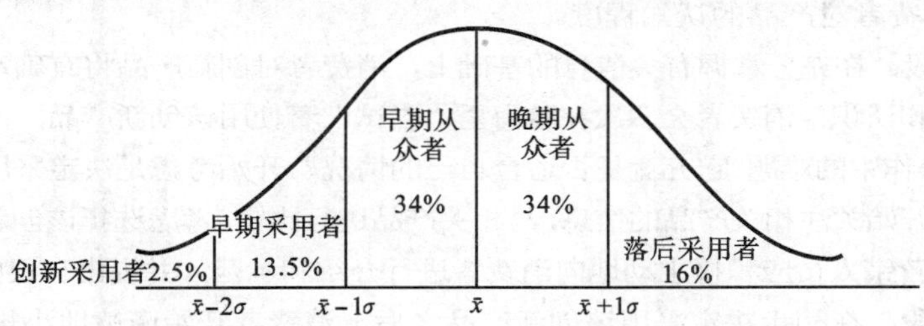

图7-5 新产品采用者分布图

2) 早期采用者

早期采用者也属于领先采用的群体，占全部潜在采用者的13.5%。他们关注新事物的发展，注重搜集有关新产品的信息资料，成为某些领域里的舆论领袖。这类采用者多在产品的介绍期和成长期采用新产品，并对后面的采用者影响较大。他们也应成为市场营销人员重点推介新产品的对象。

3) 早期从众者

这类采用者的采用时间较平均采用时间要早，占有34%的市场份额。其特征是：对舆论领袖的消费行为有较强的模仿心理；受过一定教育；有较好的工作环境和固定收入；属于理性消费者，往往经过较长时间的深思熟虑方能做出决策。他们虽然也希望在一般人之前接受新产品，从而成为赶时髦者，但却是在经过早期采用者认可后才购买。该类采用者占的市场份额较大，市场营销者应注重研究他们的消费心理和消费习惯，以加速创新产品的扩散。

4) 晚期从众者

这类采用者的采用时间较平均采用时间稍晚，占有34%的市场份额。其基本特征是：心态稳重，态度谨慎，怕担风险；其受教育程度和收入状况相对较差，信息多来自周围的同事或朋友，很少借助宣传媒体。所以，他们从不主动采用或接受新产品，直到多数人都采用且反映良好时才行动。显然，对这类采用者进行市场扩散是极为困难的。

5) 落后采用者

这类采用者是采用创新产品的落伍者，占有16%的市场份额。他们思想保守，拘泥于传统的消费行为模式。他们与其他的落后采用者关系密切，极少借助宣传媒体，其社会地位和收入水平低。因此，他们在产品进入成熟期后期乃至进入衰退期时才会采用。

新产品扩散过程中，企业市场营销人员要紧紧抓住创新采用者和早期采用者这两类领先采用者，了解并满足他们的需求，针对他们的特点积极进行宣传，使他们成为该产品的购买尖兵，并成为满意者和重复购买者；争取和促进从众者，使他们成为后续的积极购买者和忠实购买者。

2. 新产品采用过程

消费者对新产品从知晓到采用的过程一般可分为下列5个发展阶段。

(1) 知晓阶段：消费者通过无意识地接触有关该产品的广告宣传或实物，对该创新产品有所觉察，并从感性上逐步认识该创新产品的新的功能，但并没有掌握关于它的系统信息。

(2) 兴趣阶段：消费者不断受到有关该产品的信息的激发，进一步认识到了该创新产品的功能和用途，逐步对该产品产生了喜爱和占有该种产品的愿望，并进入了理性认识阶段，开始有意识地通过各种渠道系统收集有关该产品的信息，以避免购买风险。此时，企业的广告和人

员推销将提高消费者对产品的认知程度。

(3) 评价阶段：在充分掌握有关信息的基础上，消费者对创新产品将有确定性认识，通过对产品特性的分析和认识，消费者会多次在脑海里“尝试”着使用该创新产品，考虑该怎样使用该产品?如何解决操作中的难题?它究竟是否适合自己的情况？开始考虑是决定采用还是拒绝采用该种创新产品？并开始关注相关产品的信息，与相关产品进行比较，考虑选择该创新产品是否明智？此时，企业市场营销人员应积极主动地向消费者进行介绍和示范，并提出自己的建议。

(4) 试用阶段：在初步决定采用该创新产品之后，消费者开始谨慎地小规模试用该创新产品。通过试用，进一步审视自身决策是否正确；并通过与相关产品的比较，决定是否进一步重复使用和大规模使用。此时，该创新产品的功能、质量是最具说服力的因素。

(5) 采用阶段：消费者决定全面和经常地使用该创新产品，并会告诉朋友们自己采用该创新产品的明智之处，成为企业产品的“口碑”宣传者。倘若他无法说明采用决策是正确的，或采用后出现后悔现象，那么就可能中断采用。

通过采用过程分析，可以启发新产品的营销人员如何促使消费者顺利通过这些阶段，成为本公司的忠实用户。

3. 影响采用过程的因素

1) 消费者属性和所处的环境

消费者个人的属性(如个人的性格特征、社会地位、经济收入、性别年龄、文化水平等)、消费者所处的社会环境因素(如文化、经济、社会、政治、科技等)、消费者的沟通行为因素，这三者是影响消费者采用决策的重要因素。较早知晓创新产品，并对其产生兴趣的消费者与较晚意识到创新产品的消费者有着明显的区别，一般地，前者较后者有着较高的文化水平和社会地位，他们广泛地参与社交活动，能及时、迅速地搜集到有关新产品的信息资料。

2) 新产品的特征及其对消费者的吸引力

(1) 产品的相对优越性。即创新产品被认为比原有产品好。创新产品的相对优越性越多，如在功能性、可靠性、便利性、新颖性等方面比原有产品的优势越大，就越容易让消费者采用。应该着重指出的是，相对优越性是指消费者个人对创新产品的认同程度，而不是产品的实际状况。在某些情况下，一个确实属于创新的产品若不能被消费者所认同，便失去其相对优越性。

(2) 产品的适用性。即创新产品与消费者行为及观念的吻合程度。当创新产品与消费者的需求结构、价值观、信仰和经验适应或较为接近时，就较容易被迅速采用。

(3) 产品的复杂性。即认识创新产品的困难程度。创新产品越是难以理解和使用，其采用率就越低。这就要求企业在新产品设计、整体结构、使用维修和保养方法等方面与目标市场的认知程度相接近，尽可能设计出简单易懂、方便使用的产品。

(4) 产品的可试用性。即创新产品在一定条件下可以试用。汽车的测试、免费赠送样品等都是为了方便消费者对新产品的试用，减少购买风险，提高采用率。

(5) 产品信息的可传播性。即创新产品在使用状况是否容易被人们观察和描述，是否容易被说明和示范。创新产品的信息越容易被传播，就越容易被消费者所感知，其采用率也就越高。

3) 营销人员对新产品信息传播的及时性和针对性

新产品营销人员能否适时地针对领先采用者和从众采用者的不同特征，将新产品的有关信息传递给他们，帮助他们知晓新产品的存在和功能、特征，激发他们对该创新产品的兴趣，促进他们产生采用决策，将直接影响新产品的采用过程。

本章小结

产品生命周期，是指产品的市场生命周期，即产品从进入市场到最后退出市场所经历的市场生命循环过程，一般分为导入期、成长期、成熟期和衰退期四个阶段。导入期的营销策略：快速掠取策略；缓慢掠取策略；快速渗透策略；缓慢渗透策略。成长期的策略：改进产品；开拓新的细分市场，开辟新的分销渠道；促销的目标转移到树立产品形象；适时降低价格。成熟期的策略：调整目标市场；改进产品； 改进市场营销组合；发现产品的新用途；保持老顾客对品牌的忠诚，吸引新用户，提高原有用户的使用率；适时研制和开发新产品，准备产品的更新换代。衰退期的策略：放弃策略；维持策略；重新定位。本章介绍了产品生命周期运用中要注意的问题，以及产品生命周期理论存在的主要问题。

市场演进过程是指一个新产品从市场孕育到市场衰亡的全过程，根据产品的市场特征，可划分为市场孕育期、市场发展期、市场分割期、市场再结合期、市场衰亡期等五个阶段。

新产品主要包括：全新产品；换代型新产品；改进型新产品；仿制型新产品。新产品开发的原则：以市场为导向进行产品开发；顺应世界科技发展和新产品发展的新趋势；发挥自身优势，开发具有特色的差异化产品；能有效控制成本，具有实际效益。产品创新策略：开拓策略；更新策略；模仿创新策略。

新产品的扩散过程，包括发明创造开始到最终消费者采用为止的全过程。将这一过程划分为新产品创意过程、新产品市场推广过程和新产品采用过程。

关键术语

产品生命周期	市场演进过程	市场孕育期	市场发展期
市场分割期	市场再结合期	市场衰退期	全新产品
仿制型新产品	新产品扩散过程	新产品采用	改进型新产品

思考题

1. 试说明产品生命周期各个阶段的特点及企业的营销策略。
2. 试评价产品生命周期理论。
3. 企业如何运用产品的市场演进过程理论进行分析?
4. 新产品开发的原则有哪些?
5. 消费者对新产品的采用过程给予企业哪些启示?

参考文献

1. 菲利普·科特勒. 营销管理[M]. 10版. 北京：中国人民大学出版社，2001.
2. 万后芬. 现代市场营销学[M]. 北京：中国财经出版社，2001.
3. 迈克尔·J 贝克. 市场营销百科[M]. 李桓，译. 辽宁：辽宁教育出版社，1998.

4. 周文辉. 直面工业设计[J]. 销售与市场，1998(8): 21-25.
5. 万后芬. 市场营销教程[M]. 北京：高等教育出版社，2007.
6. 方妙英. 苹果橘子营销学[M]. 北京：化学工业出版社，2009.

案例研讨

2002 年 8 月下旬，在 CCWRESEARCH 公布的《2002 年上半年中国家用台式电脑用户研究报告》的统计数据中，一个名不见经传的电脑新军——神舟电脑竟然在一年的时间内“连升三级”，跃升至中国家用电脑的前五强。

神州电脑的母公司——新天下集团的优势在于 DIY 产业，长期以来拥有“小影霸”、“磐英”、“神龙”、“奔驰”等国内最大的一线 DIY 品牌，占据全国市场的 30%左右。电脑整机包括光驱、软驱、硬盘、内存、CPU、显示卡、主板等七大核心部件，多数国内电脑厂商的七大部件全部依赖进口。而神舟电脑是目前国内唯一具备电脑主机板和显示卡两项自主研发能力的整机制造商，其所采用的奔驰主板和小影霸显示卡，一直是其自主研发制造并在电脑配件市场占有率第一的著名品牌，其自主研发带来的是整体制造可使其成本降低两成左右。

受美国“9·11”事件的影响，2002 年上半年全球 PC 市场继续保持萎靡不振的形势，与疲软的国际市场形成鲜明对比的是国内 PC 市场却依然强劲，销量保持了 20%以上的增长率。据估计，中国的 PC 市场预期成熟容量大约在 3000 万台左右，与 2002 年的 1000 万台总量相比，市场的上升空间很大。随着消费者消费行为越来越理性，消费 PC 将由投资品走向消费品，消费群体将由贵族化转向平民化。

神舟电脑的老总吴海军底气十足地表示，“神舟电脑虽然市价比对手便宜约两成，但我们仍有合理的利润空间”，因为“我们是靠自主研发，靠采用新技术不断降低成本”。

神舟有条著名的“5 小时反应”制度，即当市场上的某项信息发生变化时，这条信息将以最快速度从终端反馈回神舟总部，高层对该信息进行判断分析并做出决策，然后其响应决策再以同样速度传达到终端并向市场公开，整个信息链的往返时间一般只需要 5 个小时。也正因如此，神舟电脑往往能够对市场变化做出最快反应。而在“快鱼吃慢鱼”的电脑业，快就是成本控制的最好武器。

神舟电脑对传统的渠道概念进行了大胆创新：经由遍布全国的近千家专卖店销售，一台神舟电脑从生产线下线到消费者手中，中间只经过一个环节。

经过一年的发展，神舟电脑已形成家用、商用两大系列近 20 种机型，可满足不同用户的多样化需求，月销量突破了 2 万台大关，2002 年 1—7 月份已销售 9.78 万台家用电脑，挤占了 3.7%的市场份额，跃居成中国家用电脑的第 5 名。其母公司新天下集团在短短 6 年间，到 2002 年销售额达 17 亿元，2001 年仅税一项就上缴了 4320 万元，神舟电脑的成功已日渐成为业内人士广为关注的对象。

(资料来源：汤定娜. 中国企业营销案例[M]. 北京：高等教育出版社，2007.)

案例思考题

1. 神舟电脑的开发是否符合新产品开发的原则？
2. 神舟电脑如何更好地进行新产品扩散？

第 8 章 产品经营策略

本章提要 本章主要阐述产品品牌管理的基本概念、功能、种类，以及品牌延伸策略、驰名商标策略、品牌资产的运营、产品包装策略和产品服务策略等。本章的重点是掌握品牌的概念及品牌策略。本章的难点在于理解品牌概念内涵，以及由此产生的品牌策略问题。

引 例

阿迪达斯是当今世界著名的体育品牌之一，与耐克、锐步等品牌一起占据了全球体育用品消费的主要市场份额。

阿迪达斯创立于 1920 年(“ADIDAS”商标注册于 1948 年)。在公司发展早期，阿迪达斯就将产品技术创新作为开拓市场、提高品牌知名度的动力。“功能第一”、“给运动员最好的”是公司品牌发展的原则。阿迪达斯的创始人阿迪·达斯勒不但是位田径运动员和体育爱好者，也是位推崇工艺、品质和热衷于创新的企业家和发明家，他先后共获得 700 项的专利。同时，阿迪·达斯勒也是世界运动鞋制作领域的开先河者。1920 年，阿迪就发明了世界上第一双训练用运动鞋，在他领导下的阿迪达斯诞生了世界上第一双冰鞋和胶铸足球钉鞋。

阿迪达斯品牌扬名世界始于 1936 年在其本土德国柏林举行的奥运会上。此届奥运会前夕，阿迪找到极有希望夺冠的美国短跑运动员杰西·欧文斯，并向他保证钉鞋对其比赛肯定大有帮助，但当时被欧文斯拒绝了。于是阿迪又建议他可以在赛前训练中试穿。结果，使用效果使欧文斯如获至宝，并在正式比赛中使用了阿迪达斯的钉鞋，结果他连夺四枚金牌震惊了世界。欧文斯穿着阿迪达斯跑鞋的夺冠照片在世界各国广为流传。1956 年墨尔本奥运会上，阿迪达斯推出了一个附属品牌——“墨尔本”，这个品牌用来命名阿迪达斯新研制的改进型多钉扣型运动鞋。在那届奥运会上，穿阿迪达斯运动鞋的选手共获得 72 枚金牌，从而使阿迪达斯品牌的知名度得到了更大的提高。

阿迪达斯成为第一个向优秀运动员免费赠送运动鞋的公司，第一家与运动队签订长期提供球鞋、球袜合同的公司，使人们在许多世界级的比赛中看到优秀运动员们脚上穿着阿迪达斯的产品。同时，阿迪达斯积极赞助全球性的体育盛会。

在公司发展过程中，阿迪达斯采取的是金字塔形的品牌推广模式，在三个层次产生影响。首先，该品牌吸引了许多想出成绩的运动员，这不仅是出于他们对高性能运动装备的需要，更在于阿迪达斯的不断革新，为选手们发挥高水平给予了技术上实质的支持。其次，阿迪达斯品牌在那些登上重大比赛领奖台的运动员身上频频出现，激发了更多潜在消费者——周末探险者和业余运动员的需要。在这个层次上，真正能满足需求的产品和口碑传播起了关键作用。第三，上述运动员的品牌偏好逐渐渗透到一般普通健身者群中，而这是一个最大的消费群体。通过这种品牌推广方式，加之阿迪达斯已具有的强大市场基础，其品牌的影响力迅速延伸至与体育运动相关的各个层面。

阿迪达斯品牌通过技术上不断创新，成功地借助奥运会和著名运动员的广告效应，以及金字塔形的品牌推广模式等品牌发展策略，到 20 世纪 60 年代和 70 年代，阿迪达斯已在体育用品市场具有无可匹敌的优势，成为世界体育用品一流品牌。

8.1 产品品牌策略

8.1.1 品牌的含义及类型

1. 品牌的含义及功能

1) 品牌的含义

中国商标制度实行“自愿注册原则”和“申请在先原则”。未注册的品牌不受法律保护。产品品牌运作过程是一个从给产品品牌命名起，经过艰苦的创立名牌、发展名牌并为社会公认或成为驰名商标的过程。

产品品牌的确定即命名要符合以下原则：

- 简洁明快，易于认读、识别和记忆，音韵美，便于朗朗上口，便于扬名；
- 准确地反映企业及其产品的特色，寓意深厚，引人思索与联想；
- 符合市场所在国的法律规范和民族习惯，为消费者喜闻乐见。

品牌的命名还要坚持三防御原则。

(1) 视觉独占，图形专用。包括文字专用、图案专用，要把笔型相近的名称一并注册，如虹雁、红雁。

(2) 听觉独占，发音专用。要把发音相近的名称一并注册，如佳丽、家丽，红豆、宏豆。

(3) 感受独占，含义专用。要把含义相近的名称一并注册，如“少女之春”、“少女之夏”、“少女之秋”、“少女之冬”等。

2) 品牌的功能

(1) 识别功能。品牌在消费者心目中是产品的标志，是产品的品质、特色、属性和文化的代表。消费者通过品牌就可以识别出能满足自己偏好的产品，缩短了消费者购买产品的过程，节省了消费者的时间和精力。

(2) 保护功能。品牌中的商标通过注册以后受到法律保护，禁止他人使用。一方面，是企业的产品特色得到法律的保护，防止别人模仿与假冒，保护了企业的正当权利；另一方面，如果产品质量有问题，消费者就可以根据品牌，直接追究企业的责任，依法向其索赔，这样也具有保护消费者权益的作用。

(3) 促销的功能。品牌的促销功能主要表现在两方面：一方面，由于品牌是产品品质的标志，消费者常常按照品牌选择产品，因此品牌有利于引起消费者的注意，能满足他们的需求；另一方面，由于消费者往往依照品牌选择产品，这就促使生产经营者更加关心品牌的声誉，不断开发新产品，加强质量管理，树立良好的企业形象，使品牌经营走上良性循环的轨道。

(4) 增值功能。品牌，既是一种品质的标志，同时也是一种身份的象征，消费者有追求品牌，尤其是名牌的偏好。名牌产品在消费者心理上具有很高的附加价值，其价格一般较高。因此，品牌能为企业增加利润，具有增值的功能。

2. 品牌的分类

依据不同的划分标准，品牌可划分为不同的类型。

1) 根据品牌知晓度的辐射区域分类

根据品牌知晓度的辐射区域，可以将其划分为国际品牌、国内品牌、地区品牌和当地品牌。

(1) 当地品牌。是指一个区域或城市的品牌。如许多城市的老字号，其他地方的人根本不知道，而当地人却耳熟能详。

(2) 地区品牌。地区品牌相当于我国的省内品牌，享有一定的知晓度，例如，北京的二锅头酒、湖南的白沙啤酒等。地区品牌产品在地区内销售势头较好。

(3) 国内品牌。是指在国内有较高知晓度的品牌，如小天鹅牌洗衣机、长虹牌彩电、五粮液酒等。

(4) 国际品牌。是指在国际市场上有较高知晓度的品牌。例如，可口可乐、雀巢咖啡、奔驰汽车等。

2) 根据产品的经营环节不同分类

根据产品的经营环节不同，可以将其划分为制造商品牌和中间商品牌。

(1) 制造商品牌(NB： National Brand)。是指产品生产企业为产品设计的品牌。产品生产企业根据产品的特色、功能，为其设计独特的品牌标志、名称、包装及颜色等。

(2) 中间商品牌(PB： Private Brand)。是指中间商所拥有的品牌，具有给各种非相关性产品群起同一个品牌的特点。零售商、批发商等中间商取代制造商自行开发产品或要求制造商按照自己提出的产品规格生产产品并赋予自己的品牌。据统计，在欧洲，中间商品牌商品的销售额已占全部销售额的40%以上。

3) 根据品牌持续时间的长短分类

根据品牌持续时间的长短，可以将其划分为短期品牌、长期品牌和时代品牌。

(1) 短期品牌。这类品牌往往在短时间内知名度提高很快,但由于多种原因，又很快在市场上消失，其持续的时间非常短。曾轰动一时的三株口服液、秦池酒就属于这一类。

(2) 长期品牌。这类品牌持续时间较长。从吸引消费者的兴趣，获得消费者认可，到最终在市场中占有一席之地，经历了一个相当长的过程。

(3) 时代品牌。是指能在一个时代里都长盛不衰的品牌。例如可口可乐、福特汽车等。

4) 根据品牌的来源渠道不同分类

根据品牌的来源渠道不同，可以将其划分为自有品牌和外来品牌。

(1) 自有品牌。是指企业自己创造并一直使用的品牌，如TOYOTA(丰田)、海尔等。

(2) 外来品牌。是指企业通过特许经营、兼并或收购等形式取得的品牌，如香港陆氏实业

公司购买的“TCL 王牌”(彩电)等。

8.1.2 品牌使用策略

企业在进行品牌决策时，有以下几种策略可供选择。

1. 品牌有无策略

该策略是指企业决定是否给其产品规定品牌名称。产品是否选用品牌，要根据产品的具体特点而决定。由于品牌具有识别、保护、促销和增值的功能，大多数产品都应具有品牌。但有些产品可以不使用品牌：大多数未经加工的原料产品，如棉花、矿砂等；同质化程度高的产品，如电力、煤炭、木材等；某些生产比较简单、选择性不大的小商品，如小农具等；临时性或一次性生产的产品。这类产品采用品牌并不能发挥品牌的功能，不用品牌反而能节约费用，为企业增加收益。

2. 品牌归属策略

制造商在决定对产品使用品牌后，还要决定如何使用品牌。制造商的产品在品牌的使用上有三种选择。

(1) 制造商品牌策略。该策略可使生产者获得自立品牌的收益。

(2) 中间商品牌策略。受资源约束无力建立自己品牌的生产企业常采用该策略。

(3) 混合策略。制造商对自己生产的一部分产品采用制造商品牌，而对剩下的产品则采用中间商品牌。采用混合策略利用了前两种品牌策略的优点，有利于企业迅速占领市场，扩大市场份额。

3. 品牌统分策略

如果企业决定采用自己的品牌，那么还要进一步决定其产品是分别使用不同的品牌，还是使用统一品牌。一般有以下两种选择。

(1) 统一品牌。是指企业对自己生产的多种产品统一使用同一品牌名称，如海尔的所有产品都使用“海尔”这同一品牌。采用统一品牌有助于新产品进入市场，节约广告费用。但其中任何一个产品的失败都会使整个品牌受到损失。因此，使用统一品牌策略的企业，必须对所有产品进行严格的质量控制。

(2) 个别品牌。是指企业对不同产品分别使用不同的品牌名称。该策略避免了企业的声誉受某个失败产品影响的风险，同时有助于发展多种产品线和产品项目，开拓更广泛的市场。品牌过多，不利于创立名牌和促销费用高是其主要缺点。该策略适应于那些产品线较多而相关性较小、生产技术条件有差异的企业。

4. 多品牌策略

多品牌策略是指企业为一种产品设计两个或两个以上互相竞争的品牌的策略。这一决策是美国宝洁公司首创的十分成功的品牌策略。多品牌策略的优点主要有：

(1) 可以在零售商店占据更多的销售空间，减少竞争者的机会；

(2) 可吸引那些有求新好奇心理的品牌转换者；

(3) 发展多品牌可使企业占领不同的细分市场。

发展多种不同的品牌能促进企业内部各个产品部门和产品经理之间的竞争，提高企业整体的效益。采用这种策略时应注意，每种品牌都应有一定的市场占有率，具有盈利的空间，否则会浪费企业有限的资源。

5. 品牌重新定位策略

随着时间的推移，由于消费者的偏好发生了变化或竞争者推出了新的品牌，对企业品牌的需求会减少。这时企业应重新评价原品牌与细分市场，对品牌进行重新定位。在对品牌进行重新定位时，企业必须考虑以下两点。

(1) 将品牌转移到另一个细分市场的费用，包括产品质量改变费、包装费及广告费。

(2) 定位于新位置的品牌的盈利能力。盈利水平取决于细分市场上的消费者人数、平均购买率、竞争者的数量和实力等。企业要对各种品牌重新定位方案进行经济可行性分析，选定一个盈利最多的方案。

8.1.3　副品牌与子品牌策略

1. 副品牌策略

1) 副品牌的含义

所谓副品牌策略，指在主品牌不变的情况下，在主品牌后为新产品添加一个副品牌。其具体做法是以一个成功品牌作为主品牌，来涵盖企业生产制造的系列产品，同时给不同产品起生动活泼、富有魅力的名字作为副品牌，为主品牌展示系列产品的社会影响力，而以副品牌凸显各个产品不同个性形象。它利用消费者对现有成功品牌的信赖和忠诚，推动副品牌产品的销售。例如，到目前为止海尔产品已包括冰箱、冷柜、空调、洗衣机、彩电、电脑和手机等 69 个大门类 10800 多个品种，成为拥有白色家电、黑色家电和米色家电的中国家电第一品牌。这么多的产品如果全用海尔一个品牌的话，势必只能表达出其家电产品的共性，而每种产品的个性就难以有效地向消费者传播。因此，海尔集团运用副品牌，如在冰箱上，相继推出了“海尔-小王子”、“海尔-双王子”、“海尔-大王子”、“海尔-帅王子”、“海尔-金王子”等；在空调上，海尔先后推出了“海尔-小超人”变频空调、“海尔-小状元”健康空调、“海尔-小英才”窗机等；在洗衣机上，海尔推出了“海尔-神童”、“海尔-小小神童”、“海尔-即时洗”等；海尔还推出了“海尔-探路者”、“海尔-宝德珑”彩电，“海尔-小海象”热水器等产品，惟妙惟肖地体现了产品的魅力。这样也避免产生类似“海尔就是冰箱”、“长虹就是彩电”的思维定式，对于品牌顺利延伸是有益的。选择副品牌策略，能有效引导消费者突破原有消费定势，接受和认可新产品，并将对主品牌的信赖、忠诚迅速转移到新产品上来，从而成功实现品牌延伸。海尔取得跻身世界家电十强的骄人成绩，应该说与其成功地实施了副品牌策略不无关系。

2) 副品牌的特征

副品牌具有以下基本特征。

(1) 广告宣传的重心是主品牌，副品牌处于从属地位。

广告受众识别、记忆及产生品牌认可、信赖和忠诚的主体是主品牌。这是由企业必须最大限度地利用已有成功品牌的形象资源所决定的，否则就相当于推出一个全新的品牌，成本高、难度大。

比如“海尔-神童”洗衣机，副品牌“神童”传神地表达了“电脑控制、全自动、智慧型”

等产品特点和优势。但消费者对“海尔-神童”的认可、信赖乃至决定购买，主要是基于对海尔的信赖。因为海尔作为一个综合家电品牌，已拥有很高的知名度和美誉度，其品质超群、技术领先、售后服务完善的形象已深入人心。若在市场上没有把“海尔”作为主品牌进行推广，而是以“神童”为主品牌，那是比较困难的。一个新电器品牌要让消费者广为认可，没有几年的努力和大规模的广告投入是不可能的。

(2) 主副品牌之间的关系不同于企业品牌与产品品牌之间的关系。

这主要是由品牌是否直接用于产品及认知、识别主体所决定的。如“海尔-帅王子冰箱”、“三星-名品”彩电，海尔、三星是企业品牌，同时也是直接用于产品而且是产品品牌的识别重心。故“海尔”与“帅王子”、“三星”与“名品”是主副品牌关系。

“通用”与“凯迪拉克”、“雪佛莱”则属于企业品牌与产品品牌之间的关系，因为一般消费者对“凯迪拉克”认知崇尚主要是通过“‘凯迪拉克’是美国总统座车”、“极尽豪华”、“平稳舒适如安坐在家中”等信息而建立的。“通用”这一形象在促进人们对“凯迪拉克”的崇尚赞誉方面所能起的作用是很有限的。“丰田”与“皇冠”、“佳美”、“凌志”，“P&G”与“飘柔”、“海飞丝”、“舒肤佳”也是典型的企业品牌与产品品牌之间的关系。

(3) 副品牌一般都直观、形象地表达产品优点和个性形象。

“松下-画王”彩电的主要优点是显像管采用革命性技术，画面逼真、色彩鲜艳，副品牌“画王”传神地表达了产品的这些优势。长虹进行品牌战略策划时，给空调取的“雨后森林”、“绿仙子”、“花仙子”等副品牌栩栩如生地把长虹空调领先的空气净化功能表现出来。红心电熨斗在全国的市场占有率超过50%，红心是电熨斗的代名词，新产品电饭煲以“红心”为主品牌，采用“小厨娘”为副品牌，在市场推广中，既有效地发挥了“红心”作为优秀小家电品牌对电饭煲销售的促进作用，又避免了消费者心中早已形成的“红心＝电熨斗”这一理念所带来的营销障碍。因为“小厨娘”不仅与电饭煲等厨房用品的个性形象十分吻合，而且洋溢着温馨感，具有很强的亲和力。

(4) 副品牌具有口语化、通俗化的特点。

副品牌采用口语化、通俗化的词汇，不仅能起到生动形象地表达产品特点的作用，而且传播广泛，易于较快地打响副品牌。如“画王”、“小厨娘”、“帅王子”等均具有这一特点。

(5) 副品牌较主品牌内涵丰富，适用面窄。

副品牌由于要直接表现产品特点，与某一具体产品对应，大多选择内涵丰富的词汇，因此适用面要比主品牌窄。主品牌的内涵一般较单一，有的甚至根本没有意义，如海尔、Sony等，用于多种家电都不会有认识和联想上的障碍。副品牌则不同，“小厨娘”用于电饭煲等厨房用品十分贴切，能产生很强的市场促销力，但用于电动刮胡刀、电脑则会力不从心，因为“小厨娘”本身倾向性的内涵引发的联想会阻碍消费者认同接受这些产品。同样，“小海风”用作空调、电风扇的副品牌能较好地促进销售，但若用于微波炉、VCD，则很难起到促销的作用。

(6) 副品牌一般不额外增加广告预算。

采用副品牌后，广告主广告宣传的重心仍是主品牌，副品牌从不单独对外宣传，都是依附于主品牌联合进行广告活动。这样，一方面能尽享主品牌的影响力；另一方面，副品牌识别性强、传播面广，且张扬了产品个性形象。因此，只要把在不采用副品牌的情况下，本来也要用于该产品的宣传用于主副品牌的宣传，其效果就已经超过只采用主品牌的策略。

近几年，越来越多的国际著名企业用副品牌来推广富有特色、科技领先的新产品，如“松下-画王”、“索尼-特丽珑”、“飞利浦-视霸”等。国内企业也开始学会选用副品牌这一营销利器

且取得了不错的营销业绩，尤其是海尔集团在运用副品牌策略时更显得得心应手。海尔从冰箱起步，经过多年苦心经营已从品质、技术等各个方面树立了一流家电品牌的形象，其“质量管理严格”、“技术投入巨大”、“产品畅销欧洲”、“星级售后服务”等形象已深入人心，使海尔品牌对大多数的家电销售都有很强的带动力。但单用海尔一个品牌只能表达其家电产品的共性，而每种产品的个性难以有效地向消费者传播。因此，海尔集团运用起副品牌策略，如外形俊朗、功能先进的冰箱叫“帅王子”；用“帅英才”来表达空调产品智能变频控制、技术超前的特点；0.5 kg 的小洗衣机叫“小小神童”，“即时洗”惟妙惟肖地体现了产品的魅力。海尔迅速成长为中国家电业的顶尖品牌，多元发展、捷报频传，副品牌策略无疑也起了很大的推动作用。海尔妙用副品牌策略的经验很值得正朝着产品多元化发展的国内企业学习。

3) 副品牌策略

(1) 把握主副品牌关系，凸显主品牌的核心地位。主副品牌关系不同于企业品牌与产品品牌之间的关系，副品牌和子品牌的最大区别就在于宣传重心不同。运用副品牌策略一定要凸显主品牌的核心地位，副品牌只是主品牌的有效补充，仅处于从属位置。主品牌是副品牌的根基，副品牌是主品牌的延伸，两者相互联系成为一个有机体。广告宣传必须依附于主品牌进行，绝不可让副品牌超越主品牌，脱离主品牌，否则就相当于推出一个全新的品牌，成本高且难度也大。

比如人们提到海尔，不是将它与冰箱、空调等单一的产品联系在一起，而是联想到海尔是一个“品质超群、技术领先、售后服务完善”的一流家电品牌。“海尔，真诚到永远”的品牌形象已深入人心。“海尔-神童”洗衣机，副品牌“神童”传神地表达了“电脑控制、全自动、智慧型”等产品特点和优势。但消费者对“海尔-神童”的认可、信赖乃至决定购买，是基于对海尔的信赖。若在市场上没有把“海尔”作为主品牌进行推广，而是以“神童”为主品牌，那是比较困难的。再如乐百氏“健康快车”的旺销自然与乐百氏品牌的赫赫声名分不开，因为在消费者心目中，乐百氏意味高品质、健康、卫生、安全可靠。如果单以“健康快车”为主品牌进行宣传，形象既因大众化而模糊，又因无知名度而导致业绩不佳。

(2) 副品牌命名要有联想功能，不宜过分求新求怪。品牌之所以能凸显商品个性，传神地表达产品特征，在于它的命名的讲究。副品牌命名一般采用通俗易懂、形象生动的词汇来体现产品特征，同时还应要求命名具有联想功能。主品牌往往不表述商品的功能、特质，副品牌则通过高度提炼，能产生画龙点睛的效果。如美的“小康星”微波炉，让人联想起现代化的小康之家的厨房，摆放着代表科技领先的美的微波炉(因为星代表宇宙、科技，突出领先之品质)；而且命名同星相连，突出其具有明星般卓越不凡的品质。在当今品牌繁多、竞争激烈、信息爆炸的时代，需要副品牌带给消费者强烈的听觉、视觉冲击力，这有利于从众多品牌中脱颖而出，在市场上形成一定的影响力和震撼力。如“海信-智能王”、“康佳-镜面”、“东芝-火箭炮”、“海尔-先行者”、“海尔-探路者”、“TCL-巡洋舰”等都是反映时代特征的富有冲击力的副品牌。但是，副品牌命名如果为此过分求新求怪，不仅起不到促销作用，反而有哗众取宠之嫌，而且容易伤害到主品牌。

(3) 副品牌与目标市场相吻合。任何一个品牌都是有自己的目标消费群体的。副品牌所传导出的意境与定位，要与欲进入的目标市场相贴近、相吻合，这样才能更好地将品牌概念传递给消费者，使其感受到“这正是我所想要的”。如长虹推出的“长虹-红双喜”、“长虹-红太阳”彩电，其锁定的目标市场主要是中小城市和农村，因此命名十分通俗，表达了普通老百姓对生活的向往与追求。2000 年，长虹的“精显”背投彩电闪亮登场，副品牌“精显”十分形象地表

现了这款长虹彩电超高清晰度的特点，体现了“现代、时尚、高科技”的品牌形象，非常切合大城市中一部分崇尚高品质生活的现代人的物质需求，使长虹迅速在高端彩电市场崛起。

2. 子品牌策略

1) 子品牌的内涵

一个企业有一个企业品牌，其产品有产品品牌。如果企业的企业品牌与其产品品牌用同一个名字(通常出现这种情况时其产品品牌为两个或两个以上)，其产品品牌便可称为子品牌(通常情况下即为多品牌策略)。例如，著名的宝洁(即企业品牌)公司旗下便有“海飞丝”、“飘柔”、“舒肤佳”、“玉兰油”等数百个子品牌。

由于采用子品牌策略的要求很高，风险也大，因此近来不少企业采取副品牌策略，即在主品牌不变的情况下，在主品牌后为新产品添加一个副品牌。

2) 子品牌与副品牌的区别

子品牌与副品牌功能的相同之处在于都对突出新品牌起促进作用。而它们两者最大的不同点是：子品牌宣传的重点还是子品牌，而副品牌宣传的重点在主品牌而非副品牌。

(1) 品牌与产品及其特性高度统一。在单一品牌策略中，本来消费者对“强力”品牌的品牌类别、核心产品情况认知明确、记忆清晰，然而，如果该品牌过度延伸，就会扰乱“强力”品牌在人们心中的定位。而子品牌策略一般是一个品牌针对一类或一种产品实施的，由于广告宣传，对外传播的信息都是有关这一品牌的，所以具有高度的统一性，久而久之便能在消费者大脑中建立起品牌的产品特点、个性、形象之间的对应关系。这一点在宝洁公司的产品中尤为明显，最典型的便是“头屑去无踪，秀发更出众”的海飞丝，“头发更飘、更柔”的飘柔，“拥有健康，当然亮泽”的潘婷。这种明确的市场细分所传出的品牌一推向市场就给消费者留下较深的印象和影响，有效降低了完全的单一品牌策略带来的“模糊效应”，并在很大程度上左右着消费者的品牌选择。

(2) 避免“株连风险”。在单一品牌策略中，依附在同一品牌下的多种产品中，只要有一种产品在市场经营中出现问题，就极有可能影响到其他产品的信誉。子品牌策略中宣传的重点是子品牌，而企业品牌放在宣传的次要地位。这样，一旦某一子品牌产品在经营中出现质量、服务或其他问题影响该品牌经营时，不至于对企业其他子品牌造成很大的损害，对企业品牌的损害也可以降到最低，从而保证企业免受更大的损失。同样，一旦企业的企业品牌出现危机，子品牌受到的损害也可有效降低。

1996 年，因“常德事件”等原因的影响，三株口服液销量骤减，“三株”品牌(既是企业品牌也是产品品牌)声誉一落千丈。遭受巨大损失的三株集团领导为了避免企业受到更大的损失，立即将自己生产的护肤品子品牌“生态美”产品包装中的企业品牌“三株”字样去掉，由此才保存了在今天发展势头很好的国产护肤品牌“生态美”，这便是对子品牌策略优势极好的阐释。

3) 子品牌策略

(1) 根据产品线的分类归属不同而采取子品牌策略。当企业同时生产相关性不大的各类产品时，可考虑在统一的企业品牌下，按产品线建立新产品的品牌。当品牌延伸的各类市场不具兼容性时，尤其应该采取此策略。名不见传的广东雄伟集团旗下却有几大知名品牌产品，如松本电工、正野电器、威利坚机器模具等。实践证明，这种品牌策略是切实可行的。

(2) 根据同一类产品不同档次(质量)而采取子品牌策略。这样可以保持其高档产品的份额，

同时又可以打入中、低档市场而且不对高档品牌造成影响。如号称“钟表之王”的瑞士钟表便采取了这样的子品牌策略，其一级表品牌用“劳力士”、“欧米茄”，二级表品牌用“浪琴”，三级表品牌用“梅花”，四级表品牌用“英纳格”。而与此相反，早年美国的“派克”钢笔以物优价贵闻名于世，被视为身价的象征，但 1982 年新任总经理詹姆斯·彼特森上任后，欲进入低档笔市场，却采用了单一品牌策略，仍用“派克”品牌，每支售价仅 3 美元。结果派克公司不仅没有打入低档笔市场，反而使高档笔市场占有率下降到 20%，销售额只为其对手克罗斯公司的 50%左右。

(3) 从促销的角度出发而故意在同一类产品中采取子品牌策略。这种策略是指在同一类产品中设立两个或两个相互竞争的品牌，这虽然可能会使原有品牌的销售量(额)稍减，但几个品牌加起来的总销售量(额)却比原来一个品牌时更多。

这种策略的主要好处是：第一，零售市场的商品陈列位置都有限，多一个品牌就会多占一个陈列货位；第二，不少消费者属于品牌转换者，具有求新好奇的心理，而要抓住这类消费者的最好办法就是多推出几个品牌；第三，这种做法可以把竞争引入企业内部，使负责各个品牌的部门之间相互竞争，提高产品质量与生产效率；第四，可以使企业拥有较多的品牌而去占有较多的不同细分市场，不仅满足消费者的共同需要，也尽力满足具体市场的独特需求。例如，我国服装业著名的杉杉集团有五大品牌，但各个品牌市场定位不同。比如，“杉杉”品牌以男装为主，主要目标为中档偏高的消费群体；“麦斯奇莱”品牌以女装为主，主要目标为白领职业女性群体；“意丹奴”品牌以休闲装为主，主要目标为年轻活泼群体等。

(4) 由于历史原因而采取多品牌策略。例如，我国广东科龙集团，早期该公司只有“容声”冰箱，后来由于“容声”仿冒者甚多，影响“容声”品牌形象，因此启用“科龙”品牌重树公司形象，后来又兼并“华宝”空调整厂而采用“华宝”品牌，与“三洋”合资而采用“三洋科龙”。再如，松下公司本来的品牌是“National”，后来因为该词在一些国家不能注册而启用“Panasonic”。

当然，由于子公司策略中的子品牌与企业品牌的关联较小，独立性较大，因而新子品牌无法得到已成功子品牌的庇护，企业品牌庇护也很有限；而且，在市场竞争激励的今天，发展一个新品种不仅投入大、周期长，而且成功率低、风险大，而要扶持一个新品牌的难度更大，因此对企业要求很高，企业不仅应经济规模大、综合实力强，而且推广经验十分丰富才可。

8.1.4 品牌延伸策略

1. 品牌延伸的内涵

品牌延伸是指把一个现有品牌名称使用到一个新类别的产品上，以及在同一类产品中推出若干新的品牌名称的营销行为。习惯上简称为“一品多牌”或“一牌多品”。之所以能实行品牌延伸是由于品牌和产品之间存在的固有关系决定的。产品与品牌之间的关系可以通过图 8-1 表示。

图 8-1 表示如果将产品和品牌分别分解成现有产品和新产品、现有品牌和新品牌，则产品与品牌之间构成了 4 种关系，即

A. 现有产品，现有品牌；

B. 新产品，现有品牌；

	现有产品种类	新产品种类
现有	现有产品，现有品牌 A	新产品，现有品牌 B
新	现有产品，新品牌 C	新品牌，新产品 D

图 8-1 产品与品牌关系示意图

C. 现有产品，新品牌；

D. 新品牌，新产品。

2．品牌延伸的方式

1) 按品牌与产品的关系划分

品牌延伸包括“一牌多品”和“一品多牌”两种延伸方式。“一牌多品”的延伸属于产品线的延伸，具体又分 3 种方式，即向下延伸、向上延伸和双向延伸。所谓向下延伸是指原品牌定位于高端市场，即高档产品地位，为了更好地开拓市场，企业将高档品牌向中低档方向延伸的一种策略，“派克”钢笔就是一个例子；向上延伸正好相反；而双向延伸则是指如果企业将品牌定位于中档产品上，为了大幅度拉长品牌线，同时将品牌向上、下两个方向延伸。一般说来，向上延伸可以有效地提升品牌资产，改善品牌形象。如 20 世纪 80 年代末，在国内冰箱价格战打得火热时候，琴岛—利勃海尔(海尔前身)为提高自身品牌形象反其道而行之，冒着经营失败的危险将全部产品提价 10%，就是采取向上延伸的策略，由于海尔的营销手段和服务的跟进，这一决策取得了成功。这种品牌高档化做法的缺点是有可能支持力不够。

向下延伸虽然营销成本低廉且操作简单，但其给品牌带来的风险要比向上延伸大得多，因为这种品牌低档化做法的缺点是容易损害母品牌的形象，如“派克”钢笔的例子。据调查，消费者对品牌不利信息的接收，比对有利信息的接收要快得多。美国学者阿迪特(Ardnt)经过研究发现，品牌“坏口碑”比“好口碑”对消费者购买决策的影响力要大两倍！这就给国内一些热衷于将品牌向下延伸的企业敲响了警钟。例如，有资料显示，“五粮液”从 1994 年开始品牌延伸，到目前已延伸出了“五粮春”、“五粮醇”、“五福液”、“五粮王”、“五粮神”、“金六福”等十余个品牌。虽然五粮液在品牌延伸后，其家族已创造了年销售 70 亿元的辉煌业绩，并取代茅台成为中国白酒之王，但品牌延伸却使五粮液的高档品牌的形象受到伤害。因为，目前五粮液的品牌延伸是一味向下的品牌低档化策略，其延伸出的十余个品牌，价格主要集中在 30～80 元之间，看不出其在风格、个性和消费者群体上有什么差异。从一百多元的五粮春到几十元的五粮醇，让人已经弄不明白五粮液究竟是高档酒的代表，还是低档酒的象征。而国酒茅台从 1998 年开始学习五粮液走低档化之路，推出茅台王子酒、茅台醇、茅香缘等系列白酒。这些品牌延伸低档化的结果，短期内肯定会提高企业的销售额和市场占有率，但从长远看，也只会使其高档品牌的形象受到伤害，动摇其业已形成的至尊品牌地位。如果企业追求的是长期的市场占有率和经济利益，对向下延伸这种策略就必须进行审慎的分析，然后再决定是否予以采用。

号称“钟表之王”的瑞士钟表旗下几种代表不同档次的手表，其一级表品牌用“劳力士”、“欧米茄”，二级表品牌用“浪琴”，三级表品牌用“梅花”，四级表品牌用“英纳格”。试想一下，如果不用多品牌，而将高档的“劳力士”品牌延伸覆盖至所有档次的手表，那将会怎样？所以，不可盲目、轻率进行品牌向下延伸。相反地，一些品牌如果缺乏向上延伸的品质和名气就盲目地向上延伸，结果最后有可能不但没能在高端市场取得成功，而且自身原有品牌的定位都会受到影响。因此，对于向上延伸，企业应把自己保持在一个相当的品质基础上拓展，待品质提升到一定标准时再谋求向上延伸。

一品多牌是企业根据不同营销区域消费者的偏好和审美情趣而采取的适合各类地域消费者的需要而对同一种商品采用不同的品牌的营销策略。

宝洁(P&G)公司是实施一品多牌策略的典范。作为一家国际性综合洗涤品生产经营企业，它的经营种类多，从香皂、牙膏、洗发精、护发品、漱口水、柔软剂、洗涤剂，到橙汁、咖啡、烘焙油、蛋糕粉、土豆片，再到卫生纸、化妆纸、卫生棉、胃药、感冒药，横跨了清洁用品、食品、纸制品、药品等多种行业。它从生产之初就采用多种品牌或一类产品多个品牌的策略。比如在我国市场上，香皂用的是舒肤佳，牙膏用的是佳洁士，卫生巾用的是护舒宝，仅洗发水就有"飘柔"、"潘婷"、"海飞丝"、"沙宣"等品牌。正是这种策略使得宝洁成为如今世界当之无愧的"品牌大户"。同时，宝洁公司又是多品一牌策略的成功实践者，该公司横跨了服务业、制造业、娱乐业，涉足文化用品、女性用品、航空运输、媒体业、金融、零售、CD、软饮料、铁路、服装等多个商业领域的维珍(Virgin)品牌，又无疑创造了一个多品一牌的成功神话。从1971 年维珍创立到现在，维珍的触手简直无处不在，从维珍唱片到维珍航空、维珍铁路、维珍电信、维珍大卖场、维珍婚纱、维珍影院、维珍金融服务、维珍可乐，维珍品牌成为人们生活的一部分。据最近在英国进行的一项民意调查显示：维珍在英国的认知度达到 96%。维珍集团已经成为英国最大的私营企业。对于具体的企业而言，品牌战策永远只有最适宜的，没有最好的。企业必须综合考虑环境和自身的各种因素，从实际出发，寻求最适宜的品牌策略。

2) 延伸品牌与母品牌产品关联性划分

品牌延伸分为连续延伸和间断延伸。品牌连续延伸是指延伸品牌产品与母品牌关联度大，一般处于同一行业进行的延伸。品牌间断延伸则是指横跨多个行业进行的延伸。

当海尔由冰箱进军空调、彩电、洗衣机，在整个家电行业中延伸时，尚属于连续延伸；当其延伸至手机、整体厨房设备和医药行业时，就属于间断延伸了。海尔延伸至整体厨房还预示着有潜在的成功因素，因为这符合海尔"真诚到永远"的核心价值及由此映射出的一流的售后服务质量体系。但当海尔品牌延伸至手机时，人们认为手机像是"通信产品"而非"家电产品"，其良好的售后服务只局限在维修时才能体现，不像空调有安装及调试等。而当海尔品牌延伸至医药行业时，其"国际一流售后服务"的特色就更无用武之地了。这样就偏离了自己的核心价值，优势很难体现出来，这或多或少是造成现在海尔手机及海尔医药现状的原因之一吧！

韩国 LG 品牌下有家用电器、手机、电脑显示器、电子零部件、电梯、乳胶漆、幕墙玻璃等众多产品。LG 作为国际大品牌，给人以卓越品质的印象，所以这些延伸都是可取的。但当 LG 推出化妆品时并没有采用 LG 品牌，而是采用新品牌"蝶妆"，因为 LG 的品牌核心价值主要是"品质和技术的保证"，与"浪漫、女性化"的化妆品概念不相容。

3. 品牌延伸的原则

品牌延伸包括"一牌多品"和"一品多牌"两种延伸方式。

品牌延伸策略的运用要符合以下原则。

(1) 主要成分相同。主要成分指商品的种类、价格档次、品牌定位、目标市场、资源和技术转换关系等方面的内在联系。

(2) 品牌的资产可以转移。品牌是企业的无形资产，这是品牌的最大优点，这一优点必须能够沿用、转移到延伸产品，让消费者一看到品牌就知道这个品牌有什么特点、好处和价值。

(3) 相同的分销渠道。

(4) 相同的服务系统。

8.1.5 驰名商标策略

1. 名牌的内涵

从一般品牌到名牌有一个艰苦的创立、宣传、维护、发展的过程。名牌是在任何市场环境里都可以一眼认出或一听便知的名称和符号。名牌必须具备以下基本条件。

(1) 高品质。商品质量包括产品的理性化性质和感官品质。理性化性质是指产品的性能、安全性、适应性、经济性、时间性等；感官品质是指商品完善的外在形式、造型、色彩、包装、装潢等。

(2) 高特色性。指商品的独特个性、独特用途、独特风格。

(3) 高知名度。指品牌认知的广泛度，是地区的、国家的还是国际的。

(4) 高占有率。指商品的市场占有率或市场覆盖面高，并与商品的信誉度、美誉度成正比。

(5) 高信誉度。消费者对某一品牌的信赖程度，可以从商品售后的信息反馈系统和质量保障系统反映出来。

(6) 高附加值。指高出社会必要劳动时间的价值，即用名誉和智慧创造出来的价值。

2. 驰名品牌的评定

驰名商标是在市场上享有较高声誉，并为相关公众所熟知的注册商标。依国际惯例，成为驰名商标应考虑以下情况：

(1) 商标信誉及公众知晓程度；

(2) 国内外同行评价；

(3) 商标使用区域和范围；

(4) 商标使用时间；

(5) 商标连续使用年限；

(6) 广告宣传费用及覆盖面；

(7) 商标在其他国家和地区注册和使用情况；

(8) 商标持有人自我保护意识的强弱。

名牌的认定是市场行为，是消费者的公众行为，它不靠政府所属部门或群众团体进行评优评奖来认同。名牌的确立不可能取决于一朝一夕，而是在市场上长期培育的结果。

国际上流行的合格认证包括对产品质量的认证、质量体系认证、实验室认可、检查人员(含审核人员)及评审员认可等，只是对进入国际市场的企业及其产品一般认证，或是起码标准的认证，而不是对名牌的认证。名牌产品一定要经得起检验，要取得起码的认证条件，但经过合格认证的不一定构成名牌产品。

国际上的国际名牌大排序往往是由国际上有影响的企业和新闻媒体采取对各种被评价的知名品牌进行综合分析评分得出的。

8.1.6 品牌资产的运营

1. 品牌资产的概念

从经济学的角度定义，品牌资产是一种超越厂房、设备、商品等所有有形资产以外的价值，是品牌力的利益贡献。

从营销学的角度看，品牌资产是好商品或服务冠以品牌后，所产生的超越产品功能价值的附加价值。这种附加价值是顾客愿意购买有品牌的产品，为此支付高的价格而使企业获得的额外收益。从顾客的角度，它表现为顾客对品牌的偏好、态度和忠诚；从财务的角度，品牌资产可以直接用货币的价值表现，比如为收购品牌而支付的价格。

各种品牌在市场上的价值是不一样的，品牌力越强，品牌能为企业带来的附加价值就越多，品牌资产价值就越大。一个强有力的品牌能形成巨大的品牌资产，而巨大的品牌资产又能为企业提供强大的持续竞争优势。因此，品牌资产对企业当前的市场竞争和未来的长远发展都具有重要的意义。

2. 品牌资产的构成

品牌资产是一个系统概念，它是由几个既有联系又有区别的部分组成，如图 8-2 所示。

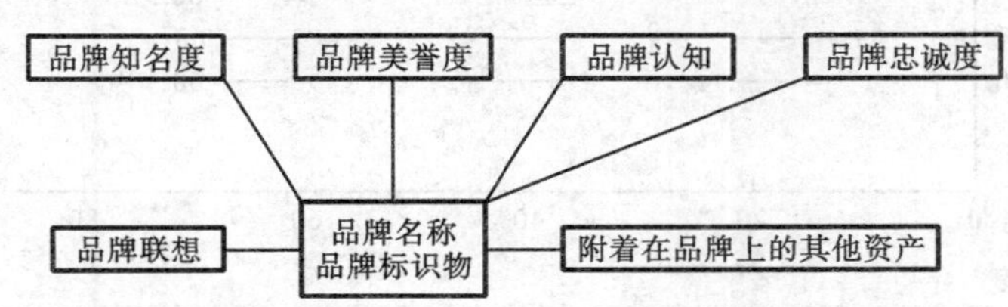

图 8-2　品牌资产的构成

品牌名称和品牌标识物是品牌资产的物质载体，品牌知名度、品牌美誉度、品牌认知、品牌联想、品牌忠诚度和附着在品牌上的其他资产是品牌资产的有机构成。

1) 品牌知名度

品牌知名度是指消费者想到某一种类别的产品时，脑海中能想起或辨识某一品牌的程度，其由低到高依次分为四级，即无知名度、提示知名度、未提示知名度、第一提及知名度，它反映的是顾客关系的广度，与销售呈正相关关系。消费者购买决策过程是从认识产品和品牌开始的，只有认识了品牌，才有可能喜欢品牌，才有可能产生购买行为，直至重复购买，最终成为忠实的购买者。因此，知名度是品牌资产的首要条件，如果没有知名度，就没有其他品牌资产要素。品牌知名度的大小是相对而言的，名牌就是相对高知名度的品牌。高知名度可以引发消费者的好感，体现品牌背后的实力。因此，知名度越高，可转移的资产就越大，品牌延伸就越容易成功。

例如，将国内外的一些品牌拿到中国的消费者中去测试发现，国际品牌的公众知名度是非常高的，如饮料品牌中，可口可乐的认知度达到 90.2%；汽车品牌中，桑塔纳达到了 89.6%的认知度。一些品牌的认知度如图 8-3 所示。单从知名度来看，百事可乐和可口可乐在一般知名度上差距不大，但从第一提及率看，百事可乐与可口可乐则差得很远，这意味着消费者认同可

口可乐更能作为可乐类饮料的代表品牌。饮料品牌第一提及率情况如图 8-4 所示。品牌知名度不完全等同于品牌资产。中央电视台的黄金时间档广告，可以一夜之间造就一个知名度很高的品牌，但它却不能造就一批十分忠诚于该品牌的消费者。

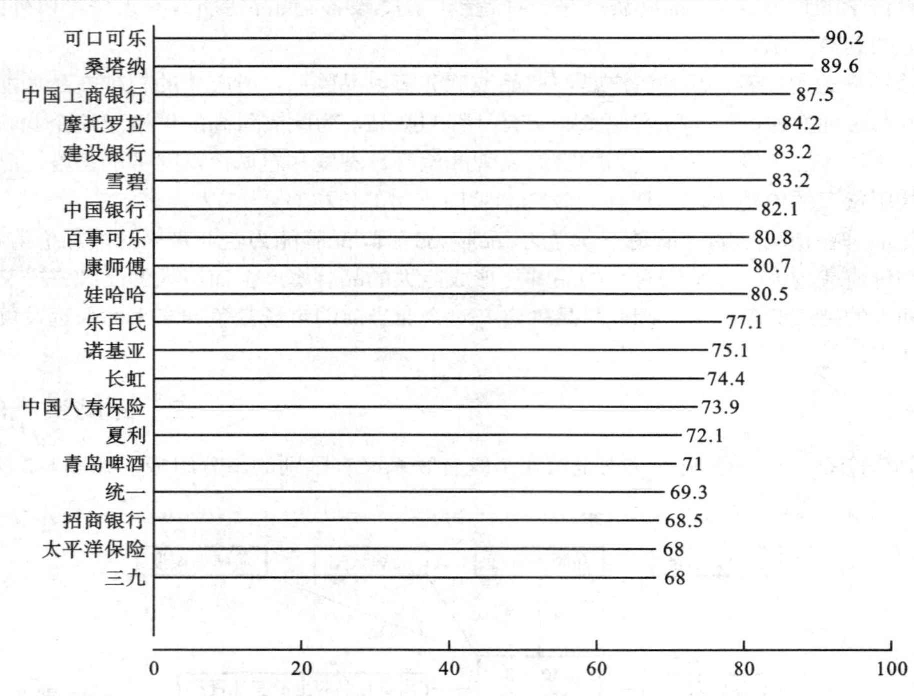

图 8-3　品牌的认知度

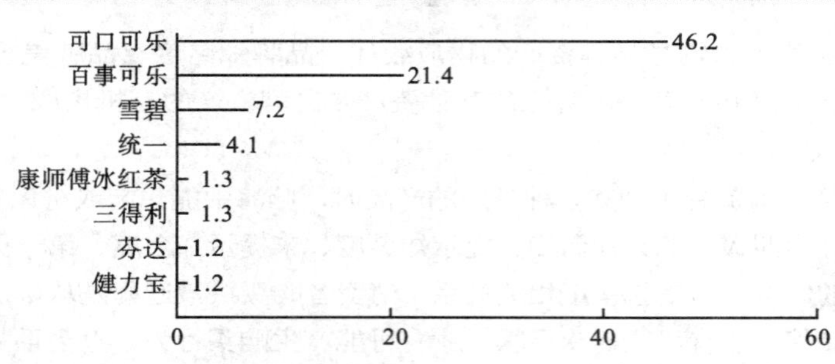

图 8-4　饮料品牌第一提及率情况

2) 品牌美誉度

与品牌知名度相关的一个概念是品牌美誉度。有了知名度并不意味着就有了美誉度。品牌的美誉度是指某品牌获得公众信任、支持和赞许的程度。如果说品牌知名度是一个量的指标，那么品牌美誉度就是一个质的标准，它反映某品牌社会影响的好坏。品牌美誉度的资产价值体现在“口碑效应”上，即通过人们的口头称赞，一传十，十传百，引发源源不断的销售。品牌的美誉度越高，“口碑效应”就越明显，品牌的资产价值也就越高。

3) 品牌认知

品牌认知是指消费者对某一品牌在品质上的整体印象，是消费者的主观认识。它的内涵包括功能、特点、可信赖度、耐用度、服务度、高品质的外观等。品牌认知可以产生价值，是品牌的重要资产。在我国市场经济的初级阶段，市场上的产品质量仍为消费者最为关心的因素之一时，品牌认知尤为重要。它是品牌差异化定位、高价位和品牌延伸的基础。美国相关咨询机构所做的调查结果显示：购买商品时，认为品质比价格重要的消费者呈明显上升趋势，1989 年较 1978 年提高了 50%，占到了被调查对象的 80%。中国的众多产品品质认知度整体上十分低，也就是说消费者对国产品牌在品质上的整体印象远不如对国外品牌的品质认知度高。已建立品质认知的品牌具有较强的延伸性。国外研究表明质量出众的品质其延伸成功概率往往大于一般品质的品牌延伸。因此，对中国企业建立品牌资产而言，应该提供品质的认知度，改善和提高消费者对自己品牌的品质印象。

4) 品牌联想

品牌联想是指透过品牌而产生的与品牌相连的联想，比如产品特点、使用场合、品牌个性等。这些联想往往能组合出一些新意，形成品牌形象。它是通过独特销售点传播和品牌定位沟通的结果。它提供了购买的理由和品牌延伸的依据。品牌联想源于企业的品牌传播、口碑和消费者的品牌体验。美好、积极的品牌意味着品牌的被接受、认可、喜爱、有竞争力及成功，增强了消费者的购买信心，极大地丰富了品牌的价值和品牌资产。品牌所具有的联想可以用于其他产品上，因为它们可以共享同一种联想，从而成为品牌延伸的基础。纵观世界知名品牌，大多有透过品牌而塑造出的种种联想，无论是可口可乐、麦当劳，还是耐克、万宝路，都会在你心目中留下一些有意义的印象，这些印象形成了品牌形象，并成为品牌资产不可缺少的组成部分。

5) 品牌忠诚度

品牌忠诚度是指消费者对品牌的满意度，并坚持使用该品牌的程度。它是一种行为过程，也是一种心理过程，是测量消费者对所用品牌的依恋程度，反映出消费者转向另一个品牌的可能性，它是品牌资产的核心。品牌忠诚度分为五个层次：无品牌忠诚者、习惯购买者、满意购买者、情感购买者和承诺购买者。品牌忠诚与品牌知名度、品牌的品质认识和品牌联想及消费者自身产品使用的经历有关。维护并提升品牌忠诚度是企业经营和发展的法则，也是企业的终极目标。品牌知名度可以通过广告迅速建立，但品牌忠诚度则需要长期不懈的投入。消费者忠诚度越高，说明品牌越有价值，消费者越容易产生“爱屋及乌”心理，喜欢甚至忠诚于延伸品牌，因此延伸策略越容易取得成功。研究发现，吸引一个新消费者的花费是保持一个已有的消费者的 4～6 倍；从品牌忠诚者身上获得的利润是品牌非忠诚者的 9 倍之多。例如，美国通用汽车公司曾在长达 20 年的时间里，产品品质一直低于竞争对手，但即使是如此逆境中，该公司的产品仍占据美国汽车市场的三分之一。究其原因，主要应归功于消费者对该公司产品品牌的忠诚。

3. 品牌资产运营策略

品牌资产的价值以品牌知名度为基础，品牌知名度愈高，品牌资产价值愈大。因此，企业都非常重视名牌的创立与保护。一般而言，名牌产品的推出依循产品的研制与开发→产品命名(品牌建立)→品牌推广→品牌知名度形成这样一条轨迹。

品牌资产是企业重要的无形资产，能使企业保持持续的竞争力，为企业的长远发展提供保

证。因此，企业应重视品牌资产的运营。根据品牌资产的构成，企业在品牌资产运用时，应首先从创立品牌的知晓度入手，建立良好而又鲜明的品牌形象，以此提高品牌忠诚度，形成企业的品牌资产。在此基础上，企业就可以通过转让、外包生产、特许经营和品牌延伸等形式，综合运营品牌资产。例如，“麦当劳”和“肯德基”就是凭借其强大的品牌资产，并通过特许连锁这一形式而快速渗透到世界各地。可以说，品牌资产的运营将成为未来企业重要的竞争方式之一。

8.2 产品包装策略

8.2.1 包装的含义与作用

1. 包装的含义

在现代市场经济中，企业十分注重包装在产品竞争中的作用，包装已成为产品策略中一个重要的组成部分。所谓包装，通常是指产品的容器、包装物和装潢的设计。产品的包装一般分为三个层次。

(1) 基本包装。它是商品的直接容器或包装物，如装有牙膏的软管、香烟的小纸盒。

(2) 次级包装。它是商品基本包装的保护层，如牙膏管外的纸盒、每条香烟的包装。

(3) 运输包装。指为了储存、运输和订货而外加的包装。如装入一定数量盒装牙膏的纸箱，装运成条香烟的纸板箱。它通常加有支撑、加固和防风雨等材料，并有储运标志。

2. 包装的构成

产品的包装由以下要素构成。

(1) 商标。商标一般位于包装的显著位置。

(2) 形状。包装形状不仅要便于搬运、储存与陈列，而且还要符合目标消费者的审美习惯。

(3) 颜色。颜色是包装促销的一个重要因素。颜色的选用要符合目标市场文化背景的要求，能体现品牌的特征。

(4) 图案。包装上的图案要清楚、易理解，并能突出品牌定位。

(5) 材料。恰当的包装材料能促进产品的销售，企业应注意包装材料的选取。

3. 包装的作用

包装最初的作用是保护商品、方便运输。随着市场竞争的日趋激烈，包装已成为企业进行非价格竞争的重要手段。设计良好的包装不仅能为消费者提供便利，而且还能为企业创造促销价值。包装具有如下作用。

(1) 保护产品。这是包装的基本作用与功能。良好的包装可以使产品在流通过程中、在消费者保存产品期间完整无损，清洁卫生。

(2) 促进销售。现在大型超市已成为一种重要的零售商业业态，顾客越来越习惯于自助式购物。包装不再只单纯具有保护商品的功能，其更多是承担促销的任务。因此，包装必须能反映产品的特色，吸引消费者的注意力，并能给予消费者一个良好的整体印象。

(3) 创造价值。包装创造价值表现在：一是，包装提高了产品的附加价值，消费者愿意购买包装精美、使用方便的商品；二是，包装强化了品牌形象，漂亮的包装实际上就是无声的广告。例如，金宝汤料公司估计，平均每个美国消费者每年要看到该公司红白相间的听装产品 76 次，其产品包装的促销效应相当于花费 2600 万美元的广告效应。

(4) 提供便利。包装作为一种特定标志，消费者能通过包装区分出不同厂家的产品或不同类型的产品，这样，为消费者识别产品提供了方便。另外，便利的包装也能方便消费者携带和储存产品。

4. 包装决策过程

(1) 确定包装创意。确定包装的基本形态、目的、功能及包装大小、材料、文字说明、图案等。

(2) 组织包装设计。包装设计要与产品的价值或质量水平相适应；造型、结构适应营销各环节及消费使用；图案、色彩要美观大方、不落俗套；维护消费者利益，禁止有害包装；文字说明要详尽、明了，指导消费，增强信任感。

(3) 进行包装试验。包装试验包括以下四种。

① 工程试验。检验包装在正常运输、储存、携带等情况下的适应性，主要考核其磨损程度、变形程度、密封性能、褪色程度等。

② 视觉试验。检查审核包装的色彩、图案、造型是否悦目、新颖，文字说明是否简明易读。

③ 经销商测试。由经销商测试，对其保护商品、利于推销、避免损失和污染等方面进行评价。

④ 消费者测试。由消费者对各方面情况进行评价。

8.2.2　包装策略

由于包装在产品的销售中具有重要的作用，企业都十分重视产品的包装工作。在实践中，形成了各种不同的包装策略，常见的有以下几种。

1. 类似包装策略

企业对所生产的产品采用类似的包装，在颜色、图案、造型等方面具有类似的特征，使人一看就知道是某企业的产品。这种包装策略可以节省促销费用，有利于推出新产品。但这种策略是一把“双刃的剑”，一旦某种产品出现了问题，就会影响到其他产品的销售。

2. 差异包装策略

企业的各种产品的包装，在设计的风格、颜色的搭配和包装材料的选用上都有所不同，形成各自不同的包装。这种包装策略虽能避免一种产品失败而牵连其他产品的问题，但包装设计费用和新产品推广费用比采用类似包装策略要高。

3. 相关性商品包装策略

把几种消费上有关联的产品放在一个包装中进行销售。这种关联性可表现在使用、观赏或自身系列配套等方面。采用这种策略既可以方便消费者的购买和使用，有时也可以带动滞销产品的销售。常见的有化妆品套装、礼品套装等。但要注意，不要将易引起顾客反感的产品进行

硬性搭配，其结果会适得其反。

4. 再使用包装策略

再使用包装策略又称为“双重用途包装策略”，是指原包装的商品用完以后，包装容器可移作他用。例如，糖果盒、饼干盒可作为文具盒，果汁瓶可设计成茶杯。这种包装策略能引起消费者的购买兴趣，刺激消费者购买，同时使带有商标的包装物再使用过程中起到延期广告的宣传作用。

5. 分等级包装策略

根据消费者的不同购买力水平和购买心理的差异，对同一种产品采用不同等级的包装，吸引更多的消费者购买。例如，购买产品是为了送礼的消费者，愿意买高档包装的；而若是自己使用，则会选择中低档包装的。

6. 改变包装策略

当一种产品出现滞销或长期没有改变包装时，可采用改变包装设计、变换包装材料的方式，使消费者产生新鲜感，达到促进销售的目的。但在更换包装时，要考虑到消费者的承受能力。

7. 附赠品包装策略

在包装中附送小礼品来吸引消费者购买或重复购买，以扩大产品的销售。附赠品可以是玩具、图片、奖券等。该策略对儿童、青少年及低收入者比较有效。

8.2.3 标签化与条形码的运用

1. 标签

标签是名牌产品包装上不可分割的组成部分。它是用来说明产品而贴在产品或产品包装物上的标识，或印在产品包装上的文字图案。一般包括包装内容和产品所包含的成分、品牌标志、产品质量等级，以及生产厂名、产地、生产日期、使用方法等。

标签上的标识包括以下 4 种。

(1) 指示性标识。例如，向上，防潮，小心轻放，新鲜，松脆，优，等等。

(2) 解释性标识。例如，面制品——无漂白粉，速溶咖啡——无咖啡因，罐头——无防腐剂，等等。

(3) 警告性标识。例如，易燃品，易爆品，有毒品，吸烟危害健康，等等。

(4) 鼓励性标识。例如，哗！真香！等等。

2. 条形码

条形码是 20 世纪 80 年代以来在发达国家普遍使用的一种自动识别技术。我国企业有了条形码，商品就有了“身份证”，在国际市场上就畅通无阻；没有条形码，商品就难于被国际市场接受。例如，上海质量上乘的床单在国际市场上没有条形码时，每床售价被压到 18 元人民币；使用条形码后，身价高了十几倍。又如，武汉牙刷无条形码时，在香港被抛于地摊 1 港元 1 支；使用条形码后，昂然进入商场，售价达 12 港元 1 支，条形码给商品抬高了身价。

条形码是由粗细不等、间隔不等的黑色线条组成的供计算机自动阅读和识别的特殊代码。每一线条代表一个数字，一个信息，共 13 位数。其中前 3 位数代表国名和地名，根据国际物品编码协会 EAN 的分配，我国条码代号为 690，所以凡是我国制造的商品，其条形码前 3 位必定是 690。接着 4 位数为生产厂家代码，这个代码由我国技术监督局所属的“中国物品编码中心”分配。再后 5 位数为商品类别代码，最后 1 位数为通过检验的代码。

条形码是企业维护知识产权、保障自身利益和信誉不受侵犯的有效措施。由条形码数据所形成的特殊标记是企业产品专利的标志，它受到国家法律的保护，以区别任何防伪假冒商品，易于为消费者信赖和接受。

条形码对于提高企业现代化管理也具有促进作用。商品有了条形码，企业营销系统就要安置条形码电子扫描系统，迫使企业加强现代化管理设施的建设。企业有了条形码电子扫描系统，就可以科学地控制商品的销售量和商品类别，企业营销系统的管理就可以免除月末盘点等落后的手段，而代之以现代化的先进的电脑控制管理。

是否对商品采用条形码既是衡量企业现代化管理水平的标志之一，也是评价企业管理者现代营销意识强弱的条件之一。企业只有通过对商品实行包括采用条形码在内的各种规范化管理，才能保障其产品取得客商的认可乃至青睐，否则就会丧失进入国际市场的资格。

8.3　产品服务策略

8.3.1　服务及分类

服务是一个内涵极为丰富的概念。随着服务经济的兴起和市场环境的巨变，服务的内涵和外延在不断地扩大。自 20 世纪五六十年代以来，服务的定义也在不断发生变化。美国市场营销协会(AMA)将服务定义为：用于出售或同物质产品一起出售的各种活动、利益或满足感(1960)。前者是指服务业出售的各种服务，后者是指伴随物质产品的出售而提供的各种服务。后来，AMA 对服务的定义进行了重新修改：服务是可被界定，主要为不可感知，却可使欲望得到满足的活动，而这种活动并不需要与其他产品或服务的出售联系在一起。生产服务时可能会或不会需要利用实物，而且即使需要借助某些实物协助生产服务，这些服务的所有权将不涉及转移的问题。另外，许多学者也从不同的角度对服务进行了定义。

与服务的定义一样，西方学者也从不同的角度对服务进行了分类。总的来说，这些分类方法是将服务的分类与管理过程结合起来，通过分类概括出不同行业中服务的共同特征。

罗杰·施米诺(Roger Schmenner)根据影响服务传递过程性质的两个主要维度对服务进行了分类。他采用一个服务过程矩阵(见图 8-5)，将服务分为 4 类。在该矩阵中，水平维度衡量服务提供者与客户之间的相互作用及定制程度。垂直维度衡量劳动力的密集程度，以及劳动力成本与资本成本的比率。象限 A 的服务，劳动力密集程度、交互及定制程度都低,需要较大的资本投入，提供标准化的服务，有点像一个流水线的生产厂，被称为服务工厂；象限 B 的服务，劳动力密集程度低，而交互及定制程度高，被称为服务作坊。它有较多的服务定制，所需的资本也较大。象限 C 的服务，称为大众化服务，即顾客在劳动密集的情况下得到无差别服务。象限 D 的服务是一种专业服务，经过特殊训练的专家为寻找专业化服务的顾客提供的个性化服务。

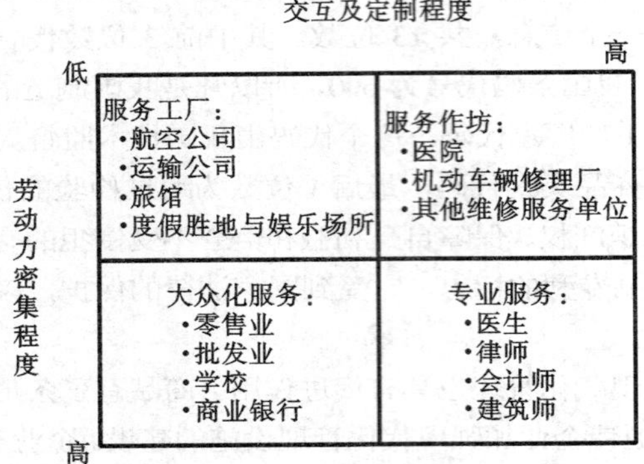

图 8-5 服务过程矩阵

菲利普·科特勒按照服务在产品中所占的比重，将市场上的产品分成 5 种。

(1) 纯粹有形产品：产品中几乎不含任何服务的成分，如肥皂、牙刷、盐等。

(2) 附加服务的有形产品：有形的产品与附加服务的结合，提供附加服务主要目的是为了增加产品吸引力，如汽车、计算机等。

(3) 混合物：服务与有形产品各占一半，如人们在餐馆往往同时购买食品和服务。

(4) 主要服务附带少量产品：这类产品由一项主要服务和附加服务或辅助服务组成。如坐飞机，购买的是运输服务，在旅途中，航空公司会提供饮料、杂志等。

(5) 纯粹的服务：不会附加任何有形物品，如照看小孩、理发等。

8.3.2 服务的特征

虽然服务的定义和分类方法很多，但从产品特征的角度来看，对于大多数服务而言，服务具有 4 个基本特征。

1. 无形性

与有形产品不同，服务在很大程度上是无形的和抽象的。顾客在购买服务时，并没有得到实实在在的有形物品，顾客往往是根据自己的经验和企业的声誉来购买服务。因此，提供服务的企业特别要注重企业品牌形象的建立，形成良好的口碑传播效应。

2. 差异性

差异性是指服务不像有形产品那样有固定的质量标准，具有较大的差异性。这主要是因为不同员工或同一员工在提供服务时的服务技能和服务热情不尽相同，导致服务质量有所差异。因而，服务企业应有一套完善的服务质量控制体系，保证服务质量尽量保持一致，使得每位顾客得到尽可能相同的服务。

3. 不可分离性

该特征是指服务的生产过程与消费过程同时进行，顾客只有加入到服务的生产过程才能最终消费到服务。也就是说，服务人员向顾客提供服务时，也正是顾客消费服务的时刻，二者在时间上具有不可分离性。

4. 不可贮存性

由于服务的无形性和不可分离性，使得服务不可能像有形产品一样贮存起来，以备未来销售。由于市场需求是不断变化的，而服务又不能贮存，就会出现服务的供求不平衡的矛盾。解决这个问题的基本途径就是采用灵活的营销策略，对需求进行主动管理，使得本企业的供求基本保持平衡。

8.3.3 服务市场营销组合

传统的营销理论的核心之一就是 4Ps 营销组合，即产品(product)、价格(price)、促销(promotion)和分销(place)。4Ps 营销组合理论对企业界产生了巨大的影响，成为企业营销实践的行动准则。但由于服务具有无形性、差异性、不可分离性和不可贮存性等特点，传统的市场营销组合已不适应服务这一特殊产品的营销。布恩斯(Booms)和比特纳(Bitner)两位学者将服务业市场营销组合修改、扩充为 7 个因素，增加了三个“服务性的 P”：人员(people)、有形展示(physical evidence)和过程(process)。

1. 产品

产品是指服务及其设计和生产。具体包括服务的范围、服务质量、服务水平、品牌、保证及售后服务。服务产品的这些要素组合的差异相当大。例如，一家小的诊所和一家大型现代化的医院的要素组合就存在着明显差异。

2. 定价

定价是服务营销组合中一个重要的策略。服务产品具有无形性，顾客事先无法确定服务的好坏。服务的价格就成为向顾客发出的他们可能得到服务质量的信号。例如，有些餐馆将菜单贴在窗户，就是在给顾客一个信息：他们期望得到的服务质量和服务水平及价格。

3. 渠道

渠道决策包括考虑如何把服务交付给顾客和应该在什么地方进行。这对服务特别重要，因为地点作为交付服务的环境是感知服务价值和利益的一部分。

4. 促销

促销包括广告、人员推销、销售促进、公共关系、口头传播、直接邮购等各种市场营销沟通方式。促销能提高服务的重要性，也可以增加有形性，并能帮助顾客对服务做出更好的评价。

5. 人员

在顾客看来,服务企业的人员就是服务产品的一部分。所以，营销管理者必须重视员工的挑选、培训、激励和控制，对那些经营“高接触度”服务业务的企业尤为如此。此外，对某些服务而言，顾客与顾客间的关系也应引起重视，因为某顾客对一项服务产品质量的认知，很可能会受到其他顾客的影响。

6. 有形展示

有形展示是指服务组织的环境，以及所有用于沟通和生产过程的有形产品和标记。具体有：

实体环境(装潢、颜色、陈设、声音)，服务提供时所需用的装备实体(比如汽车租赁公司所需要的汽车)，以及其他实体性信息标志(如航空公司所使用的标识；干洗店将洗好衣物加上的“包装”等)。这些有助于服务企业的市场定位，并且给予服务的有形支持，从而影响消费者和顾客对于一家服务企业的评价。

7. 过程

过程包括一个产品或服务交付给顾客的程序、任务、日程、结构、活动和日常工作。顾客常把服务交付系统感知成服务本身的一个部分。因此，对服务过程进行管理是提高服务质量的一项重要手段。例如，通过引入自动柜员机(ATM)银行重构了他们交付服务的方法，他们可以解放员工去处理更复杂的顾客需求，而把只换取现金的顾客交给自动柜员机。这样，一方面提高了工作效率，另一方面也提高了顾客的满意度。

8.3.4 提高服务质量的措施

由于服务质量的感知性，即服务的质量水平并不完全由企业所决定，而与顾客的感受有很大关系，即使是被企业自认为是符合高标准的服务，却不一定为顾客所喜爱和接受，因此，葛罗劳斯明确提出了“感知服务质量”(perceived service quality)的概念，认为服务质量是一个主观范畴,它取决于顾客对服务质量的预期(即预期质量expected quality)同实际感知的服务水平(即体验质量experienced quality)的对比。企业要提供令顾客满意的高质量服务，应从以下几个方面着手。

1. 要树立为顾客服务的观念

企业要做到全面优质服务，就必须将为顾客服务的观念贯彻到营销活动的全过程中去。只有在企业全体员工中树立了为顾客服务的观念，才能使员工在工作中自觉地不断提高服务质量。

2. 制定合理有效的服务质量标准

从顾客的角度出发，服务质量标准主要应包括以下几个部分。

(1) 方便。包括时间和地点上获得服务的方便程度。

(2) 沟通与理解。服务中应能及时与顾客沟通并理解其需求，按客户的要求提供服务。

(3) 能力。服务者应具有相应的服务知识、服务技能和创造性，有能力满足客户的要求。

(4) 态度。服务者的态度应热情、有礼貌。

(5) 安全。服务过程和结果使顾客感到可信、可靠。

(6) 服务设施。服务中使用的设施与服务内容相适应。

3. 向顾客做出合理承诺，并实现承诺，使顾客获得超值感受

顾客对服务是否满意，取决于消费服务所带来的感受是否符合顾客对它的期望。企业向顾客做出承诺，则可以让顾客产生合理的预期，以避免因期望过高而难以满足所造成的负面影响。企业做出符合顾客需求的承诺，还可以对顾客产生强烈的吸引力。然而对于企业来说更重要的是履行承诺，如果企业的承诺只是冠冕堂皇的口号，而没有切实的措施使之实现，那只会适得其反，大大降低顾客对企业的信任感。

4. 服务质量的考核和改进

做好服务质量检查、考核工作，才能促使员工进一步搞好服务。企业应定期考核员工的服务质量，并将考核结果及时地反馈给有关员工，帮助员工提高服务质量。此外，企业应根据考核结果，奖励优秀员工，研究改进措施，不断提高服务质量。

本章小结

品牌，是指用来识别出售者产品或劳务的某一名词、标记、符号、图案和颜色，或它们的组合。品牌具有识别功能、保护功能、促销功能和增值功能。

副品牌策略是指在主品牌不变的情况下，在主品牌后为新产品添加一个副品牌。其具体做法是以一个成功品牌作为主品牌，来涵盖企业生产制造的系列产品，同时，给不同产品起生动活泼、富有魅力的名字作为副品牌，为主品牌展示系列产品社会影响力，而以副品牌凸显各个产品不同个性形象。它利用消费者对现有成功品牌的信赖和忠诚，推动副品牌产品的销售。

品牌延伸是指把一个现有品牌名称使用到一个新类别的产品上，以及在同一类产品中推出若干新的品牌名称的营销行为。

在品牌资产运用时，应首先从创立品牌的知晓度入手，建立良好而又鲜明的品牌形象，以此提高品牌忠诚度，形成企业的品牌资产。在此基础上，通过转让、外包生产、特许经营和品牌延伸等形式，综合运营品牌资产。

产品包装策略包括类似包装策略、差异包装策略、相关性商品包装策略、再使用包装策略、分等级包装策略、改变包装策略和附赠品包装策略。

服务具有无形性、差异性、不可分离性和不可贮存性特征。由于服务质量的感知性，即服务的质量水平并不完全由企业所决定，而与顾客的感受有很大关系，即使是被企业自认为是符合高标准的服务，却不一定为顾客所喜爱和接受，因此，企业要提供令顾客满意的高质量服务。

关键术语

品牌	品牌延伸	品牌资产	名牌	包装
标签	服务	服务的营销组合	感知服务质量	

思考题

1. 如何实施副品牌策略?
2. 试评品牌延伸策略及其风险。
3. 简述包装的作用。
4. 如何运营品牌资产?
5. 服务有哪些特征？怎样测量服务质量?

参考文献

1. 苑静. 自用品牌策略[J]. 市场营销，人大复印资料，2002(12)：20-22.
2. 迈克尔・J 贝克. 市场营销百科[M]. 李桓，译. 大连：辽宁教育出版社，1998.
3. 郭晓凌，郭瑞. 浅论品牌资产的建树策略[J]. 市场营销，人大复印资料，2002(5)：20-23.
4. 凯文・莱恩・凯勒. 战略品牌管理[M]. 李乃和，等，译. 北京：中国人民大学出版社，2003.
5. 林功实. 产品管理[M]. 大连：东北财经大学出版社，2001.
6. 菲利普·科特勒. 营销管理[M]. 10 版. 北京：中国人民大学出版社，2001.
7. 万后芬. 市场营销教程[M]. 北京：高等教育出版社，2007.

案例研讨

作为国内饮料业的著名本土品牌，汇源果汁 10 年来积累并总结了许多成功经验，进入 21 世纪后，在行业受外来品牌冲击进行大规模整合的时候，汇源果汁同样进行了大胆有效的尝试，因为时间短的缘故，业内人士对其某些作为各执己见，在此，我对汇源果汁的品牌战略，即构建怎样的品牌结构及怎样的方式推广这样的品牌组合略谈一二。

事实上，一个企业要实施怎样的品牌战略，与企业的核心竞争力、整体战略、管理水平、产品的特性、市场环境等有关，有可参考的现成模式，但更多的是要考虑企业的实际情况量身定做。品牌战略目前在企业中的实务操作核心为品牌构架，即企业、产品、品牌之间的相互关系和层级秩序。通俗地讲，常见于企业的有一企多牌战略、一牌多品战略和主副品牌战略，各有成功案例。比如宝洁、通用、联合利华等就是一企多牌战略的成功典范，其中关于宝洁的事例肖先生在其文章中业已举过了，不在赘述；而同属日用消费品企业的联合利华则以拥有“中华、力士、佳洁士”等被品牌界追捧；至于通用汽车，其麾下拥有包括凯迪拉克和雪佛莱在内的多个产品品牌，并且各个品牌有着自己独特的品牌内涵，在一般消费者的眼中凯迪拉克是“美国总统的座车”、“极尽豪华”、“行车平稳如坐家中”的，而雪佛莱则是“动力十足”、“朴实实用的家庭移动工具”，创造了企业品牌(通用)和产品品牌(凯迪拉克和雪佛莱)在非日用消费品领域的良好关系的典范。在一牌多品战略，英国的维真、德国的西门子、日本的东芝和韩国的三星等都是范例，其中维真更是横跨服务业、制造业，涉足女性用品、航空运输、文化用品、媒体业多个互不相干的行业，却一举成功，成为品牌效应集中利用率最高的企业之一。在我国目前也有康师傅、娃哈哈、TCL、海尔等成功企业的案例。

分析实施这两种不同品牌战略的企业，我们不难发现在一企多牌的企业多具有以下几个特点。第一，企业要有成熟的战略规划，企业具有在产品研发、生产、营销等多方面形成行业领袖的能力，并且各环节能融洽配合、产生合力。因为品牌运作的核心是产品，所以实施一企多牌的企业在产品研发上尤其要求有较强的实力以确保产品品牌的更新与活力。第二，企业要有成熟的品牌管理和运作体系，能使参与品牌运作的人在既定规范下从容处理错综复杂的内外关系。通常的，一个企业一个品牌就已经让管理者疲惫不堪了，突然要面对几个关联度过高或过低的品牌，在企业资源增加不大的前提下很容易陷入混乱，像没有红绿灯指示的十字街头，上班的车辆挤成一团，越挤越乱、越乱越挤，其实只需要一组红绿灯就可解决问题。第三，企业产品要在目标消费者或产品本身或流通渠道或行业区隔上具有较大差异。只有这样各个同胞品

牌间才可具有较丰富的内涵，便于推广和发展。第四，就是要有承受巨额品牌建设费用的能力。这4点相辅相成，对追求高成功率的一品多牌的企业缺一不可，也因此很少有中小型、成长型企业取得较大成功。对实施一牌多品的企业来说，从行业上我们无法看出它们的共同点，从规模上、从发展历程、从产品结构上也不能。唯一可以肯定的，就是他们都有着丰富而极具包容力的品牌内涵上，这在拥有关联度高得多产品门类的企业身上表现更为突出。犹如一个男人可以有父亲、儿子、丈夫、领导、部下的多重身份，又有足球爱好者、棋牌厌恶者、助人为乐的君子、贪婪污秽的小人等多重性格一样，一个品牌肯定有多种含义的个性特点，但总有、也实际只需构造一种稳定、相关的品牌内涵(性格)作为对外的第一印象，就可以涵盖更多具体产品，并赢得相应的知名度和忠诚度。

弄清这些东西，我们再来看汇源果汁的品牌战略应该如何。正如肖先生在文中提到的那样，汇源经过十年的发展已经成为一个成功的大众型企业和成功的大众型品牌，它似乎具有实施一企多牌和一牌多品两种战略的条件。但如果认真分析汇源果汁所面临的问题和其预期战略目标是什么，我们又不难发现实施此两种战略存在较大的操作难度。第一，汇源果汁尽管已有10年历史，但在品牌管理和规范运作上仍有较大缺陷，无法承担多品牌同时运作的管理重压。这个体现在它持续多年的“喝汇源果汁，走健康之路”的品牌内涵，没有随时间推移而丰富，反倒显得呆板了。第二，汇源果汁在其产品的研发上并未形成明显的行业优势，口味、营养、保鲜等消费者主要关注的几大品质因素上常常受到山村果园、鲜橙多、即时榨等冲击，另外，作为国内企业的一个共同弱点，汇源果汁在新产品的推出上缺乏足够的长久规划，这也容易造成多品牌的区域老化。第三，实施一企多牌所需要的高额广告费是汇源果汁的另一个障碍。第四，汇源果汁尽管已经成为果汁行业的领导者，且在消费者中赢得了“果蔬饮料类消费者心中理想品牌”第一名、“实际购买品牌”第一名、“购物首选品牌”第一名、“中国家庭爱用品牌”等称号，但随着产品线的扩展，尤其是公司在推出非果汁类饮品的同时，没有很好地丰富和扩展其“健康”的品牌内涵，造成汇源品牌在部分产品上作用力衰减，无法产生相应的销售拉力，所以在一些专业细分饮料品牌的冲击下，出现不胜招架的情况，也因为如此，汇源果汁如果坚持实施单纯的一牌多品战略，同样是不合时宜的。

那么，究竟怎样的品牌战略最适合于目前的汇源果汁呢？我认为主副品牌战略不失为最佳方案。

所谓主副品牌战略就是介于一企多牌和一牌多品之间的一种品牌战略，它利用消费者对原有品牌(主品牌)的信赖和忠诚(主品牌的文化内涵)，推动细分功能产品(副品牌)的销售。副品牌往往更多地体现其功能优势而非品牌的综合感观认知和印象。这一战略目前在国内也不乏成功案例，海尔、美的、乐百氏等都称得上是这一战略的大受益者，小小神童、冷静王、健康快车等副品牌妇孺皆知，长期受消费者认可。可以肯定地说，海尔多年来在产品营销上的成功与其几乎无与伦比的对主副品牌战略的升华是紧密相连的。从最初的小王子、大王子、小丽人、玛格丽特、小元帅到小小神童、蓝色火焰、探路者、美高美、007等，海尔坚持在主品牌的品牌推动中以副品牌区别产品门类和具体功能特性，既有力地维护了主品牌海尔的形象和内涵，而且明确地区别并突显不同行业产品的个性品牌形象和内涵，比如王子系列为冰箱产品、元帅系列为空调产品、神童系列为洗衣机产品、公主系列为冰柜产品等等，品牌脉络不可谓不清晰。

当然，实施主副品牌战略的优点不止如此，还有以下4个：①企业在多种产品上充分利用主品牌的效应资源；②副品牌有助于商品中求同存异，凸现商品个性；③副品牌有助于降低公司整体品牌推广费用；④主副品牌容易形成互补和保护，拓展了公司的发展空间。

而这些正是那些有一定品牌积累、公司产品多元化、意欲发展的中型品牌公司在实际营销中最缺少的东西。

现在，回过头来看汇源果汁，针对目前公司的6大系列192个品种产品，从果汁饮料、果蔬饮料、乳饮料、茶饮料、饮料酒和其他产品，系列明晰、产品特点鲜明，加之原有的品牌内涵积累和不大不小的资金积累，可以在“汇源”的基础上制订副品牌来区别大的系列和小的品种，同时充分利用汇源的现有品牌效应，在较小的广告投入下加入各个细分市场中抢得份额，避免实施一企多牌和一牌多品战略的巨大风险。

(资料来源：汤定娜. 中国企业营销案例[M]. 北京：高等教育出版社，2007.)

案例思考题

1. 试分析一企多牌和一牌多品的差异。
2. 什么是主副品牌战略？为什么说该战略最适合汇源果汁？

第 9 章 价格策略

本章提要 价格策略是市场营销组合的四大要素之一，和产品策略、渠道策略及促销策略相比，是营销组合中唯一能使企业直接增加收益的因素，在整个营销组合策略中占有十分重要的地位。企业在制定营销组合策略时，必须给予价格这一因素以足够的重视。本章重点在于掌握心理定价策略，本章难点在于如何灵活运用定价策略。

引　例

透析和路雪的"亏损经营"

和路雪是全球冰淇淋市场第一品牌。有资料显示：1994 年，和路雪进入中国市场，自1996 年开始其市场份额便逐年增长，1996 年为 18%，1997 年升至 29%，1998 年达到 31%。1999 年，在经济紧缩的情况下，冰淇淋市场低迷，总体下降了 8%，而和路雪在中国的 10 个城市的销量及市场份额却明显上升，总体增长达 11%，其中京、沪两地销量平均上升了 50%，市场份额达到了 36%，跟主要竞争对手明显地拉开了距离。

但是，就是这样一个和路雪，"成立 9 年来从来没有赚过一分钱，每一年都是巨额亏损"！1993 年底，和路雪成立时注册资本是 1.8 亿美元，现在账面上的净资产居然只剩下了区区 3000 万美元。也就是说，和路雪 9 年来已经亏损了 1.5 亿美元，折合人民币 12 亿左右！和路雪的巨额亏损与国内后来居上的伊利冰淇淋形成巨大的反差。伊利在 2000 年的销售额只有 6 亿多，但赢利已经有好几千万。

更触目惊心的是，有报道说，在华的外商直接投资企业有 60% 自称是亏损的。真有六成外资企业亏损吗?

2002 年 9 月 23 日，世界著名管理顾问——科尔尼公司公布，据其最新的外国直接投资信心指数调查结果显示，中国首次超过美国成为最有吸引力的外资目的国。该调查显示，去年几乎所有国家的投资吸引力都呈下降趋势，只有中国仍保持强劲的增长。越来越多的投资者被中国市场所吸引，对中国的经济前景持更乐观的态度。难道大面积的亏损还能带来最有力的吸引？！

资本的意志决定了其根本的动机是赢利。资本家不是伟大的国际共产主义战士，在他们眼里连“免费的午餐”都没有，更别说是赔本的买卖！正如有专家指出的，“办企业就是为了盈利，如果9年还不盈利，早就该倒闭了。像和路雪这样的连年亏损，除了市场竞争日益激烈的原因外，就是典型的外资企业充分利用中国纳税优惠制度的策略。”

那该如何解释“和路雪”现象呢？一条线索是和路雪为实现终端垄断投入市场的那6万台进口冰柜。有报道透露，这些冰柜全部都是从欧洲进口，每台的单价大约在人民币 6000 元左右，仅此一项沉淀的投资就达 3.6 亿人民币之巨，而这些冰柜的价格是国内同类产品的 3 倍以上。如此大的价差不得不让我们怀疑其中的猫腻。像和路雪的 6 万台进口冰柜，就是典型的加大成本的行为。冰柜这种产品在国内很普通，价格又比欧洲低得多，和路雪显然选择了价格较高的成本物资，这符合它的全球战略目标和谋求最大利润的目的。

和路雪的巨额亏损，只是我国庞大的外商投资企业亏损中的冰山之一角。目前，采用“转移定价”在我国跨国公司中已经比较普遍。据国内学者的研究，我国投资的跨国公司 60%～70%都程度不同地存在“转移定价”行为。除了避税目的，“转移定价”还是跨国公司逃避外汇风险、对付被投资国外汇管制的主要手段。

（资料来源：刘先华，沈琦．“亏损经营”与“转移定价”——透析外资企业的“亏损经营”.企业管理，2003(3)：93-95.）

9.1 价格要素分析

影响定价的因素很多，如定价目标、成本、其他市场营销组合因素、国家法律和政策、市场需求情况和市场竞争形势等。其中需求、成本、竞争是三个最主要的因素，产品的最高价格取决于产品的市场需求，最低价格取决于该产品的成本费用。在最高价格和最低价格之间，企业能把产品的价格最终定多高，则主要取决于竞争者同种产品的价格水平。

9.1.1 需求要素

需求是定价的重要依据之一，市场定价应对目标市场的需求状况进行具体的分析研究。各个市场的经济发展水平、居民收入水平决定了需求程度和对价格的承受能力，消费者的消费习惯也直接影响价格的高低。如我国东北的大豆在日本卖价比较高，这是因为日本人爱好豆腐等豆制品，东北大豆蛋白质含量高；而我国大豆在芬兰的卖价比较低，因为他们进口大豆是为了榨油，我国大豆的含油量较低。

制定价格还需要研究需求的弹性，包括需求的收入弹性、需求的价格弹性和需求的交叉弹性。当产品的需求弹性比较大时，适当降低价格往往可以增加总销售量，提高获利水平；而需求弹性小且缺乏替代品时，则宜采用较高的价格。

1. 需求的收入弹性

需求的收入弹性 = 需求量变动的百分比/收入变动的百分比

需求的收入弹性是指收入变动而引起的需求的变动。产品的需求收入弹性大，意味着消费者货币收入的增加会导致该产品的需求量有更大幅度的增加，一般来说，高档食品、耐用品和娱乐品的需求的收入弹性比较大。产品需求收入弹性较小，则意味着消费者货币收入的增加导致该产品的需求量的增加幅度较小，一般说来，生活必需品的需求收入弹性比较小。也有的产品其需求收入弹性是负值，这意味着消费者货币收入增加，该产品的需求量反而下降，例如，某些低档食品、低档服装的需求收入弹性为负，因为消费者收入增加后，对这类产品的需求量将减少，转向高档产品甚至不购买这些低档产品。

各个市场的经济发展水平也影响着需求的收入弹性，因此在不同的市场，同一种产品的需求收入弹性可能不同。例如，因为电视机在美国已经变成了生活必需品，在印度却仍是奢侈品，所以电视机在印度的收入弹性远比美国大。

2. 需求的价格弹性

需求的价格弹性 = 需求量变动的百分比/价格变动的百分比

市场需求还会受到价格的影响。需求的价格弹性反映需求对价格的敏感程度，以需求变动的百分比与价格变动的百分比之比值来表示。在正常情况下，市场需求的变动方向和价格的变动方向相反。提高价格，市场需求就会减少；降低价格，市场需求就会增加。所以需求曲线是向下倾斜的，这是供求规律发生作用的表现。但也有例外情况，如有些奢侈品的需求曲线是向上倾斜的，消费者购买这些商品是为了能显示身份地位，所以商品提价，销售量反而增加。

影响需求价格弹性的因素主要有以下 6 个。

(1) 有没有替代品或竞争者。商品如果有替代品，则该商品的需求价格弹性比较大。

(2) 消费者对价格的敏感程度。消费者如果不在意价格的高低，则商品的需求价格弹性比较小。

(3) 产品对消费者的重要程度。一般来讲，生活必需品的需求弹性比较小，非生活必需品的需求弹性比较大。

(4) 产品用途的多少。用途单一的，需求弹性小；用途广泛的，需求弹性大。

(5) 产品单价的高低。单价低的日用小商品需求弹性小，单价高的高档消费品需求弹性大。

(6) 产品的普及程度。社会已普及、饱和的产品需求弹性小，普及率低的产品需求弹性大。

企业通过分析市场需求情况，判断产品需求弹性大小，可有针对性地采取价格策略。如对需求价格弹性大的产品采取降价策略会产生明显效果，但对需求弹性小的产品则不适用。

3. 需求的交叉弹性

需求的交叉弹性 = 甲商品需求量变动的百分比/乙商品价格变动的百分比

在为产品定价时有时还必须考虑需求的交叉弹性。交叉弹性是用来衡量一种商品的价格变动对另一种商品需求量变动程度的影响。需求的交叉弹性可以分析产品间的两种关系：替代性需求关系和互补性需求关系。所谓替代性需求关系，是指两种产品的需求存在着替代性，在消费者实际收入不变的情况下，一项产品价格的小幅度变动将会使另一项产品的需求量出现大幅度的变动。这时交叉价格弹性为正值，表明一旦产品 Y 的价格上涨，则产品 X 的需求量必然增加。所谓互补性需求关系，是指两种产品的需求存在着互补性，一种产品的销售会带动另一种产品的销售。这时交叉价格弹性为负值，当产品 Y 的价格上涨时，产品 X 的需求量会下降。

9.1.2　成本要素

企业不可能随心所欲地制定价格，产品的最高价格受到市场需求的限制，最低价格则受到

生产这种产品成本的限制。从长远看，产品的销售价格必须高于成本费用，只有这样，才能抵偿生产成本和经营费用，否则就无法经营，因此，企业制定价格时必须估算成本。

1. 短期总成本要素

在短期成本中，以下 3 种成本十分重要。

1) 总可变成本(TVC)

总可变成本是一定时期内产品可变投入的总和。产量越大，总可变成本也越大；产量越小，总可变成本也越小。然而，只有继续增加使得边际收益出现递减时，总可变成本的增长率才会有递减的可能。而这种总可变成本边际递减现象，也正是企业定价时可资运用的战术工具之一。边际收益是指企业每多出售一件产品时所增加的收入，也就是最后一件产品的卖价。作为企业管理人员，掌握边际收益递减规律是非常重要的。如果产出率较小，产品可变投入的增加会导致劳动生产率的提高。虽然总可变成本也会随着产量的增加而增加，但增长率却递减。超过一定的限度，产品可变投入和总可变成本的递减，会导致边际收入减少。

2) 总固定成本(TFC)

总固定成本是一定时期内产品固定投入成本的总和。在一定的生产规模内，产品固定投入的总量是不变的，只要不超过这个限度，不论产量是多少，总固定成本都一样。如果增加总固定成本，只能通过大量投资、装新设备等方法。

3) 总成本(TC)

总成本是总固定成本和总可变成本之和。总成本函数、总固定成本函数和总可变成本函数不同。

2. 短期平均成本(AC)

短期平均成本是指一定时间内(通常 3～6 个月)平均单位产品的成本，包括平均固定成本、平均可变成本和总平均成本 3 个成本要素。

1) 平均固定成本(AFC)

平均固定成本是总固定成本被产品总量均分的份额。由于短期固定成本是一个常数，产量增加，平均固定成本就会减少。

2) 平均可变成本(AVC)

平均可变成本是总可变成本被产品总量均分的份额。在某一产值区间内，产量增加，平均可变成本会减少。超出了这一产值区间，产量增加将导致平均可变成本趋于增加。

3) 平均总成本(ATC)

平均总成本是产品总成本被产品总量均分的份额。不论产量大小，平均总成本始终等于平均固定成本和平均可变成本之和。如果产量增加，平均固定成本和平均可变成本减少，平均总成本也一定会随之减少。如果产量超出某一区间，平均固定成本的减少额最终不能抵消平均可变成本的增加额，那么平均总成本也会增加。平均总成本的变化，取决于平均可变成本和平均固定成本的变化。

3. 短期边际成本

边际成本是增加一个单位产量相应增加的单位成本。一般地说，边际成本的变化取决于产量的大小。在产量增加初期，由于固定的生产要素使用效率逐渐提高，使产量自然增加呈现收

益递增现象，从而边际成本递减。而在产量达到一定程度后，由于增加的可变生产要素无法获得足够的固定生产要素的配合，即在短期内无法增加固定成本投入，使得产量逐渐出现递减现象，收益递减甚至出现负值的收益率，此时，边际成本将巨额递增。

了解边际成本与平均成本的关系是非常重要的。边际成本曲线分别与平均可变成本曲线和平均总成本曲线相交于它们的最低点。如果新增产品的成本比已经生产出的产品平均成本高，那么，新增产品必然引起平均成本的增加。如果边际成本比平均成本高，平均成本一定会增加。反之，同样成立。只有当平均成本与边际成本相等时，才能使平均成本最低，长期平均总成本与边际成本之间的关系也是如此。

在短期内，企业要实现利润最大化，必须让价格等于边际成本。由于低价能引起销售的增加，故在成本曲线上利润会最大。但是，如果伴随着产量的增加，产品成本提高，最后会导致成本支出大于价格收入。高价会引起销售的减少，利润也将很低。因此，只要价格高于成本，通过增加销售就能获得较多的利润。利润取决于价格、平均总成本和销售量三个因素。面对竞争压力，企业也可能被迫降低价格，使产品价格等于边际成本，以实现最佳获利产量。

在短期竞争条件下，有两种价格是非常重要的。一种是价格收入仍能弥补成本支出的最低价格，在总平均成本曲线上，它是最低成本点，并且与边际成本相等。另一种是根据平均可变成本曲线上的最低点确定的价格，这种价格的总收入不能弥补总成本支出。产品一旦卖出，就会发生亏损。当价格高于最低可变成本时，需要调配一部分收入来弥补固定成本支出。任何低于最低平均可变成本的价格都会导致亏损。因此，企业制定的价格必须等于或高于平均可变成本。

9.1.3　竞争要素

产品的价格定多高，还取决于竞争者同种产品的价格水平。当两家企业的产品相同或类似时，价格往往是决定顾客购买哪一家企业产品的一个重要的因素。因为消费者并不总能确定产品的质量，或者比较出两种产品所附带的服务，但人们却能一眼就看出两种价格的差别，这时削价便是竞争的主要手段。例如，美国的康柏、苹果和国际商业机器公司将所生产的个人电脑的价格比主要竞争对手日本电气公司的产品降低 20%到 40%，他们在日本的市场占有率便迅速增长。当削价竞争最终损害所有同行企业时，就可能通过“卡特尔”等各种形式的协议来限制价格竞争，或者以市场领导者的价格为参照价格来维护价格的稳定。

竞争因素包括行业内的市场竞争程度，体现为市场垄断的状况。企业必须充分注意这些垄断因素对本企业产品定价的影响。按照市场垄断的程度可以把市场划分为 4 种类型：完全竞争、垄断竞争、寡头竞争、纯粹垄断。我们将分别考察这 4 种不同市场结构下的企业定价问题。

1. 完全竞争

完全竞争的市场有以下特征：

(1) 市场上的卖主和买主众多，每个买主和卖主的交易额只占商品总量的一小部分；

(2) 行业的进入门槛低，新卖主可以自由进入市场；

(3) 卖主和买主完全了解市场信息，尤其是市场价格变动的信息；

(4) 在各行业之间，生产要素可以自由流动；

(5) 卖主买卖的商品都是相同的；

(6) 卖主所有出售商品的条件(如运送货物条件、包装、服务等)都相同。

如果只具备前 3 个条件，这种市场结构叫做“纯粹竞争”；只有完全具备上述 6 个条件，才能叫做完全竞争。在完全竞争条件下，企业只能按照市场价格出售其产品。对于任何个别企业来说，其产品的价格弹性为无穷大，也就是说，只要售价超过市场价格，需求便会减少至零。其需求曲线是水平的，同时，需求曲线也是平均收益曲线和边际收益曲线。此时，企业仍依边际成本等于边际收益的法则决定其产量。不过，边际收益实际上也就是市场价格。就短期而言，这一特定价格可能高于平均总成本，故企业可获得超额利润。但就长期而言，因此而吸引更多企业进入该行业或现有企业扩大生产规模，最后必将使市场价格下降至最低平均总成本，从而达到长期均衡状态。

在完全竞争的条件下，任何卖主或买主都不可能对现行市场价格施加很大影响。如果某个卖主的产品价格高于现行市场价格，买主就不买他的产品，因为买主对市场信息完全了解，而且其他卖主的产品也相同。再者，卖主没有必要降低产品价格，以较低于市场价格的价格出售产品，因为他们按照现行市场价格就能卖掉其全部产品。如果价格和利润上升，新卖主能很容易地进入市场。因此在完全竞争的市场，卖主和买主只能按照由市场供求关系决定的市场价格来买卖商品。在完全竞争条件下，卖主和买主只能是价格的接受者，而不是价格的决定者。在完全竞争的市场，卖主也无须花很多时间和精力去搞市场营销研究、产品开发、定价、广告、宣传、销售促进等市场营销工作。

2. 垄断竞争

垄断竞争是介于完全竞争和纯粹垄断之间的一种市场结构，既有垄断因素，同时也有竞争因素，垄断竞争是一种不完全竞争。

和完全竞争相同，在垄断竞争的市场上卖主和买主众多，和完全竞争不同的是，每个卖主所提供的产品有差异。或者是质量、花色、式样和产品服务的差异，或者是实质上并没有什么差异，但购买者因受广告、宣传、商品包装的影响，主观上认为它们有差异，因而有所偏好，愿意花不同数额的钱购买。由于各个卖主所提供的产品有差异，其需求曲线不是水平的，因此各个卖主对其产品有相当的垄断性，能在一定程度上控制产品价格。这就是说，在垄断竞争的条件下，卖主已不是消极的价格接受者，而是强有力的价格决定者。

在不完全竞争的条件下，卖主定价时可以利用心理因素促销，制造出产品的差异性来控制其产品的价格。例如，不同企业所生产的阿斯匹林实质上具有很大的同质性，但不同品牌的药品制造商千方百计地通过广告宣传和包装等来影响广大消费者，使消费者在心理上认为它们有差异。以此为基础，不同品牌的阿司匹林制定出了不同价格。

在垄断竞争条件下，各个企业仍依照边际成本等于边际收益的原则决定其产量和价格。不过，在短期状态下，企业仍有赚取超额利润的可能。在长期状态下，则由于新加入该行业的企业的竞争压力，会使需求曲线向左下方移动，从而使超额利润降低为零。

3. 寡头竞争

寡头竞争是竞争和垄断的混合物，也是一种不完全竞争。我们知道，在垄断竞争的条件下，市场上有许多卖主，他们所生产和供应的产品有所不同。而在寡头竞争的条件下，在一个行业中只有少数几家大公司(大卖主)，它们所生产和销售的某种产品占这种产品的总产量和市场销售总量的绝大比重，它们之间的竞争就是寡头竞争。显然，在这种情况下，它们有能力影响和控制市场价格。在寡头竞争的条件下，各个寡头企业是相互依存、相互影响的。各个寡头企业对其他企业的市场营销策略和定价是非常敏感的，任何一个寡头企业调整价格都会马上影响其他竞争对手的定价政策，因而任何一个寡头企业做决策时都必须密切注意其他寡头企业的反应和决策。

4. 纯粹垄断

纯粹垄断(或完全垄断)是指在一个行业中某种产品的生产和销售完全由一个卖主独家经营和控制。纯粹垄断有两种：一种是政府垄断，即政府独家经营的业务；另一种是私人企业垄断，其中又包括私人管制垄断和私人非管制垄断。

在纯粹垄断的条件下，在一个行业中只有一个卖主(政府或私营企业)，没有竞争者，这个卖主控制着市场价格，它可以在国家法律允许的范围内随意定价。垄断企业产品的需求曲线，也就是整个行业产品的需求曲线。产品的销售量随着产品价格的涨落而减增，需求曲线向右下方倾斜。无论从长期还是从短期来考虑，垄断企业都是根据边际成本等于边际收益的法则来决定其产量的。

5. 政府因素

企业在制定价格时还会受到政府的各种干预，政府的干预主要表现在以下几个方面。

1) 反倾销

倾销是指以低于制造成本的价格销售。很多国家都制定了《反倾销法》，大多是针对进口产品制定的，国家通常会对其所认定的倾销商品加征反倾销税。20世纪80年代以来，反倾销作为贸易保护主义的重要武器，已成为市场营销尤其是跨国营销研究中的一个热点问题，营销人员采取各种办法来避免进口国的反倾销指控。近年来，对中国商品进行反倾销的国家越来越多，除原来的美、加等少数国家和欧共体外，巴西、阿根廷、智利、墨西哥及尼日利亚等国也纷纷加入了这一行列；反倾销涉及的商品也扩展到轻纺、化工、工艺、自行车、电风扇、彩电乃至抹布、曲别针等小商品。为此，中国企业除积极参加反倾销应诉外，还应讲究定价策略，不宜片面强调“物美价廉”，反对在全球市场上压价竞销。

2) 反垄断，限制价格共谋

各国政府有许多与产品定价相关的法律规定，《反托拉斯法》是其中主要法规之一。如美国《反托拉斯法》明确规定：任何以限制与外国的贸易活动为目的的合并，以托拉斯或其他形式进行的合并和共谋均为非法；对贸易活动的任何部分实行垄断或企图实行垄断，为了实行垄断而与其他一些人合并和共谋均为违法。这些规定显然包括了限制价格共谋的行为。欧共体的《反托拉斯法》视价格歧视、供应限制和全行业共谋提价为非法行径。

3) 限制价格的变动、规定价格的上下限

在有些国家，商品价格是不能随意变动的，价格的变动必须经过政府管理机构同意。如印度、西班牙等国有很多类商品价格的变化要受到管制。另外，许多国家对某些商品实行最低限价与最高限价，以此保护相应的产业和防止暴利行为，或以此缓和通货膨胀。如有些国家对农产品制定最低进口价格等措施，以保持本国市场上农产品的高价。

4) 通过各种间接手段干预产品定价

政府对某些产品实行补贴，使这些产品以较低的价格与进口产品在本国市场进行竞争；而出口补贴则可鼓励生产者向国际市场出口，解决本国国内生产过剩的问题。政府补贴是许多国

家保护本国产业的有效措施。除了实行补贴外，国家政府还经常利用拥有的物资直接参与市场竞争，把价格的波动控制在一定水平内。

9.2 基本定价策略

企业在具体制定产品价格时，首先要确定企业的定价目标。定价目标既是企业营销目标的体现，又是企业定价方法和策略的依据。

9.2.1 定价目标

1. 市场占有率目标

市场占有率的高低是企业经营成败的关键。企业是否以此为定价目标，一般取决于产品在市场上所处的生命周期阶段。当产品处于成长期时，企业一般以增加市场占有率为定价目标；当产品处于成熟期时，企业一般以保持市场占有率为定价目标。

2. 价格稳定目标

以保持价格稳定为定价目标的企业，总是根据行业中实力最雄厚或市场占有率最高的企业制定的产品价格为“领袖价格”，本企业的价格与领袖价格保持一定的比例。而处于领袖地位的大企业，为了避免引起政府干预或消费者的不满，其价格的提高也是比较克制的。由此，整个行业的价格达到相对稳定。这种目标适合处于行业需求经常变化，以致价格波动，市场缺乏安定感的企业。

3. 投资报酬率目标

投资报酬率是净利润与总投资的比率，它是衡量企业经营好坏的重要指标。每个企业都希望其投资能获得预期的报酬。以此为定价目标的企业，通常把它的预期利润定为其投资额或销售额的一定百分比。企业在确定预期投资报酬率时，应综合考虑企业的当前利益和长远利益。不仅要重视当前利益，而且要结合到长远利润，制定出合理的投资报酬率。投资报酬太低，会影响企业的利益，影响再生产和扩大再生产；投资报酬太高，则会使企业在市场竞争中处于不利地位。

4. 生存目标

企业定价的目标在于维持生存。在企业经营不善甚至面临着生存危机时，为了保证企业继续生产经营，把存货出手，企业只能制定一个较低价格，希望消费者对价格敏感。这时的企业，把生存放在了第一位，利润暂时放在第二位。只要价格能够弥补可变成本和部分固定成本，企业就能不被市场所淘汰。这种定价目标不能长期使用，否则将可能破产。

5. 利润最大化目标

在一般情况下，大多数企业的定价目标是在法律和道德的约束下追求最高利润。以此为定价目标的企业应注意以下几点。

1) 最大利润应是企业整体收益的最大化

为了获得企业的整体最大利润，有时需要以一些产品的低价，来带动其他产品的销售。例如，美国的吉列剃须刀公司把剃须刀架的价格定得较低吸引消费者购买，而把剃须刀片的价格定得高获得利润，从而使公司获得整体的最大利润。

2) 最大利润应是企业的长期目标

一个企业如果只重眼前利益，追求短期的最高利润，最后可能会影响到企业的长期利润。企业应以长期的最高利润为主要目标，有时甚至为了争取顾客，发展市场，暂时牺牲短期利益也是值得的。

3) 最高价格不一定获得最大利润

最高价格并不等于就能获得最大利润。价格太高，往往还会招致各方面的抵制活动，如消费者不满、需求减少、替代品出现、竞争者介入，甚至政府干预等，价格最终还是要回落到合理的水平，这样反而影响了企业的形象。

9.2.2 基本定价策略

1. 市场需求导向定价法

1) 理解价值定价法

理解价值定价法指企业根据消费者对本企业产品的理解价值或认可价值定价，而不是根据该产品的制造成本定价。具体定价时，企业要通过市场营销调研确定该产品在顾客心目中所形成的价值，然后将产品价格定在该价值之下。最后，核算在此价格下能否获得满意的利润，以决定取舍。

2) 需求差异定价法

企业的产品在国际市场上，在不同的国家或地区，不同的消费者对同一产品的需求有差异；即使是同一消费者，在不同的时间和不同的地点对同一产品的需求强度也往往不相同。因此，企业就可根据上述需求差异制定不同的价格。下面就是几种不同的定价方法。

(1) 顾客差异定价法。即顾客不同，制定的价格也不同。例如，美国电力企业供给工业用户的电力价格低，而供给居民的电力价格高。这是因为供给工业用户的电力价格高时，工业用户就会自置发电设备自行供电，而居民则没有这种可能性。即前者的需求弹性大，而后者的需求弹性小。

(2) 产品差异定价法。即以产品为基础的差异定价。企业对同一产品的不同款式、不同色彩制定不同的价格，而且价格与产品的差异程度不成比例。

(3) 时间差异定价法。即以时间为基础的差异定价。例如，企业对同一件时装在流行季节和非流行季节制定不同的价格，长途电话夜间收费比白天收费低，就属此种定价。

2. 成本导向定价法

1) 总成本加成定价法

总成本加成定价法指按照产品的总成本加上一定百分比的加成(利润)来制定产品的价格。此方法简单易行，缺点是忽视了市场需求和竞争，而这两个因素恰恰是实际定价时必须要考虑的因素。

2) 变动成本加成定价法

变动成本加成定价法指不考虑固定成本，只在变动成本上加成一定百分比而形成产品的价格。该种方法适用于企业开工不足或产品处于产品生命周期的投入期阶段。缺点是不能用于所有情况，而且只能短期使用，长期使用必然造成企业的亏损。

3. 竞争导向定价法

竞争导向定价法指企业给产品定价时主要的着眼点是对付竞争者，可分下述几种。

1) 通行价格定价法

通行价格定价法指随行就市，使本企业产品的定价与本行业竞争产品的平均价格一致。此定价方法适用于质量差异不大的产品，如粮食、原料、木材、钢材等，即不论哪个企业的产品，产品只要规格相同，产品的质量是相似的。此方法既适合于完全竞争市场，也适合于垄断竞争市场。国际市场上咖啡、糖、石油等就是如此定价的。

2) 竞争价格定价法

当企业实力雄厚，而且企业的产品具有某种特色时，企业就可采用此种定价方法。比如，瑞士手表具有自己的显著特色，因此，瑞士钟表企业就可采用竞争价格定价法，把产品的价格定得远远高出其他企业同类产品的价格。

3) 投标定价法

投标定价法指在众多承包商或供应商中，通过互相竞价，最后以低价成交。这是在完全竞争条件下进行的，因此，也是一种竞争导向定价法。这种做法适用于国际上大型建筑承包工程、大型成套设备订货等。

4. 消费者心理导向定价法

心理定价策略是运用心理学原理，根据不同顾客购买产品的动机和情感反应来制定价格，以扩大销售的价格策略，多是零售领域针对消费者使用的，常见的有以下几种具体形式。

1) 声望定价

声望定价指对于某些名牌商品、“炫耀性产品”或著名企业，利用顾客崇尚名牌和“以价论质”的心理，故意把价格定为整数或定为高价，反而有利于扩大销售。声望定价常用于名牌化妆品、服饰等的定价。

此定价策略运用有两个前提条件，消费者不仅把价格看作产品质量的象征，而且愿为高质量产品付出代价。

2) 尾数定价

尾数定价指给产品定一个以零头数结尾的价格，如4.99元、298元等。本应定价300元的产品，现定价为298元，虽然只降低了2元(不足1%)，却可以给顾客一种价格更便宜，而且定价更精确的感觉。

3) 促销定价

促销定价是利用有些顾客贪便宜的心理，有意降低几种商品的价格，或是利用节假日、周年庆祝日及换季时机，对部分产品降价打折，以吸引顾客购买，同时选购其他正常价格的产品。

4) 参照定价

当顾客选购产品时，头脑中常有一个参照价格。这个参照价格可能是顾客已了解到的目前

市场上这种产品的一般价格，也可能是将以前的价格当作参照。因此，企业在定价时，就可以利用和影响顾客心目中的参照价格。

由于这些心理定价策略大多是直接针对最终消费者的，因此，一般来说，它对零售商比对制造商更为重要和有意义。然而，制造商也应充分了解竞争对手在最终市场上常用的各种价格调整手法和促销方式，以制定有针对性的市场营销组合策略。

9.2.3 国际定价策略

1. 国际市场价格

国际市场价格通常指商品的国际集散中心、经常大量进出口商品的地区、成交额大的著名国际交易会和博览会、国际商品期货市场的成交价格。其中，世界上进行期货交易的商品主要有：稻谷、小麦、棉花、糖、大豆、咖啡等农产品；金、银、铜、铝等金属产品；原油、无铅普通汽油、天然橡胶等化工产品；以及木材等。这些商品在交易所的结算价格是企业定价的重要依据，因为它迅速反映了全球市场上的供求信息，是千百万买家和卖家每天公开公平竞争而产生的价格。为此，涉及这些商品及其深加工产品的定价都会受商品期货市场价格的影响。

2. 国际定价策略

企业一旦进入了全球化经营阶段，应该采用何种定价政策呢?从广义上看，企业在全球定价方面可以有以下3种选择。

1) 东道国导向定价政策(Host-country Oriented Pricing Policy)

东道国导向定价政策也称作多中心定价政策，指企业允许子公司根据所在国的市场具体情况制定产品价格。通常来说，母公司仍负责对各国子公司的定价和各子公司之间的转移价格进行协调。因为假如母公司放弃协调，放任各国子公司完全根据本国市场的具体情况自行定价，极可能造成同一产品的价格在各国市场上差异很大的现象，结果有可能导致某些进口商舍弃本地制造商而从国外进口，从事产品的回流套利活动。这种定价政策的优点是定价对目标市场国比较具有针对性；不足是母公司进行协调有一定难度，难以达到公司整体利润最大化。

2) 本国导向定价政策 (Home-country Oriented Pricing Policy)

本国导向定价政策也称作母国中心定价政策，指企业仅根据本国市场条件制定价格。企业若执行本国中心的定价政策，那么定价时一般忽略不同目标市场国的需求和竞争状况，只考虑本国的市场条件，制定一个全球统一的价格。这种定价政策的优点是简单易行，向不同目标市场出口，只要在统一的基价上加上相关的保险费、运费等费用即可；它的缺点是忽视了不同目标市场的需求和竞争。

3) 世界导向定价政策(World-country Oriented Pricing Policy)

世界导向定价政策也称作全球中心定价政策，指企业以达到在全球范围内的整体最高利润为目标来制定产品价格。既不是只制定一个全球统一的价格，也不是放任子公司自定价格，而是在认识各目标市场国特有的成本、收入水平、竞争状况和营销组合策略等因素的基础上，制定出对各子公司都具有指导意义的整体定价策略。

3种定价政策中，世界导向定价政策是唯一真正立足于全球竞争的定价政策。从长远来说，各子公司定价的底价应该是当地成本加上投资报酬和人事费用。但从短期来说，则要视子公司采取的营销策略和当地的市场状况而定。以全球中心为定价政策的企业，其着眼点并不在于短

期价格的高低或短期利润的多少，而在于长期利润的最大化。

9.3 价格调整策略

在错综复杂的市场条件下，企业必须根据其内部与外部环境，确定不同的定价策略。

9.3.1 新产品定价策略

在市场营销中，新产品的定义比较宽泛，指企业在其目标市场首次推出的产品，它既可以是企业新开发的产品，也可以是改进型产品，或者是已经在某一市场畅销的产品。为新产品定价具有一定的挑战性。如果仅按成本导向定价方法定价，产品售价可能会比顾客愿意支付的价格低得多，影响企业的效益；如果新产品定价过高，则可能阻碍新产品的长期市场发展。因此，研究新产品的定价策略，要注意减少这类不确定性，既要有利于其扩大市场占有率，又要能阻止竞争的出现。新产品定价主要有两种方法：撇脂定价和市场渗透定价。

1. 撇脂定价

撇脂定价指在新产品生命周期的介绍阶段，制定较高的价格，以期在竞争对手以低价进入市场之前，尽可能获取市场利润，尽快收回产品开发的成本。

采用撇脂定价策略的优点如下。

(1) 产品的单位利润高，有利于企业尽快收回开发投资，缩短新产品开发周期，同时有足够的资金来对新产品做技术改进，提高产品的性能与质量，使产品能较长时间地保持竞争优势。

(2) 撇脂策略的高价为企业调整策略提供了有利条件，使企业容易调整定价策略。一般来说，降价容易为消费者接受，涨价则难于接受。

如果新产品技术先进或有专利保护，或在某一方面让竞争对手无法参与竞争，企业就能较长时间地保持产品的高价位。而随着时间的推移，当产品的先进性丧失或专利保护到期，企业可采用逐渐降价的策略，逐步扩大产品的市场，当竞争对手进入这一领域时，就已经占有了足够大的市场份额了。如果定价低了，调价空间就比较小了。

(3) 高价销售新产品使企业的生产能力容易适应市场的需求，企业可以按市场需求逐渐有计划地进行生产，避免了盲目投资。

撇脂策略适用于市场潜力和需求价格弹性较小、功能独特、时尚性强的产品，或者有专利保护的产品。但其弱点是，高价带来的高额利润容易吸引竞争者，企业较难在目标市场上获得稳定的市场份额，从长期观察，企业的风险较大。

2. 渗透定价

渗透定价指在新产品投入市场之初，制定一个较低的价格，以此排斥竞争对手，迅速占领市场取得领先地位。

采用渗透定价策略一般应具备以下条件：

(1) 产品需求的价格弹性较大，较低的价格会使销售量大幅度增长，从而使总利润增加；

(2) 企业相对于竞争对手有成本优势；

(3) 企业具有迅速扩大生产和销售的能力；

(4) 企业实力雄厚，能承受新产品投入期的亏损；

(5) 有足够数量的价格敏感消费者存在。

渗透定价策略的优点主要有：

(1) 能促使消费者尽快接受新产品，销售量迅速上升，使企业的生产成本随产量的提高而不断下降；

(2) 能有效防止竞争者进入市场，企业容易保持和扩大市场份额；

(3) 产品价格低，容易进入购买力较低的市场，尽快被大众所接受。

渗透定价策略的缺点主要有：

(1) 定价低，容易影响新产品的销售前景与生命周期；

(2) 价格调整比较困难，调价空间小。

9.3.2　现有产品定价策略

新产品成功地进入了市场后并不能一劳永逸，还要密切注意竞争者的价格变化，即现有产品也存在价格的重新制定，主要有以下 3 种。

1. 维持原价

在下面几种情况，企业可采用保持稳定产品价格的定价策略：

(1) 企业难以预测竞争对手与消费者对本企业的产品降价会做出什么反应；

(2) 本企业产品所在的细分市场受整个行业市场影响不大；

(3) 当企业不了解竞争对手降价的意图时，不宜盲目跟风杀价，而应当静观其变，保持产品价格的稳定；

(4) 如果无法确定价格变动对产品形象的影响，以及对本企业其他产品形象的影响时，不应随便调整产品的现有价格。

2. 提高价格

对以下方面的考虑促使企业提高现有产品的价格。

(1) 应付目标市场所在国的通货膨胀。提高价格以抵消通货膨胀的影响，并保持原有的利润。

(2) 维持行业中的平衡。在那些竞争对手较少的行业中，当处于行业领袖地位的企业率先提高产品价格时，为了不与之对抗，往往跟随其涨价，保持行业的稳定。

(3) 创造新的细分市场。在有些行业，“名牌”效应显著，名牌产品的价格是同类普通产品的十几倍甚至几十倍，这种以质量为基础的高价位为产品树立了品牌形象。企业为树立产品形象，可以精选出其中的优质产品作为产品系列中的名牌，大幅度提高价格。如中国的名酒泸州老窖推出 1000 多元一瓶的特级酒，就是出于对产品形象的考虑。

3. 降低价格

降低价格有下面一些作用。

(1) 抑制竞争对手的进攻。在市场逐渐饱和时，许多企业往往采用降低价格的做法，以期挤占更大的市场份额，向其竞争对手进攻。在这种情况下，受到攻击的企业也可以采用降价的手段来与之对抗，保护本企业的市场份额。

(2) 降低成本。有些行业具有明显的经验曲线效应，产品的销量增加时，成本会显著下降。

在这种情况下，企业采用降价策略，可扩大市场销量，降低成本，提高盈利水平。

(3) 扩大销售量。对于需求价格弹性较大的产品，生产企业可以充分利用这一特性，通过降低价格迎合消费者的心理来扩大市场，提高经济效益。

降价会对产品定位、同一条产品线上其他产品，以及公司的整体利润都有影响，因此企业在降价时，必须比较降价带来的综合影响，兼顾公司的当前利益和长远利益。

9.3.3 价格折扣策略

上述定价策略主要是针对最终消费者的，由于在营销活动中，相当多的企业都要借助于各种类型的中间商，才能将产品销售出去，因此，企业为了实现其整体营销目标，就必须在定价时考虑所有中间商的利益及最终用户面对的价格水平，以刺激他们的购买热情。针对中间商，经常采取以下折扣定价策略。

1. 数量折扣

数量折扣指当顾客购买量比较大时，给予一定的价格折扣。一般来说，购买量越大，折扣幅度也越大，以鼓励买方大量购买。但是，折扣数额不应超过因批量销售而节约的销售费用。数量折扣分累计数量折扣和非累计数量折扣两种。

(1) 累计数量折扣。即按照一定时间内累计购买量给予数量折扣。累计购买量越大，折扣幅度也越大，目的在于保持买卖双方长期、大量、稳定的购销关系。

(2) 非累计数量折扣。与累计数量折扣不同，非累计数量折扣的目的是鼓励买方一次多买，以降低订单处理费用即销售成本。

2. 季节折扣

季节折扣指在不同的季节制定不同的价格。例如，流行商品价位较高，而换季商品或过时款式则大幅度降价。又如，旅行社在旅游旺季和淡季对游客分别制订不同收费标准等。

3. 现金折扣

现金折扣是对按期付款的顾客给予的价格折扣，目的是鼓励买方尽快付款。例如，“1 / 20 净 30 天”，表示付款期为 30 天，如果顾客在 20 天内付款，将给予 1%的折扣。这种折扣可以加强卖方的收现能力，减少信用成本和呆账。

4. 功能折扣

功能折扣是制造商根据各类中间商在分销渠道中所担负的不同职能，给予的不同的价格折扣。采用功能折扣的目的在于促进各类中间商充分行使各自的营销职能。

企业使用上述这些折扣策略时，要特别注意了解和遵守当地的有关法规。因为在某些国家，这类做法被认为是价格歧视，被视为非法。

9.3.4 产品组合定价策略

产品组合定价可分为补偿定价、形象定价和捆绑定价等策略。

1. 补偿定价

补偿定价是企业利用一种产品的低价位来带动其他产品销售的一种策略。由于低价产品起到了吸引顾客购买企业其他产品的作用，因而低价产品上的亏损可从其他产品销售的盈利中得到补偿。

补偿定价主要用于对主产品及其附带产品定价，如照相机与胶卷、剃须刀的刀架和刀片、电脑的硬件和软件等。在主产品及附带品中，如果主产品价格定价太高，消费者无法承受，就会不仅限制主产品的销售，而且使附带品的销售也不可能提高。对此，企业可采取补偿定价策略，通过降低主产品价格以吸引消费者购买，而把附带品的价格定得较高，以提高整体利润。

补偿定价也在服务行业得到广泛的应用。服务企业往往将服务价格分为固定和可变两个部分，调低固定部分价格以吸引顾客，抬高可变部分价格以获取利润。例如，电信局降低电话月租费而实行通话次数收费，餐馆降低菜肴价格而提高酒水费用等。又如，零售商场推出每日最低价商品，选择个别商品以低于成本价出售，吸引顾客入店购买，希望从其他商品的销售中得到补偿。

2. 形象定价

形象定价是指企业通过使用不同品牌或不同货号来形成不同产品形象而定出不同价格的一种策略。在市场产品信息不完整的情况下，消费者会依据价格的高低来评判质量的优劣，因而企业给不同品牌或不同货号的类似产品制定不同价格，以此形成的价格差异来满足不同消费者的需求。

3. 捆绑定价

捆绑定价是指企业将几种产品组合成一个群体，以一个价格出售。捆绑定价的特点是几种产品捆绑销售的定价远低于它们分别单独出售的价格，从而起到吸引顾客一揽子购买的目的。例如，麦当劳、肯德基大力推介套餐就是基于此目的。

9.4 转移定价

9.4.1 转移定价的含义及其实现的前提条件

1. 转移定价的含义及特征

转移定价(Transfer Pricing)是企业进行跨国经营时所采取的一种策略，又称转移价格、调拨价格或者内部价格等。它是指在跨国公司内部，母公司与子公司之间、子公司与子公司之间等相互约定的出口和采购商品、劳务和技术时所采用的内部交易价格。转移价格并非根据国际市场上的供求情况制定，而是根据跨国公司的全球战略和整体利益而人为制定的。

转移定价主要包括以下两个部分的内容：有形产品的转移定价，如公司内部相互提供设备、零配件等价格；无形产品的转移定价，如子公司向母公司支付商标授权费、技术使用费等。据美国学者对 164 家美国跨国公司的调查表明，在企业内部市场的交易中，采取正常交易价格(与企业外部市场的交易价格相同)的只占 35%，而采用非市场价格的转移定价是公司所普遍采用的方法。

作为一种跨国公司内部交易价格，转移价格具有如下的特征：

(1) 转移价格服务于跨国公司的全球营销目标和整体利润追求，并非完全反映被转移商品或劳务的实际价值；

(2) 转移价格是由公司少数高级管理人员制定的，并非通过市场供求与竞争机制来确定；

(3) 转移价格仅适用于公司内部的交易，转移的是成本费用或利润收入。

2. 转移定价实现的前提条件

1) 企业内部市场的形成

企业内部市场是“转移定价”产生的物质基础。市场有企业外部市场(即传统意义上的市场)和企业内部市场之分。由于企业外部市场的不完全性，包括政府对贸易的干预和限制，市场信息交流的不完全，缺乏合理的资产和技术定价机制等等，都会导致市场联系时滞、中间产品供应不稳定等一系列结果。因此，通过传统的企业外部市场进行交易，会引致许多附加成本，如寻找合适的贸易价格的成本、双方讨价还价的签约成本、与接受合同有关的风险成本、违约的损失成本等。

对于一个由母公司和若干子公司组成的集团化公司来说，可以部分地实现企业内部市场对企业外部市场的代替。这种代替，不仅在于它节约了交易成本，更为重要的是，它创造出企业内部市场与交易体系，从而实现了更高程度上的节约或取得更大规模的效益。这样就最大限度上避免了由于企业外部市场的经营不确定性和交易成本过高等带来的各种劣势。如果母、子公司能够出现在一条产业链的不同环节上，或者母、子公司能够出现在不同的地域甚至是不同的国度(即实现了跨国经营)，那么这种代替作用也将更加明显。

2) 外商独资企业的存在

外商独资企业是转移定价产生的技术条件，跨国公司在实施转移定价时，并没有进行“有效”的劳动，而劳动是创造价值的唯一源泉，因而转移定价是不能够创造出新的价值和利润的。其唯一的伎俩只不过是通过价格的转移而达到利润的转移而已，如果有企业为此而受益，则必有企业因此而受害。因此，要使转移定价能够得以顺利地实施，就必须具备一定的前提条件——受害企业对此保持沉默。如果子公司不是独资企业，受益企业即跨国公司则必须对受害企业有所“补贴”，这样就增加了成本。所以大多数转移定价发生于独资企业内部，这正是转移定价得以实施的技术条件。

目前，跨国公司独立投资的力度大大加强。据北京市外经贸委消息，2002 年第一季度，外资投资的主要方式是建立独资企业。这既印证了入世后的中国对外资的吸引力大大增加，同时也意味着跨国公司将有更好的技术条件进行转移定价。

9.4.2 转移定价的目的

企业可以利用各个国家、地区在经济环境、政治环境，特别是在税制、外汇管制等方面的显著差异，通过转移定价策略实现跨国经营的全球战略目标，达到如下具体目的。

1. 转移资金，规避风险

跨国公司在国外从事生产经营，面临着各种各样的风险，如政治风险、经济风险、外汇风险、通货膨胀风险等。为了逃避这些风险，跨国公司可以利用转移定价将资金转移出去，把公司可能遭受的损失降到最低的限度。例如，当地公司遇到较大的政治风险时，跨国公司可将易

被没收的物资以低价转移到国外，或以高价购买其他子公司的物品，以达到将资金转移出东道国的目的。

目前许多国家面临着国内资金和外汇短缺，在这种情况下，为了达到维护汇率稳定等目的，这些国家大多采取一些限制资金转移的措施，对外资企业内部调拨资金，特别是对外国资本和利润的汇出等，都作了许多限制性规定。而实施“转移定价”策略，可以回避目前各国普遍存在的外汇管制的问题。

2. 调整利润，减少税负

通过转移定价，跨国公司可以设法降低在高税率国家的纳税基数，增加在低税率国家的纳税基数，从而减少跨国公司的整体税负。从所得税的角度分析，各国税率相差很悬殊。在世界闻名的“避税天堂”，如巴拿马、列支敦士登、巴哈马群岛等，税率很低，许多大型跨国公司在这些国家和地区设有子公司。当国外子公司之间进行贸易时，跨国公司先将货物以低价售给“避税地”的子公司，再由该公司以高价转售给其他子公司，而实际货物并不经过“避税地”子公司，只是通过转移定价的形式在公司之间进行转账，这样便可以达到减轻税负的目的。即使不在“避税地”设控股公司，跨国公司也可以避税，即位于高税率国家的子公司从关联企业购进原材料、零部件时价格较高，售出成品时价格较低；位于低税率国家的子公司进行相反的操作。

从关税的角度分析，跨国公司同样可以利用转移定价减少税负。不过，只有在征收从价税和混合税条件下转移定价才具备这样的功能。当国外子公司出售产品给关联企业时，可以采用偏低的价格发货，从而减少公司的纳税基数和纳税额。

值得注意的是，减少关税和所得税有时是互相矛盾的。例如，如果进口国所得税率比出口国高，企业需要提高价格以减少所得税，但这样做的结果会增加关税税额。这时，公司就要从全局的角度出发，根据各种税率进行计算、比较和分析，最后制定出使公司整体利益最大化的转移价格，使其处于低税率国家的系统收入最大化，处于高税率国家的系统收入最小化。各国政府自然都很了解这一情形。最近几年，许多国家政府已经试图通过检查公司报表和强制公司重新分配收入和支出来使国家税收最大化。

3. 加强子公司的竞争地位，争夺市场

全球公司从全局利益出发，可能会认为某个子公司所在的市场潜力很大，或很有发展前途，扩大公司产品在该市场的占有率，对整个公司的长远利益大有裨益，因此，母公司或其他市场的子公司就会以低价向该子公司提供所需的原材料及服务，使该子公司能够保持较低的成本，以低价击败竞争对手，并使该公司显示出较高的利润率，提高其资信水平和市场形象，从而在当地的市场竞争中处于有利地位。

跨国公司运用转移定价策略，凭借总公司雄厚的资金实力，低价向子公司供应原料、零部件、产品和劳务等，以降低子公司的生产成本，使其拥有价格优势；同时，高价买进子公司的产品和服务，帮助子公司争夺和控制市场。这种策略可以在子公司新建时，或者在子公司面临激烈的竞争时，发挥出很大的作用。

4. 转移利润，损害合作伙伴的利益

许多跨国公司在国外的子公司都是与当地企业共同投资兴建的合资企业。跨国公司可以运

用转移定价将利润转移出去，损害合作伙伴的利益。例如，某个跨国公司握有65%股份的合资企业当年本应该盈利100万美元，但由于跨国公司已将利润转移给其国外其他子公司，该企业当年盈利为0。这样，跨国公司独占了100万美元的利润，也就是说将本属于合作伙伴的35万美元据为己有。

当然，转移利润时要考虑跨国公司在利润输入公司所持的股份，还要计算所得税及关税上的得失。国际企业只有在经过综合比较后才能制定出价格。

5. 逃避价格管制和配额限制

大多数国家对外国公司产品或劳务的价格都有一定的限制，但是跨国公司可以利用转移定价摆脱东道国政府的这种限制。当东道国认为跨国公司的产品或劳务是以低于其成本的价格进行“倾销”时，公司可以尽量降低原材料、零部件的供应价格，减少其成本，使其较低的价格成为“合理”的价格，从而逃避东道国的限制和监督。当东道国认为跨国公司的产品或劳务价格太高，利润过多时，公司对海外子公司尽可能提高原材料、零部件的供应价格，增加其成本，使较高的价格成为“合理”的价格，这样也有效地避免了东道国的限制和监督。

在国际市场上，配额是常见的非关税壁垒。如果配额是针对产品数量，而不是产品金额，跨国公司可利用转移定价在一定程度上减轻限制。出口国子公司降低转移价格，而进口国配额一定，其结果等于不增加配额就扩大了进口国子公司实物的进口量，达到了扩大销售的目的。

9.4.3 转移定价的类型

依据跨国公司在运用转移定价策略时，其作用客体的不同，可以把转移定价分为以下4种形式。

1. 中间商品的价格转移

这是最常见的一种转移定价，指跨国公司的母公司与子公司之间，在原材料供应和商品销售等中间商品方面所实施的价格转移，从而达到改变(增加或者减少)资本投入(或者生产成本)和销售收入(或者利润)的目的。

例如，由母公司向子公司“低价”供应中间产品，或由子公司“高价”向母公司出售中间产品，来减少子公司的产品成本费用，获取较高的利润；反之，也可以通过母公司向子公司“高价”出售中间产品，或由子公司向母公司“低价”出售中间产品，来增加子公司的产品成本费用，减少子公司的利润。

此外，这种形式还包括利用母公司控制的运输系统、保险系统，通过向子公司收取较高或较低的运输、装卸、保险费用，以此来影响子公司的成本和利润。

2. 有形资产的价格转移

这是指跨国公司的母公司与子公司之间，在有关机器设备、厂房仓库等有形资产方面所实施的价格转移。它主要是通过子公司固定资产的出售价格或使用期限来影响子公司的产品成本费用，因为母公司对子公司提供的固定资产的价格直接影响着摊入子公司的产品成本，而母公司对子公司规定的固定资产折旧期限也会影响到折旧费的提成。

一般来讲，如过多地提取折旧费，则会增加公司的产品成本；如过少地计算折旧费，则会减少子公司的产品成本费用。例如，在以机械设备折价投资时，可以提高机械设备价格并规定较短使用年限(折旧部分不作征税基数，因此折旧率高对企业有利)，直接影响子公司的产品成本。

3. 无形资产的价格转移

这是指跨国公司的母公司与子公司之间，在转让技术、专利、商标时所实施的价格转移。由于无形资产的特殊性(缺乏可比性)，这就使得它的作价具有较高的随意性。一些跨国公司常常通过高价或者低价转让无形资产，达到转移利润的目的。

例如，母公司向其全股权控制的子公司索取较低的专利授权费和技术使用费，而向少数股权控制的子公司索取较高的专利授权费和技术使用费。

4. 资本和劳务的价格转移

这是指跨国公司的母公司与子公司之间，在融通资金和提供劳务时所实施的价格转移。它主要包括以下几种形式：

(1) 通过提供贷款和利息的高低来影响子公司的成本费用；

(2) 通过扩大向子公司借款的比例以使子公司增加利息支出，从而达到减轻税负的目的；

(3) 通过母公司(或者子公司)所提供的技术、管理、广告、咨询等劳务所收取的费用的高低来影响子公司(或者母公司)的成本和利润。

9.4.4 转移定价采取的手段、转移价格的制定及其限制

1. 转移定价采取的具体手段

转移定价采取的具体手段是多种多样的。其中既有有形货物的转移，也有无形资产的转让；支付方式上既包括贸易性支付，也包括非贸易性支付。转移定价一般采取如下手段。

(1) 货物购销时“高进低出”或“低进高出”。这是跨国公司转移定价最常见的手段。若跨国公司子公司从境外关联企业购进原材料、零部件、机器设备时，其定价高于市场价格，向国外子公司出口产品时，其定价低于市场价格，这样的情况称为“高进低出”，利润可以从国内转到国外；相反，“低进高出”可以把利润从国外转到国内。

(2) 支付高额的管理、广告、咨询、劳务等费用也是一种手段，有时也支付高额的佣金和折扣。

(3) 通过对专利、专有技术、商标、商誉等无形资产转让时收取费用的高低，外商可以对各子公司的成本、利润施加影响。

(4) 调节与子公司贷款利息的高低和设备的租金，外商可以将利润转移至境外。

2. 转移价格的制定

1) 基于成本的转移定价

因为公司对成本的定义不同，有些使用基于成本方法的公司可能会使用只反映变动和固定制造成本的转移价格。另外，转移价格也可能会基于全部成本，即包括营销、研究与开发，以及与其他职能相关的管理费成本。全球公司售给其各地下属公司或子公司产品的销售额导致一些关税，对成本的定义方法可能对这些关税会有影响。

成本加成定价是基于成本定价法的一种变形。采用成本加成定价法的公司认定，任何产品

或服务的利润必须在公司系统运行的各个阶段都得到显现。在这种情况下，转移价格可能根据固定成本的某个百分比，如“成本的 110%”来确定。尽管成本加成定价法可能会导致一个与国际市场需求情况完全脱离的价格，许多出口商还是成功地使用了这种方法。

2) 基于市场的转移定价

基于市场的转移价格派生于在国际市场中保持竞争力的价格。尽管如前所述，有关成本的各种定义之间有很大的差异，但是成本仍然限制着这种方法的使用。由于成本通常是随着产销量的增加而减少的，经营者必须决定是按现行产销量还是按计划产销量定价。为使用基于市场的转移价格来进入一个狭小而无法支持当地制造的新市场，可能需要在第三国寻求资源，从而使公司能够在投入资本不大的情况下，在某个市场建立其品牌或特许权。

3) 协商性转移定价

协商性转移定价是允许企业的附属公司在它们之间协商转移价格。有些时候，最终的转移价格可能会反映成本和市场价格。

3. 转移定价的限制

对转移定价的限制主要来自两个方面。

1) 东道国政府的限制

各国政府都很重视外国公司通过转移定价来逃税，因而通过税收、审计、海关等部门进行检查、监督，并在政策法规上采取一系列措施，以消除通过转移定价进行逃税的现象。目前国际上普遍采用的是“比较定价”原则，又称“一臂长”(arms length)定价原则，即将同一行业中某项产品一系列的交易价格、利润率进行比较，如果发现某一跨国公司子公司的进口货价格过高，不能达到该行业的平均利润率时，东道国税务部门可以要求按“正常价格”进行营业补税。

2) 公司内部的限制

高低价格的利用，虽然能使公司整体利益达到最优化，但它以转移部分子公司的经营实绩为前提，在跨国公司管理实行高度分权的模式下，有些转移定价的政策会受到某些子公司的抵制。在国外的合资企业中，由于东道国一方决策权力的存在，通过转移定价以实现公司整体利益最优化更难办到。为了解决公司集中管理与分散经营相对独立的矛盾，大型跨国公司往往通过设置结算中心来进行统一协调。

本章小结

价格是市场营销组合的要素之一，在现代营销过程中起着非常重要的作用。无论是开拓新的市场还是发展已有的市场，都必须正确认识定价在市场营销中的重要地位，审慎地制定价格策略。

本章首先对价格的形成要素进行了分析，如定价目标、成本、其他市场营销组合因素、国家法律和政策、市场需求情况和市场竞争形势等。其中需求、成本、竞争是三个最主要的因素，产品的最高价格取决于产品的市场需求，最低价格取决于该产品的成本费用。在最高价格和最低价格之间，企业能把产品的价格最终定多高，则主要取决于竞争者同种产品的价格水平。

本章还介绍了基本的定价策略和价格调整策略。企业在具体制定产品价格时，首先要确定企业的定价目标。定价目标既是企业营销目标的体现，又是企业定价方法和策略的依据。同时，在错综复杂的市场条件下，企业还必须根据其内部与外部环境，确定不同的定价策略，如新产品定价策略、现有产品定价策略、价格折扣策略和产品组合定价策略。

最后，本章介绍了跨国公司的转移定价。转移定价是企业进行跨国经营时所采取的一种策略，又称转移价格、调拨价格或内部价格等。它是指在跨国公司内部，母公司与子公司之间、子公司与子公司之间等相互约定的出口和采购商品、劳务和技术时所采用的内部交易价格。转移价格并非根据国际市场上的供求情况制定，而是根据跨国公司的全球战略和整体利益而人为制定的。

关键术语

价格的形成要素　新产品定价策略　现有产品定价策略　价格折扣策略
产品组合定价策略　转移价格　调拨价格　内部价格
需求的收入弹性　需求的价格弹性　需求的交叉弹性

思考题

1. 什么是需求的交叉弹性?
2. 举例说明基于成本的转移定价与基于市场的转移定价的区别。
3. 什么是内部价格?
4. 转移价格具有哪些特征?
5. 新产品定价策略有哪些种类?

参考文献

1. 沈铖. 全球营销学[M]. 武汉：武汉大学出版社，2004.
2. 陈启杰. 现代国际市场营销学[M]. 上海：上海财经大学出版社，2000.
3. 蔡新春，何永祺. 国际市场营销学[M]. 广州：暨南大学出版社，2000.
4. 万后芬. 现代市场营销[M]. 北京：中国财政经济出版社，2002.
5. 梁能. 跨国经营概论[M]. 上海：上海人民出版社，1995.
6. 黄维梁. 国际营销学[M]. 北京：中国金融出版社，2000.
7. 何宝善，李怀斌. 新编国际营销学教程[M]. 大连：东北财经大学出版社，1998.
8. 胡正明，张喜民. 国际市场营销学[M]. 济南：山东人民出版社，2002.
9. 李东阳. 国际投资学教程[M]. 大连：东北财经大学出版社，1999.
10. 徐子健，朱明侠. 国际营销学[M]. 北京：对外经济贸易大学出版社，1999.
11. 龚维新，彭星闾. 国际市场营销学[M]. 北京：中国财政经济出版社，1996.

案例研讨

雅阁汽车：一步到位的价格策略

广州本田汽车有限公司是在原广州标致废墟上建立起来的，成立于1998年7月1日，注册资本为11.6亿元人民币，由广州汽车集团和本田工业技研株式会社各出资50%建设而成。建厂初期广州本田引进本田雅阁最新2.0升级系列轿车，生产目标为年产5万辆以上，起步阶段为年产3万辆。生产车型为雅阁2.3VTi-E豪华型轿车、2.3VTi-L普通型轿车和2.0EXi环保型轿车。1999年3月26日，第一辆广州本田雅阁轿车下线，同年11月通过国家对广州本田雅阁轿车40%国产化的严格验收。2000年2月28日，广州轿车项目通过年产3万辆的项目竣工验收。2004年初，广州本田已经达到了年产汽车24万辆的产能规模。目前，广州本田生产和销售的车型有4款：雅阁、奥德赛、三厢飞度和两厢飞度。

对于中国市场来说，广州本田雅阁的价格策略也显得高人一筹，在产品长期供不应求的情况下施放“价格炸弹”反映了厂家的长远眼光。

2002年被人们称作是中国汽车年，在这一年里，中国汽车实现了一个历史性的飞跃——6465亿元的销售收入和431亿元的利润总额（同比增长分别达到30.8%和60.94%），使汽车产业首次超过电子产业成为拉动我国工业增长的第一动力。国家计委产业司2003年1月份公布的数字表明，2002年全国汽车产销量超过300万辆，其中轿车产量为109万辆，销量为112.6万辆。中国汽车业的暴利早已成了汽车行业内公开的秘密。尤其是中高档车，利润率高得惊人。根据德国一家行业内权威统计机构公布的数字，2002年中国主流整车制造商的效益好得惊人，平均利润超过22%，部分公司甚至达到了30%。

2002年1月1日起，轿车关税大幅度降低，排量在3.0升以下的轿车整车进口关税从70%降低到43.8%，3.0升以上的从80%降到50.7%。关税下调后，进口车的价格由于种种原因并没有下降到预想的价格区间，广州本田门胁轰二总经理似乎早有预测。他说：“关税从70%降低到43.8%，最终降至25%，这是一个过程。虽然也有部分人因考虑到进口车将要变得便宜而暂时推迟购车计划，但由于政府实际上决定了进口车的数量，短时间内进口车并不会增加许多。”广州本田宣布了一个令所有人都感到吃惊的决定：2002年广州本田的所有产品价格将不会下调。

1998年广州本田成立，就确定了将第六代雅阁引进中国生产。1999年3月26日，第六代新雅阁在广州本田下线，当年就销售了1万辆。雅阁推出的当年，市场炒车成风，最高时加价达6万元以上，成为当年最畅销的中高档车。继2000年成为全国第一家年产销中高档轿车超3万辆的企业后，2001年广州本田产销超过5万辆，比计划提前了4年。2002年，广州本田产销量为59000辆，销售收入137.32亿元人民币，利税50亿元。2002年3月1日，第10万辆广州本田雅阁下线，标志着广州本田完全跻身国内中高档汽车名牌企业行列。

雅阁刚上市时国产化率是40%，经过几年经营国产化率上升到60%，2003北美版新雅阁上市时提升到了70%，降低了进口件成本；建厂时广州本田的生产规模是3万量，2001年达到5万辆生产规模。到了2002年，提升为11万辆，规模带来了平均成本的降低，同年完成12万辆产能改造。

2003年，北美版新雅阁（第七代雅阁）的上市终结了中国中档轿车市场相安无事高价惜售的默契，它的定价几乎给当年所有国产新车的定价建立了新标准，使我国车市的价格也呈现出整体下挫的趋势。随之而来的是持续至今的价格不断向下碾压与市场持续井喷。

广州本田借推出换代车型之机，全面升级车辆配置，同时大幅压低价格的做法。2003年1月，广州本田新雅阁下线，在下线仪式上广州本田公布新雅阁的定价，并且宣布2003年广州本田将不降价。其全新公布的价格体系让整个汽车界为之震动：排量为2.4升的新雅阁轿车售价仅为25.98万元（含运费），而在此前，供不应求的排量为2.3升老款雅阁轿车的售价也要29.8万元，还不包含运费。这意味着广州本田实际上把雅阁的价格压低了4万多元，而且新雅阁的发动机、变速箱和车身等都经过全新设计，整车操作性、舒适性、安全性等方面都有所提高。其总经理门胁轰二的解释是："一方面，广州本田致力于提高国产化率来降低成本，有可能考虑将这部分利润返还给消费者；另一方面，这也是中国汽车业与国际接轨的必然要求。"业内人士认为，这正是广州本田在新的竞争形势下调整盈利模式的结果。

雅阁2.3原来售价29.8万元仍供不应求，新雅阁价格下调4万元，而排量、功率、扭力、科技含量均有增加，性价比提升应在5万元左右。广州本田新雅阁的售价与旧款相比相差比较大，旧雅阁2.3VTi-E（豪华型）售价30.30万元，相差近4万元，算上新雅阁的内饰、发动机和底盘等新技术升级的价值，差价估计在6万元。旧雅阁2.0的售价为26.25万元，比新雅阁也高两三千元。广州本田此次新雅阁的低价格是在旧雅阁依然十分畅销的前提下作出的。尽管事先业内已经预期广州本田新雅阁定价将大幅降低，但新雅阁的定价还是引起了"地震"。

广州本田新雅阁此次定价将成为国内中高档轿车的价格风向标，即将下线的上海别克君威2.0和2.5、一汽轿车M6自在此列，市场热销的帕萨特、风神蓝鸟、宝来、福美来也将难逃干系。在雅阁降价前2002年12月，第一辆索纳塔下线，有消息说风神阳光6月入局，东风公司与ＰＳＡ的标致307也有可能下线。新雅阁的定价，无疑将是他们的一个难以回避的参照系。降价后2.4升新雅阁已接近了１.８Ｔ帕萨特的售价。上海通用2月10日上市的别克君威，就是盯准了新雅阁价格，先推3.0，而将2.0和2.5虚席以待。1月21日，备受市场关注，甚至被不少媒体视为2003年中高档最值得期待的一汽2.3升M6下线，一汽轿车M6项目有关人士透露"豪华版价格将在25万～30万元，不会超过30万元"，而之前，业内一致认为M6的价格将在30万元左右。4月，2.3升技术型马自达6接受预订，售价23.98万元。

新雅阁一步到位的定价影响了整个中高档轿车市场的价位，广州本田的这种定价策略一直贯穿到之后下线的飞度车型营销之中，广州本田车型的价格体系也因此成为整个国内汽车行业价格体系的标杆，促使国产中高档轿车价格向"价值"回归，推动了我国轿车逐渐向国际市场看齐。广州本田生产的几款车型几年来在市场上也一直是供不应求，2003年广州本田更以11.7万辆的销售使增长超过100%，成为增幅最大的轿车生产商。销售最火爆时，一辆雅阁的加价曾高达4万元。这一年，我国轿车的产量也首次突破200万辆，达到201.89万辆，同比增长83.25%。

（资料来源：http://course.shufe.edu.cn/course/marketing/allanli/yage.htm.）

案例思考题

1. 请分析雅阁价格调整的市场背景。
2. 根据本案例，分析雅阁价格调整的原因。
3. 竞争对手针对雅阁的价格调整作出了哪些反应？

第 10 章　渠道设计策略

10

本章提要　营销渠道策略与产品策略、促销策略、定价策略一样，也是企业能否成功地将产品打入市场，扩大销售，使企业顺利实现经济目标，获得发展的重要策略。同时，渠道策略的作用和效应也必须与产品策略、促销策略、定价策略有机搭配整合才能真正得到体现。本章着重阐述和分析销售渠道的概念和类型、销售渠道设计和选择，以及渠道风险规避。重点在于掌握渠道的概念、作用、类型。难点在于理解渠道设计与选择、渠道风险防范。

引　例

彩电遭商场贱卖

2009 年 9 月的一天上午，位于番禺区桥南路的某商场开张。在促销活动中，店方将某知名品牌的三款彩电以低于市场最低价 100 至 400 元销售。该彩电公司经理获知后，遂派两名员工与店方协商，阻止店方的低价销售行为。派去的员工对记者说，当时无论他们怎样请求，店方的主管人员始终不肯上调售价，“于是我们拔掉了自己专柜的电源”，暂停了该品牌电视机销售。协商过程中双方发生摩擦，该彩电公司两名员工被店方几名防损员推拽进货梯内暴打，全身多处软组织挫伤。第二天，该商场回应称，商场已与该彩电公司签订购买合同，但合同中未对彩电的终端零售最低价做出限制，“也就是说，这批彩电商场已经买下，低价卖出产生的价格差将由商场承担。涉事彩电的降价销售合理合法”。

(资料来源：彩电遭商场贱卖. 新快报. 2009-09-10.)

10.1　销售渠道类型

10.1.1　销售渠道的概念

1. 渠道的含义

在营销组合策略中，销售渠道主要是指分销渠道。销售渠道是促使产品或服务顺利地被使用或消费的一整套相互依存的组织。销售渠道的目标就是使企业生产经营的产品或服

务顺利地被使用或消费，其具体的任务是把商品从生产者那里转移到消费者或用户手里，使消费者或用户能在适当的时间、适当的地点买到能满足自己需求的商品。销售渠道所涉及的是商品实体和商品所有权从生产向消费转移的整个过程。在这个过程中，起点为生产者出售商品，终点为消费者或用户购进商品。引例中，替那家彩电公司销售彩电的商场就是渠道的终点。位于起点和终点之间的为中间环节，中间环节包括参与从起点到终点之间商品流通活动的个人和机构，如生产者、各种类型的中间商、运输公司、仓储公司、银行和广告代理商，等等。

2．渠道的构成

企业生产出产品之后，只有通过销售渠道，才能转移到最终消费者手中。销售渠道是实现商品销售的重要因素。销售渠道作为一种通道，可使商品实体和所有权从生产领域转移到消费领域。销售渠道也可作为信息传递的途径，对企业广泛、及时、准确地收集市场情报和有关商品销售、消费的反馈信息起着重要的作用。企业许多目的在于吸引顾客、说服顾客购买的促销广告和宣传品也通过销售渠道进行传播。除此之外，商品交换货款的支付是在渠道中完成的。由此可知，销售渠道体系中存在着五个重要流程：实物流、所有权流、付款流、信息流和促销流。

1) 实物流

实物流是指实体原料及成品从制造商转移到最终顾客的过程(见图 10-1)。例如，彩色电视机的营销渠道中，原材料、零部件、显像管等从供应商运送到仓储企业，然后被运送到制造商的工厂制成彩色电视机。制成成品后也须经过仓储，然后根据代理商订单而运交代理商，再运交顾客。如遇到大笔订单的情况，也可由仓库或工厂直接供应。在这一过程中，至少要用到一种以上的运输方式，如铁路、卡车、船舶等。

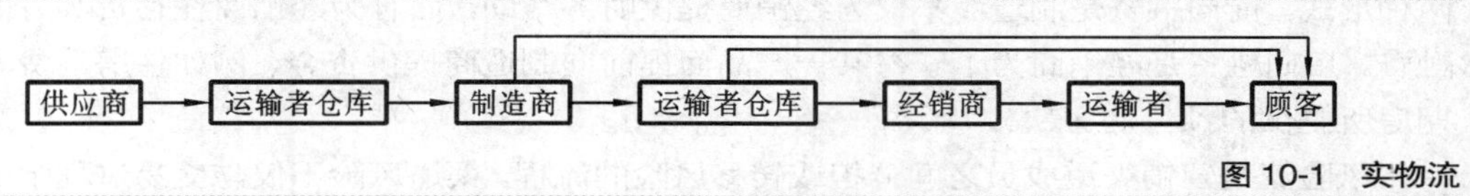

图 10-1 实物流

2) 所有权流

所有权流是指货物所有权从渠道中的某个主成员到另一个主成员的转移过程(见图 10-2)。在前例中，原材料及零部件的所有权由供应商转移给制造商，制造商生产出成品后，彩色电视机的所有权则由制造商转移到经销商，再由经销商转移到顾客。

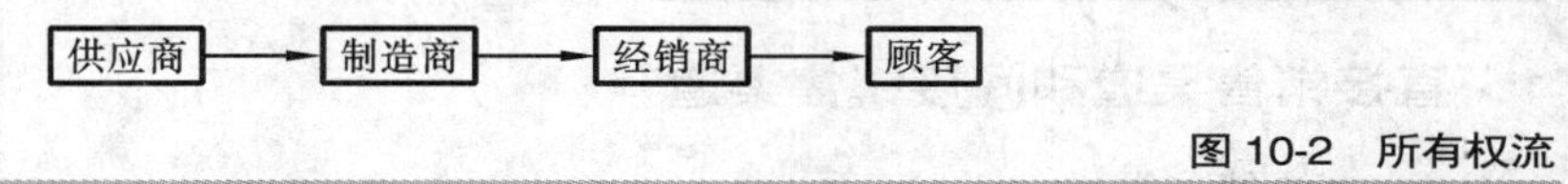

图 10-2 所有权流

3) 付款流

付款流是指货款在各渠道成员之间的流动过程(见图 10-3)。例如，顾客通过银行或其他金融机构向经销商或代理商支付账单，如果是代理商渠道，代理商扣除佣金后再付给制造商，再由制造商付给各供应商，还须付给运输企业及独立仓库。

图 10-3　付款流

4) 信息流

信息流是指在市场营销渠道中，各渠道成员之间相互传递信息的过程(见图 10-4)。如彩电制造商与彩色显像管供应商之间的信息交流，制造商与储运企业之间的信息交流。通常，渠道中每一相关成员之间都会进行双向的信息交流。

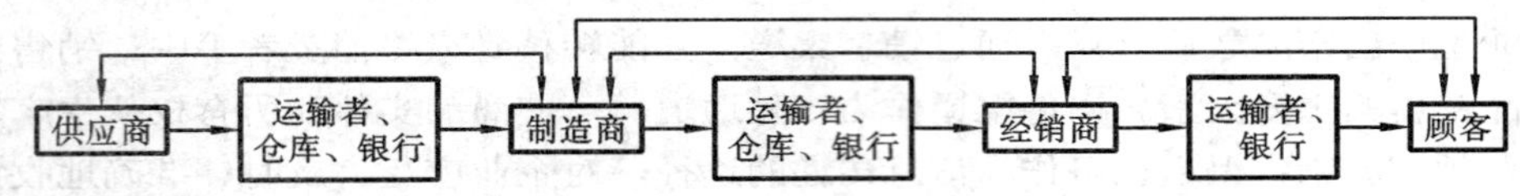

图 10-4　信息流

5) 促销流

促销流是指某一渠道成员运用其广告、人员推销、宣传、销售促进等活动对另一渠道成员施加影响的过程。供应商向制造商推销自己的品牌和产品，也可能直接向制造商的最终顾客促销，进而影响制造商购买其零部件或原材料来装配产品；制造商向代理商或经销商促销；制造商向最终顾客促销。

除了上述 5 种流程，从广义的渠道流程来讲还有洽谈流、财务流、风险流和订货流。

洽谈流贯穿于整个渠道。产品实体和所有权在各个成员间每转移一次，就要进行一次洽谈。例如制造商与批发商之间为购销产品种类、数量、价格和促销条件的洽谈。

融资流是渠道成员之间的融通资金活动流程。营销渠道的融资流有前向融资和后向融资两种形式。前向融资是制造商不仅为经销商提供财务帮助，而且为经销商在存货等方面提供融资。后向融资是经销商为了获得某一产品而提前向制造商提供资金，例如住房消费者购买期房所提供的预付购房款。

风险流是营销渠道成员之间分担或转移风险的流程。渠道风险不仅与交易过程中的产品报废、过时、丢失、翻修、违约、保险和税金等相关，也与存货量过大或者为处理存货的损失相关。

订货流指渠道成员定期或不定期向供货机构发出订单形成的流程。订货流通常是由用户向零售商、零售商向批发商、批发商向制造商的后向流程。

10.1.2　销售渠道的类型

1. 直接销售渠道和间接销售渠道

1) 直接销售渠道

直接销售渠道是生产者把商品直接出售给最终消费者的渠道。也就是说，生产与流通两种职能都是生产者承担的。例如，企业和重点用户签订合同或协议书，按合同生产和销售商品。

直接销售渠道主要用于产业用品的销售，这是因为：一方面许多产业用品需要按照用户的特殊要求来进行生产，有高度的技术性，而用户在安装、操作、维护等方面则需要厂家的技术支持；另一方面用户数目少，某些行业的工厂主要集中在某一区域，而且一般讲产业用户的单价较高，用户购买批量大，但批次少。当然，某些消费品也可以通过直接销售渠道销售，不过多数不能算完全意义上的直接销售，往往需要借助销售终端的零售商。

直接销售渠道的优势在于减少了中间环节，全部销售利润归自己所有，而且可以节约流通费用；商品，特别是工业品产销见面，生产者能直接地了解市场需求的变化，有利于企业及时地做出相应的决策。

直接销售渠道的局限性在于适应范围有限：生产者直接销售商品，会耗费一定的人力、物力和财力，对集中精力进行产品生产活动不利；生产者在承担了流通职能的同时，也承担了商品销售的风险。

2) 间接销售渠道

间接销售渠道是生产者通过流通领域的中间环节把商品销售给消费者的渠道。也就是在生产者和消费者之间加入了中间商，由中间商承担流通的职能。中间环节可能只有一个，也可能有若干个。一个中间环节有时不止一个中间商，因此，参与商品销售的中间商的数量在某些情况下会大于中间环节的数量。大多数商品在从生产领域向消费领域的转移过程中都要经过中间环节，间接渠道是商品流通特别是消费品流通的主要渠道。

承担流通职能的中间商主要有零售商、批发商和代理商。由于生产企业选用中间商的类型不同，选用的数量不同，形成了多种形式的间接渠道。在间接销售渠道下产品的道路是“厂家—经销商—批发商(可能还包括二级、三级批发商)—零售商—消费者”。在这个金字塔式的销售渠道中，经销商充当了制造商与消费者之间的桥梁和纽带，将厂家的产品和服务传递并扩散给广大消费者。

间接销售渠道的优势在于使企业管理简单化且管理成本低，提高了企业的市场竞争能力；企业将市场问题交给中间商处理，可以集中精力于生产，分担了生产者的经营风险；借助于中间环节，可增加商品销售的覆盖面，有利于扩大商品市场占有率。

间接销售渠道的局限性在于企业无法控制市场，只能通过中间商来获得重要的市场信息，这就存在由于市场信息失真，导致客户关系不稳定，给企业经营带来风险；如果中间环节过多，还会增加流通费用，增大商品成本，降低产品的竞争力；中间商往往谋求短期获益而忽视生产企业的长期利益和计划。如引例中出现的商场为了开业自行确定降价幅度，不顾及生产企业的定价水平与构成的状况。

2. 长渠道和短渠道

销售渠道的长短一般是按通过流通环节的多少来划分，具体包括以下4层。

零级渠道：制造商—消费者。

一级渠道：制造商—零售商—消费者。

二级渠道：制造商—批发商—零售商—消费者，多见于消费品分销；或者是制造商—代理商—零售商—消费者，多见于消费品分销。

三级渠道：制造商—代理商—批发商—零售商—消费者。

可见，零级渠道最短，三级渠道最长。

3．宽渠道和窄渠道

渠道宽窄取决于渠道的每个环节中使用同类型中间商数目的多少。企业使用的同类中间商多，产品在市场上的销售面广，称为宽渠道。如一般的日用消费品(毛巾、牙刷、开水瓶等)，由多家批发商经销，又转卖给更多的零售商，能大量接触消费者，大批量地销售产品。企业使用的同类中间商少，销售渠道窄，称为窄渠道，它一般适用于专业性强的产品，或贵重耐用消费品，由一家中间商统包，几家经销。它使生产企业容易控制销售，但市场销售面受到限制。

4．单渠道和多渠道

当企业全部产品都由自己直接所设门市部销售，或全部交给批发商经销，称之为单渠道。多渠道则可能是在本地区采用直接渠道，在外地则采用间接渠道；在有些地区独家经销，在另一些地区多家销售；对消费品市场用长渠道，对生产资料市场则采用短渠道。

20 世纪 80 年代以来，销售渠道系统突破了由生产者、批发商、零售商和消费者组成的传统模式和类型，有了新的发展，产生了垂直渠道系统、水平渠道系统、多渠道营销系统等。

垂直渠道系统是由生产企业、批发商和零售商组成的统一系统。垂直销售渠道的特点是专业化管理、集中计划，销售系统中的各成员为共同的利益目标，都采用不同程度的一体化经营或联合经营。

水平渠道系统指由两家以上的公司联合起来开发一个营销机会。这些公司缺乏资本、技能、生产或者营销自愿来独自进行商业冒险，或者承担风险；或者它们发现与其他公司联合可以产生巨大的协同作用。公司间的联合可以是暂时的，也可以是长久的合作。通常，这种系统可发挥群体作用，共担风险，获取最佳效益。

多渠道营销系统指对同一或不同的分市场采用多条渠道营销系统以到达一个或者更多的顾客细分市场。通过增加更多的渠道，公司获得了 3 个重要好处。首先是增加了市场覆盖面；其次降低了经营成本；最后还能顾客定制化销售。多渠道营销系统一般分为两种形式：一种是生产企业通过多种渠道销售同一商标的产品，这种形式易引起不同渠道间激烈的竞争；另一种是生产企业通过多渠道销售不同商标的产品。

10.1.3 中间商

中间商是商品从生产领域转移到消费领域的过程中，参与商品交易活动的专业化经营的个人和组织。中间商按其在流通过程中的地位和作用可分为批发商和零售商。

1．批发商

批发商是把商品出售给那些为转卖商品而购买的零售商和批发商的中间商。批发商的交易对象除了零售商和其他批发商外，还有进行大宗购买的企业、机构、团体等客户。一般来讲，批发商在销售渠道中居于起点阶段和中间阶段，它向生产企业购进商品，向零售商批销商品，交易业务活动结束以后，商品仍在销售渠道中。批发商从事的是大宗的商品买卖活动，每次的交易量比较大，特别是购进商品的批量比较大；通常以经营规模的大小相应集中在大城市或中小城市。

批发商的地位、性质及特点决定了它在销售渠道中的职能，并通过执行其职能和为生产企业和零售商服务来实现其作用。批发商主要有以下职能。

(1) 集散商品。批发商通过收购业务，将各个地区、各个不同的生产企业分散生产的商品集中起来，进行必要的初步加工、整理、包装等方法的处理，再通过商品交易活动，分散供应给零售企业和生产用户。

(2) 调节供求。批发商一方面大批量地向生产者购进商品，使生产者及时实现商品的价值，提高资金周转率，加速再生产过程；另一方面小批量地将商品批售给零售商，减少零售商储存商品的负担。批发商实际上承担了商品“蓄水池”的功能，把市场上一时多余的商品收购储存起来，当市场供应不足时再投放出去。

(3) 沟通产销信息。批发商处于生产企业和零售商之间的中介地位，既可以了解商品的生产情况，又可以了解商品的市场销售动态。因此，它可利用这种便利条件，向生产企业提供市场需求信息和消费者反馈意见，向零售商作产品情况的介绍和宣传。

(4) 承担市场风险。商品在实现价值的过程中具有一定的风险，如市场供求和价格变动带来的风险，商品储存、运输过程中可能发生的风险，以及商品交易中因预购、赊销造成的呆账风险等。批发商在多数情况下是大批量地购进和储存商品，分批少量地销售商品，在这个过程中为生产企业和零售商承担了一定的市场风险。

2. 零售商

零售商是将商品销售给为个人或家庭使用而购买的最终消费者的中间商。零售商的对象是众多的消费者。在销售渠道中，零售商居于终点阶段，零售商从生产者或批发商那里小批量购进，再直接向消费者零星、多品种销售商品，每次销售的量小、交易频繁，在交易过程中或结束后要向购买者提供相应的销售服务。

零售商是生产者与消费者或批发商与消费者之间的中间环节。其职能主要体现在两个方面。

(1) 为生产者承担风险，促进销售，提供信息。零售商对生产者来说，是承担所有权和占用权风险的买卖中间商，并为生产者或批发商减轻了流通过程中的负担，如储存、运输方面的费用和风险等。零售商利用人员推销、广告宣传及促销活动等各种营销手段来促进产品销售，扩大市场占有率，还向生产者提供有关零售市场上消费者、竞争者和市场状况等有价值的信息。

(2) 以多种方式为消费者服务。将不同生产者的产品汇集在一起供消费者挑选；通过广告和推销员等促销手段向消费者传播商品信息；向消费者提供赊购和分期付款等信用条件；在适当条件下还送货上门。

10.2 销售渠道设计与选择

如前所述，可供企业选择的销售渠道有直接渠道和间接渠道，有长渠道和短渠道，有宽渠道和窄渠道。在销售渠道中承担销售职能的有零售商、批发商等中间商。从渠道的构成来看存在着实物流、所有权流、付款流、信息流和促销流5个流程。渠道决策内容丰富、复杂。而销售渠道对于企业又是至关重要的，正如一位经济学家所说，销售渠道体系是“一项重要的外部资源”。企业如何能正确进行销售渠道的设计与选择是这一节所要阐述的主要

内容。

10.2.1 分析目标顾客的需要

企业渠道目标首先必须考虑目标顾客的需要，实质上顾客的需求就是企业销售渠道的目标。考虑顾客需要，具体来说是要了解企业的目标顾客群希望中间商提供什么样的购买服务水平，根据这种购买服务水平来确定本企业的渠道目标。在买方市场形成的条件下，企业的一切营销活动必须以消费者需求为中心，否则会在激烈的市场竞争中败北。这就要求企业在设计销售渠道时要以消费者的需求为核心。因此，在进行渠道设计时，要充分考虑消费者的需求。总的来讲，在设计销售渠道时，要从5个方面来考虑消费者的需求。

1. 购买量

购买量是指消费者每次购买商品的数量。购买批量的差异要求厂家为消费者设计不同的销售渠道。例如，小工商户喜欢到仓储商店批量购物，而普通的消费者则喜欢在大型超市购物。制造商应该根据其目标客户群消费的购买量的特点进行销售渠道的设计。

2. 等候的时间

等候时间是指消费者在订货后或现场决定购买后，一直到拿到货物的平均等待时间。在现代社会，人们的生活节奏越来越快，更加喜欢那些快速交货的商场、超市等。

3. 出行距离

出行距离是指消费者从家里或办公地点到商品销售地的距离。一般来说，消费者愿意在附近完成购买行为。但是，不同的商品，人们所能接受的出行距离是不同的。显然，顾客购物出行距离长短与销售网点的密度相关。密度越大，消费者购物的出行距离越短；反之，出行距离越长。

4. 选择范围

选择范围是指销售渠道提供给消费者的商品花色品种数量。一般来说，消费者喜欢较多的品种花色供选择，因为这样更容易买到称心如意的产品。例如，如果不是单一的品牌崇拜者，他就不愿意去专卖店购买服装，而愿意到集众多品牌的服装专业店或百货公司购买。

5. 售后服务

售后服务是指销售渠道为消费者提供的各种附加服务，包括信贷、送货、安装、维修等内容。消费者对不同的商品有不同的售后服务要求，企业在设计销售渠道时就应该考虑到。

10.2.2 分析影响销售渠道选择的因素

企业要正确地选择销售渠道，制定有效的销售渠道方案，必须对影响渠道选择的因素进行系统的分析和判断。

1. 产品因素

产品的各种特性从不同程度上影响销售渠道类型的选择。

(1) 产品的单价。一般而言，产品单价越低的产品，渠道就越长，而且宽；产品单价越高的产品，渠道就越短，而且窄。如牙膏、香皂之类日用品，生产者无法面对众多的消费者少量、频繁地购买，只有经由批发商、零售商等中间环节间接销售。而像彩电、空调这些高档耐用消费品，如果经较多的中间商转手，必定增大流通费用而造成销售价格的增加，从而影响销路，因此，生产者大多是将产品直接交给大型零售商店或家电商场销售。

(2) 产品的消费效用价值。与人民生活密切相关的必需品，要求选择宽渠道，如食品、日用品等，销售网点辐射面要广，尽量使消费者随时随地都可买到。与人民生活关系不太密切的非日常必需品，渠道可以窄一些，如工艺品、金银首饰等，往往在一个城市只有少数商店经销。

(3) 产品的自然生命周期。对一些易腐、易碎、易失效、自然生命周期短的产品，其渠道越短越好，如玻璃器皿、鲜活商品等。对一些耐藏、耐碰和自然生命周期长的产品，渠道可长一些、宽一些，如五金工具、纺织品等。

(4) 产品的体积和重量。体积大而笨重的产品，运输和储存都比较困难，选择短渠道比较经济。体积小而重量轻的产品，运输方便，费用低，可选择长一些的渠道。

(5) 产品的技术服务程度。对技术性不强、不必提供技术服务的产品，一般选取又长又宽的销售渠道；对技术性强、要求销售服务的产品，渠道越短越好。

(6) 产品的市场生命周期。产品处于投入期，为了尽快打开销路，占领市场，可综合选用各种类型的渠道；进入成长期后，可对销售渠道进行适当调整；进入饱和期，则应开辟新的渠道，占领新的市场。

2. 市场因素

市场因素对销售渠道选择的影响主要表现在市场环境状况和消费者的购买行为等方面。

(1) 市场容量及每次购买数量。市场容量大且每次购买量大，可选用窄而短的渠道；市场容量大且每次购买量小，应选用宽而长的渠道。市场容量小且每次购买量大，可选用窄而短的渠道；市场容量小且每次购买量小，可选用较宽渠道。

(2) 市场区域范围和顾客集中程度。一般市场范围越大，销售渠道越长，如在全国销售或出口销售，可经过多层中间商经销。市场范围小或就地销售，可以由生产者直接销售。顾客比较集中的地区，生产者可考虑设点直接推销；顾客比较分散的地区，则由中间商去开辟市场。

(3) 市场规模和发展趋势。市场规模小，但发展趋势大，所选用的销售渠道应有扩展和延伸的余地。市场现有规模比较大，但发展趋势是缩小，所选择的渠道应有缩小和转移的余地。

3. 竞争者因素

竞争情况对选择销售渠道影响较大，特别是同类产品竞争，竞争对手选用何种销路，需要仔细研究。对竞争者已选用的销售渠道策略或已利用的中间商，生产者应经过综合考虑，做出决策。可以从竞争格局和竞争程度上进行分析。在竞争不激烈或消费者购买模式比较固定和中间商已经习惯的情况下，采用与竞争者相同的渠道策略比较有利。当竞争激烈或各种销路被竞争者利用或垄断时，一般来说，应尽量采用与竞争者不同的渠道策略和中间商，开

辟新的渠道来推销自己的商品。

4. 生产者因素

生产者自身的条件和需要是影响销售渠道选择的重要因素。

(1) 生产者的实力和声誉。生产企业规模大，资金雄厚，声誉高，对渠道的选择就具有主动权和控制权。实力强的生产者可以用奖励中间商的优越条件建立较为牢固的长渠道，也可以建立自己的销售系统，承担流通的职能。势单力薄的生产者，只能依靠中间商销售商品。

(2) 生产者的经营能力。生产者拥有足够的具有销售经验和开拓精神的销售人员，则可少用或不用中间商，否则只好依赖中间商。

(3) 生产者愿意提供服务的多少。如果生产者愿意为最终消费者服务，则选用直接渠道；如果愿为零售商或批发商服务，则选用间接渠道。生产者为产品提供的服务多而且全面，为商品销售提供方便，会增强中间商销售产品的积极性。

(4) 生产者对渠道控制程度的要求。如果生产者要求严格控制产品的零售价格或产品的新鲜程度，应选择窄而短的渠道，否则可选用宽而广的渠道。

5. 中间商特性

各类各家中间商实力、特点不同，诸如广告、运输、储存、信用、训练人员、送货频率方面具有不同的特点，从而影响生产企业对销售渠道的选择。

(1) 中间商能力状况决定选择对象。一般来说，每个中间商在促销、配送、资信等方面的能力是不一样的，企业愿意选择能力更强的中间商。

(2) 中间商能力状况决定选择与否。对于一些较大的企业来说有能力选择外部分工合作，或者是内部分工合作。如果没有理想的代理、批发商和零售商，他们可能自己构建自己的销售渠道。

6. 环境因素

营销环境的变化，会使营销渠道的策略发生变化。环境因素可以分为宏观环境影响和微观环境影响，还可以分为社会文化环境、经济环境、竞争环境和政府环境。环境因素也会对渠道设计产生影响，如税收政策、价格政策等因素会影响企业对销售渠道的选择，诸如烟酒实行专卖制度时，这些企业就应当依法选择销售渠道。

10.2.3 确定销售渠道的目标

在分析消费者的需求和各种相关因素的影响的基础上，企业就可以设定具体的销售目标。一般来讲，企业在设定分销目标时要考虑 4 个方面。

1. 购买的便利性

构建销售渠道的目的就是使消费者能顺利而又方便地买到所需的产品。销售渠道应尽可能是消费者购买实现最大的便利。根据消费者走多远的距离、等待多长的时间等因素来决定整个市场的铺货率。

2. 较大利润率

企业销售产品的根本动机在于获取利润，销售的目标也必须有相应的销售额和利润指标。当然，利润指标不但是靠销售额提高来实现，还要考虑构建渠道的成本。

3. 成员支持度

上面两个目标的实现必须以各个成员的支持为基础，使中间商全力配合企业的各项营销策略，推广产品，包括促销活动、公关活动等方面的支持。

4. 售后服务度

企业必须确定一个基本的售后服务水平。达到水平，可以使销售活动正常展开；达不到水平，则可能影响产品的形象及销路。这是渠道设计的重要基础。

任何一家企业在设计销售渠道的目标都应为：在保证目标顾客服务得到理想满足的基础上，实现销售渠道费用成本最小。当然，这是一个笼统而又原则的目标，企业还应该将其具体化，进行定量说明或者辅以具体的说明。

10.2.4　制定销售渠道方案

渠道方案的形成主要考虑渠道成员的类型、层次、数量、条件和责任。

1. 确定渠道成员的类型

从不同的角度看问题，渠道成员的类型有不同选择。企业首先考虑是用中间商还是自己的销售队伍。中间商又分为经销商和代理商。代理商包括制造商代理和销售代理；经销商又分为批发商和零售商，批发商和零售商又有不同的类型。渠道成员类型须综合考虑渠道目标和企业的实力及竞争状况来进行确定。

2. 销售渠道的层次

销售渠道可根据其渠道层次的数目来分类。在产品从生产者转移到消费者的过程中，任何一个生产者和消费者都参与了将产品及其所有权转移到消费地点的工作，因此，他们都被列入每一渠道中。但是，市场营销学却以中间机构层次的数目确定渠道的长度。

1) 零层渠道通常叫做直接销售渠道

直接销售渠道是指产品从生产者流向最终消费者的过程中不经过任何中间商转手的销售渠道。直接销售渠道主要用于销售产业用品。因为，一方面，许多产业用品要按照用户的特殊需要制造，有高度技术性，制造商要派遣专家去指导用户安装、操作、维护设备；另一方面，用户数目较少，某些行业工厂往往集中在某一地区，这些产业用品的单价高，用户购买批量大。

2) 一层渠道含有一个营销中介机构

在消费者市场，这个中介机构通常是零售商；在产业市场，则可能是销售代表商或佣金商。

3) 二层渠道含有两个营销中介机构

在消费者市场，通常是批发商和零售商；在产业市场，则通常是销售代理商和批发商。

4) 三层渠道含有三个营销中介机构

肉食类食品及包装类产品的制造商通常采用这种渠道销售其产品。在这类行业中，通常有一专业批发商处于批发商和零售商之间，该专业批发商从批发商进货，再卖给无法从批发商进货的零售商。

更高层次的销售渠道较少见。从生产者观点来看，随着渠道层次的增多，控制渠道所需解决的问题也会增多。

3. 确定渠道成员的数量

渠道中应包含的中间商的数量又称做市场展露度，一般有三种策略。

1) 密集性分销

密集性分销是指利用众多的中间商将产品分配到每一个合适的分销处的策略。生产者根据产品适用于每一家庭或个人的特点，通过既宽又长的渠道分销产品，以此来扩大产品的销售面。其特点是：间接性强，不必自建渠道；延伸度和扩展度大，中间环节多。密集性分销策略常常用于价廉、易耗、挑选性低、容易储存和保质，而且为每个家庭或个人必需的日常消费品。销售渠道的设置是力求通过中间商发挥大面积的辐射功能，做到凡有人群的空间，就有相应规模的销售网点，就有通道将产品送达。当然，实际上由于交通不便、中转环节过多、流通费用过大等原因，在边远地区，产品仍难以到达。这种策略能够接触所有潜在顾客，而且能引起对全国性广告宣传的更大反响，使筛选中间商的工作简便易行，那些有能力经销本企业产品和能及时付账的中间商都将会被选中。但由于把精力分散在众多的中间商身上，也会出现分配工作失控、合作困难等问题。

2) 专营性分销

专营性分销是指在一个特定市场上只选用一个批发商或零售商的策略。这种策略与密集性分销策略可以说是两个极端。其特点是：渠道短，有的是产销合一的独家商品经营；渗透性差，由于经营者的特种技术性能，外界极难渗透进去与之竞争。专营性分销渠道常常用于具有特殊消费性能或为特种需要的消费者群消费的商品，或者价格十分名贵的商品，如古董、古玩、戏装戏械、珠宝、金器等。其渠道通常专门单一，往往一个大城市中少则只有一家，多则也只几家。这种策略往往具有垄断的优势，能加强对市场的控制，节约销售费用，与中间商保持密切的经营关系。但也有一些缺陷：由于过分依赖专营中间商，生产者缺乏灵活性；不利于消费者选择购买，会失去许多潜在的消费者；不利于开展竞争，由此会引起一些产销间的纠纷。

3) 选择性分销

选择性分销是指在特定的市场中，选择几家批发商或零售商经销其特定产品的策略。这种策略是处于以上两个极端的策略之间的渠道策略。选择性分销渠道可用于各种各样的产品，尤其适用于一些选择性较强的消费品和专用性较强的零配件，以及技术服务要求较高的商品。特别是在消费者能区别不同的品牌时，这种策略更为适用。虽然与密集性分销渠道相比，选择性分销渠道策略的市场渗透力有所削减，但仍有许多可取之处：能选择能力较强的中间商，放弃能力较弱的中间商；可以密切与中间商的合作，有利于提高工作效率；可以减少经销商之间的盲目竞争，有利于提高商品的声誉。

4. 确定渠道成员的条件和责任

在渠道方案中必须规定渠道成员的条件和责任，主要在以下几个方面予以明确。

(1) 价格政策。由生产者制定价目表和折扣细目表。

(2) 销售条件。包括付款条件和生产者的担保。

(3) 中间商的地区权利。表明对中间商的地区安排和特许权分配。

(4) 双方的服务和责任。明确规定生产者和中间商各自的服务内容和服务水平及相应的责任。

10.2.5 销售渠道方案评估与选择

1. 销售渠道方案选择的标准

经过前面的步骤，得出几套可供选择的渠道方案。最后一步就是通过经济性、可控制性和适应性这三个标准对这些方案进行评估，从而确定一个最佳方案。

1) 经济性

判别一个销售渠道方案的好坏，不应单纯看其能否导致较高的销售额或较低的成本，而应看其能否取得最大利润。

经济分析的3个步骤是：

(1) 估计每个渠道方案的销售水平，因为有些成本会随着销售水平的变化而变化；

(2) 估计各种方案实现某一销售额所需花费的成本；

(3) 分析各种方案的投资收益率及其可能得到的利润额。

2) 可控制性

使用不同类型的渠道成员，对渠道的控制程度有所不同。如利用代理商或较多环节的中间商，企业对渠道的控制力就会下降，就必须采取措施加强控制。因此，企业应选择相对来说可控性较强的渠道方案。

3) 适应性

适应性主要是指每种渠道方案在渠道运行过程中的应变能力。由于市场环境不断变化，渠道成员的条件、能力等也会发生改变，本企业的营销战略也会进行调整，为了能及时进行渠道战略和策略调整，企业应选择具有最大控制程度的渠道结构和政策的渠道方案。

2. 销售渠道方案评估的方法

从理论上讲，渠道设计者理所当然地选择最佳的渠道方案。但是在现实中，选择最佳的渠道方案是不可能的，因为影响渠道的变量是不断变化的。虽然选择最佳渠道方案的确切方法不存在，我们还是可以通过一些手段或方法来估算和比较备选的渠道设计方案。下面介绍一些通行的销售渠道方案评估的方法。

1) 财务评估法

财务评估法认为影响渠道方案选择的一个最重要的变量是财务。因此，选择一个适合的渠道方案类似于资本预算的一种投资决策。这种决策包括比较使用不同的渠道方案所要求的资本成本，以得出的资本收益来决定最大利润的渠道。并且，用于销售的资本同样要与使用这笔资金用于制造经营相比较。除非公司能够获得的收益大于投入的资本成本，而且大于将

该笔资金用于制造时的收益，否则应该考虑由中间商来完成分销功能。

财务评估法很好突出了财务变量对渠道方案的选择作用。而且，鉴于渠道方案决策往往是长期的，因而这种考虑更有价值。但是，应用这种方法的主要困难在于渠道决策制定过程中的可操作性不大。即使不考虑使用的投资方式，要计算不同的渠道方案可产生的未来的利润及精确的成本是非常困难的。因此，这种用于选择渠道方案的财务投资方法在广泛使用前应该等待更适合的预测收益方式的产生。

2) 交易成本评估法

交易成本评估法是将传统的经济分析与行为科学概念及由组织行为产生的结果综合起来，考虑渠道方案的选择问题。

交易成本法主要考虑这种情况下的取舍：制造商通过垂直一体化体制完成所有的销售任务，还是通过独立中间商来完成一些销售任务或者大部分的销售任务。

交易成本分析法的经济基础在于：成本最低的方案是最适当的销售方案。关键就是找出渠道方案对交易成本的影响。因此，成本交易法的焦点在于公司要达到其销售任务而进行的必需的交易成本耗费。交易成本主要是指销售中活动的成本，如获取信息、进行谈判、监测经营及其他有关的操作任务的成本。

为了达成交易，需要特定交易资产。这些资产是实现分销任务所必需的，包括有形资产和无形资产。无形资产指为了销售某个产品而需要的专门的知识和销售技巧。销售点的有形展示物品、设备则是有形的交易特定资产。如果需要的特定资产很高，那么公司就应该倾向于选择一个垂直一体化的渠道方案。如果特定交易成本不高，制造商就不必担心将它们分配给独立的渠道人员。如果这些独立的渠道人员的索要变得太过分，那么可以非常容易地将这些资产转给那些索要条件较低的渠道成员。

3) 经验评估法

经验评估法是指依靠管理上的判断和经验来选择渠道方案的方法。经验法有三种：权重因素计分法、直接定性判定法和销售成本比较法。我们这里介绍权重因素计分法。

权重因素计分法是由科特勒提出来的，是一种更精确的选择渠道方案的直接定性的方法。这种方法使管理者在选择渠道时的判断过程更加结构化和定量化。这一方法包括以下 5 个基本步骤：

(1) 明确地列出渠道选择的决策因素；

(2) 以百分形式列举每个决策因素的权重，以准确反映它们的相关重要性；

(3) 每个渠道选择依每个决策因素按 1～10 的分数打分；

(4) 通过权重与因素分数相乘得出每一个渠道选择的总权重因素分数(总分)；

(5) 将被选的渠道方案总分排序，获得最高分的渠道选择方案即为最佳选择。

10.2.6 销售渠道调整与优化

企业在进行渠道设计之后就需要对中间商进行选择，在销售渠道投入运行后还涉及对中间商的评估，以及对渠道系统进行调整优化等问题。

1. 中间商的选择

生产者在招募中间商时经常出现两种情况：一是毫不费力地找到愿意加入渠道系统的中

间商；二是必须费尽心思才能找到期望数量的中间商。不论遇到哪一种情况，生产者都必须在明确有关中间商的优劣特性的基础上，根据销售渠道的设计要求对中间商做出选择。选择渠道成员最重要的问题是确定选择标准，主要包括以下标准。

(1) 渠道成员的市场经验。选择经商时间较长或对产品销售有专门经验的中间商作为渠道成员，有助于加快产品推广速度。因此，生产企业应根据产品的特征选择有经验的中间商，即所选择的中间商应当在经营方向和专业能力方面符合所建立的销售渠道功能的要求。

(2) 渠道成员的经营范围。经营范围包括其经营的其他产品是否与本企业的产品相一致，即与本企业产品相关或相互补充，以有利于产品销售；也包括其经营的地区市场与本企业的产品的预计销售地区是否一致，以有利于本企业产品打入选定的目标市场。

(3) 渠道成员的实力。渠道成员是否有良好的企业声誉、强劲的发展势头和高效的管理水平，这些不仅关系到产品的销售问题，而且对本企业产品和企业形象的树立及能否实现长期合作都至关重要。

(4) 渠道成员的合作程度。销售渠道作为一个整体，每个成员的利益来自于成员之间的彼此合作和共同的利益创造活动。因此，要注意分析有关渠道成员合作的意愿及其与其他渠道成员的合作关系，选择最佳的合作者。

2. 中间商的评估

对渠道成员的评估主要针对渠道成员个体，通过评估来确定某一中间商在经营管理方面存在着哪些问题，下一阶段应该做出哪些改进，或是将一些经营管理水平很差的中间商淘汰出局。对渠道成员的评估主要涉及销售配额完成情况、平均存货水平、向顾客交货的时间及售后服务情况、与公司促销和培训计划的合作情况等几个方面。

测量中间商绩效的方法主要有以下两种。

(1) 将每一个中间商的当期销售绩效与上期销售绩效进行比较，同时将每一中间商的本期销售绩效与整个群体的平均销售绩效进行比较。

(2) 将各中间商的绩效与根据对该地区销售潜量分析而设立的销售定额相比较，然后将各中间商按先后名次进行排列。

中间商的销售绩效低于群体平均水平或未达既定比率而排名偏后，可能是主观原因所致，也可能是一些客观原因造成的，如当地经济衰退、某些顾客不可避免地流失、主力推销员的丧失或退休等。因此，制造商应根据具体情况采取有针对性的措施来加以扭转。

3. 调整渠道系统

生产者在设计了一个良好的销售渠道系统后，实施运行中会因种种原因发生一些偏差，因此，整个渠道系统或部分渠道成员必须随时加以调整。

销售渠道的调整可以从 3 个层次上来考虑：从经营的具体层次看，可能涉及增减某些渠道成员；从特定市场规划的层次看，可能涉及增减某些特定销售渠道；在企业系统计划阶段，可能涉及整个销售系统构建的新思路。

1) 增减某些渠道成员

在销售渠道的管理与改进活动中，最常见的就是增减某些中间商的问题。企业在进行这方面决策时，应注意渠道上成员之间业务上的相互关系与交互影响，要着重弄清增减某些渠道成员后企业的销售量、成本与利润将如何变化。只有这些方面都朝着有利的方向变化时，

调整才是可行的。

2) 增减某些销售渠道

随着市场需求、环境条件以及自身生产经营活动的不断变化，企业的某些销售渠道可能会失去作用，同时又需要新的销售渠道进入新的市场部分。因而，企业在销售渠道的管理活动中应注意销售渠道的增减调整。

3) 调整整个销售渠道系统

由于企业自身条件、市场条件、商品条件的变化，原有销售渠道模式已经制约了企业的发展，就有必要对它作根本的、实质性的调整。对生产企业来说最困难的渠道变化决策就是调整整个销售渠道系统，因为这种决策不仅涉及渠道系统本身，而且涉及营销组合等一系列市场营销政策的相应调整，因此必须慎重对待。

4. 销售渠道的扁平优化

市场发展进入到重视消费者阶段，要求厂家与消费者更直接、更快捷的沟通，这就需要企业在原来的基础上进行渠道的扁平优化。渠道扁平化是一种趋势，但绝不是简单地减少哪一个层次就叫扁平化，渠道扁平化是对渠道的结构整合，而不是将渠道一刀斩去。扁平化的优势在于它剔出了瓜分利润的中间商，以具有诱惑力的价格拉动消费群体，并可以让利于经销商，减少销售成本。扁平化实际上是优化供应链的过程，真正减少的应是供应链中不增值的环节或者增值很少的环节。

直销是一种强劲的销售模式，它是厂商能够敏锐捕捉消费群体的需求脉络，快速调整已有的产品策略，争取更多的客户。同时，它能最大化地降低营销成本，降低库存压力，使自己的产品价格能够具有很强的竞争力。戴尔是直销的典范，它通过越过以二级分销商为代表的渠道中间商实施直销方式，缩短了供应链，从而降低了渠道成本，使得其产品销售额和利润稳步上升。

10.3 渠道风险规避

经营有经营的风险，营销有营销的风险，那么，企业在进行渠道策略时，也存在渠道的风险。营销渠道从主体来说，它是由多个独立的个体组成，因此它的控制性和实用性就存在极大的灵活性。对它的利用常常会使得企业面临着更多的风险。在“整合营销”、“战略联盟”、“双赢”思想风靡的今天，如何正确面对渠道的风险，如何对渠道风险进行识别和管理，便成为各企业关注的焦点。

10.3.1 营销渠道风险的概念

营销渠道风险指的是从渠道管理者(一般为制造商)角度出发，在企业的产品从生产出来到转移至消费者手中的过程中，由于各种事先无法预料的不确定因素带来的影响，使企业的收益与预期收益发生一定的偏差，从而蒙受损失和丧失获得额外收益的机会或可能。具体地说，是指产品转移过程中，企业损失发生的可能性、或然性、变动性、不确定性等。这些损失主要是企业所选择的分销渠道不能履行分销责任和不能满足分销目标，以及由此造成的一系列不良后果的总和。

营销渠道风险管理是整个企业营销体系的一个有机组成部分，也是一个关键部分。渠道是企业产销的中间环节，也是企业再生产得以实现的关键环节，如果管理不当，将会对企业产生很大的影响。因此，必须对渠道的风险进行管理。进行营销渠道风险管理，首先，可以有利于企业营销目标的实现，用最小的渠道成本获得最大的利益；其次，通过对风险的分析，判断最易受损失的或损失价值最大的营销元素，预先采取保险措施，转移风险；最后，正确估计渠道风险，对比风险与收益，可以选择最优渠道行动方案。

10.3.2　营销渠道风险的分类

营销渠道风险多种多样，从不同的角度可以划分出不同的风险类别。根据渠道风险引发的主体，可以把渠道风险分为内在型渠道风险和外在型渠道风险。

1．内在型渠道风险

内在型渠道风险是指渠道的风险是由于制造商或者是渠道的管理者自身的原因所产生的。内在型渠道风险源于企业内部在进行渠道设计、4Ps 组合、管理等方面的问题。内在型渠道风险有下列几种情况。

1) 渠道设计风险

(1) 渠道级数风险。对于企业来讲，在进行渠道设计时，首先就要考虑是自建销售渠道还是通过传统的批零销售渠道。企业采取自建渠道，企业会面临两个方面的难题：其一，延伸了自己经营管理的职能，从生产领域向流通领域延伸，企业面临一个渠道管理上的难题；其二，自建渠道需要大量资金支持，这相当于又是企业的一个重大投资，使企业资金营运上面临难题。如果自建渠道收益大于传统销售渠道，那么企业是合算的，否则企业会面临更大的困难。不管结果如何，企业自建渠道也面临一个风险问题。如果企业采用传统的批零销售渠道，那么企业也面临一个选择渠道级数的风险：渠道级数过多，产品价格上升，产品销售量会受到影响；渠道级数过少，企业又难以有效控制市场。

(2) 渠道分布风险。渠道分布设计是实现企业整个营销目标的重要一步，渠道布局的混乱与盲目会对整个营销目标的实现带来巨大的风险。渠道的分布关系着企业对市场区域的占领。渠道分布有问题，就会给企业的目标市场占领带来困难。在中国这个幅员辽阔的市场如何进行渠道分布是关系着企业市场战略的一个重要问题，分布不符合中国市场的要求就会产生风险。所以从渠道分布的集中程度出发，可以分为集中大规模分销风险和分散分销局部风险。

2) 渠道营运成本风险

营销渠道系统运作时，分销成本常常占据着产品最终价格的相当比例。事实上，有时分销成本高于企业的制造成本或原材料和零部件成本。分销成本的上升会带来财务、控制等问题，从而引发风险。渠道成本一般包括物流成本、销售机构成本、存货引起的时间成本等。

3) 产品带给渠道的风险

(1) 产品生命周期产生的渠道风险。由于企业产品在市场上销售存在引入期、成长期、成熟期和衰退期的周期，渠道管理的重点也应该随着产品的不同阶段而有所不同。然而，我们很难看到企业会随着产品生命周期的不同阶段对企业做出相应的调整，结果造成中间商的动荡与流失，从而带来渠道风险。例如，在产品引入期的时候企业应该确保有足够的渠道成

员，以保证充分的市场覆盖面，确保对渠道成员的供货；而在成熟期则应该特别增强对渠道成员的激励机制，以减少竞争产品的冲击，研究通过改变渠道结构以延长成熟期和培养新的成长期的可能性。

(2) 产品线扩展/缩减产生的渠道风险。在营销目标的实现过程中，企业往往会根据市场的变化调整产品的策略。这种对产品线扩展或缩减策略通常是企业单方的决策行为，很少考虑企业的渠道成员，造成企业与渠道成员之间的矛盾，引起渠道风险：产品线扩展时，一些渠道成员可能会抱怨由于产品品种过于复杂，增加了他们的仓储及销售成本；当淘汰部分产品时，另一些渠道成员又会抱怨失去了那些依然还有相当客户的产品。

4) 价格带给渠道的风险

(1) 降价/提价产生的渠道风险。由于降价可能会影响产品的质量信誉，将使中间商对产品犹豫不决；中间商可能会埋怨降价带来的利差下降；中间商可能会对降价而引起的产品存货价值的降低担忧；中间商可能会对竞争对手可能更大幅度地降价而感到威胁……降价对企业的渠道产生直接的风险。

然而，提价同样会给企业带来渠道风险：如果每个渠道经销商能够将企业发起的提价传递给下一个渠道经销商，最终传递到最终用户，提价就不会产生风险。但是当提价不能完全传递下去时，渠道经销商就不得不为此用自己的利差来消化部分或全部提价，这时提价就会变成一个大问题。事实上，降价容易提价难，企业一旦提价，消费者很少会认同企业涨价行为，这反映在渠道中就是产品销售量的直接下降，进而引起中间商的不满，造成渠道危机。

(2) 价格控制产生的渠道风险。企业对终端的销售价格一般有两种形式：一是全国统一定价；二是根据各地情况在一定范围内浮动。统一定价，经销商没有定价权，那么对企业来说，在渠道各级保持一定的差价十分重要。一旦这种各级差价被打破，渠道上下成员、平级成员都会陷入冲突之中。此外，由于我国市场的特殊性，企业要保持全国统一定价是非常困难的，渠道成员之间的利益均衡也是难以平衡的，这使得渠道经常面临失衡的风险。企业采取浮动定价，这时候中间商就会要求参与市场的定价或者自行定价。不管是参与定价还是自行定价，中间商的话语权随着实力的增加导致价格混乱，从而引起渠道风险的可能性也在增加。

5) 促销带给渠道的风险

(1) 促销不当产生的渠道风险。对于同一个促销活动，企业、中间商及消费者都有不同的反应。在消费者看来有吸引力的促销，可能在中间商看来却无关紧要，根本不值得投入额外的精力和风险；企业为了获得市场份额或打击竞争对手而进行大规模促销，但是中间商没有获得应有利益，甚至还要亏本参与；企业要求中间商提高额外展览空间，或者购买显著的陈列位置，造成经销商成本的增加……这些促销活动都会直接或者间接影响到中间商的利益，造成中间商与企业的矛盾，从而带来渠道风险。

(2) 压货产生的渠道风险。产品只有真正被消费者消费了，企业的产品才算真正地销售出去了。然而，许多企业把产品大量压在渠道中间。从账面上看，企业的产品销售出去了，但是实际上产品仍然在中间商的仓库里面。一旦产品没有销售出去，那么中间商肯定会让企业退货或者换货。这对企业来说，退货、换货的成本是高昂的，而且由于退货、换货的认定上存在许多的模糊性，造成企业与中间商的矛盾不断增加，从而给渠道带来许多不确定的因素。

6) 销售人员风险

销售人员是企业营销渠道的维护者、管理者，是直接与中间商进行沟通，对企业的销售产生直接影响的人。因此，销售人员对于渠道的风险有两个方面：一是由于销售人员自身的素质造成与中间商的沟通不力，或者市场渠道维护不够，或者市场开发不足而影响产品销量等，这些都会给渠道带来风险；二是由于销售人员的职业道德素质而给企业带来渠道风险，如销售人员勾结中间商进行窜货。

7) 渠道调整风险

一个企业渠道的建立是一个从最初的不适应市场到逐步适应市场，然后慢慢成熟，最后形成一个规范的营销渠道的过程。许多企业到这个时候就认为自己的渠道已经建好了。但实际上，如果我们在渠道模式成熟之后不对渠道进行持续的优化调整和改进，那么企业的渠道就会面临日趋僵化的危险。这个时候，我们就不得不对渠道进行调整，如进行渠道的扁平优化。在这个优化过程中，对内会涉及渠道内部许多利益上的冲突；对外对中间商的优化也会引起中间商的反对甚至对抗。不管这种调整是主动为之还是被动为之，渠道的每一次调整都是一次风险。

2. 外在型渠道风险

外在型渠道风险是指由企业外部的因素(中间商、竞争对手、环境等)引发的渠道风险。外在型渠道风险源于中间商、竞争对手等外在的渠道主体带给企业的渠道风险，它一般有下列5种情况。

1) 中间商风险

(1) 超级终端风险。零售终端实力的壮大给生产商带来了极大的风险。在营销渠道的转变过程中，一些巨型零售商(如沃尔玛、家乐福)已经引起人们特别的重视。在这个转变过程中，终端的功能角色已经发生了变化，这种变化对于企业而言，破坏了企业原有分销结构设计功能的分配，从而给企业营销渠道带来了一系列的风险。这些强有力的零售商占据着他们经营的商品范围很大的市场份额，因而他们控制市场分销渠道。从企业的角度来看，这些强有力的零售商扮演了消费市场“把门人”的角色。作为一个把门人，他们为客户扮演采购代理的角色，而不是为其供应商(生产商)扮演销售代理的角色。零售商更多的是供应驱动者，而不是市场驱动者。他们大多数采取低毛利/低价格的方式来运营，向供货的制造商提出强硬需求(如进场费)，这也给企业带来渠道风险。

(2) 中间商的选择风险。中间商是企业渠道中的主体，是实现企业营销目标的关键所在。因此，选择适宜的中间商对企业来讲极为重要。如果中间商跟企业目标一致，那么对企业开拓市场、占领市场、提高市场占有率是有极大帮助的。但是，在实际当中，中间商也是一个独立的经济实体，它的经营目标要与企业的经营目标相一致是很难的，甚至根本就是南辕北辙。因此，企业在选择中间商的时候，就面临着风险：选择正确，企业获益；选择错误，企业受损。

(3) 中间商信用风险。中间商信用风险主要反映在企业的应收账款上。应收账款主要是指企业不能按约从分销商处及时地收回货款而产生的货款被占用、损失等。应收账款是由于赊销的销售方式产生的。赊销可能是企业贪功冒进造成的，但很多时候是不得已而为之。在这种不得已赊销的销售方式下，对中间商的信用评审尤为关键。但是在现实中，一方面企业有时候明知中间商信用不好，但是为了达到销售目标而有意无意忽视信用风险；另一方面，

一些中间商有意拖欠货款，以货款作为与企业谈判的筹码，有时候甚至就是耍赖不给。这些问题都会给企业带来渠道上的风险。

2) 窜货风险

窜货在现实中非常普遍，也是企业销售渠道中一个很大的问题。所谓窜货，又叫冲货或者倒货，或者是越区域销售，就是由于销售渠道成员受利益驱动，使其所经销的产品跨区域销售，造成价格混乱，从而使其他经销商对产品失去信心，消费者对品牌失去信任的一种现象。按窜货的不同动机和窜货对市场的不同影响，可以将窜货分为恶性窜货、自然窜货和良性窜货。

(1) 恶性窜货。恶性窜货是指为了获取非正常利润，经销商蓄意向自己辖区以外的市场倾销产品的行为。经销商向辖区以外倾销产品最常用的方法是降价销售，主要是低于厂家规定的价格向非辖区销货。恶性窜货给企业造成的危害是巨大的，它扰乱了企业整个销售渠道的价格体系，易引发价格战，降低渠道利润；使得经销商对产品失去信心，丧失积极性，并最终放弃经销该企业的产品。

(2) 自然窜货。自然窜货是指经销商在获取正常利润的同时，无意中向自己辖区以外的市场倾销产品的行为。这种窜货在市场上是不可避免的，只要有市场的分割就会有此类窜货。它主要表现为相邻辖区的边界附近相互窜货，或者在流通型市场上，产品随着物流走向而倾销到其他地区。这种形式的窜货如果量大，该区域的通路价格体系就会受到影响，从而使通路的利润下降，影响其他经销商的积极性，严重时可发展为经销商之间的恶性窜货。

(3) 良性窜货。良性窜货是指企业在市场开发初期，有意或无意地选择了流通型较强的市场中的经销商，使其产品流向非重要经营区域或者空白市场的现象。在市场开发的初期，良性窜货对企业是有好处的。但是在实际操作中还是要小心，否则对以后渠道完善还是一个风险。

窜货，特别是恶性窜货引起的渠道混乱会造成 3 个方面的问题：一是渠道价格混乱；二是经销商之间的关系恶化；三是企业与窜货经销商之间的矛盾增加。这些问题都会增加企业销售渠道的管理风险。

3) 竞争对手带来的风险

渠道是各个企业必争之地，也是各个企业短兵相接的战场。竞争对手带给企业的渠道风险不亚于中间商带给渠道的风险，而我们许多企业对此却很忽视。竞争对手也有一个销售渠道，它针对渠道所作的决策有意或无意都会给企业渠道带来风险。例如，竞争对手物流效率提高，对中间商的物流支持加强，如果企业不能及时跟进，那么很有可能使自己的中间商偏向或者转向竞争对手。在现实中，我们一般看到竞争对手给企业的渠道风险有：通过利益诱使企业的中间商叛离企业；有意购买企业的产品进行窜货，打乱企业的市场秩序；有针对性地在一些陈列、展位上与企业展开争夺；拉拢腐蚀企业的销售人员；等等。

4) 环境风险

营销渠道不可能存在于真空中，他们必须在不断变化的外部环境中运作，而这些外部环境又时时影响着营销渠道管理，从而给企业的渠道营销决策带来风险。因此，有必要事先了解影响营销渠道系统的环境因素。这个系统的环境包括经济环境(经济衰退、通货膨胀、通货紧缩及其他经济问题)、竞争环境、社会文化环境、技术环境和法律环境等。这个系统中的任何一个环境因素的变化都会给企业带来不确定的风险。

5) 网络渠道风险

互联网的兴起对于传统销售渠道是一个不小的冲击，也给传统渠道带来风险。这个风险有两个方面。其一，企业如果没有采用网络渠道，那么对企业来讲，网络渠道对企业是一个诱惑。利用网络渠道是企业今后销售渠道的一个必然趋势，企业是否采用、什么时候采用网络渠道，这都是很大问题。其二，如果企业已经采用了网络渠道，那么企业又该如何处理网络渠道与传统渠道之间的平衡关系。不管怎么样，网络的兴起对企业来讲都是一个很大的渠道风险。

10.3.3　营销渠道风险管理

为了合理有效地规避营销渠道风险，加强企业抵抗营销渠道风险的能力，就需要对营销渠道进行风险管理。

1．建立渠道风险管理系统

一般地说，渠道风险管理可以分为 4 个阶段：渠道风险识别、渠道风险衡量、渠道风险控制处理及渠道风险预警监视。这 4 个阶段存在内在的联系：渠道管理者只有对渠道风险的类型及产生原因有了正确的认识以后，才能对渠道风险大小做出较为准确的衡量；同样，只有在对渠道风险的大小有了正确认识和衡量之后，才会有针对性提出营销风险的具体措施，也只有在营销风险处理以后，才能对其管理效果进行评价。渠道风险管理的基本程序如图 10-5 所示。

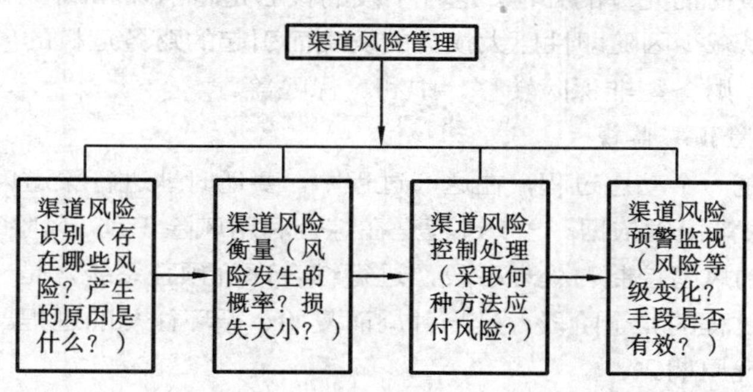

图 10-5　渠道风险管理的基本程序

1）渠道风险识别

渠道风险识别是指渠道管理人员通过对大量来源可靠的渠道、营销信息资料进行系统了解和分析，认清企业存在的各种渠道风险因素，进而确定企业所面临的风险及其性质，并把握其发展趋势。渠道风险识别作为渠道风险管理过程的第一阶段，所要回答的主要问题是：

(1) 哪些渠道风险需要考虑？

(2) 导致损失的渠道风险事故有哪些？

(3) 引起渠道风险事故的主要原因和条件是什么？

(4) 渠道风险事故后所导致的后果如何？

(5) 识别渠道风险的方法有哪些？

(6) 如何增强识别渠道风险的能力？

识别渠道风险，一方面可以通过感性认识和历史经验来判断；另一方面则是通过对各种客观的营销渠道管理资料和渠道风险事故记录进行分析，归纳和整理，以及市场实地访问，从而发现各种渠道风险及其损失情况，寻找规律。

2) 渠道风险衡量

渠道风险衡量是对某种特定的渠道风险，测定其风险事故发生的概率及其损失程度。渠道风险衡量主要通过对资料和数据的处理，得到关于发生概率及其程度的有关信息，为选择渠道风险处理方法，进行正确的风险管理决策提供依据。

渠道风险衡量以损失概率和损失程度(或强度)为主要测算指标，并据以确定渠道风险的大小与高低。常用的方法有经验估计法、概率分析法等。

3) 渠道风险控制处理

渠道风险控制处理是指针对经过营销渠道风险识别和营销风险衡量之后的营销渠道风险问题采取行动或不采取行动，它是渠道风险管理过程的一个关键性阶段。

渠道风险处理的手段大体上可以分为两类：控制型和财务型。

控制型渠道风险处理手段是损失前防止和减轻风险损失的技术性措施，它通过避免、消除和减少营销风险事故发生的机会以及限制已经发生损失继续扩大，达到减少损失概率、降低损失程度，使渠道风险损失达到最小的目的。这种手段的重点在于改变引起营销风险事故和扩大损失的条件。控制型手段通常有：避免、损失预防与抑制、控制型非保险转移等。

财务型渠道风险处理手段是通过事先的财务计划、损失准备金，以便对渠道风险事故造成的经济损失进行及时而充分的补偿。这种手段的核心是将消除和减少风险的代价均匀地分布在一定时期内，以减少因随即性巨大损失的发生而引起的财务危机的风险。财务型手段通常有：保留或承担、财务型非保险转移、中和、保险等。

4) 营销渠道风险预警监视

渠道风险管理是一个动态过程，在这一过程中，要适时地进行渠道风险的跟踪评估、预警和监视，为风险决策提供依据。这一过程是在综合利用风险识别、风险衡量的资料基础上，并根据所可能采取的风险控制与处理手段，进行综合评价预警系统，是一项系统性的工作。

渠道风险管理过程的4个阶段，是一种周而复始、循环往复的过程。因此，我们也可以称其为渠道风险管理周期。

2. 渠道风险的规避

1) 加强对企业渠道风险的管理

(1) 建立监察体系，保证各种渠道管理、控制制度的合理正确实施。企业要建立、健全监察体系，及时掌握各种情况，发现问题及时处理，而不要拖延。企业可在内部设立市场总监、执行董事等，配以严格的管理制度，有效地监控市场。

(2) 加强营销人员职业道德培养。企业有必要对内部领导加强工作及业务培训，向他们灌输产品知识、企业的制度和政策、市场的重要性等，以加强他们与员工、经销商的沟通能力，提高他们的决策水平，为企业向良好的方向发展奠定领导基础。员工业务素质不高、没有良好的职业道德、没有与企业同呼吸共命运的意识是渠道风险生成的原因之一，所以，一定要加强对员工的培训，让他们了解企业，了解企业的政策，提高他们的业务素质和与客户的沟通能力。

(3) 及时调整渠道。要减少营销渠道风险，就是要增加渠道系统的弹性，使之能够随着市场的变化而变化。这时，除了加强信息系统的建设以利于获得信息来做出决策外，还要强调营销渠道的规模性、目标性、灵活性。虽然渠道的管理和建立是长期的，但市场环境是变化的。企业为了应付变化了的情况，要以市场需求为依据，以渠道需求为依托，发展双赢的合作关系；

以自己的战略为据点，随市场的变动而变动，及时对渠道加以改进，使销售渠道风险降低。

2) 加强与中间商的合作与沟通

(1) 渠道合作。渠道合作是渠道成员为了实现单个或者彼此的目标做出联合努力。渠道合作的依据是每一个渠道成员具有可协调的目标和价值观。渠道合作的主要形式有联合促销计划、联合存货管理支援、专卖产品、信息共享、培训、经销区域保护，如表 10-1 所示。

表 10-1　制造商与中间商的渠道合作形式

渠道合作形式	合 作 内 容
联合促销计划	批发商和零售商联合加入合作广告计划； 制造商向批发商和零售商提供示范性产品； 制造商把经销商的名字加入其广告节目中；等等
联合存货管理支援	制造商、批发商和零售商联合加入 EDI 项目； 制造商、批发商和零售商加入准时生产存货管理项目； 制造商或批发商加入对中间商的紧急送货活动；等等
专卖产品	制造商向不同的渠道成员提供不同设计模型的产品，减少渠道中价格竞争
信息共享	制造商鼓励经销商加入经销商联合会
培训	批发商和零售商联合加入制造商的产品、销售培训
经销区域保护	制造商向批发商和零售商提供受到保护的销售区域

(2) 伙伴营销。在伙伴营销中，买卖双方作为合作者，共同致力于提高产品质量，降低管理成本，他们相互之间参与对方的产品开发、存货管理、销售过程，这些都是通过信息与技术共享来实现的。因此，伙伴营销的侧重点在于保持现有客户，并建立一种长期的社会、经济、技术联系。

在伙伴营销中，销售人员充当有价值的顾问(而不再是获取订单和送订单)，寻求纠纷解决办法(如分销咨询委员会)，附加价值的服务(如制造商为客户提供最新的研究开发服务)，渠道成员责任共担(如建立零库存管理体制)，以及对长期关系的重视(诸如制造商帮助制定分销计划和实施向一位重要客户的送货行动)。

伙伴营销认为没有忠诚的客户做基础，公司很难保持长久发展，因此伙伴营销更注重提供高水平的服务来满足现有客户。与传统的追求单位交易的利润最大化不同，伙伴营销关心与某个指定客户长期合作利润的最大化。

(3) 产销战略联盟。产销战略联盟是指从长远发展的角度出发，“产”方与“销”方(制造商与分销商、代理商与分销商、上游分销商与下游分销商)之间通过签订协议的方式，形成风险-利益联盟共同体，按照约定分销策略和游戏规则规划共同开发市场，共同承担市场责任和风险，共同管理和规范销售行为，并共同分享销售利润的一种战略联盟。

产销战略联盟强调与分销商之间的相互合作与相互信任，通过系统和完整的销售、服务和信息反馈措施，使双方建立良好的关系。产销战略联盟是一种约束力较强的契约行为，具有长期性，而且联盟的方式灵活，合作层次多。根据其联系的密切程度大致可以分为会员制、销售代理制、联营公司这 3 种主要形式。

3) 加强对环境的分析研究

为了规避企业渠道风险，加强对环境的分析也是非常必要的。例如，在中国幅员辽阔、

经济发展不平衡这样一个市场上，政府之间也因为政绩原因，人为地给市场流通带来了障碍。这样，就会使得企业在设计、布局、运作营销渠道时遇到不可避免的系统风险，且这种风险的解除有着不可预期的结果。因此，企业必须通过对环境的分析，找到相应的措施来消除或者缓解渠道风险，为自己营造一个公平或者对自己有利的环境。

本章小结

本章着重阐述了关于销售渠道是促使产品或服务顺利地被使用或消费的一整套相互依存的组织和分析销售渠道的界定，以及销售渠道体系中存在着的5个重要流程：实物流、所有权流、付款流、信息流和促销流。介绍了可供企业选择的销售渠道的直接渠道和间接渠道、长渠道和短渠道、宽渠道和窄渠道，以及单渠道和多渠道等几种类型。还介绍了渠道中批发商和零售商两种中间商分别担任的职能。

企业如何能正确进行销售渠道的设计与选择是渠道策略的核心问题之一。本章叙述了销售渠道设计必须考虑的几个步骤：分析目标顾客的需要、分析影响销售渠道选择的因素、确定销售渠道的目标、制定销售渠道方案、渠道方案评估与选择。

正确面对渠道的风险，对渠道风险进行识别和管理，目前已成为各企业关注的焦点。本章介绍了渠道风险的概念；两种渠道风险，包括渠道设计风险、渠道营运成本风险、产品带给渠道的风险、价格带给渠道的风险、促销带给渠道的风险等内在型渠道风险，以及中间商、窜货、竞争对手、环境等带来的外在型渠道风险。通过建立渠道风险管理系统进行渠道风险管理与规避。

思考题

1. 如何理解销售渠道？销售渠道的流程有哪几种？
2. 渠道有哪几种基本类型?其利弊何在?
3. 什么是批发商?什么是零售商?中间商的职能是什么?
4. 影响分销渠道目标选择的因素有哪些?
5. 渠道成员管理包括哪些内容?
6. 如何规避营销风险?

参考文献

1. 庄贵军，周筱莲，王桂林. 营销渠道管理[M]. 北京：北京大学出版社，2004.
2. 万后芬. 市场营销教程[M]. 北京：高等教育出版社，2007.
3. 庄贵军. 中国企业的营销渠道行为研究[M]. 北京：北京大学出版社，2007.
4. 卜妙金. 分销渠道管理[M]. 北京：高等教育出版社，2007.
5. 张广玲. 分销渠道管理[M]. 武汉：武汉大学出版社，2005.

案例研讨

同仁堂自用两剂渠道药方

同仁堂创立于公元 1669 年。自创立至今已有 337 年的历史，期间并不是一帆风顺的，因天灾人祸几经跌宕起伏，曾有承办官药、垄断药市的风光，也有经营惨淡被外姓人接管的无奈，更曾经历了公私合营、改制上市的变更。

1997 年，集团通过剥离部分优良资产，组建了同仁堂股份有限公司，募集资金 3.54 亿元，进行生产基地的大规模建设和技术改造，使库存产品“有用的不多、没用的不少”的被动局面开始从根本上缓解。

2000 年，同仁堂加大资本运作力度，从同仁堂股份有限公司分拆出科技含量较高、产品剂型新的 1 亿元资产，组建了北京同仁堂科技发展股份有限公司，并于同年 10 月在香港联交所创业板上市，募集资金 2.4 亿港元，成为国内首家使用同一国有资产进行二次上市融资的公司。并且在保证上市公司良好发展的前提下，同仁堂采用“托管”的方式，充分利用上市公司的管理机制改造部分企业，实现了资源的科学组合与合理互补。

历经风雨，同仁堂在各个方面都取得了显著的成绩，尤其在渠道建设方面。2000 年以前，同仁堂主要通过“坐商式”的方式销售产品，没有设立零售网点，导致产品价格混乱，窜货现象严重，缺乏对终端销售的控制力。由于营销资源有限，难以发挥产品资源雄厚的优势，因此，同仁堂总结了销售渠道的经验和教训，先后开出了两剂药方用于诊治渠道：

第一剂：排毒方

适应症状	产品价格混乱，窜货现象严重，对终端销售缺乏控制力
主要病因	“坐商式”方式销售产品，没有设立零售网点
药方成分	资源整合，选取合适的中间商
治疗方法	(1) 由“坐商式”经营向“行商式”经营转变 (2) 采用首席经销商制度 (3) 实行区域经销 (4) 自建销售网络和终端 (5) 百千万工程

由于 2000 年以前同仁堂的销售模式比较陈旧，不能适应市场经济的激烈竞争，因此，从 2003 年开始进行第一次营销改革，转变经营方式，选择合适的中间商，自建销售网络。具体做法如下。

(1) 由“坐商式”经营向“行商式”经营转变。2000 年以前，同仁堂主要通过“坐商式”的方式销售产品，但随着医药行业的迅速发展，完全依靠“坐商式”销售产品，使得同仁堂处于比较被动的地位。因此，同仁堂在营销改革中，转变经营方式，采用“行商式”销售产品。

(2) 采用首席经销商制度。由于同仁堂品种众多，但营销资源不足，因此在保持主力产品销售的同时，同仁堂挖掘出一些已经具备市场基础但优势还不明显的产品。对这部分产品，同仁堂采取首席经销商制度。同仁堂选出了 13 个核心品种，对一个品种会在全国选择一家经销商，产品的渠道分销和终端策略由这家首席经销商全面设计并承保销售，该经销商对市场份额

和市场价位负责。同仁堂为这家首席经销商提供全面的产品支持和保证供应，对他未能完成的指标追究责任，对其超额完成的销售给予利润分配上的奖励。采用这种方式，可以有效缓解一些经销商因经销品种繁多而顾此失彼的情况，同仁堂也可以集中精力推广重点品种。据统计，这些产品当期的同比增长平均都在20％以上。新的推广方式获得成功后，同仁堂又继续增加了新的品种。

(3) 实行区域经销。2003年同仁堂调整了经营组织机构，按地区划分成北方部、南方部、中原部、华东部及新品部，成立了产品策划部门。

(4) 自建销售网络和终端。在依赖代理商的同时，同仁堂自建销售网络和终端。目前，同仁堂终端销售网络已达到495家，其中国内475家，国外20家。

(5) 百千万工程。2004年公司集中精力发展区域经销商，建立了400余家特约终端，并启动"百千万工程"(培养100个客户经理、1000个OTC代表、产品进入10000家药店)，目的在于提高产品在零售终端的铺货率和首推率。

第二剂：养颜方

适应症状	公司的产品渠道被经销商控制，以及一些经销商不规范经营
主要病因	(1) 部分区域过分注重自身业绩，只专注于销售那些利润较高的产品，造成了一些产品的销售真空，导致了整体不平衡发展 (2) 有些品牌出现了"放的出去，收不回来"的现象，还有一些经销商不规范经营
药方成分	总结教训，设立营销标准，促使经销商规范经营
治疗方法	(1) 废除首席经销商制度，替换10%不合格的经销商，选择自有终端的经销商 (2) 设立商品流程部和市场秩序管理部，加强对渠道的控制

经过前面第一剂药方的服用，公司改变了从无到有的营销渠道，建立了新的渠道机制，为未来的发展奠定了良好的基础。但这还不够，正如大病初愈的病人一样，出院了还要加强锻炼，提高自身的免疫力。同仁堂也是一样，总结经验教训，建立新的渠道机制。具体做法如下。

(1) 废除首席经销商制度，替换10%不合格的经销商，选择自有终端的经销商。首席经销商制度使得渠道容易被经销商控制，同时，为了规范经营，以及有效地减少费用，公司替换了10%左右的经销商，选择自有终端的经销商。对于现有的经销商，公司将设定相应的营销标准，以监督经销商规范经营。公司同时表示，由于自营店盈利能力较弱，公司将维持现有29家自营店的规模，不再另开新店。

(2) 设立商品流程部和市场秩序管理部，加强对渠道的控制。2005年第四季度的第二次营销改革，确立了"突出品种责任，规范市场秩序，完善营销组织，拉动终端需求"的指导思想，将原有的5个区域经营分公司调整为按照品种划分的3个经营分公司，并单设经营秩序管理部和流程管理部，着重管理经营秩序和销售流程，加强了对销售渠道的控制。

(资料来源：汤定娜《中国企业营销案例》，高等教育出版社，2007.)

案例思考题

1. 同仁堂在两次营销改革中，分别采取了哪几种分销渠道？各有什么好处和不足？
2. 同仁堂采取中间商有哪些优势？有哪些弊端？
3. 同仁堂选择自建终端的经销商，应该如何规范、监督其行为？
4. 同仁堂应该采取哪几种措施对渠道进行控制？

第 11 章 营销传播策略

本章提要 买卖双方的信息沟通是现代营销得以进行的必备条件之一。现代市场营销活动中，无论存在什么困难，每个企业都不可避免地担当起传播者和促销者的角色，都需要与目标顾客取得有效的信息沟通与联系，并说服和刺激顾客产生购买本企业产品的意愿。整合营销传播(integrated marketing communications，IMC)是协调各种促销活动，使之产生面向消费者的、连贯的、统一的信息的沟通方法。营销传播组合(也称促销组合)，是市场营销组合的一个重要组成部分，是企业整个销售活动中的重要环节。现代企业，要想有效地拓展市场并谋取发展，必须对营销传播组合进行深入细致的系统研究，高度重视营销传播组合策略的综合运用。不如此，则难以跻身于激烈竞争的市场，终将危及企业的生存。本章阐述整合营销传播、营销传播组合的主要传播工具(人员推销、营业推广、广告、公共宣传、企业形象塑造)的基本内容。本章重点在于理解并掌握五种主要营销传播工具的特点、作用、选择因素，难点在于辨析各种工具的适用性。

引 例

免费的搜索巨人——Google

Google 提供的将近 100 种产品都是免费的，而且还在不断地为客户研发和赠送新的免费产品，但是它的盈利水平依然高于美国所有航空公司和汽车企业盈利的总和，成为全球最大的互联网公司。

目前 Google 的盈利模式相对还是比较单一的，它只通过为一小部分核心产品做广告而赚取大部分利润，大多数搜索结果和广告被其他网站转载，而后者与 Google 分享利益，这就是它免费战略。Google 其实只不过是提供了一种信息交易与检索的平台，用户通过创造和提交信息来提升 Google 的价值，从而吸引了大量的商家来打广告，Google 因此赚了巨额广告费用，不仅抵消了成本，还取得了额外的收益——其实是那些商家替普通的免费用户向 Google 支付了费用。

(资料来源：http://www.chinaz.com/)

11.1 整合营销传播

11.1.1 整合营销传播的内涵

美国广告协会认为，整合营销传播是一种综合性的营销传播计划，它通过评估各种传播方法在营销传播中的战略作用，将这些方法组合起来，对分散的信息进行无缝结合，以便对目标受众产生明确的、连续一致的和最大的传播影响。

整合营销传播的理论要点如下。

(1) 营销与传播密不可分。从整合营销传播的观点来看，从产品的定位、设计、商标和包装、定价到分销渠道的选择、商品陈列、促销、公共关系、直接营销、售中和售后服务等等都是传播，整个营销过程中的每一个环节都是在与顾客沟通，让顾客了解产品和品牌的价值及服务对象。因此，从一定意义上说，营销即传播，传播即营销。正确、适时的整合营销传播，对于企业营销的成败至关重要。

(2) 营销传播的基本原则是整合。要综合运用多种传播手段，要全员参与，有针对性地、持续地坚持"一个观点，一个声音"，以取得最大的传播效率。

(3) 营销传播的基础是了解顾客的需求。要建立和使用顾客数据库，掌握和储存现有顾客和潜在顾客的人口统计信息、购买需求、能力和行为信息，作为细分市场、产品开发、品牌定位及传播的依据。

整合营销传播是对传统的促销或促销组合概念的扬弃，它以关系营销为目标，借助对各种营销传播工具的整合并创造性地运用，与以顾客为核心的全部利益相关方进行互动式的沟通，对长期的顾客购买过程进行有效管理。

11.1.2 营销传播的过程及整合要素

为了取得最大的传播效率，营销者需要了解传播是怎样进行的，哪些因素决定或影响传播的效果。

信息传播过程由 3 个阶段、9 个要素构成(见图 11-1)。3 个阶段是信息编码阶段、信息解码阶段和信息反馈阶段。构成信息传播过程的 9 个要素及其定义如下：

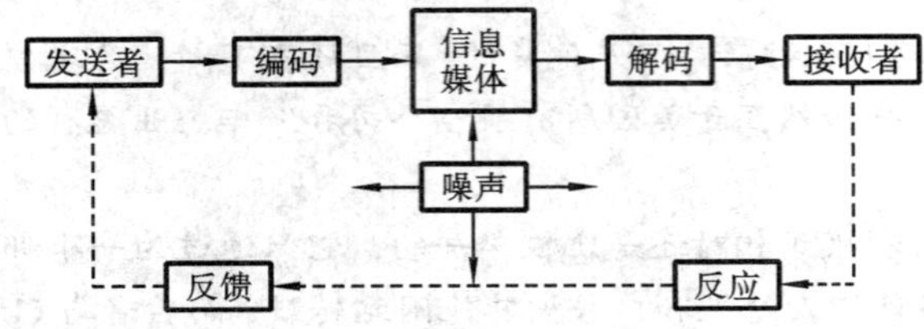

图 11-1 传播过程及其构成要素

(1) 发送者——又称传播者或信息源，由此发出信息；

(2) 编码——把需要发送的信息编成符号；

(3) 信息——发送者传播的一组符号；

(4) 媒体——传播信息的工具或途径；

(5) 解码——接受者确认所接收到的符号含义；

(6) 接受者——又称受众，接受信息的人；

(7) 反应——接受者得到信息所做出的反应；

(8) 反馈——接受者向发送者传递回去的反应；

(9) 噪声——信息传播过程中受到的各种干扰。

信息传播的一般过程是：信息发送者将信息编码为信息符号，并通过一定的媒体进行传播，再由接受者将信息解码还原为信息并予以接收，接受者对所接收的信息做出反应，并将部分反应反馈给发送者。此外，在信息传播过程中，还可能受到噪声的干扰。

该信息传播模式及其构成要素说明了一个有效的营销传播系统应该是怎样的。发送者或传播者必须知道应该把什么样的信息通过什么样的途径传递给接受者即受众，应该获得什么样的反应；他们必须是编码专家，并且懂得目标受众是怎样解码的；他们必须建立通畅的反馈渠道，以便了解目标受众对信息的反应；他们知道传播过程将受到哪些干扰或歪曲，以及如何克服这些干扰和歪曲。

信息传播的效果受到许多因素的影响，其中最主要的因素有：

(1) 信息符号对发送者思想表达的完整性和准确性；

(2) 信息符号与接受者的注意、理解和记忆等知觉特点的吻合性；

(3) 信息符号借助于各种媒体进行传播的可能性和范围；

(4) 噪声的大小及干扰程度；

(5) 信息与接受者主观意识(意见、信仰、倾向等)的一致性；

(6) 传播者的权威性与亲和力；

(7) 反馈的及时性、全面性及内容相关性。

企业在开展整合营销传播时，必须充分考虑上述因素及其他相关因素的影响，对传播的目标、信息、工具和策略进行审计和调整，不断提高营销传播的有效性。

11.1.3　整合营销传播方案的制定和实施

整合营销传播方案的制定和实施是一个复杂的过程和系统工程，它主要由八大步骤构成。

1. 确定目标受众

传播者首先要确定传播的目标受众。目标受众是指企业营销传播的沟通对象，是营销传播者所确定的信息接受者。确定目标受众，就是要确定主要的目标受众，目标受众的特点，及其对企业、企业的产品及企业竞争者的现有印象。实际的营销传播中，目标受众可能是企业产品的潜在购买者、目前使用者、决策者或影响者，也可能是中间商。受众可能是个人、小组、特殊公众或一般公众。

对于已经确定的目标受众，传播者应该研究他们的若干特征，包括他们的需求、态度和偏好等，这些特征将极大地影响其他传播要素设计。传播者特别要了解目标受众对企业及其产品的印象，以确定传播的内容和方法。

2. 确定传播目标

在明确目标受众之后，营销传播者必须确定传播目标，即确定从目标受众那里寻求什么样

的反应。在大多数情况下，企业最终的传播目标是促使目标受众做出购买反应或产生购买欲望。但购买行为是消费者在购买决策方面的心理和行为长期演变过程的最终结果，营销传播者需要知道如何把目标受众从其目前所处的位置推向更高的购买准备阶段。营销传播者要寻求目标受众在认知、感情和行为方面的反应，即向消费者头脑里灌输某些东西，以改变消费者的态度，或使消费者做出一项特殊行动。

一般情况下，购买者做出购买决策要经过以下6个阶段。

(1) 知晓。如果目标受众普遍对企业或产品一无所知或者知之甚少，传播者的任务就是促使人们知晓。许多企业在这一阶段是通过长时间反复传播一个名称或标志来建立知晓度的。

(2) 了解。如果目标受众对企业或产品有所知晓，传播者的任务就是使他们知道得更多，即达到了解。在这一阶段，传播的内容是有关企业或产品的特色、优点等信息。

(3) 喜爱。一旦目标受众对目标物有了了解，传播者就要促使他们对目标物产生更深的感情。目标受众可能不喜欢某企业或它的产品，这时传播者就得找出原因，通过改变传播内容、方法，或改进企业的生产经营，建立起受众的喜爱。

(4) 偏好。在目标受众产生喜爱的基础上，传播者就可以进一步促成其偏好。许多企业在这一阶段往往采取多方位的促销组合，大张旗鼓地宣传其产品的品质、性能、价值和其他特长，以建立购买者对该品牌的偏爱。

(5) 信任。传播者要坚持继续说服，把目标受众的偏好转化为信任。这一阶段特别要注意传播这样一种信息——选择某品牌是正确的、可靠的。

(6) 购买。最后，目标受众中有一部分人会信任该品牌，但是不一定立即购买。潜在的买主可能要作进一步了解，或者可能在等待适当的购买时机。传播者应该引导他们迈出这最后一步，向他们传递有助于做出购买决策的各种信息。

3. 设计有效的信息

在理想状态下，营销传播者所设计的信息应能在目标受众中引起注意，提起兴趣，唤起欲望，导致行动。为了实现这种效果，在设计信息时应着重解决好4个问题：说什么(信息内容)，如何合乎逻辑地说(信息结构)，用什么符号去说(信息形式)，谁来说(信息源)。

一则适合传递的信息，就其内容而言，应该具有传播者预期反应的说服力，或称之为主题、诉求、创意和构思。说服力有3种类型：①理性说服力，诉诸购买者自身的切身利益，例如展示产品能实现购买者利益的品质、性能和价值；②情感说服力，诉诸购买者的情绪和感情，如喜悦、恐惧、自尊、羞愧等；③道义说服力，诉诸购买者的道德感、是非感，通常用来规劝人们支持社会公益事业。

信息的有效性还依赖于它的结构和形式。一个健全的结构有助于增加信息的说服力，传播者应考虑所传递的信息是否要有明确的导向性，是否结合正反两方面的论证，是否遵循一定的表达次序。传播者还要为信息设计具有吸引力的形式，包括产品的外观、品牌名称和标志、包装装潢、广告发布、推广活动、推销语言等，都要精心安排。

通过有吸引力的信息源发出的信息可以获得更大的传播效益。

4. 选择传播渠道

必须选择有效的信息传播渠道来进行营销信息传播。信息传播渠道分为以下两大类。

1) 人员信息传播渠道

人员传播渠道利用人与人之间的直接联系和反馈来传播信息。他们可能面对面，或在电话里，或通过电视媒介，或通过信函，或通过互联网(电子邮件、BBS、聊天室等)直接进行信息传播。人员信息传播渠道又分为 3 种：提倡者渠道(由企业销售人员与目标顾客接触所构成)，专家渠道(由具有专门知识的独立的个人对目标顾客进行评述所构成)，社会渠道(由邻居、家庭成员与目标顾客的交谈所构成)。专家渠道和社会渠道可以产生强大的“口碑”力量，对于企业开拓市场非常重要。因为人员传播渠道充分运用了人际关系和个人说服力，反馈及时，所以效果很好。某些价格昂贵、购买风险大的产品，以及具有一定社会意义如地位、身份的产品，特别适合采取人员传播渠道进行传播。

2) 非人员信息传播渠道

非人员信息传播渠道是指不需要人员接触就能传播信息的各种媒介，包括媒体、气氛和事件。受众能接触到的媒体主要有印刷媒体(报纸、杂志、直接邮件)、广播媒体(收音机、电视)、电子媒体(录音磁带、录像带、录像盘)和展示媒体(广告牌、公示牌、海报等)。气氛是指在购物、休闲娱乐或消费场所形成的与目标顾客购买和消费有关的“整体配套环境”，包括光线、颜色、声响、装饰物、气味、设备、人员着装与表演神态等各种要素及其搭配，用来建立或加强受众购买某一产品的倾向，如专卖店的铺面设计和银行的营业厅设计。事件是刻意安排的活动，偶然用来向目标受众传递特别的信息，如企业就某种重要的新产品召开新闻发布会或举行庆典活动，以便取得特殊的信息传播效果。

通过非人员传播渠道不仅可以直接影响购买者的态度和行为，而且更重要的是可以影响舆论导向，进而间接地、更有效地影响更多的购买者。在大多数情况下，传播人员更倾向于选择非人员传播渠道。

5. 编制总营销传播预算

编制总营销传播预算，这是现代营销中最困难的决策。对于一个现代化企业来讲，问题往往不在于是否应该花钱用来促销、传播，而在于应该花多少钱来进行促销、传播。

促销是指企业或机构向目标顾客传递本企业产品或服务的信息，进行宣传、说服，激发顾客的购买欲望，并促使顾客采取购买行为的各种形式的沟通活动。企业在做出促销决策之前，需估计用于促销的支出是否比用于开发新产品、改进包装和服务、降低售价、改良销售渠道等开支的效益更好。如果答案是否定的，那么促销预算就不能太多。事实上，在产品、价格、分销方面的投入会使购买者得到更多的利益，使之产生实惠感。然而，促销也是整合营销传播的重要因素之一。促销可以帮助购买者知晓和认识产品，引起兴趣，进而采取购买行为，并且由于促销的影响，购买者心理上的满足也会增强。在这个意义上，促销也是一种价值的创造过程。

目前经常使用的编制总营销传播预算的方法主要有以下 3 种。

1) 量入为出法

量入为出法指根据企业对促销费用的承担能力来安排促销费用的投入水平。这种方法较为简便易行，只需了解企业财务部门当年能够为促销部门提供多少经费，就可以比较方便地确定年度促销预算的总额。原则上看，企业根据其财力情况来决定促销开支的多少并没有错，但是这种方法往往未考虑促销作为一种重要营销手段对企业销售的直接影响，未把促销投入视为一种必要的投资。所以，严格说来，量力而行法在某种程度上存在着片面性。企业做促销预算时一定要考虑企业需要花费多少促销费用才能完成销售指标这一重要问题。

2) 销售百分比法

销售百分比法指企业以一个特定的销售量或销售价的百分比来安排促销预算。例如，某航空公司以当年客运收入的 2%作为下一年的促销拨款；某汽车制造公司以计划的汽车价格为基础，按固定百分比确定促销预算。

按销售百分比法确定促销预算的优点是：

(1) 销售百分比法意味着促销费用可以随企业所能提供的资金量的差异而变动，这可以促使那些注重财务的营销管理者认识到企业所有类型的费用支出都与总收入的变动密切相关；

(2) 可以促进企业管理者根据单位促销成本、产品售价和销售利润之间的关系去考虑企业的经营管理问题；

(3) 在一定程度上能增强竞争的稳定性，因为只要各竞争企业都默契地同意让其促销预算随着销售额的某一百分比而变动，就可以避免促销混战。

按销售百分比法确定促销预算的不足之处主要是：

(1) 因果倒置，该法把销售收入看成是促销的原因而没有看成是促销的结果；

(2) 根据可用资金的多少而不是根据市场机会的发现与利用来安排拨款，可能会失去有利的市场营销机会；

(3) 用此法确定的促销预算，势必随每年的销售波动而增减，从而可能导致与促销长期方案相抵触；

(4) 百分比的选定要么依据过去的做法，要么依据竞争者的做法，缺乏合乎逻辑性的基础；

(5) 该法是所有的促销都按同一比率分配预算，妨碍了根据每一产品与销售地区的实际需要来确定促销预算，造成不合理的平均主义。

3) 竞争对等法

竞争对等法指根据竞争对手在促销方面的大致费用来决定自己的促销预算。市场营销实践中，大量企业喜欢运用此法来确定自己的促销预算，以造成与竞争对手旗鼓相当的对等局势。美国奈尔逊调查公司的派克汉(J.O.Peckham)通过对 40 多年的统计资料的分析得出结论：要确保新上市产品的销售额达到同行业平均水平，其广告预算必须相当于同行业平均水平的 1.5～2 倍。这一结论通常称为派克汉法则。

采用竞争对等法的前提条件是：

(1) 竞争者的促销预算代表了该行业的集体智慧；

(2) 维持竞争均势有助于阻止促销战的发生；

(3) 企业能获得竞争者确定促销预算的可靠信息。

但是实际情况是，上述前提条件很难具备。因为企业没有根据相信另一个与之竞争的企业会比它更好、更有把握地了解在促销方面应该支出的费用；不同企业的声誉、资源、实力、机会和目标均有差异，此一家企业促销预算很难作为彼一家企业的标准；即使本企业的促销预算与竞争者势均力敌，也不一定能稳定全行业的促销支出，至今没有什么证据显示依据竞争对等法制定的预算会缓解或消除促销战的爆发。

4) 目标任务法

目标任务法指营销人员在明确广告的特定目标、确定达到该目标必须完成的任务的基础上，估算完成各项任务所需费用及其总和而得出计划的促销预算。

企业在编制促销预算时，要求每位经理按下述步骤先准备一份促销预算申请书：

(1) 尽可能详细地限定其促销目标，该目标最好能量化，以数字表示出来；

(2) 列出为实现该目标所必须完成的工作任务；

(3) 估计完成这些任务所需的全部成本，这些成本之和就是各自的经费申请额，所有经理的经费申请额即构成企业所需的总的促销预算。

目标任务法是一种比较理想的促销预算方法，该法的优点在于，它能使营销管理者较好地处理市场份额、促销水平、试用率等与促销预算总额的关系，克服预算费用确定的盲目性。其缺点是没有从成本的观点出发来考虑某一促销目标是否值得追求的问题。例如，企业的促销目标是下年度将某品牌的知名度提高 20%，这时所需的促销费用也许会比实现该目标后对利润的贡献额超出许多。因此，如果企业能够先按照成本来估计各目标的贡献额(即进行成本效益分析)，然后再选择最有利的目标来付诸实施，其效果更好。

6. 制定和实施促销组合

总营销传播预算确定以后，传播者还必须根据需要和可能，确定广告、销售促进、直复营销、公共关系和人员推销等促销工具的具体形式与重点、次重点和非重点，以及如何把总传播预算在各种促销工具之间进行合理分配，使各种促销工具形成一个最佳促销组合。为此，企业必须进行促销组合决策。

7. 衡量促销结果

促销计划贯彻执行后，营销传播者必须衡量它对目标受众的影响：一方面要了解目标受众接收信息的情况(如识别率、显露率、记忆率、记忆内容、对信息的感觉、对产品和企业的前后看法等)；另一方面要收集受众反应的行为数据(如多少人购买这一产品，多少人喜爱它并与别人谈论过它，等等)。

8. 管理和协调整合营销传播

成功的整合营销传播，能产生更多的信息一致性和巨大的销售影响。它把责任加到每一个人头上，经过反复多次的企业实践，把企业和品牌的形象与信息统一起来。整合营销传播将会改进企业的能力，使之带着恰当的信息，在恰当的时间和恰当的地点影响恰当的顾客。

实施整合营销传播，最大的阻力来自于组织内部。阻力之一：企业习惯于使用一种或两种传播工具来完成其传播目标，习惯于依据产品特性而非目标受众的需求和特征来制定传播计划。阻力之二：企业的销售经理、广告经理、公关经理、直复营销经理都从个人利益或部门利益出发，彼此争夺促销预算，无法形成合力。阻力之三：许多品牌经理自身缺乏各种营销传播的训练，只具有在少数种类的媒体上进行传播的狭隘经验，不懂得各种营销传播工具的特点和使用知识。

管理和协调整合营销传播，就是要努力排除上述阻力，依靠企业最高管理层、专家和整个企业团队的力量，以营销总经理或品牌经理为执行官，在观念、知识、目标、计划、组织、责权、资源和行动上进行高度整合，形成最大合力，以便顺利实施和完善综合性的营销传播计划。

11.1.4 促销组合

1. 促销组合的概念

当企业或机构在特定时期有计划有目的地运用多种促销方式与目标顾客沟通时，这些结合

在一起共同促进产品或服务销售的方法即构成该项产品或服务的促销组合。促销组合通常由人员推销、广告、公共关系与宣传、营业推广、直接营销等基本要素构成。促销组合是市场营销组合的一个次组合，企业制定促销组合是一种创新性的活动。由于促销方式各有优劣，如人员推销成交率高，但费用高，广告宣传面虽广，但实际成交率又较低等，因此实际促销时，需根据市场需求情况、企业经营条件和商品特点，灵活巧妙地决定促销组合方案。一个好的促销组合，是企业经营管理者智慧和高超技艺的结晶。

2. 促销组合的基本策略

促销组合策略即对不同促销组合方案的选择和运用。促销组合基本策略可分为推式策略和拉式策略，促销组合很大程度上受到企业选择推式策略和拉式策略以创造销售机会的影响。在两种不同的促销策略中，企业面对的促销对象不同，所采用的促销组合也不同。

推式策略是由企业使用主动的推销方式，通过一定的中间渠道，将产品或服务最终推荐给消费者以实现销售目的的策略。推式策略要求企业派出推销人员或采用营业推广手段把产品推销给中间商，中间商采取积极措施把产品推销给最终消费者(见图 11-2)。实施推式策略花费在现有产品或新开发产品、现有顾客或潜在顾客上的力量是不均等的，而是有针对性的。

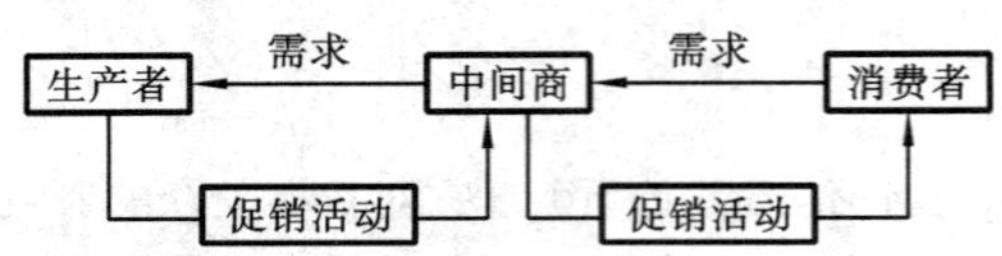

图 11-2　推式策略示意图

拉式策略则是指企业通过拉引的方式，激发顾客的购买兴趣，促使其产生购买欲望并进而采取购买行为的策略。拉式策略要求企业在广告和消费者促销方面花费较多的费用，去刺激和建立消费者的需求欲望，吸引他们来购买(见图 11-3)。如果此策略实施得当，就会产生促使消费者向中间商购买，中间商向企业购买的良好效果。

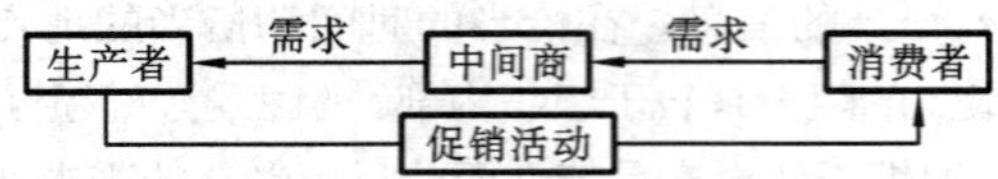

图 11-3　拉式策略示意图

企业在促销过程中，要根据具体情况来选择推式策略或拉式策略，并且根据不同顾客采取不同的实施方法。一般情况下，单位价值高、分销环节少的产品，性能复杂、需要对使用方法作示范的产品，根据用户特定要求设计的产品，地产地销和市场比较集中的产品等，都宜于以推式策略为主进行促销；而对于那些市场范围大、分销渠道长的产品，或需要及时将信息传递给广大顾客的产品等，其促销策略则应以拉式策略为主。

3. 影响促销策略选择的有关因素

促销策略的制定和选用，必须综合考虑以下 4 个因素。

1) 产品性质

不同性质的产品，市场需求特点不同，因此所采用促销策略亦应不同。一般而言，生活资

料比生产资料更多地采用广告促销，而生产资料则比生活资料更多地采用人员推销方式来促销。因为，生活资料消费面广量大，故对其促销以广告宣传为主，营业推广为辅，并结合人员推销与公共关系的组合策略为宜。而生产资料主要用于企业再生产，用户购买行为理智，对其促销则以人员推销为主，营业推广为辅，广告与公共关系相互配合的组合策略为佳。具体策略应用时需注意具体产品的分析，切不可一概而论。

2) 产品市场生命周期

产品在其市场生命周期的不同阶段，市场态势、消费者态度和企业促销目标都不相同，应采取不同的促销策略。

(1) 产品导入期。导入期企业的促销目标是使顾客认识和了解商品，广告和人员推销都很重要，应主要采用广告宣传广泛介绍商品，运用推销人员深入特定的顾客群体详细说明和介绍产品，鼓励他们试用，还可以采用一些特殊的促销方法，如免费赠送、展销、示范等去刺激顾客的兴趣。

(2) 产品成长期。成长期企业的促销目标是吸引顾客购买并促其形成商标品牌偏好。此阶段促销策略仍应以宣传为主，但广告宣传的内容应突出介绍产品的特色和优点，以提高产品和企业的声誉。同时，辅之以人员推销和其他方法，扩大分销渠道，方便顾客购买，争夺市场占有率。

(3) 产品成熟期。成熟期企业的促销目标是巩固市场。其促销策略以提醒性广告宣传为主，强调产品的附加利益，同时配合以有效的营业推广方法。此阶段还应注意加强公共关系工作，扩大企业的声誉，巩固产品的市场地位。

(4) 产品衰退期。衰退期企业的促销目标是尽快甩出存货，减少损失。其促销策略是针对企业的老顾客，进行提醒性广告宣传，并配合以营业推广方式，如降低价格、优惠出售等，尽快销出存货，减少库存。此阶段促销费用应逐步削减，注意节约开支，以免得不偿失。

3) 市场性质

不同的市场，其规模、类型、顾客数量不同，相应促销策略应有差别。

从市场规模来看，在规模大、地域广阔的市场，应多采用广告宣传和公共关系促销策略；在规模小、地域狭窄的市场，应以人员推销为主，同顾客建立长期固定的产销关系，争取稳定的订单。

从市场类型看，消费者市场购买者众多且零星分散，人员推销效率较低，应主要采用广告宣传、商品陈列、展销、产品介绍等方法去吸引顾客。生产者市场购买者较少且相对集中，购买批量大，技术性较强，宜以人员推销为主，向用户详细介绍产品，建立关系，促成购买。

从市场上不同类型潜在顾客的数量看，若潜在顾客数量少，可采用人员推销；若潜在顾客数量多，则宜采用广告宣传。

4) 促销费用

企业能用于促销的费用预算，也是决定促销策略的重要依据。各种促销方法所需费用多少不同，为提高促销效益，应力求以促销费用尽可能少而促销效果尽可能好的方式去促销。这就要求企业在制定促销策略时，应根据促销目标，对企业的财力状况、各种促销方式的费用、可能提供的经济效益以及竞争者的促销预算等多方面因素进行全面权衡，选择出适宜的促销方案。

11.2 广告策划

11.2.1 广告的含义与作用

在商品经济社会里，广告的地位和作用日益增强，而今广告已成为人们生活中不可缺的一部分，全世界广告市场每年的营业额高达数千亿美元。进入20世纪80年代以后，中国广告市场以平均每年递增40%以上的速度发展，现在年营销额已超过500亿元人民币。

广告是指由明确的发起者以付费的方式通过一定媒介对观念、商品或服务进行的非人员形式的展示和促销。广告是企业用来对目标顾客和公众进行直接说服性沟通的主要工具之一，是促销组合的一个重要因素。产品销售离不开广告，企业必须高度重视广告宣传。

从企业市场营销的角度看，广告具有下述重要作用。

1. 传递信息，刺激需求，指导消费

传递信息、刺激需求是广告最基本的职能。成功的广告，通过简洁明快而又富于艺术和哲理的诉求，实事求是的宣传，能增进消费者对有关产品的存在、优点、用途及使用方法等多种信息的了解，协助消费者通过所接受的信息，去选择适合自己需要的产品，并产生购买欲望，采取购买行为。同时，广告的教化和舆论导向功能，对培养新的消费需求和消费方式产生着一定的积极作用，在指导消费方面具有重要意义。

2. 沟通产销，扩大销售，促进生产

广告是进行市场渗透的有力武器。企业要发展壮大，就需要努力扩大市场，拓展产品销路。由于广告能广泛、经常地接近消费者，因而能在扩大销售方面起到开路先锋的作用，是人员推销的有力助手和支持。广告通过各种传播媒体把产品和销售信息传递给中间商和消费者，沟通了生产者—中间商—消费者之间的联系。借助于广告宣传，一方面可以尽快把生产企业所生产的产品销售出去，另一方面可以把市场需求的各种信息及时告诉生产企业，使产销双方互通信息，对于企业生产和开发新产品是极大的促进。

3. 建立信誉，树立形象，有利竞争

广告是建立信誉、树立理想的企业与品牌形象的重要途径。广告本身是一种销售服务，因为它把企业、产品和销售信息告诉消费者，明示企业的承诺，并接受市场的监督。企业名称和产品品牌是消费者购买商品时进行选择的重要依据，企业和品牌形象的好坏，直接关系着企业产品的销售，对企业市场竞争地位产生着重要影响。通过精心设计的广告，宣传企业的产品、企业的价值观与企业文化，能使企业形象深入到消费者心中，给消费者留下清晰而长久的记忆，博得消费者的好感，有利于提高企业及企业产品的社会知名度，使企业产品推销获得长期稳定发展的基础，保持企业在市场竞争中的优势地位。

广告的作用是多方面的，广告已成为现代企业在竞争中取胜的必要手段，但是，若因此而过分夸大广告的作用也是不正确的。1976年对欧洲8个国家的25个市场进行10年以上的调查后，工商界和广告界人士得出下述结论：

第一，社会经济力量才是销路大小的决定性因素，广告刺激总市场而使其膨胀的力量是有

限的；

第二，当市场容量有限时，广告泛滥，竞争加剧，其受害者最终还是消费者，因为广告费用终将转移到消费者身上；

第三，广告所带来的经济效果极难孤立地评价，只有同企业整个市场营销结合起来，才能得到了解；

第四，广告的内容比广告的数量更重要，真实性是广告的生命。

这些结论，有助于我国工商广告界人士正确认识广告的作用，学习和借鉴国外广告业的有益经验。

11.2.2　广告策划的基本原则

企业广告策划，总的要求是，既要符合国家的政策和法规，又要吸引和刺激消费者购买产品。具体说来，应遵循以下 4 个基本原则。

1. 真实性原则

这是从事广告宣传最基本的原则，失去真实广告就失去了生命力。广告的真实性要求广告对产品或服务做出完全符合客观实际的介绍，诚实地说明产品或服务的本来面目，向消费者提供经得起检验的信息。唯有如此，才能使产品或服务及其相应企业在广大消费者心目中树立起良好的形象和信誉，企业才能享有较大的市场占有率，使广告真正起到扩大销售、促进生产、引导消费等作用。那种弄虚作假损害消费者利益的广告，尽管可能骗人于一时，但最终必将失信于民，败坏企业、产品或服务的声誉，加速产品或服务的灭亡，严重者还将受到法律追究。

2. 思想性原则

思想性是广告的灵魂。任何广告都要注重思想性，注重社会效果。广告应给人以健康、进步、有益的“营养”，而不能传输低级、庸俗、腐朽性的“垃圾”。广告要讲经济效益，但更要注重社会效益。企业的广告必须有益于人民的身心健康，有利于培养人们的高尚情操，成为精神文明的一种传播工具。强调广告的思想性，并不是要把广告变为单纯政治宣传的工具，而是强调要把思想性寓于产品宣传内容之中。宣传陈腐落后思想、带有精神污染的广告，是社会主义制度不能容许的。

3. 科学性原则

广告是一门科学，广告的制作和宣传都要讲求科学性。广告的科学性是建立在真实性和思想性基础之上的。它要求广告必须符合科学发展的要求，设计合理，制作精细，工艺优良，技术进步，能概括描述产品的基本特征，并以最少的费用取得最大的促销效果。

4. 艺术性原则

广告不仅是一门科学，还是一门艺术。艺术性原则要求广告借助于文学、美术、音乐、戏剧、曲艺等人们喜闻乐见的艺术形式来予以表现，给人以美的享受，从而使其具有吸引和感染消费者的力量。讲究广告的艺术性，必须在广告策划上推陈出新，富有创意，独具匠心，不落俗套。特别要注意的是处理好艺术性和真实性之间的关系，艺术形式不得违背真实性原则，否则艺术性将走入歧途。

艺术性和科学性是广告的“两翼”，真实性是广告的“生命”，思想性是广告的“灵魂”，只有当“两翼”与“生命”和“灵魂”有机地融为一体时，广告才能“展翅高飞”。

11.2.3 广告目标与预算

1. 广告的目标

广告目标是特定时期内对特定的广告对象所要完成的特定的沟通任务和所要达到的沟通程度。广告目标必须服从有关目标市场、市场定位和营销组合各项既定决策。总体而言，广告目标主要有提供信息、说服购买和提醒使用 3 种。所以，也可以按照广告目标的不同将广告分成信息性广告、说服性广告、提醒性广告 3 类。

1) 信息性广告

信息性广告主要用于一种产品的市场开拓阶段，此时的目标是建立该产品的初步市场需求。信息性广告的具体目标主要是：①告知新产品上市信息；②介绍产品的新用途；③通告价格的变动；④说明产品的工作原理和使用方法；⑤描述可提供的服务；⑥纠正错误的印象；⑦减少或缓和消费者的担心或恐惧心理；⑧树立企业的形象。

2) 说服性广告

说服性广告通常用于产品趋向成熟、竞争趋于激烈的阶段，此时企业的目标是影响消费者心理，为其品牌培植选择性需求，大多数广告属于这种类型。说服性广告的具体目标通常是：①培养品牌的偏好；②鼓励消费者改用本企业的品牌；③改变顾客对产品特性的认识；④说服顾客迅速购买；⑤说服消费者接受销售访问。

3) 提醒性广告

提醒性广告较常用于已趋成熟期或销售淡季的产品，旨在保持顾客对其产品的注意。例如，可口可乐公司的广告不断地出现在各种媒体上，其目的就不是通知或说服消费者，而在于提醒消费者对可口可乐的注意。提醒性广告的具体目标一般是：①提醒消费者对产品的需要；②提醒消费者购买的地点；③使消费者在销售淡季也能记住这些产品；④保持尽可能高的知名度。

与提醒性广告相关的一种广告形式是强化性广告，其目的在于让现有购买者相信自己购买的正确性。

对广告目标的选择应以对当前市场营销情况的透彻分析为基础，不应草率从事。例如，若产品种类已处于成熟期而企业又是市场的领导者，但品牌的使用率却较低，则企业广告的适当目标应该是刺激这一品牌的使用。反之，若是推出新产品，企业又不是市场领导者，而其品牌优越于领导者，则企业广告的适当目标应是宣传其品牌的优势。同时要注意，广告的目标是随着市场情况的变化而变化的，企业应根据市场营销系统的情况、企业长远和短期的目标、信息接受者的背景等因素加以全盘考虑，不断调整企业的广告目标。

2. 广告预算

企业在确定广告目标之后，接下来就要确定广告预算，即要确定在广告活动上所应耗费的资金。这是一个令企业很伤脑筋的问题，因为在广告投入之前，所有对广告费用投入所可能产生的效果的判断都带有不确定性，在错综复杂的市场环境中，谁也不能确定将会发生什么。

广告费用一般有三部分构成。

(1) 媒体费用。这是支付给媒体的费用，是广告费用中最大的一部分开支。企业如果将广

告业务外包给广告公司，则还需要包括广告公司的佣金。

(2) 制作费用。无论哪种媒体广告，都要根据广告创意和方案进行制作，制作费用涉及各种物质要素和人员投入，如创作与制作人员的报酬、印刷广告的印刷费用、电视广告的拍摄费用等。

(3) 其他费用。如管理费、广告部门的员工费用、相关的调研费用等。

广告预算的具体方法可以按照上一节决定促销预算的方法执行。但是，在具体地制定广告预算时还应考虑广告目标、广告信息、媒体特点、广告支出与销售量及市场份额的关系等因素。理论界提出了许多决定广告预算的数学模型，这些模型正在进入许多企业的广告预算决策程序。

3. 制定广告预算时必须考虑的因素

(1) 产品生命周期的阶段。处在导入期的新产品往往需要花费大量的广告预算，以便建立其知名度，并取得消费者的试用。而已有知名度的品牌所需广告预算就较低，一般可按销售额的一定百分比支取。

(2) 市场占有率和消费者基础。市场占有率高的品牌所需广告支出一般不高，可按销售额的一定百分比支取，其目的只是维持其市场份额。通过增加市场销售扩大市场规模或从竞争者手里夺取地盘来提高市场份额，则需大量的广告支出。此外，如依据单位效应成本来看，则影响使用高市场占有率品牌的消费者比影响使用低市场占有率品牌的消费者花费较少。

(3) 竞争与干扰。在竞争者众多、广告开支很大的市场上，一种品牌的广告活动必须高过市场上的干扰才能使人注意。即使不是本品牌直接竞争者的广告干扰，也有必要大做广告。

(4) 广告频率。广告频率也决定着广告预算的高低(见“广告媒体决策”有关论述)。

(5) 产品替代性。在同一商品种类中的各种品牌需要做大量的广告，以树立与众不同的形象。如果品牌可以提供独特的物质利益或特色时，广告就有相当重要的作用。

(6) 市场特征。若目标市场对广告信息很感兴趣且不介意广告轰炸时，高额广告支出就显得很有必要，反之则可能花钱不讨好。

11.2.4 广告媒体决策

广告媒体即传递广告信息的载体。广告媒体决策是制定广告策划的一个重要步骤，包括决定广告预期的触及面、频率和影响，选择主要的广告媒体形式和具体的传媒载体，决定广告传播时间安排。

1. 决定广告预期的触及面、频率和影响

广告触及面是指一定时期内某一特定广告媒体一次最少能触及的受众数目。广告频率是指一定时期内平均每一受众接收某一特定广告信息的次数。广告影响是指某一特定媒体展露的质量高低。这三者的关系是：触及面越广，频率越高，影响就越大。当然，其广告费用也越高。选择广告媒体时可能遇到的难题是：在既定预算下，如何确定所要购买的触及面、频率和影响的最佳组合？一般而言，触及面可以根据广告目标来确定，频率则取决于具体情况——有时广告信息必须多次展露给目标受众才会有效，而有时展露的次数多了又会使人厌烦而不再令人注意。

2. 选择主要的广告媒体形式

决定了预期的触及面、频率和影响以后，营销传播者要进一步了解各种主要媒体形式在触及面、频率和影响方面所具备的能力，以便于对主要广告媒体做出选择。

1) 广告媒体的类型和特点

广告媒体繁多，但可分为大众传播媒体和企业自办媒体两大类。大众传播媒体包括报纸、杂志、广播、电视 4 种，是广告信息传递的主要工具，被称之为“四大广告媒体”。企业自办媒体，是企业自己制作的广告媒体，主要有户外广告、交通流动广告、招贴广告、邮递广告、灯光广告、包装广告、POP 广告(销售点广告)等等。企业自办媒体是大众传播媒体的补充，具有使用灵活、简便、成本较低的特点，在地区性和销售地点的促销活动中被广泛使用。下面主要介绍四大广告媒体的特点。

(1) 报纸广告。报纸广告是通过报纸媒体传播产品信息的，它是目前选用最多的广告媒体之一。报纸广告的优点是：传播迅速及时；传播范围广，覆盖率高；读者面宽且稳定；版面伸缩余地大，便于说明和图形描述；费用较低；可信度较高。另外，专业报纸的读者对象集中，为企业的媒体选择提供了方便。其缺点是：时效短；注目率低(庞杂的内容易分散读者注意力)；印刷质量差，色彩渲染不强烈，表现能力有限；转嫁读者少。

(2) 杂志广告。杂志广告是借助杂志媒体传播产品信息的。杂志不同于报纸，一般以某一专业、某一阶层或某一年龄层次刊行。杂志广告的优点是：读者稳定，针对性较强；时效较长，有辗转传播的作用；读者文化水平较高，适宜做技术性文字说明，可信度高；色彩渲染强烈，印制精良。其缺点是：注目率较低；读者面窄，传播范围较小；出版周期长，信息传送慢，适时性、灵活性较差；费用高。

(3) 电视广告。电视广告是利用电视媒体传播产品信息的，它能集声、色、神、形多种功能于一身，直观效果为其他广告媒体所不及，是新兴的现代化广告媒体之一，大有发展前途。电视广告的优点是：覆盖面广；收视率高；信息传播快；能综合利用各种艺术形式，表现手法多样，表现力丰富；具有视、听综合效果，形象生动，感染力强。其缺点是：费用昂贵；时效短；易受其他节目干扰。

(4) 广播广告。广播广告是通过广播电台播音传递商品信息的，也称电台广告。其优点是：传播迅速及时；传播空间广，听众广泛，收听率高；制作简便，费用较低廉。其缺点是：宣传短暂，时效短；表现手法单一，传递的信息量有限；不易记忆，遗忘率高；比其他广告媒体更难收集听众的反映，不利于对广告效果的评价。

2) 影响广告媒体选择的因素

由于不同的广告媒体有不同的特点，因此在选择广告媒体时需考虑以下因素。

(1) 产品的性质。不同性质的产品应选择不同的广告媒体做宣传。例如，具有广泛需求的日用消费品可选择报纸、电视、广播等媒体做广告；而一些需求面很窄的生产资料则不宜在电视等媒体上做宣传。视觉、色彩对心理影响较大的产品，电视广告效果最佳；而技术复杂、广告中必须包含大量技术资料的产品，以印刷媒体为宜，等等。

(2) 产品的销售范围。广告宣传的范围应与产品销售的范围一致，因此需考虑选择适当的媒体将有关信息有效地传递到企业的目标市场。如企业的产品只限于一个或几个地区使用，应选择地方性媒体广告；行销全国的产品，宜选择全国性的媒体广告。

(3) 消费者接触媒体的习惯。不同的广告媒体，消费者接触的习惯不相同；不同层次的消费者，经常接触和喜爱的媒体也有差别。因此，应针对目标顾客接触媒体的习惯去选择广告媒体，以保证广告信息的接收效率。

(4) 广告信息的内容。当广告信息的内容必须尽快告知消费者的时候，广播或报纸就是首选媒体；当广告信息包含大量技术资料时，专业性杂志或者邮寄广告就是最佳媒体形式。

(5) 广告媒体的费用。广告媒体不同，所需广告费用也不相同，差异很大。一般而言，广告覆盖面和影响力越大的媒体，其广告费用越高。但若从宣传面的广告费平均值计算，还是覆盖面越大的媒体，广告费越低。企业选择广告媒体除取决于广告预算和支付能力外，还须考虑经营范围和竞争力量。如果是中小型企业，其经营范围和竞争力量较小，就不必耗费资金在全国性大报、电视上做广告。总之，企业应在广告费用开支许可的情况下，尽可能选择最有效的广告媒体进行宣传。

3. 选择具体的广告传媒载体

营销传播者还要选择具体的传媒载体，即在每类传媒形式中选择一个具体的成本效益最佳的媒体工具。营销传播者面对众多的电视台、报纸、广播电台和杂志，还有数不清的路牌、灯箱、看板、橱窗、墙壁、楼顶、气球、车身、文体造型及电脑网络，选择范围是非常大的。

在决定广告媒体的具体选用时应考虑以下因素。

(1) 媒体发行量或覆盖面。如登载广告的报刊的发行数量或电视台的覆盖地域。

(2) 接触媒体人数。如报纸、杂志等可传阅媒体，接触人数往往大于发行数。

(3) 有效接触人数。指接触媒体的目标受众人数。

(4) 接触成本。通常按媒体触及每千人的平均成本计算。例如在《武汉晚报》2 至 23 版刊登一幅 49 cm×34 cm 的通版广告，收费 25 万元，如果该报读者为 500 万人，则千人接触成本为 50 元。

4. 决定广告的传播时间安排

广告的传播时间安排涉及总体安排和具体安排两个方面。

广告传播时间的总体安排即广告传播者必须根据季节的变化和预期的经济发展来安排全年的广告。广告传播者可以顺着季节的变化调整其广告支出，也可以按照季节变化的相反方向来安排广告支出，或者全年平均使用广告费。大多数企业都采用季节性广告政策。

广告传播时间的具体安排是指在一个短时期内部署一系列广告展露，以期达到最大影响。通常有 4 种选择。

1) 集中性安排

集中性安排指将广告预算集中在一段时间内使用，以密集的广告传播在短时间内形成强大的攻势。这种安排常在新产品上市、开拓新市场、集中销售或为配合其他营销手段时采用。

2) 连续性安排

连续性安排指在一段时期内均衡地安排广告传播，使广告经常性地反复触及目标受众，以加深顾客印象。多用于季节性强、购买频率高、品牌竞争激烈的产品。

3) 间歇性安排

间歇性安排指在某些时间安排广告传播，接着是一段时间的间歇，然后继之以第二时段的传播。这种安排可以节省广告费用；如果正确地估计了广告的滞后影响和受众的遗忘速度，这种安排是很有效的。在经费有限、购买周期不太频繁或出售季节性商品的情况下，可采用这种

广告形式。

4) 节奏性安排

节奏性安排指连续地以低重要度水平开展广告传播活动，但不以间歇性的大量广告传播活动来加强其广告攻势的方法。该法是介于连续性安排与间歇性安排之间的一种折中时间安排。

5. 广告媒体策略

1) 多媒体策略

多媒体策略指针对特定目标市场，在一段时间内，同时选用多种广告媒体进行广告宣传的策略。该策略多种媒体之间相辅相成，协同作战，互为补充，能造成宏大的宣传声势，同时，使得目标顾客与广告接触的机会增多，容易引起消费者的关注。但此策略一般耗资巨大，非实力雄厚之企业难以采用。

2) 变换媒体策略

变换媒体策略指定期变换或交替使用不同媒体进行广告宣传的策略。仅在一种媒体上做广告，易遗漏一部分目标顾客，因为即使同一层次的顾客，经常接触的媒体也存在差别。企业若能以大致相同的广告费用，选择某种媒体为主，同时交替使用其他几种媒体进行广告宣传，就能扩大广告的覆盖面，但不利的是可能造成目标顾客接触广告的次数降低。此策略适宜于实力有限的中小型企业采用。

11.2.5 广告效果的测定

企业做广告要支出一定费用，在广告实施前和实施后，都需要考虑广告宣传的效果问题。评价广告效果的标准主要有两个：一是产品销售效果，一是信息传播效果。产品销售效果是指广告发出后一定时间内销售额的变动与广告费的比例。信息传播效果是指广告的收听、收看人数及目标顾客对广告的印象。

对广告销售效果的测定，是一个较困难的问题，因为销售额或销售量并不是广告费用的一元函数，促成消费者购买行为的因素复杂多样，并非仅仅是广告的功劳，要将广告的作用与其他因素的作用分离开来评价是不可能的。广告发出后一定时间内销售额的变动值与广告费之比，只能作为衡量广告效果的参考依据。而对广告的信息传播效果进行评价则切实可行，可通过调查、分析得出较可靠的结论，因此，实际广告效果测定中多倾向于对广告信息传播效果进行评价。可以假设信息传播效果与销售效果是一致的，从而大致估计出广告对销售目标的贡献。

1. 广告传播效果的评价

所谓传播效果，是指广告对目标受众的知晓、认识和偏好的影响，可由受众对广告信息的注意、兴趣、记忆等心理反应程度来测定。可以预先测试，也可以事后测试。

1) 预先测试

预先测试的方法有直接评分、组合测试和实验室测试。

(1) 直接评分，即邀请广告专家或目标顾客观看广告并填写评分问卷，对广告的吸引力、可读性、可理解性、认知力、影响力和行为力等进行逐项打分。这种评价方法不一定能反映广告对目标受众的实际影响，但可用于淘汰不良广告。

(2) 组合测试，是给受试者观看一组广告，他们愿看多久就看多久。看完之后了解他们对广告中细节的回忆程度，其结果可用于判别一个广告突出之处及其信息被了解的程度。

(3) 实验室测试，是用实验仪器来测量受试者对于广告的生理反应，如心跳、血压、瞳孔放大、出汗等。可用于评估一个广告的可能效果，但无法测出广告对顾客态度、行为的影响。

2) 事后测试

事后测试的方法有回忆测试和识别测试。

(1) 回忆测试，即选取一些接触过广告媒体的人，请他们回忆最近一次广告所展露的企业和产品，回想所有能记得的事物。评分的结果可用于判断广告引人注意和容易记忆的程度。

(2) 识别测试，即在广告发布后，借助有关指标了解视听者的认识程度，然后统计各种百分比，以测定广告的效果。常用的指标有略读者百分比、深读者百分比和联想者百分比。

2. 广告促销效果的评价

广告促销效果比较难于测定，一般只能撇开其他干扰因素，通过测定销售量的变化，来粗略地估计广告促销效果。常用的方法有实验设计和广告收益率法。

1) 实验设计

实验设计选择几个原来广告费与销售额比例相同的市场，根据实验的需要，使其中一个市场仍维持原来的广告费用水平，其他市场分别增加或减少一定数额的广告费，然后按其广告费的增减而引起的平均销售额的增减变化，测定广告费用的销售效果。

2) 广告收益率法

广告收益率法用广告收益率指标来评价广告促销效果。其计算公式为

$$R=(S_2-S_1)/P$$

式中：R——广告收益率；

S_1——增加广告费前的平均销售额；

S_2——增加广告费后的平均销售额；

P——增加的广告费用。

除了对广告进行传播效果和促销效果的评价之外，广告还有一个社会效果的评价问题。如何测定广告的社会效果，尚待进一步研究。目前的做法，一般从下述几方面进行评价：是否有损于消费者的经济利益；是否有损于消费者的身心健康；是否有利于精神文明和物质文明的建设；是否符合国家的有关政策、法规。

11.2.6　广告效果的测定

广告宣传效果的高低在很大程度上取决于广告的创作设计，只有设计新颖、富有创意的广告才能为消费者所注意、所阅读，才能进而激发其购买欲望。广告的创作设计主要包括主题设计、文案设计、画面设计和技术设计 4 个方面。

1. 主题设计

所谓广告主题即广告的中心思想，它为广告的创作设计确定了基调。主题设计的实质是要在可以反映企业和产品特点，以及可以激发消费者购买欲望的众多因素中，选择出某

些足以实现广告目的的因素来予以表现。如对某品牌空调器进行广告宣传时，既可以其品质为广告主题，大力宣传该空调器的质量和性能，也可以消费者的感受为广告主题，极力渲染空调器为消费者家庭带来的惬意。在不同的情况下，选择不同的广告主题，往往能使广告宣传更为有效。

2. 文案设计

广告文案是在确定的广告目的和主题下，对如何表达广告主题的形式、语气、措辞及版式等具体方面所进行的文字描述，是广告信息的具体表现方式。广告文案一般至少包括以下3个方面内容。

(1) 广告标题。指出现在广告开头，用以对广告的内容加以提示并吸引消费者注意的醒目语句。

(2) 广告正文。指具体表现广告内容的各种文字材料。广告正文可以是说明文、对话、诗歌、小品等各种体裁和形式。

(3) 广告口号。指对企业或产品特征进行高度概括的标志性短语，也称广告语，如雀巢咖啡广告中的"味道好极了"，海尔冰箱广告中的"真诚到永远"等等。广告口号不同于广告标题，广告口号是企业或产品的一种标志，无论广告内容如何变化，口号一般不变。而广告标题只是广告内容的提示，可随广告内容的变化而变化。

广告文案设计不仅仅限于文字广告，其他各种形式的广告，无论是电视广告、广播广告，还是路牌广告、车身广告等，都应先搞好文案方面的设计。

3. 画面设计

广告画面是用来配合文字对广告主题和内容进行形象化表现的方式，它是用图画、影像、色彩及版面布局等形象化的视觉语言来对广告的主题和内容加以表现的。广告画面中的图画、影像可以是直接对产品的形态或功能的具体真实展示，也可以是抽象的意境烘托，但都应围绕广告的主题和内容来进行设计。色彩则可以对广告起到美化作用，以吸引消费者的注意。色彩本身具有一定的象征意义，如红色象征热烈，白色象征纯洁，蓝色象征宁静，绿色象征和平，等等。利用色彩的象征意义，可以形象地表现出特定广告主题。广告版面的大小和结构会对广告的宣传效果带来极大的影响，经精心设计的广告版面可能在不提高广告费用的情况下，大大增强广告的吸引力，提高广告的宣传效果。

4. 技术设计

广告技术主要是指用以实施广告艺术表现形式的技术手段，如广告装潢材料的选用，广告模具的制作，电学、化学、机械、动力等原理在广告制作上的应用，等等。广告技术手段的设计和改进是广告创作设计的重要方面。通过技术设计和改进不仅可以提高对广告信息的表现力，而且可增强广告对消费者的吸引力，同时也可能在一定程度上降低广告的制作成本。

广告创作设计是一门重要的艺术，为提高广告的宣传效果，在广告创作设计中应注意以下几点。

1) 主题突出

主题是体现广告目标的核心，对广告的全部设计起着主导作用，从广告文案、画面到技术设计的每一步，都必须紧密围绕主题、突出主题，严格控制与主题无关或关系不大的内容的分量，以免冲淡广告主题，分散广告受众的注意力，从而削弱广告的效果。

2) 构思新颖

广告设计构思的新颖与否，决定了广告对受众注意力和视觉冲击力的强弱。广告设计若能在构思上有所突破，不落俗套，必然能以其新颖感同其他广告形成强烈的反差效应，从而形成对受众的强刺激，吸引其注意，并给他们留下难忘的印象。

3) 言简意赅

有限的广告篇幅不可能容纳太多的文字描述，消费者一般也不会花很多时间仔细阅读广告，因此广告语言一定要简明扼要。否则，只可能增加广告的费用而不大可能提高广告的效果。以最少的语言传递最大的信息量，应当是一切广告设计者努力的目标。

4) 艺术美观

广告的宣传效果还取决于广告能否使受众感到赏心悦目，是否具有较强的艺术感染力。具有较高艺术欣赏价值的广告作品，不仅能引人注意并给人以深刻印象，而且会由于其艺术情调同目标市场消费者相投，使消费者产生心理上的共识而达到较理想的促销效果。

11.3 人员推销

人员推销是企业通过推销人员直接向顾客进行推销，说服顾客购买的一种促销方式。这种方式尽管古老，但十分有效，在现代市场上仍具有其他促销方式无法取代的优点，发挥着重要作用，始终是现代企业开拓市场不可或缺的重要手段。

11.3.1 人员推销的特点

1. 针对性强，灵活机动，能有效地发现并接近顾客

人员推销通过推销人员与消费者的直接接触，将目标顾客从消费者中分离出来，能可靠地发掘推销对象，把推销努力集中于目标顾客身上，避免了许多无效劳动。由于目标顾客明确，推销人员可在接近顾客前后，根据特定对象的需要、动机、行为、态度等特点，随时调整自己的推销策略与技巧，充分发挥推销者的主观能动性，保证推销效率。

2. 信息双向沟通，市场信息反馈迅速

人员推销在收集、传递、反馈市场信息，指导市场营销，开拓新的市场领域等方面，具有特殊的地位和作用。推销人员处在市场第一线，在与顾客的直接接触中，一方面能将企业和产品的有关信息及时、准确地传递给顾客，另一方面又可以听取到顾客的意见和要求，并迅速反馈给企业，以指导企业经营，使产品更符合消费者的需要。

3. 能直接提供咨询和其他技术服务，促进顾客购买行为

从了解产品信息到完成实际购买行为之间总是存在一定的距离，而人员推销具备完成交易的条件。推销人员能当面向顾客提示、演示产品，针对顾客的疑问，马上做出解答，使顾客确信产品的特征。有的产品需要提供安装或操作使用服务，推销人员可当即解决，这有利于顾客放心大胆地购买。对于专业性很强和技术性能复杂的商品的促销，人员推销的长处尤为突出。

4．亲和力强，易于建立友谊，争取长期买主

推销人员与顾客的直接交往，有利于买卖双方的沟通、理解和信任，导致在双方买卖关系的基础上增进友谊，培养感情，促使单纯的买卖关系发展成友好合作关系，为长期交易打下了坚实的基础。

上述特点，无疑是人员推销的优点所在。不可否认，人员推销也存在一定缺陷，主要是成本费用较高。美国学者约翰·A.昆奇等人在其《市场营销管理教程和案例》一书中指出："20世纪80年代，一次典型的产业市场销售访问成本是200美元。与此对比，零售人员用20分钟向一位顾客解释一大型设施特征的成本估计约为5美元；高质量地直接邮购一件产品，成本在2美元和3美元之间(包括邮购单成本)；选择性媒体每次展露成本在10～15美分之间，而大众媒体每次展露成本只有1美分。"人员推销费用之高由此可见一斑。

由于前述四大特点，导致人员推销与广告一起构成互为补充的最重要的两大促销方式，而人员推销的缺陷却使该方式的运用受到一定限制。此外，人员推销接触的顾客数量和范围十分有限，对推销人员的素质要求高，优秀推销人才难得，这些无疑也是制约其运用范围和程度的不利因素。

11.3.2 销售人员的任务

人员推销是由销售人员进行的，但若把销售人员的任务仅仅看成是推销商品则未免过于简单化。作为企业和消费者之间相互联系的纽带，企业销售人员肩负着多方面的责任，其主要任务如下。

(1) 开拓市场。与现有顾客保持密切联系，这仅仅是推销人员所承担任务的一个方面，更重要的是通过深入寻找潜在新顾客，不断开拓新市场，这是一项关系企业命运的重大任务。

(2) 传递信息。通过与现实的和潜在的顾客的沟通与交往，将有关产品的存在、性能、特点、价格等信息和资料传递给顾客，以促进产品销售。同时，推销人员在推销产品的过程中，应注重从事市场调查研究和情报搜集工作，定期向企业提出报告，反馈市场信息，为企业经营决策提供依据。

(3) 销售产品。通过与顾客直接沟通联系，运用推销艺术，解答顾客的疑虑，从物质和精神上满足顾客的需求，说服顾客购买，促成交易的实现。

(4) 提供服务。销售产品不是人员推销的终点。人员推销过程中，不仅要把产品销售给顾客，而且要在销售产品的同时，为顾客提供咨询、技术、信息、维修等多种售前、售中、售后服务，帮助顾客解决困难，满足顾客需求。

11.3.3 人员推销的组织结构

按照适当的组织结构形式，正确分派推销人员，这是充分发挥推销人员的作用、保证推销工作效率的重要条件。人员推销的组织结构有4种基本形式。

1．区域结构式

区域结构式指将企业的目标市场分为若干个区域，每个推销人员负责一个特定区域内各种商品的推销业务。这是最简单的，也是采用最普遍的一种组织结构形式。其优点是：推销人员的活动范围特定，责任明确，便于考查其工作绩效，激励其工作积极性；有利于与顾客建立良

好的人际关系，发掘新顾客；减少了推销人员的流动性，节省费用。区域结构式人员推销组织一般只适宜于产品或目标市场类似的企业采用。如果所推销的产品或进入的市场差异较大，推销人员则不易深刻了解各类顾客的需求和各种产品的特点，从而影响推销的成交率。

2. 产品结构式

产品结构式指每个推销人员专门负责一种或一类产品的推销工作。其优点是：利于推销人员深入掌握某一种或一类产品的专门知识和推销技术，并运用这些专业知识去争取顾客。这一结构形式适宜于产品种类多、产品间无关联、技术性强的情况下的产品推销。

3. 顾客结构式

顾客结构式指按照顾客的类型分派推销人员，每个推销人员负责一个或几个顾客群体的推销工作。顾客群体一般按消费者的产业特征、规模大小、职能状况等来进行分类。其优点是：便于推销人员深入掌握某一类顾客的工作和需求特点，并与之建立密切的联系，有针对性地开展沟通活动。但是，这种组织形式易造成推销人员所负责的区域出现重叠，导致人力、财力的浪费。此外，当同一类型的顾客过于分散时，无疑会增加推销人员的工作负担和旅费开支，影响推销绩效。因此，该结构形式通常用于同类顾客比较集中时的产品推销。

4. 综合式结构

综合式结构指把上述 3 种结构形式分别结合运用的分派推销人员的方式，如区域—产品组合式、区域—顾客组合式、产品—顾客组合式、区域—产品—顾客混合式等。当企业在一个较大的区域内向许多不同类型的顾客推销多种产品时，或者是在企业推销人员不足的情况下，往往需要采用这种结构形式。

11.3.4 几种常用的推销策略

1. “刺激—反应”策略

该策略是通过推销人员的“劝讲”来刺激顾客的反应的策略。其做法是，推销人员在不了解顾客需要的情况下，事先准备好几套介绍方法。在访问时，推销人员先讲(刺激)，看顾客的反应，再讲，继续看顾客的反应，通过运用一系列刺激方法来引起顾客的购买行为。这一策略主要适宜于推销日用品。

2. “爱达(AIDA)公式”策略

该策略是通过推销人员的说服工作，设法使顾客经历引起注意(Attention)→产生兴趣(Interest)→激起购买欲望(Desire)→决定购买(Action)这几个阶段，引导顾客走向成交的一种策略。其做法是，推销人员根据事先基本掌握的顾客某方面需求情况，在访问中以各种技巧去引导顾客积极参与交谈，在相互交谈中步步深入，促成交易。

3. “需要满足”策略

该策略是推销人员通过“劝讲”引出顾客的需要，然后说明怎样满足的一种策略。其做法是，推销人员先要设法准确地发现和引发顾客的需要，然后说明所推销的产品如何能满足其需要，促使顾客接受所推销的产品。这是一种创造性推销策略，要求推销人员具有较高的推销技

巧，才能使顾客感到销售人员了解他的需求，是他们购买决策的好参谋。

上述3种推销策略，各有所长，必须灵活加以选用。当推销只是简单地接受订单时，宜用“刺激—反应”策略；当大多数顾客各有类似的需要和要求时，不论是招揽订货还是接受订单，“爱达”公式策略都可适用；而在顾客有不同需求时，“需要满足”策略就尤显重要。总之，推销策略的选用宜充分考虑市场条件、产品特征、顾客情况等多方面因素，慎重做出抉择，不能草率从事。

11.3.5 推销人员的管理

1. 推销人员的甄选与培训

工业发达国家的许多企业已深刻认识到 “没有推销员就没有企业”，“优秀推销员是企业的生命线”。要想造就出优秀的推销人员，首先必须挑选好“苗子”，企业对合格(优秀)的推销人员应具备的条件应提出明确的标准，以利甄选。一般而言，合格的推销人员应具备如下条件。

(1) 了解企业的历史、目标、组织、财务及产品销售状况。

(2) 熟悉产品的制造过程，以及产品的质量、性能、型号和各种用途。

(3) 掌握产品用户的需要、购买目的与习惯等各种特点。

(4) 了解竞争对手的产品特点、交易方式及营销策略等。

(5) 熟练掌握各种推销策略与技巧。

(6) 具有较敏锐的观察判断能力。能通过顾客的各种反应，对其真实意图迅速做出准确判断。

(7) 具有较强的应变能力。在毫无思想准备的情况下，能得体地应付突然出现的问题。

(8) 具有良好的表达能力。推销人员的工作性质是说服他人，良好的表达能力是接近和打动顾客的必要条件。

(9) 具有较丰富的社交经验。推销人员直接与各类顾客打交道，必须擅长社交，有与人共处的本领，才能获得更多的顾客和朋友。

一般情况下，企业要直接获得各方面均符合要求的推销人员比较困难，因此，多数情况下，企业都应按上述条件从一定甄选对象中择其优者进行培训，并从中聘用合格者。

培训推销人员，应采用理论讲授与实践模拟相结合的方法。理论讲授可以系统地介绍推销知识，使受训人从理论上掌握推销活动的全部做法与要求；实践模拟可以弥补理论讲授的不足，使受训人通过仿照实际销售活动进行训练，消化和理解理论讲授的内容，提高实际工作的能力。此外，还可以采用集体训练和个别训练的方法。集体训练的主要方法有专题讲演与示范教学、考试与品评、分组研讨、职位演练等；个别训练的方法有在职训练、个别谈话、函授课程等。

2. 对推销人员的激励

企业通过各种激励手段，充分调动推销人员的积极性，发挥其最大作用，这对于企业争取更多的顾客，扩大产品的销路具有重要意义。

用于激励推销人员的方法可分为物质激励和精神激励两类。当一个人的物质需要尚未得到基本满足之前，物质激励的作用可能会大于精神激励的作用；而在其物质需要得到基本满足后，人们将日益追求精神的需求。企业对于推销人员的激励，应当将物质激励和精神激励有机结合，在重视物质激励的同时切不可忽视精神激励的作用。

企业对推销人员的激励，通常是通过推销系列指标和竞赛等激励工具来进行的。推销系列指标主要包括产品推销量(额)、一年内访问顾客的次数、每月访问新顾客的次数、订货年平均比重的增加额、旅途时间减少的百分比等。推销人员完成了所规定的指标，企业就应给予奖励。企业在制定指标定额时，应注意其合理性和可行性，所规定的指标既不能让人能轻而易举地完成，也不能让人经过努力仍不能实现。合理和可行的指标定额应是使推销人员经不懈努力后能够完成或超额完成的定额，这样才有利于调动推销人员的积极性。此外，应注意对各个推销人员的定额有所区别，因为他们各自所处的目标市场地区情况会存在差异，所以在规定定额时，应先测定各不同区域的市场潜力，然后据此确定该区域推销人员的推销定额。

3. 对推销人员的考核

对推销人员的考核，是企业的一项重要工作，它有利于及时总结经验，发现问题并及时对问题加以处理。同时，它也关系到对推销人员的报酬、奖励、调动、工作量的增减等问题，有利于对推销人员实行监督管理。

对推销人员的考核，一方面是对上述定额指标进行量的考核，另一方面是从质的方面进行考核，如对各种能力、思想品质、工作态度、各种非定额任务的完成情况的评价等。

11.4 公共宣传与营业推广

11.4.1 广告宣传

1. 公共宣传与公共关系

公共宣传是促销组合的重要因素之一。公共宣传在刺激目标顾客对企业产品或服务的需求、增加销售、改善企业形象、提高企业知名度等方面，起着其他促销方式无可比拟的重要作用。

关于公共宣传和公共关系的定义，理论界有多种表述，目前教科书上关于公共宣传的定义更多的是引用乔治·布莱克(George Black)的说法，所谓公共宣传即“企业为实现销售指标，在所有媒体上免费获得编排的版面和播放时间，供企业顾客或可能顾客读、看、听的各种活动”。至于公共关系的定义，在参考国外关于公共关系较有权威性的表述的基础上，我们认为：公共关系是一个组织运用各种传播手段，通过双向信息交流，在组织机构与其内部、外部社会公众之间建立相互了解和信赖关系，以取得公众理解和支持，促进组织机构实现整体目标的一种有意识、有计划的活动。

根据上述公共宣传与公共关系的定义，我们不难得出结论：公共宣传是企业公共关系这个较大概念的一部分。这是因为现代企业公共关系活动有多方面的目的，包括：为企业获得有利的新闻宣传报道；为企业建立良好的形象，提高企业知名度和美誉度；处理可能发生的不利于企业的舆论；等等。为实现这些目的，公共关系部门所使用的主要手段有：

(1) 向新闻界提供有新闻价值的信息，并争取通过新闻媒体的传播去引起人们对企业产品、品牌和服务的注意；

(2) 通过新闻媒介或其他各种努力来宣传企业某些特定产品，促进销售；

(3) 进行信息双向沟通，一方面向企业提供必要信息，另一方面展开对外宣传，促进广大

公众对企业的了解；

(4) 与立法者和政府官员打交道，以使立法和规定有利于企业的发展，争取企业生存的有利环境；

(5) 经常性给企业管理层提出改善经营管理的建议。

显然，无论是从企业公共关系的目的，还是从其实现目的的手段来看，公共宣传都应是企业公共关系活动的一部分，是公共关系部门的职能之一。正因为如此，现在企业比较通行的做法是，将公共宣传工作划归企业公共关系部门而不是市场营销部门。而企业公关部门往往忙于与各种公众打交道，以致常常忽略了支持产品营销目标的公共宣传。解决此矛盾的较好办法是在市场营销部门中专设若干从事公共宣传的人员，以利于公共宣传工作的正常实施。

2. 公共宣传的特点与作用

作为一种十分有效的促销手段，公共宣传与广告及其他促销工具相比，具有许多独到的特点，发挥着重要的作用。

1) 公共宣传的特点

公共宣传有如下特点。

(1) 公共宣传费用预算比其他促销活动费用预算要小。进行公共宣传，企业不必为媒体的版面和播出时间付费，虽然制作供刊播的新闻和事件、说服媒体予以采用要有适当花费，但所费微乎其微。只要企业公共宣传人员能围绕一个可销售实体(品牌、产品、人物、场所、思想或主意、活动、组织等)制造事件和新闻，特别是制造出有价值又有趣的事件和新闻，很可能所有媒体会竞相采用并刊播，由此所产生的作用，可能花成百上千万元广告费也难得到。

(2) 公共宣传的可信度极高。公共宣传与广告不同，广告总难免自卖自夸之嫌，是卖方花钱赚吆喝。而公共宣传是通过第三者——新闻媒体来实现的，它借助了新闻媒介的权威性和声誉，其客观、公正、真实性为公众所认可，其可信性自然就高，更易于让人接受。一些专家指出，公共宣传对于消费者的影响大约相当于广告的 5 倍。

(3) 公共宣传能消除受众的防御心理。很多潜在顾客回避或不理睬企业推销人员和广告，因为他们从心理上存在一种防御倾向，他们时时担心上当受骗。但是，这些人却能接受宣传，他们一般不会对宣传报道产生反感，反而可能感兴趣，因为公共宣传是一种新闻活动，而不是企业推销的信息传播，消费者在心理上对新闻报道一般不会心存戒备。因此，作为新闻的方式将信息传递给消费者要比销售导向的信息沟通效果好得多，可以收到最大限度的宣传效果。所以，现代企业都日益重视公共宣传促销，千方百计地同新闻界搞好关系，有时还设法制造新闻，设法参与各种有新闻价值的活动。

(4) 公共宣传具有使企业或产品引人注目的潜能。在这一点上公共宣传和广告一样，远比人员推销的影响效果好。

2) 公共宣传的作用

公共宣传有如下作用：

(1) 企业可以利用公共宣传来介绍新产品、新品牌，为新产品、新品牌打开市场销路；

(2) 对某些处在衰退中的商品，企业可利用公共宣传来恢复消费者对这种商品的兴趣，以增加其市场需求量和销售量；

(3) 知名度低的企业可利用公共宣传来吸引公众的注意力，提高其知名度；

(4) 公共形象欠佳的企业可利用公共宣传来改善形象；

(5) 国家可利用公共宣传来反映或改善国家形象，去吸引更多的外国观光者、投资者，以及争取国际援助。

3. 公共宣传的主要决策

在根据市场情况决定采用公共宣传手段进行传播活动时，为提高公共宣传的效果，企业营销管理者应就以下几个方面问题进行决策。

1) 确定公共宣传目标

公共宣传的目标有多种，既可以是树立或改善企业形象，提高产品知名度，也可以是扩大销售，增加市场份额或澄清公众对某一问题的误解，等等。企业应针对某一时期的具体情况去确定公共宣传目标。例如，某企业历来所生产的产品都是一些质低价廉的产品，现拟生产一些质优价高的产品，当务之急需要改变企业在消费者心目中的质低价廉形象，显然应将“改善形象”作为其公共宣传的目标，极力宣传企业如何引进高新技术及人才，如何进行产品研制，如何增加研究开发投资等，以便确立新形象。

确定了公共宣传的目标后，应进一步将其具体化，以利于具体实施和评估其最后结果。为此，应围绕目标设计出适当的公共宣传主题。公共宣传主题是对公共宣传活动内容的高度概括，具有重要的指导作用。围绕公共宣传的总目标，往往可以设计多个主题方案。

2) 选择公共宣传的信息和方式

在确定了公共宣传的目标及主题之后，公共宣传人员还必须确定企业或其产品有何重大新闻可供报道。宣传人员应从多方面、多角度审视自己的企业和产品，以确定是否有现成的材料可供宣传。假如可供报道的新闻不够充分，宣传人员应建议企业发起做几件有新闻价值的事，即创造新闻。通过上述努力，是可以找到充足的可供新闻媒体发布的宣传材料的。所用宣传材料最好能体现企业的固有特色，并支持企业及产品的市场定位。

可供选择的公共宣传方式如下。

(1) 提供实证或间接证明。企业可提供正在进行的不同寻常的研究开发项目，正在发生的有趣事件，专家或权威机构对产品的鉴定或推荐意见，其产品的不同凡响之处，等等。如某品牌电视机被小偷投进河里一年多时间，被发现后稍加清理仍能正常收视，经媒体报道后，该品牌电视机名声大噪，这是利用实证进行宣传促销的典型事例。

(2) 宣传产品特色或经营特色。企业可以介绍产品或经营有关历史典故、民间传说、神话故事等。

(3) 举行报告会、讨论会、纪念会、发布会、招待会、义卖会、义演晚会等等。

所有这些活动都可以提高企业知名度，引起公众兴趣和注意，达到宣传报道的目的。

3) 评价公共宣传的效果

评价公共宣传的效果与评价广告的销售效果一样，是一项比较困难的工作，因为公共宣传往往与广告一样也是和其他促销手段配合使用的，很难单独分辨出公共宣传的贡献。如果在使用其他工具之前运用公共宣传，即公共宣传被单独使用，则对它的效果进行评价就比较容易。公共宣传活动是根据某些沟通对象的反应目标而设计的，因此，这些目标便可作为评价其效果的依据。

评估公共宣传效果的最简单而常用的方法，是计算它在媒体上的显露次数(即展露度)。此外，较好的评价方法是根据公共宣传引起的产品的知名度、理解度和态度的改变，以及销售额和利润的变化来测定其效果。

11.4.2 营业推广

营业推广是指除广告、人员推销和公共关系与宣传之外，企业在特定目标市场上，为迅速起到刺激需求作用而采取的促销措施的总称。营业推广对在短时间内争取顾客采取购买行为、达成交易具有特殊的作用，故也称特殊推销。例如，消费者经常在购物中遇到的“购物中大奖”等，就是营业推广手段的运用。营业推广不是生产商的专利，批发商、零售商等中间商或机构也可采用这种形式来促进自己的产品或服务的销售。近几年来，随着市场竞争日趋激烈，竞争者的产品品牌间差异缩小，广告媒体的费用越来越高，广告信息的媒体干扰等因素的困扰，使得营业推广备受青睐，发展得很快。

1. 营业推广的工具

营业推广的工具繁多，五花八门，不拘一格，企业应根据市场类型、顾客心理、销售目标、产品特点、竞争环境，以及各种营业推广的费用和效率等择而用之。根据营业推广活动所面对的对象的不同，营业推广方法可分为三大类：第一类是面对消费者的，有赠品、奖券等；第二类是面对中间商的，有销售折扣、广告津贴等；第三类是面对销售人员的，有销售竞赛等。

1) 消费者促销工具

消费者促销工具多种多样，主要包括以下 7 种。

(1) 赠送样品。向消费者提供免费试用品，使其了解产品的性能。可以挨户赠送，也可以在商店和闹市区散发，还可以广告赠送。这种方法最有利于推销新产品，为新产品打开销路，但此法费用较高。这是洗化产品经常使用的方法，如 P&G 公司就是如此。试用者一般有 3 种类型：非本产品的使用者，另一品牌的忠实顾客及经常更换品牌者。而营业推广吸引的是经常转换品牌者，但很难使他们成为品牌忠实者，因为品牌转换者经常找寻的是低价格或者良好品质的产品。因此，营业推广用在品牌差异大的目标市场上较有效。

(2) 赠券。赠券是一种有价证券，当持有者用它来购买某一特定商品时，可享受一定幅度的优惠。赠券能刺激成熟品牌的销售，促进新产品的试用。企业一般通过邮寄、广告赠送、附在其他产品上等方式向消费者或企业关系单位发放赠券。

(3) 消费奖励。消费者在一定时期内其消费金额达到一定标准或者购买某些商品可获得一定的货币或商品奖励。

(4) 有奖销售。即企业销售某种产品时设立若干奖励，并印有奖券，规定购买数量，顾客达到购买数量后可获奖券。然后由销售者按期宣布中奖号码，中奖者持券兑奖。这种推广方法，利用人们的侥幸心理，对购买者刺激性较大，有利于在较大范围内迅速促成购买行为，但应注意奖励适度。

(5) 特价包装。是指制造商以低于正常价格向消费者提供产品。制造商可以直接将优惠价格写在包装上，给予消费者优惠。或者是“组合式”包装，即把两种或多种商品包装在一起按一种商品价格或者较低价格出售。这种方式用于短期促销效果较好。

(6) 广告赠品。消费者在购物时，商家赠送印有企业名称或品牌名称的物品，如笔、钥匙链、购物袋、T 恤等，这样有利于消费者加深对企业或品牌的印象。

(7) 购买现场商品陈列或演示。在购买现场橱窗内或货柜前集中陈列商品，突出特色，吸引顾客的注意力。现场商品陈列因其可见、可闻、可触，能使消费者较确切地了解产品而对产品产生好感。或者在购买现场演示、证明产品的性能、效果、使用方法等，刺激消费者购买欲

望，促成购买。法国轩尼诗公司在这方面更是别出心裁，该公司多年以来一直欢迎游客参观，1996 年又建立了咨询性的游客中心——轩尼诗之家和轩尼诗博物馆。轩尼诗博物馆在现代化的布局中重现干邑的传统生产过程，以至于来自世界各地的游客们怀着朝圣的心情前往游览。

2) 中间商促销工具

大量的营业推广是针对批发商和零售商等这些中间商的，用于说服他们经营或经销自己的品牌产品。

(1) 销售折扣。制造商给予长期经销或者销售业绩较好的中间商一定折扣，包括批量折扣、现金折扣、业务折扣。批量折扣就是购买一定数量的商品，制造商会再额外赠送一些；现金折扣其实就是给予中间商的推销奖金；业务折扣是制造商依据中间商营销职能的不同给予不同的价格折扣，一般而言，给予批发商的折扣要大于给予零售商的折扣。

(2) 广告津贴。制造商出资帮助中间商在当地媒体上进行广告宣传，开发市场。

(3) 公关活动。制造商举办招待会，邀请中间商参加。很多公司还定期在各个区域的中间商中选出业绩良好者，邀请他们到公司总部或世界其他地方的产品制造地或经销地观光考察，增进沟通与合作。例如，日本的松下公司每年都会邀请一些销售业绩较好的经销商到国外免费旅游。

3) 企业促销工具

企业促销工具包括许多向消费者、中间商促销所用的工具。另外，有以下两种主要的工具。

(1) 展览和展销会。即通过举办展览会、展销会及其他形式的展览，进行现场表演、示范操作。这种方法销售集中，说服力较强。目前世界上有许多企业和行业协会组织行业会议和商品展销会来促销他们的产品。参展厂商可以结识新客户，联系老客户，介绍新产品，促进商品销售等。

(2) 销售竞赛。即企业确定销售奖励的办法，刺激、鼓励中间商及企业销售人员努力推销商品，展开竞赛，业绩优异者给予奖励。销售竞赛是企业激励销售人员或经销商增加商品销售的一种较好的促销工具，大部分企业每年会举办一次或多次销售竞赛，业绩较好者可获得免费旅游或者礼物。

2. 营业推广的目标

营业推广的目标一般有两个：促进短期销售和建立长期市场份额。

1) 促进短期销售

通过刺激消费者试用新产品，吸引其他品牌的忠实者，促进成熟品牌的销售量，奖励忠实顾客达到该目标。

2) 建立长期市场份额

一般来讲，营业推广应是帮助企业建立市场和巩固品牌的形象与地位，与顾客建立长期的信赖关系，而不应是短期销售额的增长。

例如，美国 IBM 公司初期进入中国内地市场时，向中国工业科技管理大连培训中心赠送了 20 台 IBM 电脑。来此中心接受培训的人员都是来自全国各地的大中型企业的厂长和经理，他们在培训中心使用了 IBM 电脑时，感觉产品很好，很多人回到企业后就购买了 IBM 电脑。IBM 公司正是通过这种促销方式打开了中国内地市场。

营业推广各种工具的目的是不同的。例如，赠送样品是为了让顾客使用本企业的产品，组

织或赞助某项活动是为了树立或扩大企业或品牌形象等。销售者以此来吸引新的顾客，奖励品牌忠实者，提高产品的购买率。

当企业以价格策略促销某品牌时，短期内可能会促进销售。但是，如果多次使用，则会降低该品牌在消费者心目中的地位。P&G、Karft(卡夫)认为大量使用营业推广会降低顾客对品牌的忠诚度，增加对价格的敏感度，并且营业推广注重短期营销效果，破坏了品牌质量形象。

营业推广经常与广告或人员推销结合使用，人员推销通常必须做广告才能增加“拉”的力度。另外，使用营业推广促销时，公司必须确立合适的目标，选用正确的工具。

3. 营业推广的特点

与其他促销形式相比，营业推广具有以下特点。

1) 见效快

营业推广的措施一经采用，能立即扩大销售。当然，这些措施必须以正确、可行为前提，否则只会收到负效果。正确有效的营业推广措施，能迅速唤起广大顾客的注意，具有较强的吸引力或诱惑力，有立竿见影之效。

2) 变化快

采用营业推广措施收效快，但变化也快。消费者对某种措施的兴趣往往时间短暂，一旦兴趣过去，该措施即失去效用。这就要求企业不断变更营业推广措施，做到花样不断翻新，以不断刺激消费者的“口味”，促使其产生新的兴趣和需求。

3) 易逆反

营业推广的措施都具有一定的特殊性和针对性，刺激力较强。但如果运用不当，也会产生消极作用，使购买者感到推销者急于兜售，从而引起其对产品质量、价格等方面的怀疑，产生逆反心理。运用营业推广手段必须尽力避免这种心理现象的发生，注意选择切实可行的措施并灵活多变地加以运用。

营业推广是一种非正规、非经常性的促销活动，是其他促销组合因素的补充措施。在广告或人员推销中辅之以营业推广，对于促销极为有效。但是，几乎每一种营业推广措施，都要在提供商品的同时，附加适当有实际价值的东西，以诱发顾客的购买行动。因此，营业推广费用较高，不宜经常采用。

4. 营业推广方案的制定

为了充分发挥营业推广的积极作用，避免出现消极现象，企业在开展营业推广活动前，应先拟定好营业推广方案，然后加以实施。营业推广方案，应包括以下主要内容。

1) 营业推广的对象与目标

首先要明确谁是营业推广的对象，是中间商还是消费者，是男性消费者还是女性消费者等，然后进一步明确目标，是稳定老主顾还是发展新用户，是鼓励继续购买还是争取试用，等等。

2) 营业推广的措施

由于营业推广的各种方法特点不同，同一方法对不同对象的吸引力也有差异，因此营业推广的措施需经比较后选择确定。同时应注意，在一次营业推广活动中，选择的措施不宜太多，以增强针对性。

3) 营业推广的时机、规模与时间

营业推广的时机选择是否恰当，会对其实施效果产生显著的影响。确定营业推广的规模应与目标顾客结合起来考虑，如目标顾客面广，可把规模扩大些。同时，还应尽可能选择效率高而费用省的营业推广方法，以收到事半功倍的效果。营业推广的时间一般不宜太长，以免出现顾客怀疑或逆反心理，失去吸引力；但时间也不能太短，以防失去一些本可争取到的顾客，造成遗憾。

此外，营业推广方案中还应包括营业推广的范围和途径、参加者的条件、费用预算及其他有关问题等内容。方案实施以后，应注意对其实施效果进行评价。

11.5 企业形象塑造与传播

11.5.1 企业形象与企业形象识别系统

1. 良好的企业形象对企业经营的作用

企业形象是指社会公众对一个企业的看法的综合。良好的企业形象是企业的宝贵财富，对企业的经营具有以下重大作用。

(1) 赢得信任，便于拓展新的业务。形象好的企业，其良好的口碑会博得社会公众的好感和信任。同一项活动，会获得公众的较高评价。因此，新的产品、新的营销举措能赢得公众的理解和支持。

(2) 赢得谅解，有利于减缓失误的风险。在千变万化的市场环境中，任何企业都难免因决策失误而带来风险。形象好的企业往往容易取得公众的谅解，从而减少风险。

(3) 赢得青睐，有利于得到高素质的员工和合作伙伴。形象良好的企业，是广大求职者争相应聘之所，因此能通过考核和筛选，得到高素质的员工。同时，也可通过筛选，寻求高素质的合作伙伴。

(4) 赢得竞争，有利于取得较高的经济效益。同样的质量，顾客愿意购买形象良好的企业的产品；同样的产品，形象好的企业可制定较高的价格；形象好的企业还可以以其良好的信誉，得到低价优质的原材料、低利率的贷款等资源，从而降低成本，获得更大的利润。

(5) 赢得共识，有利于增强企业的凝聚力。良好的企业形象，能激发员工的奋进精神，使形象力转化为生产力。

企业形象对企业经营的巨大作用，使企业纷纷认识到塑造良好企业形象的重要性，并将之提到战略的高度加以对待。有的从改进产品和服务入手，有的从调整价格入手，有的从加强广告和公共关系入手，有的从内部管理和职工的教育入手，有的则从整体着眼，以系统化的方式导入 CI 战略。事实证明，CI 战略是塑造企业良好形象的最有效的战略。CI 战略的设计和导入，强调营销活动中要以塑造企业良好形象为宗旨，无论是经营理念的确立、经营战略的制定，还是企业外部营销活动的开展、企业内部管理活动的实施，或是对外的宣传推广等，都不能背离这一宗旨。

2. 企业形象识别的概念

企业形象识别是由英文 Corporate Identity 翻译而来，对企业形象识别的内涵国内外尚无

统一定论，常以 CI、CI 战略、CI 系统、CI 设计等来通称。但从其包含的内在实质来看，企业形象识别是关于企业运用统一的视觉设计和行为展现，将企业的理念及特性视觉化、规范化、系统化，通过各种传播媒介加以扩散，来塑造独特鲜明的企业形象，使公众对企业产生一致的评价和认同，从而提升企业的整体竞争力的总体设计。企业导入 CI，有利于企业从深层的企业理念到表层的企业标识都发生积极的改变，从而确立企业的主体性和统一性，并通过有效快速的企业信息传播，全面提升企业形象，促进企业产品销售。

CI 的提出和应用可以追溯到第一次世界大战前，当时德国的 AEG 电器公司，把设计师彼德·贝汉斯设计的商标应用在系列化的电气产品上，这一设计和实施品牌识别标志的举动，开了统一视觉形象的先河。第二次世界大战后，国际经济复苏，工商企业发展，各行各业的营运范围日益扩大，企业经营指向多角化、国际化的远大目标。经营者深感零星分散、互不统一，甚至混淆抵触的企业形象识别已经无法适应突飞猛进的企业现实，必须要建立一套统一化、组织化、整体化、层次化的形象识别系统，以传达正确的企业经营宗旨、经营战略、经营行为、经营形式等信息。通过精心设计的企业视觉形象识别，建立起既显示企业主体意识，又具有独特理念、独特行为和独特形象的具有差异性风貌的企业形象，CI 开始被企业所重视。早期 CI 应用最典型的事例当属美国的国际商用机器公司(IBM)，IBM 于 1950 年率先全面导入 CI 计划。在未导入 CI 计划之前，IBM 的产品虽然很多，但在公众中却没有深刻的印象，年销售额徘徊在 1 亿美元左右。导入 CI 计划以后，实施了一系列战略性新决策，将产品识别标志和企业识别标志两者统一起来，经过设计师精心构思设计的蓝色标志 IBM，使用在 IBM 的一切信息传播媒体上。IBM 今天成为电脑世界的最著名厂商，被称为“蓝色巨人”，“IBM”成为世界广为熟悉的标志，这与它成功的 CI 计划是分不开的。IBM 成功的事实在企业界引起了很大反响，世界各国企业家和设计师纷纷研究、探讨、实施 CI 计划，CI 应用进入了一个全盛时期。今天，CI 已成为企业经营管理中的重要战略决策之一，并对企业事业的发展起着重大影响。

20 世纪 80 年代末，CI 开始为我国企业所认识和应用。虽然从整体上讲，我国企业在 CI 应用方面与世界发达国家相比，无论在数量上还是在水平上还有很大差距，但已经涌现出许多令人称羡的成功例子。广东太阳神集团公司曾经是我国 CI 的先驱者，而杭州娃哈哈集团公司、青岛海尔集团公司就不失为成功的典范。

3. 企业形象识别系统的构成要素

CI 作为企业经营管理系统中的一部分，也称为企业形象识别系统——CIS (Corporate Identity System)，它是由三个方面的要素所组成的。

1) 理念识别 MI(mind identity)系统

理念识别系统是指企业的经营观念及文化精神等方面的综合。它是企业最高决策层的思想、文化、意识的具体反映，属于最高层次的识别系统，是体现企业自身个性特征、促使并保持企业正常运作及长远发展而构建的反映整个企业明确的经营思想的价值体系,它是企业识别系统的核心和原动力。企业经营理念包括企业使命、企业精神、企业哲学、行为准则和道德规范等。一个企业，如果其企业使命不正确，企业精神面貌萎靡不振，企业经营哲学就是赚钱第一，那么很难树立起令公众产生好感的企业形象。所以，作为整个企业 CI 计划的核心，必须全面检讨企业的经营宗旨、经营哲学和企业的精神面貌，制定出新的企业经营理念。作为企业经营理念，应该具有鲜明的特色，体现出企业的内在本质，并且能够用比较确

切的文字和语言描述出来，如日本日立公司的“新技术的日立”、我国海尔公司的“真诚到永远”等。MI 由以下要素组成。

(1) 基本要素系统：企业的经营哲学及观念，企业的精神、文化，企业的经营风格，企业的发展目标，企业的营销策略等。

(2) 应用要素系统：企业的行动纲领、经营信条、广告导语、标语口号、企业歌曲、警语及座右铭等。

当企业理念确立之后，必须通过一定方式把有关信息传播出去，让社会公众通过接受这些信息来认识企业、了解企业，对企业产生认同感。传播企业理念的途径有两条：一条是动态的行为识别系统(BI)，另一条是静态的视觉识别系统(VI)。

2) 行为识别 BI(behavior identity)系统

企业行为分两个方面，一是企业作为一个整体、一个社会组织所表现出来的行为，二是企业的每个成员所表现出来的个人行为。企业所做的每件事都是企业行为的具体表现，它能够表现出这个企业的精神风貌，也能表现出企业的内在本质。作为企业的每个成员，其个人行为已不再是纯粹代表个人的行为，而是整体企业行为的一部分，所以，也在企业行为包括的范围。行为识别系统规划出企业对内和对外的各项企业活动的行为规范，促使全体员工达成共识，共同塑造良好的企业形象。它以理念识别系统为依据，是企业经营观念及企业精神文化的具体落实。行为识别是企业形象的动态识别形式。BI 由以下要素组成。

(1) 基本要素系统：企业对内的组织、教育、管理、开发研究、员工福利、工作环境及气氛等；企业对外的市场调研、经营推广、公共关系及沟通对策、社会公益及文化活动等。

(2) 应用要素系统：企业对内、对外的各项活动及其行为规范、管理制度、岗位责任、考核指标体系等。

3) 视觉识别 VI(visual identity)系统

视觉识别系统通过具体可见的视觉符号对外界传达企业的理念精神和经营行为特征等有关信息，以便社会公众了解、接受企业所塑造的良好形象。它是企业的理念精神和行为规范的外在表现，是企业形象的直接展示，是企业形象的静态识别形式。VI 是 CIS 中与社会公众联系最为密切、最为独特，具有极强感染力和传播力的要素。企业本身是一个信息发生源，每时每刻都通过各种信息载体向公众传达大量的信息，在这些信息中，又以视觉信息为主。根据心理学理论，一个人在接受外界信息时，经由视觉感官接受的信息占 83%，来自听觉的信息占 11%，来自嗅觉的信息占 3.5%，来自触觉的信息占 1.5%,来自味觉的信息占 1%。因此，通过 VI，统一设计企业通过各种信息载体所传达给公众的借以识别企业的视觉形象，就成为 CI 计划的重要组成部分。企业利用视觉在信息接受中的重要作用，采取统一、一贯的视觉识别，并通过各种传播媒体扩散，可以在社会公众造成一种持久的、深刻的视觉效果，使社会公众产生认同感，达到识别的目的。VI 由以下要素组成。

(1) 基本要素系统：企业名称、企业造型、企业标志(标准字、标准色、象征图案及其组合)、宣传标语和口号等。

(2) 应用要素系统：办公用品系列(公文纸、文件夹、笔记本、钢笔、信封、名片、信纸、职员工作证等)；广告媒体系列(报纸、杂志、广播、电视、日历、礼品、社会公益建筑及各类户外广告)；交通工具系列(交通车、工具车、送货车的造型、色彩、广告标志等)；服饰系列(各类工作服、徽章、领带及领带夹、皮带、鞋、袜、手表、公文包等)；办公室内

设计(办公设备及空间设计、部门牌、记事牌、计时钟、茶具、烟具及办公桌上用品等)；包装系列(包装纸、包装盒、包装箱、手提袋等)；外部标识(招牌、旗帜、建筑物外观等)；CIS手册等。

11.5.2 CI 战略的导入

1. 导入 CI 的准备阶段

1) 成立 CI 策划小组

CI 策划小组由企业内部的 CI 策划办公室成员和企业外部专业策划部门共同组成。

企业内部的 CI 策划办公室，是在企业高层主管的领导下，由广告部门、公共关系部门及各职能部门所抽调的人员组成的非常设的组织机构。它肩负以下任务：为外部专业策划部门提供企业的有关资料；与外部专业策划部门共同分析和策划；对员工进行培训；组织和控制 CI 战略的实施等。

企业外部的专业策划部门的职责，首先是根据企业的高层领导的特性及企业的原有形象的调查，帮助企业确认或确立企业独特的理念精神。然后，在企业理念精神指导下，确定企业的社会定位、市场定位及产品定位，并制定相应的战略和制度。最后，帮助企业制定培训和导入计划。一方面，对企业内部员工进行 CIS 培训与教育，使全体员工达成共识，共同为塑造企业良好形象而努力；另一方面，帮助企业设计能代表企业形象、突出企业风格的企业标识，并通过大众媒体和非大众媒体进行传播。

2) 开展调查研究活动

运用问卷调查、座谈调查等方式分别对企业各级领导、员工代表、社会公众进行调查。通过调查，了解企业的历史和现状，经营者的风格、气质和战略思路，内部员工和外部公众对企业形象的认同等。

在调查的基础上，分析企业原有的形象。企业形象包括以下方面。

(1) 经营者形象：是否有魄力、有干劲、有水平、懂政策、勇于开拓、关心员工等。

(2) 市场形象：是否重视顾客、服务周到、产品信得过、价格合理、善于宣传、网点完善、竞争力强等。

(3) 社会形象：是否做到社会责任感强，积极防治公害，热心公益活动，努力为社会作贡献。

(4) 内部形象：是否达到技术优良，研究开发能力强；环境优美，现代感强；员工亲和一致，具有优良传统；工作井井有条，行为规范有序。

(5) 综合形象：是否合乎时代潮流，值得信赖，具有积极性、稳定性、发展性。

3) 进行评价和诊断

在调研分析的基础上，进行企业形象的评价和诊断。

(1) 评价企业形象的合理性。企业的理念精神及行为准则是否合适；基本形象是否符合企业的精神理念、经营目标和特色；有哪些突出的正面形象或负面形象等。

(2) 评价企业形象的认知性。企业内部员工及外部的社会公众对企业形象及品牌形象的认知程度；企业形象的传播媒体是否有助于企业形象的识别和传递；企业形象的识别系统之间是否一致；等等。

(3) 评价企业形象的竞争性。企业名称及其标识的设计是否合理；企业的营销战略是否有利于树立良好的企业形象，是否具有竞争性；企业现有形象对企业的损益状况、企业的市场地位的影响等。

2. CI 策划阶段

1) CI 战略的策划

企业形象战略的策划，以调研分析的结论为依据，对战略目标、企业定位、表现企业形象的活动计划及其实施方案等内容进行筹划。

(1) 确定企业形象策划的目标。战略目标是制定战略的依据。目标不同，具体的战略措施也不相同。在调查分析的基础上准确地选定战略目标，是合理制定 CI 战略的关键。CI 战略的目标有以下几种。

① 巩固现有的企业形象。对于具有良好企业形象的企业，战略重点应放在如何在现有形象基础上发扬光大，完善和提升现有企业形象。良好企业形象的表现主要有：产品信得过；价格合理；服务热情周到；为顾客着想；居行业领先地位；诚实、可靠、可信、效率高等。

② 改善企业形象。对于形象较差的企业，则必须针对企业存在的问题及问题的症结，通过艰苦细致的形象塑造，从内部到外部彻底改变社会公众对企业的看法。改善消极的企业形象是企业形象策划目标中最困难的一种。企业消极形象的表现主要有：服务质量差，不友好；产品质量差，伪劣产品多；价格不合理；管理不善，没活力，脏、乱、差；不讲社会公德，不堪信任等。

③ 重新塑造企业形象。对于缺乏特色、形象模糊的企业，必须通过 CI 策划，突出企业优势和特色，重塑新的企业形象。

(2) 确定企业形象的社会定位、市场定位和风格定位。社会定位也称企业定位，是指企业欲在社会公众心目中形成的总体形象和地位。市场定位是指企业或产品在目标顾客心目中的形象和地位。风格定位是指企业独特的精神、文化或经营风格在公众心目中形成的独特形象。3 种定位各有侧重，密切相关。企业既可从不同层次上进行定位，形成一个层层深入的定位系统，又可将三者有机结合，融为一体，形成一个整体定位。企业可根据自身的经营特色、社会公众对企业的某些特征的重视程度以及同行业竞争者的现有定位，选择突出自身特色、独辟蹊径的“避强定位”方式，或者与主要竞争对手进行结对竞争的“迎头定位”方式，或改变自我形象的“重新定位”方式等，来确定企业在社会公众心目中的特定位置和印象。

(3) 选择和确定塑造企业形象的战略计划及其行动方案。策划表现良好企业形象的有关战略及内、外部活动计划：第一，根据企业形象塑造战略的目标要求及其定位，对 CI 战略的各个组成部分，特别是 BI 部分，制定出长期战略和短期活动计划；第二，制定企业形象计划的实施方案和管理办法；第三，确定各项活动的具体活动方式，所需时间及日程表，所需经费，各项活动的负责人及主办、协办单位等。

2) CIS 设计

CIS 设计主要是根据其内容，设计企业的 MI、BI、VI 等子系统的基本要素系统和应用要素系统，并在企业内部员工及企业外部公众中进行实验和检测，经过反复修改、调整后确定下来，并在此基础上设计企业的 CIS 手册。CIS 手册的内容主要包括以下几个部分。

(1) 引进介绍

① 文字部分：领导、专家、协作单位贺词；企业负责人致辞；企业发展展望；导入 CIS 的目的及动机；企业形象管理系统组织机构；CIS 手册的使用说明。

② 图片部分：企业领导动员及工作照片；企业建筑物照片(含标识和标准字)；培训班照片；导入 CI 活动照片(公益活动、行为规范活动)；企业业绩照片(已承担及可承担工程、证书)。

(2) CIS 基本要素系统

① 企业名：原名、现名、更名说明。

② 企业标识：原标识；新设计标识、图案、含义。

③ 企业标准字体：中文字体、英文字体、字体的意义。

④ 企业吉祥物：图案、含义。

⑤ 标识、标准字体及吉祥物组合系统。

⑥ 企业标准色系统：主色、辅色、主辅色组合、含义。

(3) CIS 主要应用要素系统

① 办公用品系列(样本图片)。

② 广告用品系列(样本图片)。

③ 交通工具系列(样本图片)。

④ 服饰系列(样本图片)。

⑤ 包装系列(样本图片)。

CIS 手册中，文字部分均要有英文译文，以便对外宣传。

3. 实施与控制阶段

CI 战略的实施与控制分为以下几个阶段。

(1) 调整和落实企业形象管理组织机构。为了便于 CI 战略的实施，对原有的 CI 策划小组进行调整，成立 CI 战略管理机构。

(2) 进行沟通和培训。召开企业形象方案发布会，散发企业的 CIS 手册；举办高层管理者、部门经理的 CIS 研讨班，并有计划地对全体员工进行 CIS 知识培训及规范行为训练。

(3) 落实和实施 CI 战略活动计划。改善公司环境；规范员工行为；落实公益性活动、公共关系活动及广告促销活动计划。

(4) 监督和控制 CI 战略的实施。监督和管理 CI 战略计划的执行；对各项活动的实施绩效进行测定；定期检查、评估 CI 战略的实施情况及实施效果；对 CIS 进行调整和修正。

11.5.3 导入 CI 战略应注意的几个问题

CI 战略是一个系统化的整体形象战略，在导入和实施过程中，必须从战略内容的系统性、战略实施的组织性和计划性、战略导入的整体性等方面进行把握，不断提高战略水准，促进 CI 战略的推广应用。

1. CIS 是企业理念、企业行为和视觉标志三者的有机统一体

CIS(企业识别系统)的 3 个子系统之间相互联系、层层递进，形成一个完整的形象识别系统。MI(理念识别系统)是 CIS 的核心和原动力，是其他子系统建立的基础和依据。然而，MI 又是一个较为抽象的系统，其内涵和实质必须通过 BI 和 VI 体现出来。BI(行为识别系统)是 CIS 的动态识别形式，它以 MI 作为核心和依据。然而，社会公众对于企业的行为规范也

不可能轻而易举地全面掌握，企业还必须通过 VI 将其理念精神和行为规范传达给社会公众。VI(视觉识别系统)是 CIS 的静态识别系统，是企业理念精神和行为规范的具体反映，它是最直观、最具体、最富传播力和感染力的子系统。因此，CIS 是 3 个子系统的有机统一体，只有通过对 3 个子系统的策划和设计，制定系统化的 CI 战略，才能有效地塑造企业的良好形象。目前，有些企业在导入 CI 的过程中，仅仅注重 VI 的导入，忽略了其他两个方面，这样的 CI 战略不可能达到塑造企业的良好形象的目的。

2. CI 战略的策划，必须内外结合

CI 战略不是单纯的企业标识等外部表象的塑造，它涉及企业高层决策者的理念精神和各部门的行为规范。因此，CI 战略内涵的系统性，必然导致 CI 战略导入和实施的复杂性和整体性。CI 战略的策划，决不能仅仅依赖于企业外部的广告公司或企业形象策划公司，而必须以企业内部力量为主，组成 CI 策划小组，借助企业外部的专业策划公司、咨询公司、大专院校等力量，共同搞好策划工作。

3. CI 战略的实施，必须全体员工共同努力

CI 战略的实施和落实、企业良好形象的塑造和树立，不能仅靠企业高层领导的意志和行为，更不能仅仅依靠企业的广告部门和公共关系部门的对外宣传活动，而必须通过全体员工的共同努力，才能取得成功。

首先，企业的经营哲学、精神文化、传统风格等，绝不是一句空洞的口号所能表现的。它必须通过企业的高层领导贯穿到全体员工中去，通过全体员工的行为来加以体现。例如，美国 IBM 公司的“尊重个人、服务顾客、追求完美”的理念精神，我国海尔集团“忠诚到永远”的广告导语等，只有成为全体员工的行为准则，才可能使公司真正达到如此的境界。不然的话，就只能成为一句华而不实、自我标榜的辞藻。

其次，规范化的内部管理制度，只有变为全体员工的自觉行动，才能得到合理的贯彻和落实。如果只有系统、完备的管理制度，而不能在全体员工中加以执行和实施，制度定得再好，也只是一纸空文。

同时，企业良好形象的塑造，也是全体员工共同努力的结果。员工的工作责任感、精神风貌、仪表态度等都会影响企业的形象。例如，由于员工工作上的失误而造成的产品质量的下降、服务质量的低劣，由于员工的懒散作风而给公众留下的不良印象，甚至由于员工的服饰不整、态度冷漠而引起的公众的不满等，都会影响企业的形象。

因此，CI 战略的实施，必须通过教育和训练，调动全体员工的积极性，使系统化的战略变为全体员工的整体行为。

4. CI 信息的传递，必须借助大众和非大众传媒，面对全体公众

有关企业的理念精神、行为规范及企业标识等信息的传播，不仅可以借助报纸、杂志、广播、电视、户外广告等大众广告宣传媒体，而且也可以通过企业的办公用品、交通工具、服饰、办公室内的设计、包装系列、企业建筑物、企业公益活动等非大众媒体进行传播。企业 CI 信息的传播对象，不仅包括企业的目标顾客，而且还包括企业的内部员工和企业外部的供应商、经销商、新闻部门、金融部门、投资者、政府部门及其他社会公众，是面向全社会来树立企业的良好形象。

5. 成功导入CI的关键在于其特色和差异性

CI的策划和设计必须针对企业的实际，在充分调查研究的基础上，体现企业自身的特色。不做调查，用那些诸如“争创一流”、“誉满全球”之类“放之四海而皆准”的流行语言做出的策划，只能是毫无用处的一纸空文。特色和差异化是成功导入CI的关键。

6. CI战略的导入，必须抓住有利时机，与企业其他活动结合起来

CI战略的导入，可与营销观念的转换结合起来。通过CI战略的导入，改变传统的生产观念和产品观念，修正单纯的市场观念，树立现代的、标志着企业成熟化的“形象观念”，从总体上塑造良好的企业形象。CI战略的导入，也可与企业的发展战略结合起来。当企业扩展经营领域、实施多角化经营时，当企业走集团化道路成立新的公司之时，当企业开辟新的目标市场或向国际市场推进时，当企业的新产品上市时，等等，企业都可抓住时机，适时地导入CI战略，塑造新的企业形象。

本章小结

现代市场营销活动中，企业都不可避免地担当起传播者和促销者的角色，都需要与目标顾客取得有效的信息沟通与联系，并说服和刺激顾客产生购买意愿。整合营销传播是协调各种促销手段，使之产生面向消费者的、连贯的、一致的信息沟通方法。整合营销传播过程由9个因素构成，在营销传播组合决策中，营销者必须检查每种促销工具的优势和成本，还必须考虑产品的市场类型、顾客所处的购买者准备阶段、产品生命周期阶段。营销传播组合由4种主要传播工具组成，即广告、人员推销、公共关系与营业推广、企业形象塑造与传播。

广告是由明确的主办人发起并付费的，通过非人员介绍的方式展示和推广其创意、商品或服务的行为。本章对广告策划的基本原则、广告目标与预算的制定、广告媒体的选择及广告效果的测定进行了相应介绍。

人员推销具有针对性强、双向信息沟通、直接接触、亲和力强的特点，在营销活动中广泛应用。常用的推销策略主要有刺激-反应策略、AIDA策略、需要满足策略。

公共关系有利于协同产品推广和树立形象，潜在地影响公众的知晓度，并具有创造性。营业推广包括多数属于短期性的各种刺激工具，用以刺激消费者和中间商迅速或较大量地购买。营业推广包括消费者促销(样品、优惠券、现金回扣、赠品、奖品、免费试用、产品保证、交叉促销、售点陈列等)；企业促销包括展览会、销售陈列等。

企业形象识别系统CIS包括理念识别(MI)、行为识别(BI)和视觉识别(VI)三部分，用以树立良好的企业形象。CIS的建立是一个系统工程。

关键术语

整合营销传播	拉式策略	推式策略	广告	人员推销
AIDA	公共宣传	营业推广	企业形象识别系统	

思考题

1. 整合营销传播的理论要点是什么?
2. 试述整合营销传播方案的制定和实施。
3. 影响促销策略选择的因素有哪些?
4. 广告宣传的基本原则是什么?
5. 信息性、说服性、提醒性广告各有哪些主要具体目标?
6. 广告媒体决策包括哪些内容?
7. 人员推销有哪些特点?
8. 公共宣传的特点如何? 有哪些作用?
9. 营业推广有哪些主要工具?
10. 企业形象对企业经营的作用有哪些?
11. 企业形象识别系统的构成要素是什么?
12. 导入 CI 战略应注意哪些问题?

参考文献

1. D. E. 舒尔茨. 整合营销传播[M]. 内蒙古：内蒙古人民出版社，1998.
2. 申光龙. 整合营销传播[M]. 北京：中国物资出版社，2001.
3. 万后芬. 市场营销教程[M]. 北京：高等教育出版社，2007.
4. 海蒂. 整合营销传播：创造企业价值的五大关键步骤[M]. 北京：中国财政经济出版社，2005.

案例研讨

花旗银行的整合营销策略

创立于 1812 年 6 月的纽约城市银行是花旗银行（Citibank）的前身。1865 年根据美国政府颁布的国民银行法，改名为纽约国民城市银行，是美国金融中心之一，华尔街最老的银行之一。19 世纪末 20 世纪初，该行被科洛菲勒和斯提尔经家族所控制，并成为他们掌握美国石油系统的金融调度中心。1955 年在美国大规模的兼并浪潮中，该行兼并了摩根财团两大金融支柱之一的纽约第一国民银行，并改名为美国第一花旗银行。根据 1967 年 12 月 4 日的特拉华法律花旗银行于 1968 年 10 月 31 日正式创建。1998 年 10 月，花旗银行与旅行者集团合并成功，组成了全世界最大的金融机构——花旗集团（Citigroup）,同时也开辟了把所有金融产品集于一身的金融界前所未有的多元化业务发展模式，市场资本总额达到了 1 兆美元，工作人员达到了 27 万人之多。其业绩也是蒸蒸日上：2000 年花旗集团的总收入高达 1120 亿美元，在财富 500 强中排名第六；其利润高达 135 亿美元，仅次于埃森克·美孚公司，其股东平均回报率达到了 40.80%，远在其他大公司之上。经历了 200 年的发展，花旗银行从一个小小的银行起身，一路经过无数次的生死锤炼与蜕变，成为银行业的巨人，花旗银行是一个不折不扣的银行帝国。

整合就是最大限度地调用媒体，整合营销强调营销即传播，运作应摆脱粗放的、单一的状态走向高效、系统和整体。本着以客户为导向的精神，花旗银行试图从客户及潜在客户哪里得到最大的回报，建立长期关系。花旗银行的信用卡业务是“璀璨的明珠”，同其他业务一样，也时刻以服务于客户为准则。花旗是怎样成为最大的信用卡发行者，又怎样维持行业领先地位，除了一些坚定的理念外，更决定于它的整合营销策略。花旗银行的整合营销传播提供一个战略平台，在平台上可以展开银行所有的基本活动。并且，在客户为导向的战略指导下，进行营销与销售的整合，强化营销导向。它利用各种传播渠道，在电视、印刷、户外、店头等广告媒体上以及包装、促销、营销等事件与推广等渠道上进行协调，走向整合传播交响乐。目标客户接受不同的营销传播信息渠道，比如广告、直接邮寄、电话咨询等。与此同时，他们受到品牌的影响，比如来自朋友的建议。花旗银行开始定义新的或者广义的传播概念，重新界定营销传播范围。它考虑更加广泛而不是局限于传统的功能性广告活动，销售促进、直接营销等，它综合使用了新闻宣传、广告、公关等传播手段，相对集中地传递信息。一般用户能够从新闻报道，特别是在广告立体（平面、电视、户外）轰炸中潜移默化地将与花旗银行联系在一起，比如有名的“长尾巴”,强调花旗银行信用卡失卡免风险的广告。整合营销传播广告发挥着先导作用。

一位先生在大堂等人，他一不小心被后面的小偷乘虚而入偷了钱包。此时，奇怪的事情发生了，透过镜头，我们看到他的裤子后面走出了很多信用卡的签账单，旁白说：“一旦您的信用卡掉了，麻烦的还不是补发新卡，如果被冒用，损失就更大了。”那位先生裤子后面出来的签账单越来越多，变成了一条长长的尾巴。连过路的漂亮姑娘也忍不住回头看他的窘态。镜头一转，这位先生正在堆满他的尾巴的电话亭旁求助：“花旗吗？我的卡掉了……”，那边的小姐安慰道：“先生请别担心，花旗会负担您所有被冒用的损失，而且在24小时内补发新卡给您。”这位先生拿着他补发的新卡走在街上，忽然发现从一位女士口袋里正生出一条信用卡签账单的尾巴，这时，顽皮的字幕出现：老天保佑，她用的是花旗银行卡。产品出现时，旁白说：“失卡免风险，花旗信用卡。”

广告发挥了先导作用，提高了信用卡的知名度，使客户了解了产品的特点和益处。花旗银行还印发了许多内部宣传品，有详述产品特点和发放日期的营销通知的小传单，在雇员快讯上刊有介绍产品的文章。这样的内部沟通将员工所需要的重要信息传递给员工，让他们了解销售新卡的活动。

强调投资是为了回报，而不是传播本身，营销者在信息时代中的工作不再是促成交易，而是建立关系。花旗银行制定了全面的产品培训和激励计划，使员工积极促销，营销队伍负责对客户的长期承诺，取得了很好的绩效。

最后是检测和评估绩效。为了确保产品不偏离原定的目标，花旗银行进行了客户动态分析，使用营销客户信息档案支持信用卡的营销，跟踪细分市场，检测客户利润，并实施生命周期营销和产品开发。

花旗银行还对成本和费用情况进行跟踪，监测竞争对手，评估实施的战略和战术，确保银行能够留住客户，同时考虑将来产品的全球化发展。银行已经不再是运营驱动，“由内而外”地传播规划，强调从品牌体验的各个方面去为顾客创造价值。公司的各个方面，从顾客反馈、产品质量、人力资源的招聘与培训到完善组织结构，都必须联合起来，不断地完善提供给顾客的服务。

花旗银行的整合营销传播“评估各种不同的传播技能（如广告、市场推广、公共关系等）在策略思考中所扮演的角色，并透过整合提供清晰、一致的信息，已达成最佳的传播效果”。

将所有的营销和传播要素都变成可信的、有说服力的、含义丰富的、可测量的过程，而且这些过程的有效性和效率都是可以评断的。各种传播在时间、空间、金额等方面也有科学规划，达到了整合效果。

花旗银行整合营销评价体系被用来帮助组织将时间、精力和财务资源集中到最佳客户和潜在客户身上。它不是首先决定说什么然后再寻找目标受众，而是以客户和潜在客户为起点，然后再返回到自身。这正是花旗银行一直坚持“客户之上”理念的最好诠释与实践。

以前，花旗银行通过品牌接触和品牌传播评估来决定在哪里和在哪种情况下品牌或银行与其客户和潜在客户建立一系列反馈渠道，搜集关于客户的外部信息，并在整个银行里有效地利用这些客户信息。即利用一手或二手市场研究资料，也利用实际的顾客行为数据，并将这些信息运用到计划、发展和评估传播活动中。这样的作用不仅保持了大量的数据资源，而且营销传播人员能十分有效地利用这些数据来制定营销传播计划。同时，在整合营销传播计划、发展和执行过程中，有效地利用信息技术来将客户的相关资料转化为客户认知。

花旗银行整合营销传播内容实践和程序与外部传播相一致。不论以什么形式，广告从业人员应被视为营销部门的得力助手，他们提出的想法不仅支持促销策略，还支持营销组合的其他要素。银行内部各个小组的经理人员将本组织所有的传播活动整合在一起，从而使其变成一个有凝聚力的整体。正是通过这些人员，整合营销传播才被规划出来并得以执行。这些小组也将外部资源和内部能力结合在一起，以获取最大化的结果。

(资料来源：彭程，武齐.花旗营销——银行营销的新时代[M]. 北京：中国经济出版社，2003.)

案例思考题

1. 花旗银行是如何通过整合营销策略成为最大的信用卡发行者，并维持行业领先地位的？
2. 从花旗银行“长尾巴”的广告，我们可以得出什么启示？
3. 花旗银行在整合营销过程中是如何检测和评估绩效的？

第12章　销售队伍管理

12

本章提要　销售队伍管理对营销战略的执行和营销绩效有直接影响。本章从销售管理的基本性质和原理入手，深入、详细地介绍了销售队伍管理的基本原理、销售队伍设计的影响因素、组建销售队伍的程序与结构，以及销售人员的选拔与培训机制。本章重点是销售队伍的组建原则与程序，难点是销售队伍的设计。

引　　例

宝洁分销商销售代表的招聘

宝洁公司的销售代表体系是比较特殊的，经销商组建宝洁产品专营小组，由厂方代表负责该小组的日常管理。在宝洁公司的分销商渠道中，销售代表有着非常重要的作用。宝洁为中国快速消费品行业培养了最早的一批销售人员，称宝洁公司为消费品市场的黄埔军校毫不为过。

宝洁认为，销售代表应具备一些最基本的条件：积极进取，踏实肯干，吃苦耐劳，身体健康，学历原则上高中毕业或以上，年龄在18～30岁之间，同时具有良好的沟通技巧。

1. 招聘政策

与分销商一起制定招聘政策。招聘政策主要指招聘人员的工资福利政策，以及招聘活动中各种有关费用的控制。

2. 人员招聘途径

宝洁招聘销售代表的途径很多，主要有以下途径。

(1) 通过报纸、电视台、电台等发布招聘广告。

(2) 当地定期招聘会或人才交流会。

(3) 大中专院校及职高、技校。

(4) 职业介绍所。

(5) 内部同事和朋友。

(6) 其他。通过业务接触，工作中接触到的顾客供应商、非竞争同行及其他各类人员都可能成为销售人员的来源。

3. 人员挑选过程和录用

分销商销售人员的素质高低、稳定性直接关系到宝洁公司分销覆盖任务。

宝洁公司先阅读简历，通过年龄、性别、体格、教育状况淘汰一批。接着是面试，这是整个挑选过程的核心部分。其目的是进一步相互了解情况。首先可以从简历上所述资料询问更多相关情况。对简历的资料有不明或可疑之处，通过面试可以证实和加以讨论。此外，透过应聘者表现，可以判断他未来实际工作的情形。

宝洁的面试原则是：①准备好问题，即问题应明确和简短，并且问题应有针对性；②让应聘者有更多时间表达自己的观点；③收集资料完整后才进行评估。

宝洁招聘合格的应聘者还有重要的一项：实地工作。让通过面试的应聘者到商店，让他们每人做一个简单的销售访问，这样可以进一步观察他/她的主动精神、言语表达能力，以及发展潜力。同时，也让应聘人员对他/她即将承担的工作有一个感性的认识，让他/她在一个真实的基础上做出抉择。

一旦录用就要开始履行下列手续：由分销商发录用函，由分销商与录用者讨论工资待遇，由分销商和应聘者签订劳动合同，办好人事行政、工资关系，办理有关各类保险。

最后录取的工作也不可忽视。因为从这一步开始，分销商要履行对应聘人员工资、福利等各项待遇的责任。若不能准确到位，很可能造成接受率低或流失率很高。

作为一名销售经理，会遇到招聘销售人员和组建销售队伍，或者是重新组建销售队伍的问题。那么，一个新上任的销售经理，应该如何开始组建区域销售队伍的工作呢？要组建一支强有力的销售队伍，就要从不同背景和能力的销售应聘者中招聘和选拔出公司最合适的销售人员。

(资料来源：陈涛主编《销售管理》155页 2008年10月第1版.)

12.1 销售队伍的组建

12.1.1 销售队伍组建的基本原理

1. 销售队伍的含义和特征

销售队伍是由若干个销售人员组成的为实现目标利益而相互信任、相互影响、相互作用，并规定其成员行为的群体。

销售队伍有以下特征：

(1) 有共同的目标和需要；

(2) 队伍成员在行为上相互影响、相互作用，在心理上相互依赖，能够意识到对方也是队伍中的一员；

(3) 有自己的规范和规则，作为这个队伍的成员都有一定的责任和义务。

2. 销售队伍的组建原则

1) 精简有效原则

精简有效指的是要精简机构，提高效率。这里讲的精简有效，包括如下含义：一是销售队伍应具备较高素质的人和合理的人才结构，使人才资源得到合理而又充分的应用，做到权责相

等，人尽其才，避免浪费；二是要因事设人，而非因人设事；三是销售队伍结构应有利于形成群体合力，减少内耗。

2) 统一指挥原则

第一，统一指挥使上下级之间组成一条等级链，它反映了上下级的权力、责任和联系渠道。从最上层到最基层，这个等级链是连续的，不能中断。

第二，任何下级只能有一个上级领导，他不应受到两个或两个以上的上级直接领导，因为多头领导会产生混乱和不一致。

第三，上级领导不可越级进行指挥，下级不可越级接受更高一级领导的指挥。

3) 管理幅度原则

管理幅度又称为管理宽度，指的是经营管理者所直接而有效地管理其下层的人数客观上是有限的。传统组织理论肯定和提倡高耸式结构(管理层次多，管理幅度小)；组织行为学派则竭力主张扁平式组织结构(管理层次少，管理幅度大)。无论何种方式，管理幅度是有限的，销售队伍设置必须遵循管理幅度原则。

4) 权责对等原则

现代组织理论认为，在管理等级链上的每一个环节、每一个岗位都应规定其相应的权利和职责，必须遵循权责对等原则。职权和职责是组织理论中两个基本概念。职权是人们在一定职位上拥有的权力，主要是人、财、物方面的决策权和执行权；职责就是承担任务的义务。

5) 分工协调原则

协调包括横向协调与纵向协调，其核心是服从系统和互利目标的沟通、协作或合作。贯彻分工授权和权责对等原则，加强管理的效益性和公开性，以及合理监督，营造上下级之间直接沟通对话的机制，有利于搞好纵向协调。

改善横向协调，应注意做好如下两点：

(1) 使各项职能业务规范化，明确横向沟通流程，通过工作保障体系进行横向协调；

(2) 把职务相近部门加以合并，组成若干系统进行协调工作。

12.1.2 销售队伍设计的影响因素

1. 商品特征

商品的自然属性和产销特点不同，应采用不同的销售队伍。在组建销售队伍时，首先要考虑所销售商品的性质和特征。产品的类型、用途、品质、体积、重量、时尚性、技术含量等都会对销售队伍产生影响。

2. 销售方式

企业销售产品的方式和策略直接影响企业的销售队伍结构形式。企业采用直销形式，其销售队伍就必须庞大，组织结构就比较复杂，美国安利公司就是典型代表。采用人员推销、广告销售还是网上直销，其销售队伍结构是有差异的。

3. 商品销售的范围

商品的销售范围对销售队伍也有较大影响。有些商品受其本身商品特征的影响，只能在有限的区域范围内销售(一些建材产品常有一定的销售半径)。这种情况下其销售队伍的结构相对

简单些。商品销售区域范围大，销售队伍则较复杂。海尔电器销向全国、进军欧美，其销售队伍就不同于仅在国内销售家用电器的企业。

4. 商品销售渠道

商品从生产者手中转移到顾客手中，需要经过一定的途径，即所谓销售渠道。销售渠道依据商品流通特征及企业自身条件等多种情况，可以是单渠道、多渠道、长渠道、短渠道、宽渠道、窄渠道，不同的销售渠道会有不同的销售队伍与之对应。

5. 外部环境

销售队伍一定会与所处环境进行信息和物质的交流，因而在组建销售队伍时一定要考虑外部环境的影响，使其与之相平衡。企业的外部环境变化相应导致企业营销战略管理模式的改变，随之而来的是实现销售目标的形式和方法也须调整，这必然影响销售队伍结构发生变革。

12.1.3 组建销售队伍的程序

1. 明确销售队伍设立的目标

设计销售队伍的第一步，是确定所有要达到的目标。最高管理阶层确定公司的整体目标，主管销售业务的负责人确定销售业务目标。

2. 进行销售岗位分析

为达到销售队伍目标，首先要确立完成何种销售活动。为搞好企业的销售工作，责任和任务必须合理地分配到各销售业务岗位。因此，我们必须对销售活动进行分类，将相关的工作分配到同一岗位，并采用高度专业化的队伍组织。

3. 按销售岗位配置人员

根据销售活动的岗位要求，将任务分配到销售人员个人。为此，首先要确定不同销售岗位的人员任用资格条件，并建立相应的编制。

在确立销售队伍框架后，应找出适合的销售人员担任相应的岗位工作，以便销售工作能顺利完成。企业甚至可对这些销售人员加以训练后再让其上岗。

4. 制定协调与控制方法

销售活动分工复杂，人员之间也存在着层次，因而需要协调和控制，以保证销售活动按照既定的目标前进。在管理销售活动时，应有适当的授权，以推动销售工作。管理者应有足够时间来协调各种销售活动，以及销售部门与其他部门之间的关系。

销售业务部门的销售人员应对销售组织图加以研究，以明确自己在组织内的位置、应对何人报告、与他人的关系如何，以及如何与他人合作等。

5. 改进销售业务部门的组织工作

销售业务组织运作后，要定期检查其是否符合既定的销售目标。当实际绩效与目标有差异时，应及时加以改进。

市场实践表明，企业为了应对竞争、服务于客户，往往需要进一步扩张销售区域、增加新

部门等，此时应对原先的销售队伍组织加以评估与改善。

12.1.4 销售队伍结构

1. 地区性结构销售队伍

按地区划分销售区域是最常见的销售组织模式之一。相邻销售区域的销售人员由同一名销售经理来领导，而销售经理向更高一级的销售主管负责，图 12-1 是按地区规划的组织模式。

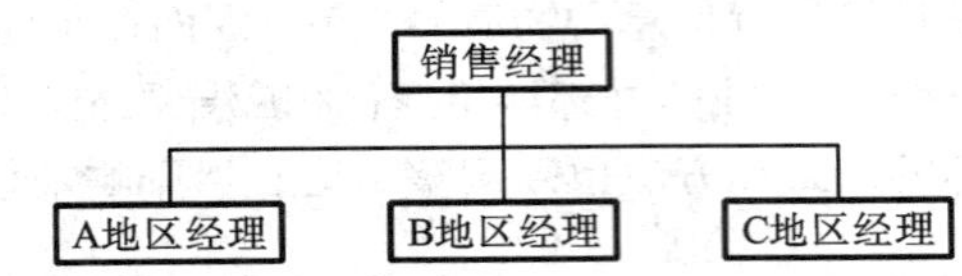

图 12-1 区域结构型组织

这种模式的优点：地区经理权力相对集中，决策速度快；地域集中，费用低；人员集中，容易管理；区域内有利于迎接销售竞争者的挑战。

这种模式的缺点：销售人员从事所有的销售活动，技术上不够专业，不适应种类多、技术含量高的产品。

2. 产品结构销售队伍

所谓产品结构型的销售组织是指按照不同商品或不同的商品群组建的销售组织，比如 A 商品销售部、B 商品销售部、C 商品销售部等。但是在一些情况下，其基层组织会按地区来划分。

产品结构型销售组织适用于拥有多种品牌或生产多种产品的企业，尤其是对于产品品种太多或产品品种差异太大的企业更为有效，见图 12-2。

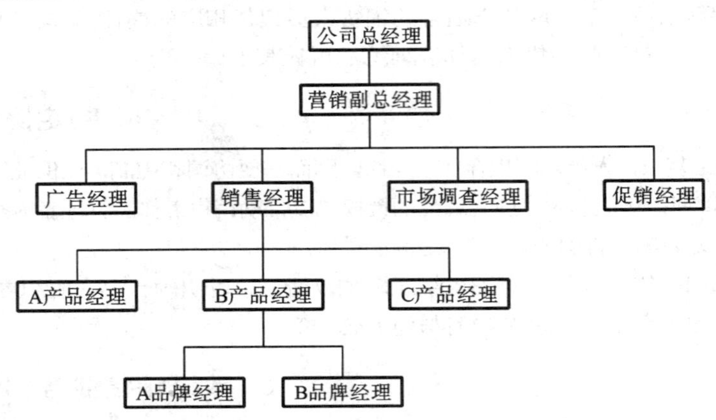

图 12-2 产品结构型组织

3. 职能结构销售队伍

职能结构型的销售组织是按照不同职能组建的销售组织，如销售业务科、销售计划科、宣传推销科、售后服务部、客户管理部等。销售人员不可能擅长于所有的销售活动，但有可能是某一类销售活动的专家，基于这种思路有些公司采用职能型组织模式。由于这种组织模式管理费用大，所以经济实力小的公司不宜采用；规模较大的公司，由于销售队伍庞大，很难协调不同的销售职能，较多采用这种模式。

吉列公司采用按职能规划销售组织的模式，一个部门负责销售产品及协调产品的价格，检查他们的商品展示，协助他们销售吉列产品。图 12-3 显示了按职能划分的销售组织模式。

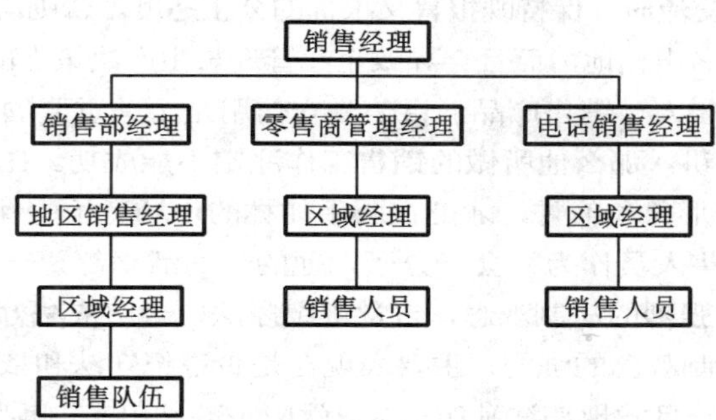

图 12-3　职能结构型组织

4. 顾客结构销售队伍

顾客结构型的销售组织是根据不同顾客对象(根据客户、销售活动对象或销售途径)组建的销售组织。对不同的顾客销售相同的产品，由于顾客的需求不同，销售人员所需要掌握的知识也不同，企业按顾客类型规划销售组织模式，便于销售人员集中精力服务于各种类型的顾客，从而成为服务于某类顾客的专家。图 12-4 说明按顾客类型规划的组织模式。

在下述三种情况下可以组建这种类型的销售组织：

(1) 针对各销售活动的对象要求的销售技巧不同；

(2) 商品的关联性强，或是在商品的处理和采用方面有较强的关联性，能够进行关联性销售；

(3) 本公司的商品在市场上处于强有力的地位。

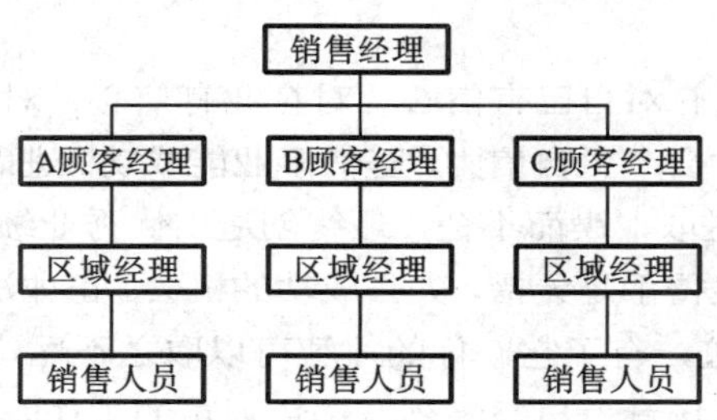

图 12-4　顾客结构型组织

12.2 销售人员的选拔

12.2.1 销售人员的招聘与选拔

1. 合格销售人员的条件

1) 销售人员的思想品德

(1) 实事求是。销售活动获得圆满成功的基本前提在于所传播的信息必须真实准确，因而销售人员最起码的职业准则就是实事求是、诚实可信。销售一方只有遵守实事求是的行为准则，才能在与客户进行信息交流时，保持既报喜又报忧的公正态度。否则，严重的信息失真不仅使销售人员在客户心目中名声扫地，而且会导致企业管理与生产决策上的失误。

(2) 讲究信用。销售人员销售产品，讲信誉守信用是至关重要的。如果一个销售人员连起码的信誉和信用都不讲，那么他所做的销售工作注定不能成功。在与客户交往过程中，销售一方只有重视自己的形象和信誉，才能在强手如林的市场竞争中保持优势。

(3) 遵纪守法。销售人员作为社会一分子，他的一切活动都置于一定的法律规范之内。这就要求销售人员具有强烈的法制观念，自觉遵纪守法，一切依法办事，真正做到知法、懂法、守法。销售人员法制观念的强弱，主要表现在是否遵纪守法和依法办事上。在形形色色的销售场合，销售人员一旦发现违法乱纪行为，就应主动站出来，挺身而出予以揭露和抵制，以维护销售工作的社会信誉，维持销售队伍的纯洁。

(4) 廉洁奉公。随着经济的迅猛发展，销售活动日益活跃，销售人员每天与各类公众打交道，最有机会获取信息、技术和商品，因此销售人员必须遵守廉洁奉公、不谋私利的道德规范。销售人员的形象代表一家企业或一类产品的形象，他的一言一行直接关系到顾客的评价。如果他利用这种工作上的便利与机会，见利忘义，以公谋私，最终会受到人们的唾弃和鄙视。

2) 销售人员的心理素质

销售人员要能够出色地完成销售任务，必须具备良好的心理素质，这是销售人员取得销售业绩的重要保证。销售人员应具备的心理素质主要如下。

(1) 豁达大度。销售人员同顾客打交道，必须活泼开朗，豁达大度，平易近人，热诚相待。由于销售工作要接触各种各样与自己性格、风格不同的人，要善于与顾客相处，并使顾客产生好感和信任感，愿意与你结交来往，这样才能扩大销售成果，提高销售业绩。相反，心胸狭窄、眼光短浅、沉默寡言、计较小事，则会影响与顾客的沟通，从而不利于销售工作的开展。

(2) 自信。销售人员只有对自己有信心、对企业有信心、对产品有信心，才可能使销售成功。一个人有了自信心才会产生自信力，坚信事业能成功，进而激发出极大的勇气和毅力，敢于面对挑战，敢于开拓进取，锲而不舍，最终创造出优秀业绩。如果没有自信心，在危机面前就会缺乏应变能力，显得手足无措，失去成功的机会。正如法国哲学家卢梭所说的那样，“自信心对于事业是个奇迹，有了它，你的才智可以取之不尽，用之不竭”。

(3) 坚忍顽强。现代市场竞争日益激烈，销售人员的工作既繁忙又艰苦。常年在外奔波劳顿，会遇到许多挫折和失败，这就需要销售人员具有忍耐精神和坚持不懈的毅力。忍耐精

神不但能使销售人员吃苦耐劳，而且还可以产生百折不回的毅力，以及在与人交往中控制情绪的能力。销售的成功常常来自于遭到拒绝时的坚持不懈之中。

3) 销售人员的业务素质

销售人员是否具备良好的业务素质，直接关系到他们的工作业绩。因此，优秀的销售人员就需要具备多方面的专业知识，并且要把多种专业知识内化为销售人员自己头脑中的知识体系或知识结构。这种知识体系或结构一般由以下几个方面构成。

(1) 销售理论知识。销售理论知识即销售工作的基本理论，主要包括市场营销学、消费者行为学、广告学、传播学、顾客管理等方面的内容。

(2) 销售环境知识。一般环境包括政治、经济、法律、社会文化、社会心理等，它对购买产生较大的影响，因此销售人员必须了解他所面临的一般环境，如销售人员必须了解销售区域内的风土人情、宗教信仰、交通运输、语言习惯等。销售人员还应了解作业环境，要特别注意分析竞争对手、目标市场的变化等，以利于克服工作中的困难，减少工作中的麻烦，促使销售工作顺利完成。

(3) 销售实务知识。销售工作是一种实践性、操作性很强的工作。除须精通基本理论外，还须具备实务性知识。只有掌握了销售工作的实务性知识，才能很好地开展销售工作。销售实务知识主要包括企业知识、商品知识、市场知识、合同知识、结算知识、销售技巧等。

4) 销售人员的能力素质

能力是指一个人从事一定社会实践活动的本领，是销售人员十分重要的智能因素。一个人仅仅掌握知识是不够的，还必须学会运用知识，它是一个人取得成就的基础。销售人员要在工作中取得好的成绩，必须具备销售的基本能力。

(1) 观察能力。由于不同的人在天资、能力、个性、生活阅历、社会经验等方面存在着差异，因而对一件事情就可能产生不同的看法，仁者见仁，智者见智。又由于各人所处的地位、担负的工作及生活习惯不同，从不同的角度去观察问题时，也会得出不同的结论。

(2) 应变能力。在日常工作中，销售人员所接触的顾客很广泛，很复杂，他们有不同的籍贯、性别、年龄、宗教信仰，有不同的文化知识、思想观念、社会阅历、生活习惯和交往礼节。在购销交往过程中，销售人员首先要认真观察对手的特点，掌握各地风土人情、生活习俗，了解社会各阶层的知识水准和涵养，以适应不同顾客的具体要求。

销售人员在日常工作中还要机警灵敏，随时应付可能发生的顾客异议和突发事件。销售人员应具备灵活的应变能力，在顺利发展时，促使销售工作走上更高一层的新台阶，开创企业新局面；遇到困难时，应保持清醒冷静的头脑，想方设法寻求解决的对策，克服障碍继续向前；受到损害时，应临危不惧，尽快找到补救措施，转败为胜。

(3) 控制情绪的能力。销售人员在工作中要与各种矛盾、冲突打交道，要处理各种突然事件和纠纷，并常常受到诸如批评、拒绝甚至挨骂等待遇，这就需要销售人员具有善于控制情绪的能力。要遇乱不慌，遇危不惊，有理有节，沉着应付。决不能使性子、凭情绪办事。应充分发挥灵活机动的应变能力，做到在不失原则的前提下，调动对方，消除疑虑，转危为安。从销售来说，就要化复杂为简单，化干戈为玉帛，取得销售的成功。

(4) 语言表达能力。良好的语言表达能力是做好销售工作的重要条件之一，因此，销售人员必须具有良好的语言表达能力。如果语言表达能力差，往往会人为地在自己与社会、自

己与周围环境、自己与他人之间设置一道沟通屏障，这显然不利于销售工作的顺利完成。

(5) 社会交际能力。一个从事销售工作的人必须具备较强的社会交往能力，在任何场合都能应付自如，相机行事。社交能力是衡量一个销售人员能否适应现代开放社会和做好本职工作的一条重要标准，销售人员要善于与各界人士建立亲密的交往关系，而且还必须懂得各种社交礼仪，比如日常生活礼仪、外事活动礼仪、各种宴会聚会礼仪、公共场合礼仪。在与顾客洽谈过程中，往往有些问题在正式谈判场合不能得到解决，而在社交场合却能得到圆满解决。

(6) 动手能力。销售人员在工作中不能夸夸其谈，只说不做。特别是销售高科技产品以及需要提供维修服务的产品，仅有语言说服已不能促使顾客购买，还必须能够教会顾客使用，还应掌握维修技术，以便随时为顾客维修。这样，就会提高企业的形象与服务质量，从而使顾客感到满意，赢得顾客的信任，与用户建立起密切的关系，取得销售的成功。

(7) 组织能力。销售人员的工作就是开展多种形式的促销宣传活动，如各种纪念活动、重大庆典活动、新闻发布会、记者招待会、用户联谊会、商品展览会和日常的接待、资料整理、宣传材料编写等工作。每一项销售工作都需要周密的计划、认真的组织，销售人员必须在每一项活动中都参与筹划安排，因此强有力的组织能力对一个销售人员来说是十分必要的。

(8) 创新能力。从事销售工作，大至一个总体计划的制定，小到一份请柬、一张名片的印制，都可以有两种截然不同的做法：一种做法是墨守成规，因循守旧，效仿他人；另一种做法却恰恰相反，样样事情都讲究独具一格，标新立异，这些销售人员研究他人的做法，正是为突破传统思路，刻意求新，绝不放过任何可以产生最佳效果的尝试机会。

5) 销售人员的仪表与礼节

销售人员的仪表和礼节，既是内在素质的外在表现，也是日常修养和训练的结果，是文明风范的体现。

仪表是指销售人员在销售活动中表现出的仪容、服饰、举止、谈吐等。它如同一张介绍信，给顾客留下第一印象。因此，优秀销售人员首先要成为一名社交家，用自己的仪表给顾客留下美好的印象。

销售人员除应注意仪容和服饰外，还应养成良好的言谈举止，注意礼节。一个人的言谈举止和礼节，反映一个人的文明修养程度与水平。举手投足，都要保持不卑不亢。与客人见面，要主动问好。接受别人帮助，要表示谢意。交谈时，要认真倾听客人的谈话，不随便打断别人的谈话，不左顾右盼，不冷言冷语。遇到不抽烟的客人，绝不能“吞云吐雾”。宴会喝酒要适度，不要失态。递名片要用双手，接名片要先过目，后放入包中。不乱丢烟头、果皮和纸片，不随地吐痰，不在公共场所吸烟，不说脏话，等等。

2. 招聘计划的制定

1) 确定销售人员需求数量

销售人员的数量与销售量和成本具有密切的联系：人员增多，则销售量和成本易同时增加。但究竟配备多少销售人员才是最理想的?这是一个销售经理必须解决的问题。确定销售人员数量主要依据下述三种数量方法。

(1) 统计分析法。统计分析法是企业首先确定预测的销售额，然后估计每位销售人员每年的销售额，再用预测的销售额除以销售人员的人均销售额即可得到所需销售人员的数目。

用数学公式表达为

$$n = s/p$$

式中：n——下年度所需销售人员数目；

s——下年度计划销售额；

p——销售人员年人均销售额。

例如，某企业预计下年度可实现 1 000 万元销售额，销售人员人均年销售额为 100 万元，依公式可知，下年度大约需要 10 名销售人员。

(2) 工作量法。工作量法是根据销售人员承担的工作量来计算所需销售人员的方法，其前提是假设所有的销售人员能承担相同的工作量。工作量方法具体分为 6 步。

第一步：编制企业所有客户的分类目录

通常以每个客户的购买额作为分类标准，用 ABC 分类法对客户进行分类排序。ABC 分类法是企业管理中常用的办法。企业根据自己的实际情况选择判断标准，将大客户归入 A 类，中等客户归入 B 类，小客户归入 C 类。例如，某公司有客户 1 800 家，按上述 ABC 原则分成三类：

A 类　大客户和极有潜力的客户　　300 家

B 类　中等规模及中等潜力客户　　600 家

C 类　小客户　　　　　　　　　　900 家

第二步：确定每类顾客所需要的访问次数和每次访问的时间

仍沿用上述例子。公司估计对 A 类客户每两周访问一次，每次 60 分钟；B 类客户每一个月访问一次，每次 30 分钟；C 类客户每两个月访问一次，每次 20 分钟。那么，每类客户每年所需要的访问时间为

A 类　24 次×60 分钟 / 次＝1 440 分钟(24 小时)

B 类　12 次×30 分钟 / 次＝360 分钟(6 小时)

C 类　6 次×20 分钟 / 次＝120 分钟(2 小时)

第三步：计算出公司全年销售活动总工作量

根据第一、二步的数据，可以很方便地计算出该公司全年销售活动总工作量。

A 类　300 家× 24 小时 / 家＝7 200 小时

B 类　600 家× 6 小时/家＝3 600 小时

C 类　900 家×2 小时/家＝1 800 小时

总计　12 600 小时

第四步：确定销售人员工作时间

假定该公司销售人员每周工作 40 小时，每年工作 48 周(扣除休假、生病及临时缺勤)，这样，每个销售人员年工作时间为 40 小时/周×48 周＝1 920 小时。

第五步：确定不同工作占销售人员总工作时间的比例

该公司的安排：

销售活动	40%×1 920 小时＝768 小时	
非销售活动	30%×1 920 小时＝576 小时	
旅行	30%×1 920 小时＝576 小时	
总计	100%	1 920 小时

第六步：计算出销售人员数目

根据已知数据，可知该公司所需销售人员总数为：12 600 小时÷768 小时=16.4 人≈16 人。该公司有 16 名销售人员就可以完成为现有客户服务的工作量。

(3) 边际利润法。边际利润法的基本观念来自于经济学。当增加 1 名销售人员所增加的毛利大于增加 1 名销售人员所增加的成本时，企业的净利润便会增加。因此，运用此法必须具有以下资料：

增加 1 名销售员所增加的毛利，即边际毛利；

增加 1 名销售员所增加的成本，即边际成本。

边际毛利可按以下步骤获得。

第一步：建立销售员数目与销售额之间的函数关系。它基本上是一条回归曲线，以每销售区的销售额为因变量，而每个区域的销售员数目、价格和产品组合为自变量。一般而言，销售额与销售员数目有密切关系。

因增加 1 名销售员而增加的销售额部分受以往使用销售员数目的影响。换言之，若销售员由 50 名增到 51 名，其销售额增加的数目与销售员由 60 名增到 61 名时是不一样的，所以要进行第二步。

第二步：企业要确定在使用不同数目销售员时，增加 1 名销售员所增加的销售额。

最后，确定增加 1 名销售员所增加的毛利额，即边际销售额与产品成本的差额。边际毛利的计算示例见表 12-1。

表 12-1 边际毛利的计算

销售员数目的改变	边际销售额/元	销售产品的成本/元	边际毛利/元
50～51	500 000	300 000	200 000
60～61	350 000	210 000	140 000
70～71	275 000	165 000	110 000
71～72	260 000	156 000	104 000
72～73	247 000	148 000	99 000

增加 1 名销售员的成本是该销售员所占的固定成本及其边际销售额中的佣金之和。假设每个销售员的固定成本为 75 000 元，而佣金为销售额的 10%，则边际成本计算见表 12-2。

表 12-2 边际成本的计算

销售员数目的改变	边际销售额/元	边际成本/元
50～51	500 000	125 000
60～61	350 000	110 000
70～71	275 000	102 500
71～72	260 000	101 000
72～73	247 000	99 700

用边际毛利减去边际成本即可得边际净利润，见表 12-3。当边际净利润为零时，说明再增加销售人员已不能使企业的净利润增加，此时的销售人员数目即为最佳数目。

表12-3 边际净利润的计算

销售员数目的改变	边际毛利/元	边际成本/元	边际净利润/元
50～51	200 000	125 000	75 000
60～61	140 000	110 000	30 000
70～71	110 000	102 500	7 500
71～72	104 000	101 000	3 000
72～73	99 000	99 700	−700

根据上述三种方法我们得出的是完成销售目标所需的人数，在真正招聘时，还要考虑需要调整的人数。需要调整的人员主要有：①即将退休的人员；②即将晋升的人员；③可能解聘的人员；④辞职的人员。将需要人数减去调整后的现有人数，即得需要招聘的人数。

2) 确定招聘人员的标准

在招聘过程中，一般应从三方面来确定销售人员的招聘标准。

(1) 从消费者角度来考虑。销售人员面对的是消费者，销售人员是否具有亲和力对成交有很大的影响。如果询问消费者所希望交往的销售人员类型，他们一般会选择“热情、商品知识丰富、诚实”的那种，则企业在选择时要以此为重要标准。

(2) 从销售员角度来考虑。担任销售工作的人员应具备一些基础性条件，比如极强的商品感受力、自我驱动力，以及冒险精神与自信心。这些条件是成功销售的基础。

(3) 从企业产品角度来考虑。如考虑下列问题：企业需要推销什么类型的产品？是否需要大量口头或文字工作？男性合适还是女性合适？多大年龄合适？不同企业可能有不同的需要，因此要根据企业实际需要来制定招聘标准。

3. 销售人员的招聘途径与录用过程

1) 销售人员的招聘途径

销售人员的招聘途径或渠道主要有以下4种。

(1) 公开招聘。所谓公开招聘，就是面向社会、面向公司以外的一切合适人选，按照公平竞争的原则公开招聘销售人员。

① 通过人才交流会招聘。各地每年都会组织几次大型的人才交流洽谈会。用人单位花一定的费用在交流会上摆摊设点，以便应征者前来咨询应聘。

② 用媒体广告招聘。最普遍的媒体招聘形式是在报纸上刊登招聘广告。目前，国内一般中小型公司或刚成立的公司，大都依赖于报纸的人事广告招聘员工。国外或大型公司的员工有20%～40%是通过报纸广告招聘来的。

③ 网上招聘。由于信息技术和互联网的发展，越来越多的企业开始通过互联网招聘人才。我国比较有名的招聘网有深圳南方招聘网、上海人才招聘网、北京人才招聘网、无忧招聘网，等等。企业可以通过上述网站招聘销售人才。

(2) 内部招聘。内部招聘就是由公司内部职员自行申请适当位置，或由他们推荐其他候选人应聘。许多规模较大、员工众多的公司都会采用这种方式。这种招聘主要是挖掘内部人才潜力，让人才各得其所。或者本着内举不避亲、外举不避仇的原则，让内部职员动员自己的亲属、朋友、同学、熟人，经过介绍加入公司的销售队伍。

(3) 委托招聘。委托招聘就是委托一些专门机构推荐人才。这些专门机构主要有以下5种。

① 职业介绍所。许多企业利用职业介绍所来获得所需要的销售人员。一般认为，这类介绍所推荐的求职者，大多数是能力较差而不易找到工作的人。不过，如果有详细的工作说明，让介绍所的专业顾问帮助筛选，则既能使招聘工作简单化，也可以找到不错的人选。

② 人才交流中心。它是政府劳动人事部门或企业设置的常年人才市场。它们负责进行人才储备、人才的介绍与推荐，乃至人才招聘及社会人才的管理。

③ 行业协会。行业组织对行业内的情况比较了解，他们经常访问厂商、经销商、销售经理和销售员，如中国市场协会、高校市场营销研究会，企业可请他们代为联系或介绍销售人员。

④ 业务客户。公司在开展业务过程中，会接触到顾客、供应商、非竞争同行及其他各类人员，这类人员都是销售人员的可能来源。

⑤ 猎头公司。它是掌握高素质人才信息并与高素质人才有密切联系的人才公司，我国目前已有猎头公司若干家。由这类公司推荐的人才一般都是具有丰富经验的销售人员。

(4) 定向招聘。所谓定向招聘，是指企业到大专院校或职业学校挑选销售人员的方式。通过这种渠道招聘销售人员有以下几个优点：①能够比较集中地挑选销售人员；②大学生由于受过良好的高等教育，并系统地学习了营销方面的理论知识，为今后的培训奠定了基础；③大学生往往因为刚刚参加工作，对销售工作充满了热情，一般较为积极主动；④从薪金上讲，比招聘具有销售经验的销售人员代价要小些。但这种方式也有很大的缺陷，主要是大学生缺乏销售经验，适应工作较慢。

2) 销售人员的录用过程

(1) 招聘的程序。招聘是为了发现人才及鼓励应聘者的一种程序，而选择则是从应聘者中选择最优秀者的一种程序。选择程序的复杂程度因企业而异。大型企业的程序通常会较为复杂，一般可分为申请、面谈、测验、调查、体格检查、安置等步骤。在较小的企业中，应聘者只需经销售经理核准即可。一般的甄选程序如下：第一步，对应聘人员进行初步面试；第二步，合格者填写申请表；第三步，审核申请表，对合格者进行测验；第四步，对测验合格者进行第二次面试；第五步，对合格者进行学历或经历调查；第六步，对合格者进行体格检查；第七步，对合格者决定录用；第八步，对合格者委派工作或训练。

(2) 面试。

① 面试的作用。

第一，公司可就申请表上的疑点和不明白之处，通过面试加以讨论与验证，并可借此了解申请表上没有的更多的情况，如兴趣、爱好、以往的工作经验等。直接面对应聘者，可以深入了解应聘者的个人优点、表达能力、推销技巧、个人的特殊问题、仪表风度、遭遇困境的处理方法等。

第二，应聘者利用面谈不仅可以对公司及工作有更详细的了解，而且可以向公司推销自己，充分展示自己的才干，得到招聘主持者的好感。这本身就是一次销售实践，公司可就此初步判断应聘者未来的销售能力。

第三，听取应聘人员对工作设想的见解，面谈人可借此判断应聘人的思维、态度、声音及谈话能力。

第四，通过申请者的表现，判断应聘人员未来实际工作的情形。面试，即面对面交谈，实际上是销售工作中最重要的部分。可以说，面试是对应聘人员的最真实的考验。

② 面试的形式。

第一种：随意性的面试。随意性的面试是在毫无计划及准备的情况下进行的，实际上是一种临时讨论，招聘者可根据不同应聘者的背景随意性地发问。

第二种：模式化的面试。它是与随意性的面试对应的一种方式。它是事先安排好一整套结构严格的面试问题，从知识、智力、心理等各方面来评判，并配有记分标准，根据应聘者的不同回答来记分。

第三种：引导式的面试。引导式的面试是上述两种方式的结合，即只规定提若干规定性的问题，招聘者灵活把握，引导应聘者回答各有关问题，从而获得真实的信息。目前，许多企业采用了这种面试形式。

③ 面试的评定。企业招聘者必须对面试的结果做出明确的评估，以便决定是淘汰还是继续甄选。评估方法一般是制定简明扼要的面试评估表(见表 12-4)，每位招聘者一份，就表格内容加以评分，最后做出全面评定。

表 12-4　应聘面试评估表

<table>
<tr><td rowspan="2">评定项目</td><td colspan="3">评定标准定性表述</td><td colspan="3">评定等级定量表述</td></tr>
<tr><td colspan="3">用简明扼要的语言描述</td><td>优</td><td>良</td><td>不合格</td></tr>
<tr><td>A</td><td colspan="3"></td><td></td><td></td><td></td></tr>
<tr><td>B</td><td colspan="3"></td><td></td><td></td><td></td></tr>
<tr><td>C</td><td colspan="3"></td><td></td><td></td><td></td></tr>
<tr><td>D</td><td colspan="3"></td><td></td><td></td><td></td></tr>
<tr><td>E</td><td colspan="3"></td><td></td><td></td><td></td></tr>
<tr><td>F</td><td colspan="3"></td><td></td><td></td><td></td></tr>
<tr><td rowspan="3">综合评价</td><td>优 秀</td><td></td><td rowspan="3">评　　语</td><td rowspan="3" colspan="3"></td></tr>
<tr><td>合 格</td><td></td></tr>
<tr><td>淘 汰</td><td></td></tr>
</table>

主聘签名：

上述表格中的项目数量、项目内容和评定标准依企业招聘要求计划而定，应坚持从实际出发，项目数量不要过多，标准过高或过低都不利于合格人才的选拔。

(3) 测验。测验一般分为笔试和口试，主要采用向应聘者提出各种问题的形式。

① 测验的种类。测验按内容分，主要有以下 5 种。

第一种：智商测验。用来衡量应聘者的智力程度，如记忆、思考、理解、判断、分析、综合等能力。

第二种：能力测验。用来衡量应聘者的某些重要的能力，如动手能力、组织能力、语言与文字表达能力等。

第三种：兴趣测验。用来衡量应聘者对事务的兴趣、爱好，如是否兴趣广泛，爱好是否专一，对全新工作的兴致等。

第四种：性格测验。用来了解应聘者属于何种性格的人，如是内向型还是开放型，是主导型还是他导型，是情绪型还是稳定型，等等。测验的目的是为了了解应聘者的工作风格。

第五种：环境测验。用来测验应聘者在不同的市场销售环境下的识别判断能力与应变能力。这种测验一般使用模拟各种市场环境的方法，以了解应聘者的反应。

这些测验既相互区别，又相互联系，缺一不可。上述第一、二项主要测验应聘者的知识与能力，第三、四项主要是心理素质测验，第五项是市场能力测验。

② 测验的质量。测验的质量是指测验的效果与作用。测验不能流于形式。要想取得对应聘者的客观的定量评估，关键在于测验题目的质量与测验内容是否恰当，在于测验的科学性和实际价值。测验题目一般应有理论分析题与实际应用题，后者要达到 60%。既要有标准试题，又要有随机试题，选择题、辨析题、案例分析题应多一些，用来测验应聘者的智力水平。企业人事部门应有专门的测验试题库，要有专人研究与管理，不断积累资料，提高测验质量，从而达到测验的目的。

(4) 录用。经过面试和测验，即可按招聘计划对考查合格者决定录用。一次招聘能满足计划数量当然很好；不能一次招满时，要坚持宁缺毋滥的原则，达不到要求，宁可少招，等条件成熟时再行招聘。在市场行情很好、急需扩大销售市场之时，也可适当多招收，并安排岗前、岗中培训，然后使用。录用的关键在于用人的轻重缓急，把人才用活，有进有出，不搞一次录用定终身。对未录用者也应致函表示感谢，并可将其存于企业后备人才库中。

正式录用时，一般要经过体检，采取聘用制、劳动合同制。企业应与应聘者签订正式合同。录用时的控制管理条件不能太苛刻，能达到限制频繁“跳槽”的目的即可。对人才应主要采取优惠的吸引政策，对关键的岗位，一定要与应聘者签订责权利相统一、奖罚并重的任职合同，从而保证企业销售工作的连续性与稳定性。

12.2.2 销售人员的培训

1. 销售人员培训的内容

销售培训是一个系统工程，销售培训的内容涉及面较广，一般包括知识、技能和态度三个方面。

在企业销售培训实际工作中，培训的内容是根据工作需要和受训人员的素质而定。但不管怎样培训，销售培训的具体内容一般涉及以下几个方面。

1) 企业知识的培训

企业知识的培训内容包括：本企业过去的历史及成就；本企业在社会及国家经济结构中的重要性；本企业在所属行业中的现有地位；本企业的各种政策，特别是市场、人员及公共关系等方面的政策；销售工作对企业的重要性，公司对销售人员的期望及任务安排；行业与市场的发展特点。

2) 产品知识的培训

产品知识的培训内容包括：产品的类型与组成；产品的品质与特性；产品的优点与利益点；产品的制造方法；产品的包装情况；产品的用途及其限制；产品的售后服务(如维护、修理等)；生产技术的发展趋势；相关品与替代品的发展情况。

3) 销售技巧的培训

销售技巧的培训内容包括：如何作市场分析与调查；如何注意仪表和态度；如何做好访问(初访或再访)的准备；如何进行产品说明；如何取得顾客好感；如何应对反对意见；如何坚定推销信心；如何克服推销困难；如何获得推销经验；如何更新推销知识；如何制定销售计划。

4) 客户管理知识的培训

客户管理知识的培训内容包括：如何寻觅、选择及评价未来的顾客；如何获得约定、确定接洽日程，如何做准备及怎样提高会谈效率；了解有关经销商的职能、问题、成本及利益；如何与客户建立持久的业务关系；掌握客户的消费行为特点。

5) 销售态度的培训

销售态度的培训内容包括：对公司的方针及经营者的态度；对上司、前辈的态度；对同僚的态度；对客户的态度；对工作的态度。

6) 销售行政工作的培训

销售行政工作的培训内容包括：如何撰写销售报告和处理文书档案，具体包括编制预算的方法，订货、交货的方法，申请书、收据的做法，访问预定表的做法，日、月报表的做法，其他记录或报告的做法；如何答复顾客查询；如何控制销售费用；如何实施自我管理，具体包括制定目标的方法、工作计划的拟定方法、时间的管理方法、健康管理法、地域管理法、自我训练法；经济法律知识。

2. 销售培训的程序

销售培训程序分为 4 个步骤：第一步是制定培训计划，培训计划要反映企业目标和销售人员个人目标，同时要考虑企业的资源和员工的现有素质；第二步是决定销售培训的内容、对象和方法；第三步是销售培训的组织与实施，第四步是对销售评估的效果进行评估与考核，总结经验，为下一次培训提供帮助。

销售培训的关键在于培训的有效组织与实施。国外学者提出了一个 LDOS 培训模式，LDOS 分别是英文 lecture(讲解)、demonstrate(示范)、operate(实践)与 summary(总结)这 4 个词的首字母缩略语。销售员 LDOS 培训模式也就包括了以下 4 个方面的内容。

1) 讲解(lecture)

讲解是培训程序中的第一步。在此阶段培训者应准备好各种将要用到的教具，如活页夹、幻灯机、投影仪、录像机、录音机等。特别是以计算机为主的多媒体的运用，更能极大地增强培训效果，是保证销售员培训水平的有效方法。在此阶段讲解的重点是围绕培训目标展开，每一讲都应有明确的教学目标，应向受训者讲清楚从这一讲中可学到什么知识、获得什么技能、得到什么回报或利益，应告诉受训者学什么、做什么，更应告诉他为什么要这样学、这样做，使销售员知其然又知其所以然。

2) 示范(demonstrate)

除讲解外，培训者应有足够的示范来辅助、强化讲解的内容。示范应能展示完成一种销售功能的操作与维护的正确方法，培训者应亲自动手示范，同时也可利用一些教具示范，如表格、录像机、幻灯机等。

3) 实践(operate)

所谓实践是在培训者的指导下让受训者动手去做，通过动手做来更好地理解、消化、吸收培训者所讲解的内容，把它变成自己的东西。实践是必要的，尤其是在学习技巧的时候。有些人仅靠听讲、看别人做几遍是无法掌握该技巧的，他们需要动手操作。在实践中，一旦受训者发生错误操作，培训者应及时纠正，严格操作程序，不允许走捷径，草率应付。此外，培训者应善用激励机制，对操作认真、掌握正确的受训者给予及时的肯定与鼓励，以强化动

手的效果。作为警示，培训者应告诉受训者操作时易犯或常见的错误，提醒受训者避免发生同样的错误，提高操作的效率。对于操作错误的受训者可进行适当有效的处罚，如加时操作或对某个环节进行重复操作。对于进步较慢、跟不上进度的受训者，培训者可以用角色扮演、短剧表演，以及“教练带受训者”或“师傅带徒弟”等方式，使受训者掌握操作要领与技能。实践的最后阶段应再安排一些重复练习，以加强实践效果。

4) 总结(summary)

总结是 LDOS 程序的最后阶段，培训者和受训者一起对前 3 个阶段的内容进行回顾、总结，强化受训者已正确掌握的技能和知识，肯定成绩，指出不足，预告下一轮培训的目标与内容。

“讲解—示范—实践—总结”这一培训程序是一个不断重复并逐步提高的过程，每个培训项目总是始于讲解，经过示范、实践，止于总结，由总结再循环至新的讲解。在此程序中培训者负责讲解、示范和指导，受训者则要用心听讲，用心操作，一起总结。此程序的反复进行，可使受训者不断进步，不断提高，直至掌握全部的培训内容。

3. 销售培训的方法

企业常用的培训方法有以下 5 种。

1) 讲授法

讲授是企业最广泛应用的训练方法。此方法为单向沟通的训练方法，受训人获得讨论的机会甚少，因此不易对受训情况进行反馈，而培训者也无法顾及受训人的个体差异。此法最适用于有明确资料作内容的培训，可为其他形式的训练奠定基础。

2) 销售会议法

销售会议法为双向沟通的培训方法，可使受训人有表达意见及交换思想、学识和经验的机会，讲师也容易了解受训人对于教材重点问题的掌握程度，还可针对某一专题进行讨论。

3) 案例研讨法

案例研讨法是指选择有关实例，并书面说明各种情况或问题，使受训人运用其工作经验及所学理论研究解决之道。目的在于鼓励受训人思考，并不着重于获得某一恰当的解决方案。

这种方法后来又发展成为业务游戏法(games)和示范法两种。

业务游戏法是假装或模仿一种业务情况，让受训人在一定时间内做一系列决定。在每一决定做出之后，业务情况都会发生新的变化，如此可观察受训人如何适应新情况。此法的最大优点是，可研究受训人所做决定在一段时间后及不稳定情况下的效果如何。利用此法来训练销售经理，远比训练推销员为多。

示范法是指运用幻灯片、影片或录像带的示范训练方法。此法适宜于中小型场地中进行的培训。如果主题是经过选择的，且示范用的影视制品由具有经验及权威的机构来制作，则可大大提高受训者的记忆效果。

4) 角色扮演法

角色扮演是指培训者安排受训者分别担任客户或销售员的角色来模拟实际发生的销售过程的一种培训方法。这种方法要求受训者以真实的客户或销售员自居，面对客户的种种问题、要求、非难、拒绝进行介绍、讲解、展示、说服、处理异议、交易促成等。角色扮演有两种组织方式，一种是事先认真计划并安排好人选、角色、情节动作、内容说词等；另一种是事先不做计划安排，也不规定情节内容，让受训者在演练中自然地随机应变，机动灵活地处理各种问题。

5) 岗位培训法

在销售岗位培训销售人员是一个比较行之有效的方法。销售人员的岗位培训和其他岗位培训一样，有许多有益的方面。例如，适应性强，它适用于各种类型的销售部门，对新、老销售员进行培训均可采用此法；它无需大笔的预算，无需培训工具，也无需占用工作以外的时间，但是却能多快好省地发现销售员的长处与短处，帮助他们强化优点，克服缺点，促进销售员能力的提高。在岗培训涉及的内容一般有知识、技能、工作习惯和工作态度4个方面。

案例 **IBM公司的销售人员培训**

IBM公司决不让一名未经培训或者未经全面培训的人到销售第一线去。

IBM公司的销售人员和系统工程师要接受为期12个月的初步培训，主要采用现场实习和课堂讲授相结合的教学方法。其中75%的时间是在各地分公司中度过的；25%的时间在公司的教育中心学习。分公司负责培训工作的中层干部将检查该公司学员的教学大纲，这个大纲包括从公司中学员的素养、价值观念、信念原则到整个生产过程中的基本知识等方面的内容。学员们利用一定时间与市场营销人员一起访问用户，从实际工作中得到体会。

此外，还经常让新学员在分公司的会议上，在经验丰富的市场营销代表面前，进行他们的第一次成果演习。有时，有些批评可能十分尖锐，但学员们却因此增强了信心，并赢得同事们的尊敬。

销售培训的第一期课程包括IBM公司经营方针的很多内容，如销售政策、市场营销实践，以及计算机概念和IBM公司的产品介绍。第二期课程主要是学习如何销售。在课程上，该公司的学员了解了公司有关后勤系统，以及怎样应用这个系统。他们研究竞争和发展一般业务的技能。学员们在逐渐成为一个合格的销售代表或系统工程师的过程中，始终坚持理论联系实际的学习方法。学员们到分公司可以看到他们在课堂上学到的知识的实际部分。

现场实习之后，再进行一段长时间的理论课程学习：紧张的学习每天从早上8点到晚上6点，而附加的课外作业常常要使学员们熬到半夜。人们必须学会合理安排自己的时间。课程开始之前，像在学校那样，要对学员分班，分班时的考试是根据他们的知识水平决定的。

经过一段时间的学习之后，考试便增加了主观因素，学员们还要进行销售学习，这是一项具有很高的价值和收益的活动。一个用户判断一个销售人员的能力时，只能从他如何表达自己的知识来鉴别其能力的高低，商业界就是一个自我表现的世界，销售人员必须做好准备去适应这个世界。

一般情况下，学员们在艰苦的培训过程中，在长时间的激烈竞争中迅速成长。每天长达14～15小时的紧张学习压得人喘不过气来，然而，却很少有人抱怨，几乎每个人都能完成学业。

(资料来源：陈涛. 销售管理[M]. 武汉：华中科技大学出版社，2008.)

4. 销售培训计划的制定

销售人员的培训不论是委托培训还是企业自己培训，也不论是在岗培训还是脱产培训，都应制定明确的培训计划。一个定位准确、组织有序、全面周密而又省钱的培训计划将帮助企业提高销售人员的销售业绩。

台湾学者黄宪仁认为，企业制定销售培训计划时应使用 5W1H 法，即培训计划至少要包括 5W 与 1H：为何(why)、何人(who)、何时(when)、何处(where)、什么(what)、如何进行(how)。

1) 为何(why)

举办销售培训的目的是什么?如何才能达成目的?销售培训的种类很多，如新员工的基本技能培训、现有销售员在职提高、销售中问题业务的矫正训练等，不同类型销售培训的目的是不同的。

2) 何人(who)

哪些人参加销售培训?例如受训者是新进人员还是在职人员?受训人数是多少?专家建议一般销售培训以不超过 15 人为宜。

讲课者是谁?是业务部门主管?优秀的推销员？训练部门主管？还是聘请企业管理顾问公司的专家?

3) 何时(when)

依培训对象的不同，须考虑培训的时机和培训时间的长短。新进业务员一般在报到后立刻接受一星期到数个月的训练。现有业务员的训练，大都在不影响公司业务的淡季进行。

4) 何处(where)

培训的场合是在公司内还是在公司外?如何布置培训会场?在公司内培训一般安排在公司的会议室或培训中心。如果公司的会议室或培训中心太窄或容易受干扰，可向外部租借场所。在公司外培训可到大专院校或专门的培训机构。

5) 什么(what)

培训的内容是什么?涉及哪些知识及业务技巧?

6) 如何(how)

销售员的培训基本上可分为公司培训与外部训练两种，培训者可使用讲义、幻灯片、多媒体等。培训的方式如下。

第一，集体训练。包括演讲方式、会议方式、个案研究方式、课题讨论方式、小组讨论、现场工作教导、角色扮演、短剧性讲习方式等。

第二，个人训练。包括个人的洽谈，随同资深或有经验的业务人员去销售、函授或电视教育等。

应根据受训者层次而决定采取何种训练方式。

第一，新进人员训练。一般采取演讲式、视听式。

第二，在职训练。一般采取演讲式、会议式、扮演角色等方式。

第三，中层干部训练。一般采取演讲式、会议式、课题讨论式。

第四，高层管理者训练。一般采取演讲式、会议式。

5. 培训教员的选择

1) 从公司内部选择培训教员

培训教员的选择一般有两种途径，一是从公司内部选择，二是从公司外部选择。公司在选择培训员时，首先会从内部进行选择。从占整个销售队伍 10%～15%的最优秀的销售人员中可以找到理想的销售培训员。有些公司在从内部选择培训员时，往往首先想到的是公司的主管经理或高级职员，这种做法并不妥当。要使培训真正起到应有的作用，就要慎重选择培训员。

在从内部选择销售培训员时，一定不要选择那些只会纸上谈兵的人。如果进行零售员销售培训，那么培训员必须在柜台后面工作过；如果进行直销培训，那么培训员必须亲自登门推销过。销售培训员必须享有信誉，而在销售中他们可以享有的唯一信誉就是有过成功的经验。特别要注意的是，企业不可选择那些推销失败但能说会道的人做销售培训教员。如果选择这类人做培训教员，则会导致销售培训的失败。

现代销售培训理论认为，销售经理是公司中做持续销售业务培训的最佳教员。当和销售人员一起工作时，他可以把每一次拜访当成训练拜访。当与下属讨论业务上的问题时，经理应引导销售人员找出正确的解决方案，而不只是指定一个答案。不可否认这样花的时间较多，但销售人员可以很快提高解决问题的能力。

销售经理应转变观念，从传统的管理型经理转变为教练型经理。传统的控制型销售经理只注重对销售人员发号施令，因而销售人员积极性不高，业绩也就不好；相反，教练型销售经理注重与销售人员的协商与授权，充分调动销售人员的积极性，其业绩水平也随之提高。实际上，教练型销售经理注重对销售人员的持续培训，这种类型的经理本身就是一个合格的培训教员。

2) 从公司外部选择培训教员

许多公司越来越倾向于聘请外部顾问作为销售培训员。外部顾问既可以是同行业中优秀的销售大师或销售主管，也可以是科研机构、大专院校的专家和教授。

信誉比较好的外部销售培训员可以帮助公司从长远角度培训销售人员。他们所讲授的内容融理论于实际，特别是能从战略高度来看待销售培训工作，因此他们的讲授能使员工开阔眼界，增长见识，增加信心。从外部选聘销售培训员，一方面可以解决公司内部培训员结构不合理的问题；另一方面，可使企业避免再犯其他一些曾与他们打交道的公司犯过的错误。如果公司自己对销售培训不熟悉，那么外部培训员可以为公司设计培训方案。一般来说，小公司多从外部聘请销售培训教员。

本章小结

本章论述了销售队伍的组建、销售队伍的组织等两节内容。

销售队伍的组建包括销售队伍组建的基本原理、销售队伍设计的影响因素、销售队伍组建的程序，以及销售队伍的结构。本章从销售队伍的含义及特征、销售队伍的组建原则两个方面论述了销售队伍组建的基本原理；从商品特征、销售方式、商品的销售范围及商品销售渠道 4 个方面论述了销售队伍设计的影响因素；从明确销售队伍设立的目标、进行销售岗位分析、按销售岗位配置人员、制定协调和控制方法及改进销售业务部门的组织工作 5 个方面论述了销售队伍组建的程序；销售队伍的结构包括地区性结构销售队伍、产品结构销售队伍、职能结构销售队伍及顾客结构销售队伍。

销售队伍的组织包括销售人员的招聘与选拔，以及销售人员的培训。本章从合格销售人员的条件、招聘计划的制定及销售人员的招聘途径与录用过程3个方面论述了销售人员的招聘与选拔；从销售人员培训的内容、销售人员培训的程序与方法、培训教员的选择3个方面论述了销售人员的培训。

关键术语

销售队伍	销售培训	地区性结构销售队伍
产品结构销售队伍	顾客结构销售队伍	职能结构销售队伍

思考题

1. 销售队伍设计的影响因素有哪些?
2. 简述销售队伍组建的程序。
3. 销售队伍的结构有哪些类型?
4. 合格销售人员的条件是什么?
5. 销售人员培训的内容有哪些?
6. 试述销售人员培训的程序和方法。

参考文献

1. 熊银解. 销售管理[M]. 北京：高等教育出版社，2001.
2. 陈涛. 销售管理[M]. 武汉：华中科技大学出版社，2008.
3. 李先国. 销售管理[M]. 北京：中国人民大学出版社，2004.
4. 欧阳小珍. 销售管理[M]. 武汉：武汉大学出版社，2003.

案例研讨

陈经理的失败

S公司所代理的品牌厂商对市场策略进行了调整,决定将战略发展方向放在商用电脑上(商用电脑，即专为政府机关、大公司、社会组织等设计制造的电脑，商用电脑的用户不是普通的家庭用户，像清华大学、中国石化、北京电信、北京市政府、平安保险等单位，才是商用电脑的采购方)。

S公司的市场策略也进行了相应的调整，他们瞄准了北京的4个大行业，即教育、金融、电信运营商和政府采购，准备大力发展公司的销售二部，也就是商用电脑销售部。因为陈经理在家用电脑销售部销售管理出色，公司撤换了原来负责商用电脑销售工作的经理，改由陈经理出任。很自然，陈经理又把他原来的那套销售管理模式移植到了新部门。上任以后，他采取了一些同以前类似的改革措施：

第一，他把商用电脑销售部销售代表的底薪都降低了，相应地提高了提成的比例。同时，他也采用了强势激励措施，还是“第一个月红灯；第二个月走人；连续两个月业绩排最后的，末位淘汰”。

第二，严格执行早会和夕会制度，不管你今天要到哪里去，都要先到公司来开早会，陈述一下今天的计划；也不管你今天跟客户谈得怎么样，是否赶上了吃饭的点儿，也都要回来开夕会，向陈经理汇报一天的客户进展情况。

第三，强调对每个项目的整个过程进行严格的控制与销售管理。他要求每一个销售代表都要严格填写各种销售管理控制表格，包括日志、周计划、月计划、竞争对手资料、项目信息表、客户背景表等共12项表格，而且每个表单都设计得非常细致，用陈经理的话说：“公司一定要监控到每一个业务细节。”

第四，严格业务费申报制度，所有的业务招待费用，必须事先填好相应的申请单据。比如想请客户吃饭，一定要事先写明什么时候请、参与吃饭的人是谁、想通过吃饭达到何种目的等，都要填写清楚，由陈经理签字认可才能实施；否则，所有招待费用一律自理。

开始，商用电脑部的状况仿佛有了很大的改观，迟到早退的人少。财务费用降低了，经常可以看到办公室里人头攒动，大家在办公室里谈天，早晚还会传来阵阵激动人心的口号声。

但好景不长，到了7月，竟出现了以下几种情况：

第一，个别业务代表为了完成业绩，开始蒙骗客户，过分夸大公司产品的性能配置，过分承诺客户的要求，使公司在最终订单实施的时候陷于被动，尾款收得非常费力。

第二，员工之间表面上一团和气、充满激情，但私下里互不服气、拆台，甚至内部降价，互相挖抢客户。

第三，以前的业务尖子不满意公司当前的销售管理机制，抱怨销售管理机理不合理，控制得过死，事事都要汇报，根本无法开展业务。两名前期业绩最好的业务员都已离职。

第四，新招的4个人，业务水平明显不足，除了冲劲之外一无所有，想培养他们“上道”，达到基本要求，看起来是“路漫漫其修远”。

整个商用电脑销售部的业绩水平没有像预期的那样增长，甚至还略有下降，应收账款的拖欠也日趋严重。更令人担忧的是，前期公司的老客户群正在流失，新客户的开拓也无着落，致使整个销售管理二部下半年完成业务指标的希望更加渺茫。

9月，公司将陈经理调离了商用电脑销售部经理的岗位。10月，一个阴雨连绵的下午，陈经理带着郁闷和疑惑，最终不得不离开了这家公司。

(资料来源：郭国庆. 市场营销学通论[M]. 4版. 北京：中国人民大学出版社，2009.)

案例思考题

1. 试分析陈经理失败的原因。
2. 本案例对你有何启示?

第 13 章　市场营销新课题

13

本章提要　市场营销学是一门新兴学科，随着社会经济的发展和营销实践的发展，学科的内涵和内容也在不断更新和发展。特别是 20 世纪 90 年代以后，伴随着循环经济、网络经济的发展，企业社会责任意识的增强，市场营销学出现了一些新的研究课题。本章将从总体上介绍 20 世纪 90 年代以来的新课题，并重点介绍绿色营销、网络营销、关系营销等内容。

引　　例

鲁北企业集团的生态产业链

鲁北企业集团的前身是一家小硫酸厂，1977 年 8 月创建。山东鲁北企业集团总公司自创建以来，始终以“发展循环经济，构建和谐社会”为己任，开展技术集成创新，构建绿色化工产业，科学地开创出三条生态产业链，成为我国第一家“国家级生态工业示范园区”、“国家环境友好企业”、“国家海洋科技产业基地”。

一是磷铵、硫酸、水泥联产

用生产磷铵排放的废渣磷石膏分解水泥熟料和二氧化硫窑气，水泥熟料与锅炉排出的煤渣和盐场来的盐石膏等配置水泥，二氧化硫窑气制硫酸，硫酸返回用于生产磷铵。上一道产品的废弃物成为下一道产品的原料，整个生产过程没有废物排出，资源在生产全过程中得到高效循环、持续利用和有序利用。该技术获国家科技进步二等奖、省委省政府两次科技重奖，被国家列为资源综合利用重大科技成果重点推广项目。

二是海水“一水多用”

抓住“开发黄河三角洲”、“建设海上山东”的机遇，以发展海洋化工为目标，突破传统制盐模式，实施创新设计，利用海水逐级蒸发、净化原理，在 35 公里的潮涧带上，建成百万吨规模的现代化大型盐场，构建了“初级卤水养殖、中级卤水提溴、饱和卤水制盐、苦卤提取钾镁、盐田废渣盐石膏制硫酸联产水泥、海水送热电冷却、精制卤水送到氯碱装置制取烧碱和氯气”的海水“一水多用”产业链，产生出巨大的综合效能，为国内盐业企业综合利用海水资源开辟了新路。

三是清洁发电与盐、碱联产

热电厂以劣质煤和煤矸石为原料，采用海水冷却，排放的煤渣用作水泥混合材料，经预热蒸发后的海水排到盐场制盐，同时与氯碱厂链接。氯碱厂利用百万吨盐场丰富的卤水资源，不经传统的制盐、化盐工艺，直接通过管道把卤水输入到氯碱装置，既减少了生产环节，又节省了原盐运输费用，建设成本、运行成本大幅度降低，大大增强了企业核心竞争力，成为我国离子膜烧碱行业“盐、碱、热、电”联产的特色工程。

(资料来源：根据冯久田在“循环经济与绿色营销战略研讨会”的发言材料(2005 年 12 月 8 日)摘编.)

13.1 当代市场营销研究的新课题

13.1.1 新课题的提出

20 世纪 90 年代以后，世界经济发生了大动荡，“竞争、联合、环境、质量、满意”构成了企业战略的主旋律，也成为企业营销研究的新课题。

美国市场营销协会(AMA)1994 年召开的教育工作会议指出：当前营销研究的新课题主要包括关系营销、战略联盟、品牌资产管理、全面质量管理、市场导向管理。

列维(欧洲)指出：消费者满意，国际化、环境保护主义，伦理等是当代营销研究的新课题。

加哥迪士·谢思指出：今天的营销主要靠“舶来”的架构、背景、理论；营销研究必须要转向建立自身的架构，由看不见的手转向竞争管理看得见的手。

13.1.2 当代营销研究的新课题

从市场营销研究的国际动态及我国的营销实践来看，以上问题都是当前值得探讨和研究的新的重要课题。结合我国情况，可归纳为以下 10 个问题。

1. 关系营销问题研究

现代营销不再是单纯的一次性交易，必须注重长期、稳定、良好的关系的建立，以降低营销成本，取得竞争优势。因此，当代营销中必须注重对企业的营销网络及各个方面关系的建立、维持、发展途径的研究。

2. 战略联盟问题研究

现代营销中，企业的竞争已由对抗性竞争向合作竞争发展，战略联盟不仅表现在相关业务间的纵向联合，而且表现在同业间的横向联合。因此，企业的战略联盟伙伴的选择及战略联盟方式的研究也是当代营销研究的重要课题。

3. 品牌资产管理研究

随着品牌形象的提升，品牌这一无形资产的价值在营销中的作用越来越显得重要。因此，研究品牌资产价值的构成及价值提升的途径，对品牌资产进行科学管理将成为当代营销研究中的又一重要课题。

4. 全面质量营销管理研究

为了赢得产品的国际竞争优势，很多国家设置了国家质量奖。而质量奖的评定标准中，以顾客为导向、顾客满意等方面的指标所占的分值最大。这充分说明质量管理问题已不仅仅是生产部门要研究的问题，也是营销部门必须重视和研究的重要课题。

5. 市场导向管理研究

企业处在一个复杂的竞争环境之中，营销过程中，仅仅以顾客为导向是不够的，必须关注顾客和竞争者两个方面，树立以市场为导向的营销观，研究如何将这一观念贯穿到营销管理全过程之中。

6. 消费者满意研究

从了解需求、适应需求、满足需求，到使顾客满意、培养顾客忠诚，是营销观念发展的一个飞跃。研究和引用使顾客满意的途径及顾客满意评价的指标体系和模型，以实现顾客忠诚，是现代营销中十分重要的问题。

7. 营销国际化研究

面对开发的市场环境，研究企业营销的国际化问题，探讨企业提高国际竞争能力、实施国际化经营、参与国际竞争的有效途径，是新时期营销研究的重要课题。

8. 绿色营销研究

保护地球生态环境，促进人类社会的可持续发展，是当今世界各国都十分重视的重大问题。研究以可持续发展为目标、以保护地球生态环境为宗旨的绿色营销问题，也是当代营销研究中的重大课题。

9. 营销伦理研究

随着社会文明程度的提高，树立营销道德观、鞭挞不道德的营销行为、建立营销伦理指标体系和检验模型，以激励和督促营销伦理的升华，也是当今营销研究的重要课题。

10. 营销本土化研究

今天的营销学主要是“舶来”的架构、背景、理论。根据我国的文化背景的差异、企业经营的内外环境的差异，以及企业的经营现状，借鉴西方的营销管理理论，研究我国企业营销中带有特色性的问题，建立本土化的营销管理理论体系，是当代营销研究中亟待解决的重点和难点问题。

营销学是一门不断发展、不断完善的新兴学科，随着世界市场和中国市场的不断变化，企业营销实践的不断翻新，营销学理论也将不断发展，需要研究的新问题层出不穷，营销研究者也要不断研究新问题，为营销理论的发展作出贡献。

13.2 绿色营销

13.2.1 绿色营销的有关理论

1. 绿色营销的内涵

绿色营销是指以促进可持续发展为目标，为实现经济利益、消费者需求和环境利益的统一，市场主体根据科学性和规范性的原则，通过有目的、有计划地开发及同其他市场主体交换产品价值来满足市场需求的一种管理过程。

绿色营销的目标是促进可持续发展。什么是可持续发展？1987年，挪威首相布伦特兰夫人主持的世界环境与发展委员会，在对世界重大经济、社会、资源和环境进行系统调查和研究的基础上，提出了长篇专题报告——《我们共同的未来》(《Our common future》)。这份报告中将“可持续发展”定义为：“可持续发展是指既满足当代人的需要，又不损害后代人满足需要能力的发展”。

布氏有关可持续发展的核心思想是：健康的经济发展应建立在生态可持续能力、社会公正和人民积极参与自身发展决策的基础上。可持续发展所追求的目标是：既要使人类的各种需要得到满足，个人得到充分发展，又要保护资源和生态环境，不对后代人的生存和发展构成威胁。它特别关注的是各种经济活动的生态合理性，强调对资源、环境有利的经济活动应给予鼓励，反之则应予以限制。

以促进可持续发展为目标的绿色营销，就必须在注重企业的经济利益和满足市场需求的同时，注重对生态环境的保护，实现经济与生态的协同发展。

2. 绿色营销与传统营销的比较

1) 营销观念的升华

绿色营销观是以人类社会的可持续发展为导向的营销观。绿色营销观念更注重社会效益，以及企业的社会责任和社会道德：注重企业的经济责任，注重企业的社会责任，注重企业的法律责任，遵循社会的道德规范。

2) 经营目标的差异

绿色营销的目标是使经济发展目标同生态发展和社会发展的目标相协调，促进总体可持续发展战略目标的实现。绿色营销不仅考虑企业自身的利益，还应考虑全社会的利益。企业实施绿色营销，往往从产品的设计开始，到材料的选择，包装材料和包装方式的采用，运输仓储方式的选用，直至产品消费和废弃物的处理等整个过程中，都时刻考虑到对环境的影响，做到安全、卫生、无公害，以维护全社会的整体利益和长远利益。

3) 经营战略的差异

绿色营销的社会性，要求实施绿色营销的企业站在人类社会可持续发展的高度，从长远利益考虑来制定企业的经营战略。从近期来看，企业的绿色营销不仅仅需要企业制定微观战略，而且需要政府的宏观战略及政策、制度的引导，还需要有关部门从中观角度制定绿色产业发展战略，来指导企业的绿色营销战略的制定和实施。

4) 经营手段的差异

传统营销通过产品、价格、渠道、促销的有机组合来实现自己的营销目标。绿色营销强调营销组合中的“绿色”因素：注重绿色消费需求的调查与引导；注重在生产、消费及废弃物回收过程中降低公害、符合绿色标志的绿色产品的开发和经营；在定价、渠道选择、促销、服务、企业形象树立等营销全过程中都要考虑以保护生态环境为主要内容的绿色因素。

3. 绿色市场营销观

20 世纪 90 年代以后，由于生态环境的变化及自然资源的短缺，严重影响人类的生存与发展，世界各国开始重视生态环境的保护，企业界也以保护地球生态环境、保证人类社会的可持续发展为宗旨提出了绿色营销。

目前，有限资源的无遏制的利用已造成能源的严重短缺。发达国家中占世界人口 15%～18%的居民消耗着全球已开采能源的 1/3，且有效使用率仅占 50%左右。随着世界经济的发展，能源紧张将更加加剧。环境的污染对其他资源的破坏也十分严重，已对人类的生存和发展造成了威胁：臭氧层空洞的出现，酸雨的形成，大气中二氧化碳含量增高使全球气温年均上升 1.5 摄氏度；过度消耗造成的能源危机和严重的资源短缺等，已危及人类社会的生存与发展，严重影响了人类的生存环境。作为对地球生态环境直接带来污染的企业，必须从可持续发展的高度，实施“绿色营销”(Green Marketing)。

绿色营销观念认为，企业在营销活动中，要顺应可持续发展战略的要求，注重地球生态环境保护，促进经济与生态协同发展，以实现企业利益、消费者利益、社会利益及生态环境利益的统一。首先，企业在营销中，要以可持续发展为目标，注重经济与生态的协同发展，注重可再生资源的开发利用，减少资源浪费，防止环境污染。其次，绿色营销强调消费者利益、企业利益、社会利益和生态环境利益等四者利益的统一，在传统的社会营销观念强调消费者利益、企业利益与社会利益三者有机结合的基础上，进一步强调生态环境利益，将生态环境利益的保证看做是前三者利益持久地得以保证的关键所在。此外，绿色营销还强调营销中的“绿色”因素。

13.2.2 绿色产业的发展

1. 绿色产业的界定

绿色产业包括环保产业及经过绿化的其他产业。环保产业，是指国民经济产业体系中，以防治环境污染、改善生态环境、保护自然生态环境为目的，进行的技术开发、产品生产、商业流通、资源利用、信息服务、工程承包等活动，并有一定经济效益的行业的总称。其核心是环境保护机械设备制造、自然保护开发经营、环境工程建设、技术开发、环保咨询和服务，以及环境保护市场的建设。

在 1994 年的全国环保产业调查中，环保产业被划分为环保产品生产、环保技术开发、环境工程设计施工、环保咨询服务、资源及“三废”综合利用、环保产品营销、自然保护开发经营等七大门类，并将这七大门类产值的总和作为环保产业的统计产值。

随着环境保护和可持续发展的观念日益深入人心，世界各国的环境保护投资在不断增长。1990 年全球用于购买环保新设备的投资为 2000 亿美元；到 1995 年就达到了 4700 亿美元，其中污水处理技术的投资为 1400 亿美元；2000 年，全世界花在环境保护方面的资金增至 6500 亿美元。这一庞大的国际市场，已日益受到发达国家和发展中国家的共同关注，不仅成为世界主要工业化国家竞争的焦点之一，也为发展中国家的经济发展和产业结构调整带来生机。

由于环境保护产业是一个有广泛前途的、有实用价值的新兴产业，所以许多国家都纷纷将其作为重点产业加以扶持，尤其是一些发达国家，已将其放在优先发展的地位，受到空前重视。美国政府公开表示，环保产业享受出口免税，日本政府敦促增加环保投资，德国政府将环保产业作为一个重要的经济门类。

从日本绿色产业的发展来看，一方面，各种产业结构正在向更能保护环境的类型转换；另一方面，环境咨询业和为环境业服务的金融业等第三产业也正在扩大规模。日本在过去消除产业公害的过程中，发展了公害防治技术。日本的公害防治技术是以研制开发大气污染防治设备、废水净化设备等公害防治装置为中心发展的。截止 2006 年，日本公害防治设备的生产额已达 11124 亿日元的市场规模。

根据日本环境厅的环境白皮书 1994 年版做出的分类，绿色产业(生态业)可分为以下 4 个方面：降低环境负荷的设备、能减少环境负荷的产品、提供有助于环境保护的服务、改善社会基础设施。

日本建设省等部门推行的生态城市(不破坏环境的城市)要领推动了上述项目的开展。建设省规定：对被指定为生态城市的城市，国家提供该城市环境计划所需总费用的 1/3 的补助费；对被列入该计划整治的街道、下水道、公园，以及对街区再开发等公共项目，优先予以补助。生态城市要领一方面使人们从都市整体上来考虑生态学，同时，还使人们对作为都市构成要素的住宅，设想出了生态住宅(不破坏环境的住宅)的概念。建设省提出：“生态住宅应从保护地球环境的观点出发，充分考虑能源、资源、废弃物等问题；这种住宅应当与周围自然环境一分和谐，能使住户过好健康、快乐的生活；这是一种对地球和人类都充满关切的住宅。”

2. 发展新兴环保产业

1) 开发环保产业新领域

一是开发环境资源产业。环境资源产业是指专门从事环境资源的保护、治理、恢复、再生、更新、增值和积累的产业部门，其生产活动主要包括土壤改良、耕地恢复、采种育林、飞播育草、濒危野生动物保护与饲养、水产育苗、水利事业、废水废气净化、各种资源的保护等。

环境资源产业化，通过环境资源的基础研究(即环境资源的保护治理等研究)、扩散(即环境资源的保护治理产业化)及渗透(即环境资源产业与其他产业相互关联、相互依赖，共同发展)，一方面使环境资源的保护、治理企业或部门形成一个能切实履行其职责、权利的产业；另一方面，使环境保护治理与当地其他部门互相支持、互相依赖，通过保护环境资源促进当地商贸、旅游业的发展，也分享一部分带来的效益。如建立专门的企业或公司从事保护和治理环境的工作；将某一地域的废水、废渣都汇集到独立经营、自负盈亏的企业进行净化处理，使废弃物资源化等。

二是要开发环保信息产业。环保信息产业是指对环保信息进行收集、加工和使用的产业。它建立在利用包括现代信息技术在内的高技术的基础上，核心在于增加环保信息获取量、加快环保信息处理速度。

2) 发展废弃物回收处理业务，使之成为新兴的环保产业

据专家计算，生产 1 吨钢，用废钢铁代替矿石，可以节省 74%的材料能耗；1 吨废纸代

替造纸原料，可节电40度、节煤400公斤、节水30吨、节约烧碱50公斤。截止2008年，全球每年新增垃圾100多亿吨，其中美国20多亿吨；德国人均800多公斤；我国垃圾年产量为8500多万吨。这么丰富的垃圾资源为人们施展“点石成金、变废为宝”术提供了原料。

发展废品回收业，一方面有利于减少污染，清洁“我们的家园(地球)”；另一方面有利于节省能源和资源，通过变废为宝，综合利用废物资源，使有限的资源得到更加充分的利用。

3. 传统产业的绿化

(1) 农业的绿化。要使农业发展既能为国民经济发展提供坚实的基础，又不使环境受到进一步破坏，进而能有利于生态平衡，重点应在两方面上下工夫：一是开发优异的农作物品种；二是开发高效的肥料。

(2) 工业的绿化。工业的绿化要注意以下几个方面：其一，工业布局要与区域经济、社会、生态协调发展；其二，在保护资源的基础上合理地、可持续地开发利用资源；其三，使用有利于环保的原材料；其四，对生产工艺进行绿色改进，实施清洁生产；其五，对生产方式进行绿色改进，实施再制生产，即企业把回收的旧部件，通过严格的检验、翻新，再用于制造新产品。

(3) 建筑业的绿化。一是开发符合环保要求的新型建筑材料；二是开发和推广节能建筑。

(4) 商业的绿化。商业的绿化是指：绿色经营理念的树立；经营产品的绿化；经营过程的绿化。

例如，为配合上海市政府“绿色营销工程”的实施，上海市商业委员会确定2000年“绿色营销工程”重点从以下4个方面突破。

第一，市区主要商业街百货商店推行使用纸质包装袋，大幅度减少塑料袋的使用；超市门店塑料袋使用明显减少，积极探索使用纸质袋或可降解材料包装物替代，并印上“回收材料制造”字样；进入超市产品减少过度包装(减少包装材料的厚度、层数和大小)。

第二，积极开发“绿色产品”。主副食品、家用电器、装潢材料等都要积极倡导开发和销售绿色产品；结合“三绿工程”、“厨房工程”和“放心工程”，试点“绿色链”建设。拟花2～3年的时间，建成上海主副食品“绿色链”——建立绿色基地、流通营造和培育绿色市场，并造就较好的绿色消费氛围。

第三，在市区主要饭店、快餐店中逐步取消一次性木筷和不可降解塑料餐具；宾馆、酒店客房要积极设置有关标志牌，引导住客增强绿色意识，减少资源耗费，开展绿色消费。

第四，抓好废旧物资的回收和利用。从集中回收废电池着手，防止废旧物资对环境的污染。

为进一步落实，上海市商委专门召集各区、县商业主管部门，部分商业大集团公司，各大超市公司以及有关包装生产企业，举行“实施绿色营销，倡导绿色包装”推进会。会议倡导绿色包装的使用和推广，鼓励生产企业使用再生资源；要求本市商业企业积极为消费者提供可降解的购物包装袋；倡导消费者自带购物袋，减少包装废弃物对环境的污染。通过会议，进一步强化绿色理念，促进绿色消费，净化上海环境，提高生活质量。

13.2.3 绿色企业形象的树立

1．绿色企业的衡量标准

(1) 企业领导树立了绿色观念，以生态与经济协同发展为己任。首先，要具备可持续发展的长远观念，将保护生态环境作为企业的基本任务，促进生态与经济的协同发展。第二，要树立资源价值观，将“环境”纳入资源范畴，将环境恶化带来的损失及环境治理带来的费用纳入成本。第三，树立环境法制观念，研究环保法规，自觉以有关法规约束企业的行为。第四，树立环境道德观，《中共中央关于加强社会主义精神文明建设若干重要问题的决议》中，已将环境保护纳入社会主义精神文明建设的范畴，现代企业家应以高度的社会责任感，崇高的社会道德观，积极投入保护环境、促进生态发展的事业中去。

(2) 确立了绿色企业文化，将环境管理作为企业管理的重要职能。

(3) 具有雄厚的资源，能够保证环境管理工作的实施。一方面，要有充足的资金，以保证对环境的治理和对绿色资源开发方面的投入；另一方面，要有较强的技术力量和信息资源。此外，还必须拥有善于从事环境管理工作的各个方面的人才，以保证环境管理工作的顺利进行。

(4) 实施了绿色营销，将环境管理落实到企业营销活动的始终。企业全体员工都自觉地从创导绿色消费、开发绿色资源入手，注重绿色产品的生产、销售和服务(如消费后的废弃物的回收)等活动，将环境管理落到实处。

(5) 树立了绿色形象，得到社会公众的认可。从企业标识、企业建筑物、企业对外宣传等外观形象，到企业产品、企业管理制度、企业经营行为、企业公益活动等内在形象，都体现出企业以可持续发展为宗旨、注重环境管理和保护的绿色企业形象，并深入人心，得到了社会公众的广泛赞誉和认可。

2. 企业的“绿化”过程

(1) 设立绿色机构，组织和实施环境管理工作。

(2) 制定环境管理规划，有计划、有步骤地“绿化”企业。

(3) 建立健全企业环境管理制度，保证企业绿化工作的有序进行。环境管理制度包括以下内容。

① 环境管理规则。主要包括：指导思想；目标与要求；管理机构及职责；管理方法及途径；检查与考核；奖惩规则等。

② 专业技术规程。主要包括：环境质量管理规程；环境技术管理规程；环境监督制度。

③ 环保业务管理制度。主要包括：业务分工；环保计划管理制度；环保监测与统计制度；各个部门的检查和验收制度；培训与人员考核制度；情报资料管理制度等。

④ 环境保护责任制度。主要包括：污染事故处理及管理制度；各个部门的岗位责任制度等。

(4) 开展全员培训和教育，自觉投身于企业的绿化工作中去。实施全过程的“绿化”管理，使企业绿化工作落到实处。

3. 绿色企业形象识别系统的构成

1) 绿色企业理念识别系统

树立创造优质生活于社会的企业理念。

以绿色市场营销观念为指导。

确立顺应时代趋势、争做地球卫士的企业精神和企业风格。

在企业的发展目标中注重环境保护和资源的开发和有效利用。

企业的行动纲领、经营信条、广告导语、标语口号及企业的歌曲、警语和座右铭中均要体现企业的理念。

2) 绿色企业行为识别系统

(1) 企业内部行为的绿化。建立绿色企业形象策划和研究机构；定期对员工进行可持续发展和环境保护方面的教育；加强对企业的环境保护和绿色营销方面的管理和监控；大力研究开发可替代能源、资源，研究能源、资源的综合利用和节能减排措施；营造一个崇尚自然、回归自然、保护自然的工作环境和气氛；积极创造条件，申请取得有关国家和地区的环境标志，并争取获得ISO14000国际环保标准认证。

(2) 企业外部行为的绿化。经营和推广绿色产品；利用广告和公共宣传等方式向社会公众传播企业的绿色形象；积极参与环境保护和有利于可持续发展的社会公益活动及文化活动。

(3) 企业行为绿化的监控制度的建立。建立对内对外的各项绿色活动的行为规范；制定对各项绿化活动的管理制度，以及各部门的岗位责任制度和具体的考核指标体系。

3) 绿色视觉传播系统

企业的标志及其标准字、标准色等视觉形象的设计必须符合企业绿色形象的塑造。

企业的视觉形象的传播必须符合环境保护的要求，有利于企业绿色形象的塑造。

13.2.4 以循环经济为准则实施绿色营销

1. 循环经济及其准则

循环经济(recycle economy)是一种以资源的高效利用和循环利用为核心，以低消耗、低排放、高效率为基本特征，符合可持续发展理念的经济增长模式，是对“大量生产、大量消费、大量废弃”的传统增长模式的根本变革。

发展循环经济必须以“减量化(Reduce)、再使用(Reuse)、再循环(Recycling)”作为经济活动的基本准则，称之为3R准则。

1) 减量化准则(Reduce)

减量化准则，要求在经济活动的全过程中，一方面要尽量减少原料、能源等物质的投入和使用量，做到节省、节省、再节省；另一方面，还要尽量减少废弃物的产出量和排放量，做到洁净、洁净、再洁净。

2) 再使用准则(Reuse)

再使用准则，要求在经济活动的全过程中提高物质的使用效率，尽可能做到多次使用、重复使用，而不是一次性使用。

3) 再循环准则(Recycling)

再循环准则，也称之为“资源化”原则，要求在经济活动的全过程中尽可能地将废弃物变成再生资源循环利用，由传统的“资源—产品—废弃物”的直线模式，转变为“资源—产品—资源”的再循环模式。

2. 循环经济视角下的产品使用生命周期

传统的产品生命周期是指产品 “从摇篮到坟墓”(cradle-to-grave)的全过程，即产品的“生产-销售-消费-废弃-再生”这一线性过程，如图13-1所示。

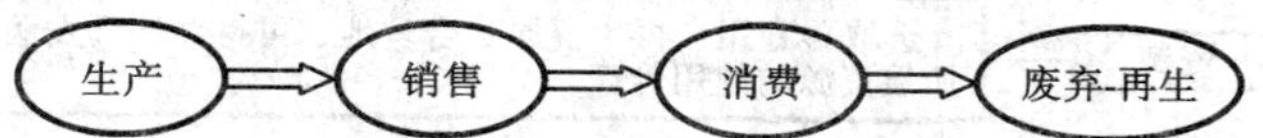

图 13-1　传统的产品生命周期图

以循环经济为指导来重新审视产品生命周期，就不仅仅要考虑产品的生产、销售、消费问题，还必须考虑生产前的原材料、能源的开发和获取，以及消费以后的废弃物的处理问题。因此，产品的生命周期应扩展成“从孕育到再现”(pregnancy-to-reincarnation)的所有阶段，即“资源—生产—销售—消费—废弃-再生”的一个循环过程，如图 13-2 所示。

具体来说，产品生命周期应包括以下 5 个阶段。

(1) 产品生产前的资源安排阶段。产品的生命是从孕育开始的，在产品形成之前，必须做好构成产品所需的资源准备，包括能源与原材料的选取，必要时还必须进行新兴能源或原材料的开发。

(2) 产品形成阶段。包括产品的设计过程和生产过程。

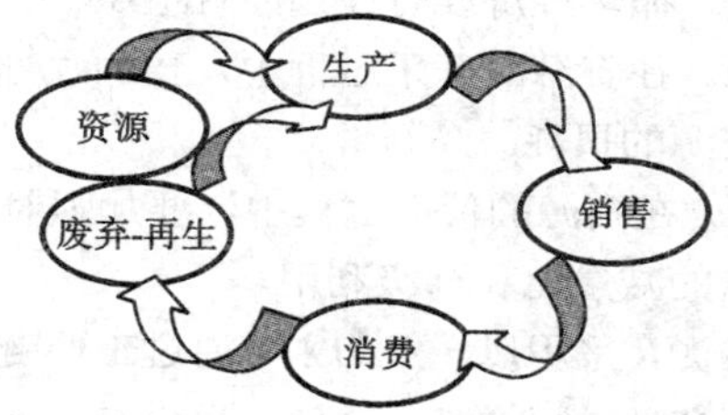

图 13-2　循环经济下的产品生命周期图

(3) 产品的市场销售阶段。包括产品进入市场的包装、运输、销售和服务过程。

(4) 产品消费阶段。包括企业对消费者的消费分析与指导，以及消费者对产品的使用过程。

(5) 产品废弃物的处理阶段。包括对废弃物的分类、回收及资源化过程。

以循环经济为准则再造产品生命周期，还必须做好市场调研，在调研基础上做好对产品生命周期各个阶段的“减量化、再使用、再循环”设计。

3. 产品使用生命周期各阶段的绿色营销

企业产品生命周期各阶段的绿色营销如图 13-3 所示。

1) 产品资源阶段的绿色营销

(1) 重视资源的选取，实现资源的再利用和再循环。重视选取可回收再利用的资源。对于一些耐用性强的非磨损性元件，应尽可能地作为资源回收，实现资源的再利用(如一些汽车配件等)。

重视选取再生资源。对于生产和消费中产生的某些废弃物，经加工处理后即形成再生资源，可以作为原产品或其他产品的资源，实现资源的再循环。如生产过程中产生的边角余料，废水、废气、废料，热能等；消费过程中产生的废纸、废玻璃、废金属、废纤维等。

(2) 在保护资源的基础上合理地、可持续地开发利用资源。加大对可再生的自然资源的开发利用力度。目前对可再生的自然资源(太阳、风、水、潮汐、地热、生物)的开发利用程度还很低，循环经济追求的目标与方向应是充分利用和开发清洁无污染的可再生资源。因此，加大可再生的自然资源的开发利用力度，是新兴资源开发的重要思路。

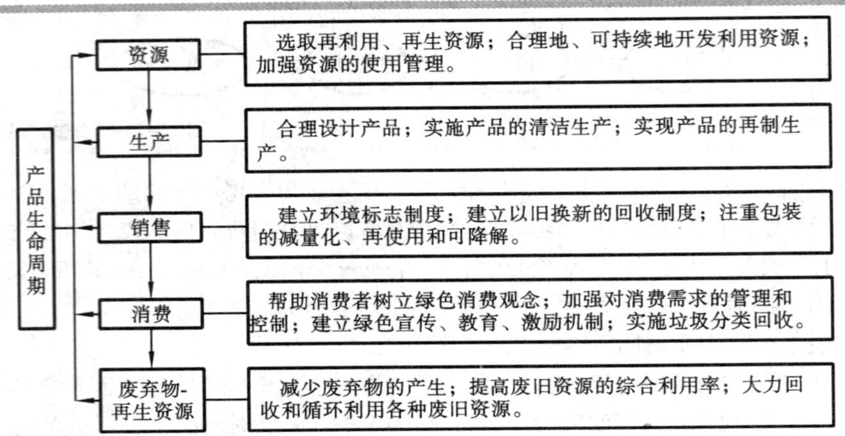

图 13-3 企业产品生命周期各阶段的绿色营销

加强对不可再生资源的开采管理。目前，对于不可再生资源(煤炭、石油等)开采利用程度低，有的甚至是掠夺性的开采。循环经济要有计划、有组织、合理布局地可持续开采利用，努力提高回采率，不要破坏资源。在资源的开采过程中，要加强管理、统筹规划、提高工艺，实现资源的保护性开发，减少资源的损耗。

(3) 加强资源的使用管理。在资源的使用过程中，要加强对能源、原材料、水等资源的消耗管理，提高工艺，实现能量的减量化和梯级利用。

要充分地综合开发利用资源，采用以一业为主、通过工业链带动和发展多种产业的全面合理的资源开发模式；要对资源产品进行加工、升值，尽量减少初级产品率，提高资源的加工利用程度，使资源得到充分利用。

2) 产品生产阶段的绿色营销

(1) 依循环经济准则合理设计产品。产品的设计是研制阶段的关键，它强调对资源和能源的有效利用及对生态环境的保护作用，不但要使企业有效地减低不必要的浪费，对减缓地球资源耗竭有所助益，而且要考虑废弃物的处理。在产品设计时，要综合考虑各种因素，如材料选择、产品制造、品牌、功能、包装、回收、节能、无污染、安全，等等。

对于产品功能和质量的设计，要以顾客价值为导向，提高产品的主要功能，适当考虑次要功能，去掉不必要的功能。

对于产品实体的设计，要考虑在保证功能和质量的前提下，尽量减少耗费；采用重复利用、可再生的零部件或材料；考虑产品的可拆卸、废弃后元件的回收利用。

包装是实体产品的一个重要组成部分，具有保护和美化产品、便利经营和消费及促进销售的功能，有“无声推销员”之称。产品在设计包装时，除同类型、异类型、复用型等级包装，更新包装等包装决策之外，应加入为增加用户环境保护意识而设计，为降低残余物质对环境污染的材料选择，以及考虑包装废物处理等观念。

同时，要采用新技术、新工艺，以提高资源的利用率，减少污染物的产生量。

(2) 运用绿色工艺，实施“清洁生产”。我国是国际上公认的清洁生产搞得最好的发展中国家。2002 年我国颁布了《清洁生产促进法》。目前，陕西、辽宁、江苏等省以及沈阳、太原等城市制定了地方清洁生产政策和法规。据统计，目前我国已在 20 多个省(区、市)的 20 多个行业、400 多家企业开展了清洁生产审计，建立了 20 个行业或地方的清洁生产中心，1 万多人次参加了不同类型的清洁生产培训班。有5000多家企业通过了ISO14000环境管理体系认证，几百种产品获得了环境标志。

推行清洁生产方案。第一，应密切关注绿色新科技、绿色新工艺、绿色新材料、绿色新产品的发展动向，适时地引进和开发绿色新产品。第二，要通过资源的综合利用，短缺资源的开发、代用，二次能源的利用，以及节能、节水、省料等，实现合理利用资源、减缓资源的枯竭的目的。第三，要通过减少甚至消除废物和污染物在产品生产全过程及产品的整个生命周期内的产生和排放，实现产品生产和产品消费过程与环境相容的目的。

清洁生产过程。进行生产的全过程控制，即从产品开发、规划、设计、建设、生产到运营管理的全过程，都必须采取必要的清洁方案，以实施防止物质生产过程中污染发生的控制。尽量避免使用有毒有害的原料及中间产品；减少生产过程的各种危险性因素；使用少废无废的工艺和高效的设备；物料的再循环(厂内、厂外)使用；简便、可靠的操作和控制，完善的管理等。

生产清洁的产品。包括节约原料和能源，产品在使用过程中以及使用后不含危害人体健康和生态环境的因素，易于回收、复用和再生，合理包装，具有合理的使用功能和使用寿命，易处理、易分解等。

(3) 改进生产方式，实现再制生产。再制生产即是企业把回收的旧部件，通过严格的检验、翻新，再用于制造新产品的生产方式。再制生产同传统的回收利用不同，不是把回收的旧产品毁掉然后利用它的材料，而是把可利用的部件从旧产品中取出，进行检验、翻新并再次使用。不少企业都以此节约成本，缩短生产周期，并塑造了自身的绿色形象。富士公司和柯达公司已在一次性胶卷照相机上采用了再制生产方式，引起了各界的巨大关注。

再制生产是一种新兴的生产方式，是一项整合的系统工程，在产品设计时，对再制部件要从结构和材料上加以特殊考虑，保证多次使用的安全与方便；从整体架构上也要保证再制部件的寿命和再制产品的质量；在制造环节，要求产品制造系统不仅保证安装“新”部件的产品高质量，而且要保证安装“旧”部件的产品高质量，因此制造系统的模块化和智能化十分重要；在产品回收上，必须建立一整套产品回收系统。富士公司和柯达公司通过专洗店和授权洗印店等形式组成了庞大的回收网络，保证胶卷轴机的回收。

3) 产品销售阶段的循环思路

(1) 建立符合循环经济标准要求的绿色产品的环境标志制度。对于符合循环经济要求的绿色产品，打上特殊的“环境标志”，表示产品从生产到使用、回收处理的整个过程符合特定的环保要求，对生态环境无害或损害极小，并有利于资源的再生回收；使人们在接触到该产品时，就会联想到葱郁的植被，茂密的森林，诱人的花草，优美的环境和生态的平衡。

(2) 建立以旧换新的回收制度。以旧换新以取得资源的再利用。对于主要元件可重复使用的产品，可以通过以旧换新取得这些元件，使资源得以再利用。这样，不仅有利于社会资源的更充分、有效的利用，减少对生态环境的污染，而且有利于降低成本。

以旧换新以减少对生态环境的污染。对于一些会对生态环境带来严重破坏的废弃产品，如电池等，通过统一回收处理，可以大幅度降低对生态环境的污染。

(3) 注重包装的减量化、再使用和可降解。产品销售过程进行包装的目的，主要在于产品运输过程中的产品保护、产品出售时与其他产品的区别、消费者便于携带等，对其包装也必须考虑减量化、再使用和可降解问题。

去掉不需要的包装，实现包装的减量化。目前，很多产品，如食品、化妆品等，采取多层包装、豪华包装，有的包装甚至超过了产品的价值，造成社会资源的极大浪费，同时也增加了

很多的垃圾。重新设计包装，去掉不必要的多层包装，或采用简易包装或无包装，就可以节约大量的包装纸，减少大量的生活垃圾。

采用可回收重复使用的包装。在运输过程中，采用可回收重复使用的塑料制“通用容器”作为包装物，以代替一次性使用的运输用包装纸箱，也可以节约大量的包装纸，减少大量的垃圾。瑞典的米格雷斯公司设计了对各种货物都能使用的塑料制“通用容器”作为运输用包装物，并于 1989 年开始实验性使用，为米格雷斯免除了每年要处理 6 吨纸箱垃圾的任务。对于所销售的产品的包装，也可采用重新装填和重新使用方式来改进包装。如米格雷斯通过加厚用于啤酒、苏打等产品包装的玻璃瓶，以便于回收、清洗和再次使用，并且将装液体洗涤剂的塑料容器设计成能够重新使用的形式。

改变商品包装材料的质地，积极推行使用纸制包装袋和可降解包装袋。这样，使用后的废弃的包装物还可以再回收，作为再生产的原材料。

4) 产品最终消费阶段的循环思路

(1) 从微观方面入手，帮助消费者树立可持续发展的绿色消费观念，提倡绿色消费。改变消费者的消费方式，树立以有利于资源节约和环境保护为时尚的新型生活方式与消费方式；自觉地减少和抵制一次性用品的使用；自觉使用具有环境标志的绿色产品；以实际购买行为抵制过度包装等浪费资源的不良倾向；自觉实施垃圾分类投放，提高垃圾的再循环利用率。

(2) 从中观方面入手，能源和一些重要资源部门通过加强对消费需求的管理和控制，采取按时、按量分段收费等方式，促进能源和资源的减量化消费。绿色产品的经营企业通过宣传和让利，促进绿色消费的实现。

(3) 从宏观方面入手，协助政府通过绿色宣传教育制度的建立与教育体系的构建，教育全民提高绿色消费意识；通过绿色消费的激励与控制制度的建立，促进绿色消费的实现；通过绿色消费法规体系的建立，限制不符合循环经济要求的消费行为；建立生活垃圾分类回收的激励制度。

5) 产品废弃-再生阶段的循环思路

(1) 减少废弃物的产生。特别是一些废弃物产生量大、污染重的重点行业，如建材、钢铁、电力等行业，要注重提高其废弃物的消纳功能，降低废弃物最终处置量，将工业垃圾降到最低程度。

(2) 提高废弃资源的综合利用率。尽可能地提高企业的废水、废气、废料的综合利用率，通过生态工业园的建立，实现废弃物的循环利用。综合利用各种建筑废弃物和工业垃圾；综合考虑城市生活污水的再生利用和生活垃圾的资源化利用；综合利用秸秆、畜禽粪便等农业废弃物，积极推广沼气工程,发展生物质能源。

(3) 大力回收和循环利用各种废旧资源。积极推进废钢铁、废有色金属、废纸、废塑料、废旧轮胎、废旧家电及电子产品、废旧纺织品、废旧机电产品、包装废弃物等的回收和循环利用；建立生产和生活垃圾的分类收集和分选系统；不断完善再生资源回收、加工、利用体系。

13.3 网络营销——营销手段的新发展

13.3.1 网络营销的特点

网络营销(Internet Marketing)是建立在互联网基础之上，以 Internet 为媒体来实现企业营销

目标的一种营销过程。与传统营销方式相比较，网络营销具有以下 8 个特点。

(1) 跨时空。以无时空约束的 Internet 为依托的网络营销，没有时间、空间、地域、国别的限制，减少了市场壁垒和市场扩展的障碍。企业可通过网络全天候地直接面对全球提供营销服务。

(2) 交互式。传统营销中“一对多”、单向式的信息沟通方式，被网络营销中“一对一”、双向交互式的沟通方式所取代。消费者可以主动地在网上选择所需的产品或服务，或向企业提出各种消费意愿。而企业也可根据消费者提出的需求信息，定制、改进或开发新产品。这种交互式的沟通方式是以消费者为主导的、非强迫性的，它使企业与消费者间的沟通更直接、更迅速、更方便、也更有效了。

(3) 个性化。网络营销是一种以消费者为导向，强调个性化的营销方式。网络营销比起传统营销的任何一种方式，更能体现顾客的中心地位，顾客将拥有更大的选择自由，他们可根据自己的个性特点和需求，在全球范围内挑选满意的商品，而企业则可以从每一个消费者身上寻找商机，为其提供称心如意的产品和服务。

(4) 经济性。网络营销简化了信息传播过程，网站和网页分别成为营销的场所和界面。一方面可以节省大量的店面资金和人工成本，减少库存产品的资金占用，降低在整个商品供应链上的费用；另一方面可以减少由于迂回多次交换带来的损耗。

(5) 高效性。网络营销减少了许多营销环节，缩短了的传统供应链，传统的迂回模式变为直接模式，提高了经营效率。如企业生产出的产品可以立即上网销售，实现零库存、无分销商的高效运作。同时，网络和计算机大大提高了企业对市场变化的反应速度。

(6) 多媒体。网络营销可以充分发挥计算机及多媒体技术的优势，实现丰富多彩的营销形式。通过网络，除能提供声形并茂的产品信息外，各种广告形式、促销活动、公关手段(电子公关)都可以在 Web 上实现，且具有更丰富的内涵(如动态广告、虚拟现实等)。这是其他营销方式所难以做到的。

(7) 超前性。Internet 作为一种功能强大的营销工具，同时提供交易、渠道、促销等多种功能，它所具有的互动式沟通、一对一营销等能力，符合定制营销和直复营销的未来发展趋势。

(8) 技术性。网络营销是建立在计算机及现代通信等高新技术支撑的网络基础上的，企业实施网络营销必须要有一定的技术投入和技术支持，经营决策、市场运作更加依赖于科技手段。

13.3.2 网络营销的优势

随着计算机及互联网的运用，企业的营销条件发生了变化，利用互联网进行营销，已成为企业的新的营销方式，并为企业营销带来了新的活力。在网络经济条件下，利用互联网开展营销活动，更便于企业根据市场需求设计网络营销的流程、开展营销调研、从事营销活动，使以顾客为导向的市场营销观得到更充分的体现。

1. 网络营销更便于企业根据顾客需要设计营销流程

1) 根据顾客的期望设计企业网站

不同顾客对企业的期望值不同，一般来说，顾客总是希望受到尊重、买到物有所值的

产品、得到方便快捷的服务。因此，企业网站的建设可以从这些需求出发，考虑如何记住企业的顾客；如何使顾客更方便地和企业打交道；如何为不同的顾客量身定做产品和服务；如何使顾客得到满意。

2) 以最终顾客的需求为重点

不同的企业有不同的目标顾客，生产资料制造商往往以其他制造商为顾客，消费品制造商往往以零售商为顾客……但真正的顾客是产品和服务的最终使用者。通过互联网，企业不仅仅可以了解直接的目标顾客的需求，而且能够了解最终顾客的需求和有关资料，并根据他们的需求设计网站和从事营销活动。

3) 从顾客角度设计业务流程

企业在进行网络营销时，顾客通过网站和企业接触，企业和顾客是一对一的服务关系。企业不仅能清楚地掌握顾客的信息，为顾客提供服务，而且还可以根据顾客的新的需求，进一步发展其他业务。如占美国贺卡市场44%的贺轩卡片(Hall Mark)的网站，通过深入调查顾客的需求，发现顾客最需要的是有人提醒他该寄卡片给亲友了，因此在贺轩的网站上有一项很方便的提醒服务。如一位顾客某天会接到当地贺轩商店的电话，告诉他爱人的生日要到了，并告诉顾客去年他送了一盒巧克力，今年要不要考虑送一只泰迪熊加上一束玫瑰，这位顾客立刻很高兴地接受了企业的建议，贺轩也就很轻松地多了一笔生意。

4) 建立公司的网络系统从整体上满足顾客需求

公司的网站建设，不仅仅是建立一个和顾客接触的桥梁，而且要把公司的支持系统、顾客服务系统、内部各个部门、营销渠道等和这个网络结合在一起，设计一个适合未来发展的网络系统，以便于从整体上更完善、更快捷地为顾客服务，全方位地满足顾客的需求。

5) 有利于促进顾客忠诚

一般来说，企业每 5 年就流失掉一半的顾客。网络营销的优势之一是企业不必花很多钱就可以提高顾客忠诚度。通过网络，公司可以分析顾客的购买行为，找出谁是最具潜力的顾客，即需求最符合企业所提供价值、能为企业带来最多利润的顾客；企业可以根据这些顾客的需求，为他们设计完整的电子商务解决方案，达到强化与这些顾客的关系的目的。

2. 网络营销使市场调研更具优势

利用互联网进行市场调研，既可以利用自己的网站进行调研，也可以借用别人的网站进行调研，如利用访问者众多的网络媒体提供商(ICP)或直接进入相关网站查询需要的信息。由于互联网自身的特点，使网上市场调研比传统的市场调研更加方便、快捷，因此，也更便于企业及时掌握市场动态及消费者需求的变化，为企业实施以顾客为导向的市场营销观念提供了方便。网上市场调研的优势主要表现在以下几点。

(1) 互联网没有时间、地域限制，使调研范围更加广泛。

(2) 互联网的交互性使网上调研的周期大大缩短。

(3) 网上市场调研可节省大量的人力耗费和印刷费用，也降低了调研成本。

(4) 网上调研的参与者均是对调研项目感兴趣的主动回应者，避免了传统调研的“拒访”现象，提高了调研的可信度。

(5) 网上调研便于搜集竞争对手的有关信息。可以利用导航台，设定与自己产品相同或相似的关键词来寻找竞争对手；通过查看竞争对手的网址、网站，来搜集竞争对手的有关

资料。

3. 网上“顾客”的细分更加贴切

对于光顾企业网站的“顾客”，可以依照不同的标准来进行细分，以便于通过分析，确定自己的目标顾客，有针对性地开展营销，满足消费者的个性化需求。

按照其与企业的关系，可将网上顾客划分为由外至内的4个层次。

(1) 全球网民。他们往往关注各方面的信息，随时可能“撞到”企业的网站中来。因此，企业要尽量提供对他们有帮助的信息，将其注意力吸引到企业的网站中来。

(2) 网站新客。这可能是一些有意或无意光顾企业网站的“准顾客”，来到企业的网站后，希望获得一些有价值的信息，了解有关商品及其价格。企业应为他们提供有价值的、易找寻的信息，诱使其建立 bookmark，并留下 E-mail 地址。让企业网站在他们的脑海中留下较深刻的印象。

(3) 首次购买者。对于这些首次购买企业的产品或服务的顾客，企业应通过建立简捷、有效、使人信任的机制，设法使其再次光顾企业网站并购买企业产品或服务。

(4) 企业的常客。对于经常光顾企业的“常客”，企业要和他们建立联系，并进一步按照其个性化需求来进行再次细分，以便为其提供增值服务，争取使其成为企业的忠实顾客。

按照消费者的个性化需求进行细分，通过互联网，实现企业与顾客的一对一的服务。网络营销的细分过程中，更加注重、也更加便于从消费者的个性化需求中来发现和寻找消费共性，作为市场细分的依据，实现以批量生产来满足个性化需求的最佳营销模式。首先，通过网上沟通了解不同顾客的个性化需求；然后，通过筛选，将类似需求归并为同一类型，形成若干共性需求；再后，以共性需求为依据，确定细分标准；最后，根据共性需求将消费者划分为不同的消费者群体。

4. 网络营销有利于4C向4P的转换

从消费者需求来考虑，构成了以 4C 为基础的顾客需求组合：购买欲望和需求(Consumer's Wants and Needs)，所需的成本(Convenience to Buy)，方便地购买商品以及送货和售后服务(Cost to Satisfy Wants and Needs)，方便、快捷和友好的沟通(Communication)。通过网络营销，企业有针对性地实施营销组合 4P(产品、价格、分销、促销)，使顾客需求组合 4C 得以实现。

1) 网络营销更加有利于在产品策略中体现满足需求

企业可以从网上及时了解消费者的新的需求，获取新产品需求的信息，从而有针对性地开展营销活动，满足消费者不断发展的需求。企业可以在网上及时了解消费者对现有产品的不足之感和求足之愿，从而确定产品的改进和提高的方向，进行系列产品的研制，不断推出新的、能适应消费者需求的产品。企业可以从网上了解不同消费者的特殊需求，对类似需求的消费者开展定制服务，从而以批量生产满足消费者的个性化需求，使以消费者为中心的定制营销成为现实。

2) 网络营销更加有利于在价格策略中体现消费者成本的满足

网络营销过程中，消费者与生产者在网上直接议价，企业可以根据消费者和市场愿意承受的价格及性能需求来测算和控制产品的成本、进行定价，从而向市场提供能满足消费者价格和性能需求的适销对路的产品。因此，产品的价格风险相对较小。

3) 在渠道策略中以电子商务系统为消费者提供方便、快捷的服务

在现代网络营销中，由于营销过程没有地域的概念，营销渠道和宣传策略也变成了电子商务的过程。商务信息的交换和处理取代了原有商务运作过程中的大部分工作。在这种情况下,营销策略中要考虑的重要问题就是如何在网络上用丰富的商品信息资源吸引用户,如何使所开发出的电子商务系统既安全又方便于消费者购买。

4) 网络营销使限时、单向沟通发展为即时、双向沟通

网络经济时代，信息沟通不再受时间和空间的限制。通过计算机网络，可以建立起企业内部以及企业与供应商、经销商、消费者、其他社会公众之间的即时沟通，以达到企业树立良好形象、提高经营效率和赢得更大利润的目的。

首先，企业内部各单位、各部门、各个销售点之间通过电脑联网沟通信息，有利于提高工作效率，保证经营管理质量，增强企业活力。

其次，通过电脑网络，企业可直接与供应商、经销商及其他辅助商进行双向沟通。一方面，可及时将企业的有关信息传递出去；另一方面，可及时了解有关原材料的价格、资金市场的状况、商品信息、物流配送公司的动态、经销商情况等有关信息。

再次，企业可通过电脑网络与社会公众进行文化和感情上的沟通，在网络上树立自己公司和产品的形象；同时，了解消费者感兴趣的内容,开始构思新的产品，开发新的服务，最终使消费者对企业的网址发生兴趣并记住它。

最后，企业可以通过电脑网络与广大消费者进行即时沟通：在网络上介绍自己的产品，并营造出一个良好的购物环境；通过对访问站点人数的统计，了解消费者的购买意向，并发现产品和经营中的一些问题，及时加以改进。

13.4 关系营销——营销内容的新发展

13.4.1 关系营销的内涵

20 世纪 80 年代以后，兴起了以欧洲为代表的“关系营销学派”，他们把企业的营销活动放在整个社会经济的大系统中来考查，认为企业作为社会经济系统中的一个子系统，其经营活动是与周围各种因素包括顾客、供应商、分销商、竞争者、银行、政府机构等相互作用的过程。与这些个人或组织建立起良好的关系是营销活动的核心，是营销成功的关键。企业与各方通过互利交换及共同履行承诺，实现各自目标。企业与顾客之间的长期关系是关系营销的核心，保持和发展这种关系是关系营销的重要内容。要实现关系营销的目标，企业必须在提供优质的产品、良好的服务和公平的价格的同时，与各方加强经济、技术及社会等各方面的联系和交往。

1. 关系营销内涵的演进

从“关系对象”以及关系营销与营销管理的关系出发，关系导向营销观的演进可归纳为以下 3 个阶段。

1) 单一客户关系论

自 20 世纪 80 年代提出关系营销以后，一般学者都将关系营销界定为买卖之间的依赖关系的营销。将关系营销的研究局限于关注和处理买方与卖方之间相互关系，即在传统的顾客导向营销观的基础上，重点探讨客户关系管理(CRM)等问题。

2) 单纯多元关系论

仅仅从关系出发将关系营销视为社会环境中建立在人际关系这块基石上的相互作用的过程。主要有以下 3 种观点。

(1) 三元关系论。认为企业在营销中要致力于处理顾客、供应商、分销商三个关键成员的关系。最早提出关系营销的北美学者巴巴拉·本德·杰克逊指出(1985)：关系营销是与关键成员(顾客、供应商、分销商)建立长期满意的关系，以保持长期的业务和绩效的活动过程。有的学者在此基础上提出了“关系金三角”，如图 13-4 所示。

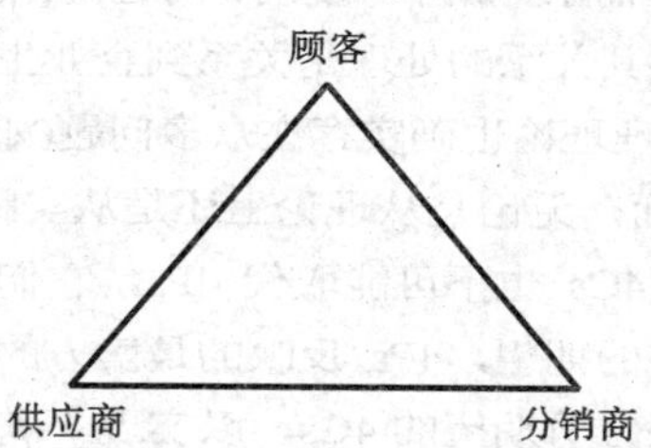

图 13-4 关系金三角

(2) 六市场论。在三元关系论基础上对“关系对象”的范围进行扩张，提出了关系营销的六市场论。在“关系营销”概念里，一个企业必须处理好与下面 6 个子市场的关系：顾客市场、供应商市场、内部市场、竞争者市场、分销商市场、相关利益者市场。六市场论认为，正确处理企业与这些组织及个人的关系是企业营销的核心，是企业经营成败的关键。

(3) 多元关系论。随着关系营销研究的进一步深化，学者们从不同的角度对“关系对象”进行了补充和归纳，提出了多种模式。如阿克尔森和伊斯顿、哈坎逊和斯奈荷塔等(1995)认为与公司利益攸关者包括顾客、员工、供应商、分销商、零售商、广告代理人、大科学家及其他人；企业营销中必须研究与这些利益攸关者之间的直接或间接的连接关系，建立起“营销网络”。有的学者提出关系营销主要包括以下各关系方：公司(企业)与原材料、燃料供应商之间的关系；公司(企业)与经销渠道部门的中间商之间的关系；公司(企业)与为公司(企业)生产、生活服务的服务商之间的关系；公司(企业)与科教文卫部门之间的关系；公司(企业)与顾客之间的关系；公司(企业)与同行公司(企业)之间的关系；公司(企业)与内部各职能部门之间的关系；公司(企业)与员工之间的关系；公司(企业)与股东、股民之间的关系。以上这些关系构成了公司(企业)关系营销的关系方或公司关系营销的范围，只有全方位地与关系方之间进行关系营销，才符合关系营销的真正含义。

3) 交易与关系结合论

交易与关系结合论认为营销应是从交易到关系的一个连续、系统的过程。如芬兰学者格隆罗斯综合营销的交易特性和关系特性，指出(1990)：营销是为了实现利润目标，通过相互交换和履行承诺，识别、建立、维持、巩固与消费者及其他参与者的关系，以实现各方目的的过程。菲利浦·科特勒则在此基础上提出了整体营销观念(1992 年)，认为：企业营销活动中，应将最终顾客、供应商、分销商、内部员工、金融机构、政府部门、同盟者、竞争者、新闻单位及其他社会公众等均作为自己的营销对象，全方位地开展营销活动。整体营销观念认为，作为企业微观营销环境的各个方面，对企业营销活动有着直接的影响，企业不应被动地适应它，而应通过调查，了解其需求和利益所在，并制定相应策略，以达到互利互惠，从而建立稳定、良好的

关系来取得营销的成功。因此，针对企业微观环境因素中的各个方面，通过实施整体营销、坚持“多赢”原则，来实现相互的支持和合作，是现代企业营销的新思路，也创造出了一些新的方法，如通过资产重组，建立综合商社，实施代理制，以及对内对外的公共关系活动来建立、改善企业与各方面的关系。有的学者进一步从理论上进行了界定：关系营销应是个人和群体通过创造及同其他个人和群体交换产品和价值的同时，创造双方更亲密的相互依赖关系，以满足社会需求和欲求的一种社会的和管理的过程。

近几年，在国内关于关系营销的研究和对于营销管理的批评也不乏其文。甚至有人提出应以关系营销的4Cs(顾客的欲望与需求、成本、便利、沟通)取代营销管理的4Ps。诚然，一方面，营销中对于利益攸关者的关注及其关系的处理是关系到企业生存与发展的重大问题，必须予以重视；另一方面，美国的营销管理理论也确实存在众多问题(如产品生命周期的可操作性、市场营销组合理论的局限性等)。然而，无论是从理论上还是从实践上来看，“营销管理”都不可能由“单纯关系营销”来取代的。4Cs 也不可能取代 4Ps，它们是“买方”和“卖方”两个不同主体的行为，4Cs 反映的是买方的期望，4Ps 反映的是卖方的行为。而营销就是要通过企业的努力，使企业提供的4Ps符合买方所期望的4Cs，以实现“满足需求—顾客满意”的目标。

因此，以交易为核心的“营销管理”与以关系为核心的“单纯关系营销”的结合，在相互交换和履行承诺的过程中，识别、建立、维持、巩固与消费者及其他参与者的关系，实现各方目的，才是以关系为导向的营销观的本质特征。

2. 关系营销的诠释

1) 强调交易与关系的结合

关系导向营销观认为，营销既是一个管理过程，又是一个社会过程。营销中既要通过相互交换，实现交易活动，又要通过履行承诺，建立和巩固各方关系。从交易到关系是一个连续的、系统的过程，只有两者的结合，才是完整的营销。

2) 强调“关系”的多元性

关系导向营销观强调多方关系的处理，不仅要注重与消费者的关系，而且要注重与一切“参与者”的关系；不仅要注重关系的识别与建立，而且要注重关系的维持与巩固。通过利益各方之间的相互沟通与磨合，形成一种稳定的，相互信任、相互依赖的关系。

3) 强调实现“多赢”目的

关系导向营销观强调营销中必须兼顾企业、消费者及其他利益攸关者的利益，建立、维持、巩固良好的关系，在实现企业的利润目标的同时，实现各方的目的。

13.4.2 关系营销与传统营销的差异

关系营销是现代营销观念发展的一次历史性突破。它与传统营销相比，无论从范围、目的、重点，还是营销主体等方面都有很大的差异。

1. 营销范围的扩大

传统营销仅仅从交易的角度，把营销的视野局限在由现实或潜在购买者组成的目标市场(企业准备为其服务的顾客群)上，主要研究购买者市场(消费者市场、生产者生产、中间商市场、政府市场)的特征、行为及其营销对策。而以关系为导向的营销不仅要从交易的角度研究购买者市场，而且要从关系的角度研究与企业营销密切相关的各类利益攸关者，将他们作为企业的营销对象。

2. 营销的利益导向的差异

传统营销以企业利润最大化作为企业营销的目标。虽然也强调与顾客利益的统一，强调通过满足顾客需求、实现顾客满意来获得企业的最大利润，然而，在实际操作中所考虑的却往往是企业的利益。而以关系为导向的营销，以“多赢”为宗旨，注重满足各方的利益，实现各方的目的，建立长期的关系。因此，在营销过程中，必须研究各方的利益和目的，作为制定营销战略与策略的依据。

3. 营销的核心内容的差异

传统营销以“交换”作为核心内容，围绕着“交换”的实现(即达成交易)来开展营销活动，无论是目标市场的选择和研究，还是营销组合(4Ps)的实施，都是为了促进最终达成交易。而以关系为导向的营销，以“交换/关系”作为核心内容，通过与利益攸关者的相互交换和履行承诺，来建立长期的、良好的关系。交换活动与关系的建立是一个连续、系统、相互融合的过程。

4. 营销主体的差异

传统营销将营销看做是营销部门的职能，营销的主体仅仅是从事营销工作的营销部门，研究营销就是要研究营销部门如何搞好营销工作。而以关系为导向的营销，认为营销既是一种经营职能，又是一种经营哲学。从经营职能的角度，要研究营销者从事营销管理的全过程(包括通过交换达成交易的过程和建立、巩固关系的过程)；从经营哲学的角度，要使以关系为导向的营销观成为公司各个层面、各个部门的指导思想，成为公司处理一切工作的根本宗旨。

13.4.3 关系营销的实施流程

1. 关系营销的实施原则

1) 主动沟通原则

在关系营销中，关系各方都应主动与其他关系方接触和联系，相互沟通消息，了解情况，形成制度或以合同形式定期或不定期碰头，相互交流各关系方需求和利益变化情况，主动为关系方服务，为关系方解决困难和问题，增强伙伴合作关系。从企业的角度来看，可通过销售活动、大众沟通活动(包括传统的广告、宣传手册、销售信件等不寻求直接回应的活动)、直接沟通(包括含有特殊提供物、信息和确认已经发生交互的个人化信件等)和公共关系等活动，来创造双向的或多维的沟通过程；还可以从以往交互中得到某种形式的反馈，以便得到更多的信息。

2) 承诺信任原则

在关系营销中各关系方相互之间都应做出一系列书面或口头承诺，并以自己的行为履行诺言，才能赢得关系方的信任。摩根和亨特认为信任和承诺至关重要，信任和承诺有助于鼓励营销者与交换伙伴合作来保持关系投资；鼓励营销者抵制有吸引力的短期替代者，从而维护与现有伙伴保持关系的顾客长期利益；鼓励营销者审慎地看待潜在的高风险行动，因为营销者相信他们的伙伴不会机会主义地行事。当信任和承诺同时存在时，它们就会产生能够促进效率、生产率和效益的结果。关系营销管理者面临的挑战就是证实他们对于关系的承诺，反复灌输对其关系伙伴的信任。在服务营销环境中，这可能会更具挑战性，因为服务营销相对缺乏有形的展

示，而且在被生产或消费之前服务不能够被检验。关系营销要求整个组织承诺提供可靠的、感情移入的和易起反应的高品质的服务。优质服务能够改善企业获利率。斯托贝克·格鲁斯认为服务质量和获利率之间具有强相关关系：“服务质量的提高将推动顾客满意度的成长；顾客满意度的成长会增加企业与顾客的关系强度；关系强度的增加会延长企业与顾客的关系寿命；关系寿命的延长带来顾客关系获利率的成长。”

3) 互惠原则

在与关系方交往过程中必须做到相互满足关系方的经济利益，并通过在公平、公正、公开的条件下进行成熟、高质量的产品或价值交换使关系方都能得到实惠。

2. 关系营销的关键过程

实施关系营销是一项系统工程，必须全面、正确理解关系营销所包含的内容。企业与顾客的关系是关系营销中的核心，建立这种关系的基础是满足顾客的真正需要，实现顾客满意，离开了这一点，关系营销就成了无源之水、无本之木。要实现企业与顾客建立长期稳固关系的最终目标，离不开建立与企业内部利益攸关者、关联企业、政府及其他社会公众良好关系的支持。

1) 建立与维持同顾客的良好关系

顾客是企业生存和发展的基础，无疑是企业的最主要的营销对象。通过相互交换与履行承诺，建立并维持与顾客的良好关系是企业营销活动成功的基本保证。要做到这一点，首先必须真正树立以消费者为中心的观念，切实考虑他们的需求、欲望以及愿意为之付出的成本，密切注意顾客的期望及其变化。顾客期望是个人需要和经历、企业口碑、营销沟通等要素相结合的产物，因而顾客期望是动态的。动态意味着企业不仅仅需要理解或追踪顾客期望的变化，而且可以通过与顾客的媒介和人际沟通，在一定程度上对顾客期望产生影响。其次，要切实关心消费者利益，提高消费者的满意程度和购物的方便性，使顾客的利益落到实处。此外，要加强与顾客的联系，密切双方感情。随着人们消费观念的更新，情感在消费者购买决策中的影响作用越来越大。可以通过设立顾客关系管理机构；通过营销人员与顾客的密切交流增进友情，强化关系；通过老主顾营销规划，即向经常购买或大量购买的顾客提供折扣，赠送商品、奖品等奖励；通过建立顾客俱乐部，吸收购买一定数量产品或支付会费的顾客成为会员；通过定制营销，即根据每个顾客的不同需求制造产品并开展相应的营销活动；通过数据库营销，建立、维持和使用顾客数据库，实现“一对一”营销；通过对不再购买企业的产品或服务，终止与企业的业务关系的顾客进行退出管理，即找出退出原因和补救方法，测定顾客流失率，测算流失顾客对公司造成的利润损失，确定降低流失率所需的费用，实现建立与维持同顾客的良好关系的目的。

2) 促进企业合作，共同开发市场机会

在当今市场竞争日趋激烈的形势下，过去的营销观念所强调的视竞争对手为仇敌、彼此势不两立的竞争原则已无法适应；在经营中以我为重、以我为大，仅仅考虑企业自身利益的做法也已过时。适当的企业合作更有利于企业目标的实现。通过各种横向或纵向的企业间的合作，能巩固企业已有的市场地位，并依靠合作所产生的合力开辟新市场，顺利地进行多角化经营，并能适度减少无效竞争，提高整个经济的运行效率。企业间的合作主要包括以下 5 个方面。

(1) 促进与竞争者的合作。现代竞争的形态已由“对抗竞争”发展为“合作竞争”。在竞争者市场上，企业营销活动的主要目的是争取同那些拥有与自己具有互补性资源竞争者的协作，实现知识的转移、资源的共享和更有效的利用。通过与竞争者结成各种形式的战略联盟，进行

研发、原料采购、生产、销售渠道等方面的合作，以便相互分担、降低费用和风险，增强经营能力，在竞争中实现“双赢”。因此，研究竞争者市场成为营销中十分重要的问题。

(2) 加强与供应者的关系。供应者包括劳动力供应者，金融市场供应者，原材料与设备供应者，技术供应者，信息、咨询、广告及其他服务产品供应者等。与供应商的关系决定了企业所能获得的资源数量、质量及获得的速度。企业通过研究供应者市场的特征和目的，与供应者结成紧密的合作网络，进行必要的资源交换，通过交换和承诺，使之达到满足和满意。

(3) 建立与巩固同分销商的关系。销售渠道对现代企业来说无异于生命线，随着营销竞争的加剧，掌握了销售的通路就等于占领了市场。优秀的分销商是企业竞争优势的重要组成部分。通过研究和满足渠道成员的利益和需求，与分销商达成长期的合作关系，利用他们的人力、物力、财力，从而以最低的成本实现市场的最大扩张，并取得最可靠的信息资源。

(4) 协调与促进同企业内部利益攸关者的关系。企业必须重视与内部利益攸关者的关系，包括企业内部员工及与企业营销有关的各个部门的关系，实施内部营销。企业要想让外部顾客满意，首先得让内部员工满意，并取得企业内部相关部门的支持和帮助。只有工作满意的员工，才可能以更高的效率为外部顾客提供服务；只有各个部门协同一致，才有可能提高产品和营销的质量，并最终让外部顾客感到满意。企业营销中，必须研究和满足内部市场的需求和期望，构建良好的内部氛围。同时，通过内部营销，建立起与关系营销相适应的企业文化和企业制度，使企业全体员工转向关系营销的新视野，促进新的企业文化的发展。使全体员工达成共识，相信引入关系营销是明智的，激励员工开发和执行关系营销策略。同时，在关系营销下，推销人员很可能会被关系管理者取代，顾客保持很可能会比顾客争取授予更高的奖励；在管理层会议上，顾客满意数据将会和财务数据受到同样的关注；企业主管与顾客相处的时间将会和企业主管与部门经理相处的时间一样多。

(5) 协调与政府及其他利益攸关者的关系。政府、社区、股东、新闻媒体，以及消费者权益保护组织、环保组织等各种各样的社会压力团体，与企业都存在千丝万缕的联系，对于企业的生存和发展都会产生重要的影响。政府出于国家整体利益的考虑，通过立法、行政、经济等手段对社会经济活动实行宏观调控和管理，因此企业的营销活动必然受到政府有关规定的影响。在处理与政府的关系上，企业应该持积极的态度，遵循国家有关法规，协助研究国家所面临的各种问题的解决方法和途径，保证企业营销的成功。同时有利于企业树立良好的公共关系形象，并通过与政府的密切合作获得很多直接或间接的利益。协调与本国政府及进入国政府的关系，获得他们的支持和帮助，对企业成功地展开国际市场营销具有十分重要的意义。因此，企业也必须通过了解他们的需求与利益，制定以公共关系为主要手段的营销策略。

本章小结

本章主要介绍了 20 世纪 90 年代以来的新课题，并重点关注绿色营销、网络营销、关系营销。

绿色营销是指以促进可持续发展为目标，为实现经济利益、消费者需求和环境利益的统一，市场主体根据科学性和规范性的原则，通过有目的、有计划地开发及同其他市场主体交换产品价值来满足市场需求的一种管理过程。

网络营销（Internet Marketing）是建立在互联网基础之上，以 Internet 为媒体来实现企业营销目标的一种营销过程。具有跨时空、交互式、个性化、高效性、多媒体等特征。

随着欧洲关系营销学派的兴起，关系营销备受关注。关系营销理论认为企业作为社会经济系统中的一个子系统，其经营活动是与周围各种因素包括顾客、供应商、分销商、竞争者、银行、政府机构等相互作用的过程。与这些个人或组织建立起良好的关系是营销活动的核心，是营销成功的关键。企业与各方通过互利交换及共同履行承诺，实现各自目标。企业与顾客之间的长期关系是关系营销的核心，保持和发展这种关系是关系营销的重要内容。

关键术语

绿色营销　　网络营销　　关系营销

思考题

1. 如何理解关系营销与传统营销的差异?
2. 试说明现阶段企业实施网络营销的主要障碍及促进措施。
3. 说明循环经济与绿色营销的关系。

参考文献

1. 马凯. 贯彻和落实科学发展观，大力推进循环经济发展[N]. 人民日报，2004-10-19(6).
2. 黄泽全. “循环经济”方兴未艾[N]. 人民日报，2004-03-22.
3. 人民日报评论员. 深入持久地开展资源节约活动[N]. 人民日报，2004-04-16.
4. 解振华. 大力发展循环经济[J]. 求是，2003(13): 53-55.
5. 万后芬. 市场营销教程[M]. 北京：高等教育出版社，2007.

案例研讨

柯达的网络营销

作为一家跨国公司，柯达非常注重公司网站的全球化建设。柯达网站对树立企业形象、培养用户忠诚度等起到至关重要的作用，被广泛认为是商业价值营销效果最好的站点之一。为确保网站能提供优质服务，柯达还进一步将站点开发扩展到企业的各个部门，把信息系统部、国际互联网营销部和公共关系、营销和销售单位联结起来，确保用户反馈和查询被迅速准确地传给公司，同时也确保服务人员能立即作出反应。柯达认为：采取网络营销方式和用户发生相互作用以及从事直接商业的潜力是十分巨大的。柯达美国网站、柯达中国网站、柯达日本网站等都会有柯达全球网址（Kodak Worldwide）链接，同时又都会考虑本地区的文化和生活差异。例如，柯达美国的购物网站到了年底可能会增加圣诞节的氛围，而柯达中国的网站可能举行“丝绸之路，中国之旅”等活动。

具体而言，首先，柯达网站有清晰的网站定位，力求让陌生人从网站了解柯达；让业余摄影爱好者从网站认识柯达；让专业摄影爱好者在网站参与柯达、享受柯达。其次，柯达网站有醒目的网站主题，以首页上的“拍照，后续处理”为主题，再配上精致的照片，有明确反映其经营理念和定位的站点服务主题。再者，柯达网站设计具有简洁的特色，体现出“简约就是美”的诉求。www.kodak.com 的页面只有不到两个屏幕的大小，6 个栏目的划分（Products、Service, Support & Downloads、About Kodak、Kodak Worldwide、Info imaging、Shop Kodak），快捷的下拉式导航可以让浏览者直接找到他们所需要的内容。同时，柯达公司进行网络营销坚持信用为重：在页眉部分，网站有动态的日期提示和亲切的问候语以增强亲和力；网站有丰富的产品信息并配有清晰的图片、翔实的支援服务和联系方式。此外，在页脚部分，网站提供了版权声明和明确的隐私保护，告知浏览者哪些信息会被收集、使用，以及如何反馈等。

当柯达公司首次在互联网上开通其站点、每天吸引多达 15 万多人次访问时，被广泛认为是商业价值营销效果最好的站点之一。1989 年，当柯达公司宣布将其所有的电脑资产与运作全部外包时，震惊了全美企业界。而当时柯达公司是将其视为增收节支、强化竞争力、实现企业主要目标的一项重要举措，现如今则演化成为颇具规模的综合性营销与服务站点。从利用该站点来为顾客解答问题、发布产品信息、为数字摄影器材下载驱动程序等多项服务来看，仅 1996 年一年，该网站就节约了 400 多万美元。公司不仅取消了受话方付费的 800 咨询电话，减少了负责顾客咨询、处理订单的员工名额，同时还降低了全球的邮资和运输费用。

(资料来源：http://course.shufe.edu.cn/course/marketing/allanli/keda.htm.)

案例思考题

1. 通过本案例的介绍，你认为柯达网络营销的特色主要体现在哪些方面？
2. 你如何看待柯达公司“全球化的思维，本地化的行动”的网络营销？

第 14 章　营销绩效管理

14

本章提要　市场营销控制是营销管理中不可或缺的重要组成部分。通过对营销过程和营销结果的诊断、审计和评价，分析和发现企业营销中存在的问题，有利于企业有针对性地进行整改，也为企业制定新一轮的战略计划提供了依据。本章主要介绍市场营销战略诊断的基本思路；市场营销审计的特征、内容和方法；顾客满意度评价、营销效益评价、企业优劣评价等企业营销业绩评价的方法；营销道德评价和控制的有关理论和方法；最后探讨了实施全面质量营销以全面控制和提高营销水平的有关理论和方法。本章重点在于学习营销绩效评价标准、顾客满意度评价模型，以及全面掌握营销的基本理论与控制体系。难点在于如何应用顾客满意度评价模型测评。

引　　例

某糖果公司是一家中等规模的企业。最近两年，它的销售额和利润仅够维持公司生存。总经理认为，问题出在销售部门不努力工作，或“不够机灵”，为此准备采取增加报酬，雇用新人及用现代技术、设备训练推销人员的措施。不过，在采取行动之前，公司决定先请专家做一次全面的营销审计，以判断问题到底出在哪里。

审计人员通过对管理人员、顾客、推销员和经销商的大量调查及查阅各种资料，发现以下情况：

公司的产品线包括 18 种主要产品，其中占领先地位(占公司总销量 76%)的两个品牌处于产品生命周期的成熟阶段。公司开始注意正在急剧扩大的巧克力糖果市场，但还未采取任何行动。

该公司产品特别受低收入层和老年人欢迎，消费者评价它的产品与竞争对手的相比，“质量中等，有点老式”。

公司主要通过糖果批发商和大型连锁店出售产品。它特别重视小零售商的市场渗透能力，因此，它的推销人员经常访问各种小零售商。而它的竞争对手主要依靠大众传播媒介做广告，在百货公司、大型连锁商店方面取得很大成功。

该公司的市场营销费用占总销售额的15%，而竞争对手的同类费用比率多为20%。该公司的营销预算大多给了推销部门，余下的用于广告，其他促销方式所得极为有限。广告预算又主要用在了两项领先产品上，新产品经常得不到宣传，只能靠推销员向零售商介绍。

市场营销工作受市场副总裁领导，但他的精力主要用在了推销部门，很少注意其他营销职能。

(资料来源：万后芬. 市场营销教程[M]. 北京：高等教育出版社，2007.)

14.1 市场营销审计

营销审计是对一个公司或一个业务单位的营销环境、目标、战略和活动所做的全面的、系统的、独立的和定期的检查，其目的在于决定问题的范围和机会，提出行动计划，以提高公司的营销业绩。

14.1.1 营销审计的特征

营销审计不同于营销诊断，它具有以下特征。

(1) 系统性。营销审计是一个系统的过程。首先，确定审计目标和审计方法。初步确定审计的组织形式、人员分工，以及涉及的广度和深度、资料来源、报告形式、起止时间等。然后，拟定详尽的审计调查计划。营销审计包括诊断组织的营销环境、内部营销制度和各种具体营销活动，不能仅仅靠公司经理收集情况和意见，还必须访问公司内部的各个部门和有关员工、顾客、经销商及其他外界人士。审计计划包括调查对象的选定，调查问题的拟定，接触的方式、时间和地点，等等，这样就能使审计所花的时间和成本最小化。最后，在诊断基础上制定调整行动计划，包括短期计划和长期计划，以提高组织的整体营销效益。

(2) 全面性。营销审计不仅仅涉及营销过程中的某一方面的问题，也不限于对营销过程所出现的问题的诊断和处理，而是对一个企业的营销活动的全面审计。通过全面的营销审计，能够更有效地找到公司营销问题的真实原因。

(3) 多元性。进行营销审计可以通过多种途径，包括内部审计、外部审计和交叉审计等。内部审计是指由公司内部成员自行审计，可分为自我审计和公司审计部门审计两种类型。自我审计是指经理利用一个检查表，评价自己的业务活动；公司审计部门审计是通过公司审计处或公司任务小组等独立的审计部门，根据需要向各事业部提供营销审计服务。外部审计是由上级主管部门或外界经验丰富的专家进行审计。外部审计具有客观性和独立性，有许多本行业的经验，对本行业颇为熟悉，同时可以集中时间和注意力从事审计活动。交叉审计通常在行业内部的各个企业之间进行。

(4) 制度性。营销审计不应是在销售量下降、推销人员士气低落或者公司其他问题发生之后才开始进行，而应定期进行营销审计，形成定期审计的制度。定期审计制度无论是对那些业务发展正常的公司，还是对那些处境不佳的公司，都是十分必要的。

14.1.2 营销审计的内容

1. 宏观环境审计

(1) 人口环境审计。人口环境中有哪些主要的发展变化和趋势会成为公司的机会和威胁？

为适应这些发展变化和趋势，公司方面采取了哪些行动?

(2) 经济环境审计。在收入、价格、储蓄和信贷等方面有哪些主要发展变化将影响公司?相应于这些变化和趋势，公司方面采取了哪些行动?

(3) 生态环境审计。公司所需要的自然资源和能源的成本和可获性的前景如何?有关公司对污染和环境保护方面的作用表示过什么关心?公司采取了哪些步骤?

(4) 技术环境审计。在产品技术方面和加工技术方面存在哪些主要变化?公司在这些技术领域里的地位如何?有什么重要的一般代用品可以替代此产品?

(5) 政治环境审计。哪些法律将影响营销战略和战术?中央政府和地方政府的哪些行动应该加以注意?在污染控制、就业机会均等、产品安全、广告、价格控制等领域发生了哪些影响公司营销战略的变化?

(6) 文化环境审计。公众对于公司生产的产品持何态度?在消费者和企业的生活方式和价值观念方面发生了哪些与公司有关的变化?

2. 利益攸关者关系审计

(1) 顾客关系审计。顾客和潜在顾客对公司及其竞争者的声誉、产品质量、服务、销售队伍和价格等方面有什么评价？不同的顾客群是如何做出购买决策的?顾客对公司的满意度和忠诚度如何？

(2) 竞争者关系审计。有哪些主要竞争者？是否清楚他们的目标、战略、优势、劣势及规模和市场份额状况？有哪些趋势将影响未来的竞争和产品的替代品？公司在哪些方面可以与哪些竞争者建立合作伙伴关系？

(3) 分销和经销商关系审计。通过哪些主要的商业渠道向顾客传送产品?各种商业渠道的效率和成长潜力如何？公司与渠道成员之间维系关系的方式是否合适？

(4) 供应商关系审计。公司生产所用关键原料的可获性及前景如何？运输服务的成本和可获性及前景如何?仓储设备的成本和可获性及前景如何?财务资源的成本和可获性及前景如何?公司的广告代理商和市场营销调研公司的效率如何?在诸供应商的销售模式中存在哪些变化趋势？公司与诸供应商之间维系关系的方式是否合适？

(5) 公司内部关系审计。公司内部成员是否树立了统一的营销哲学？是什么样的营销哲学？对于影响顾客满意程度的公司活动，营销主管人员是否具有足够的权力和责任?营销部门和销售部门等内部各个部门之间是否保持良好的沟通和工作关系？营销部门和制造、研究开发、采购、财务、会计、人力资源等部门之间是否建立了营销关系?

(6) 社会公众关系审计。对于公司来说，哪些公众代表了某种特定机会，哪些代表了问题?公司采取了什么步骤，以便有效地与每一类公众建立良好的关系?

3. 营销战略审计

(1) 企业任务审计。企业任务是否用市场导向的术语明确地阐述出来?是否可行?

(2) 营销目标和目的审计。公司和营销目标是否用明确的目的陈述出来，以便指导营销计划和执行实绩的衡量?营销目标是否与公司的竞争地位、资源和机会相适应？

(3) 营销战略审计。管理当局能否明确地表达其达到营销目标的营销战略?此战略是否具有说服力?此战略是否适应产品生命周期的阶段、竞争者的战略以及本公司的经济状况？公司进行细分市场的方法和目标市场的选择是否合适？公司是否为每个目标市场制定了一个正确的市场定位和营销组合?营销资源是否被合理地分配给营销组合的主要构成要素?预定用于完成这些营销目标的资源分配是否合理?

(4) 新产品开发战略审计。公司是否被很好地加以组织，以收集、产生和筛选新产品构思?公司在向新产品构思投资之前是否进行适当的概念调研和商业分析?公司在推出新产品之前是否做过适当的产品和市场试销?

4. 营销管理系统审计

(1) 营销信息系统审计。营销信息系统是否能提供有关宏观环境及顾客、潜在顾客、分销和经销商、竞争者、供应商，以及各种公众的市场发展变化方面的真实的、足够的和及时的信息? 公司决策者是否注重市场调研?他们是否重视并充分利用了这些调研结果?

(2) 营销计划系统审计。营销计划工作系统是否经过很好的构思，是否有效?销售预测和市场潜量的衡量是否正确地加以实施?销售定额的制定是否建立在适当的基础上?

(3) 营销控制系统审计。控制程序是否足以保证年度诸目标的实现?管理当局是否定期分析产品、市场、销售地区和分销渠道的盈利情况?营销成本是否定期加以检查?

5. 营销效率审计

(1) 盈利率分析。公司不同的产品、市场、地区和分销渠道相应的盈利率分别是多少?公司方面是否要进入、扩大、缩小或放弃若干细分市场?其短期和长期的利润结果如何?

(2) 成本状况分析。哪些营销活动成本花费过多?能否采取一些降低成本的步骤?

6. 营销组合因素审计

(1) 产品状况审计。产品线目标是什么?这些目标是否合理? 现有产品线是否满足这些目标?产品线应向上、向下或上下同时延伸或收缩吗?哪些产品应该逐步淘汰?哪些产品应该增加?买主对本公司和竞争者产品的质量、特点、式样、品牌等方面的知识和态度如何?产品战略的哪些方面需要进一步改进?

(2) 价格状况审计。价格目标、政策、战略和定价程序分别是什么?定价依据成本、需求和竞争等标准的程序如何?顾客是否认为本公司所定价格与其所供应产品的价值相符?有关需求的价格弹性、经验曲线影响以及竞争者的价格和定价政策等，管理当局知道什么?价格政策与分销商、经销商和供应商的要求以及政府法令相一致的程度如何?

(3) 分销状况审计。分销目标和战略是什么?是否有足够的市场覆盖面和服务?分销商、经销商、制造商代表、经纪人、代理商等渠道成员的有效性如何?公司方面是否应考虑改变其分销渠道?

(4) 促销状况审计。公司的广告目标是什么? 它们是否合理? 广告费用量是否适宜? 广告预算如何确定?广告主题及其文稿是否有效?顾客和公众对于本公司广告有哪些想法? 广告媒体是否经过精心挑选?公司内部广告人员是否足够?销售促进预算是否足够?是否充分有效地利用了各种销售促进工具，如赠送样品、赠券、展销和销售竞赛等?公共宣传预算是否足够?公共关系部门的职员是否精明强干且富有创造性?

(5) 销售队伍状况审计。公司的销售队伍目标是什么?销售队伍规模是否足以完成公司诸目标?销售队伍是否按适当的专业(地区、市场、产品)原则组织?是否有足够的销售经理指导现场销售代表?销售报酬水平和构成是否提供了足够的刺激和报偿?销售队伍是否显示出高度的信

念、能力和努力?制定份额和评价业绩的程序是否合适？与竞争者的销售队伍相比，公司的销售队伍如何？

通过定期进行审计，全面分析并及时发现企业营销中存在的问题，提出整改方案，为企业营销战略的制定和修改提供依据，促使企业不断提高营销水平。

14.2 企业经营业绩评价

14.2.1 顾客满意度评价

1. 顾客满意度评价的国际动向

1989 年，美国密歇根大学商学院质量研究中心的费耐尔(Fornell)博士总结了理论研究的成果，提出了将顾客期望、感知质量等多方面因素组成一体的计量经济学逻辑模型，即费耐尔模型。该模型把顾客满意度的数学运算方法和顾客购买商品或服务的心理感知结合起来，以此模型运用偏微分最小二乘法求解所得的指标，称为顾客满意度指数(Customer Satisfaction Index，简称 CSI)。自此以后，顾客满意度指数作为测度顾客满意程度的通行指标，在西方各国得到了广泛的运用。

1989 年，瑞典统计局在美国密歇根大学质量研究中心的帮助下，首次应用费耐尔博士的模型和计算方法，设计了“瑞典顾客满意度晴雨表指数”(Sweden Customer Satisfaction Barometer，简称 SCSB)。瑞典统计局公布的顾客满意度晴雨表指数，逐步覆盖了瑞典 31 个行业的 100 多家公司，成为第一个全国性的顾客满意度指数。

1992 年，德国开始搜集全国范围内的顾客满意度指数的数据，建立了德国顾客满意度指数(简称为 DK)。

1990 年，美国国民经济研究协会(NERA)为美国质量协会(ASQ)和国家质量研究中心(NQRC)等机构，在研究瑞典 SCSB 的基础上，开始进行关于建立美国顾客满意度指数(American Customer Satisfaction Index，简称为 ACSI)的调查和研究。1994 年，ACSI 正式启动。

1995 年，新西兰、加拿大和中国的台湾地区开始在为数不多的几个行业建立了顾客满意度指数；1998 年，韩国、马来西亚开始实施有关建立顾客满意度指数的计划；2000 年，欧盟开始在部分成员国启动国别比较指数，逐步建立欧洲的顾客满意度指数体系。

2. 顾客满意度评价的意义与原则

据美国《财富》杂志对“全球 500 强企业”的跟踪调查，企业的顾客满意度指数同“经济增值”和“市场增值”呈明显的正比关系：企业的顾客满意度指数若每年提升 1 个点，则 5 年后该企业的平均资产收益率将提高 11.33%。注重顾客满意度的评价对企业营销具有以下十分重要的意义。

(1) 有利于企业转变营销观念，提高经营绩效。通过顾客满意度评价，使企业真正确立“以顾客为焦点”的经营哲学。在提高顾客满意度、追求顾客忠诚的过程中不断提高企业的经营绩效。

(2) 有利于塑造新型企业文化，提升员工整体素质。外部顾客满意度的评价使员工了解顾客对产品的需求和期望，了解竞争对手与本企业所处的地位，感受到顾客对产品或服务的不满和抱怨，这使员工更能融入企业文化氛围，增强责任感。内部顾客满意度的评价，使员工的需求和期望被企业管理层了解，可以建立更科学完善的激励机制和管理机制，最大限度地发挥员工的积极性和创造性。

(3) 有利于促进产品创新，不断改进产品或服务。顾客满意度评价使企业明确产品或服务所存在的急需解决的问题，并识别顾客隐含、潜在的需求，有利于产品的创新和持续改进。

(4) 有利于增强企业的竞争力。经营战略、企业文化和员工队伍的改善，创新机制的推进，必然会增强企业的适应能力和应变能力，不断提高企业的竞争能力。

建立顾客满意度测评指标体系，必须遵循以下几条原则。

(1) 建立的顾客满意度测评指标体系，必须是顾客认为重要的。“由顾客来确定测评指标体系”是设定测评指标体系最基本的要求。要准确把握顾客的需求，选择顾客认为最关键的测评指标。

(2) 测评指标必须能够控制。顾客满意度测评会使顾客产生新的期望，促使企业采取改进措施。但如果企业在某一领域还无条件或无能力采取行动加以改进，则应暂不采用这方面的测评指标。

(3) 测评指标必须是可测量的。顾客满意度测评的结果是一个量化的值，因此设定的测评指标必须是可以进行统计、计算和分析的。

(4) 建立顾客满意度测评指标体系还需要考虑与竞争者的比较，设定测评指标时要考虑到竞争者的特性。

3. 美国顾客满意度测评指标体系的构成

进行全国范围的顾客满意度指数测评已在瑞典和美国开展了若干年，两国的顾客满意度指数测评体系均是按照美国密歇根大学商学院 Fornell 教授领导的国家质量研究中心设计的方案建立的。我们把这种方法简称为费耐尔方法。由于到目前为止这种方法仍然是衡量产品或服务质量最为全面的方法，并且瑞典、美国的经验已经证明了其测量结果对于国民经济的重要性，因此，欧盟各国、韩国等都纷纷参照费耐尔方法建立了本国顾客满意度指数模型。

顾客满意度指数是由若干层次指数构成的指标体系。美国顾客满意度指数指标体系 ACSI 分为 4 个层次：①全国的顾客满意度指数；②各经济部门的顾客满意度指数；③部门内各行业的顾客满意度指数；④行业内企事业单位的顾客满意度指数。美国顾客满意度指数指标体系如图 14-1 所示。

ACSI 的计算是自下而上逆向进行的，即对于层次Ⅲ的行业选择若干具有代表性的企事业单位，由它们构成层次Ⅳ。针对企事业单位提供的多种品牌的商品或服务，直接访问用户，访问的结果经过适当的数学模型计算就得到该品牌的顾客满意度，主要品牌商品或服务的顾客满意度按照该品牌销售额占该企业全部销售额的比例为权重进行加权平均得出该企事业单位的顾客满意度指数。层次Ⅲ，即行业的顾客满意度指数由该行业内层次Ⅳ的所有企事业单位的顾客满意度指数以其销售额为权重加权求和得到；层次Ⅱ，即部门的顾客满意度指数由该部门内层次Ⅲ的所有行业以其销售额为权重加权求和得到；层次Ⅰ，即国家顾客满意度指数由层次Ⅱ的所有部门的顾客满意度指数以其 GDP 占全国 GDP 的比例为权重加权求和得到。图 14-1 是 2002 年第四季度发布的包括前 3 个层次在内的 ACSI。

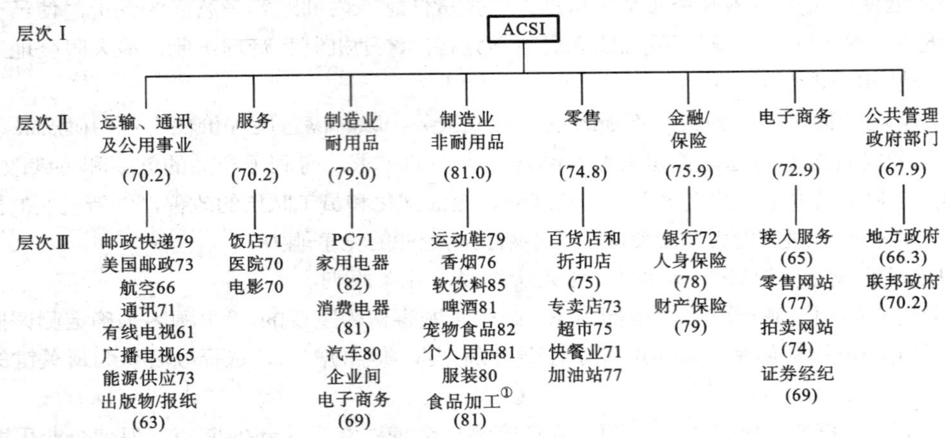

图 14-1 美国顾客满意度指数指标体系

4. 我国顾客满意度测评

我国较早开始进行行业和地区顾客满意度指数测评工作的是上海市，采用 ACSI 模型作为测评的模型，设计了顾客满意度测评指标体系，并对一些行业的顾客满意度进行了测评。

顾客满意度测评指标体系是一个多指标的结构，运用层次化结构设定测评指标，能够由表及里、深入清晰地表述顾客满意度测评指标体系的内涵。通过长期的实践总结，将测评指标体系划分为 4 个层次较为合理。每一层次的测评指标都是由上一层测评指标展开的，而上一层次的测评指标则是通过下一层的测评指标的测评结果反映出来的，其中 “顾客满意度指数” 是总的测评目标，为一级指标，即第一层次；顾客满意度模型中的顾客期望、顾客对质量的感知、顾客对价值的感知、顾客满意度、顾客抱怨和顾客忠诚等六大要素作为二级指标，即第二层次；根据不同的产品、服务、企业或行业的特点可将六大要素展开为具体的三级指标，即第三层次；三级指标可以展开为问卷上的问题，形成了测评指标体系的四级指标，即第四层次。

由于顾客满意度测评指标体系是依据顾客满意度模型建立的，因此测评指标体系中的一级指标和二级指标的内容基本上对所有的产品和服务都是适用的；而三级指标和四级指标依不同的产品、服务、企业或行业的特点而有所不同。实际上建立顾客满意度测评指标体系，主要是设定测评指标体系中的三级指标和四级指标。三级指标的具体内容可归纳为如表 14-1 所示，共有 20 项三级测评指标。这些三级指标是一个逻辑框架，在各行业原则上都是可以运用的。对某一具体产品或服务的顾客满意度测评的实际操作中，应该根据顾客对产品或服务的期望和关注点具体选择，灵活运用。

表 14-1 顾客满意度测评的一、二、三级指标

一级指标	二级指标	三级指标
顾客满意度指数	顾客期望	对产品或服务质量的总体期望
		对产品或服务质量满足顾客需求程度的期望
		对产品或服务质量稳定性的期望

① 包括罐装食品、巧克力、奶制品、烘烤食品、冷冻食品、谷类食品 6 种。

续表

一级指标	二级指标	三级指标
顾客满意度指数	顾客对产品质量的感知	顾客对产品质量的总体评价
		顾客对产品质量满足需求程度的评价
		顾客对产品质量可靠性的评价
	顾客对服务质量的感知	顾客对服务质量的总体评价
		顾客对服务质量满足需求程度的评价
		顾客对服务质量的可靠性的评价
	顾客对价值的感知	给定价格时顾客对质量级别的评价
		给定质量时顾客对价格级别的评价
		顾客对总成本的感知
		顾客对总价值的感知
	顾客满意度	总体满意度
		感知与期望的比较
	顾客抱怨	顾客抱怨
		顾客投诉情况
	顾客忠诚	重复购买的类别
		能承受的涨价幅度
		能抵制的竞争者的降价幅度

测评指标体系的四级指标是由三级指标展开而来，是顾客满意度测评中直接面对顾客的指标，它是和顾客满意度测评问卷中的问题相对应的。

图 14-2 和图 14-3 分别是 2001 年上海市超市和上海市区家庭住宅物业管理顾客满意度指数的结构关系模型图。

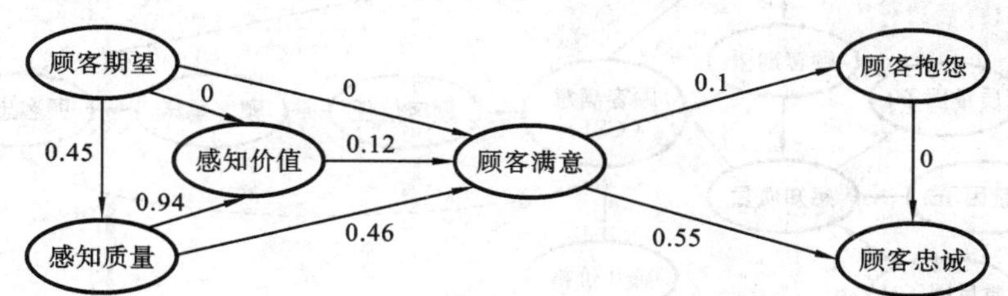

图 14-2　上海市超市的顾客满意度指数的结构关系模型

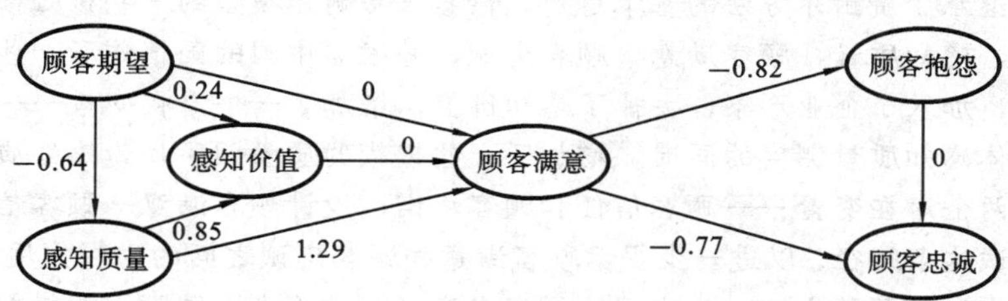

图 14-3　上海市区家庭住宅物业管理顾客满意度指数的结构关系模型

专论

从理论上讲，按照费耐尔方法测评的顾客满意度指数在国家间是具有可比性的。可以预计，经过若干年的努力，顾客满意度可能称为国际通用的衡量各国宏观经济状况的重要参考指标。如果中国不采用费耐尔方法编制顾客满意度指数，就会脱离国际主流，造成与大多数国家无法弥补的差异。因此，中国顾客满意度指数应依据费耐尔方法，以保证指标的国际性。

然而，我们也应该看到瑞典、美国的顾客满意度测评模型都是按照各国的国情设计的。2001年上海市超市和上海市区家庭住宅物业管理顾客满意度指数的结构关系模型图中，很多路径都和ACSI模型的假设不符。

图 14-2 中顾客期望→感知价值，顾客期望→顾客满意均没有显著的影响。图 14-3 中顾客期望和感知质量如 ACSI 模型假设的那样对感知价值存在正向的影响，但感知价值→顾客满意的路径系数却为零，这使得感知价值在模型当中的中介作用完全消失。顾客期望→感知质量的路径系数为−0.64，顾客满意→顾客忠诚的路径系数为−0.77，均与假设的方向相反，而且很难找到合理的解释。这些都说明中国的国情与美国国情毕竟存在很大的差异，完全照搬ACSI模型，在中国很多时候行不通。

我国不少学者也对顾客满意度模型进行了一些探讨，提出过构建中国顾客满意度指数模型的原则和构想，但至今尚未建立全国性的测评模型。因此，我们尝试着构建中国顾客满意度指数模型(见图 14-4)。

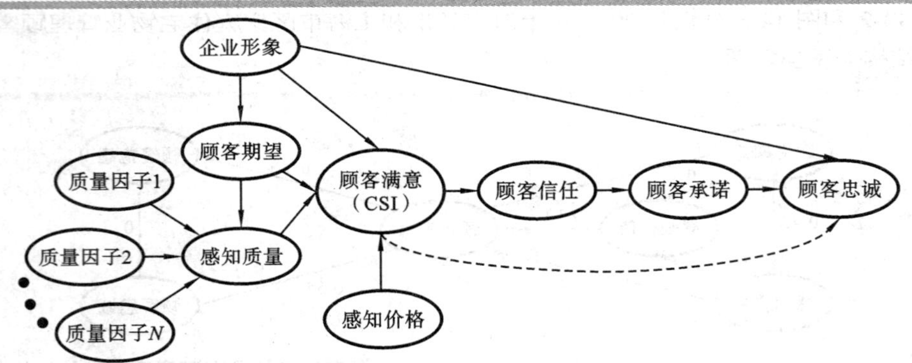

图 14-4 中国顾客满意度指数模型

本模型继承了费耐尔方法的基本思想，借鉴了费耐尔模型的一些核心概念和架构，如顾客期望、感知质量、顾客满意、顾客忠诚，并根据中国的国情作了一些改进：去掉了顾客抱怨，加入了企业形象；去掉了感知价值，增加了一个潜在变量——感知价格；在保留对整体感知质量测度的同时，增加了一些模糊的质量因子作为感知质量的前置因素；增加了两个潜在变量——顾客信任和顾客承诺，设计顾客满意→顾客信任→顾客承诺→顾客忠诚这条路径，以进一步揭示顾客满意和顾客忠诚之间的内在作用机制。因此，该模型既没有脱离国际主流，为中国的顾客满意度指数将来在国际上的横向比较铺平了道路，也在一定程度上具有我国自身的特色。

本模型中针对顾客期望、企业形象、感知质量、感知价格、顾客满意、顾客信任、顾客承诺及顾客忠诚等潜在变量的问卷可以相对规范化，但总模型中质量因子是模糊的，每一个行业可以通过因子分析确定具有本行业特色的具体质量因子，因而针对具体质量因子的问卷将能够体现不同行业的个性化特征。同时，因为在某一行业内部使用的是统一的问卷，使得该行业内的企业不仅能知晓自己在质量改进方面的成绩与不足，也能了解竞争对手的现状，更有利于企业的标杆质量改进，从而提升整个行业的质量水准。

14.2.2　营销效益评价

一个公司或一个事业部的营销效益的评价可以从以下 5 个方面进行：顾客哲学；整合营销组织；足够的营销信息；战略导向；工作效率。每一种属性都能加以衡量。西方学者以上述 5 个方面为基础设计了营销效益等级评核表(见表 14-2)。该表格由部门的营销经理或其他经理填写，然后将分数加在一起。

表 14-2　营销效益等级评核表(每一个问题选择一个答案)

顾客哲学
1. 管理当局是否认识到根据其所选市场的需要和欲望设计公司业务的重要性？
0 □ 管理当局主要考虑如何把现有产品或新产品出售给任何愿意购买的人。
1 □ 管理当局考虑为范围广泛的市场提供同等效率的服务。
2 □ 管理当局考虑为其所选市场的需求和欲望服务，这些市场都是在慎重分析市场长期成长率及公司的潜在利润以后而选定的。
2. 管理当局有否为不同的细分市场开发不同的产品和制定不同的营销计划？
0 □ 没有。
1 □ 做了一些工作。
2 □ 做得相当好。
3. 管理当局在规定其业务活动时是否着眼于整合营销系统(供应商、渠道、竞争者、顾客、环境)观点？
0 □ 管理当局只是致力于向其当前的顾客出售和提供服务。
1 □ 管理当局尽管将大量精力集中在向当前的顾客出售商品和提供服务方面，但也从长远观点考虑了它的渠道。
2 □ 管理当局从整合营销系统观点出发，了解由于系统中某个部分的变化可能给公司带来的各种威胁和机会。
整合营销组织
4. 对于各种重要的营销功能是否有高层次的营销整合和控制？
0 □ 销售和其他营销功能没有高层次的整合协调，并有一些非生产性的摩擦。
1 □ 各个重要的营销职能部门有形式上的整合和控制，但缺乏令人满意的合作和协调。
2 □ 各个重要营销职能部门被高度有效地整合在一起。
5. 营销管理当局是否有效地和市场研究、制造、采购、实体分配及财务等其他部门的管理当局进行合作？
0 □ 人们抱怨营销部门向其他部门提出的要求和需要的费用是不合理的。
1 □ 尽管各部门一般倾向于维护本部门利益，但它们之间的关系还是融洽的。
2 □ 各个部门能有效地进行合作，并能从全局考虑，从公司的最高利益出发来解决问题。

续表

6. 新产品制作过程是如何组织的？
0 □ 有关制度未明确规定，管理不善。
1 □ 有关制度形式上是存在的，但缺乏有经验的人员。
2 □ 有关制度结构完善，配备专业人员。
足够的营销信息
7. 最近一次研究顾客、采购影响、渠道和竞争者的营销调研是何时进行的？
0 □ 若干年以前。
1 □ 一二年前。
2 □ 最近。
8. 管理当局对于不同细分市场、顾客、地区、产品、渠道和订单的潜在销售量和利润的了解程度如何？
0 □ 一无所知。
1 □ 略有所知。
2 □ 了如指掌。
9. 在衡量不同营销支出的成本效益方面采取了什么措施？
0 □ 很少或者没有措施。
1 □ 有一些措施。
2 □ 大量措施。
战略导向
10. 正规营销计划工作的程度如何？
0 □ 管理当局很少或者没有正规的营销计划。
1 □ 管理当局制定一个年度营销计划。
2 □ 管理当局制定一个详细的年度营销计划和一个精心制定的每年更新的长期计划。
11. 现有营销战略的质量如何？
0 □ 现有战略不明确。
1 □ 现有战略明确，但只是传统战略的延续。
2 □ 现有战略明确，富有创新性，根据充足，合情合理。
12. 有关意外事件的考虑和计划做得如何？
0 □ 很少或者不考虑意外事件。
1 □ 尽管没有正式的应付意外事件的计划，但对于意外事件有一定的考虑。
2 □ 正式辨认最重要的意外事件，制定了应付意外事件的计划。
工作效率
13. 在传播和贯彻最高管理层的营销思想方面做得如何？
0 □ 很差。
1 □ 一般。
2 □ 很成功。
14. 管理当局是否有效地利用了各种营销资源？
0 □ 相对于所要完成的工作来讲，营销资源不足。

续表

1 □ 营销资源充足，但它们没有得到最充分的利用。
2 □ 营销资源充足，并且对它们进行了有效的部署。
15. 管理当局在对眼前变化做出迅速有效的反应方面是否显示出良好的能力？
0 □ 销售和市场信息不很及时，管理当局的反应比较迟钝。
1 □ 管理当局一般可以获得现时的销售和市场信息，但反应快慢不一。
2 □ 管理当局建立了若干专门制度，用以收集最新信息，并能及时作出反应。
总 得 分
对每一个问题选定一个适当的答案，然后将各题的分数相加即得总分。
总分应在0～30分之间，表示不同水平的营销效益：
0～5＝ 无　　6～10＝ 差　　11～15＝ 一般
16～20＝ 较好　　21～25＝ 好　　26～30＝ 优秀

此表曾在数家公司作过试验，获得26～30分优秀级分数的公司寥寥无几。这些交佼者都是些闻名遐迩的优秀营销者，如宝洁公司、麦当劳公司、鲁伯梅特公司和耐克公司。大多数公司和事业部的分数在普通到良好之间，这表明，这些公司的经理们看见了改进营销的潜力。每一种属性的分数都指出了有效营销行动的哪些要素最需要注意。这样，事业部管理人员便能制定一个计划，用以纠正其主要的营销薄弱环节。

14.2.3　企业营销活动优劣的评价工具

根据企业营销活动的各个方面(如表14-3所列举的15个方面)，设计问卷进行调查，取得企业营销活动评价的一手资料。通过对调查资料的分析，评价企业营销活动的优劣，从而分析和发现企业营销活动中存在的问题，明确整改方向，制定整改措施，争取成为杰出企业。

表14-3　企业营销活动分析评价表

评价项目	劣势企业描述	良好企业描述	杰出企业描述
营销哲学	产品导向	市场驱动	市场导向与关系导向
市场观念	大众市场导向	细分市场导向	补缺导向和顾客导向
市场扩展	价格驱动	质量驱动	价值驱动
市场反应	平均速度	高于平均速度	出人意料的快速
产品提供	产品提供物	附加产品提供物	解决顾客问题提供物
产品质量	产品质量平均	高于平均质量	出人意料的好
服务质量	服务质量平均	高于平均质量	出人意料的好
产品开发	最终产品导向	核心产品导向	核心能力导向
营销职能	功能导向	过程导向	由外向内导向
竞争观念	对竞争者有反应	以竞争者为基准优胜竞争	跳蛙式前进超过竞争者
供应者关系	供应者开发	供应者偏好	供应者伙伴关系
经销商关系	经销商开发	经销商支援	经销商伙伴关系
内部关系	等级制度	网络	团队工作

续表

评价项目	劣势企业描述	良好企业描述	杰出企业描述
组织结构	垂直一体化	平行组织	战略联盟
利益导向	股东驱动	利益攸关者驱动	社会驱动

14.3 全面质量营销

14.3.1 营销者必须注重质量问题

1. 新形势的发展要求营销者必须注重质量问题

加入WTO以后，进入壁垒逐渐减弱，无论是在国际市场还是在国内市场，企业都将面对强大的国际竞争对手。质量，特别是适应顾客需求的适用性质量，将成为影响企业竞争力的重要因素。谁能赢得顾客，谁就能取得竞争的胜利。全面质量是创造价值和顾客满意的关键，不仅生产者要注重质量问题，营销者也必须注重质量问题。我国营销者必须提高质量意识，实施质量营销。正如丹尼尔·贝克海姆(Daniel Beckham)所指出的："那些不懂得质量改进、制造和经营语言的营销者将像马鞭一样被人弃之路边。功能营销的年代过去了。我们不能再将自己看成是市场研究者、广告者、直接营销者、战略者等(我们必须把自己视为顾客的满足者)，整个过程都要将顾客作为中心。"

2. "全面质量管理"要求营销者必须参与质量管理

全面质量管理不仅仅是对产品的生产过程的质量管理，而是对产品"从摇篮到坟墓"的全过程的质量管理。这也是费根堡姆-朱兰所创导的全面质量管理的内容所在。早在50多年前由美国通用电器公司工程师费根堡姆与质量管理专家朱兰等人共同倡导的"全面质量管理(TQM，1961)"理论中就指出：实施全面质量管理，一是要生产优质产品，除运用数理统计方法控制生产过程以外，还需要加强一系列组织管理工作；二是产品质量有个产生、形成过程，要管好全过程，包括市场调查、设计、制定标准、制定生产计划、采购物质、配备工具仪表、生产制造、工序控制、检验、试验、销售、技术服务等环节，形成一个螺旋形上升的过程。他们不仅仅强调了产品生产方面的质量管理，也强调了营销方面的质量管理，即全过程的质量控制与管理。

然而，长期以来，"全面质量管理"一直被视为是生产管理部门的职能，营销者似乎不需要关注和研究全面质量管理问题。这一误解，使企业对质量的设计和控制往往停留在产品和服务的生产过程，仅仅注重产品的"性能质量"，而忽略了"适用性质量"。

全面质量管理问题，绝不是生产管理部门的"专利"，而是采购者、生产者、营销者都必须关注的重要问题。

3. 新型质量观的树立要求营销者成为质量管理的中坚力量

质量是一个产品或服务的特色和品质的总和，这些品质特色将影响产品去满足各种明显的或隐含的需要的能力(美国质量管理学会)。根据这一定义，企业对产品或服务的质量的设定，必须考虑顾客对产品或服务的需求，不仅要注重产品和服务的性能质量(或称标准性质量)，更要注重适应顾客需求的适用性质量，要树立以顾客满意为主导的新型质量观。

2000 年 8 月通过，2001 年 9 月 26 日正式公布的最新国际质量认证标准 ISO9001(2000 版)，是以顾客满意为主导的质量认证标准。新标准中，将“以顾客为导向”置于质量管理原则的首位；在质量控制过程模式中，以顾客需求作为起点，以顾客满意度作为终点。新的质量认证标准的颁布和实施，促进了企业质量观念的变革，树立起以顾客满意为主导的新型质量观。从顾客满意的角度重新研究质量与市场，实现管理理念和管理模式的创新，既是理论界需要探讨的课题，也是企业界必须重视的问题。

新型质量观的确立，对企业提出了全新的要求，促使企业以市场为导向实施质量管理，做到：质量必须为顾客所认知；质量必须在公司的每一项活动中体现出来，而不仅仅是在公司的产品中；质量标准要求得到全体员工的承诺；质量的保证要求价值链上高质量的合作伙伴；质量必须不断改进，有时要考虑从总体上突破；质量的改进必须考虑对成本的控制；质量管理工作必须与企业的其他工作相互配合。实现这些要求的唯一途径，就是使营销者成为质量管理的中坚力量，实施全面质量营销。

4. 营销者必须顺应“质量与营销相结合”的国际研究趋势

20 世纪 90 年代以后，西方学者开始关注营销与全面质量管理的关系，研究营销在 TQM 中所起的重要作用。奥克兰(Oakland,1990)提出营销在全面质量管理中有责任通过市场研究方法去辨别顾客对产品或服务适宜程度的关键特征。菲利普・科特勒(1991)认为，营销者必须确保顾客的要求正确地传达给产品设计者，也要把企业的产品质量信息有效地传递给顾客。Korduplesk,Rust,Zahorik(1993)则从 TQM 的实现条件上进行了研究。他发现，当顾客的需要和营销功能可被度量时，才有真正的 TQM，而前两者是和内在业务过程相联系的。

最近几年，西方学者开始从顾客满意的角度，将全面质量管理与营销结合起来进行研究，并在研究基础上提出了“质量营销”或“全面质量营销”。Dean 和 Bowen(1994)提出，全面质量管理必须关注顾客满意。McCune(1998)认为，质量营销的绩效关键是顾客满意，基于 CS(顾客满意)模型(Oliver, 1980；Churchill and Surprenant，1982；Anderson，1994)，通过营销过程驱动质量绩效，最终导向顾客满意。Allan C.Reddy 的《全面质量营销》(1994)一书，则从实践的角度总结并明确提出：“全面质量营销”是通过质量的营销整合策略来获得市场份额和顾客满意的重要手段。Mosad Zineldin(2000)研究了全面质量管理与全面关系管理的关系。他认为，企业必须以顾客满意为长期利益经营哲学，通过营销过程的努力来提高产品和服务的质量。Murthy 和 Kuma(1998) 在实施质量营销来满足顾客需求的方法方面，取得了极为重要的研究成果，提出 CE(并行工程)和 QFD(质量功能展开)是质量营销的有力工具，企业可以应用 QFD 原理，通过质量屋(HOQ)(J.R.Hauser，Clausing，1988)将顾客的需求转化为决定最终产品或服务质量的特性乃至具体的操作要求，从而使最终产品或服务能满足顾客的需求。

近年来，我国也有一些学者开始涉足质量营销或营销质量问题。陆幼桃、尤建新(1999)认为，营销体系是全面质量管理体系中的重要一环，顾客质量观的转变对企业营销体系的观念、竞争力和体制提出了新的要求。孙毓霜(2000)在对国内外先进企业及其成功的实践经验总结的基础上，提出了质量营销这种全新的营销理念。侯海青(2000)从促进 4Ps 和 4Cs 的完美结合的角度，探讨了企业怎样通过整体营销质量的提高，最大限度地使顾客满意。

目前，国内外学者有关全面质量营销的研究大多侧重于营销策略整合、企业经验总结或顾客需求满足等某一个侧面的质量营销问题，对于全面质量营销的概念及其内涵均没有一个规范和统一的界定，亟须从理论上加以探讨和研究。

14.3.2 全面质量营销的内涵

全面质量营销是以顾客需求为先导，以提高产品和服务质量为重点，通过全过程的营销努力来提高产品质量，驱动质量绩效，以实现顾客满意目标的一种新型营销理念。实施全面质量营销，要求营销者不仅仅要注重营销全过程的质量，实施营销全过程的质量管理(即营销全面质量管理)，而且要关注产品(包含服务，下同)自身的质量，参与产品质量标准的制定和控制，使产品质量能符合消费者的要求。一方面，要通过外部营销的质量控制，提高顾客对产品的感知质量，从而提高顾客对产品的满意度；另一方面，要通过内部营销，来促进产品质量的提高。当产品质量不如意时，营销者要像顾客那样对有关部门进行呼吁，表示不满，要成为顾客的保护人、看门人和代言人。

实施全面质量营销，必须做好以下工作。

1. 合理的市场定位

通过市场调研，正确识别顾客的现实需求、潜在需求，以及竞争者对需求的满足状况，根据企业的内部条件和经营目标合理进行市场定位，确定目标顾客。

对于企业来说，要实现顾客满意的目标，就必须比竞争对手向顾客让渡更大的顾客价值。而顾客在购买商品时，总希望把包括货币、时间、精力在内的有关成本降到最低限度，同时又希望从中获得更多的利益，选择对自己来说“让客价值”最大的产品或服务。然而，向顾客让渡价值往往会带来企业经营成本的提高、经营利润的降低。如何实现顾客与企业的双赢？必须通过细分，寻找自己的目标顾客。威廉·谢登的 20/80/30 定律指出：“在顶部的 20%的顾客创造了公司 80%的利润，但其中的一半给在底部的 30%的非盈利顾客丧失掉了。”因此，公司应剔除其最差的顾客。菲利普·科特勒提出：要分析顾客盈利率，吸引和保持有利可图的顾客。

公司可以通过减少亏损产品，或向亏损顾客推销高利润产品，使无利可图的顾客转向其他公司，以调整公司的顾客结构。在此基础上，通过价值的创造、内部运作、竞争优势的发挥，来成功地带动高的顾客价值和满意，从而在提高顾客让渡价值的同时使公司利润也得到提高。

2. 差异化的质量定位

通过对目标顾客的需求状况和期望质量的调查分析，确定企业产品的质量定位。企业的质量定位不仅仅要注重产品的功能性质量，更要注重产品的适用性质量。

在消费个性越来越突出的今天，企业要想在产品方面赢得优势，必须从产品的创新和产品的个性化这两个方面着手。一方面，随着经济和技术的发展，顾客需求不断发生变化，从而对产品提出新的要求，企业只有向顾客提供不断创新的产品才能适应这种变化。另一方面，较高层次的顾客已不再满足于成批生产出来的产品，他们对于能体现个性的产品更加青睐。由于技术的发展，产品的个性化与生产的规模经济效益已不再是相互对立的矛盾。企业可以在保持一定规模经济的同时，为顾客提供满足其不同需求的个性化产品，使每位顾客都能获得满意的感受。如在日本松下自行车工业公司里，机器人、电脑和工人一起在一条装配线上生产出一辆辆定制的自行车。每辆车都是根据顾客的身材、重量和爱好特制的，价格比现成的型号高 10%。松下的经验已渗透到日本的许多工业领域，他们开创了一个成批生产个性化产品的新时代。特别是对于服务产品，由于服务质量的感知性，服务的质量水平并不完全由企业所决定，而与顾客的感受有很大关系，即使是被企业自认为是符合高标准的服务，却不一定为顾客所喜爱和接

受。因此，葛罗劳斯提出了“感知服务质量”(Perceived Service Quality)的概念，认为服务质量是一个主观范畴,它取决于顾客对服务质量的预期(即预期质量 Expected Quality)同实际感知的服务水平(即体验质量 Experienced Qua1ity)的对比。服务质量更要根据不同目标市场的预期质量做出差异化的质量定位。

3. 及时的外部沟通

主动关心顾客，经常主动保持顾客联系，收集顾客对产品、服务及其他方面的改进意见，并及时向顾客传递企业和产品的有关信息，不断改进产品和服务质量，使顾客满意度能得到持续。

企业与顾客之间信息、情感的沟通，不仅有利于与之建立长期稳定、相互依赖的关系，还可以为产品和服务的质量定位、内部员工的管理提供重要的信息，使企业及每个员工更加接近顾客，提供更加符合顾客需求的产品，更好地为顾客服务。

和内部沟通系统一样，与顾客的沟通系统也是一个双向的过程。通过该系统，企业可以获得顾客的各种信息，并做出反应；同时，顾客也能从该系统中获得产品和服务以及消费方面的有关知识，并将自己的愿望、要求、不满等心声传达给企业。

日本花王公司的新一代回声(ECHO： Echo of Customers Helpful Opinions)系统，就扮演了与顾客进行信息沟通的角色。该系统将顾客的资料依商品、地区、工厂、抱怨原因等存入数据库。全公司有 300 台终端机可以随时上线进行查询。研究所、工厂、销售等各部门可通过 6 种检索方式自由地查询分析数据库的资料。同时，该系统能提供及时准确的产品、服务信息与生活信息给顾客，使顾客感到满意。该系统倾听顾客的心声，使花王公司充分了解顾客的疑问、抱怨、建议等，对产品的开发改进、服务水平的提高有相当的助益。

4. 和谐的内部沟通

一方面，通过与内部员工的沟通，提高内部顾客的满意度和忠诚度。如果说忠诚的顾客是企业宝贵的外部资源，那么忠诚的员工则是企业最宝贵的内部资源。满意、忠诚的员工，才能对顾客期待的价值有所贡献，从而提高顾客的感知质量，令顾客更加满意。管理者的角色不仅仅是监督与管理，更重要的是协助与支持，建立起一个包括培训系统、激励系统和内部沟通系统在内的良好的内部管理系统，让员工在和谐、快乐的环境中工作。另一方面，通过与其他部门的沟通，将顾客需求、竞争者状况及产品质量定位思路(产品适用性质量标准)准确、迅速地传达给产品设计者和生产者，促使研发部门和生产部门能按照市场需求制定出适应市场的质量标准，提供适应市场需求的产品；及时反馈顾客对产品及其质量方面的抱怨，站在顾客立场上向有关部门进行呼吁，以保证产品和服务质量的控制和提高。

5. 营销过程的质量控制

根据市场需求及消费者对营销质量的期望，制定营销质量标准，控制营销质量，提高服务质量，及时满足目标顾客对产品购买的需要，使顾客获得更高的让渡价值。营销过程质量控制的重点是营销组合质量控制，通过对消费者的调查，把握消费者在商品购买过程中对营销组合的要求，即 4C(欲望与需求、成本、便利、沟通)；运用质量营销工具，将消费者层次的 4C 转变为企业层次的 4P；根据市场需求、竞争者动向及企业自身条件，制定或修订企业营销战略和策略，提高企业的营销质量。此外，还必须不断提高营销的服务质量，以实现顾客满意目标：

树立为顾客服务的观念；从方便、沟通与理解、能力、态度、安全、服务设施等方面进行考虑，制定合理有效的服务质量标准；向顾客做出合理承诺，并实现承诺，使顾客获得超值感受；通过考核不断改进服务质量。

14.3.3 实施全面质量营销的工具——质量屋(HOQ)

质量屋(HOQ)原来运用于产品的开发、设计和生产过程。它通过一系列的矩阵将顾客的需求转变成工程设计人员所能够理解的工程指标，并进一步地转换成产品设计开发、工艺设计和生产控制的具体技术要求。质量屋是一种提高产品质量、增加顾客满意度、增强产品竞争力、降低生产成本的有效方法，它描述了顾客对产品质量的要求与产品的工程特性之间的关系。

1．企业营销质量屋的构建

全面质量营销分析中，特别是对营销质量分析中，可借鉴质量屋的原理，构建一个反应顾客期望质量与企业营销中可控变量之间关系的“质量屋”(见图 14-5)，从而分析企业营销行为与竞争者相比较的优势与劣势，以采取改进措施，不断提高企业营销质量。

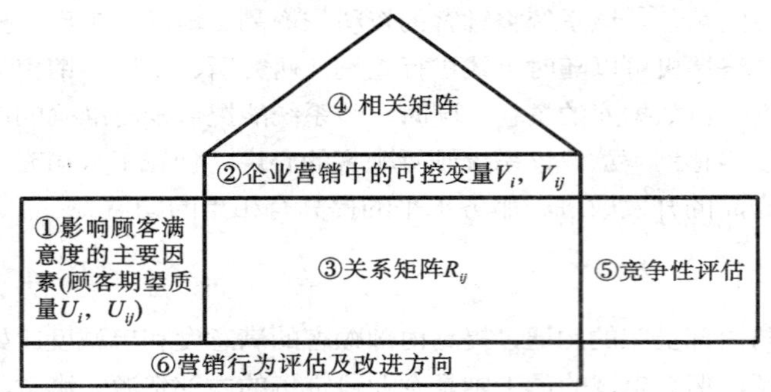

图 14-5 企业营销质量屋

质量屋的左墙由影响顾客满意度(顾客的期望质量)的主要因素构成，用 $\boldsymbol{U_i}$ 表示影响顾客满意度的各个一级分类指标，$\boldsymbol{U_{ij}}$ 表示隶属于一级指标的各二级指标。

质量屋的天花板由企业可控的营销变量组成，用 $\boldsymbol{V_i}$ 表示，$\boldsymbol{V_{ij}}$ 表示组成 $\boldsymbol{V_i}$ 营销变量的业务流程。

其中，影响顾客满意度的因素的具体数目和组成情况，以及企业可控营销变量的数目和组成情况，应该根据顾客满意度调查的实际情况和各个企业的实际情况来确定，不能一概而论。

质量屋的房间为表示影响顾客满意度的主要因素与企业可控营销变量之间关系的关系矩阵 $\boldsymbol{R_{ij}}$。

质量屋的屋顶为反映企业营销变量之间相关关系的相关矩阵，表示营销变量之间的相互作用、相互影响关系。

质量屋的右墙为竞争性评估，反映了在影响顾客满意度的各个因素上，顾客对本企业与企业的主要竞争对手的评价情况。

质量屋的地下室为有关专家对企业及其竞争对手的营销行为的质量评估与企业的改进

计划。

2. 营销质量评价指标的量化

1) 计算影响顾客满意度因素之间的相对重要性

根据专家判断法和层次分析法，分别得出影响顾客满意度指标的一级指标的相对重要性 W_i(i=1，2，3，…，表示一级指标的个数)和隶属于同一一级指标的二级指标之间的相对重要性 W_{im}(m=1，2，3，…，表示隶属于同一一级指标的二级指标数目)。

计算影响顾客满意度因素之间的相对重要性：

$$W_i' = W_i \times W_{im}$$

2) 计算顾客满意度的主要因素与企业可控营销变量之间关系的关系矩阵 $\boldsymbol{R}_{ij}$

用符号表示影响因素与可控变量之间的关系，并予以赋值：

● 表示强正相关给 9 分；

○ 表示中等正相关，给 3 分；

△ 表示中等负相关，给–3 分；

▲ 表示强负相关，给–9 分；

空白表示不具有相关性，给 0 分。

得到了一个定量化的关系矩阵 $\boldsymbol{R}_{ij}$。

3) 计算组成企业营销变量的各营销行为对顾客满意度的影响程度 W_j'（j=1，2，…，n，n 为影响顾客满意度的营销行为变量数)

首先，计算出营销行为对顾客满意度影响的绝对分值 M_j 为

$$M_j = \boldsymbol{R}_{ij}' \times W_i'$$

其中，$\boldsymbol{R}_{ij}'$ 为关系矩阵 $\boldsymbol{R}_{ij}$ 中各个值经绝对值处理后的关系矩阵。

然后，对其绝对分值进行规范化，得出 W_j'。

$$W_j' = \frac{M_j}{\sum_{j=1}^{n} M_j}$$

4) 进行竞争性评估

请顾客对本企业与企业的主要竞争对手在影响顾客满意度的各个因素上的实际表现进行评价，按很不满意、不满意、不太满意、一般、较满意、满意、很满意 7 个等级，分别用 1，2，3，4，5，6，7 来表示。

5) 评估营销行为的优劣

请有关专家对企业及其竞争对手在营销行为中的表现进行评价。按照本企业的营销水平与主要竞争对手营销水平相比，按极有优势、有一定优势、相同、有一定劣势、明显劣势等分为 5 个等级，分别用 5，4，3，2，1 来表示。

3. 调整和修正营销行为，不断提高营销质量

重新构建质量屋，计算出相关权数的目的是为了让企业找出自身在营销管理活动中的不足，并进行调整和修正，制定出改进计划，进一步提高顾客满意度，以获得更大的经济收益。

1) 企业营销行为的质量评估及分类

通过对质量屋的输出部分的分析，将企业营销行为分成优势区、修补区、机会区、维持区4种类型(见图14-6)。

质量屋的输出部分一是位于质量屋地下室位置的反应营销行为对顾客满意度影响的相对重要性的权数 W_j' ；二是对本企业及主要竞争对手的营销行为评估。分类时其临界值的选取可依不同行业、不同产品的情况进行具体分析，一般情况下，W_j' 的临界值可依以上分析中所选取的营销行为变量的个数 N，以 $1/N$ 为临界值；本企业与主要竞争对手的营销行为的优劣比较中，主要竞争对手可选行业中竞争力最强者，以评分高者为优。

影响顾客满意度的程度 W'_j	企业与竞争对手相比所处的竞争地位：优势	劣势
大	1.优势区	2.修补区
小	4.维持区	3.机会区

图14-6 业务流程中营销行为分类图

2) 各类营销行为的整改方向

处于优势区的这些营销行为对顾客满意度的影响很大，而且企业在这些方面也做得很出色，与竞争对手相比具有一定的优势。企业对这类营销行为的发展策略是继续巩固和加强这种优势，并充分利用这种优势扩大产品的市场份额，提高产品的市场竞争力。

处于修补区的营销行为，其特点是对顾客满意度的影响很大，而企业在这些营销行为上做得较差，与竞争对手相比有一定的劣势。企业对这类营销行为应该高度重视，集中力量对其进行改进，迅速缩小与竞争对手之间的差距。

处于机会区的这些营销行为，其特点是对顾客满意度的影响不大，企业在这些方面表现也较差。对这类营销行为，企业的发展策略是适当地提升其水平，以寻找进一步提高顾客满意度的机会。

维持区内的营销行为指的是那些对顾客满意度影响比较小，而企业在这些方面做得比较出色，与竞争对手相比具有一定优势的营销行为。对于这一类营销行为来说，企业的发展策略应该是维持现状不变，在企业资源出现紧缺时，还可以考虑适当降低这些营销行为的水平。

通过上述的分类，可以对属于不同区域内的营销行为提出有针对性的改进计划，并在质量屋的地下室部分初步地反映出来。

全面质量营销的实施，以及运用质量屋的原理对顾客满意度的展开、对营销行为的评价等，都是一个长期反复的过程。经过一定的时期以后，企业根据质量屋底层中反映出来的营销行为的改进计划的实施，以及全面质量营销的其他活动的实施，经过顾客的检验，反馈回来后，又可以建立新的质量屋。通过新质量屋与老质量屋之间的对比，特别是两个质量屋的右墙，即在影响顾客满意度的各个质量因素上，顾客对本企业与企业的主要竞争对手的竞争性评价的变化，即可客观地反映企业实施全面质量营销所取得的经营绩效。通过新的质量屋的底层的分析又可发现新的问题，进而采取新的整改措施，不断提高企业的营销质量。

本章小结

营销审计是对一个公司或一个业务单位的营销环境、目标、战略和活动所作的全面的、系统的、独立的和定期的检查，其目的在于决定问题的范围和机会，提出行动计划，以提高公司的营销业绩。

本章还介绍了顾客满意度评价、营销效益评价、企业优劣评价等企业营销业绩评价的方法。

全面质量营销是以顾客需求为先导，以提高产品和服务质量为重点，通过全过程的营销努力来提高产品质量，驱动质量绩效，以实现顾客满意目标的一种新型营销理念。实施全面质量营销，要求营销者不仅仅要注重营销全过程的质量，实施营销全过程的质量管理(即营销全面质量管理)，而且要关注产品(包含服务)自身的质量，参与产品质量标准的制定和控制，使产品质量能符合消费者的要求。一方面，要通过外部营销的质量控制，提高顾客对产品的感知质量，从而提高顾客对产品的满意度；另一方面，要通过内部营销，来促进产品质量的提高。

关键术语

营销审计　　美国顾客满意度评价模型　　全面质量营销　　质量屋

思考题

1. 营销审计与营销诊断有何不同？企业如何进行营销审计？
2. 如何评价顾客满意度？
3. 如何评价企业的营销效益？
4. 如何评价一个企业的优劣？
5. 什么是全面质量营销？企业如何实施全面质量营销？

参考文献

1. 菲利普·科特勒. 营销管理[M]. 10 版. 北京：中国人民大学出版社，2001.
2. 迈克尔·J 贝克. 市场营销百科[M]. 李桓，译. 沈阳：辽宁教育出版社，1998.
3. 唐晓芬. 顾客满意度测评[M]. 上海：上海科学技术出版社，2001.
4. 万后芬. 市场营销教程[M]. 北京：高等教育出版社，2007.
5. 刘新燕，刘雁妮，杨智，等. 构建新型顾客满意度指数模型——基于 SCSB、ACSI、ECSI 的分析. 南开管理评论，2003(6).

案例研讨

湖北中烟的全面质量营销

一、树立顾客价值导向的质量文化

湖北中烟在顾客价值导向的质量文化建设中作出了不少努力。一是把消费者需求作为产品研发质量的第一标准。变过去关起门来搞配方为深入市场搞研发，技术人员每年深入市场达60天以上，开展形式多样的市场调查，以市场的真实需求决定产品的设计风格；聘请528位吸食经验丰富的零售户、消费者代表组成专业评吸队伍，每月对产品开展质量评判；与商业单位配合，在全国设立了756个消费者意见征集站，结合反馈的意见持续改进，使产品成为承载消费者意愿的重要载体。二是把商业单位订单作为提升产品品质的第一信号。培育两个“十多个”，是烟草工商企业共同的利益、共同的责任、共同的目标。湖北中烟以工商协同、共生共赢为主旨，共建协同营销平台，密切关注产品的市场表现，召开312场品牌听意见、找差距恳谈会，收集整理有价值意见670条，用来指导产品研发、维护和提升等活动，把商业的订单和意见作为企业实施质量控制、生产控制的重要依据。三是建立了全面的质量管理体系，加大力度进行质量控制与品牌建设。湖北中烟认为质量文化是无形的，但质量文化的发展与建设是有形的。质量文化可从无形的文化逐步外化为一个企业的质量价值观、质量方针、质量目标、质量理念、质量准则。在质量文化建设中，湖北中烟制定了一系列的质量标准来引导、规范员工保证工作质量，凝聚员工的向心力；牢固树立“质量第一、质量预防为先”的观念，实施名牌发展战略，创立、宣传名牌，保护名牌；创造高质量、高科技、高市场占有率的名牌产品；把“精业、敬业精神”作为培育企业质量文化的重要内容，形成生产精品光荣、生产次品可耻的氛围。例如，武汉卷烟厂强调“从最细微、最不显眼的事情抓起”，处处养成高标准、严要求、极端负责任的工作态度，实现了“全方位、高水平”的质量管理目标；广水卷烟厂提倡 “走向零缺陷，追求零缺陷，对质量的追求是一种毫不妥协的使命”、“质量是科学技术+100%的工作态度”的质量价值观更是深入人心，为湖北中烟创造世纪精品、世纪名品。

二、探索顾客价值需求，进行质量定位

首先，通过对目标消费者的调查和分析研究，把握消费者对卷烟消费价值取向。在此基础上发现、构建和创新符合消费者价值取向的子品类。卷烟消费主要包括以下5种基本价值需求：一是功能价值，即反映消费者认识品类的功能效用，如满足嗜好、提神舒喉等；二是社会价值，即顺应社会主流文化，体现社会贡献，如低焦卷烟的减害降焦等；三是情感价值，即传递情感，引发心理的认同，如万宝路彰显牛仔般的激情等；四是认知价值，即典型的形象标志、文字表述等；五是条件价值，即品类使用的特定情境等。

顾客价值需求的探索，就是要通过市场调研，了解不同消费者所表现出的不同价值需求。在此基础上，开发卷烟的子品类，并通过赋予产品一系列的外形性状和内在特征，自然地向消费者传递卷烟消费的价值取向。只有具备品类特征，体现品类属性，并能完成品类价值传递的品牌，才可能成为异军突起、后来居上的品牌，才可能成为中式卷烟体系下的重点骨干品牌。

通过对市场、消费者以及商业公司的调查，力图找出市场缺口，找出消费者心智中未被满足的部分，通过现代的、积极的语言阐释中式卷烟的内涵。黄鹤楼品牌每一款产品在设计之初便有了其清晰的市场定位。一是关注中国元素，以“1916”柔金为基调，占据尊贵、典雅的金

色色系，并融合了书法、篆刻等中式艺术形式，以满足卷烟的功能属性，于 2006 中国元素国际创意大赛中获国内企业唯一的企业文献奖。二是关注中式风格，在新古典主义风格统领下实施规格区隔策略，率先开展规格文化研究，分别赋予不同规格产品不同的文化内涵，形成了怀旧经典、浪漫经典、唯美经典等系列，对应确定不同产品的香气协调指标，实现每款产品表征特色与内在气质的和谐统一，从而形成了独具特色的黄鹤楼个性化产品线路图。

黄鹤楼 1916：怀旧经典，体现出的是一种低调的奢华感受。

黄鹤楼漫天游：浪漫经典，体现出对自由、浪漫和飘逸的追求。

黄鹤楼论道：唯美经典，通过红黑对比表现美的一种无限向往。

黄鹤楼雅香：简约经典，通过简单的产品设计透出不平凡的产品。

黄鹤楼 08：专为运动人士打造，体现科技、人文、绿色理念。

黄鹤楼问道：为知识人士打造，体现出对“道”的不断探索。

黄鹤楼感恩：为文艺人士打造，展现德艺双星之美。

因此可以说，黄鹤楼品牌的定位过程就是一个对重要顾客其价值追求不断探索的过程。

三、广借外力实施质量营销

一是引专家之智，拓宽技术创新的广度。聘请行业内外上百名知名技术、营销专家组成科技专家委员会，分领域、分项目确立产品研发思路，评估科技项目和成果，并先后与国际知名研发、设计公司开展交流合作，以先进的理念和前沿的科研指导具体的创新实践。

二是借社会之力，加深技术创新的深度。与郑州烟草研究院、国家烟草生理生化研究基地、李时珍研究会、武汉大学等 20 多家科研机构、高等院校开展长期技术协作，采取科技成果转化型、风险共担型等方式发掘为我所用的科技成果，同时借助数百名造诣深厚、门类齐全的专家教授力量，开展与烟草相关的医学、病理学、种植学等课题研究，借助更多“巨人的肩膀”开展特色专题研究，全面增强企业原始创新、集成创新、消化吸收再创新能力。

三是以文化诉求为主线打造黄鹤楼品牌传播的新平台。湖北中烟构建了立体化、网络化的文化传播体系，充分发挥文化力对品牌的渗透效应。创办了黄鹤楼品牌文化的传播阵地——《黄鹤楼周刊》，发行量达到了 50 万份，以 50 万零售户为中介进行广泛的文化传播；向全国范围内的 3 万名具有影响力的消费者邮寄《特别关注》杂志，充分发挥意见领袖在品牌文化传播上的作用；发行了《黄鹤楼》歌曲 MV，在社会广为传唱；出版了《黄鹤楼——品读武汉》，借助地缘性优势探索传播的另类模式；拍摄黄鹤楼公益广告，积极将品牌文化融入社会主流价值中；创办了黄鹤楼学院，为品牌文化传播建立更为坚实的平台。

(资料来源：杜鹏. 湖北中烟的价值营销[J]. 市场营销导刊，2009(11).)

案例思考题

1. 试分析湖北中烟全面质量营销的措施和手段。
2. 结合现状，你认为湖北中烟未来的发展方向是什么？

第 15 章　宏观营销

15

本章提要　本章主要阐述宏观营销的基本概念、发展历程、宏观营销效率、宏观营销系统和宏观营销策略，以及宏观营销管理作为一门新兴学科所要研究的对象和主要内容。本章的重点是掌握宏观营销的概念，以及该概念与微观营销的区别和联系，掌握宏观营销效率评价方法。本章的难点在于理解宏观营销概念内涵、区别宏观营销与微观营销。

引　例

20 世纪 60 年代以来，美国市场营销学会(AMA,American Marketing Association)关于什么是营销有 4 次权威界定，反映了不同时期人们对营销本质理解的变迁，营销的核心也从产品、服务演变为价值，从微观视角上升至宏观层面。

1960 年：市场营销是将货物和劳务从生产者流转到消费者过程中的一切企业活动。1985 年：市场营销是通过对货物、劳务和计谋的构想、定价、分销、促销等方面的计划和实施，以实现个人和组织的预期目标的交换过程。2004 年：市场营销既是一种组织职能，也是为了组织自身及利益相关者的利益而创造传播、传递客户价值，管理客户关系的一系列过程。2007 年：市场营销是一种全组织范围内的活动，一组制度的集合，同时也是为了顾客、客户、合作伙伴以及社会的整体利益而创造、传播、传递、交换价值的一系列过程。

美国营销科学研究所(MSI，Marketing Science Institute)，一个由世界顶级企业的营销经理人员和世界知名大学的市场营销学者组成的非赢利性组织,每两年公布一次优先资助研究领域。1998—2000，2000—2002，2002—2004，2004—2006，2006—2008，2008—2010 连续 6 次都将宏观营销的相关课题作为优先资助领域。

(资料来源：http://www.msi.org.)

15.1　宏观营销的内涵

20 世纪 60 年代以来，营销理论研究有了空前发展。特别是在微观营销理论方面，研究范围从赢利组织扩展到非赢利组织，研究领域从生产领域扩展到服务领域、从国内扩展到国际和

全球，其理论体系渐趋完善。然而，作为营销理论的一支重要流派——宏观营销理论，在国外未引起高度重视，在国内直至目前，还鲜有学者涉足此领域。实际上，宏观营销与微观营销是营销的两个层面，两者之间密不可分。与微观营销理论侧重于个体(企业)视角不同，宏观营销理论侧重于总体(社会)视角。对宏观营销理论的研究，不仅有利于营销理论的丰满与成熟，而且关系到整个社会经济系统的正常运转，以及人类生活质量和社会福利的改善等。

那么，什么是宏观营销？研究宏观营销有何重要意义？如何区分宏观营销与微观营销？如何实施宏观营销战略？如何进行宏观营销管理？要回答这些问题首先要了解宏观营销的概念。

15.1.1 宏观营销的界定

宏观营销的概念由 McCarthy 于 1960 年最早提出，他认为“宏观营销是一种有效匹配社会供需，从而把经济社会的商品流和服务流从制造商引向顾客的社会过程”。与微观营销着眼于单个企业不同，宏观营销强调整个社会供需的匹配性。

Moyer (1972)将宏观营销视为整个社会经济系统的一部分，强调营销的总体绩效，即营销在法律、制度等公共政策上的有效性，他认为“宏观营销是指作为整个社会经济系统一部分的营销活动的总体绩效”。

Hutt (1977)认为，“宏观营销包括营销系统对社会产生的影响和结果以及社会对营销系统产生的影响和结果”两个方面；Shawver 和 Nickels(1979)的定义则更加宽泛，他们认为“凡是研究的目标是描述或提高与交换系统相关的社会福利方面的活动，就是宏观营销”。

Hutt 和 Burnett(1982)在回顾有关学者对宏观营销与微观营销的两分法的基础上，总结了区分宏观营销与微观营销的 9 个命题。这 9 个命题是：①对营销系统的研究是宏观营销(Moyer, 1972)；②对交换系统网络的研究是宏观营销(Bagozzi, 1977)；③从社会视角来对营销进行研究属于宏观营销(Shawver and Nickels，1979)；④考察营销对社会造成的后果是宏观营销(Hutt, 1977)；⑤考察社会对营销造成的后果是宏观营销(Hutt, 1977)；⑥对产业、赢利组织的营销活动的研究是微观营销(Moyer, 1972)，对单个赢利组织的营销活动的研究是微观营销(Shawver and Nickels, 1979)；⑦对单个非赢利组织营销活动的研究是微观营销(Hutt, 1976)；⑧从单个产业的视角来对营销进行研究属于微观营销(Hutt, 1976)；⑨对消费者营销活动的研究是微观营销(Hutt, 1976)。

从诠释宏观营销的本质内涵出发，甘碧群(1994)认为“宏观市场营销，是指一个社会经济活动的过程。通过宏观市场营销活动，引导商品或劳务从生产者手中流转到消费者手中，可以有效地调节商品社会供需的基本平衡(匹配)，实现社会的发展目标，提高社会及广大消费者的福利”。

美国市场营销学会(AMA，American Marketing Association)(1995)在其编著的《营销术语词典》(第二版)(1995)里，从学术研究的视角，对宏观营销作了如下定义：①宏观营销是对一个宽泛领域的研究；②宏观营销是从一个广泛的视角，比如从有文化、政治、社会和经济等交互影响的国家的视角，来对营销过程、营销活动和营销结果等进行的研究，它是比单个公司更大范围的营销活动；③宏观营销有助于改善总体人口的质量。

由以上各位学者对宏观营销所作的界定可以看出，要想准确地揭示宏观营销的内涵，必须至少包括下面几点：①研究视角——总体性；②作用机制——引导和匹配；③涉及过程——营销与社会的交互影响；④最终目标——提高社会福利。

本书对宏观营销作如下定义：宏观营销是从社会总体的视角，研究在企业营销活动与社会的交互影响过程中，如何引导产品或服务从生产者流向消费者，从而有效匹配社会供需，实现社会福利目标的一种社会经济过程。

15.1.2 宏观营销的产生与演进

1. 宏观营销的产生

早在20世纪60年代以前，就有学者对营销在社会中的作用进行了描述(Vaile, Grather, Cox, 1952)。然而，直到20世纪60年代，宏观营销才作为营销理论的一支流派，正式进入学者们研究的视野。这主要归因于企业营销活动的迅速发展带来社会生活质量提高及社会福利改善的同时，企业营销违法、违德行为对社会产生的极大消极作用。在美国发生的镇静剂药物事件和缺陷汽车事件(the incidents of thalidomide and defective automobiles)引起学者们对宏观营销的日益关注。这两大事件同时促动了消费者保护运动和环境保护运动的高涨，由此引发了学者们将研究视野转向商业道德和利益相关者利益问题，而宏观营销学派(Macromarketing School of Marketing)作为研究企业营销所产生的社会影响的流派，也应运而生。

国内对宏观营销的研究不多，起步也较晚。自从20世纪90年代初我国明确提出要向社会主义市场经济体制转轨以后，许多企业在单纯的经济利益的驱动之下，不顾市场实际需求盲目重复投资，进行虚假广告宣传和恶性价格竞争，对环境资源和企业信用造成严重损害。面对这种现象，许多学者开始关注宏观营销，其中最有代表性的应当首推武汉大学商学院的甘碧群教授，她在1994年出版了《宏观市场营销研究》一书，这是国内第一本关于宏观市场营销的著作。甘教授不但对宏观市场营销的概念、内涵、理论框架进行了比较完整的介绍，而且还结合中国的实际情况，对中国宏观市场营销的问题进行了讨论。

2. 宏观营销的演进历程

1) 20世纪初至70年代以前

William认为宏观营销的发展经历了4个阶段。1900年至1920年是营销领域的发现时期，1920年至1950年是营销领域的形成时期。从研究的内容来看，营销和社会问题是这两个时期学者们主要思考的焦点(William，2006)。20世纪50年代后，营销进入了第三个阶段(1950年至1980年)。这一时期，因受战后经济和科技发展的影响，营销学术的主要研究从对社会问题的基本领域逐渐转向个体研究，即如何提高个体营销效率。其学术研究开始带有以下两个特征：管理导向及对行为和定量科学的依赖。1965年，第十五届营销联合学科国际专题讨论会以“营销和经济发展”为主题针对营销与社会发展的一系列问题进行了研讨，学者们开始对营销系统重新产生了研究兴趣，对国家营销系统、渠道系统、营销和经济之间的关系都进行了研究。但对这一领域没有一个明确的界定。这次会议后，Cox, Bucklin等部分学者仍然继续从社会的角度对营销进行研究。直至70年代，宏观营销的正式提出，才使这类研究在营销界正式建立了自己独立的学术领域。

2) 20世纪70年代至90年代

1976年，第一届宏观营销年会在科罗拉多大学召开，主要是由密歇根大学的Charle Slater博士发起。此次会议明显地没有从管理的角度研究营销，而是在一个更为宽泛的维度对营销展开讨论。更为重要的是，参加会议的学者一致达成协议：将此类研究的内容命名为“宏观营销”，此次会议为第一届宏观营销年会，会议将每年召开一次。至此，宏观营销作为营销研究的一个学术专题领域正式在学术界成立。

但在这次会议上，与会者并未就何为宏观营销达到一致。而在此之前，虽然很多学者都使用过宏观营销这一术语，但对宏观营销并没有一个统一的认识。宏观营销年会的设立，使学者们开始为他们追随的研究领域界定明确的研究范围，并围绕相关的问题展开了讨论。1981 年，宏观营销期刊(Journal of Macromaketing)创刊，第一期就设置了以“什么是宏观营销”为主题的论坛；Hunt、Shawver 等学者们在前五届营销年会对此讨论的基础上，总结了以下有关宏观营销定义的观点。

(1) 以 Hunt 和 Burnet 为代表的分类法。这类学者主要是在对微观营销和宏观营销分类的基础上认识宏观营销。他们认为宏观和微观的分类标准主要有 3 个(见表 15-1)。

表 15-1　Hunt 关于微观营销和宏观营销的分类法

分类标准	研究范畴		
	宏观营销	微观营销	两者兼之
分析单位集中的层次	· 社会全面营销系统研究 · 社会总消费体系研究	· 单个组织和消费者研究	· 对中间营销系统的研究(渠道、零售、批发)
研究视角	· 营销分析的社会视角	· 营销研究的企业视角	
分析单位的影响	· 全面营销体系的社会影响 · 中间营销体系对全面营销体系的影响		· 个体组织、人权对中间营销体系的影响

(2) 以 Fisk 为代表的学者对宏观营销主要研究范围的探讨。Fisk 认为：宏观营销的基本目标是为人们对研究营销在社会中的作用(角色)提供一个论坛，继而能使各类组织很好地经营其资源以为社会利益服务。而宏观营销则意味着我们关心的问题是营销体系对社会的影响，比如环境恶性循环化和恢复、国民经济的发展、营销对人们生活质量的影响、营销对分配社会资源的效率，等等。

(3) Fisk 和 Nason 对宏观营销的定义重新进行了界定。他们认为宏观营销应包括 3 个层次，即营销的外部性、社会认可和主观系统。

3) 21 世纪初至现在

2004 年，正式的宏观营销学会终于建立，学会同时为 JMM 的编委会。学会制定了关于申办、召开宏观营销年会及文章遴选、发表的相关政策，使宏观营销年会及 JMM 的运行和发展制度化，也使宏观营销获得发展的新动力。JMM 已经创办了 25 年，而且一直受到已建立 30 多年的宏观营销年会的支持。2004 年 JMM 的现任主编 Shultz 在文章中讨论了宏观营销的学科范围：系统理论的运用和对营销的系统性思考；任何国家的营销系统中，技术、政治、经济和社会力量的互惠关系研究。2005—2006 年，学者们理智地审视了宏观营销 20 多年的发展，在对相关成果的总结的基础上，对未来的研究方向提出了很多建设性的意见。学者们认为，今后宏观营销可能的发展方向是：竞争和市场，营销伦理和分销的公平，营销与发展，全球政策和环境，生活质量(Roger and Sanford, 2006)。

案例 **宏观营销研究的代表人物**

时　间	学　　者	主 要 贡 献
20 世纪 60 年代	McCarthy	最早对宏观营销与微观营销进行了区分
	Holloway	营销是一种社会活动，既受社会影响，又影响社会
	Fisk	采用系统的观点阐明了营销在社会中的作用；区分了宏观营销与微观营销之间的差异
	Moyer	从宏观视角集中对广泛的社会问题及营销的社会功能进行研究，强调营销的总体绩效，即营销在法律、制度等公共政策上的有效性
	Hunt	认为宏观营销是由多方面因素构成的，具体包含营销系统、营销系统对社会的影响和结果以及社会对营销系统的影响和结果。还提出了社会利益概念
	Shawver & Nickels	凡是研究的目标是描述或提高与交换系统相关的社会福利方面的活动，就是宏观营销
	Hunt & Burnett	提出了区分宏观、微观营销的九大命题
	Zif	证明了微观营销所固有的管理导向、管理责任、管理目标、管理战略及管理决策，通过修订后同样适用于宏观营销
	McCarthy	提出市场营销存在于两方面——微观营销和宏观营销
	Hunt, Mokwa, Shapiro	研究了营销的政治性，提出分销渠道政治“网络”的观点
20 世纪 90 年代	Stanley J. Shapiro	研究宏观营销研究的过去、现在及将来
	Peterson & Malhotra	营销与生活质量、社会生活质量的测量
	Meade & Nason	如何构建统一的宏观营销理论
21 世纪	Klein & Nason，Shultz，Layton	研究营销与发展、全球化与发展、消费者福利的测量、全球中的贫困与分配的公平等

资料来源：根据宏观营销相关文献整理而成.

15.1.3　宏观营销的理论基础

宏观营销的理论基础如下。

(1) 凯恩斯的宏观经济学。传统的市场营销理论是以微观经济学理论为基础，假定消费者寻求效用最大化，他们在充分和完整的信息条件下，各自以理性的方式选择自己的行为。

(2) 非价格竞争理论。宏观营销也重视价格，但它不像传统的微观营销，把价格竞争当作获取竞争优势的不二法门。宏观营销更加重视宏观经济政策的运用，更加重视生产价值链与营销传播方式的有效整合。

(3) 可持续竞争优势。宏观营销有别于传统微观营销的是，它避免跟竞争对手进行残酷的直接竞争，更加关注消费者需求的满足，更加关注产品的绿色元素，更加关注生态环境的保护，真正实现全社会的可持续发展。

(4) 不对称信息。在现实世界中，信息作为一种不充分和稀缺的资源，需要市场主体能动地获取信息，尽可能地降低“信息不对称”，达到供求双方的对接、契合和满意，从而变潜在需求为现实需求。因此，从某种程度上讲，营销的实质就是降低“信息不对称”。

15.1.4 宏观营销与微观营销

1. 宏观营销与微观营销的联系

1) 微观市场营销活动是宏观市场营销活动的基础

微观市场营销活动的主体是企业，企业又是社会的经济细胞，是社会财富的最主要的创造者。在商品经济社会中，企业则是商品经济的细胞，是市场的最基本单元和最基本、最主要的竞争主体。而现实中，不同的企业生产出不同类别或不同品种的产品，满足不同顾客的不同需求。要满足消费者的需求，必须通过一定的市场进行交换。随着商品经济的进一步发展，商品交换日益超越地区及国界范围，人们的商品交换活动，由原来生产者同消费者直接交换，逐步转变为通过中介人进行间接交换。而且，商品经济越发达，生产者与消费者的交换过程越是迅速地分离。因此，随着商品经济的进一步发展，微观市场营销活动要求建立相应的宏观市场营销机构，诸如中间商机构、仓储机构、交通运输机构及宏观市场营销的辅助机构即金融和保险机构等。可见，正是由于企业市场营销活动的发展，才要求宏观市场营销机构的建立及宏观营销活动的发展。

2) 宏观市场营销活动是微观市场营销的前提和保证

任何商品经济社会，企业的营销活动均离不开宏观市场营销活动的制约和影响。因为，企业要开展生产经营活动需要一定的人力、物力及财力，而企业生产出来的产品需要通过一定的市场营销中介人在市场上实现。企业经营活动所需要的诸生产要素均非企业自身所能解决，企业产品实现所需的商品市场亦非企业所有。因此，一方面政府为适应企业营销活动的要求，应建立统一、开放、竞争、有序的市场体系，诸如生产资料市场、消费品市场、资本市场、劳动力市场、技术市场及房地产市场等，它们为企业生产经营活动及营销活动提供各种生产要素及实现产品的场所；另一方面，政府为适应企业营销的需要，应建立和发展一系列的宏观市场营销机构，诸如中间商、运输企业、公共货栈、银行、保险公司以及广告代理公司、市场营销调研公司、市场营销咨询公司等不直接参与商业经营的辅助商。统一、开放、竞争、有序的市场体系及符合要求的宏观市场营销机构的发展，为宏观市场营销活动的正常运行，为企业市场营销活动的发展提供了前提与保证。

3) 微观市场营销活动与宏观市场营销活动相互渗透、相互制约、交替并存，共同发生作用。

相互渗透表现在：从微观角度看，作为企业市场营销活动的主要部分即产品的销售，需要寻求批发商、零售商、交通运输企业、仓储公司等宏观营销机构，还要求广告公司及广告媒体帮助将产品信息传递给广大用户；从宏观角度看，宏观营销机构帮助企业实现产品的过程，亦是宏观市场营销机构发挥其职能和作用的过程。可见，企业营销活动与宏观营销活动是相互渗透、同时运行的。

相互制约表现在：一方面，宏观市场营销机构设置的数量及其质量是否符合及满足企业市场营销活动的需求，宏观市场营销机构在全国各地区的分布状况是否适应各地企业市场营销活动的要求等，必然深深地制约着各企业市场营销活动能否畅通无阻地运作，从而影响企业能否适时适地地将产品传递到用户手中。另一方面，各企业市场营销活动发展状况好坏，会影响宏观市场营销机构职能及作用发挥的优劣。如果企业能够正确地遵从宏观调控的原则，根据市场

需求组织市场营销活动，产品适销对路，产品才不会沉积于生产过程或流通过程中，宏观市场营销机构便能充分地、有效地发挥其功能。反之，如果企业不遵从政府的宏观调控，或不顾市场的需求盲目生产，造成产品供过于求或不适销对路，结果，或是造成宏观营销机构低效甚至无效，或是造成宏观营销机构超负荷运转。

2. 宏观营销与微观营销的区别

1) 范围不同

微观市场营销所涉及的范围要狭窄得多，因为它从企业(或从个体)角度来研究各个企业的市场营销活动，并且强调个体组织的经营销售活动。宏观市场营销活动所涉及的范围要宽广得多，因为它从社会(或总体)角度来研究社会市场营销活动。宏观市场营销活动是社会的过程，它包括了国民经济各部门各企业的市场营销活动，是从总体角度来研究社会总供需的平衡的，或从社会角度来研究企业市场营销策略对社会及广大消费者积极作用或消极作用的。

2) 目的不同

微观市场营销是从企业角度出发，有计划地组织市场营销活动，以实现企业的盈利目标的。诚然，企业也要考虑顾客利益，以消费者需求为出发点，但满足消费者的需求往往成为企业实现其利润目标的手段。企业也可能考虑社会的利益，但往往是囿于近年来保护消费者利益及保护生态平衡运动的兴起和发展的推动所致。宏观市场营销则从社会角度出发，通过宏观市场营销机构将各企业生产的产品传递到广大用户手中，不断地促进社会总供需的平衡。因此，宏观市场营销是以满足社会需求、提高社会经济福利为目标的，并通过研究企业市场营销活动的社会作用来督促企业将其经营活动纳入法制及道德标准的轨道，约束企业营销活动的消极作用，从而发挥企业营销活动对社会的积极作用。

3) 焦点不同

显然，微观市场营销与宏观市场营销活动均涉及产品的开发、定价、分销及促销，但二者研究的焦点不同。微观市场营销是通过控制市场营销变量及加强对市场营销变量的管理来达到企业营销效益最优化的，即要求企业以最小的市场营销费用投入，取得最大的营销效益。在这里，市场营销效益主要体现为狭隘的企业利益。宏观市场营销则通过控制宏观市场营销系统，协调好宏观市场营销机构的关系来有效地控制市场营销变量，不断地调节社会总供需的平衡，谋求社会市场营销效益的最优化，即力求以较少的宏观市场营销费用投入，获得最大的宏观营销效益。在这里，宏观营销效益代表着广泛的社会利益。企业市场营销效益同宏观市场营销效益之间既有一致性，又存在着矛盾。从企业角度看，有时市场营销效益很高，但从社会角度看则不然；反之，从社会角度看，有时宏观市场营销效益高，但从企业角度看则不一定。因此，必须把握好宏观市场营销与微观市场营销效益的差异性，善于协调和处理好二者的关系。既坚持企业利益服从社会利益，又要求社会利益兼容企业的利益，方能保证社会市场营销活动的健康发展。

15.1.5 宏观营销的研究框架、研究内容和研究意义

1. 宏观营销的研究框架

Moyer(1972)最早构建了宏观营销研究框架(见图 15-1)。该框架包括 4 个部分：企业营销道德、政府立法、营销系统功能(效率与效果)、宏观营销机构。

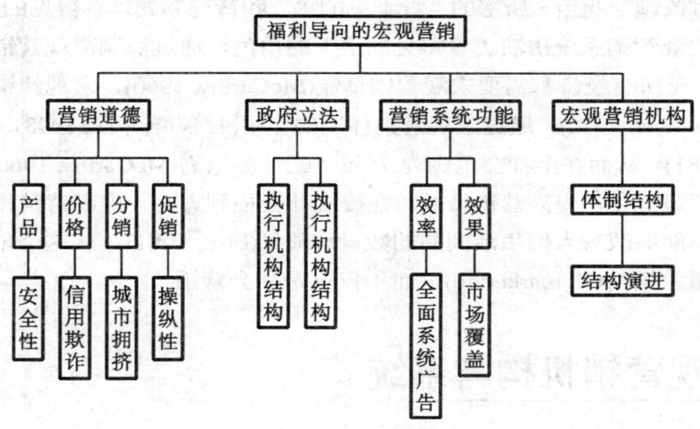

图 15-1 宏观营销的研究框架

2. 宏观营销的研究内容

宏观营销的研究内容如下。

(1) 宏观市场营销机构及其职能，包括购销、交换职能，实体分配职能，便利交换职能等。

(2) 市场营销的效率分析，包括商品流通的宏观营销效率分析，商品分销渠道运行的效率分析，批发业、零售业营销活动的效率分析，商品分销的运输系统效率分析等。

(3) 各政府职能部门对宏观市场营销活动的调控，包括金融部门对企业营销活动的调控、税务部门对企业营销的调控、物价部门对企业营销活动的调控、工商行政管理部门对企业营销活动的调控等。

(4) 各市场营销策略在社会中的总体作用，包括积极作用和违背法律及道德标准的市场策略的成因及对策分析。

3. 宏观营销研究的意义

从理论上看，研究宏观营销理论丰富了营销学理论，是对营销学理论的重要补充。自从 20 世纪初，美国中西部大学研究农产品的分销开始，营销学理论就已经萌芽。经过 50 年代营销学理论与企业相结合的里程碑式革命，以及 60 年代和 70 年代营销学研究领域的空前扩大(从生产领域扩展到服务领域、从盈利组织扩展到非盈利组织、从国内扩展到国际和全球)，到 80 年代，“营销学已成为我们这一代的一种核心思维方式”(Kotler, 1987)，营销学理论体系渐趋成熟。然而，从其理论本身及其应用来看，多侧重于企业营销活动的微观层面。宏观营销理论，是从社会整体的视角，研究企业同社会之间的交互影响关系，两者之间是密不可分的。因此，研究宏观营销理论学派，同研究营销理论的其他学派，如系统学派(The Systems School of Thought)、社会交换学派(The Social Exchanges School of Thought)、组织动力学派(The Organizational Dynamics School of Thought)一样，可以补充和丰富营销学理论，使营销学理论不断成熟。

从实践上看，研究宏观营销理论及其应用，在保证微观营销活动顺利进行和整个社会营销系统的正常运行，从而实现社会供需匹配、提高居民生活质量和社会福利等方面，有着重要意义。微观营销是基础，宏观营销是前提和保证(甘碧群，1994)。在一个市场经济中，市场的有

序运转，必须同时依赖于亚当·斯密的“看不见的手”和钱德勒的“看得见的手”的双重作用。宏观营销机构与宏观营销系统扮演“看得见的手”的角色，通过协调微观营销活动，保证其有效运行。同时，由于所有经济都需要宏观营销体制(McCarthy, 1960)，宏观营销系统作为整个经济系统的一部分(Moyer, 1972)，通过宏观营销体制的作用(甘碧群,邓江, 1998)，能够移动和配置经济资源(Fisk, 1981)，从而在全社会范围内,有效匹配社会供需(McCarthy, 1960；甘碧群, 1994)，实现经济资源配置最优化，提高营销绩效。在提高社会福利方面，宏观营销作为生活供给支持的一种技术支撑，能够改善人们生活商品的数量和质量(Fisk, 1981)。从这个角度来看，宏观营销是一种生活质量营销(QOL marketing)，而不仅仅是社会营销。

15.2 宏观营销机构与系统

15.2.1 宏观营销机构

宏观市场营销活动的主体是宏观市场营销机构，主要包括以下机构。

(1) 商业机构。这是宏观市场营销机构的重要组成部分。它通过购销商品来执行宏观市场营销的交换功能。如果按其是否拥有商品所有权，可划分为经销商和代理商。经销商是指从事商品经营业务，并拥有商品所有权的经济单位。经销商向生产企业购买商品并取得所有权，然后独立组织商品销售，对用户提供各种销售服务。代理商机构则不直接从事商品的购销经营活动，对商品不具有所有权，而是接受买卖者的委托，为买卖双方洽谈生意，为买卖者的交易起穿针引线的作用。如果按代理商在流通中所起的作用，它可分为批发商机构与零售商机构。批发商机构专门从事批发贸易，是从生产企业购买商品，又将产品转售给其他单位(如零售商或生产用户)进一步转售或生产加工的中间商。如果没有批发商业机构承担宏观营销的交换功能，宏观营销活动难以顺畅地发展。

(2) 交通运输机构。交通运输机构是宏观市场营销机构的重要组成部分，它包括铁路、公路、水路、空运及管道运输机构等。交通运输机构执行着宏观市场营销的部分职能，即承担着商品从生产者转向消费者的空间移动的职能。它是实体分配中的最重要的环节。

(3) 金融机构。金融机构虽不直接参与产品的购销活动，但它是经济运行的神经中枢。金融机构通过对生产者、中间商、运输部门、仓储部门提供信贷，使它们有足够的资金运作，以保证宏观市场营销活动的健康发展。金融机构主要包括银行、投资公司及保险公司等。我国金融体系以中国人民银行为核心，以专业银行(包括中国银行、中国工商银行、中国农业银行、中国建设银行、交通银行等)为主体，各种金融机构(非银行金融机构、信托公司、金融公司、财务公司及租赁公司)并存和分工协作。

(4) 广告组织。这是指经营广告活动的机构。它帮助工商企业设计、联系或传递广告信息，促进工商企业购销活动的顺利发展。广告组织主要包括专业广告组织、媒体广告组织及工商企业的广告部门和群众性的广告团体。

15.2.2 宏观营销系统

1. 宏观营销系统及其功能

宏观营销系统是指有组织的社会商品交换活动中一切相互影响、相互作用的参加者、市场

和流程的集合。一个宏观营销系统的结构中可包含以下内容，即 4 个参加者——制造者、政府、消费者、宏观营销机构；两个市场——资源市场和消费品市场，其中，资源市场又包括生产资料市场、资金市场、劳动力市场、技术市场等等。在宏观营销系统中，直接及间接参与将商品流及服务流从供给者转到需求者手中的组织及团体被称为宏观市场营销机构。宏观营销机构所执行的一般功能可归纳为 3 个部分。

(1) 交换功能。它是指从供给者手中购入资源、信息、消费品及服务，然后再销售到需求者手中，以实现所有权或使用权的转移。

(2) 传递功能。针对有形商品而言，这就是实体分配功能，在实现有形商品所有权的转移时，还要通过实体分配实现商品的空间转移，才能将商品传递到需求者的手中，这一功能主要由交通运输部门及仓储部门来执行。对于货币，由金融机构执行这一功能。对于信息这一无形商品，执行传递功能的是电信企业、大众传播媒体等机构。

(3) 便利交换功能。这是宏观营销机构的其他辅助性功能，主要有标准化和分级、风险承担、收集和分析市场信息职能。标准化和分级的职能是由批发商与零售商来承担，它涉及按规格和质量对商品进行分类，这使得购买和销售变得更为简便。风险承担职能是指在营销过程中必须承担的由于不确定因素造成的风险。如商品可能会被损坏、偷窃或过时，这一职能的承担者往往是中间商与保险公司。在营销活动的计划、执行和控制过程中，收集和分析市场信息也是一项重要的职能，执行这一职能的可以是营销调研公司、广告公司等辅助营销机构，可以是批发商、零售商等中间商。

在宏观营销的整个流程中，首先是由消费者向资源市场提供劳动力及一部分资金，以便制造者能够利用。这一过程在大多数情况下需要通过劳务中介或金融机构等宏观营销机构来执行，也可以由消费者直接执行某些一般营销职能(如个人直接投资办厂，直接到企业中去应聘)。制造者除了向资源市场获取所需要的资源之外，也可以同时向资源市场提供原材料、资金、技术等资源，这一过程同样也需要由资源市场的宏观营销机构来执行大部分的宏观营销职能。然后由制造者向消费品市场提供他们的产品及服务，消费者则从中选择他们的所需。这一过程宏观营销职能的执行者多为以批发商及零售商为代表的各级中间商。当然，随着信息技术的不断发展，越来越多的制造者会直接参与营销功能的执行。

2. 宏观营销系统的特点

政府在宏观营销系统中扮演着重要的角色，它们不仅对系统中的其他参与者进行监督及提供服务，同样也是资源市场和消费品市场的需求者。系统中的所有参与者向政府交纳税金以维持政府的运行。

一个国家的宏观营销系统是市场经济中资源配置的重要基础，它具有一般系统所应具备的基本特征，主要表现在以下几个方面。

(1) 整体性。宏观营销与微观营销的根本差别在于，它关注的不是单个组织的营销行为，而是从整个社会的角度来考虑营销问题，这就决定了宏观营销系统有着与生俱来的整体性特征。宏观营销系统作为一个有机的整体，系统的整体功能就是引导社会资源的有效匹配，这一功能显然不是系统中各要素所能单独完成的，而是各要素在孤立状态下所没有的特质。

(2) 相关性。宏观营销系统的相关性表现为，系统是在各要素的相互作用和相互协作下运行的。例如，制造者和消费者相互渗透，而且只是一个相对的概念。在消费品市场上，传统的生产企业是商品的制造者，而个人是商品的消费者。但是在劳动力市场上，个人成为劳动力的

制造者，而企业则成为劳动力的消费者。此外，无论是在哪个市场上，制造者都是在消费者需求的引导下来营销自己的提供物，而宏观营销机构则是制造者与消费者之间的桥梁。政府在宏观营销系统中扮演着多个角色，它自身既是商品的消费者，同时又是公共服务的提供者和整个营销系统正常运行的监管者。

(3) 层次性。一个现代的宏观营销系统应该由多个子系统构成。它不仅包括传统的具有实物形态的商品市场营销系统，而且还包括资金市场营销系统、劳动力市场营销系统、技术市场营销系统，等等。在每一个子系统中，都有一定数量的营销中介机构在执行着一般营销功能，例如在传统的商品市场中有商品的批发商和零售商；在资金市场中有银行及证券公司、保险公司等金融机构；在劳动力市场中有职业介绍所、猎头公司；在技术市场中也有专门从事技术交易活动的中介公司。再进一步看，每一个宏观营销子系统又都是由大量的微观营销系统(即企业营销系统)构成，宏观营销系统的成功运作必须取决于各子系统的效率以及微观营销系统的效率。

(4) 开放性。一个有效的宏观营销系统还应该是一个开放的系统。它首先是整个社会经济系统中的一个子系统，与社会中的其他系统进行着能量和信息的交换，并受到来自各方面的社会力量的约束，包括法律的、文化的、道德的约束及政治的影响。此外，一个国家的宏观营销系统还应该积极地和别国的系统进行交流。在当今世界中，经济全球化趋势已是不可逆转的潮流，缺乏与别国营销系统的交流必然会使本国的营销系统陷入无效、无序、僵化的状态。

(5) 动态性。宏观营销系统还具有动态性的特征，它并不是一成不变的，它必须随着经济环境的变化而不断地革新。例如，我国在计划经济体制下的宏观营销系统是在指令计划的作用下运行的，而在市场经济体制下的宏观营销系统则必须在消费者需求的引导下运行。

3. 宏观营销系统与微观营销系统

1) 宏观市场营销系统同微观市场营销系统的差异性

(1) 对二者考察的角度不同。宏观市场营销系统从总体、或从全国、或从宏观的角度进行考察。微观市场营销系统从个体、或从企业、或从微观角度进行考察。

(2) 二者组成的因素不同。由于二者考察的角度不同，因而它们的构成因素亦不同。宏观市场营销系统包括 3 个参加者——企业、消费者及政府，2 个市场——资源市场、商品市场，4 条流程——资源流程、商品或劳务流程、货币流程及信息流程。微观市场营销系统主要包括企业、市场营销渠道企业、市场、竞争者、公众及宏观力量。

(3) 二者运行的目标不同。宏观市场营销系统正常的运行，保证宏观市场营销活动的健康发展，从而促进宏观市场营销目标的实现。企业市场营销系统的运转，保证企业市场营销活动的正常运作，促进企业营销目标的实现。

2) 宏观市场营销系统与微观市场营销系统的联系

宏观市场营销系统的正常运行是微观市场营销系统正常运作的前提和保证。微观市场营销系统的健全发展为宏观市场营销系统的正常运行奠定基础，因为宏观市场营销系统的正常运行是建立在各企业市场营销系统良性循环的基础之上的。二者交错并存，共同发生作用。微观市场营销系统中各构成要素，成为宏观市场营销系统各要素的组成部分。

15.3 宏观营销效率评价

15.3.1 宏观营销效率

宏观营销效率主要是指整个社会商品分销系统的工作效率和经营效率，包括市场分销系统(广义上的流通领域)的劳动生产率、一定时期某分销系统成员的人均销售量或销售额、市场占有率、分销系统投入产出率、营销费用及其占商品成本或价格的比例、商品和资金的周转速度，等等。我们可以从某个行业、企业，或整个社会营销系统来评价营销效率。宏观营销效率作为考察宏观营销绩效的重要维度，其衡量的基础在于投入与产出，集中体现社会商品分销系统的投入产出效率(甘碧群、张雪兰，2003)。宏观营销效率的评价可以分为 4 个层面，即批发业营销效率、零售业营销效率、商品分销渠道运行效率和商品分销运输系统效率(甘碧群，1994)。

15.3.2 商品分销渠道的运行效率

从宏观营销的角度来看，我们可以把市场分销渠道大体上分为自组织渠道和组织化渠道两种。所谓自组织渠道，就是为了适应市场供求关系，由企业自发组织、自己建立、简单联合所形成的产品分销渠道。这是一种传统的商品分销渠道，其典型形式是生产者自销和松散型的简单合作销售。 如果人们按照一定的商品流通体制、流通特点、流通规律和分销组织结构等，对分销渠道加以系统组织，就形成了较为规范的分销渠道系统，即组织化渠道。组织化渠道主要有以下几种。

(1) 公司渠道系统。这是指一家公司控制了商品分销的若干层次或环节，甚至控制了整个分销渠道而形成的渠道系统。

(2) 联合渠道系统。这是一种以契约关系为基础，通过较为松散的联合经营而形成的分销渠道系统。这种分销渠道形式一般由生产者与批发商、生产者与零售商、批发商与批发商、批发商与零售商签订供销合同，建立正式稳定的购销关系来实现联合经营。此外，若干独立的中小批发商和零售商实行联购分销，也属于联合渠道系统的一种形式。

(3) 计划渠道系统。这是一种以国家计划为基础，由国家指定或委托的工商企业(通常为国有企业)按商品预定流向统一组织分销所形成的渠道系统。

在我国传统的商品流通体制下，分销渠道系统的运行效率较低，一是由于计划渠道的单一性，二是由于计划渠道在传统体制下的行政性和排他性。改革开放至今已三十多年了，我国的商品流通体制已作了重大改革，但商品分销渠道的运行效率仍然不高。从总体上讲，这是因为我国的商品分销渠道结构和运行模式仍不合理。

首先，计划渠道系统在很大程度上制约了商品的自由流通，降低了分销效率。改革后，我们打破了以独家经营、计划经营和“三固定”为特征的传统商品分销体系，适应市场经济要求的高度组织化的商品分销体系却迟迟未建立起来，反而走上了分割肢解、化整为零、优势丧失的道路。计划渠道系统萎缩、营销效率下降，既是传统流通体制的弊病所致，又是改革开放后政府某些决策失误、行政干预不当和企业内部管理不善的结果。

其次，公司渠道系统在改革开放以后，一直是我国鼓励发展，而且发展迅速的商品分销渠道系统。但这种渠道系统在我国现行体制下，有一定的封闭性和垄断性。在我国目前的联

合渠道系统中，联合方式、联营成员、联销产品和分销效率也存在一些问题：一是联合渠道系统的内在结构有很多不规范性；二是大多数的联合性分销渠道带有自发性、盲目性，也过于松散，成员之间缺乏长期、稳定、严格的契约关系和诚实、守信的履约关系，短期行为严重，随意性大。

再次，自组织分销渠道系统，即某种程度上的企业直接分销，是改革开放后我国商品分销渠道网络中发展最快的一种渠道系统。应当承认，现阶段我国企业采用自组织渠道分销商品，有其内在的合理性和客观必然性。但若任其发展，当市场开放和流通有序化发展到一定程度时，利用自组织渠道分销产品的工业企业过多，分销总量过大，又可能导致企业分销效率和宏观营销效率相对下降、分销成本偏高等新的流通问题出现。

15.3.3 批发业的营销效率分析

改革开放以前，我国的批发体制是按一、二、三级批发体系层层批发、顺序流转的原则建立的，这种体制立足于传统的计划经济流通模式，效率低下。改革开放以后，尽管我国批发体制改革取得了一定的成效，但其营销效率和经济效益仍很不理想。批发业营销效率较低主要体现在以下几个方面：批发企业费用水平一直呈上升趋势，销售规模相对缩小，销售利润率逐渐下降；资金投入不足，自有资金少，资金利用率低，资金周转速度逐年减缓，资金利润率普遍下降；劳动生产率和工资利润率下降，批发企业职工人数与企业营销效率、职工收入与企业经济效益、活劳动耗费与单位劳动量创造的价值形成巨大的反差。

批发企业营销效率低的原因归纳起来，主要有以下几个方面：体制约束，流通体制改革仍在进行之中，转换批发企业经营机制步履维艰；经营观念和经营方式落后，在多变的市场环境下，许多批发企业未能及时转变经营观念、转轨变型、加强服务，而是等政策、要优惠、靠政府，经营方式落后，经营思想陈旧；竞争不平等，国家和地方政府往往重视工农业，保护零售业，轻视批发业，认为批发环节只是工农业和零售业的桥梁，批发企业只是为它们服务的，因而在政策制定上对批发企业不利。

15.3.4 零售业的营销效率分析

我国零售业正处在高速发展时期，经营活动领域扩大，商品辐射能力增强，营销效率和经济效益的多项指标都超过了以前的各个时期，也好于批发业的整体情况，主要表现为：社会零售商品总额急剧增长，购销量日益扩大，零售业的商品流通速度加快；零售商业网点迅速增加，服务质量有所提高，劳动生产率和工资利润率上升；大型零售企业在社会商品流通中的地位显著改变，其营销效率和经济效益一般高于中小零售企业。

改革开放以来，零售企业的营销效率有所提高，但由于多种因素的影响，目前仍存在一些不可忽视的问题：先进的零售形式和经营方式较少；零售商业网点布局不尽合理，虽然我国零售商业网点总量有较大的增长，但网点布局的合理性较差，缺乏总体规划；一些城市中心大型零售企业过于集中，出现了过度竞争的现象；部分中小零售企业组织程度低下，经营困难。此外，我国零售企业效率低下，还由于零售企业的物质设施落后，技术手段传统，难以适应现代化的经营方式。许多零售企业无力进行系统改造，先进的电子技术在零售企业管理中的运用很少，远远不能适应零售业的高效化、现代化趋势。

15.3.5 分销运输系统效率分析

1. 我国运输系统在商品流转效率方面存在的问题

虽然改革开放以后，我国的商品运输系统有了前所未有的发展，为我国社会经济的发展起了巨大的推动作用，但与发达国家的商品运输系统和我国商品流通规模相比，仍显得效率很低。这种低效率不仅表现在运输速度慢、运输质量差、运输耗损大、运输成本高，压船、压港、压站严重，还体现在运输能力、运输规模、运输结构、运输方式等方面。不同地区运输业的发展水平也存在明显的差异。商品运输系统的效率较低，还由于运输方式的落后和管理中的不足。联运网络体系不完善和集装箱运输业务发展缓慢是比较突出的两个问题。条块分割、部门封锁、各自为政，割裂了运输体系的内在联系。

2. 运输效率影响商品流转的技术经济分析

可以用货运弹性、货运强度、平均运距和优势资源利用率等指标来分析运输效率对商品流转的影响。

货运弹性反映货运量变动率与国民生产总值变动率的比例。货运弹性小于 1，表明货运量的增长慢于经济增长；货运弹性大于 1，则表明货运量的增长快于经济增长。

货运强度是指一定时期货运量(或货物周转量)与同期国民生产总值的比例。货运强度高是我国运输系统的一大特点。这表明创造同样多的国民生产总值，我国有更多的货运量或货物周转量。

商品的综合平均运距，较多地受区域分工发达程度和区域间运输量大小的影响；不同的运输方式的平均运距，则主要受它的各自的运输特点和它们之间比价关系的制约。不同运输方式在不同运距范围的比价关系，可以调节运量在各自经济里程内的分配，促使运输系统内部自然分工。如果比价合理，将有利于大量的短途运输分流给公路，长途运输更多地由铁路和水路承担，从而使不同运输方式的平均运距和综合平均运距延长。

优势资源利用率也是评价商品运输效率的一个重要指标。

15.4 营销策略在社会中的应用

15.4.1 产品策略的作用

1. 企业产品策略在社会中的积极作用

(1) 企业生产产品是为了满足广大消费者的欲望和需求。产品是指能提供市场以引起人们注意、获取、使用或消费，从而满足人们某种欲望或需求的一切东西。产品的整体概念包括核心产品、有形产品和延伸产品 3 个层次。其中，核心产品是整体概念产品中最基本和最主要的因素，企业通过核心产品来满足消费者的某种欲望或利益；有形产品是产品的实体，它是满足消费者需求的载体；企业不仅通过有形产品来满足顾客的需求，而且通过延伸产品即附加利益来满足顾客对核心产品的需求。附加利益指企业为购买者提供信贷、保证及售后服务。

(2) 企业生产产品是为满足生产者市场的需求。生产者市场(或工业者市场)是由所有获得产品和服务，并进一步制造其他产品和服务，以供销售、租赁或供给他人享用的个人和机构所组

成的。企业必须分析和把握生产者市场的需求特点及其对产品整体概念需求的特点，更好地满足它们对产品的需求。

(3) 企业为保证政府实行正常的宏观调控而提供政府所需的产品和服务。政府市场包括那些为了执行政府职能而进行购买或租赁产品的各级政府机构。

2. 符合法律及道德标准的产品策略

当代企业市场营销的产品策略，不仅要求以消费者为中心和出发点，并且要考虑消费者的长远利益及社会利益为指导思想来制定，也就是说，不仅要求企业以市场营销观念为导向，而且更重要的是以社会市场营销为导向。要贯彻以社会市场营销观念为导向，必须要求企业严格遵循法律及道德标准，才能发挥产品策略对社会的积极作用。

在实践中如何判断企业产品策略是否符合道德标准及法律规则的要求呢？首先，产品策略是否符合道德标准和伦理观念，可采用道德论中的实利论和道义论来衡量，即从企业制定产品策略的动机和后果二者相结合来衡量。其次，要了解企业产品策略是否符合法律规则，主要看它是否符合国家颁布的有关产品立法的要求。

3. 违背法律及道德标准的产品策略

违背法律和道德标准的产品策略，主要表现在下列几个方面：生产和销售大量劣质产品；生产和销售假冒产品；使用劣质或不符合要求的包装；生产和销售的产品无售后服务保证。

违背法律与道德标准的产品策略造成的危害表现在以下几个方面。首先，对消费者造成危害。生产和销售假冒伪劣产品、劣质包装及无售后服务保证，对消费者而言，轻者造成消费者经济损失及影响消费者的身心健康，严重者会危及消费者的生命安全。其次，严重地影响了生产和销售名牌产品的企业的经营效益，致使它们处于不利的竞争环境。

4. 违背法律及道德标准的产品策略的成因及对策分析

1) 企业产品策略违背法律及道德标准的原因

造成企业产品策略违背法律与道德标准的主要原因如下。

(1) 企业内部原因。主要包括：①企业缺乏正确的经营指导思想；②我国许多企业生产设备落后、技术水平低以及经营管理水平低；③少数企业为了追逐最大利润，见利忘义，不顾及广大用户和社会的利益；④商业企业对商品的购销环节未严格把关，使伪劣产品从生产领域延续和扩展至流通领域进而达到消费领域。

(2) 从宏观方面看，主要是立法不健全及执法不严，以及各地方政府实行地方保护主义，为企业生产和销售假冒伪劣产品提供了生存的温床。

(3) 消费者自我保护意识差。

2) 企业产品策略违背法律及道德标准的对策分析

(1) 从企业方面看：①深化企业经营机制，使国有企业真正成为独立自主、自负盈亏的商品生产者和经营者；②抓住改善企业经营管理这一关键环节；③企业必须重视抓技术改造与技术革新，不断更新生产设备及提高技术水平，使产品质量的提高建立在科技进步的基础之上；④商业企业(包括批发商及零售商企业)必须严格把住进货的渠道，择优进货，将假冒伪劣产品拒之于商店门外。

(2) 从宏观方面看，在社会主义市场经济条件下，要求政府创环境，企业搞经营。为此，政府要加快职能转变：①从原来对企业的微观管理为主向宏观管理为主转变，切实建立健全宏观经济调控体系；②由计划调控为主向市场调节为主转变，积极培育和发展市场体系，健全市场机制，使市场机制真正发挥配置社会资源的作用；③由直接管理为主向间接管理为主转变，改变过去对企业内部事务实行大包大揽的做法，建立起“政府调控市场，市场引导企业”的良性循环机制。

(3) 必须增强全体消费者自我保护意识：①加速商品经济的发展，提高社会生产力，不断提高消费者个人收入，提高他们受教育的程度，从而提高消费者识别及选择产品的能力；②消费者组织要经常向广大消费者提供市场信息、产品信息及消费信息等，以便提高消费者对产品的鉴别能力，正确地引导消费者的消费；③政府有关部门要认真执行保护消费者权益的有关立法，积极受理消费者的投诉，并对投诉事项进行调查和处理，以便增强消费者自我保护的信心。

15.4.2 价格策略的作用

1. 价格策略在社会中的积极作用

价格策略在社会中有以下积极作用。

(1) 价格策略是企业从整体上满足消费者需求的重要因素。从整体上满足消费者需求，是指在现代市场营销活动中，企业不仅通过优质产品，还必须通过合理定价，适时适地把产品传递到消费者手中。合理定价策略，首先要以成本为导向。其次，要以需求为导向。

(2) 合理价格策略有利于本企业及其他企业的生存和发展。价格是唯一能够增加企业收益的因素：产品价格是否定得恰当，关系到企业能否实现盈利目标；产品价格是当代企业之间进行营销战争获取胜利的手段之一；正确的定价策略有利于树立企业的良好形象，有利于企业的发展；合理定价策略有利于相关企业的正常发展。

(3) 合理定价对促进国民经济的发展和稳定社会秩序具有重大的作用。合理定价才能使价格成为社会资源合理配置的手段，从而真正成为商品生产与流通的调节者；合理定价使价格成为衡量社会生产与商品流通经营效益好坏的指示器；合理定价有利于调节产品的消费。

2. 价格策略与道德标准

评估企业定价是否违背道义准则，包括以下两方面内容：企业在定价动机上有无违背道义原则；企业在售价手段上有无触犯道义准则。

评估企业定价是否给消费者及社会带来利益，这包括：①企业产品在定价之前是否考虑其产品在某种水平的定价能否给消费者及社会带来好处，其成功可能性有多大；②企业对产品定价时，还要对定价的具体方案进行评估，估算这一方案将为企业、顾客及社会带来何种坏处及出现的可能性有多大；③企业对诸多定价方案进行评估和比较，权衡哪种方案好处大于坏处，哪种方案企业效益及社会效益高，然后从中选择最佳的定价方案。

3. 违背法律和道德标准的定价

企业违背价格法规及商业道德主要表现在：采用以次充好、短斤少两、降低质量标准等手段，变相提高商品价格或收费标准；任意抬级抬价或哄抬物价，随意“宰”顾客；巧立名目乱收费用；采用诱惑手段或强制手段，招徕顾客。

违背法律及道德标准定价策略的严重后果主要表现在：从消费者来看，企业违法定价，哄

抬物价，实行劣质高价，这不仅非法过多地攫取消费者的个人收入，还影响消费者支出结构；从企业方面看，违背法规及道德标准定价，严重地影响其他企业，尤其是影响生产和销售名牌产品的企业的声誉及经营效益；从社会方面看，违反法律及道德标准的价格策略会损害社会经济效益，以及造成不良的社会影响。

造成定价策略违背价格法规及道德标准的原因，从宏观方面看，我国仍处于社会主义初级阶段，社会生产力还较低，且呈现出多层次的格局：①市场体系及市场机制不健全和不完善为某些企业违背法律和商业道德定价造成空隙；②价格法制尚不健全及执法不严，使某些企业不正当的定价行为有机可乘；③尚未根本改革旧的价格管理体制，双轨制价格仍存在，为某些企业违法定价提供了土壤。从微观(或企业)方面看，企业经营指导思想不端正，经营机制未根本改变，缺乏法制观念，法制自律行为不严，是某些企业违背法律及道德标准定价的内因。从消费者方面看，消费者缺乏自我保护意识。

15.4.3 分销策略的作用

1. 分销渠道对社会的积极作用

合理的分销渠道对社会的积极作用体现在3个方面，即对消费者的积极作用、对企业的积极作用、对社会经济发展的积极作用。

企业要想在国内外激烈竞争的市场上求生存谋发展，必须从整体上满足广大用户的需求，即不仅提供符合顾客需求的产品质量、品种、包装及最佳的售后服务，为顾客制定出合理的产品价格，制定出符合消费者需求特点及文化习惯要求的广告策略，还必须选择良好的商业机构、交通运输方式，在适当的销售网点适时适地将产品传递到广大用户手中，或满足国内外消费者个人生活的消费需求，或满足生产者用户为维持再生产顺利运行对生产资料的需求，或满足政府为发挥其职能对产品消费的需求。

分销渠道的设置对企业的积极意义体现在8个方面：①研究，即收集制定计划和进行交换时所必需的信息；②促销，即设计和传播有关商品的信息，鼓励消费者购买；③接洽，即为生产商寻找、物色潜在买主，并和买主进行沟通；④配合，即按照买主的要求调整供应的产品，包括分等、分类和包装等活动；⑤谈判，即代表买方或者卖方参加有关价格和其他交易条件的谈判，以促成最终协议的签订，实现产品所有权的转移；⑥实体分销，即储藏和运输产品；⑦融资，即收集和分散资金，以负担分销工作所需的部分费用或全部费用；⑧风险承担，即承担与从事渠道工作有关的全部风险。

政府从宏观角度正确设置分销渠道，是企业正确选择分销渠道策略的前提和基础。只有将宏观对分销渠道的合理设置同企业对分销策略的正确选择进行有机的结合，方能有效地衔接社会生产与消费的联系，使产品能按质、按量、适时适地从生产者手中转到用户手中，同时使货币从广大用户手中又流到生产者的手中。商品及货币不断往返的良性循环，才能促进社会再生产顺利运行，从而不断促进社会经济的发展及社会经济效益的提高。

2. 不合理设置分销渠道对社会的消极作用

1) 企业选择分销渠道不当对社会的消极作用

从社会角度看，政府能否合理设置商业机构及商业网点，对企业能否合理选择分销渠道会产生很大的影响。如果缺乏发达的商业网点及良好的交通运输设施，对企业来说，即使是最好的目标市场，也无法进入；反之，如果在各地区设置合理的商业网点及交通网络，但如果企业不能根据市场状况及自身条件合理选择分销渠道，亦会影响充分满足各个阶层顾客对产品的需求。

2) 分销网点布局不合理及分销渠道选择不当给社会带来的后果

这种分销格局对社会利益、广大消费者利益及企业利益均会带来不利的影响。

(1) 对社会经济发展带来不良的影响。由于严重缺乏交通运输工具、运输设备落后、商业机构不足、技术设备落后，加之商业网点及交通运输网络布局不尽合理，严重地影响了生产与消费的有机联系，从而影响了不断实现社会总供需的平衡。一方面造成大量产品严重积压滞销，给社会带来巨大的经济损失；另一方面，使迫切需要产品的生产企业及广大消费者得不到满足，使社会再生产不能实现良性循环。

(2) 对企业的影响。商业机构及其从业人员的缺乏、商业网点布局不合理、交通运输发展的严重滞后等因素，严重地制约着企业选择最佳的分销策略，往往会出现经济越发达的地区，越成为企业争夺市场的目标。同时，商品经济越落后的地区，尽管广大用户对产品的需求很迫切，市场上存在大量未满足的需求，但由于缺乏一定数量和质量的商业机构及交通运输网络，致使企业无法选择这些地区作为目标市场。宏观角度看，商业网点及交通运输网络布局不合理，会严重影响企业产品的实现及其营销效益的提高。

(3) 对消费者的影响。商业网点及交通运输网络布局不合理及企业选择分销策略不当，对广大消费者购买商品及消费产品会产生重大的影响。

3. 商业网点及交通运输网络布局不合理的成因及对策分析

造成商业网点及交通运输网络布局不合理的原因是：我国经济发展水平仍属较低，还不能投入大量资金发展商业及交通运输业；我国长期受“重生产，轻第三产业”，尤其“重生产，轻商业”思想的影响；产业政策失调造成了我国产业结构失衡及交通运输等基础设施的滞后发展；价格体系不合理也导致产业结构失衡；国家对各地区的交通运输业、商业基建投资不平衡，造成各地交通运输业及商业发展不平衡；全国统一的市场体系未形成，严重地影响了企业合理选择分销渠道策略。

解决商业网点及交通运输网络布局不合理的对策：发展社会生产力，提高国民总产值，从而提高国家财政收入总体水平；政府要逐步改变“重二产业，轻一、三产业”的旧观念；实行多元利益主体投资，以便迅速改变我国交通运输业及商业不适应国民经济发展的格局；进一步深化经济体制改革，真正发挥多元利益主体发展交通运输及商业的积极性。

15.4.4 广告策略的作用

1. 广告策略在社会中的积极作用

1) 广告的经济作用

广告具有如下经济作用：

(1) 广告是世界上最大的“无烟产业”之一，它对于沟通产销、刺激需求和消费、提高生产和消费的有效性，起着巨大的作用；

(2) 提供信息，指导消费；

(3) 沟通产销，促进生产。

2) 广告对于经济个体的影响

广告对于微观经济个体——企业而言，是促进销售，获得利润的武器。它不仅是企业获得长期最大利益的手段，而且也是短期提高商品销售额的有效手段，因此，广告备受企业青睐。广告对于企业的生产经营活动有以下促进作用：

(1) 广告是企业最有效的竞争武器之一；

(2) 降低营销成本，增加利润；

(3) 树立企业形象，扩大企业的知名度；

(4) 打开国际市场，扩大出口贸易。

3) 广告的社会作用

广告对社会的影响主要通过创造流行来实现。广告对社会的影响，实际上是指广告对广义上的生活方式的影响。大众传播学认为：观念常常是从广播和报纸等媒体流向舆论领袖，然后由舆论领袖流向人口中不太活跃的部分，也就是大众，这就是两级传播理论。广告创造流行也通常借助这一方式。在社会中，人与人之间有着联系，相互联系着的一些人叫做相关群体。在相关群体的上层有一个认同群体是人们在社会生活中心理上仰慕崇拜或仿效的对象，而且人们有一种尽可能向他们靠拢的欲求。广告通常借助现实中的认同群体如电影、体育明星，由这群人向社会大众劝说，扫除信息受众对某种新的生活方式的种种心理障碍，诸如顾虑、害怕、犹豫、敌对情绪等，并且为这种新的生活方式创造或提出一种崭新的、科学的、恰当的理由和借口，通过示范、信息交流与消费者取得共识，或通过心理强制促使他们接受这种新的生活方式。社会流行一方面传播了新观念，另一方面又在打破旧观念。当人们接受了新的流行时，一种新的价值观往往在他们身上潜移默化地作用，使原有的习俗、价值观念和社会规范发生一定变化，并直接影响到艺术、文化、政治等社会生活的各个方面，从而推动社会发展。

2. 广告对消费者及对竞争者的影响

广告主要通过以下 3 种方式来满足消费者的需求：满足现存的需求、激发潜在的需求、创立全新的消费需求。

广告对竞争者有以下影响：

(1) 广告对竞争有促进作用，在一定程度上，无形中助长了垄断的形成；

(2) 广告是提高市场占有率、增强竞争力的有效手段；

(3) 通过比较性广告，有助于提升企业的形象，增强竞争优势。

3. 违背道德和法律的广告成因及对策分析

违背法律和道德的广告的出现不是偶然的，既有社会原因、消费者方面原因，也有企业本身的原因。从宏观方面看，法律、法规不健全，执法不严格是重要的原因。广告主体缺乏市场营销观念，法律观念淡薄。消费者自我保护能力薄弱。广告领域中出现的违背法律与道德的广告行为，原因是多方面的，它不仅侵害了消费者的正当权益，也损害了企业的利益，并危害了社会利益。要解决违背法律及道德标准的广告活动，是一项复杂的系统工程，涉及宏观、微观及消费者等多方面因素，要由国家、企业、消费者三方面，依据法律和道德规范的原则，建立起具有一定约束力的广告秩序保障系统，将广告活动纳入法制轨道中。广告秩序保障系统由法律保障系统、行政监督系统、行业自律系统、消费者监督系统等 4 个子系统组成。

15.5 政府对企业营销活动的调控

15.5.1 金融部门对企业营销活动的调控

金融部门通过以下方式对企业营销活动进行调控：银行通过信贷对企业经营活动实行调控；银行通过结算活动对企业日常经营活动进行监督和服务；银行运用利率政策，调节和引导企业的经营活动。

金融部门在对企业营销活动调控中存在以下问题：行政干预过多，使信贷调控难以奏效；利率的杠杆作用未能发挥；经营思想没有更新，缺乏主动为企业服务的思想；金融体制改革滞后，造成金融部门的宏观调控存在不少弊端。

深化金融体制改革，加强银行对企业经营活动的调控和服务：构筑以中央银行为领导，以国家商业银行为主体，多种金融机构并存的金融机制的新功能，特别是强化和完善中央银行的宏观调控职能；推进专业银行的企业化经营，逐步取消金融业的专业分工，实现专业银行综合化的职能转变；实行灵活的利率政策，发挥利率对企业投资的杠杆作用；发展金融市场，为企业提供广泛的融资渠道；更新观念，完善金融机构的服务功能。

15.5.2 税务部门对企业营销活动的调控

1. 税务部门对企业经营活动的调控方式

税务部门对企业的调控方式主要是通过税种及不同税率来实现的。原来是针对不同的所有制、不同地区设置不同的税种及税率，实行不同的税制政策。自我国改革开放后，1994 年新税制出台之前，我国税收主要包括以下六大类：流转税、所得税、特定目的税、资源税、行为税及使用税。其中前三类税同企业的经营活动发生紧密联系，直接影响企业经营活动的效益。

2. 不同税收政策对企业经营活动的影响

税收政策的核心问题是如何确定合理的税收负担政策。它涉及的内容很多，主要包括：保证收入的政策，量力负担政策，区别对待政策和平均税负的政策。税收政策的制定既要考虑保证国家取得财政收入，又要考虑纳税人的负担能力。对于生产或经营同一种产品的不同企业的税收政策应当采取平均税负，以鼓励企业间的公平竞争。但由于诸多原因(包括许多客观原因)，即使生产同类产品但对于不同的纳税人或不同的课税对象，也在税负上存在差别，从而使不同企业处于不平等的竞争的格局。具体说，不公平的负税制对企业经营活动有下列影响：

(1) 高税负的企业无资金进行技术改革与改造，缺乏资金开发新产品及开拓新市场，从而削弱企业的竞争力；

(2) 企业税负高，势必引起产品成本高及产品价格高，从而失掉价格竞争优势；

(3) 国有企业的奖金税等税种的征收不规范束缚着企业的手脚，遏制企业职工的生产经营积极性，影响企业经营效益的提高；

(4) 税负的不公平，严重地影响税收的杠杆作用的发挥，对促进产业结构和产品结构的调整及协调价格等起着不利的影响；

(5) 税负政策的不合理往往会造成对企业惩优助劣、鞭打快牛的结局。

3. 新税制的实施及其对企业营销活动的影响

税制改革为企业营销提供了以下良好的外部环境：

(1) 税收制度大为简化，既有利于税务部门征管，也便利于纳税人纳税；

(2) 立足于与税收国际惯例接轨，税收制度基本上实现规范化；

(3) 建立起鼓励先进企业、鞭策落后企业的税收机制；

(4) 有利于鼓励企业发展规模经营。

15.5.3 工商行政部门对企业营销活动的调控

1. 工商行政管理部门对企业营销活动的调控方式

工商行政管理部门通过企业登记管理，实行对企业的调控；通过市场管理来引导企业的经营活动正常地发展；通过经济合同管理来规范企业之间的联系和行为；通过商标管理来保护企业之间的公平竞争及规范企业经营行为；通过广告管理来规范企业的经营行为及提高企业营销效益。

2. 工商行政管理部门在调控企业营销活动中存在的主要问题

企业登记管理的有关制度和方法、程序基本上还未摆脱计划经济模式；对市场管理的覆盖面小，长期偏重于对集贸市场的管理；对企业经济合同的实施，未能很好地应用间接调控手段，而往往采用行政手段直接管理经济合同，直接干预企业交易活动；工商行政管理部门在商标管理过程中，既是行政执法机关，又是企业办理商标法律事务的代理人，这既不符合法律基本原则，又弱化了工商行政管理的行政执法职能；广告体制不健全，有关机构职责不明，使工商行政管理部门难以实施对广告的统一管理。

15.6 宏观营销的研究趋势

15.6.1 宏观营销发展的困惑

虽然经过 30 多年的发展，宏观营销已经成为一个独立的研究学术领域，但其在学术界的地位却不容乐观：迄今为止,宏观营销仍没有成为营销研究中的主流学派。

为什么在营销学启蒙时其内容就受到关注，作为独立学术流派的宏观营销，经过近 30 年的发展后却日益“远离”市场营销学的主流？从其发展历程和研究成果来看，除了外界各种组织对微观营销管理需要增加外，宏观营销本身在一些方面导致了其学科的发展困惑。

第一，宏观营销研究体系尚不成熟。Brinberg 和 Hirschman 认为一个有价值的研究应包括 3 个方面：涉及因果关系概念发展的理论领域；研究方法领域(即严密的调查方法,包括研究设计、数据采集、分析和推理跨学科)；对真实世界和问题研究的独立领域。学者们对多年来宏观营销方面的研究成果(特别是发表的文章)分析后认为：作为学术流派，到现在为止宏观营销领域还没有形成一整套合理的研究框架，进而不能形成自己的核心理论体系。虽然宏观营销对真实世界中的现象和问题有自己独立的研究领域，但其更多的研究还仅仅停留在从现象中进行推理的层面。

第二，以社会和营销为主题的研究过于分散，从而限制了宏观营销在学术领域地位的确立。

目前在学术界至少有 6 个群体是以“营销和社会”为研究主题的，且各个群体都有自己的期刊和会议。这 6 个群体包括：社会营销，注重社会交换；营销伦理，关注如何帮助企业的营销者作出更具伦理性的决策；公共政策和营销，研究政府的决策者和营销者如何实施更有效率的管控政策或法律制度；国际消费者政府，探讨不同文化和政治环境的问题；消费者利益节俭者，在不同的环境发现不同的目标和方法；宏观营销，关注如何在社会层面优化配置资源，引导社会如何理性消费。

第三，宏观营销教育的缺失限制了其学科研究的持续性和学科知识的传承性、扩散性。宏观营销虽然是营销学的一个分学科，但至今却很少作为一门课程在营销教育各个层次上开设，特别是博士生教育层次。从而使宏观营销知识的传播只能在有限的学术圈子中交流，这减少了让更多的人了解并从事宏观营销研究的机会。1997 年，Wilkie 和 Moore 在对 AMA-Sheth 博士论坛的参与人所做的关于“社会和营销问题”调查结果表明，接近三分之二的学生表明自己对“社会和营销”问题研究有很浓的个人兴趣，但却找不到合适的机构更深入和系统地认识宏观营销，更谈不上将宏观营销作为自己的研究方向和职业选择了。

第四，宏观营销知识未能在实际中有效应用，也降低了其存在的价值。宏观营销虽然研究的是营销与社会发展中出现的实际问题，意在提高营销系统效率从而促进社会经济的发展和人们社会福利的提高，但多年来，宏观营销的研究成果只是在有限的学术圈子中交流，未能与实践中的相关人士(如政府政策的制定者)进行沟通，让他们了解如何通过宏观调控提高社会营销系统的效率从而达到社会发展的目标。

15.6.2 宏观营销在中国

虽然现代市场营销在中国已经是一门较为成熟的学科，但宏观营销的发展还处于初步阶段。到目前为止，只有以甘碧群、晁钢令为代表的少部分学者明确地对宏观营销问题展开研究。就研究内容分析，很多学者研究的问题都涉及宏观营销的主题“营销和社会”，如消费者伦理、企业社会责任、生活质量的研究等。从社会实际来看，中国社会的发展却对宏观营销有着迫切的需要。

1978 年以来，中国在从计划经济向市场经济转型的过程中，虽然微观组织的营销活动的丰富、“效率”的提高促进了市场经济的发展，但同时也出现了很多新的问题，如组织营销活动中的过度竞争、企业广告的社会伦理、社会分销系统效率的提高、社会发展不平衡、传统观念与现代科技对营销的影响，等等。而这些都属于宏观营销的研究范畴，即营销与社会问题。同时，为了使营销活动能更好地配合社会其他活动实现和谐社会的发展目标，宏观营销的研究更具有迫切性。

近几年来，越南、克罗地亚、肯尼亚等发展中国家或转型社会都开始注重宏观营销，并积极参与国际宏观营销的各种学术活动，2007 年在华盛顿召开的国际宏观营销年会就分别设立了越南、俄罗斯“营销与社会”专题论坛，以让更多的人了解这些国家，协助这些国家的营销学者提高转型社会中的营销效率。而中国的宏观营销研究，在国际学术界的声音仍然很小。

15.6.3 宏观营销的未来研究领域

Nikhilesh Dholakia 与 Robert W. Nason 认为宏观营销包括 3 个层次：宏观效应(macro effects)、宏观政策(macro policies)和宏观系统(macro systems)。宏观营销未来研究领域如表 15-2 所示。

表 15-2 宏观营销未来研究领域

主要宏观问题	宏观营销研究		
	宏观效应	宏观政策	宏观系统
能源	• 不同产品、消费模式对能源的消耗	• 可替代的能源政策对产业发展、生活水平和生活质量的影响	• 生活质量与能源消耗的关系 • 能源供给与不同的市场增长的关系
滞涨	• 消费者角色与生活方式的变迁 • 通货膨胀对不同消费群体消费模式的影响	• 不确定经济背景下的营销政策 • 经济危机背景下的营销战略	• 消费模式、消费价值观与劳动过程的关系 • 通货膨胀、消费者心理与企业绩效的关系
生产率	• 营销活动的效率	• 以提高生产力为导向的营销政策 • 劳工、消费者的营销政策	• 消费、储蓄、投资与技术之间的关系 • 生产率与生活质量
经济增长	• 工业发展模式对生活方式的影响 • 不同产业发展模式的全球营销	• 劳工政策与经济增长 • 从营销角度剖析劳工政策、教育政策	• 就业、消费与增长 • 人力资本投资、消费模式与经济增长

本章小结

本章论述了宏观营销的基本概念，了解了宏观营销的产生与演进、宏观营销效率、宏观营销系统和宏观营销策略，以及宏观营销主要内容和发展趋势。

宏观营销的概念由 McCarthy 于 1960 年最早提出，学者们从不同视角给出了不同的定义。综合起来，宏观营销是从社会总体的视角，研究在企业营销活动与社会的交互影响过程中，如何引导产品或服务从生产者流向消费者，从而有效匹配社会供需，实现社会福利目标的一种社会经济过程。

本章回顾了宏观营销的发展历程，对宏观营销和微观营销进行了区分。微观市场营销活动是宏观市场营销活动的基础。宏观市场营销活动是微观市场营销的前提和保证。二者相互渗透、相互制约、交替并存、共同发生作用。宏观市场营销与微观市场营销不仅存在着统一性，而且存在着差异性。微观营销所涉及的范围要窄于宏观营销活动；微观营销以实现企业的盈利目标，宏观营销则从社会角度出发，不断地促进社会总供需的平衡；微观营销通过控制市场营销变量及加强对市场营销变量的管理来达到企业营销效益最优化，宏观营销则通过控制宏观市场营销系统，协调好宏观市场营销机构的关系来有效地控制市场营销变量，不断地调节社会总供需的平衡，谋求社会市场营销效益的最优化。

宏观营销效率主要是指整个社会商品分销系统的工作效率和经营效率，包括市场分销系统(广义上的流通领域)的劳动生产率、一定时期某分销系统成员的人均销售量或销售额、市场占有率、分销系统投入产出率、营销费用及其占商品成本或价格的比例、商品和资金的周转速度，等等。宏观营销效率的评价可以分为 4 个层面，即批发业营销效率、零售业营销效率、商品分销渠道运行效率和商品分销运输系统效率。

宏观营销系统是指有组织的社会商品交换活动中一切相互影响、相互作用的参加者、市场和流程的集合。一个宏观营销系统的结构中可包含以下内容：4 个参加者——制造者、政府、消费者、宏观营销机构；两个市场——资源市场和消费品市场，其中，资源市场又包括生产资料市场、资金市场、劳动力市场、技术市场等。

本章还介绍了宏观营销的策略，如产品策略、价格策略、分销策略和广告策略。

最后，本章介绍了宏观营销的未来发展趋势及研究领域。

关键术语

宏观营销　　微观营销　　宏观营销系统　　宏观营销效率

宏观营销机构　　宏观营销策略

思考题

1. 什么是宏观营销?
2. 如何区分微观营销与宏观营销?
3. 什么是宏观营销效率?
4. 如何实施宏观营销策略?
5. 如何评价宏观营销效率?

参考文献

1. http: //www. msi. org
2. Layton, Roger A. and SanfordGrossbart. Macromarketing：Past, Presentand. Possible Future[J]. Journal of Macromarketing,2006,26 (December) 193-208.
3. Moyer, R. Macro Marketing：A Social Perspective[M]. Wiley, New York, NY,1972.
4. 熊凯, 甘碧群. 宏观营销理论述评[J]. 商业经济与管理, 2004(9): 33-36.
5. 甘碧群. 宏观市场营销研究[M]. 武汉：武汉大学出版社, 1994.
6. 费鸿萍, 吴健安. 宏观营销：关注"营销与社会"的和谐发展[J]. 华东经济管理, 2008(5): 116-120.
7. Stanley J. Shapiro. Macromarketing：origins, development, current status and possible future direction [J]. European Business Review, 2006, 18: 307-321.
8. 肖志雄. 和谐营销与宏观营销的比较研究[J]. 科技创业月刊,2008(1): 62-63.
9. 冯伟. 我国物流业宏观营销效率与经济增长关系的实证分析[D]. 大连：东北财经大学，2005.
10. 熊凯, 甘碧群. 我国物流业的宏观营销效率研究[J]. 中国流通经济,2004(1): 8-12.
11. 甘碧群, 王文超. 批发、零售行业的宏观营销效率研究[J]. 武汉大学学报(社会科学版), 2003(56): 325-329.

12. Nikhilesh Dholakia, Robert W. Nason. Research Issues in Macro-Marketing：A Blueprint for Progress[J]. European Journal of Marketing,2007(1): 41-55.

案例研讨

不道德品牌传播案例

清扬 VS 海飞丝——恶意攻击性广告

联合利华 10 年来首次推出去屑洗发水品牌——清扬，在广告片中，小 S 一脸傲慢的神情："如果有人一次又一次对你撒谎，你要做的就是立刻甩了他。"随即甩开一个白色瓶子的洗发水。小 S 颇具挑战性的话语和甩开的白色瓶子，让人不难猜测这是联合利华对竞争对手宝洁同类产品海飞丝的宣战。随后，海飞丝立即请来梁朝伟担任代言人，"信任不是说出来的，是时间和事实的积累。""值得信任的，当然海飞丝!"。

妇炎洁——恶俗广告

如今在百度搜索"妇炎洁广告"几个字，就会看到各种网络恶搞版本。而"洗洗更健康"这个词汇更是一度成为流行语。付笛声、任静夫妇手拿妇炎洁，对着镜头说出一句"洗洗更健康"，并带领一群人高喊"我们都用妇炎洁!"尽管网友认为妇炎洁启用付笛声、任静夫妇作为代言人，看重其模范夫妻的形象，但问题在于广告本身的创意点和表现过度肉麻与虚假，并且自以为乱用外国人形象表现广告起到了反面的效果。

2007 年 7 月，国家广电总局和工商总局联合签发《关于整顿广播电视医疗资讯服务和电视购物节目内容的通知》，对减肥、丰胸、增高、药品、医疗器械五类电视购物节目实行"禁播"。

别克凯越——操纵意见领袖

意见领袖的商业化已经是众人皆知的秘密，但我们唾弃被极度商业化的"鼓吹领袖"，也反感侮辱消费者智商的"领袖"。据修理厂反映，最早出品的别克凯越手动挡汽车，在二挡转换到三挡时经常出现"坐车"现象，烧点火圈、钢线的问题总是无法彻底解决，但在别克车友会某些"知名"博客里，这个明显的缺陷却被完全忽视。是否应该利用意见领袖，如何利用，这是一个技巧问题，更是一个道德问题。

恒源祥——恶俗广告

2008 年春节，恒源祥十二生肖广告"恒源祥，北京奥运会赞助商，羊，羊，羊"，静止的电视画面上，十二生肖轮番上场，这则广告播出时间长达一分钟，再次升级视听暴力，挑战国人的忍耐极限。恒源祥董事长李瑞旗在接受采访时表示，重复、持续就是恒源祥的营销方针，宁愿被骂也要创造"令人记住"的传播效果。我们庆幸的是，恒源祥利用的是十二生肖，而不是水浒一百零八将，否则国人的神经将会全线崩溃。

联想 VS 苹果——恶意攻击性广告

2011 年初，苹果与联想相继推出两款都标榜最轻、最薄的笔记本电脑，而联想 ThinkPadX300 的宣传点正是苹果的短处。此外，其广告语为"Everything else is just hot air"(hot air 在美国俚语中意指吹牛)，直接叫板苹果 Mac Book Air。

"碧生源"常润茶——虚假广告

在北京的公交车上，播放频率最高的广告之一便是碧生源常润茶。广告中宣称，其"快速解决便秘、口臭、青春痘、色斑、皱纹增多等问题”。同时，还出现“滋润人体内环境、修复肠道内黏膜受损组织、恢复肠道正常功能”等宣传其功效的字眼。今年二三季度，碧生源常润茶被曝“未经审批擅自发布、夸大保健功能；擅自篡改审批内容”。但目前，“碧生源”常润茶的广告依然在高频率地播放，该产品也仍在销售中。

2008年7月1日，中国广告协会公开点评了“排油素”、“十八掌热磁带”和“全息自灸贴”3则电视广告，认为其涉嫌违法违规情节严重。

(资料来源：李航，何敏，黄莹. 十大“不道德”品牌传播案例[J]. 成功营销，2008(10).)

案例思考题

1. 试归纳总结营销道德的表现形式，并分析其内在原因。
2. 针对企业营销道德失范，应从哪些方面采取措施应对?

第 16 章　社会责任营销

16

本章提要　本章主要阐述社会责任营销的基本概念、特征、种类和作用，以及中外企业实施社会责任营销的现状和经验。本章的重点是掌握社会责任营销的概念及实施方法。本章的难点在于理解社会责任营销概念内涵，以及由此产生的执行问题。

引　例

2007 年 10 月 10 日下午，《北京晚报》记者来到星巴克咖啡中关村家乐福店，在点了一杯咖啡之后，只见服务员把冲调咖啡的勺子和温度计放在了旁边一个碗口大小的小水池子里，与一般水池不同的是，这个小水池的龙头是一直开着的。

据服务员介绍，按照公司的规定，为保持咖啡冲调餐具的绝对干净，水池的水在营业期间必须一直开着。这就意味着，按照规定，这个水龙头每天要流 16 小时的水。“洗漱完了之后要关水龙头”，这个连小学生都懂的道理在北京这个缺水城市显得尤为重要，但星巴克却不能做到。

北京美大星巴克咖啡有限公司客服部一位负责人介绍，在北京星巴克的每个咖啡店内都有一个冲奶勺的水龙头。根据星巴克总部的要求，这个水龙头在营业时间是不能关闭的。像这样的一个水龙头，一般一天要流 1 吨到 2 吨水，而星巴克在北京的连锁店有 50 多家。那么，一天就要流掉近百吨水。

据了解，这些水用的都是自来水，冲洗后直接当污水排走了。这位负责人还说，在此前，他们也没有考虑到浪费的问题。

(资料来源：星巴克一天放掉百吨水. 北京晚报. 2007-10-10.)

16.1　社会责任与营销观念

随着消费者意识的不断觉醒，对于企业社会责任(Corporate Social Responsibility)的争论似乎尘埃落定，在强调“以人为本”的社会发展阶段，企业应当履行一定的社会责任已经成为共识。何谓企业社会责任，企业社会责任是企业除经济责任、法律责任之外的“第三种责任”，它是企业在社会领域内对自身行为后果的“回应义务”。经济责任强调了企业应该为股东创造最大化利润。法律责任指企业的经营行为要符合法律规范。企业社会责任强调企业在追求经济利益的同时，还要考虑利益相关者的利益，承担对社区、社会和环境的责任，具体包括提供合格的产品和服务、遵守商业道德、安全生产、保护劳动者的合法权益、保护环境、支持慈善事业、捐助社会公益、保护弱势群体等。

营销观念也称经营指导思想或企业市场经营管理哲学，它代表了一个企业的经营态度和思维方式，指导着企业围绕某个中心来开展生产经营活动。营销观念的演变过程体现了社会生产力、市场发展趋势和消费者地位的变化。按照历史发展的进程，营销观念可以分为传统营销观念和现代营销观念。在不同的营销观念指导下，企业所注重的社会责任内涵也有很大的差异。

16.1.1 传统营销观念下的社会责任

传统的市场营销观念出现于西方工业化初期，由于物资短缺，需求旺盛，许多产品供不应求。因此，以生产为中心、以产品为中心和以推销为中心成为主要的传统营销观念，企业以此来指导日常的经营管理活动。传统营销观念在本质上都是企业生产什么就销售什么，很少考虑到消费者的个性化需求，一般将其统称为“以生产者为导向”的营销观念。

传统营销观念下企业的生产导向、产品导向、以“自我”为中心的经营思想必然导致企业社会责任承担的缺失。在这个阶段企业社会责任主要体现在经济责任和法律责任，经济责任促使企业追求利润最大化，法律责任要求企业的经营活动符合相关法律的规定。传统的营销观念阶段由于产品供不应求，消费需求相对简单等，造就了企业对利润的无限贪欲,这给企业钻法律的空子，甚至是违反法律法规谋取暴利提供了温床，比如假冒伪劣、偷税漏税、夸大宣传产品功效等。

16.1.2 现代营销观念下的社会责任

1. 市场营销观念下的企业社会责任

20世纪50年代以来，西方企业的经营思想由推销观念发展成为市场营销观念。这种革命性的演变，一方面由于买方市场的出现，需求变化频率进一步加快，市场竞争更加激烈，迫使企业不得不改弦易辙；另一方面，也是资本主义实践经验不断总结和积累的结果。市场营销观念关注的是目标消费者的需求，通过营销推广刺激消费者产生消费欲望，以营销组合满足消费者的需求。

市场营销观念下企业对社会责任的认识具有片面性，市场营销观念强调的是构建企业与目标客户的良好关系，企业千方百计满足目标消费者群体的需要，而忽视了员工、社区、公共利益集体以及对自然环境的责任。这样导致的后果很可能使企业以牺牲其他非目标顾客的利益来满足目标顾客群体，可以说市场营销观念回避了目标消费者利益和社会福利之间隐含的冲突。虽然市场营销观念下的部分企业已经意识到了产品品牌和企业形象的重要性，并开始在社会范围内做一些公益活动，但这些行为都带有很强的功利主义色彩。在市场营销观念下，企业承担的社会责任主要还停留在经济责任和法律责任阶段，承担社会责任并不是企业的内生需要。

2. 社会营销观念下企业的社会责任

20世纪70年代由杰拉尔德·查特曼和菲利普·科特勒提出的“社会营销”观念认为企业

应以市场需求和社会效益为中心，发挥企业优势以满足消费者和全社会的长远利益。社会营销观念更为关注社会利益，要求企业的经营活动不但要满足消费者的需求，而且必须考虑消费者和社会的长期利益。

伴随着经济全球化进程，消费者运动席卷全球，影响力越来越大。人们不仅仅关注企业所提供的产品和服务是否能满足自身的需求，更意识到企业的经营活动将会给自身权益、社会环境和自然环境带来影响。一些企业忽视劳工权益、破坏环境获取巨额利润的行为犹如“过街老鼠，人人喊打”。在此背景下，企业的营销观念也发生了重大变化，社会营销观念逐渐得到企业的重视。社会营销观念是对市场营销的继承和完善，社会营销不仅仅考虑了企业的短期利益，更加关注企业的长期利益和可持续发展，同时将人类社会的普遍福利和社会的可持续发展作为企业应尽的社会责任。社会营销观念倡导企业不仅要承担经济责任和法律责任，还要承担伦理责任和慈善责任。

16.2 社会责任营销的内涵

16.2.1 社会责任营销的概念

社会责任营销这一概念是由美国运通公司(American Express)首先提出的，它是全球在营销活动中利用与公益事业相结合的市场营销将信用卡的使用与公司捐赠相对应的第一家公司。1981年，运通公司与旧金山的“精美艺术团体”联合开展宣传活动，该公司的旅游服务部把“社会责任营销”作为一项服务标识，向美国国家专利局申请注册。客户每使用一次运通卡，运通公司就向“爱丽斯基金会”捐赠 1 美分，或每增加一位运通卡开户客户就捐赠 1 美元。1983 年，运通公司把通过此次活动捐赠的 170 万美元拿去修复美国的精神象征：自由女神像。运通公司的社会责任营销获得了巨大成功：成功塑造了企业的品牌形象；在身体力行实践社会责任的同时，快速地提升了品牌的知名度和美誉度，从而提高企业的长期赢利能力。正像美国运通公司的一位总经理所说的那样：“社会责任是一个很好的营销诱饵。”

菲利普·科特勒在他 2005 年出版的一本新书中将营销的疆界从商界扩大到了一个新的责任领域，此时的营销超越了非盈利市场和社会营销，他把这种营销称为社会性营销。

对于社会责任营销可以有广义和狭义两方面的理解。广义的社会责任营销应是企业在产品生产及流通的各环节，以履行一定的社会责任为己任，以关注及解决一定的社会问题为企业发展的基石，从而追求企业和社会共同的长远和谐发展的一种战略选择。狭义的社会责任营销是指企业在承担一定的社会责任(如为慈善机构捐款、保护环境、建立希望小学、扶贫)的同时，借助新闻舆论影响和广告宣传，来改善企业的名声、提高企业形象的层次，提升其品牌知名度，增加客户忠诚度，最终增加销售额的营销形式。

16.2.2 社会责任营销的特征

从企业的角度，社会责任营销具备以下几个特征。

(1) 主动性：企业积极主动履行社会责任。

(2) 合作性：企业与非盈利组织合作，实现“双赢”。

(3) 宣传性：以社会责任为诉求点，以公益活动为载体与消费者及社会大众沟通。

(4) 双重目的性：产生公益效益，实现经济利益。

社会责任营销是社会营销观念的具体体现，但又与“社会营销”(Social Marketing)的概念有所区别。“社会营销”被Lee & Kotler描述为“用营销的原则和技巧来影响目标受众，使他们为了个人、群体或整个社会的利益，自愿地接受、抵制、更改或者放弃某种行为”。可见，社会营销专注于个体的行为改善，而且在通常的情况下由非赢利组织自身完成。社会责任营销的覆盖面更广，社会营销可以被认为是社会责任营销的一个子集。社会责任营销不同于一般的促销活动，也不同于公关活动。不同于一般的促销活动是说促销活动单纯是为了提高产品市场占有率、树立产品形象，而社会责任营销是通过对消费者、对社会的关心来提升企业知名度，以企业形象的提升来带动产品形象的提升。相对于促销组合，社会责任营销是综合性的完整的营销活动。公关活动着重于对特定对象进行全面的沟通，努力解决某个问题，维护、树立企业的正面形象；社会责任营销以关心消费者、关心社会的实际行动来引起消费者的共鸣，自然而然地对企业产生良好的印象。公关活动偏重于技术性，以预防危机为主要出发点；社会责任营销侧重于整体性，以塑造企业形象、勇于承担社会责任为诉求点。

16.2.3 社会责任营销的形式分类

根据不同的分类标准，企业的社会责任营销活动可以分成不同的类型。

1. 基于活动时间类型的分类

Barnes 和 Fitzgibbons(1991)将企业的社会责任营销活动分为两类：持续进行的(ongoing)和一次性完成的(one-shot)。

一次性完成的社会责任营销活动可以是一天完成的(例如“Halloween coupons”对汉堡王和美国畸形儿基金会的推广活动)，也可以是季节性的、阶段性的，或是取决于活动完成的时间(例如美国运通与自由女神及爱丽斯基金会的合作)。这样一次性完成的项目最大的优势在于活动本身的可控性，但是弊端在于由于曝光时间较短，所带来的利益较少，且短期的公益行为易于带来消费者对企业动机的怀疑。

相比之下，持续性的社会责任营销活动会得到公众的广泛认可，随着时间的流逝，消费者通过社会责任营销活动与企业发生联系，对他们而言，消费该公司的产品和服务被看做是一个参与公益事业、实现自我“社会人”的价值观的机会。

2. 基于公益事业类型和范围的分类

社会责任营销也可以根据它涉及的公益事业类型和范围来分类。

事业类型可以分为灾难救助事业(disaster relief)和持续进行的事业(ongoing cause)。研究人员发现，人们更可能支持灾难救助事业而不是持续进行的事业。Skitka(1999)认为灾难可能提供了最强有力的机会来考察人们是否摒弃了他们的典型的自我利益的反应和对情感的或状态的需要做出反应。

事业的地理范围有全国性的和社区性的。根据1999 Cone/Roper事业关联趋势报告(Cone,Inc,1999)，美国人关注他们地方社区中的事业。Ross等人(1992)的报告也说，人们更可能支持那些具有一个地方视角的事业而不是那些全国范围的事业。

顾惠中(1996)按照公益事业类型的不同，将社会责任营销分为以下4种：

(1) 人性化社会责任营销。随着现代社会人们的工作日趋繁忙，工作压力渐增，人与人的交

往、沟通越来越少，人情也越显冷漠。人性化社会责任营销便是针对这种社会现象，显示企业温馨面、人性化。这种社会责任营销活动最常见，如义卖产品将其所得捐助敬老院、孤儿院等。

(2) 新闻性社会责任营销。利用或通过揭示消费者普遍关心的具有新闻性的事件的新闻性社会责任营销把握现实社会中消费者普遍关心的新闻事件的契机，对新闻事件中的人物或事件予以支持和帮助而展开营销活动。例如，一些企业的待岗下岗职工生活困难，经新闻媒介披露后，许多企业为使下岗人员再就业创造条件，如东方航空公司招聘“空嫂”等，便是新闻性社会责任营销。

(3) 参与性社会责任营销。吸引消费者大众共同参与的参与性社会责任营销以民心的角度，对某种社会现象提出善意的建议或尖锐的批评，唤起消费者大众的共同参与，以达到关心社会、回馈消费者的目的。例如，面对假冒伪劣产品泛滥成灾，消费者叫苦不迭，一些名牌产品生产厂家及商场采取悬赏等系列营销活动，使消费者积极参与并受益。

(4) 趋势化社会责任营销。反映时代潮流的趋势化社会责任营销是指社会在不断地前进，同时也存在着某些负面效应，企业预示未来的发展及揭示需面对的问题，引起消费者的注意及顺应时代发展而展开的社会责任营销活动。例如，某净水器企业针对水资源日渐减少、水质污染而进行节水征文研讨、街头宣传等的营销活动。

3. 基于企业投资公益事业的形式的分类

企业履行其社会责任，做良好企业公民，投资公益事业的形式多种多样。按照其捐赠投资的形式的不同，将社会责任营销分为以下 5 种类型：

(1) 慈善捐赠型社会责任营销。企业对其关注的公益事业直接给予资助，这种资助可以是金钱，也可以是企业提供的产品或服务。例如，在 2003 年我国的“非典”时期，联想集团向北京市政府捐赠 1000 万元，中国惠普公司联合上海岱嘉医学信息系统有限公司向中国疾病预防控制中心捐赠了价值约 265 万元人民币的计算机设备与专业医学影像传输、诊断软件及相关服务。这是最传统的企业公益活动形式，而且数十年来都是以一种被动、临时的方式操作。

(2) 销量决定型社会责任营销。企业承诺给予产品销售额来捐助某项特殊的公益事业或者向其捐赠一定比例的营业收入。通常的情况下，这种活动会有一个预先声明的时间段，针对某种特定的产品，并且面向某一个特定的公益机构。捐赠可以是实际数额的现金，也可以是一定比例的销售数额。Pracejus，Olsen，Brown(2003)提到了至少 3 种类型的企业比例捐赠方式：抽象的(例如，收益的一部分将被捐出)、可估计的(例如，×%的利润将被捐出)和可计算的(例如，×%的营业额将被捐出)。在我国，类似这种形式的营销活动被称为“义卖”。

2003 年 8 月 13 日，宝洁公司与上海乐购商业流通集团携手推出了“希望无价”慈善义卖活动。在接下来的 1 个月时间里，乐购等 20 多家超市中出售的 3 件指定商品(宝洁汰渍洗衣粉、康师傅方便面和特制的“希望无价”T 恤衫)的所有营业额，将全部捐献给中国青少年发展基金会希望工程，用于在贫困山区建立希望小学。

(3) 公益事业冠名型社会责任营销。将公益事业冠以公司或产品的名称是许多热衷公益事业的公司常用的做法。在我国，一些跨国公司喜欢采用这种形式。从 1993 年起至 2009 年底，可口可乐在中国 26 个省捐建了 67 所“可口可乐希望小学”；宝洁公司在全国 27 个省、自治区建成 200 所“宝洁希望小学”。

(4) 主题活动型社会责任营销。企业组织自己的员工、消费者或其他利益相关者，以主题活动的形式为某项公益事业做宣传，或者筹款。1996 年，西安杨森的 90 多名高级管理人员和

销售骨干，与来自中央和地方新闻单位的记者及中国扶贫基金会的代表一起由江西省宁冈县茅坪镇向井冈山市所在地的茨坪镇挺进，进行 30.8 公里的“96 西安杨森领导健康新长征”活动。他们每走 3.08 公里，每人就拿出 308 元人民币捐献给井冈山地区的人民。此次活动得到了新闻媒体的广泛报道和当地人民的热情欢迎。

(5) 基金或奖项型社会责任营销。在国外，很多公司都设有以自己公司命名的基金会，如“可口可乐基金”、“戴尔基金”等。在我国，由于受政策的限制，公司还不能设立以公司或产品名称命名的基金，需要和有关的国家基金会合作才行。但企业设立自己的奖项是可以的，很多企业对大学和研究人员设有奖学金。如肯德基有支持贫困大学生的“中国肯德基曙光基金”；西安杨森捐赠 400 万元人民币设立“吴阶平医学研究奖、保罗·杨森药学研究奖”，奖励我国卫生系统有突出成就的医药学工作者。“吴杨奖”的设立使西安杨森在全国医药工作者的心中口碑颇佳，有力地拉动了药品的销售(尤其是在医院的销售)。

16.3 社会责任营销与企业利益

2002 年美国 DePaul 大学的 Curtis C. Versehoor 教授和 Elizabeth Murphy 副教授进行了一项专门针对企业社会责任与财务业绩的研究。该研究将《商业伦理》杂志(Business Ethics)评出的 100 家“最佳企业公民”(基于企业对股东、员工、客户、社区、环境、海外投资者、女性与少数民族这七大利益相关者群体提供服务的定量评估)与“标准普尔(S&P)500 强”中其他企业的财务业绩进行比较。基于 1 年和 3 年的整体回报率、销售增长率和利润增长率，以及净利润率和股东权益报酬率等 8 项统计指标，得出结论：“最佳企业公民”的整体财务状况要远远优于标准普尔 500 强的其他企业，前者的平均得分要比后者的平均值高出 10 个百分点。越来越多的企业实践和众多的研究成果充分说明，在社会责任和企业绩效之间存在正向关联度，这种正相关关系的逻辑基础是社会责任营销为企业提供了大量的利益，足以补偿其付出的成本，企业完全可以将社会责任转化为实实在在的竞争力。这些利益主要体现在以下 7 个方面。

1. 实践企业公民，提高社会效益

在早期，企业都专注于经济效益的取得，而忽视了生态效益、社会效益。而步入到现今经济过剩的社会阶段，企业开始采取比较“文明”的活动方式。强调社会和生态效益，把眼光放得更加长远，希望将正确的理念和价值观传递给社会，以此来积极影响社会，同时也给企业自身营造一个更广阔的发展空间。英特尔全球副总裁简睿杰认为：“企业开展的公益活动与促销活动一般都会给社会带来利益。企业将自己一部分利益回馈社会开展各种公益活动，不仅满足了社会公益活动中对资金的需求，同时企业又将良好的企业道德伦理思想与观念带给了社会，提高了社会道德水平。”

2. 吸引并留住消费者

以消费者为导向是企业实现盈利的关键。根据国外学者的相关研究表明，企业善尽社会责任，投资公益，不仅可以帮助企业吸引消费者，而且能够帮助与消费者建立长期的关系。由英国国际调研公司(Research International(UK), Ltd)所做的 1996 年工商界的一项消费者定性调研中特别提到：86%的消费者倾向于购买与公益紧密结合的产品；86%的消费者认为他们相信为世界更美好而奋斗的公司具有更为积极的形象；64%的消费者认为公司应把社会责任营销作为标

准商业实践的一部分。公司对社会公益的投入，也常常可以帮助维持老顾客的支持，以及加强与老客户的联系，很大程度上提高顾客的忠诚度，使企业在激烈的市场竞争中立于不败之地。

3. 促进产品销售和商业推广

社会责任营销是市场营销和公益活动的有机结合，公益活动是市场营销的载体。社会责任营销其实就是与公益组织合作，充分利用其权威性、公益性资源，搭建一个能让消费者认同的营销平台，促进市场销售的营销模式，它是一种非常有效的营销模式。在以实践企业的社会责任为诉求点的社会责任营销活动中，企业同时能够达到营销的目的，收获经济利益。利维斯(Levi Strauss)与西尔斯共同在为癌症患者而展开的社会责任营销活动期间，其牛仔裤的销售增加了56%。可口可乐在中国赞助了规模最大的公益活动——希望工程，使可口可乐在中国未来的潜在市场树立了良好的品牌形象，为可口可乐的成功“下乡”做好了前期准备。

4. 提升企业形象和品牌声誉

随着经济的发展，社会的进步，文明程度的提高，人们的消费理念发生了根本变化，他们不再仅仅注重产品是否能满足自己的关键购买因素，如价格、质量、安全、便利等，而更关心产品是在什么环境生产的。对于顾客来说，接受一件有剥削童工、妇女或囚犯所制造出来的商品已变得不可思议。根据 2003 年 Hill & Knowlton/Harrls 互动式问卷调查的结果显示，当美国人了解到一个企业在社会责任方面有消极举动时，高达 91%的人会考虑购买另一家公司的产品/服务，85%的人会把这方面的信息告诉他的家人、朋友，83%的人会拒绝投资该企业，80%的人会拒绝在该公司工作。企业以社会责任营销的形式承担社会责任，实现公众的期望，则必然能赢得良好的口碑，树立良好的企业形象，使品牌知名度在拥挤的市场上脱颖而出。同时，企业投身社会公益事业后，可获得比捐助额多得多的社会资源和无形资产，扩大企业的社会影响力。在这里，社会资源包括企业名誉与信誉的无形传播及政府资源和其他社会资源的无形凝结，尤其是媒体无形宣传给企业带来的种种好处，它是广告所不能完成的。

5. 提升员工向心力，增强企业凝聚力

在知识经济时代，人力资源成为企业最重要的资源之一。企业的生存和发展越来越依赖员工的个人主动性和创造性。而根据现代激励理论，良好的工作、生活环境和氛围，优厚的福利待遇，会对员工形成一种很好的激励，能鼓舞员工的士气，激发员工的热情，增强员工的自豪感，提高员工的忠诚度和创造性，使员工全身心地投入到本职工作中去，尽情释放自己的能量和光泽，进而提高工作效率。企业善尽社会责任，投身公益事业，是企业价值取向的一个重要的组成部分，它所形成的企业价值观会无形地渗透到企业经营管理的每一个环节中去，从而增强员工的归属感、荣誉感和自豪感，同时也有利于增进企业管理层与员工、员工与员工的交流，增强企业的凝聚力，并推动企业走上规模化发展之道。根据 2002 年度 Cone 企业公民调查研究的结果显示，与那些没有从事过公益事业的公司相比，那些频频涉足公益事业公司的员工忠诚度大约高出 25 个百分点。而超过 75%的员工之所以选择为目前的公司工作，部分原因在于看重该公司对各种社会公益事业的承诺。

6. 融洽社会关系，赢得大众支持

企业的生存与发展离不开相关利益者的支持。企业积极承担对利益相关者的社会责任，将

会获得利益相关者的支持，取得一个良好的竞争环境。

首先，企业承担社会责任会获得政府的支持。现代社会，政府对经济的宏观调控越来越全面、细致，具有社会责任意识的企业，无疑会受到政府机构的信赖，对其活动予以鼓励并减少管制。这种监管力度一定程度的降低可以使企业与竞争对手相比获得更好的经营环境，无疑有助于企业竞争能力的增强。

其次，企业承担社会责任能够增强合作伙伴对企业的信心，有利于发展长期合作关系。目前，欧美几乎所有的企业都对其全球供应商实施社会责任评估和审核，并且越来越多的跨国公司开始把供应商的社会责任状况作为能否获得订单的附加条件。

最后，企业承担社会责任将受到投资者的青睐。由于承担社会责任的企业更容易化解各种危机，因此投资者更愿意把资金投向承担社会责任的企业。越来越多的投资者在购买股票前进行深入的研究和筛选，避免投资那些直接或间接违反劳工标准的公司。

7. 进入国际市场的通行证

承担社会责任不仅能提升企业社会形象，更能获得进入国际市场的通行证，提升企业的长期盈利能力。世界经济论坛放言，具有社会责任感是决定企业能否在全球化运作中取得成功的决定性因素之一。对国内很多企业而言，是否通过了国际社会责任体系认证，将是决定能否与国外企业进行合作的前提条件。在经历了“西班牙火烧温州鞋”等一系列惨痛教训后，温州商人逐渐意识到承担社会责任对开拓国际市场的重要性。许多温州鞋商开始在东道国寻找合作伙伴，推动直接投资，在当地建立生产基地，招募当地工人。直接投资既可以切实履行对东道国的投资承诺，促进当地的税收和就业，树立良好的企业公民形象，同时又巧妙地规避了贸易壁垒。如今，这已是跨国公司全球经营的基本思路。

16.4 跨国企业的社会责任营销

伴随经济全球化过程，企业的利益实现机制正在发生改变。“责任消费者”越来越关心他们所购买的商品的制造是否符合基本的人权标准和环保标准；“责任投资者”则通过“道德投资”和“环境投资”来引导企业注重改善劳工状况和环境保护。责任消费和责任投资形成了在企业股东以外的两个与企业命运生死攸关的巨大压力集团，促使企业不能仅仅考虑利润因素，还必须考虑其利益相关者的诉求。纯粹的市场竞争正逐渐演变为包括环境、伦理和道德的全面责任竞争。

结合既定的社会制度环境，形成适合企业自身特点的社会责任营销模式已成为企业获得竞争优势的重要来源。欧美一些大型企业已形成自己的一套成熟的社会责任营销管理模式，取得了良好的效果。

16.4.1 法国电力公司的社会责任营销管理模式

法国电力公司(EDF)成立于1946年，是负责全法国发、输、配电业务的国有企业。从成立伊始，法国电力公司就担负着为第二次世界大战结束后的法国战后重建提供公共能源服务的重大社会责任。一直以来，法国电力公司的价值观是尊重人、尊重环境、重视效益、团结互助和廉洁。这些价值观成为公司确立企业文化和伦理的准则。

进入 21 世纪以来，随着美国高科技企业进入调整期，股票市值大幅度缩水，以及安然公司、世界通信公司财务造假事件的冲击，曾经于 20 世纪 90 年代备受推崇的“美国经济模式”遭到许多人的质疑，人们对公司产生了“信任危机”。当这种“信任危机”出现在西欧这样一个人口老化、失业率逐年上升的地区时，使公众产生了巨大的焦虑。法国电力公司作为国有公共服务企业，如何帮助员工、供应商、客户、社区等利益相关者树立对企业的信任成为责无旁贷的任务。

法国电力公司认为，电力和能源是人类重要的生存资源，是经济和社会发展的基本条件，生产、输送、分配和经营电力需要有高度的社会责任感。这种责任感应该落实到从事该领域活动的企业及其全体员工，成为他们的自觉行动。而且，这种社会责任感不仅涉及法国电力集团各公司与其员工之间的关系，同时还涉及公司与客户、承包商、供货商的关系，与公众和地区的关系。从广义上说，与整个社会的关系。

1. 公布“公共服务 20 项承诺”

为了确保在电力市场开放竞争的形势下，企业确实履行公共服务的责任，法国政府于 2004 年 8 月 9 日重新颁布了电力和燃气企业执行电力和燃气领域公共服务使命的法令。法国电力公司为此向社会公布了“公共服务 20 项承诺”：

- 积极参加开发可再生能源的欧洲研发计划
- 积极参加放射性废料管理和处理的科研计划
- 90%的中压输电线路入地铺设
- 为电动汽车提供设在公共道路边的汽车免费充电站
- 与法国市长们共同组织公众辩论会
- 保证有关法国电力公司发电设施对环境影响数据的公众在线查询
- 公布发电设施环境影响评估指数的年度总结
- 公布二氧化碳排放量月度报告
- 保证周一至周日 24 小时不间断服务电话，保证两小时内上门服务
- 在人流量大的地点开设新的客户接待处
- 出现紧急情况后，在接到用户报急电话后不超过 4 小时内排除故障
- 实施“安全诊断”确保用户家中电力设施安全
- 在学校中加强安全用电常识的培训
- 向每户拥有电暖气的用户提供节能建议
- 向每位安装用户发放节约用电知识
- 为有困难的用户开设周一至周日 24 小时不间断的免费咨询电话
- 在未与有困难用户接洽前不得断电，实施“最低用电保障”服务
- 2003 年对“住房互助基金”的资助额提高一倍，达 2 000 万欧元
- 公布基于公共服务价值观的“法国电力公司道德守则”
- 公布承诺执行情况的年度报告

2. 成立工作委员会，加强对话与透明度

法国电力公司认为员工和工会组织与集团管理层之间的对话有助于进一步确认集团的社会责任。对话始终是集团成功的要素。为此，法国电力公司分别于 2002 年和 2003 年成立了欧

洲企业工作委员会和美洲共同协商委员会，并在亚太地区，成立了亚太区共商委员会。这些委员会成立的目的是促进管理层与员工代表之间的交流沟通。它提供一个供员工畅所欲言的场所，也将公司的经营现状及其在社会保障、经济、财务各方面的表现，发展战略计划以及集团与法国政府签署的合同的内容等信息向委员会成员公布。同时，员工也可以通过委员会更好地了解和领会公司管理者的决策，从而增进决策的合理性和提高决策的效率。

3. 签署《法国电力集团社会责任协议》

经对话与谈判，《法国电力集团社会责任协议》终于于 2005 年 1 月 24 日正式签署。这份协议是法国电力公司管理层代表和集团员工、全国工会和国际工会组织代表共同、自愿签署的承诺加强“社会责任方面的参与”的一份协议。

为了这份协议，法国电力公司的领导层与十几个国家、地区的工会组织进行了广泛的对话。除此之外，法国电力公司还组织了很多针对公司社会责任这一议题的学术研讨会和圆桌对话。在这些对话与谈判中，经常发生冲突，也正是因为有了各种思想的碰撞，让对话的各方都有所收获，从而更好地推动了法国电力公司社会责任的确立。

这份协议确立的社会责任是法国电力集团首次跨国谈判的成果，其中包括集团控股的所有子公司以及与国际工会组织的谈判。这是法国电力公司加强可持续发展的集体承诺和在多国基础上推动有效社会对话的契机，是集团主导制定的普遍性原则。法国电力集团以尊重文化、社会和经济多元性的精神和务实的态度来实现自己确立的原则。

这份协议的内容包括了 1 项普遍准则、5 个方面的共同承诺和方向，以及协议执行情况的跟踪和检查办法，共有 22 条内容。其基本结构如下：

第一条　尊重人权

第二条　健康和安全

第三条　员工的适应能力和职业生涯：培训与调动

第四条　社会保障，特别是疾病和退休方面的社会保障

第五条　与歧视现象作斗争

第六条　工业重组的预先安排和社会协助

第七条　员工参与企业效益分配的原则

第八条　普及供电服务

第九条　面向贫困消费者的行动

第十条　集团监督承包商在尊重法律、健康、安全标准、与客户的道德关系以及尊重环境方面的表现

第十一条　集团设施和装备的环境安全

第十二条　法国电力集团企业和员工在环保领域以实际行动做出榜样

第十三条　向用户，特别是最穷困者提供援助，以便有效使用能源

第十四条　帮助残疾人融入社会

第十五条　参与经济与社会发展项目

第十六条　企业和员工参加公益性活动

第十七条　集团及其职工在运营区之外克服自然灾害对电网危害

第十八条　分享信息

第十九条　员工与管理层的对话

第二十条 社会对话

第二十一条 交流与激励协议执行的步骤

第二十二条 执行协议的跟踪和检查方式

可以发现，第一条是普遍准则；第二条到第七条是法国电力集团自身与员工责任关系方面的共同承诺和方向；第八条到第十条是法国电力集团自身关于客户和承包商责任关系方面的共同承诺和方向；第十一条到第十三条是法国电力集团自身在环保和有效利用能源方面的共同承诺和方向；第十四条到第十七条是法国电力集团自身在城市生活方面的共同承诺和方向；第十八条到第二十条是法国电力集团自身在管理原则方面的共同承诺和方向；第二十一条和第二十二条是协议执行情况的跟踪和检查办法。

4. 取得社会责任营销的成效

正是多元文化下不同特性的相互补充和协调，以及每个员工的参与和贡献，不断丰富着法国电力公司对社会责任的认识，从而最终孕育而生《法国电力集团社会责任协议》。这份协议是一个系统和长久的规划，因此对于增强员工的信心和客户的信任度以及其他利益相关者的信心有极大的帮助。通过协议的内容，人们也可以看到法国电力公司履行公共服务责任的决心。

根据协议，法国电力公司直接控股、持有多数股权以及根据持股方式拥有多数表决权的公司和由集团任命董事会、执行局和监理会多数成员的公司，都应该在这些原则的基础上，根据各自经济、文化、行业和法规的要求，确定遵守和实施上述承诺的方式。

亚太部共商委员会也根据《法国电力集团社会责任协议》的内容，制定了实现每一条承诺的具体行动方案和时间表。比如，为了保证员工的健康和安全，亚太部共商委员会制定了下列行动计划：①在北京亚太总部设立长期的健康委员会；②为员工提供最好的内部安全培训，包括员工参加紧急救助证书培训；③与物业管理公司合作改进安全设施，如紧急照明、紧急疏散等；④所有办公室和车辆都配备灭火器材；⑤普及有关艾滋病的咨询；⑥为所有雇员安排年度体检；⑦追踪新的社会保险法规，等等。这些计划不仅被制定出来，还要被切实履行并得到反馈，最终形成总结报告。

根据集团的要求，每年将由一个专门机构对集团内企业执行协议的情况做出总结。该机构的名称为：法国电力集团社会责任对话委员会。该委员会每年召集一次年会或在多数代表的要求和主席同意的前提下召开特别会议。

年度总结将被译成所有社会责任对话委员会成员国的语言，并以适当方式告知集团全体员工。在社会责任对话委员会休会期间，员工代表还可以进入法国电力集团网站的专门信息交流栏，使用这一工具进行内部远程交流。

在法国电力公司的不断努力下，它不仅成为全球为数不多的集团内所有公司都通过ISO14000国际环境管理体系认证的跨国公司，而且得到来自各国员工、供应商、客户、政府等利益相关者的认同。而法国电力公司也知道，他们还将继续责无旁贷地承担起社会责任。

用“3P”，即经营业绩(Profit)、环保(Planet)及人文关怀(People)，来衡量一个企业是否真正成功。通过考察法国电力公司社会责任营销管理模式，可以发现，法国电力公司在3个“P”上均试图有所作为，远胜于把社会责任当成社会捐款的简单化理解。尤其可圈可点的是法国电力公司能与作为员工代表组织的工会签订协议来共同推进社会责任的实施，这样履行社会责任就不仅仅是一个管理层独有的目标，而是一个公司上下的共同目标。

16.4.2 壳牌公司的社会责任营销管理模式

荷兰皇家壳牌公司是全球主要的石油、天然气和石化产品生产商，同时也是世界主要的石化产品、汽车燃料、润滑油、航空燃料和液化气销售商。2009 年，壳牌公司在《财富》"全球 500 强"中排名第一，是全球三大石油公司之一。

1．壳牌公司企业社会责任营销管理模式的主要内容

壳牌公司的企业社会责任营销管理模式可以概括归结为 4 个方面的管理创新和管理实践，这 4 个方面相互联系、循序渐进，构建了壳牌公司企业社会责任营销管理模式的主要框架。

1) 修订《一般商业原则》

1997 年秋，基于企业社会责任管理模式，壳牌公司首次对其 1976 年制定的商业原则进行了全面调整和修改。新《一般商业原则》由十大部分组成，其中《导论》、《目标》、《责任》、《健康、安全与环境》和《社区》等 5 个部分充分体现了企业社会责任营销管理理念。《导论》首先将公司的核心价值确定为"正直、诚信、以人为本"，这充分说明公司对非经济目标的认同。《目标》不仅要求公司高效运营和赢利，还要求公司承担社会责任。《责任》明确界定了公司对关键利益相关者应该承担的责任与义务：对股东的责任——为股东提供满意的回报；对客户的责任——价格合理，质量上乘，安全环保；对员工的责任——创造良好的工作和生活条件，鼓励员工参与管理和决策，员工机会均等；对社会的责任——与承包商、供应商等建立长期互惠关系，并推动合作者遵循同样的商业原则。《健康、安全与环境》要求关注健康、安全和环保问题，通过确立目标、建立评价体系、定期报告等措施来推动持续改进。《社区》要求分公司根据自身特点参与社区建设、资助教育、扶贫济困等。新的《一般商业原则》完全突破了"股权至上"的管理模式，为企业社会责任管理模式的发展和完善提供了基本制度保证。

2) 公布社会责任报告

1998 年，壳牌公司首次编写并公布《壳牌报告》，为各种利益相关者了解公司并参与管理提供信息与渠道。该年度的《壳牌报告》公布了公司发展战略和各项业绩，提出了公司整合社会利益与商业利益的具体目标和措施。1999 年公司针对企业社会责任营销管理的 3 项核心内容——经济、环境和社会业绩，来编写《壳牌报告》。新的《壳牌报告》披露了公司企业社会责任营销管理的具体战略和执行思路，如对可持续发展管理体系及其相应的管理程序、核心业绩指标开发等新的管理工具进行了详细的描述。2000 年以来《壳牌报告》公布的公司经济、环保和社会业绩均经过综合性(信息收集、整理及报告制度)、评价过程和资料准确性 3 方面审计。

3) 制定可持续发展管理框架

壳牌公司近年来努力开发实用的管理工具，以推动企业社会责任营销管理与日常运营业务的全面融合。由不同部门和分公司员工组成的工作小组开发的可持续发展管理框架(sustainable development management framework)是其中最重要的一种"工具"。该框架有 3 个基本特征：积极寻求利益相关者支持，并充分征求和反映利益相关者的意见；通过信息公开和外部监督来确保公平和公正；将经济、环境、社会因素与日常经营活动有效地整合在一起。该体系包括紧密联系的 8 个步骤：①确认利益相关者及其风险和机遇；②评价风险和机遇，并设定目标；③确定战略、目的和计划；④调动资源，实施计划；⑤监管和控制；⑥报告并交流业绩；⑦评价与学习；⑧展现领导地位。可持续发展管理框架通过各大分公司首席执行官分发到公司所有高级管理人员。这样，公司实际上为其企业社会责任营销管理体系制定了统一的规范和标

准。同时，公司鼓励区域性分公司积极采纳可持续发展管理框架，并与其他分公司交流成功的经验。

4) 确定关键绩效指标

壳牌公司企业社会责任管理指标体系研究始于 1999 年，并持续多年。在各方面利益相关者的积极参与下，壳牌公司开发出七大类共 16 个涉及经济、环境和社会等方面的关键业绩指标 (key performance indicators)。在所有七大类 16 个指标中，有 5 个指标已经在《壳牌报告》中得到了反映。这 5 个指标分别是资本收益、总体股东回报、关键环境资料、健康和安全资料以及温室气体排放量。从统计和度量特征的角度看，这七大类指标又可归为两大类：一类是能够按常规方法统计和报告的指标，如品牌价值、环境绩效、诚信、员工满意度、职位的非歧视性等，这方面的绩效指标从 2003 年开始被列入《壳牌报告》；另一类是难以统计和计量的指标，如利益相关者参与度和社会绩效等，这类指标仍处于不断完善和试行之中。关键业绩指标体系的确定为壳牌公司企业社会责任管理实践提供了明确、具体的评判标准。

2. 壳牌公司企业社会责任营销管理的绩效与经验

壳牌公司的企业社会责任营销管理实践表明，公司财务业绩和社会业绩不仅不相互冲突，而且能够相互兼容、推进。表 16-1 显示，自 1998 年壳牌公司企业社会责任营销管理进入制度化阶段以来，无论是财务业绩还是社会业绩都呈现不断上升的趋势。

首先，从经济和财务业绩的角度看，1998—2004 年壳牌公司营业额不断扩大，从 936.9 亿美元增加到了 2686.9 亿美元；公司赢利能力不断增强，利润总额从 1998 年的 3.5 亿美元增长到了 2004 年的 181.8 亿美元；在《财富》“全球 500 强”中的排名也从 1998 年的第 11 位上升到了 2004 年的第 4 位。其次，从社会绩效看，在生产和经营规模不断扩大的情况下，公司废气排放量仍能维持较低水平，甚至逐年减少；用于资助社区建设和各种社会公益项目的社会投资从 2000 年的 0.85 亿美元增长到了 2004 年的 1.06 亿美元；女性高级管理人员比例由 1998 年的 4.9%增长到了 2004 年的 9.4%；死亡事故由 1998 年的 63 人降低到了 2004 年的 37 人。

表 16-1 1998—2004 年壳牌公司主要经济社会绩效数据

项　目	1998	1999	2000	2001	2002	2003	2004
营业额(亿美元)	936.9	1053.7	1491.5	1352.1	1794.3	2017.3	2686.9
营业额比上年增长(%)	–26.9	12.5	41.6	–9.3	32.7	12.4	33.2
“全球 500 强”排名	11	11	6	6	8	4	4
利润额(亿美元)	3.5	85.8	127.2	108.5	–94.2	125	181.8
利润额比上年增长(%)	–95.5	2351.4	48.2	–14.7	–13.2	32.7	45.5
二氧化碳排放量(百万吨)	92	90	92	95	100	106	106
甲烷排放量(千吨)	522	456	398	315	241	234	243
二氧化氮排放量(千吨)	—	3	3	4	4	3	3
二氧化硫排放量(千吨)	337	304	277	274	270	292	304
氧化氮排放量(千吨)	252	218	202	213	213	220	197
挥发性有机化合物(千吨)	584	499	538	372	379	294	265
耗水量(百万立方米)	—	—	—	1701	1710	1690	1620

续表

项目	1998	1999	2000	2001	2002	2003	2004
女性一般管理人员比例(%)	7.4	7.2	8.9	9.2	10.4	11.1	11.9
女性高级管理人员比例(%)	4.9	5.8	7.8	7.9	8.3	9.4	9.4
社会投资(百万美元)	—	—	85	85	96	102	106
死亡事故(人)	63	47	60	40	53	47	37
建立员工申诉制度的公司(%)	73	80	83	83	88	77	64

资源来源：根据 Shell Report(2004)和《财富》"全球 500 强"排名(1997—2005)整理。

壳牌公司企业社会责任营销管理模式的成功经验主要可总结为以下 5 个方面。

(1) 高层管理者支持与承诺。高层管理者对全新营销管理模式与管理方法的全力支持和承诺至关重要。壳牌公司企业社会责任营销管理的成功实践充分说明了这一点。无论是早期管理透明化活动，还是壳牌年度报告的出版、可持续发展管理框架的制定以及关键绩效指标的确定，都得到了历任董事会主席及高层管理团队的大力支持，这种支持在公司财务业绩不佳时尤为重要。

(2) 企业要有长远眼光。考虑到企业社会责任营销管理模式的建立需要经过长期的艰苦努力，壳牌公司以长远眼光来观察与处理各种问题。公司采取分阶段逐步推进策略来培育企业社会责任营销管理模式。第一步是出版年度报告以直接满足外部利益相关者对管理透明化的要求。第二步是通过开发内部管理框架和管理工具来推动企业社会责任营销管理模式的制度化，并促使其与公司日常经营活动融为一体。第三步是通过开发关键绩效指标最终为企业社会责任营销管理模式提供切实可行的检验指标。

(3) 重视利益相关者的积极参与。在企业社会责任营销管理模式发展演变的每一个阶段，壳牌公司都十分重视发挥各种利益相关者的作用。在反思阶段，公司主要通过与各种外部利益相关者充分交流来确定公司必须关注和解决的关键问题。在企业社会责任营销管理模式不断发展和完善的过程中，利益相关者的作用日益明显。无论是在"告诉壳牌"的对话活动中，还是在关键绩效指标的开发中，利益相关者的积极参与都是这些活动成功的关键所在。

(4) 强调试行与学习。壳牌公司的企业社会责任营销管理模式是在不断的试验和探索过程中发展与完善起来的。在外部审计人员日益严格的监督下，公司年度报告的内容不断丰富和完善。关键绩效指标也在反复不断的试行中得到发展与修正。壳牌公司尤其鼓励不同业务部门和区域分公司通过反复实践和相互学习来探索适合自己的企业社会责任营销管理模式。

(5) 建立业绩评价体系。为了确保企业社会责任营销管理模式的有效运行，壳牌公司逐步建立了全新的业绩评价体系。壳牌年度报告就公司财务、社会及环境三方面的业绩提供越来越详细具体的信息，报告内容及相关资料也得到外部审计人员日益严格的审查。而关键绩效指标的开发为公司的企业社会责任管理实践提供了切实可行的行动指南。

16.4.3 跨国公司在中国的社会责任营销

从纵向的时间序列看，在经历了资本的原始积累和资源的优化整合阶段之后，社会责任已经成为对一流企业"高标准、严要求"的公认指标。从 1999 年美国推出"道琼斯可持续发展指数"，到 2001 年英国的 Footsie for Good，再到澳大利亚推出的 RepuTex，国际社会已经越

来越看重企业社会责任，并加以量化。

在经济全球化的背景下，超脱狭隘民族观念的全球市场营销战略正在成为跨国公司全球营销的核心，相应地，社会责任营销便成为各跨国公司在华营销战略的首选。顺应着全球化分工的需要，逐步敞开胸怀的中国经过 20 多年的发展，迅速崛起了一个以现代工商企业为经济主体特征的“企业中国”(Corporate China)。中国的企业从社会营销、责任感、道德感发展品牌的社会责任识别，可谓正当其时和极富生命力的。

2008 年，由《南方周末》发起，联合中国民(私)营经济研究会、中华全国总工会宣教部、南开大学跨国公司研究中心、复旦大学管理学院等单位，对中国国有上市企业、世界 500 强在华企业和民营企业的社会责任履行情况进行综合评价，发布了《2008 世界 500 强企业在华贡献排行榜前十名》，如表 16-2 所示。

跨国公司在我国的社会责任营销主要锁定在儿童、教育和文化体育事业 3 个领域，采取的主要方式包括：向慈善机构捐款，与慈善组织合作开展慈善项目，参与社区活动，赈灾，资助公共图书馆，捐建学校等等。摩托罗拉公司进入中国后，首先提出要“以中国为家”、“做社会好公民”、做一个“中国公司”。借用安利公司全球总裁德·狄维士的一句话：“其实，可选择的慈善项目非常多，但要确定哪些事业可以通过你实现一些变化。”企业在制定社会责任营销活动计划时，必须从整体营销计划、公关策略的角度，考虑活动的目的、形式、投入等问题。简单地说，就是必须讲究方式方法。

表 16-2　2008 世界 500 强企业在华贡献排行榜前十名

2008 年度排名	2007 年度排名	企业名称		总部所在地	总品牌世界排名(Fortune 500 2008)	主要业务	总　分
1	2	大众汽车集团(中国)	Volkswagen	德国	18	汽车	73.140
2	4	丰田汽车	Toyota Motor	日本	5	汽车	67.906
3	3	中国三星	Samsung Electronics	韩国	38	电子、电气设备	60.968
4	1	通用汽车	General Motors	美国	9	汽车	60.485
5	7	诺基亚	Nokia	芬兰	88	网络通讯设备	58.463
6	14	本田汽车	Honda Motor	日本	40	汽车	57.588
7	6	松下电器	Panasonic	日本	72	电子、电气设备	52.614
8		汇丰	HSBC	英国	20	银行	51.360
9	11	乐金	LG	韩国	67	多元化	51.063
10	9	巴斯夫	BASF	德国	73	化学	50.637

在融入中国社会的努力中，摩托罗拉提出“三心”原则，即要有“爱心、诚心和耐心”。从 1994 年起，他们开始支持“希望工程”，并制定了系统详细的资助计划。截止 2008 年，摩托罗拉已经为中国教育事业捐资 2100 万元人民币，建了几十所希望小学。随着希望小学的落成，摩托罗拉这一品牌已经深入人心。通过参与慈善公益活动，跨国公司进一步更新了自己的

市场营销概念，也为最终达到预期的经营目标在更大范围内做好了准备。

以跨国公司在我国的成功来看，社会责任营销既是体现企业社会责任的最好方式，又是赢得政府认同、打造企业品牌的有效途径。跨国公司在我国开展社会责任营销成功绝不是偶然的，出色的商业化运作使得社会责任营销变成社会受益、企业有利的双赢行为，并使企业有动力不断进行循环投入。

首先，社会责任营销在跨国公司眼里绝对是常规行为，许多企业在内部设有专门负责企业公益活动的“公益事业部”，企业高层直接管理在不同地区和市场的公益项目，并将每年固定比例的销售收入用于公益投入。

其次，在公益项目的选择上，跨国公司总是将企业社会责任营销纳入到企业整体战略当中来。在选择公益项目时，跨国公司一是从企业文化和企业认同的价值观方面来考虑，在选择阶段就避开可能同公司价值观冲突或会引发争议的项目；二是尽可能地将公益项目同企业提供的产品和服务紧密结合起来。

最后，在确定公益项目并捐赠款项之后，跨国公司没有任其发展，而是积极跟进这一项目乃至为这一公益项目本身大力宣传，并在公关、广告活动上积极配合项目的宣传，突显企业形象。

16.5 中国企业的社会责任营销

16.5.1 中国企业社会责任营销现状

考察中国企业社会责任营销的历史和现状，不难发现，在传统计划经济体制下，企业没有充分的自主权，实为政府的行政隶属物。其结果是，一方面企业承受着大量的本应属于政府或社会的责任，如企业办学校、办医院、安置退休职工的生老病死；另一方面，企业对本应由企业承担的社会责任，又没有很好地担负起来。改革开放以来，随着社会主义市场经济体制的逐步建立，上述状况虽有所好转，但是企业的社会责任又出现了新的更复杂的问题。对投资者、债权人、消费者、企业职工、政府这些强制性的社会责任，目标较为明确，是企业为了自身的利益，侵吞投资者资产、拖欠债款、销售假冒伪劣商品、损害职工福利、偷税漏税等逃避社会责任的现象仍时有发生。而对社会，诸如慈善捐助、安置职工就业、保护生态环境等自愿性社会责任则相对弱化。

综观中国一些企业，在担负社会责任方面最突出的问题主要表现在 8 个方面：一是无视自己在社会保障方面应起的作用，逃避税收以及社保缴费；二是较少考虑社会就业问题，将包袱甩向社会；三是较少考虑环境保护，将利润建立在破坏和污染环境的基础之上；四是一些企业唯利是图，自私自利，提供不合格的服务产品或虚假信息，与消费者争利或欺骗消费者，为富不仁；五是依靠压榨企业职工的收入和福利来为所有者谋利润，企业主堕落成为资本的奴隶，赚钱的机器；六是缺乏提供公共产品的意识，对公益事业不管不问，有的企业靠国家的优惠政策积累大量财富后，回报社会的意识淡薄；七是缺乏公平竞争意识，一些在计划经济时期延续下来的垄断企业，大量侵吞垄断利润，排斥市场竞争；八是普遍缺少诚信，国有企业对国家缺少诚信，搞假破产逃避债务，民营企业通过假包到市场上圈钱。

16.5.2 中国企业社会责任营销缺失的原因分析

一是，企业对自身的社会责任认识较为模糊。一方面，将企业的社会责任视为企业之外的

事情，以为企业承担社会责任就是企业利用业余时间来参加一些公益活动。另一方面，在中国的传统思维中，做好事不留名是一种最高尚的道德情操，囿于传统美德理念，我国企业在承担社会责任时，宣传上多有克制，生怕被人指责为“炒作”、“作秀”。受此思维影响，一些企业家在进行社会责任营销时，只考虑到尽一份企业的社会责任，而没有想到如何让社会责任营销变成一种双赢的结果。

二是，只看到企业社会责任给企业造成社会成本的负担，而没有看到企业社会责任给企业提供的发展机会，于是将企业的社会责任推向政府、推向社会。而在中国社会主义市场经济体制还未完善、社会保障体系并未健全的情况下，其结果是造成企业社会责任的“真空状态”，企业、政府两不管。

三是，有些企业只是追求自身的经济利益，这种经济学上的“败德行为”，其结果是逃避社会责任，损害企业利益相关者的利益。

四是，地方政府对企业社会责任的监督失灵。根据调查，很多地方政府官员对企业社会责任问题了解甚少，或者根本没有概念，对它的利害也没有清醒的认识，对企业里存在的很多情况也不了解。政府管理部门只注重企业的利润和税收，而对企业守法行为的监督力度不够。即使有些地方政府了解情况，也并没有从整体上积极推进。

五是，企业没有树立以人为本的经营理念。多数企业经营者和管理人员缺乏社会责任意识，不把改善员工的工作条件和安全保障当作企业的社会责任，而一味地压低劳动力价格，延长劳动时间，降低劳动力成本。

六是，企业员工缺乏基本的法律知识、维权意识，自我保护意识太差。据劳动部门反映，前来投诉或申请劳动仲裁的职工缺少基本的法律知识，不了解法律程序，缺乏证据，致使许多案件难以立案。大多数外来打工者缺乏基本的自我保护意识，很多员工都是在超过了投诉时间期限才来寻求帮助。企业员工自我保护意识的不足，反而助长了一些企业的继续不作为。

16.5.3 中国企业如何实施社会责任营销

1. 树立社会责任意识

我国企业普遍对企业社会责任相关知识缺乏了解，主动承担企业社会责任的意识淡漠，这种现状带来的机会成本是，一方面企业无法把握主动承担企业社会责任带来的巨大发展机会，另一方面面临被动接受企业社会责任带来的巨大的一次性成本。因此，当务之急是增加企业对社会责任相关知识的了解，增强企业主动承担社会责任的意识。为此，要积极创建“学习型企业”，开展对员工的素质教育和相关法律法规的教育培训，不断提高员工的素质和技能，增进他们对企业的责任感和归属感，消除不和谐因素，增强企业的营销竞争力与持续发展能力。

2. 强化社会责任管理

承担社会责任，不能仅仅停留在观念层次，关键在于将社会责任纳入企业日常经营管理中去。企业必须建立并完善社会责任管理机制。一要建立社会责任管理的原则和方针，采用系统的方法，明确企业社会责任管理的范围和责任，将企业社会责任管理贯穿于经营管理每一个环节，并制定和公布企业社会责任年度报告，确保社会责任管理的落实。二要强调诚信经营。信誉可以说是无形的力量、无形的财富。诚信经营是企业对社会的一种责任、一种义务，主要体现在管理诚信、市场诚信、财务诚信、技术诚信、服务诚信及道德诚信等方面。诚信经营可以

树立企业良好的社会形象，提升企业营销竞争力，获得持续竞争优势。三要完善企业的内外部治理结构，建立与各利益相关人之间的长期有效的沟通机制，鼓励更多的利益相关方参与到公司治理中来，使企业的经营真正体现社会整体的利益，维护市场经济的良性运行和健康发展。

3. 开展社会营销活动

社会营销是以常规营销为基础，强调营销活动的社会责任是一种以社会责任问题为推进点的高层次的营销实践。社会营销要求企业生产或提供任何产品和服务时，不仅要满足消费者的需要和欲望，符合本企业的利益，还要符合消费者和社会发展的长期利益，对于有害于社会或有害于消费者的需求，不仅不应该满足，还应该进行抵制性的反营销。社会营销是在更广泛的领域承担社会责任，用超前的营销模式，在更高的层面上来运作企业，争取成为市场竞争中的佼佼者。企业，特别是出口型的企业实施社会营销，一要从突破社会责任壁垒的需要出发，重视本行业技术、环保、劳工标准和社会声誉等方面信息的搜集和分析，善于充分利用国外代理商和当地营销人员便利搜集信息的作用，及早发现问题并采取相应的对策措施；二要争取与国外各类标准认证权威机构合作，取得进入国际市场的通行证，促进企业产品的出口。

4. 争取责任标准认证

目前，国际上制定了一些企业社会责任评价标准。如前联合国秘书长安南于 1999 年 1 月提出了对企业应承担的经济、教育、环境和尊重基本人权的社会责任进行规范的“全球协议”。一些非政府组织也制定了企业社会责任标准，如 ISO 14000 标准、SA8000 标准等。其中，近年来影响较大的是 SA8000 标准。企业社会责任标准已成为企业进入跨国公司供应链或产业链，以及产品出口的一个重要的“敲门砖”。取得标准认证，可以证明企业的产品具有更严格的社会责任方面的道义标准，更具人性化和道义化的特点，可以得到国际社会的认可，减少产品出口的阻力。因此，企业应该尽快、主动实施社会责任标准的认证工作，以当前暂时的成本付出和利益损失换取未来的长久的营销竞争优势。

本章小结

本章论述了社会责任营销的基本概念，介绍了社会责任营销的特征、种类和作用，以及中外企业实施社会责任营销的现状和经验。

社会责任营销这一概念是由美国运通公司于 1981 年首先提出的。对于社会责任营销可以有广义和狭义两方面的理解。广义的社会责任营销应是企业在产品生产及流通的各环节，以履行一定的社会责任为己任，以关注及解决一定的社会问题为企业发展的基石，从而追求企业和社会共同的长远和谐发展的一种战略选择。狭义的社会责任营销是指企业在承担一定的社会责任(如为慈善机构捐款、保护环境、建立希望小学、扶贫等)的同时，借助新闻舆论影响和广告宣传，来改善企业的名声、提高企业形象的层次、提升其品牌知名度、增加客户忠诚度，最终增加销售额的营销形式。

社会责任营销具有主动性、合作性、宣传性和双重目的性四大特征。按照不同标准可以将社会责任营销分为不同类别。实施社会责任营销有利于提高社会效益，吸引并留住顾客，促进产品销售和推广，提升企业形象和品牌声誉，提高员工向心力，增强企业凝聚力，融洽社会关

系，进入国际市场。

本章还介绍了跨国企业实施社会责任营销的一些做法和经验，并对我国企业社会责任营销的现状及对策进行了分析。

关键术语

社会责任　　社会营销　　企业社会责任

思考题

1. 什么是企业社会责任?
2. 社会责任营销的概念。
3. 社会责任营销的重要意义。
4. 社会责任营销具有哪些特征?
5. 如何实施社会责任营销?

参考文献

1. 李立清，李燕凌. 企业社会责任研究[M]. 北京：人民出版社，2005.
2. 纪宝成，吕一林. 市场营销学教程[M]. 北京：中国人民大学出版社，2002.
3. 陈斌. 营销观念视角下的企业社会责任探究[J]. 市场周刊，2008，(8): 59-61.
4. 许家崖. 社会责任营销：德财要兼备[J]. 营销学苑，2008，(8): 27-29.
5. 陈素玲. 企业市场营销战略选择——社会责任营销[J]. 商场现代化，2008, (9): 105-106.
6. Philip Kotler, Ned Roberto, Nancy Lee. Social Marketing：Improving the Quality of Life[M]. London: SAGE Publication, 2002: 3-7.
7. Nora Ganim Barnes, Debra A Fitzgibbons. Business-Charity Links：Is Cause Related Marketing in Your Future?[J]. Business Forum. 1991,16(4): 20-23.
8. Yanli Cui,Elizabeth S Trent,Pauline M Sullivan, Grace N Matiru. Causerelated Marketing：How Generation Y Responds[J]. International Journal of Retail, Distribution Management. 2003(31): 310-320.
9. Sameer Deshpande,Jacqueline C Hitchon. Cause-related Marketing Ads in the Light of Negative News[J]. Journalism and Mass Communication Quarterly. 2002,79(4): 905-926.
10. 祝晓路. 基于社会责任的企业营销竞争力研究[J]. 上海经济研究，2009, (2): 132-135.
11. 陈留彬. 中国企业社会责任理论与实证研究[D]. 济南：山东大学，2006.
12. 于洋，王国成. 公益营销：我国企业体现社会责任的双赢选择[J]. 首都经济贸易大学学报，2007, (2): 64-67.

案例研讨

温州哈杉鞋业社会责任国际化公关战略

中国温州的哈杉鞋业有限公司始创于 1991 年，是一家中小规模的民营企业，主要做 OEM 和 ODM。这家实力和规模都很弱小的企业，打破了企业国际渐进化理论，跳过本地市场→地区市场→全国市场→海外相邻市场直接到达全球市场，从短暂的国内营销尝试、小规模国际市场产品销售，直接到达国际化最高阶段——国际战略阶段，实现了对外直接投资和全球配置资源。哈杉在尼日利亚的大西洋实业公司，今天已成为西非最大规模的鞋类工厂，年产皮鞋 180 万双，销售额超亿元，HAZAN 品牌亦成为西非家喻户晓的第一品牌。2004 年 8 月，哈杉正式收购意大利一流鞋业威尔逊制鞋公司 90%的股权，在拥有第一品牌“HAZAN”的同时，将“Wilson”作为子品牌。

(一) 哈杉国际化社会责任公关战略的被动产生

1992 年，创立不久的哈杉在对俄贸易中，上千万元的货物遭到俄罗斯警察查抄。2001 年进入尼日利亚通过阿联酋迪拜做转口贸易，2004 年上半年当地政府为了保护本国同类制造业，出台贸易限制政策，包括哈杉男鞋在内的 31 种中国商品被列为限制进口产品。为保护苦心经营的市场，哈杉董事会决定建设尼日利亚生产基地。伴随着国际化经营战略的确定，哈杉还做出了对于其成功具有决定意义的社会责任公关战略抉择：以友好、亲善、全面负责任的企业形象进入非洲市场。胸怀中国与非洲发展中国家的政治亲善大局，以自身努力传承中非友好情谊，此举赢得了尼日利亚和我国政府的高度肯定和支持，双方政府高官的到访，为哈杉形象塑造起到了至关重要的推动作用。此战略在非洲实施成功之后，哈杉在之后国际市场拓展中一直坚守此战略，秉持社会责任原则，最终成就了哈杉的国际化之路。

(二) 哈杉国际化社会责任公关战略的主动实施

1. 以企业社会责任公关战略融入东道国经济生态圈

无论是在非洲还是在意大利、美国，无论对待生产还是经营，哈杉都坚持以社会责任为其国际化首选公关战略。全面负责的社会责任实践使哈杉迅速融入东道国经济生态圈，并成为最有竞争力的一个“有机体”。

(1) 赢得东道国政府的肯定。尼日利亚比较贫困，失业率居高不下。2004 年哈杉在尼日利亚建立了大西洋实业有限公司，迄今建设投产的价值 300 万美元的两条鞋加工生产流水线，为当地解决了近千人的就业问题，成为尼日利亚政府的功勋外资企业。

(2) 赢得同行的敬佩和支持。尼日利亚制鞋水平很低，哈杉派技术小组义务开展指导、培训，从五金夹包到冷粘工艺等技术环节，手把手传授给该国竞争者，随着当地制鞋水平得到不断发展，来自同行的敬佩和支持使哈杉在尼日利亚的声誉与日俱增。

(3) 培训当地干部。从 2005 年开始，哈杉有计划地培训当地干部。到 2007 年底，中方干部与当地干部比例从创业之初的2：8降为现在的3：97,为东道国培养管理和专业人才的同时，减少劳资冲突，降低了管理成本。

(4) 提升员工福利。哈杉没有选择与偏低的尼日利亚整体福利水平看齐的策略，而选择了第一家为员工提供失业、养老和医疗保险，并设立设施较完备的文体活动中心，提供免费中餐，严格遵守当地政府规定的工时制度、休假制度等超过东道国政府要求的社会责任进入策略。高

出当地和其他外资企业的福利措施使哈杉迅速成为最优秀的外资企业之一，受到东道国政府、工会赞赏的同时，也为哈杉在当地劳工中赢得了口碑，成为激励、吸引、留住优秀员工的法宝。

(5) 培养经销商。非洲人的习惯是农贸市场和地摊交易。哈杉拓展市场前首先选择对当地经销商进行现代营销理念和营销知识的培训。结果正如哈杉所希望和预期的一样，随着大批现代营销人员的成长，尼日利亚及西非其他国家市场迅速被打开。哈杉在为东道国鞋业行业的提升做出努力的同时，也为自己赢得了巨大的发展空间。

2. 以企业社会责任化解突发危机

1) 哈杉(尼日利亚)大西洋公司抢劫事件

2005 年 9 月 1 日，在哈杉大西洋实业有限公司法定工资发放日，三名持枪歹徒对哈杉运钞车实施抢劫，在三名押款人员与歹徒展开搏斗中，其中一人被击伤，附近群众纷纷加入战斗，结果两名歹徒在混乱中逃跑，一名歹徒被制服，缴获枪械两支。当地百姓把轮胎绑在歹徒身上，并浇上汽油，点燃火把，准备按照当地哈撒族土法烧死歹徒，当地长老会最终把决定权交给了哈杉中方厂长，而中方却做出把歹徒交由司法处置的决定。此举为哈杉赢得了当地各类公众的称赞和敬重。事件中公众对哈杉的支援、对歹徒的激愤，是和哈杉在东道国积极从事慈善事业及所树立的良好公众形象分不开的。

2) 哈杉尼日利亚工厂罢工事件

2005 年年初，由于哈杉中方管理人员对尼日利亚方员工提出工作批评导致工人不满，引起工人罢工。罢工工人上诉到企业所在地拉各斯州州工会，并对哈杉提出两项控诉：第一，工资低；第二，工时长，要求增加工资，减少劳动时间。由于不法分子的煽动，罢工迅速蔓延到哈杉尼日利亚大西洋实业有限公司所在地拉各斯全州，局势一度失去控制，工人用石头、啤酒瓶把企业的办公大楼玻璃、办公设施全部砸烂。拉各斯州工会主席联合当地劳工部对哈杉进行调查。调查结果是哈杉的员工薪酬即便是在工资偏高的外资企业中还是属于偏高的企业，工时符合尼日利亚法律规定，当即宣布此次罢工为非法罢工，限令 24 小时内恢复生产。遵守当地法律、较高的福利水平成为哈杉平复此次罢工、安然度过危机的关键。

3) 意大利公司退休金风波

作为具有 50 多年历史的意大利威尔逊公司，专门加工 Wilson(威尔逊)、POLO(保罗)、Versace(维萨奇)、Brussardi(奇萨帝)及 Donnakaran(多娜卡伦)等世界著名品牌的男鞋。2004 年 8 月，哈杉正式收购意大利威尔逊制鞋公司 90%的股权。根据意大利的工会法，企业签署股权转让相关文件的前一天，职工个人养老金要全部发放。但因被收购企业所有者个人原因，难以为职工支付个人养老金。第一时间，当地工会立刻介入，并进行起诉。哈杉为这些工人全额补发了个人养老金，主动承担了本不该自己承担的责任。哈杉在处理退休金风波中的慈善之举借助媒体对危机事件的关注迅速传播开去，为哈杉在当地政府、公众和员工中树立了负责任的优秀外资企业形象。

(资料来源：刘藏岩.中小民营企业国际化社会责任公关战略探讨——以温州哈杉为例的研究[J].国际经贸探索，2009，25(5) ：81-84.)

案例思考题

1. 试分析中国企业国际化过程中承担和履行社会责任的动因。
2. 哈杉鞋业是如何在国际化过程中实施社会责任战略的？

后记

本教材作为一部具有创新性的新教材，它的顺利出版，融入了作者的大量心血和辛勤劳动，也得益于众多同仁的支持和帮助。

教材由中南财经政法大学万后芬教授总负责，承担了对教材的总体策划和设计。杜鹏和叶敏为副主编，负责教材的编校工作。万后芬撰写了第1、2、13、14章；汤定娜撰写了第3、10章；欧阳卓飞撰写了第4、11章；叶敏撰写了第5、7、8章；应斌撰写了第6章；沈铖撰写了第9章；马瑞婧撰写了第12章；杜鹏撰写了第15、16章。

本教材在撰稿和制作过程中，参阅了很多同志的研究成果，在这收获的日子里，谨向所有为本书的编著、出版作出贡献的同志致以深深的谢意！

人们常说，创作是一项遗憾的工作，教材的编写也不例外。在教材编写过程中，尽管我们希望能做得完美一些，但由于自身的水平有限，现教材中仍有很多的不足，敬请读者加以指正！

编　者

2010年7月

教学支持说明

“21 世纪市场营销立体化系列教材”系华中科技大学出版社重点教材。

为了改善教学效果，提高教材的使用效率，满足高校授课教师的教学需求，本套教材备有与纸质教材配套的教学课件(PPT 电子教案)。

为保证本教学课件及相关教学资料仅为教师个人所得，我们将向使用本套教材的高校授课教师免费赠送教学课件或者相关教学资料，烦请授课教师填写如下授课证明并寄出(发送电子邮件或传真、邮寄)至下列地址。

地址：湖北省武汉市珞喻路 1037 号华中科技大学出版社营销中心

邮编：430074

电话：400-6679-118

传真：027-87542424

E-mail：yingxiaoke2007@163.com

证　　明

兹证明__________大学__________系/院第_____学年开设的__________课程，采用华中科技大学出版社出版的__________编写的__________作为该课程教材，授课教师为__________，学生共计__________个班共计__________人。

授课教师需要与本书配套的教学课件为：__________

授课教师的联系方式：

联系地址：__________

邮编：__________

联系电话：__________

E-mail：__________

系主任/院长：__________(签字)

(系/院办公室盖章)

__________年__________月__________日